금융위기 이후 미국의 금융규제 개혁 논쟁

도드프랭크 금융규제 개혁과 그 이후

도드프랭크 금융규제 개혁과 그 이후
금융위기 이후 미국의 금융규제 개혁 논쟁

초판 1쇄 인쇄 2018년 4월 10일
초판 1쇄 발행 2018년 4월 20일

지은이 정신동
펴낸이 이범상
펴낸곳 (주)비전비엔피·비전코리아

기획 편집 이경원 심은정 유지현 김승희 조은아 김다혜 배윤주
디자인 이은주 조은아 임지선
마케팅 한상철 금슬기
전자책 김성화 김희정 김재희
관리 이성호 이다정

주소 121-894 서울특별시 마포구 잔다리로7길 12 (서교동)
전화 02) 338-2411 | **팩스** 02) 338-2413
홈페이지 www.visionbp.co.kr
인스타그램 https://www.instagram.com/visioncorea 아이디 visioncorea
포스트 http://post.naver.com/visioncorea
이메일 visioncorea@naver.com
원고투고 editor@visionbp.co.kr

등록번호 제313-2005-224호
ISBN 978-89-6322-128-1 13320

· 값은 뒤표지에 있습니다.
· 잘못된 책은 구입하신 서점에서 바꿔드립니다.

이 도서의 국립중앙도서관 출판시도서목록(CIP)은 서지정보유통지원시스템 홈페이지(http://seoji.nl.go.kr)와 국가자료공동목록시스템(http://www.nl.go.kr/kolisnet)에서 이용하실 수 있습니다.(CIP제어번호: CIP2018009686)

도드프랭크
금융규제 개혁과
그 이후

금융위기 이후
미국의 금융규제 개혁 논쟁

정신동 지음

비전코리아

이 책은 순수 연구 목적으로 쓰였으며 저자는 어떠한 영리도 추구하지 않았습니다.

ETERNAL VIGILANCE IS THE PRICE OF LIBERTY

끊임없는 警戒야말로 自由를 위해 치러야 할 代價이다.

Thomas Jefferson, 美 제3대 대통령

※ 미국 워싱턴 DC 소재 국가기록보관소(National Archives) 정문의 가디언 석상에 새겨진 문구로 김영기 전(前) 금융감독원 부원장보의 글씨이다.

추천사

글로벌 금융위기가 발생한 지 벌써 10년입니다. 지금 국제금융사회에서는 다사다난했던 지난 십 년을 돌아보며 금융규제의 본질과 적정성에 대한 성찰이 이루어지고 있습니다. 세계경제의 안정기 속에서 누적되고 있는 새로운 잠재위험을 경계하면서 위기 이후 강화된 금융규제를 유지하여야 한다는 목소리가 여전한 가운데 일각에서는 금융의 혁신과 창의를 촉진하기 위해 규제의 완화가 필요하다는 주장을 제기하고 있습니다.

금융규제정책에 관한 이런 대립과 논쟁은 특히 금융위기 이후 80년 만에 포괄적인 금융규제개혁법을 도입한 미국에서 본격적으로 진행되고 있습니다. 미국은 금융위기로 한때 금융시스템이 붕괴되는 어려움을 겪었지만, 시스템리스크 감독과 소비자 보호 강화를 골자로 하는 도드프랭크 개혁법을 통해 금융의 안정과 신뢰를 회복한 바 있습니다. 그러나 금융시스템의 체질 강화가 일단락되자, 금융규제정책의 무게중심을 시스템 안정에서 성장 촉진과 경쟁력 강화로 이동하여야 한다는 목소리가 대두하고 있습니다.

이러한 시기에 금융감독원 워싱턴 사무소장으로 근무한 정신동 박사가 미국의 금융규제 개혁에 대해 연구하고 그 결과물을 책으로 발간한 것은 매우 뜻 깊은 일이라 생각합니다. 정신동 박사는 국제규제기준 제정 동향에 남다른 관심을 갖고 오랫동안 연구하여왔으며, 책임감을 갖고 이번 작업을 하였습니다. 도드프랭크 개혁법은 그 내용이 복잡하고 방대하여 국내에 단편적으로 소개된 바는 있었으나, 전반적으로 다룬 자료는 없었습니다. 이 책을 통해 금융규제의 역사에 한 획을 그은 도드프랭크법의 제정 배경과 구체적인 내용 및 최근의 개편 동향을 이해하는 데 도움이 되리라 믿습니다.

과거 외환위기, 카드사태, 저축은행 사태 등 규제실패로 인한 국가적 위기를 경험한 우리 경제에 있어 적절한 규제정책의 수립과 시행은 매우 중요합니다. 특히 금융시장의 변동성과 불확실성 증가로 위기가 상시화된 뉴노멀의 시대에 규제정책의 중요성은 더욱 커지고 있습니다. 나아가 한국 금융은 이제 위기를 넘어 금융시장에서 발생하는 핀테크 혁신을 수용하면서 국제경쟁력을 향상시키기 위한 정책을 펼쳐야 할 때입니다.

각종 글로벌 규제기준의 제정을 선도하는 미국의 규제개편 동향과 함께 미 당국자 간의 치열한 논쟁을 소개하는 이 책이 금융시장 안정과 소비자 보호, 그리고 금융산업의 지속성장 지원이라는 다중의 목표 달성을 위해 국내 금융규제정책을 균형 있고 조화롭게 추진하는 데 도움이 되기를 기대합니다.

전(前) 금융감독원 원장

진웅섭

저자 서문

　미국 워싱턴은 백악관, 의회, 국제기구가 있는 세계 정치와 행정의 일번지다. 특히 각종 글로벌 금융규제기준의 제정을 선도하는 미 감독기관들의 본부가 위치하여 전 세계 금융감독행정의 중심지에 해당하는 곳으로 금융감독원은 2002년 10월부터 대표사무소를 설치해 운영하고 있다.

　저자는 경제학 박사 학위를 받고 미국을 떠난 지 13년 만인 2016년 3월 워싱턴 사무소장으로 다시 미국 땅을 밟았다. 미 감독기관들과 긴밀한 네트워크 구축 및 협력강화, 금융시장 및 규제 동향의 신속한 파악, 금융감독제도 조사 등이 맡은 주요 업무였다. 사무소장 부임은 개인적으로 큰 영광이자 엄중한 책무였다.

　2017년은 글로벌 금융위기 발발 10주년이 되는 해다. 이를 즈음하여 세계적으로 금융위기 이후 추진해온 금융규제개혁의 적정성 여부를 재점검해야 한다는 목소리가 대두되었다. 이러한 변화는 금융의 본 고장인 미국에서 본격 전개되었다. 한편으로는 글로벌 금융위기에 대한 대응책으로 마련된 도드프랭크 월가개혁 및 소비자보호법(일명 도드프랭크법)의 후속 조치로서 감독규칙의 제정·시행이 마무리되고 있었으며, 다른 한편으로는 공화당과 보수 싱크탱크를 중심으로 도드프랭크 금융규제개혁을 폐지·완화하려는 움직임이 나타났다. 금융규제정책과 관련된 이런 상반된 흐름은 금융감독 업무에 오랜 기간 종사해온 저자에게 특별한 관심의 대상이 되었다. 미국 최신 규제동향의 파악이 책무라는 점과 함께 금융규제정책을 둘러싼 의회와 감독기관,

싱크탱크 최고 지성의 논쟁을 엿봄으로써 금융규제감독의 본질이 무엇인지 배울 수 있는 기회로 생각하였기 때문이다.

이러한 인식에서 저자는 도드프랭크법과 최근의 규제개편 논의에 대해 연구를 진행하고 그 결과를 책으로 엮어볼 결심을 하게 되었다. 특히 도드프랭크 규제개혁의 구체적인 내용과 그 배경에 관심이 쏠렸다. 그것은 미국 금융규제의 역사에서 갖는 의의가 자못 심대하다는 점뿐만 아니라 도드프랭크법의 이해가 선행되지 않고서는 최근 진행되는 규제개편 논의의 의미를 제대로 파악하기 어렵다고 생각되었기 때문이다.

도드프랭크법은 흔히 뉴딜 이후 80년 만의 포괄적인 금융규제 개혁조치로 평가되고 있다. 이는 비단 16개 편, 541개 조문, 848쪽에 이르는 분량의 방대함과 은행, 증권, 보험, 소비자보호 등 전 금융부문에 걸친 규제영향의 광범위함 때문만은 아니다. 보다 근본적으로 도드프랭크법이 수십 년간의 완화에서 강화의 방향으로 금융규제의 기조를 일대 전환하였기 때문이다. 아울러 도드프랭크법이 시스템리스크 방지와 소비자보호라는 감독목적을 제시하고 기존에는 없던 일련의 새로운 감독체계와 감독수단들을 도입하는 등 금융규제의 새로운 지평을 열었기 때문이다.

이 책의 제1장은 도드프랭크 금융규제개혁과 트럼프 행정부 출범을 전후한 금융규제 개편논의를 비교하였다. 도드프랭크법의 제정배경과 개요를 살펴보고 그 경제적 영향을 둘러싼 논쟁을 개관하였으며, 최근 상하원 및 행정부의 금융규제 개편논의를 도드프랭크법과 관련되는 부분을 중심으로 정리하였다. 이 책의 나머지 14개 장들은 도드프랭크법 전체 16개 편 중 14개 편들의 제정배경과 내용을 시스템리스크 감독, 은행규제, 증권규제, 소비자보호강화, 보험규제 등 5개 주제로 나누어 살펴보았다. 각 장마다 최근의 개편논의도 간략하게 다루었다.

저자는 미국의 사례를 연구하는 과정에서 금융규제와 관련하여 다음의 몇 가지 사항에 주목하였음을 밝히고 싶다.

첫째, 새로운 규제 도입에 있어 감독기관과 시장참가자들이 활발하게 상호 참여하는 절차적 측면에 주목하였다. 미국은 1946년 이후 일련의 법 및 행정명령을 통해 규칙제정시 공개의견 수렴과 비용편익분석을 거치도록 하였다. 시장참가자들은 규칙 제정안에 적극적으로 의견을 개진하며, 감독당국자들은 시장 의견과 이에 대한 자신의 견해를 최종 규칙 발표자료에 상세히 기록·설명하고 있다. 의견이 대립하는 민감한 이슈는 검토 및 수정에 종종 수년이 소요되며, 수백 쪽 심지어 수천 쪽에 이르는 방대하고도 복잡한 감독규칙이 제정되기도 한다. 물론 이것이 반드시 바람직한 것은 아니지만, 여기에서 미국 금융이 갖는 저력의 일면을 느낄 수 있었다. 감독당국과 시장참가자가 전문적인 규제영향 분석능력을 바탕으로 활발하게 상호 소통하는 것이 고도로 발전된 거대 금융시장을 경영하는 비결이라 여겨졌다.

둘째, 금융규제의 일관성과 변용성 간의 조화와 균형이 중요하다는 점이다. 도드프랭크법은 금융시스템의 안정성확보와 소비자보호 강화를 위해 규제기준을 크게 강화하였다. 그러나 최근에는 금융시스템의 체질 강화가 일단락되었다는 인식에 따라 규제완화를 통한 성장촉진과 경쟁력강화로 금융규제정책의 무게중심을 이동하여야 한다는 주장이 힘을 얻고 있다. 미국에서 금융규제정책의 이러한 변화는 금융규제가 고정된 어떤 것이 아니라 환경변화와 새로운 리스크의 부상에 대응하여 부단히 변용된다는 것을 시사한다. 감독당국은 금융규제를 끊임없이 재점검하여 낡은 규제는 폐지하고 새로운 규제를 도입해야 한다. 그러나 다른 한편 규제기준의 잦은 변경은 규제준수 부담을 증가시키고 시장혼란을 초래함으로써 오히려 규제목적의 달성을 방해할 수 있다. '나쁜 규제는 엄격한 규제가 아니라 자주 바뀌는 규제'라는 격

언처럼 규제의 일관성이야말로 가장 중요한 규제덕목의 하나다. 따라서 규제의 일관성과 시장변화에 상응한 규제 변용성 간의 적절한 균형점을 찾는 것이 중요하며, 그것은 감독자에게 주어진 책무라고 할 것이다.

셋째, 저자는 도드프랭크 규제개혁 중 우리가 참고할 만한 내용으로서 특히 시스템리스크 감독과 소비자보호 체계에 주목하고 싶었다. 도드프랭크법은 시스템리스크 방지를 위해 금융안정감시위원회(FSOC)를 중심으로 하는 시스템리스크 감독체계를 도입하였으며, 소비자보호 강화를 위해 소비자금융보호청(CFPB)을 설치하였다. 최근 국내에서도 학계를 중심으로 공식적인 시스템리스크 감독체계를 도입하고, 소비자보호 체계를 강화하자는 주장이 제기되고 있다. 이에 관련한 국내 사정의 구체적인 논의는 이 글의 범위를 벗어나는 것이다. 그러나 미국에서 도드프랭크법 도입 당시뿐만 아니라 현재에도 시스템리스크 감독 및 소비자보호 체계의 장단점에 대해 뜨거운 논쟁이 벌어지고 있는 점을 국내 관련제도 도입시 참고할 필요가 있다고 본다. 이에 관한 내용은 이 책의 제2장과 제12장에서 다루었다.

마지막으로, 감독기관의 감독실패 책임론에도 불구하고 강화된 금융규제의 효율적 집행을 위해 미 의회는 연방감독기관의 권한과 역량을 대폭 확충하였다는 점이다. 특히 소비자금융보호기구(CFPB)를 신설하고 감독권한 행사, 예산 및 조직운영에 있어 최고 수준의 독립성을 부여하였으며, 증권감독을 담당하는 증권거래위원회(SEC)의 조직과 인력을 확충하고 예산 자율성을 확대하였다. 증권거래위원회의 경우 지난 6년간 직원수는 25%, 예산규모는 74% 증가하였다. 최근 미국은 감독기관의 규칙제정, 제재 등 감독활동에 대한 감시를 강화하는 추세임에도 불구하고 감독기관의 예산통제를 강화하자는 주장에는 신중히 접근하고 있다. 예산통제 강화가 감독기관의 독립성 훼손과 감독역량의 저하로 이어져 시스템 불안정과 소비자보호 약화를 초래할 우려가 있기 때문이다.

　금융규제의 개혁은 비단 미국만의 과제는 아니다. 우리나라는 금융위기 이후 바젤Ⅲ 등 강화된 금융규제기준을 도입한 바 있으며, 금융시스템의 건전성과 소비자보호 강화를 위해 금융관행과 감독관행을 개선해오고 있다. 도드프랭크 금융규제개혁과 최근의 개편논의가 우리나라에 주는 시사점은 이 책에서 다루지 못했다. 미국과 우리의 금융현실이 달라 미국의 사례를 우리 실정에 맞게 어떻게 적용해야 할지는 또 다른 연구가 필요하다고 보았기 때문이다. 이 책에서는 미국의 사례를 충실히 전달하는 것에 목표를 두고 그것을 어떻게 응용할지는 독자와 다음 연구자의 몫으로 남겨두고자 한다.

　저자는 2010년 바젤은행감독위원회(BCBS) 파견 근무 당시에 바젤Ⅲ의 제정배경과 주요 내용을 정리하여 국내 은행업 종사자들이 참고할 수 있도록 책으로 펴낸 적이 있었다. 이러한 연장선상에서 미국 규제 동향에 관한 연구결과를 정리한 보고서로서 이 책을 작성하였다.

　이 책을 작성하는 과정에서 도드프랭크법과 하위 감독규칙, 논문과 보고서 등 폭넓은 자료를 섭렵하려고 노력했다. 워싱턴 곳곳에서 개최되는 세미나에 참석하여 규제정책에 관한 최신 흐름을 읽고 함께 호흡하기도 하였다. 중요한 내용이 누락되거나 세부적인 내용을 장황하게 기술한 부분은 없는지 걱정이 앞선다. 그럼에도 미국 금융규제에 관심이 높은 국내 금융업 종사자와 학계 제현에게 길잡이가 되었으면 하는 바람이다.

　미국을 대표하는 작가 마크 트웨인은 "역사는 반복되지는 않지만, 운율을 맞춘다.(History doesn't repeat itself, but it rhymes.)"라는 명언을 남겼다. 금융위기가 똑같이 되풀이되지는 않지만 비슷한 형태로 재발할 수 있다는 경고로 해석할 수 있을 것이다. 금융위기 대응책으로 마련된 미국의 도드프랭크 규제개혁이 한국의 금융위기 방지책을 정비·강화하는 데 작은 쓰임이라도 된다면 저자에게는 더 없는 보람이 될 것이다.

   이 기회를 빌려 워싱턴 사무소장으로 근무할 수 있도록 기회를 주신 진웅섭 전 원장님을 비롯하여 금융감독원 경영진에게 감사의 말씀을 드린다. 미국 연방 감독당국자와의 교류, 의회 청문회, 국제기구와 싱크탱크 세미나 등 워싱턴은 감독연구자로서의 기질을 가진 저자에게는 한 번쯤 근무해보고 싶은 꿈의 도시였다.

   저자는 연준, OCC, CFPB, SEC, CFTC, FINRA, NAIC 등 연방감독당국자들과 유대관계 강화에도 힘썼다. 이들은 금융감독 외교관으로서 저자의 워싱턴 근무를 환영해주고, 사무소 업무추진에 적극적인 지원과 협조를 아끼지 않았다. 이 기회를 빌려 모든 분들께 감사드리며, 특히 공적인 관계를 넘어 우정을 쌓은 SEC의 데이비드 David Karasik 에게 감사의 마음을 전하고 싶다. 앞으로도 미 감독기관과 워싱턴 사무소의 교류협력이 확대 발전하기를 기원해본다.

   독자층이 한정된 책의 출판을 선뜻 결단해주신 비전출판사 이범상 대표님, 서툰 원고를 훌륭한 책으로 편집해주신 이경원 전무님, 제퍼슨 대통령의 잠언을 친필로 써주신 김영기 전 금융감독원 부원장보님, 원고를 읽고 유익한 조언을 해주신 매일경제 이진명 특파원님 등 모든 분들께 감사드린다.

   지난 2년간 미 금융규제 연구는 저자의 업무와 생활의 중심에 있었다. 까다로운 사무소장을 보좌하면서 묵묵히 업무에 힘써주신 이종기, 김도희 팀장님과 수잔 님에게 감사드린다. 넉넉한 마음으로 뒷받침해준 아내와 두 딸에게도 고마움을 표현하고 싶다.

2018년 1월 14일 타이슨스 코너 서재에서
버지니아 지평선을 바라보며 저자 씀

차례

추천사 ·· 6
저자 서문 ·· 8

| 제1장 | **도드프랭크 금융규제 개혁과 트럼프 행정부의 금융규제 개편방안**

Ⅰ. 도드프랭크 금융개혁의 배경과 개요 ························ 23
Ⅱ. 도드프랭크법의 경제적 영향 ································ 36
Ⅲ. 최근의 금융규제 개편논의 ··································· 44
Ⅳ. 최근 금융규제 개편방안의 주요 특징과 전망 ············· 60

– 제1부 –
시스템리스크 감독강화

| 제2장 | **시스템리스크 감독체계의 구축**

Ⅰ. 머리말 ·· 69
Ⅱ. 도드프랭크법 이전의 시스템리스크 감독체계 개편논의 ··· 73
Ⅲ. 금융안정감시위원회(FSOC) ··································· 81
Ⅳ. 금융조사국의 설립배경 및 기능 ······························ 97
Ⅴ. 연준의 시스템리스크 감독기능 ······························ 101
Ⅵ. 최근의 개편논의 ·· 111
Ⅶ. 맺음말 ·· 114

제3장 | 금융회사 정리제도의 개혁

Ⅰ. 머리말 · 121

Ⅱ. 도드프랭크법 이전의 파산제도와 한계 · 124

Ⅲ. 도드프랭크법의 정리체계 · 128

Ⅳ. 최근의 OLA 폐지논쟁 · 152

— 제2부 —
은행규제의 강화

제4장 | 예금취급기관 감독체계와 예금보험제도의 개편

Ⅰ. 머리말 · 157

Ⅱ. 은행 감독체계 · 159

Ⅲ. 저축기관 감독체계의 개편 · 169

Ⅳ. 연방예금보험제도의 개편 · 180

부록_ 미국의 예금취급기관 현황 · 185

제5장 | 은행규제의 개혁

Ⅰ. 머리말 · 191

Ⅱ. 은행지주회사에 대한 규제의 역사 · 193

Ⅲ. 도드프랭크법의 은행규제 개혁 · 203

Ⅳ. 최근의 은행규제 개편논의와 평가 · 230

| 제6장 | 볼커 룰

Ⅰ. 머리말 ·· 239
Ⅱ. 볼커 룰 주요 내용 ··· 242
Ⅲ. 평가 및 최근의 개편논의 ·· 258

- 제3부 -
증권규제의 강화

| 제7장 | 헤지펀드 규제강화

Ⅰ. 머리말 ·· 267
Ⅱ. 헤지펀드의 기원과 의의 ·· 270
Ⅲ. 도드프랭크법 이전의 헤지펀드 규제 ····································· 277
Ⅳ. 도드프랭크법의 헤지펀드 규제 ··· 288
Ⅴ. 헤지펀드 규제강화에 대한 평가 ·· 301
부록_ 헤지펀드 관련 주요 통계 ··· 305

| 제8장 | 장외파생시장 및 지급·청산·결제 감독강화

Ⅰ. 머리말 ·· 309
Ⅱ. 도드프랭크법 이전의 장외파생시장 규제체계 ······················· 312
Ⅲ. 도드프랭크법 제7편: 장외파생시장 규제개혁 ······················· 326
Ⅳ. 도드프랭크법 제8편: 지급·청산·결제 감독 ··························· 358

Ⅴ. 최근의 장외파생시장 규제 개편논의 ··· 364

부록_ 장외파생시장 주요 현황 ··· 366

| 제9장 | 증권거래위원회(SEC)의 기능 및 권한강화

Ⅰ. 머리말 ··· 371

Ⅱ. SEC 조직 및 기능의 개요 ··· 374

Ⅲ. SEC의 규칙제정 권한 ··· 390

Ⅳ. SEC의 법 집행 권한강화 ··· 395

Ⅴ. SEC의 투자자보호제도 강화 ·· 413

Ⅵ. 최근의 SEC 개편논의 ··· 419

부록_ SEC 주요 현황 ··· 422

| 제10장 | 신용평가회사 규제개혁

Ⅰ. 머리말 ··· 427

Ⅱ. 미국 신용평가 산업과 규제의 변천 ·· 430

Ⅲ. 도드프랭크법의 신용평가회사 규제개혁 ·· 440

Ⅳ. 도드프랭크 신용평가제도 개혁에 대한 평가 ··································· 464

부록_ 미국 신용평가 산업의 개요 ·· 467

제11장 자산유동화·보수체계·기업지배구조·PCAOB의 개혁

Ⅰ. 자산유동화 시장의 개혁 ··············· 471
Ⅱ. 보상체계 및 기업 지배구조의 개혁 ··············· 484
Ⅲ. PCAOB의 권한강화 ··············· 499

- 제4부 -
소비자보호 강화

제12장 소비자금융보호청(CFPB)의 조직과 기능

Ⅰ. 머리말 ··············· 509
Ⅱ. CFPB의 설립배경과 탄생과정 ··············· 512
Ⅲ. CFPB의 개요 ··············· 517
Ⅳ. CFPB의 주요 권한 ··············· 523
Ⅴ. CFPB의 민원처리 및 금융교육 기능 ··············· 538
Ⅵ. CFPB에 대한 비판과 재무부의 개편방안 ··············· 542
부록_ CFPB 주요 현황 ··············· 548

제13장 모기지 개혁 및 약탈적 대출 금지

Ⅰ. 머리말 ··············· 553
Ⅱ. 도드프랭크법의 내용 ··············· 556
Ⅲ. 최근의 모기지대출제도 개편논의 ··············· 567

- 제5부 -
보험 규제 및 기타

| 제14장 | 보험규제체계의 개혁

Ⅰ. 머리말 · 573

Ⅱ. 주와 연방이 갈등한 보험업 규제의 역사 · 575

Ⅲ. 도드프랭크법의 연방보험감독 강화 · 580

Ⅳ. 평가 및 최근의 개편논의 · 590

부록_ 미국 보험산업 개황 · 594

| 제15장 | 금융기관 접근성제고 및 공적자금 회수

Ⅰ. 금융기관 접근성 개선 · 599

Ⅱ. 공적자금의 회수 · 603

약어표 · 606
참고문헌 · 609

제1장

도드프랭크 금융규제 개혁과 트럼프 행정부의 금융규제 개편방안

Dodd-Frank Act

I

도드프랭크 금융개혁의 배경과 개요

【제정배경 : 금융위기와 도드프랭크법】

도드프랭크 월가 개혁 및 소비자보호법(Dodd-Frank Wall Street Reform And Consumer Protection Act of 2010), 일명 도드프랭크법은 금융위기를 계기로 탄생되었다. 글로벌 금융위기(global financial crisis) 또는 2008 금융위기(2008 financial crisis)로도 명명되는 지난 금융위기는 1930년대 대공황 이래 최악의 금융위기로 기록되고 있다. 미국 주택시장의 버블에 뒤이은 서브프라임 모기지 부실로 시작된 금융위기는 금융시장의 대폭락과 금융회사의 부실 도미노를 거쳐 전면적인 글로벌 금융위기로 확대 전개되었다.[1]

금융시장의 급격한 경색에 따른 금융자산의 헐값 매각(fire sale)으로 자산

---

1 2008 금융위기의 배경과 진행과정은 유재수(2015) 제6부에 잘 정리되어 있다.

가격이 폭락하였으며, 수백 개의 소형 금융회사들이 도산하였고, 베어스턴스Bear Sterns, 메릴린치Merrill Lynch, 와코비아Wachovia, 컨트리와이드Counrywide 등의 대형 금융회사들이 파산 지경에 몰려 정부 자금지원과 함께 다른 금융회사에 인수·합병되었다. 2008년 9월 리먼브라더스Lehman Brothers의 파산처리와 함께 금융위기는 정점으로 치달았으며, 더 이상의 파국적 사태를 방지하기 위해 미 정부는 단일 금융회사로는 사상 최대 규모에 이르는 1,800억 달러의 구제금융을 투입하여 AIG를 구제하였다. 그 규모 및 방식에 있어 '전례 없는'(unprecedented) 구제금융, 재정 및 통화정책이 실행되었음에도 불구하고 금융부문의 위기는 실물경제로 전이되어 전세계 경기의 '대불황'(Great Recession)이 뒤따랐다.

금융위기의 원인에 대한 분석이 쏟아졌다. 사기제재 및 회복법(Fraud Enforcement and Recovery Act of 2009)에 의해 2009년 5월 창설된 금융위기조사위원회(FCIC: Financial Crisis Inquiry Committee)는 정부 차원의 종합적인 분석을 내놓았다. 1년 6개월간의 조사를 거쳐 2011년 1월 발표한 보고서에서 FCIC는 금융위기의 원인으로서 전반적인 금융규제 및 감독의 소홀, 시스템적으로 중요한 금융회사의 지배구조 및 리스크관리의 심각한 취약성, 금융회사의 과다차입 및 위험투자, 정부의 미흡하고 비일관적인 위기대응, 금융시장 전반에 걸친 책임성 및 도덕기준의 와해, 모기지대출 기준의 붕괴에 가까운 완화와 모기지증권의 남발, 장외파생시장 규제 미비, 신용평가회사의 기능실패 등을 지목하였다.[2]

이러한 배경에서 미 정부와 의회는 금융규제의 근본적이고도 포괄적인 개혁을 통해 금융위기의 재발을 방지할 목적으로 2010년 7월 도드프랭크법을

---

[2] FCIC(2011) pp.xv~xxviii.

제정하였다. 도드프랭크법의 제정시점(2010.7.21)과 금융위기조사위원회의 보고서 발표시점(2011.1)에 약간의 시차는 있지만 도드프랭크법의 포괄적인 규제개혁은 금융위기조사위원회의 종합적인 원인분석 내용을 상당 부분 반영하여 마련된 것으로 알려지고 있다.

이 책의 주제는 금융위기의 원인에 대한 전반적인 분석이 아니다. 그럼에도 이 책은 여러 장에 걸쳐 금융위기 원인에 대한 설명을 시도하였다. 금융위기에 대한 대응책으로 마련된 도드프랭크법의 제정배경을 이해하기 위해서는 금융위기의 원인에 대한 설명을 빼놓을 수 없기 때문이다.

【도드프랭크법의 개요와 의의】

도드프랭크법은 총 2,319쪽[3](최종 공표용 버전은 848쪽)에 걸쳐 16개의 편(title), 541개 조로 구성된 방대한 분량으로 약 10개의 법을 신설하고, 은행지주회사법, 증권법 등 미국 금융시스템의 근간이 되는 중요한 법들을 포함하여 50여 개의 법을 개정하였다. 도드프랭크법은 은행, 증권, 보험, 소비자보호 등 전 금융부문에 걸쳐 광범위하고도 포괄적인 규제개혁 조치를 포함하고 있으며, 정도의 차이는 있지만 모든 유형의 금융회사가 도드프랭크법의 강화된 규제를 받게 되었고, 모든 영역의 금융시장이 도드프랭크법의 영향을 받게 되었다.

도드프랭크법은 1930년대 뉴딜New Deal 이후 80년 만의 가장 근본적이면서

---

3 도드프랭크법의 요구에 따라 감독기관들이 2016년 5월까지 제정한 규칙이 2만 2,000여 페이지에 달하는 것으로 추산되고 있는데 이는 톨스토이의 대작 《전쟁과 평화》의 15권 분량에 맞먹는 것이라고 한다. 도드프랭크법이 요구하는 모든 시행규칙이 제정, 완료되면 3만여 페이지에 달할 것이라는 전망이다. Kirsten Grind and Emily Glazer(2016).

도 포괄적인 금융규제 개혁조치로 평가받고 있다. 저자가 보기에 이러한 평가는 두 가지 측면에서 타당하다.

첫째, 도드프랭크법은 금융규제의 기조를 기존의 완화에서 강화로 크게 전환하였다. 미국은 1930년대 금융제도의 대대적 정비 이후 1956년 은행지주회사법(Bank Holding Company Act)의 제정에서 보듯이 1950~1960년대까지 규제강화의 기조에 있었다. 그러다가 1970년대부터 금융산업의 경쟁력강화가 주요 이슈로 부상하면서 서서히 금융규제를 완화하기 시작하였다. 1980년대 저축대부조합의 부실사태를 계기로 금융회사의 건전성 감독이 강화되기도 하였으나, 규제완화의 추세는 1990년대 들어 본격 진행되었으며 클린턴 행정부 시절인 1990년대 말 2개의 현대화법, 즉 금융서비스현대화법(Financial Services Modernization Act of 1999)과 상품선물현대화법(Commodity Futures Modernization Act of 2000)에 의해 규제완화가 일단락되었다.

과도한 규제는 미국 금융시장의 경쟁력에 해롭다는 인식이 팽배했으며, 금융시장의 자기규율(self-police)과 자정기능(self-correct)에 대한 믿음을 바탕으로 감독당국의 엄격하고도 적극적인 감독규제 활동은 방기되었다. 심지어는 감독당국들이 관할 금융업의 경쟁력강화를 위해 앞장서서 규제완화의 경쟁(race-to-the bottom)을 벌이는 일까지 벌어졌다. 그 결과 금융시스템 전반에 걸쳐 리스크가 누적되었으며 곳곳에서 위기의 징후(warning signs)가 발현되었으나, 2000년대 초중반 세계경제의 대안정기(Great Moderation) 속에서 간과되거나 무시되었다.

2000년대 초부터 일부 감독당국자들이 규제의 구멍(regulatory loophole)에 따른 문제를 인식하고 규제강화를 위한 움직임을 시도하였다. 그러나 이러한 움직임은 업계의 반대에 부딪혀 그리 성공적이지 못하였으며 진행되더라도 부분에 그치거나 더뎠다. 부시 행정부의 재무부가 2008년 3월 발표한 금융감독 체계개편 보고서[4]는 금융규제 완화의 흐름에 대한 수정을 주장하기보다는 시장규율과 규제규율 간의 조화가 필요하다는 점을 언급하는 데 그쳤다.

규제강화에 대한 이러한 미 정부와 의회의 미온적인 태도는 금융위기를 계기로 급변하였다. 금융위기 와중에 발표된 오바마 행정부의 금융규제 개혁방안[5]은 금융위기의 원인이 금융시장 및 금융기관의 자정장치에 대한 과도한 신뢰에서 비롯되었음을 지적하고, 금융시스템의 안정성 유지를 위해서는 보다 많은 정부의 역할이 필요하다는 점을 강조하였다. 그리고 이의 연장선상에서 도드프랭크법은 완화의 방향으로 지나치게 나간 금융규제의 추를 강화의 방향으로 크게 되돌려놓았다. 도드프랭크법은 새로운 규제를 도입하거나 기존 규제를 강화하는 한편, 연준(Fed), 예금보험공사(FDIC), 증권거래위원회(SEC) 등 연방감독기관의 감독권한을 크게 강화하였다. 금융규제를 둘러싼 오랜 논쟁에서 열세에 밀리던 규제강화론자들의 주장이 금융위기를 계기로 마침내 실현된 것이다. 그러나 대공황 이래 최대 규모의 금융위기를 계기로 이루어진 도드프랭크 규제개혁은 적절한 균형점을 넘어 한쪽으로 쏠릴 위험성이 잠재되어 있었다. 실제로 도드프랭크법을 제정하고 7년이 경과하면서 정부 및 의회 차원에서 도드프랭크 규제개혁의 적절성에 대한 재검점이 이루어지게 된다. 이에 대해서는 후술한다.

둘째, 도드프랭크법은 법의 명칭에서 시사하듯이 시스템리스크의 방지와 소비자보호를 양대 목적으로 한다. 도드프랭크법 서문은 법의 제정목적을 다음과 같이 밝혔다.

---

4 U.S. Department of Treasury(2008, March).
5 U.S. Department of Treasury(2009, June).

도드프랭크법 주요 내용

	제목 또는 신설 법명	주요 내용
제1편	• Financial Stability Act of 2010	• 금융안정감시위원회(FSOC) 신설 • 금융조사국(OFR) 신설 • 연준의 SIFI 감독권한 강화
제2편	• Orderly Liquidation Authority	• 대형 금융회사 특별정리절차
제3편	• Enhancing Financial Institution Safety and Soundness Act of 2010	• 저축기관감독청(OTS) 폐지 및 기능 이관 • 연방예금보험제도 개편
제4편	• Private Fund Investment Advisers Registration Act of 2010	• 헤지·사모펀드 자문업자에 대한 규제강화
제5편	• Federal Insurance Office Act of 2010 • Nonadmitted and Reinsurance Reform Act of 2010	• 연방보험국(FIO) 신설 • 보험업 규제체계 개선
제6편	• Bank and Savings Association Holding Company and Depository Institution Regulatory Improvements Act of 2010	• 은행지주회사 등의 시스템위험 차단을 위한 감독강화 • 볼커 룰 도입
제7편	• Wall Street Transparency and Accountability Act of 2010	• 장외파생상품시장에 대한 포괄적 규제개혁
제8편	• Payment, Clearing, and Settlement Supervision Act of 2010	• 지급·청산·결제시스템 감독체계 정비
제9편	• Investor Protection and Securities Reform Act of 2010	• 자본시장 투자자보호제도 정비 • 신용평가회사, 자산유동화시장, 보수체계 및 지배구조 규제개혁
제10편	• Consumer Protection Act of 2010	• 소비자금융보호기구(CFPB) 신설
제11편	• Federal Reserve System Provisions	• 연준의 투명성·책임성 강화 • 연준의 긴급유동성 제공 권한제한
제12편	• Improving Access to Mainstream Financial Institutions Act of 2010	• 저소득층의 금융서비스 이용접근성 강화
제13편	• Pay It Back Act	• 공적 자금의 회수
제14편	• Mortgage Reform and Anti-Predatory Lending Act • Expand and Preserve Home Ownership Through Counseling Act	• 모기지 규제개혁 및 약탈적 대출 금지
제15편	• Miscellaneous Provisions	• 기타 법 자구수정 등
제16편	• Section 1256 Contracts	• 상 동

"금융시스템의 책임성과 투명성을 제고함으로써 미국의 금융안정성을 높이고, 대마불사(too-big-to-fail)와 구제금융(bailout)의 종식에 의해 미국 납세자를 보호하고, 부당한 금융서비스 관행으로부터 금융소비자를 보호하기 위함"

이러한 목적 달성을 위해 도드프랭크법은 기존에는 없던 일련의 새로운 감독체계와 감독수단들을 도입하였다. 연방감독기관의 감독정책을 기존의 개별 금융회사 건전성 감독 위주에서 전체 금융시스템의 안정과 소비자보호를 동일하게 중시하는 방향으로 전환하기 위해서는 연방감독기관에 일련의 새로운 제도적 틀과 감독수단들을 제공할 필요가 있었기 때문이다.

도드프랭크법의 전반적인 내용은 시스템리스크 방지와 소비자보호에 초점을 맞추고 있지만, 그 중에서도 특히 다섯 가지가 새롭고도 중요하다. 시스템리스크 감독체계 및 감독수단의 도입, 시스템적 중요 금융회사를 대상으로 한 특별정리제도의 마련, 볼커 룰, 장외파생시장의 포괄적 규제개혁, 그리고 소비자금융보호기구의 신설이 그것이다. 이에 대한 자세한 내용은 이 책의 제2장, 제3장, 제6장, 제8장, 그리고 제12장에서 각각 다루었다. 여기에서는 이들 제도의 의의에 대해서 간략히 소개한다.

시스템리스크 감독체계_ 도드프랭크법 제1편은 '시스템적으로 중요한 금융회사'(SIFI: systemically important financial institutions)라는 개념을 새로이 도입하고, 신설된 '금융안정감시위원회'(FSOC: Financial Stability Oversight Council)와 '금융조사국'(OFR: Office of Financial Research), 그리고 연준[6](Fed)으로 구성되

---

6 연방준비제도이사회(Board of Governors of the Federal Reserve System)를 지칭한다.

는 시스템리스크 감독체계를 도입하였다. 그리고 이들에게 각각 SIFI 지정권한, 정보수집 및 분석권한, SIFI에 강화된 감독기준을 적용할 권한 등의 새로운 권한을 부여하였다. 강화된 감독기준의 일환으로 SIFI에 대해 추가자본 및 유동성 규제, 스트레스테스트, 정리계획(living will) 등의 새로운 규제가 도입되었다.

특별정리제도_ 법 제2편은 구제금융의 투입 없이 대형 금융회사를 청산할 수 있는 새로운 제도적 장치로서 특별정리제도(OLA: Orderly Liquidation Authority)를 도입하였다. OLA는 기존에 부보은행에 적용하던 신속 정리절차를 은행지주회사 및 시스템적으로 중요한 비은행금융회사에 적용한 것으로, 시스템리스크 없이 부실 금융회사의 신속한 청산을 가능케 했다는 점에서 도드프랭크법의 주창자들은 OLA를 도드프랭크 규제개혁의 가장 중요한 부분의 하나로 간주하였다.

볼커 룰_ 법 제6편은 은행의 위험투자를 제한하기 위한 각종 제도적 장치를 도입하고, 연준 등 감독기관의 권한을 강화하였는데, 이 중 가장 주목받는 규제가 바로 소위 볼커 룰$^{Volcker\ Rule}$로 알려진 제619조의 '자기계정 거래금지 및 헤지·사모펀드 투자 규제'이다. 자기계정 거래 등 투기적이고 위험하며 비핵심적인 업무를 은행업에서 축출함으로써 은행업의 건전성과 안정성을 제고하기 위한 것으로 은행-증권을 분리한 글래스스티걸법의 현대버전으로 일컬어지고 있다.

장외파생시장_ 법 제7편과 제8편은 장외파생시장의 시스템위험 유발행위를 예방하고, 거래효율성과 투명성을 제고할 목적으로 일련의 새롭고도 포괄적인 규제체계를 도입하였다. 스왑거래와 스왑업체를 엄밀히 정의하고, 스왑업체에 대한 기록·보고·공시 및 자본·증거금 규제를 신설·강화하는 한편, 스왑시장의 거래 인프라로서 중앙청산소, 스왑실행기구, 스왑정보저장소, 금융시장기구 등 새로운 제도적 장치들을 도입하였다. 이러한 제도를 기반으로 장외파생시장은 구석기시대 암흑상태로 비유되는 불투명성에서 벗어나 투명성의 영역으로 진입하였다. 규제당국자와 시장참가자들은 공히 장외파생시장에서 과거로의 회귀는 불가함을 강조하고 있다.

소비자금융보호청_ 법 제10편에 의해 설립된 소비자금융보호청(CFPB: Consumer Financial Protection Bureau)은 도드프랭크법이 도입한 일련의 소비자보호 장치 중에서 가장 중심적이면서도 중요한 내용으로서 지난 수십 년간 이루어진 연방기구 개편역사에 있어서 가장 중대한 사건으로 받아들여지고 있다. CFPB는 18개의 소비자법률과 이에 부속하는 50여 개의 규칙에 근거하여 7개 연방기관이 나누어 담당하던 소비자금융과 관련된 규칙제정, 감독·검사·제재 등의 권한을 독점적(exclusively)·독립적으로(independently) 수행하는 연방 차원의 단일 소비자금융보호기구로서의 위상을 가진 기구로 자리매김했다.

【도드프랭크법의 제정경과】

도드프랭크법의 입법절차는 2009년 6월 14일 오바마 행정부가 재무부 명의로 종합적인 금융규제 개혁안[7](Financial Regulatory Reform, 이하 오바마 개혁안)을 발표함과 아울러 동 개혁안을 반영한 일련의 법안을 의회에 송부함으로써 공식 시작된 것으로 알려지고 있다. 미 의회의 상·하원에서도 2009년

---

7 U.S. Department of Treasury(2009, June).

초부터 금융감독기관 개혁 및 금융산업 규제강화를 위한 다수 법안을 준비하고 있었는데, 오바마 보고서 발표를 계기로 상임위원회의 청문 및 심의 등 규제개혁법 제정활동이 가속화되었다. 미 의회는 2009년 2월부터 오바마 대통령이 법안에 서명한 2010년 7월까지 1년 6개월 동안 총 94회(상원 39회, 하원 55회)의 청문회를 개최하는 등 단기간 내에 규제개혁법 제정을 위해 적극적인 입법활동을 전개하였다.[8]

당시 하원 금융서비스위원회(House Committee on Financial Services) 위원장이던 민주당 출신의 바니 프랭크 Barney Frank 의원은 정부의 금융규제 개혁안과 기존에 발의되어 있던 다수의 법안을 종합하여 2009년 12월 2일 월가개혁 및 소비자보호법안(The Wall Street Reform and Consumer Protection Act of 2009, H.R.4173)을 제111대 의회[9]에 제출하였고, 동 법안은 이틀간의 본회의 토론(floor consideration)을 거쳐 2009년 12월 11일 하원을 232 대 202로 통과하였다.[10]

한편, 상원에서는 당시 상원 은행위원회(Senate Committee on Banking, Housing and Urban Affairs) 위원장이던 민주당 출신의 크리스 도드 Chris Dodd 의원이 별도로 2010년 4월 15일 미국 금융안정회복법안(Restoring American Financial Stability Act of 2010, S.3217)을 제안하였고, 동 법안은 일련의 심의 및 수정을 거쳐 하원의 법안(H.R.4137)과 통합되어 2010년 5월 20일 상원을

---

8 Law Librarians' Society of Washington, D.C. 홈페이지.
9 2년의 회기를 갖는 미국 하원은 1789년부터 일련번호를 부여하고 있으며, 제111대 의회는 2009~2010년 중이다.
10 미국 의회의 입법절차를 보면, 법률안이 입안(draft)되어, 상·하원에 제안(introduction)되면 관할권이 있는 위원회에 회부(referral)되어 심의를 거친 후(committee action), 당해 원의 본회의에서 의결되고(floor action), 타원他院에 이송되어 유사한 심의 및 의결절차를 거치게 된다. 법률안이 양원을 동일한 형태로 통과하면 대통령의 승인 또는 거부행위에 의하여 법률로서의 성립 여부가 결정된다. 하원에서 처리되는 법안은 번호 앞에 'H.R.'이, 상원 법안은 'S.'가 붙는다. 대통령이 서명하기 전에는 법안(Bill)으로 불리며, 대통령 서명 이후에는 법(Act)이 된다. 미국의 입법절차에 대해서는 권태웅(2007) 참조.

59 대 39로 통과하였다.

통합 수정법안(H.R.4173)은 2010년 6월 25일 상하원 합동위원회(joint conference committee)에 보고되었는데, 합동위원회는 발의자인 도드 의원과 프랭크 의원의 기여를 고려하여 법안의 명칭을 '도드프랭크 월가개혁 및 소비자보호법'(The Dodd-Frank Wall Street Reform and Consumer Protection Act)으로 변경하였다. 최종 법률안은 6월 30일 하원을 237 대 192로, 7월 15일 상원을 60 대 39로 각각 통과하였다. 그리고 7월 21일 오바마 대통령의 서명을 통해 법률로 성립(P.L.111-203)되었으며, 그 다음 날인 7월 22일 공식 발효되었다. 오바마 대통령은 의회를 통과한 법률이 오바마 개혁안에서 제안한 내용의 90%를 반영한다고 언급하였다.[11]

도드프랭크법 제정과정 중 한 가지 주목할 점은 상·하원의 의결이 파티라인party line, 즉 당파적으로 이루어졌다는 점이다. 합동위원회 보고 이후의 최종 본회의 의결(237 대 192)도 처음의 본회의 의결(232 대 202)과 큰 차이를 보이지 않는다. 다시 말해 도드프랭크법의 제정은 초당적 합의에 의해 출발하였으나, 최종 법은 오바마 행정부와 당시 다수당이던 민주당의 정책을 반영하였으며 공화당의 대부분 의원은 찬성하지 않았다는 것을 의미한다. 1년 6개월에 걸친 집중적인 청문 및 심의에도 불구하고 반대파의 견해를 충분히 반영한 타협점을 찾지 못하였던 것이며, 트럼프 행정부 출범과 함께 제기된 폐지논란의 불씨를 남겨놓았던 것이다.

이러한 문제는 도드프랭크법 제정 직후부터 일부 조항에 대한 업계의 지속적인 반발을 낳았으며, 결국 후일 트럼프 행정부와 공화당에서 도드프랭크법의 상당수 조항을 폐지 내지 개정하려는 움직임으로 나타났다. 예컨대 링

---

11 White House(2010, June 25).

컨 수정조항(제716조)과 유동화증권의 이해상충 방지조항(제621조), 위임장 접근권 조항(Proxy Access, 제971조), 특별정리절차(OLA)를 규정한 도드프랭크법 제2편, 소비자금융보호청(CFPB)의 지위 및 권한을 규정한 제10편 등이 폐지 또는 개정의 대상이 되었다. 이의 자세한 내용에 대하여는 이 책의 관련되는 장에서 서술한다.

【도드프랭크법의 이행현황】

도드프랭크법의 조항은 그 자체로서 실행력을 갖는 조항과 연방감독기관의 감독규칙에 세부기준을 위임한 조항으로 구분된다. 로펌인 데이비스 포크Davis Polk의 집계에 따르면, 도드프랭크법에 의해 연방감독기관에 제정이 위임된 감독규칙은 390여 개에 이른다. 도드프랭크법이 제정된 지 6년여 경과한 2016년 7월 현재 제정 완료된 감독규칙은 274개로 70%의 이행률을 보이고 있어 도드프랭크 규제개혁은 현재 진행형임을 알 수 있다.[12]

트럼프 행정부 출범 이후 기존 금융규제의 적정성 여부에 대한 전면 재점검이 이루어지면서 도드프랭크 규칙제정이 미루어지거나 기존에 제정 완료되었던 규칙의 재검토가 이루어지는 등 도드프랭크 규제개혁의 지연 또는 철회 움직임이 나타나고 있다. 한편, 이 밖에도 도드프랭크법은 연방감독기관과 의회 회계감사원(GAO)에 67건의 검토보고서를 작성하여 의회에 보고하도록 요구하였다.

---

12 Davis Polk(2016). 데이비스 포크는 2016년 7월까지의 도드프랭크법 이행상황만을 분석, 공시하고 있다.

도드프랭크법에 의해 도입이 의무화된 감독규칙 현황

주제별	규칙제정 건수	감독당국별	규칙제정 건수
시스템리스크	28	은행감독당국	132
특별정리절차	16		
은행규제	50	SEC	94
장외파생시장	87		
헤지펀드·증권규제·신용평가회사	68	CFTC	59
소비자보호 및 모기지개혁	112		
기타	29	기타	105
계	390	계	390

자료: Davis Polk(2016)

II
도드프랭크법의 경제적 영향

　도드프랭크법이 제정된 지 7년여 경과한 2017년까지 도드프랭크 규제개혁은 여전히 현재진행형이다. 앞서 언급한 바와 같이 도드프랭크법에서 요구하는 감독규칙의 상당 부분이 아직 시행되지 않았거나 제정조차 되지 않았기 때문이다. 따라서 도드프랭크법의 경제적 영향을 종합적으로 분석하기에는 시기상조라고 할 수 있다.

　그럼에도 트럼프 행정부 출범이라는 정치적 환경변화와 함께 금융위기 발발 10주년이라는 시간적 요인이 맞물리면서 도드프랭크 규제개혁의 경제적 영향을 분석하기 위한 시도가 부분적으로 이루어지고 있다. 그리고 이는 트럼프 행정부 출범과 함께 진행되고 있는 금융규제의 완화를 둘러싼 논쟁의 배경이 되고 있다.

　여기에서는 도드프랭크법의 영향을 금융시스템의 안정, 경제성장, 그리고 소비자보호 등 3개 부문으로 나누어 살펴본다.

【금융시스템의 안정성에 미치는 영향】

도드프랭크 규제개혁의 목적은 법의 명칭에서 시사하듯이 월가 금융회사 규제강화를 통한 금융시스템의 안정성제고를 한 축으로 하며, 소비자 및 투자자보호를 다른 한 축으로 한다. 따라서 금융시스템의 안정성이 제고되었는지 여부는 도드프랭크 규제개혁의 성공 여부를 가리는 가장 중요한 척도의 하나이다.

감독당국자들은 도드프랭크 규제개혁으로 미국 금융시스템의 안정성이 제고되었다고 주장한다. 그 근거로써 무엇보다 강화된 건전성 규제에 따른 자기자본 및 유동성의 대폭 확충으로 은행시스템의 위기복원력이 크게 향상되었다는 점을 들고 있다. 연준의 당국자에 따르면 종합자본적정성평가(CCAR: Comprehensive Capital Analysis and Review)의 대상이 되는 대형 은행지주회사[13]의 보통주 자본은 2009년 5,000억 달러에서 2017년 1조 2,000억 달러로, 보통주 자본비율은 동기간 중 5.5%에서 12.4%로 각각 증가하였다. 또한 미국 8대 대형 은행지주회사의 고유동성자산은 2011년 1조 5,000억 달러에서 2017년 2조 3,000억 달러로 증가하였으며, 단기도매시장 조달 비중은 2006년 35%에서 2017년 15%로 하락하였다.[14]

그 밖에 금융시스템의 안정성제고에 기여한 것으로 평가되는 개혁조치로 특별정리절차, 장외파생시장 규제개혁, 금융안정감시위원회를 중심으로 한 시스템리스크 감독체계 등이 있다. 특별정리절차는 구제금융을 투입하지 않으면서도 금융시장에 극심한 혼란 없이 대형 금융회사의 청산을 가능케 하였

---

[13] CCAR은 총자산 500억 달러 이상의 대형 은행지주회사를 대상으로 실시한다. 2017년 현재 이러한 대형 은행지주회사는 33개가 있다.
[14] Jerome H. Powell(2017) 참조.

으며, 장외파생시장 규제개혁은 시장 인프라의 정비 및 보고·공시·자본 규제의 도입으로 시스템위험 유발행위를 예방하고 시장 투명성과 손실흡수력을 크게 강화한 것으로 평가되었다. 또한 시스템리스크 감독체계는 잠재 리스크의 파악·대응을 가능케 하는 한편, 대형 비은행금융회사를 시스템적 중요 금융회사(SIFI)로 지정하여 연준의 감독을 받게 함으로써 금융안정을 높일 것으로 기대되었다.

도드프랭크 규제개혁이 전반적으로 금융안정성을 제고하였으나, 일부 규제는 그 반대의 효과를 가져왔다는 주장이 있다. 예컨대 연준의 긴급유동성 지원기능에 대한 제한은 금융시스템의 안정성을 저해할 수 있는 대표적인 조치로 거론되었다. 금융시스템 전반에 걸친 필요성(broad-based eligiblity requirement)이 있는 경우에만 긴급유동성 지원 프로그램을 운용할 수 있도록 함으로써 연준의 즉각적인 위기대응 능력이 약화될 수 있다는 이유에서다. 그 밖에 볼커 룰, 링컨 수정조항, 영업행위 제한(특정 영업행위 중지, 특정 금융상품 판매 중지, 시장점유율 한도규제 등) 등의 조치는 금융회사의 지나친 위험추구 행위를 억제할 목적으로 도입되었으나 과도한 규제준수 부담으로 인해 그 부작용이 시스템 안정성제고의 긍정적 효과를 상쇄할 것으로 우려되었다. 스왑업체에 대한 연방지원을 금지한 링컨 수정조항은 결국 2014년 12월 폐지되었으며, 볼커 룰과 영업행위 제한조치들은 트럼프 행정부 들어 개편논의가 진행 중이다. FSOC의 SIFI 지정에 대해서도 금융안정을 저해할 수 있다는 비판적 견해가 제기되고 있다. 주로 공화당과 보수 싱크탱크에서 제기하는 주장으로서, SIFI 지정은 대마불사(TBTF)의 꼬리표를 붙여주는 결과로 금융회사의 도덕적 해이와 시장규율기능 약화를 초래할 수 있다는 것이다.

【신용공급 및 경제성장에 미치는 영향】

도드프랭크 규제개혁과 관련한 두 번째 이슈는 그것이 과도하였는지 여부이다. 즉 과도하게 규제를 강화함으로써 금융회사의 규제준수 부담이 증가하고 그로 인해 금융회사의 신용공급과 경제성장에 부정적인 영향이 초래되었는지 여부이다.

하원 금융서비스위원회 위원장 젭 헨살링Jebb Hensarling은 금융선택법안을 발의한 주요 근거로써 금융위기 이후의 신용공급 위축과 경제성장 둔화를 들었다. 그는 미국 경제가 금융위기 이후 역사상 가장 느린 회복속도를 보이고 있다고 진단하고, 그 이유를 도드프랭크법의 과도한 규제강화에서 찾았다.[15] 특히 지역은행(총자산 100억 달러 이하 은행을 말한다)의 규제준수 부담증가에 따라 소기업 대출이 위축되었음을 강조하였다.

소기업은 역사적으로 민간부문 고용의 절반을 차지하며, 새로운 일자리 창출의 60%를 담당하는 등 미국경제와 고용에 중요한 역할을 담당하여왔다.[16] 따라서 소기업에 대한 은행대출의 위축은 당연하게도 더딘 경제회복이라는 결과로 이어졌다는 것이 이들의 주장이다. 이러한 인식은 보수 싱크탱크에서도 동일하게 나타난다.[17]

여기에서 두 가지 논점이 있다. 하나는 금융위기 이후 신용공급 및 경제성장이 과연 더뎠는가 하는 것이고, 다른 하나는 도드프랭크법과의 인과관계 여부이다. 첫 번째 논점과 관련하여 실제로 지난 금융위기 이후의 신용공급 및 경제의 회복속도는 과거의 경기침체 이후 회복기에 비해 더뎠던 것으로

---

[15] Jebb Hensarling(2016).
[16] U.S. Department Of Treasury(2017, June) p.44.
[17] Peter J. Wallison(2016).

나타났다.[18] 그러나 지난 금융위기가 그 강도와 파급영향이라는 측면에서 대공황 이후 전례 없는 최대의 위기였다는 점을 감안할 때 과거 경기침체기의 경기회복 속도와 비교하는 것이 과연 타당한지는 의문이 남는다. 실제로 연준 당국자는 2014년 이후 신용공급(연평균 6.5%) 및 경제성장(연평균 2.4%)이 상당히 견조한 추세를 보였다고 평가하면서 그 원인으로 도드프랭크 규제개혁으로 인한 금융시스템의 체질강화와 적절한 통화정책을 들었다.[19]

금융규제 강화, 특히 자본규제의 강화가 신용공급 및 경제성장에 미치는 영향은 경제학자들의 오랜 연구주제 중의 하나였다. 옐런Janet Yellen 연준 의장이 2017년 잭슨 홀 연설에서 언급한 바와 같이 자본충실도가 은행대출에 미치는 영향에 대한 기존의 연구는 상반된 결과를 보고하고 있어 단정적으로 말하기는 어렵다. 그러나 규제당국자들은 자본규제 강화로 신용공급 및 경제성장에 다소 부정적인 영향이 있다고 하더라도 금융위기의 발생확률을 낮춤으로써 경제성장에 긍정적 영향을 미친다는 확고한 믿음을 가지고 있다. 바젤은행감독위원회(BCBS)는 과거 금융위기 발생으로 인한 누적 GDP 손실률(미래의 GDP 손실액을 적정 할인율로 할인하여 더한 값을 위기 직전 연도의 GDP로 나눈 값)이 최저 19%에서 최대 158%에 이르는 것으로 추정한 바 있다. 이는 자본충실도 제고로 연간 금융위기 발생확률이 1%포인트 하락하면 그에 따른 경제적 효익이 GDP 대비 최저 0.19%에서 최대 1.58%에 이른다는 의미이다.[20]

---

18 U.S. Department of Treasury(2017, June). 재무부 보고서는 경기저점으로부터 약 7년(28개 분기)이 경과한 시점에서 실질 GDP 회복 정도를 비교해볼 때 과거 7개의 경기침체 이후 평균 회복기에 비해 지난 금융위기 이후 회복 정도가 10%포인트 이상 낮은 것으로 분석하였다. 달라스 연준(Dallas Fed) 소속의 경제학자도 비슷한 연구결과를 내놓았다. Tyler Atkinson, David Luttrell and Harvey Rosenblum(2013) 참조.
19 Janet L. Yellen(2017).
20 이에 대한 자세한 설명은 졸저 《바젤III와 글로벌 금융규제의 개혁》(2011), pp.47~48 참조.

두 번째 이슈와 관련하여, 자본규제 강화로 인해 신용도가 낮은 차주나 소기업 등에 대한 대출이 다소 위축되었음은 연준의 당국자도 인정하고 있다.[21] 그러나 소기업 대출이 상대적으로 위축된 원인을 전적으로 도드프랭크법에서 찾는 것은 무리라는 지적이다.[22] 더딘 경제회복, 바젤Ⅲ 규제에 따른 자본확충 부담, 핀테크 등 비은행 플랫폼과의 경쟁 등의 요인이 소기업 대출에 복합적으로 영향을 미쳤기 때문이다. 또한 경제회복이 더딘 것도 소기업 대출의 위축보다는 지난 금융위기의 폭과 깊이가 그 어느 때보다 컸다는 데서 찾아야 한다는 주장이다.[23]

이러한 이견에도 불구하고 소규모 지역은행에 대한 규제가 과도하다는 데에 대해서는 감독당국 내에서도 폭넓은 공감대가 형성되었다. 예컨대 연준의 당국자들은 소규모 지역은행에 대해서 콜 리포트call report 보고, 스트레스테스트, 볼커 룰 등의 규제를 완화하는 방안을 자체적으로 검토해왔으며,[24] 이러한 견해는 재무부 보고서에 반영되었다.

【소비자 및 투자자보호에 미치는 영향】

2008 금융위기는 종전에는 주목받지 못하였던 금융소비자보호의 중요성을 일깨우는 계기가 되었다. 금융위기의 원인과 결과에 궁극적으로는 소비자가 있었기 때문이다. 원인에 있었다는 것은 상환능력이 부족한 저소득층에게

---

21 Janet L. Yellen(2017). 그러나 Barry Ritholtz(2015)는 소기업 대출이 위축되지 않았다며 이견을 보였다.
22 Ben McLannahan(2017) 참조.
23 Ben McLannahan(2017) 참조.
24 Jerome H. Powell(2017) 참조.

약탈적 성격의 서브프라임 모기지대출을 확대한 것이 금융위기의 직접적이고도 근원적인 원인이 되었다는 것을 말하는 것이며, 결과에 있었다는 것은 모기지 부실화로 인한 주택 차압, 금융상품의 가치하락으로 인한 대규모 투자손실, 나아가 경기침체로 인한 실업, 그리고 납세자의 세금을 활용한 구제금융 투입 등 금융위기로 인해 발생한 막대한 손실을 부담한 궁극적 주체가 일반 소비자들이었음을 말하는 것이다.

도드프랭크 규제개혁의 궁극적 목적은 소비자 및 투자자보호라 해도 과언이 아니다. 이것은 한편으로 금융시스템의 안정확보라는 규제개혁의 목적도 결국은 금융시스템의 최종 수요자인 소비자의 권익을 보호하기 위한 수단적 성격을 갖기 때문이며, 다른 한편으로 소비자 권익을 보호하지 않고서는 금융시스템의 신뢰유지와 장기적인 안정적 발전도 가능하지 않기 때문이다.

도드프랭크 규제강화 중에서 제9편 A장(투자자보호를 위한 SEC의 권한강화), 제10편(소비자금융보호청의 신설), 제12편(저-중위 소득계층에 대한 금융접근성 제고), 그리고 제14편(모기지 개혁 및 약탈적 대출 금지)은 직접적으로 소비자 및 투자자보호와 관련되는 내용이다. 이 중에서도 특히 제10편과 제14편의 내용에 대해 규제수준의 적절성 및 규제효과를 둘러싸고 도드프랭크법 지지자와 반대자 간에 치열한 논쟁을 전개하였다.

소비자단체 등 지지자들은 도드프랭크 규제강화로 인해 소비자보호의 사각지대가 줄어들고 소비자의 권익이 향상되는 효과가 있었다는 긍정적인 평가를 내렸다. 긍정적 효과의 대표적인 예로서 소비자금융보호청(CFPB)의 적극적 소비자금융 보호활동을 들 수 있다. CFPB는 2011년 7월 설립 이후 6년간 120만 건의 금융민원을 처리하고, 2,900만 명을 대상으로 120억 달러의 피해액을 구제[25]하는 한편, 185건의 제재조치를 부과하고, 62건의 규칙을 제정[26]하는 등 적극적인 소비자금융 보호활동을 전개하였다.

이에 반해 도드프랭크법 반대자들은 CFPB가 무책임한 지배구조와 광범위한 규제권한을 활용하여 과잉규제와 제재조치를 남발하였으며, 소비자의 금융상품 선택권과 신용접근성이 제약되고, 금융혁신이 저해되는 등 금융회사와 소비자 모두에게 부정적 결과가 초래되었다고 주장하였다. 미국은행협회(ABA)는 과도한 규제준수 부담으로 인해 금융회사의 약 절반이 대출, 예금, 기타 서비스 상품의 공급을 축소하였다는 설문조사 결과를 보고하였다.[27] 또한 재무부 보고서는 모기지 대출기관의 규제준수 부담증가로 모기지대출의 실행 및 관리비용이 크게 상승하는 한편, 모기지시장의 위축으로 소비자의 모기지 접근성이 제약되었음을 지적하였다.[28]

이러한 상반된 입장은 CFPB의 권한 및 독립성에 대한 논쟁으로 이어졌다. 금융선택법안과 재무부 보고서[29]는 CFPB의 감독검사 권한을 박탈하고 의회와 대통령의 통제를 강화하는 개편방안을 제시한 반면, 민주당과 소비자단체는 금융위기 이전에 만연했던 약탈적 대출 등 소비자권익 침해행위가 재연될 수 있다며 CFPB 권한 및 독립성을 훼손하는 개편방안에 반대입장을 표명하였다.

---

25 Zixta Q Martinez(2017).
26 U.S. Department of Treasury(2017, June) p.79.
27 ABA(2015).
28 U.S. Department of Treasury(2017, June) pp. 92~102. 건당 모기지 실행비용은 2009년 4,400달러에서 2016년 7,500달러 이상으로 상승하였으며, 연간 모기지 관리비용은 정상대출의 경우 약 4배(2008년 59달러 → 2016년 상반기 228달러), 연체대출의 경우 5배 이상(482달러 → 2,500달러) 상승하였다.
29 U.S. Department of Treasury(2017, June 12).

III
최근의
금융규제 개편논의

　도드프랭크 금융규제 개혁조치에 대한 비판적 시각은 도드프랭크법 제정 직후부터 금융업계와 보수 싱크탱크를 중심으로 지속적으로 제기되어왔다. 도드프랭크 규제를 완화·폐지하려는 금융업계의 시도는 부분적으로 성공하기도 하였는데, 예컨대 스왑업체에 대한 연방지원을 금지한 링컨 수정조항(법 제716조)은 시티 등 월가 메가뱅크의 로비로 인해 2014년 12월 폐지된 바 있었다.[30]

　도드프랭크법의 완화·폐지 움직임은 미국 대선이 열리는 2016년 들어 본격적으로 전개되었다. 보수 싱크탱크인 헤리티지 재단은 2016년 4월 보수적 시각에서 도드프랭크법을 전면적으로 재검토하여 대폭 수정·폐지할 것을 주

---
30 이에 대해서는 이 책의 제8장 참조.
31 Norbert Michel(2016).

장한 보고서[31]를 발간하였으며, 동 보고서는 공화당 금융선택법안의 이론적 토대가 되었다. 트럼프 행정부 출범 이후에는 도드프랭크법의 폐지·완화 등 금융규제 개편논의가 의회와 행정부에서 진행되고 있다. 이하에서는 공화당 하원의 법안, 재무부의 보고서, 그리고 상원 법안을 중심으로 최근의 금융규제 개편논의를 정리한다.

【공화당의 금융선택법안】

도드프랭크법의 금융규제강화에 대한 반대 목소리를 집대성한 법안으로 공화당 소속 하원 금융서비스위원회 위원장인 젭 헨살링이 발의한 일명 금융선택법안(Financial CHOICE Act)이 있다.[32]

금융선택법안(H.R. 5983)은 2016년 9월 제114대 의회에 제안되어 소위원회 회부 및 심의를 거쳐 그해 12월 금융서비스위원회에 보고된 바 있었다. 이후 헨살링 위원장은 트럼프 대통령의 행정명령 제13772호(금융규제의 핵심원칙)에 힘입어 동 법안을 일부 수정한 금융선택법안 2.0(H.R. 10)을 2017년 4월 제115대 의회에 다시 제안하였으며, 동 수정법안은 상임위원회 상정 및 심의를 거쳐 2017년 6월 8일 하원 본회의를 통과하였다.

금융선택법안(2.0)은 총 591쪽, 12개 편(Title), 236개 조문으로 구성되어 있으며, 도드프랭크법의 상당수 조항들을 폐지 내지 개정한다는 점에서 흔히 도드프랭크 대체법안으로 불린다. 금융선택법안은 도드프랭크법의 특별정리권한(제2편), 지급·청산·결제감독(제8편), 볼커 룰(제619조)을 전면 폐지하

---

32 여기에서 CHOICE란 'Creating Hope and Opportunity for Investors, Consumers and Entrepreneurs'의 두문자이다.

고, 시스템리스크 감독(제1편), 은행규제(제6편), 증권규제(제4·7·9편), 소비자보호체계(제10편) 및 모기지규제(제14편)를 완화하거나 개편하였다. 금융선택법안은 도드프랭크법에 의해 도입된 강화된 금융규제 및 감독체계를 완화 내지 개편하는 내용이 큰 부분을 이루며, 그 밖에 금융감독기관에 대한 의회의 감시를 강화하는 내용을 다수 포함한다. 이하에서는 금융선택법안의 개요를 간략히 소개한다.

우선, 소비자 및 소기업에 대한 신용공급 기능 활성화를 위해 다수의 은행 및 증권 관련 규제를 완화할 것을 제안하였다. 은행규제로는 볼커 룰을 폐지하고, 레버리지비율 10% 이상 은행에 대해 바젤III 자본·유동성 규제를 면제하며, 소규모 지역은행에 대한 콜 리포트 간소화 등 규제완화를 제안하였다. 증권규제로는 소규모 기업의 증권발행을 통한 자본형성이 용이하도록 증권형 크라우드 펀딩 및 적격벤처캐피탈펀드 규제를 완화할 것을 제안하였다. 그리고 도드프랭크법에 의해 도입된 유동화증권의 위험보유 규제와 금융회사의 성과보상 규제의 폐지를 제안하였다.

둘째, 감독제도 및 감독체계의 개편을 제안하였다. 금융안정감시위원회에 부여된 시스템적 중요 금융회사(SIFI) 및 금융시장기구(SIFMU)의 지정권한을 소급적으로 폐지하고, SIFI에 적용되는 강화된 감독기준을 폐지·완화하며, 금융조사국(OFR)의 폐지를 제안하였다. 이러한 조치는 도드프랭크법 제1편에 의해 도입된 시스템리스크 감독체계를 해체하는 것이다. 또한 법 제2편의 특별정리절차를 폐지하는 대신, 파산법에 대형 금융회사 청산절차에 관한 장을 신설하는 방안을 제안하였다. 파산법의 신설 장은 FDIC가 아닌 법원이 대형 금융회사 청산을 주도한다는 점에서 특별정리절차와 구별된다. 그리고 소비자금융보호청의 과도한 권한과 독립성을 제한하기 위해 감독·검사권을 박탈하고, 대통령이 청장을 재량으로 해임할 수 있도록 하는 등의 개편방안을 제시하였다. 그리고 연준 통화정책에 대한 감사권한을 회계감사원(GAO)에 부여할 것을 제안하였다.

셋째, 연방감독기관에 대한 의회감시를 강화하기 위한 방안을 제안하였다. 현행 제도상 2개 기관(SEC 및 CFTC)을 제외한 6개[33] 금융감독기관은 의회 세출승인 및 예산한도 재승인 대상에서 제외되어 있는데, 금융선택법안은 이들 6개 기관(연준의 통화정책 관련 지출 및 FDIC의 예금보험기금은 제외) 및 FSOC의 예산을 의회 세출승인 대상에 포함할 것을 제안하였다. 동 방안에 의하면 CFPB의 예산도 연준이 재원을 제공하는 방식에서 의회 세출승인 방식으로 변경된다. 또한 연방감독기구의 규칙제정시 상세한 비용-편익분석을 의무화하고, 연방감독기구의 중요 규제 신설시 공동결의안에 의한 의회 승인을 거치도록 제안하였다. 그 밖에 연방감독기관의 국제협약 체결시 공개의견 수렴 및 상·하원 상임위원회와 협의를 거치도록 의무화하고, 감독기관 규칙에 대한 법원의 심의기능을 제고하며, 피의자 보호를 위해 SEC 제재절차를 개편하는 등 감독기관의 감독규칙제정 및 제재행위에 대한 견제장치를 강화하는 방안을 제안하였다.

이러한 개편방안에 대하여 공화당과 민주당은 극명하게 대립되는 반응을 보였다. 공화당 소속의 하원 의장인 폴 라이언^{Paul Ryan}은 성명서를 통해 "금융선택법안은 메인스트리트의 일자리 창출을 위한 법안이며, 대형 은행을 더욱 대형화하고 소상공인의 대출을 어렵게 한 도드프랭크법을 제어"할 것이라며 지지를 표명하였다.[34] 일부에서는 동 법안의 하원 통과를 '하원 공화당의 상징적 승리'(symbolic Victory)라고 평가하였는데, 동 법안이 원안대로 실현될

---

33 통화감독청(OCC), 연준(Fed), 예금보험공사(FDIC), 신협감독청(NCUA), 주택감독청(FHFA), 소비자금융보호청(CFPB)을 말한다.
34 Paul Ryan(2017).

가능성이 높지는 않지만 규제완화를 위한 여정에서 갖는 의의가 크다는 점을 언급한 것이다.[35]

이에 반해 민주당에서는 금융선택법안이 '자본형성 촉진', '일자리 창출' 등의 미사여구를 사용하고 있지만 실상은 메가뱅크에 대한 규제를 도드프랭크법 이전으로 환원하고자 하는 것으로서 제2의 금융위기를 초래하고 소비자보호를 약화할 수 있다며 강한 어조로 비판하였다.[36] 다만, 중대형 은행(총자산 500억~1000억 달러)에 대한 SIFI 규제, 소형 지역은행에 대한 과도한 규제 등 도드프랭크 규제 일부의 완화 필요성에는 민주당에서도 공감대가 형성되었다.

또한 도드프랭크법이 국제기준에 비해 지나치게 엄격하다며 불만을 토로하여온 업계는 대체로 금융선택법안에 긍정적 입장을 보였으나, 법 준수를 위한 내규 및 시스템 도입을 완료한 일부 대형 금융회사들은 금융선택법안의 급격한 규제완화에 부정적 입장을 보였다. 이 밖에 학계 및 언론에서는 도드프랭크법이 지나친 규제강화로 금융회사에 과도한 규제준수 부담을 초래하였다면, 금융선택법안은 그 반대 극단의 규제완화로 시스템위험을 증가시킨다며 적절한 중화가 필요하다는 입장을 피력하였다.[37]

이러한 평가를 감안할 때 금융선택법안(2.0)이 원안대로 상원을 통과할 가능성은 낮다고 전망된다. 그러나 미 재무부의 금융규제 개편 보고서와 상원의 규제완화법안이 금융선택법안을 토대로 마련되었다는 점에서 그간 공화

---

[35] Jeff Cox(2017)에서 재인용.
[36] 상원의원인 엘리자베스 워렌Elisabeth Waren은 금융선택법안이 월가 이익을 위한 법안이며, 공화당이 월가 등 부유층을 대변하는 정당임을 보여주는 것이라고 비판하였다. 또한 하원의원 맥신 워터스Maxine Waters는 제2의 금융위기를 초래할 수 있는 '잘못된 선택법'(Wrong CHOICE Act)이며, 미 의회 역사상 최악의 법안 중 하나라고 폄하하였다. Andrew Soergel(2017) 등 다수의 언론보도 참고.
[37] Jeff Cox(2017), Andrew Soergel(2017) 등 다수 언론보도 참고.

당에서 주장해온 규제완화를 향한 중요한 걸음을 내디뎠다고 평가할 수 있을 것이다.

【트럼프 대통령의 행정명령】

트럼프 대통령은 대선기간 중에 도드프랭크법을 종종 언급하였다. 그는 도드프랭크법이 "재앙"(disaster)이며, 동 법에 "상당한 수정을 가할 것"이라고 경고하였다. 나아가 "도드프랭크법을 해체하고 경제성장과 일자리 창출을 촉진하는 새로운 법으로 대체하겠다."고 공언하였다.[38]

트럼프 대통령은 2017년 1월 20일 취임 이후 대선공약 실행을 위한 방편의 일환으로 금융규제와 관련하여 1건의 행정명령과 2건의 대통령 비망록을 발동하였다.[39] 행정명령은 전반적 금융규제의 적절성 여부를, 2건의 비망록은 금융안정감시위원회의 시스템적 중요 금융회사(SIFI) 지정절차 및 특별정리제도의 타당성을 각각 검토하여 시한(120~180일) 내 권고안을 보고하라는 것이 그 요지이다.[40]

대선 캠페인 중 공약한 금융규제 완화의 첫걸음을 내딛는 것임과 동시에 의견이 크게 대립되는 도드프랭크법 규제의 폐지·완화를 무리하게 추진하기보다는 재무부의 검토 및 의견수렴 절차를 거쳐 신중하게 추진할 방침임을

---

38 Jesse Hamilton and Elizabeth Dexheimer(2016).
39 대통령 명령은 행정명령(executive order), 비망록(Memorandum), 포고령(proclamation) 등의 형태를 가지며, 이 중 행정명령이 연방공보 게재 등 가장 높은 권위를 가진다.
40 이 외에 금융규제와 관련된 것으로서 노동부 장관 앞으로 발동된 2.3일자 대통령 비망록이 있다. 동 비망록은 2016년 4월 노동부 산하 연금감독청(Employee Benefits Security Administration)이 발표한 '신의성실 규칙'(Fiduciary Duty Rule)의 적절성을 재검토하고, 동 규칙의 개정·폐지 등 적절한 조치를 취하도록 명령하였다. 동 비망록은 도드프랭크법과의 직접적 관련성이 없어 여기에서는 다루지 않았다.

시사한 것으로 해석된다.

(1) 금융규제의 핵심원칙(Core Principles)

3건의 대통령 명령 중 2월 3일자 행정명령 제13772호는 본격적인 금융규제 완화에 앞서 기존 금융규제의 적절성을 전면 재검토할 것을 재무부 장관에게 요구하였다. 구체적으로 금융시스템 규제를 위한 7대 핵심원칙을 제시하고, 재무부 장관으로 하여금 금융안정감시위원회와 협의하여 기존 금융규제가 핵심원칙에 부합하는지 여부에 대해 검토하여 120일 내에 대통령에게 보고토록 명령하였다.

금융규제 핵심원칙 주요 내용

① 미국인들의 독립적 재무 의사결정 및 부의 축적을 가능하게 할 것
② 납세자의 자금을 활용한 구제금융 방지
③ 경제성장 촉진 및 금융시장 활성화
④ 미국 기업들의 경쟁력제고
⑤ 국제협약 제정시 미국의 국익 증진
⑥ 금융규제의 효율화
⑦ 연방감독기관의 책임강화 및 규제체계 합리화

(2) 시스템적 중요 금융회사(SIFI) 지정절차의 적정성

도드프랭크법 제113조와 제804조는 각각 시스템적 중요 금융회사(SIFI)와 시스템적 중요 금융시장기구(SIFMU)의 지정권한을 금융안정감시위원회에 부여하였다. SIFI 또는 SIFMU로 지정되면 연준으로부터 강화된 감독을 적용받게 된다. 이에 대해서는 이 책의 제2장에서 상세히 다룬다.

도드프랭크법의 SIFI 지정 및 감독제도는 금융업계로부터 많은 반발을 불

러일으켰다. 메트라이프^{MetLife}가 SIFI 지정에 불복하여 연방법원에 소송을 제기한 가운데 공화당의 금융선택법안은 SIFI 지정이 '대마불사'(TBTF)의 꼬리표를 붙여주는 결과로 금융회사의 도덕적 해이와 시장규율기능 약화를 초래한다며 FSOC의 SIFI 지정권한의 폐지를 주장하였다.

이러한 배경에서 2017.4.21자 대통령 비망록은 SIFI 및 SIFMU 지정절차의 투명성 및 적절성을 검토하여 권고안을 보고할 것을 재무부 장관에게 명령하였다. 일각에서는 트럼프 행정부 출범 즉시 메트라이프의 SIFI 지정을 철회함으로써 금융규제 완화의 의지를 천명할 것이라는 관측이 있었다. 그러나 비망록은 이러한 관측을 따르지 않고 재무부 장관으로 하여금 지정절차의 적절성을 검토하는 과정을 거치게 함으로써 법원의 심리절차를 존중하는 한편, 규제완화의 신중성과 정당성을 확보하려는 것으로 생각된다.

미 재무부는 2017년 11월 보고서[41]를 통해 FSOC의 SIFI 지정권한을 폐기하지는 않았으나, 엄격한 비용편익분석 등 절차를 매우 어렵게 하고 최후의 수단으로써만 활용토록 함으로써 사실상 무력화하였다. 더욱이 FSOC는 GE 캐피탈(2016.6) 및 AIG(2017.9)에 이어 조만간 푸르덴셜^{Prudential} 및 메트라이프도 SIFI 지정에서 해제할 것으로 관측되고 있어 도드프랭크 규제강화의 중요한 한 축을 구성하였던 SIFI 지정 및 감독제도가 사실상 형해화의 길을 밟고 있는 것으로 보인다.

(3) 특별정리제도(OLA : Orderly Liquidation Authority)

도드프랭크법 제2편은 은행지주회사 및 비은행금융회사를 대상으로 한 특별정리제도를 도입하였다. 재무장관은 대통령과 협의하여 금융회사가 파

---

41 U.S. Department of Treasury(2017, November 17).

산상태(in default) 또는 파산위험(in danger of default)에 처해 있는지 여부 및 파산법에 의한 청산시 금융시장에 막대한 혼란을 초래할 가능성이 있는지 여부를 결정하고, FDIC를 청산관재인(receivership)으로 지명하여 질서 있는 정리권한(OLA)을 발동할 수 있다. 도드프랭크법은 OLA의 가장 중요한 원칙으로서 납세자가 어떠한 손실도 부담하지 않도록 규정하였다. OLA에 대해서는 이 책의 제3장에서 다룬다.

OLA는 도드프랭크법 제정 당시 상원의 절대적 지지로 채택되었으나, 최근에는 그 존폐를 둘러싸고 치열한 논란의 대상이 되었다. 공화당을 주축으로 한 폐지론자들은 OLA가 대마불사의 도덕적 해이와 납세자의 손실을 초래하므로 폐지할 것을 주장하는 반면, 존치론자들은 OLA가 리먼브라더스 파산사태와 같은 금융시장의 극심한 혼란을 초래하지 않으면서도 구제금융의 투입 없이 대형 금융기관을 청산할 수 있는 제도적 장치라며 폐지에 반대하고 있다.

이러한 배경에서 4월 21일자 대통령 비망록은 OLA의 적정성을 검토하여 권고안을 보고토록 명령하였다. 구체적으로 OLA가 핵심원칙에 부합하는지 여부, 국고에 손실 초래 여부, 과도한 위험추구 및 대마불사의 조장 여부 등을 검토하도록 하였다. 또한 파산법에 의한 청산절차가 OLA보다 더 바람직한지 여부를 검토하고, OLA의 직·간접 영향을 수량적으로 분석토록 하였다.

【재무부의 금융규제 개편방안】

미 재무부는 트럼프 대통령의 행정명령(제13772호)에 따라 은행 및 신용조합, 자본시장, 자산관리 및 보험산업, 비은행금융회사 및 핀테크 등 4개 부문으로 나누어 순차적으로 금융규제 개편방안을 발표하고 있다. 재무부는 개편방안을 마련함에 있어 권역별 감독기관과 공동으로 작업하였으며, 소비자단체·학계·싱크탱크·업계 단체 등 광범위한 이해관계자로부터 의견을 수렴하였다. 2017년 11월까지 발표된 3개 보고서는 총 530쪽의 방대한 분량으로 총 261건의 권고사항을 제시하였다.

재무부의 개편방안은 금융회사의 규제준수 부담을 경감하고 경제성장 및 금융혁신의 촉진을 목적으로 도드프랭크법 및 감독기관의 감독규칙을 완화의 입장에서 재검토하여 폐지·완화 또는 조속한 추진을 권고하는 내용으로 구성되어 있다. 재무부 보고서는 그간 금융업계와 보수 싱크탱크, 그리고 공화당 금융선택법안에서 주장하여온 규제완화 방안을 다수 포함하였다.

그러나 재무부 보고서는 도드프랭크법의 폐지 등 급진적인 규제완화를 도모하는 금융선택법안과는 달리 대체로 합리적이고, 상식에 기초한 실용적인 개편방안이라는 평가를 받고 있다.[42]

이하에서는 비은행 및 핀테크 보고서를 제외하고 2017년 11월까지 발표된 3개 보고서의 주요 내용을 정리한다.

(1) 은행 및 신용조합 부문 보고서

2017년 6월 12일 발표된 은행 및 신용조합 부문 보고서[43]는 3개 부문에 걸쳐 총 102건의 권고사항을 제안하였다. 주요 내용을 보면 첫째, 미국 금융감독체계에 파편화·중첩·중복의 3대 문제가 있음을 지적하고, 이의 해결을 위해 감독기구 통합 등의 조치를 의회에 촉구하였다. 또한 감독관할권이

---

42 Damian Paletta(2017) 등 다수의 언론보도 참고.
43 U.S. Department of Treasury(2017, June 12).

중복·상충되는 이슈에 대하여 선임감독기관(lead regulator)의 지정권한을 부여하는 등 금융안정감시위원회(FSOC)의 조정역할을 강화하고, 금융조사국(OFR)을 재무부 장관의 직접적 통제를 받는 재무부 내의 기구로 재편할 것을 권고하였다.

둘째, 은행규제의 효율성제고를 위한 방안으로서 바젤III 자본 및 유동성 규제, 스트레스테스트 등의 규제를 자산규모에 따라 차등 적용하고, 국제기준보다 과도하게 엄격한 규제는 재점검하여 완화할 것을 권고하였다. 또한 SIFI 규제가 적용되는 은행의 총자산 기준을 상향(현행 500억 달러 → 미정)하고, 레버리지비율 10% 이상 은행에 대한 규제면제 방안의 고려를 권고하였다. 또한 총자산 100억 달러 미만의 지역금융기관에 대한 자본규제 및 보고·검사 부담의 면제·완화를 권고하였다. 지역금융기관에 대한 규제의 면제·완화는 정파를 막론하고 공감대가 형성되어온 것으로, 시스템위험 증가 없이 규제준수 부담을 완화하는 긍정적 효과가 있는 것으로 평가되었다.

볼커 룰은 폐지하지 않고 완화할 것을 권고하면서 구체적인 완화방안을 상세하게 제시하였다. 그리고 감독기관이 경제적 영향이 1억 달러를 상회하는 중요 금융규제를 제정할 때에는 행정명령(제12866호)에 의한 엄밀한 비용-편익분석을 실시할 것을 권고하였다.

셋째, 소비자 및 상공인에 대한 신용공급 확대를 위한 조치로서 대통령 및 의회 통제를 강화하는 방향으로 소비자금융보호청(CFPB)의 지배구조를 개편하고, CFPB가 도입한 주거용 모기지대출 관련 규제의 완화를 권고하였다. 그 밖에 감독기관이 도입한 레버리지대출 규제와 소상공인 대출 규제를 재점검하고 단순화할 것을 권고하였다.

(2) 자본시장 부문 보고서

2017년 10월 6일 발표된 자본시장 부문 보고서[44]는 7개 부문에 걸쳐 총 98건의 권고사항을 제안하였다. 주요 내용을 보면, 첫째, 기업의 자본시장을 통한 자본형성 촉진방안을 권고하였다. 지난 20년간 각종 규제로 공개기업 수가 절반으로 축소(1996년 말 약 8,000개 → 2016년 말 약 4,000개)되었다는 점을 지적하고, 기업공개 촉진을 위한 공시규제 완화를 권고하였다. 또한 신성장기업의 자본형성 촉진을 목적으로 2012년 잡스법(JOBS Act)에 의해 도입된 증권형 크라우드펀딩 등 혁신형 자본조달 수단을 재검토·보완하는 한편, 사모시장을 통한 자본조달 촉진을 위한 전문투자자(accredited investor) 제도의 재정비를 권고하였다.

둘째, 자본시장의 효율성 및 유동성제고를 위한 규제완화를 권고하였다. 주식시장의 경우 거래소간 경쟁심화, 대체거래시스템(ATS)의 급성장 등 환경변화에 대응하여 기존 규제를 개선할 것을 권고하였다. 국채시장에 대해서는 데이터 갭 해소를 위한 거래정보 파악 강화를 주문하였으며, 회사채시장의 경우 볼커 룰 및 레버리지비율 규제의 완화 등 유동성제고 방안의 추진을 권고하였으며, 유동화시장에 대해서는 시장 위축의 원인이 되는 자본·유동성 규제, 위험보유 규제, 개별 기초자산에 대한 공시규제(Regulation AB)를 합리적으로 개선할 것을 권고하였다.

셋째, 파생상품시장과 관련해서는 CFTC(스왑 규제)와 SEC(증권기초스왑 규제)간 규제의 일관성을 제고하고, 중앙청산과 관련한 자본 및 증거금 규제를 국제기준에 맞게 재정비할 것을 권고하였다. 또한 스왑거래 실행 및 스왑 정보 보고 등 시장하부구조 관련 규제의 유연성을 제고하여 스왑시장의 혁신

---

[44] U.S. Department of Treasury(2017, June 12).

을 촉진할 것을 권고하였다. 그리고 금융시장기구(FMU)에 대해서는 금융거래의 집중화 및 상호연계성으로 인해 시스템리스크가 초래될 수 있다는 점을 지적하고, 스트레스테스트 확충 등 감시감독 강화를 권고하였다.

넷째, 감독체계와 관련하여 현행 SEC(증권시장 감독)와 CFTC(파생시장 감독)로 이원화된 자본시장 감독체계를 유지하되, 기관간 협조를 강화하고 규제의 효율화 및 투명화를 추진할 것을 권고하였다. 또한 자율규제기관의 조직 및 지배구조를 종합 점검하고 개선방안을 마련할 것을 권고하였다.

마지막으로, 미국 금융기관의 대외 경쟁력강화를 위해 해외 금융기관과 동등한 경쟁여건을 조성할 것을 권고하였다. 또한 미국 감독기관들은 해외 감독당국과 다자간 및 양자간 협조를 강화하는 한편, 국제협약 체결시 미국의 이익을 보호하고, 미국 규제기준과 합치되는 공통의 목소리(one voice)를 낼 것을 주문하였다.

(3) 자산운용 및 보험 부문 보고서

2017년 10월 26일 발표된 자산운용 및 보험 부문 보고서[45]는 각각 4개 부문에 걸쳐 총 61건의 권고사항을 제안하였다. 첫째, 자산운용업과 보험업은 업권 특성이 은행업과 달라 시스템적 중요 금융회사(SIFI) 감독제도가 적절치 않음을 주장하였다. 따라서 개별 회사에 대한 시스템리스크 평가를 지양하고, 영업활동의 잠재리스크 파악 등 전체 산업의 안정성제고를 위한 감독을 권고하였다. 또한 투자자문업자에 대하여는 도드프랭크법 스트레스테스트[46]를 폐지하는 대신 뮤추얼펀드에 적용하는 유동성 스트레스테스트를 실

---

45 U.S. Department of Treasury(2017, October 26).
46 도드프랭크법(제165조(i)(2))은 총자산 100억 달러 이상의 투자회사 및 투자자문업자에 대해 은행과 유사한 스트레스테스트 실시를 의무화하였다.

시할 것을 권고하였다. 동 권고는 자산가치의 변동이 투자자에게 전가되는 펀드산업의 특성을 고려한 스트레스테스트 방법 개발에 어려움을 겪고 있는 SEC의 입장을 반영한 것이다.

둘째, 규제의 효율화 및 연방정부의 역할에 대해 권고하였다. 자산운용업과 관련해서는 SEC의 ETF 승인절차 단순화·표준화, 인터넷을 통한 펀드 주주 보고서의 공시 허용, 중복 보고체계 재정비 등을 권고하였다. 보험업과 관련해서는 주州 기반의 보험규제 체계를 유지하되 연방보험국(FIO)의 기능을 재정비하고, 주州 보험당국과 연준의 업무협력·조정을 강화할 것을 권고하였다.

셋째, 미국은 세계 최대의 자산운용 및 보험시장[47]을 보유한 국가로서 국제기구(FSB·IOSCO·IAIS)의 기준제정 활동에 적극적 역할을 담당할 필요성을 강조하였다. 미국을 대표하여 일관된 의견을 제시할 수 있도록 감독기관들간의 상호 협조·조율을 강화하고, 국제기구 의사결정 과정의 투명성 및 책임성 제고를 주문하였다. 또한 미국 보험업자의 해외시장 접근성을 제고하기 위한 다자간·양자간 협의 등의 노력을 강화할 것을 권고하였다.

넷째, 경제성장 및 소비자 선택권을 확대하기 위한 다양한 방안과 함께 보험회사의 인프라 투자를 통해 수익성을 제고할 수 있도록 자본규제를 적절히 조정할 것을 권고하였다.

---

[47] 2016년 말 현재 투자자문업자의 총운용자산은 70조 달러에 이르며, 전세계 10대 대형 자산운용사 중 9개사의 본사가 미국에 소재한다. 또한 2016년 말 현재 미국 전체 보험사의 원수보험료 수입이 1조 3,000억 달러로 전세계의 29%를 차지한다. U.S. Department of Treasury(2017, October 26).

【상원의 금융규제개편안】

미 상원 은행위원회 위원장 마이크 크레이포$^{Mike Crapo}$는 2017년 11월 16일 금융규제 완화를 위한 법안인 경제성장, 규제완화 및 소비자보호법안 (Economic Growth, Regulatory Relief, and Consumer Protection Act, 이하 상원 개편안)을 발표하였다. 상원 개편안(S. 2155)은 5개 편, 39개 조항, 146쪽으로 이루어져 금융선택법안에 비해 분량이 크게 작은 편이다. 상원 개편안 중 금융선택법안과 재무부 보고서에서 이슈가 된 사항을 중심으로 주요 내용을 살펴본다.

우선, SIFI 규제의 적용이 요구되는 은행 총자산 기준을 현행 500억 달러에서 2,500억 달러로 상향할 것을 제안하였다. 이 기준의 변경시 SIFI 규제의 적용을 받는 은행수는 33개에서 12개로 줄어든다. 2017년 6월 발표한 재무부 보고서는 동 기준을 상향할 것을 제안하면서 구체적인 금액기준은 밝히지 않았는데, 상원 개편안은 이러한 권고의 연장선상에서 금액기준을 2,500억 달러로 제시한 것이다. 동 기준의 상향은 연준 등 감독기관에서도 그 필요성을 제기해온 것으로, 언론에서는 1,000억 달러로 상향될 것으로 관측하고 있었다. 상원 개편안은 이러한 관측을 크게 뛰어넘은 것이다.

다음으로, 자산규모 100억 달러 미만의 소규모 은행을 위한 다수의 규제완화 방안을 제안하였다. 규제 레버리지 비율을 8~10%로 설정하고 동 비율을 충족하는 은행에 대해서는 바젤III 자본 및 레버리지 비율을 면제할 것과, 총자산의 5%까지는 볼커 룰에서 금지한 자기계정 거래의 허용을 제안하였다. 또한 소규모 은행이 취급한 모기지는 모두 '적격 모기지'(qualified mortgage)로 인정하여 도드프랭크법에서 의무화한 소비자의 상환능력(ability-to-pay) 평가 등 엄격한 모기지 관련규제의 면제를 제안하였다.

또한 자산규모 50억 달러 미만 은행에 대해서는 간소화된 업무보고서를 제출토록 하고, 18개월의 검사주기가 적용되는 은행의 자산기준을 10억 달러 미만에서 30억 달러 미만으로 상향할 것을 제안하였다. 그 밖에 소비자, 퇴역 군인, 주택 소유자 등의 금융 접근성 제고를 위한 다수의 방안을 제시하였다.

이러한 상원 개편방안은 금융선택법안과 재무부 보고서에서 제안한 것을 일정 부분 수용한 것이다. 그러나 금융선택법안에서 제시한 방안 중 금융안정감시위원회(FSOC) 권한 축소, 특별정리절차(OLA) 폐지, 소비자금융보호청(CFPB) 지배구조 개편 등 논란의 여지가 많은 급진적 규제완화 방안은 포함하지 않았다.

상원 개편안은 공화당 소속 크레이포 위원장의 주도하에 일부 공화당 및 민주당 의원이 서명함으로써 양당 합의안의 형태를 취하였다. 급진적 규제완화 방안을 제시한 금융선택법안의 상원 통과가 사실상 힘든 것으로 전망되는 상황에서 비록 일부 의원의 동참에 그쳤지만 양당 합의안이 도출됨으로써 금융규제 완화를 위한 입법활동이 새로운 단계에 진입했다는 평가가 나오고 있다. 그러나 상원 개편안에 대해 보수적 공화당원들은 규제완화의 폭이 지나치게 좁다고 비판하고 있고, 민주당원과 진보단체는 은행이 사상 최대 수준의 당기순이익을 기록하고 있는 상황에서 대형 은행 규제완화는 부당하다는 입장을 견지하고 있어 향후 실제 입법화에는 난항이 예상된다.[48]

---

[48] Renae Merle(2017) 등 언론보도 참조.

IV
최근 금융규제 개편방안의 주요 특징과 전망

　이상으로 이 책의 주제인 도드프랭크법의 제정과정과 경제적 영향을 개관하고, 트럼프 행정부 출범을 전후하여 제기되고 있는 금융규제 개편방안의 개요를 살펴보았다.

　도드프랭크 금융규제 개혁과 최근의 개편 논의는 어떠한 연관성과 차별성을 갖는가? 도드프랭크법이 금융위기에 대한 대응책으로서 금융시스템의 안정성 제고와 소비자보호 강화를 위해 제정되었다면, 최근의 금융규제 개편논의는 도드프랭크 금융규제 개혁의 적절성 여부를 보수적 시각에서 재점검하는 과정이라고 할 수 있다.

　이하에서는 도드프랭크법과 비교하여 최근의 개편논의가 갖는 특징을 세 가지로 정리하고, 향후 전개과정을 전망하고자 한다.

【금융규제의 완화: 금융위기 이전으로의 회귀인가 규제의 합리적 재조정인가】

금융선택법안과 재무부 보고서는 금융규제의 완화를 목표로 한다는 점에서 공통점을 가진다. 여기에서 짚어봐야 할 것은 이러한 규제완화 정책이 도드프랭크법의 정신과 배치되는지 여부이다. 앞에서 언급하였듯이 도드프랭크법은 금융규제의 방향타를 수십 년에 걸친 완화의 방향에서 강화의 방향으로 크게 전환한 것이다. 따라서 관건은 공화당과 트럼프 행정부의 방안이 금융규제를 금융위기 이전의 완화의 시대로 회귀시킬 것인지 여부이다.

금융선택법안과 재무부 보고서는 도드프랭크법과 이에 기초한 금융감독기관의 감독규칙제정으로 인해 금융규제의 추(pendulum of financial regulation)가 과도한 규제(excessive regulation)의 방향으로 쏠림현상이 발생하였다는 인식에서 출발한다. 두 방안은 과도한 규제부담으로 경제성장이 저해되고 소비자 및 기업의 신용접근성이 제약되었다고 비판하면서 도드프랭크법과 그 하위 규칙에 의해 도입된 규제의 상당수를 폐지 내지 완화할 것을 주장한다. 그러나 공통점은 여기에서 그친다. 두 방안은 규제완화의 폭과 그 궁극적 지향점에 있어 차이가 있다.

금융선택법안은 도드프랭크법에서 도입한 중요 규제를 폐지 내지 수정하여 금융규제를—전부는 아니라 하더라도—'금융위기 이전의 시대로 환원'[49]하는 것을 목표로 한다. 대표적으로 규모 및 복잡도 여하를 막론하고 단순 자기자본비율 10% 이상인 은행에 대해 규제의 탈출구(regulatory off-ramp)를 제공하는 방안을 들 수 있다. 이 방안은 은행이 각종 규제부담으로부터 벗어나

---

[49] 연준 부의장이었던 스탠리 피셔Stanley Fischer가 2017년 9월 6일 사임하기 한 달 전인 8월 15일 〈파이낸셜 타임즈〉와의 인터뷰에서 언급한 표현이다. Howard Davies(2017)에서 재인용.

자유롭게 영업활동을 영위할 수 있는 환경을 조성하고자 한 것으로, 금융선택법안이 금융규제의 최소화에 그 궁극적 지향점을 두고 있음을 보여주는 것이다.

이에 반해 재무부 보고서는 금융위기 이전 규제부재의 시대(pre-crisis free-for-all)로의 회귀가 아니라 금융위기 이후에 도입된 복잡하고 비일관적이며, 중복되는 규제를 합리적으로 개편하는 데 주된 목적이 있다.[50] 재무부 보고서는 자본규제의 획기적 완화 내지 폐지를 주장하지는 않으며, 미국 금융회사의 국제경쟁력 제고를 위해 국제기준보다 엄격한 규제를 정상화하거나, 소기업의 자본조달을 활성화하기 위한 소형 지역은행 규제를 완화하는 등 '특정 부문의 규제완화를 목표'로 하고 있다는 점에서 금융선택법안과 차이가 있다.[51]

향후 미국의 금융규제 정책이 어느 노선을 따를지는 상원의 입법과정에서 결정될 것으로 전망된다. 그러나 적어도 현시점에서 금융규제의 방향을 금융위기 이전으로 180도 회전할 가능성은 그리 높아 보이지 않는다. 중도 성향의 미 상원의원들이 금융위기의 기억이 채 가시기도 전에 급진적 규제완화를 추진하는 것에 부정적일 뿐만 아니라 도드프랭크법의 준수를 위한 시스템 및 내규의 도입을 완료한 금융회사들도 이를 되돌리는 데 따른 비용부담을 우려하고 있기 때문이다.[52]

---

50 Howard Davies(2017).
51 Damian Paletta(2017).
52 Julle DiMauro(2017).

【성장촉진 및 경쟁력강화를 위한 규제완화】

도드프랭크법이 금융시스템의 안정성 및 소비자보호 강화에 중점을 두었다고 한다면 최근의 개편방안은 규제완화를 통한 성장촉진 및 경쟁력강화에 큰 비중을 두고 있다. 이러한 차이는 도드프랭크법의 제정목적과 트럼프 대통령 행정명령인 금융규제 핵심원칙을 비교해보면 극명하게 드러난다. 도드프랭크법은 서문에서 법의 제정목적이 금융안정성 제고, 대마불사 및 구제금융 종식, 금융소비자 보호에 있음을 밝혔다. 이에 반해 핵심원칙은 금융규제가 성장촉진 및 금융시장 활성화, 미국기업의 경쟁력제고, 미국 국익증진이라는 상위의 원칙에 종속되어야 함을 천명하였다.

금융선택법안의 경우 기존에 미 의회에 계류중인 법안 중 신생기업의 자본형성 촉진을 목적으로 하는 24개 법안과 지역금융회사의 규제부담 완화를 통해 소상공인의 자금조달 원활화를 목적으로 하는 24개 법안 등 48개 법안을 포함하였다. 이러한 내용은 금융선택법안의 제4편과 제5편에 각각 반영되어 있는데, 예컨대 소규모 기업의 SEC 등록·보고 규제완화, 경영실태 평가등급 우수 지역은행의 콜 리포트 간소화 등의 방안이 이에 해당한다.

재무부 보고서도 경제성장을 촉진하고 미국 금융회사의 경쟁력강화를 위한 다수의 규제완화 방안을 포함하였다. 예컨대 은행 부문 보고서는 주거용 모기지대출, 레버리지대출, 소기업 대출의 활성화를 위한 규제완화 방안을 권고하였으며, 자본시장 보고서도 자본시장을 통한 소기업 및 신성장기업의 자본형성 촉진을 위한 공시규제 등의 완화방안을 권고하였고, 자산운용 및 보험 부문 보고서도 시장활성화와 개인의 부 증진을 통한 성장촉진 방안을 권고하였다. 또한 재무부 보고서는 미국 금융회사의 경쟁력강화를 위해 국제기준보다 엄격한 미국 규제기준(자본·유동성 규제 등)을 완화하고, 미국의 연방감독기관이 국제기준 제정기구[53]의 논의에 참여할 때 미국 금융시장 및 국익에 미치는 영향을 우선적으로 고려할 것을 권고하였다.

이와 같이 도드프랭크법을 제정한 지 7년 만에 금융규제 정책의 무게중심이 크게 이동한 것은 민주당에서 공화당으로의 정권교체라는 정치환경의 변화와 함께 과도한 규제로 장기적 경제성장이 저해되고 있다는 일각의 시각을 반영한 것이다. 따라서 향후 논의는 금융안정 확보라는 도드프랭크 규제개혁의 핵심가치를 훼손하지 않으면서 규제부담 완화 및 성장촉진 방안에 모아질 것으로 예상된다.

한편, 오바마 행정부는 금융시스템의 안정성제고를 위한 도드프랭크 규제강화와 병행하여 2012년 4월 잡스법(JOBS ACT) 제정을 통해 신생기업의 자본형성 지원을 목적으로 한 규제완화 정책을 추진한 바 있었다. 금융선택법안과 재무부 보고서의 규제완화 방안은 이러한 오바마 행정부 금융규제 정책의 연장선상에 있는 것이다. 미국에서 진행되고 있는 이러한 금융규제 정책의 흐름은 변화되는 환경하에서 시스템안정, 소비자보호, 그리고 궁극적으로는 경제성장이라는 목표달성을 위해 금융규제가 끊임없이 재점검, 재조정되어야 하는 것임을 시사하는 것이다.

(3) 재무부 보고서 : 규칙 중심의 개편방안

과거 부시 행정부와 오바마 행정부의 재무부는 주로 법률 제정·개정을 통한 감독체계 개편 또는 금융규제 개혁의 큰 그림과 방향을 제시하는 데 집중하였다.[54] 이에 반해 트럼프 행정부의 재무부 보고서는 법 개정보다는 감독기

---

53 금융안정위원회(FSB), 바젤은행감독위원회(BCBS), 국제보험감독자협의회(IAIS), 국제증권감독기구(IOSCO) 등을 말한다.
54 U.S. Department of Treasury(2008, March) 및 U.S. Department of Treasury(2009, June)를 말한다.

관의 규칙개정을 통해 규제완화를 추진한다는 점에서 차이가 있다.

이러한 특징은 한편으로 금융규제의 전반적인 완화보다는 특정 부문의 구체적인 규제완화를 추진한다는 재무부 보고서의 목표를 반영하는 것임과 아울러 상원 통과에 어려움이 예상되는 법률 개정보다는 상대적으로 실현이 용이한 감독규칙의 개정을 추진함으로써 트럼프 행정부 규제완화 정책의 성과를 조기에 가시화하고자 하는 의도로 풀이된다.

트럼프 대통령은 재무부 보고서의 개편방안에 공감하는 인사를 감독기구의 수장·간부에 임명[55]하는 방식으로 규제완화의 추진력 확보를 도모하고 있으며, 재무부 장관은 금융안정감시위원회(FSOC) 의장으로서의 권한을 활용하여 감독기관들의 규제정책에 영향력을 행사함으로써 규제완화에 속도를 낼 것으로 예상된다.

한편, 규제완화를 위한 규칙의 개정·폐지시에도 공개의견 수렴 등의 일정한 절차를 거쳐야 하며, 규칙제정에 참여한 감독기구 직원들이 규칙의 폐지·완화에 해태하는 방식으로 저항함으로써 규제완화가 예상보다 지체될 수 있다는 지적도 제기되고 있다. 따라서 향후 재무부 보고서에서 권고한 개편방안이 실제로 어떻게 구현될지는 불확실성의 영역으로 남아 있다고 하겠다.

---

55 트럼프 대통령은 취임 이후 2017년 11월까지 미국의 8개 연방감독기관 중 7개 기관의 수장을 새로이 임명하거나 지명하였다. 감독기관 수장들은 임기만료 전에 자발적으로 사임하거나 또는 임기만료일에 맞추어 후임을 지명하는 방식으로 교체되었다.

제1부 – 시스템리스크 감독강화

제2장

시스템리스크 감독체계의 구축

이 장은 동국대 강경훈 교수와 공동으로
2017년 6월 금융학회에서 발표한 내용을 일부 수정한 것임을 밝힌다.

Dodd-Frank Act

I
머리말

2008 금융위기를 계기로 시스템리스크의 중요성이 다시 부각되었으며, 이와 함께 시스템리스크에 대한 감독체계, 즉 시스템리스크 감독자(systemic risk regulator)를 누구로 할 것인가, 그리고 시스템리스크 감독자에게 어떠한 기능과 권한을 부여할 것인가가 중요한 문제로 등장하였다. 시스템리스크는 새로운 개념이 아니지만 시스템리스크 감독자는 금융위기 이후에 새로이 등장한 개념이다.

미국이 금융위기에 대한 대응조치로서 2010년에 도입한 도드프랭크법은 시스템리스크 방지와 소비자보호를 위한 규제개혁을 주된 목적으로 하며, 이 중에서도 특히 제1편, 제8편, 그리고 제11편이 시스템리스크 감독과 직접적으로 관련이 있다. 도드프랭크법 제1편은 '금융안정법'(Financial Stability Act of 2010)이라는 부제를 달고 있으며, 금융안정 확보를 위한 시스템리스크 감독체계의 구축 및 운영에 관한 내용을 다루었다. 즉 시스템리스크 감독을 위한 총괄·협의 기구라고 할 수 있는 '금융안정감시위원회'(FSOC)와 그 사무국에 해당하는 '금융조사국'(OFR: Office of Financial Research)을 창설하는 한편, 시스템리스크 감독에 있어 사실상 중추적인 기능을 수행하는 연준이사회(Fed: Board of Governors of the Federal Reserve System, 이하 연준)의 감독권한을 크게 강화하였다.

또한 도드프랭크법 제8편은 '지급·청산·결제감독법'(Payment, Clearing, and Settlement Supervision Act of 2010)이라는 부제하에 시스템적으로 중요한 금융시장기구(Financial Market Utility)와 지급·청산·결제 활동에 대한 감독강화 내용을 포함하였다. 그리고 도드프랭크법 제11편은 연준의 긴급유동성 지원기능에 일정한 제한을 가하였다.

도드프랭크법은 FSOC를 정점으로 하되, 금융조사국과 연준이 중요한 기능을 수행하는 시스템리스크 감독체계를 구축하였다. 시스템리스크 감독은 이들 3개 기구간의 역할 분담에 의해 3단계 절차로 이루어진다고 볼 수 있다. 우선, 금융조사국이 데이터의 수집·분석 및 연구를 통해 금융시스템상의 리스크요인을 측정·감지하고, 이를 바탕으로 FSOC가 시스템리스크의 축소를 위한 대응방안 마련 및 정책권고 기능을 수행한다. 여기에서 FSOC의 가장 중요한 기능은 시스템적으로 중요한 금융회사(SIFI: Systemically important financial institutions)를 지정[1]하고, 강화된 감독기준을 적용하도록 연준을 비롯한 주₮ 감독당국에 권고하는 기능이다. 마지막으로 SIFI에 대한 강화된 건전성 감독기준의 적용 등 실제 감독업무는 주로 연준이 담당하며, 그 밖의 감독기관도 관할 금융회사에 대한 감독권한을 행사한다.

이와 함께 도드프랭크법은 비은행금융회사를 대상으로 한 연준의 긴급유

---

[1] 도드프랭크법에서 SIFI는 총자산 500억 달러 이상의 은행지주회사와 FSOC가 SIFI로 지정한 비은행금융회사를 말한다.

동성 지원 프로그램의 발동요건을 강화하였다. 금융위기시 개별 비은행금융회사를 대상으로 대규모로 이루어진 연준의 긴급유동성 지원에 대하여 정당성 및 적정성에 대한 의문이 제기된 데 따른 것이다. 요컨대 도드프랭크법은 사전적인 SIFI 규제권한을 강화하는 반면, 사후적인 대응조치인 긴급유동성 지원기능을 제한하는 방향으로 연준의 기능과 권한을 변화시켰다.

금융위기 이후 시스템리스크의 방지 또는 완화를 직접적이고 명시적인 목표로 하는 새로운 감독체계의 도입은 비단 미국의 일만은 아니다. 시스템리스크는 미시건전성 감독과 거시경제정책이 소홀히 하던 사각지대(loophole)로서, 기존의 감독·정책 수단으로는 효과적으로 대응할 수 없다는 데 국제금융사회의 광범위한 공감대가 형성되면서 각국은 앞다투어 새로운 감독체계나 수단을 도입하였다. 금융위기 이후 국제금융사회에서 하나의 새로운 유행어로 등장한 거시건전성 감독이 바로 그것이다. 미국에 도입된 시스템리스크 감독체계가 SIFI 감독에 초점을 맞춘 것이라고 한다면, 국제금융사회에서 논의된 거시건전성 감독은 SIFI 감독과 함께 신용버블 등 거시적 차원의 금융안정을 포괄한다는 점에서 보다 넓은 의미의 개념이다.

미국에서 시스템리스크 감독체계에 대한 논의는 현재진행형이다. 도드프랭크법이 시행된 지 7년여 경과한 지금까지도 FSOC의 기능과 권한, 금융조사국의 존폐 여부, 연준의 긴급유동성 지원기능의 적정성 등에 대한 논란이 지속되고 있다. 한편에서는 시스템리스크 감독의 효율성제고를 위해 감독체계 및 기능을 확대·강화해야 한다고 주장하는 반면, 다른 한편에서는 도덕적 해이 등 그 부작용을 우려하며 감독체계의 해체·완화를 주장하고 있는 것이다. 이러한 상반된 입장은 트럼프 행정부 출범 이후 이루어지고 있는 금융규제 개편논의에 반영되어 있다.

이 장은 도드프랭크법 제1편 및 제11편의 내용을 중심으로 미국 시스템리스크 감독체계의 구체적인 작동원리를 개관한다. 제2절에서는 도드프랭크법 이전의 부시 행정부 및 오바마 행정부의 시스템리스크 감독체계 개편논의를 살펴본다. 제3절, 제4절에서는 각각 FSOC와 OFR의 책무와 권한, 그리고 이와 관련한 상반된 견해에 대해 구체적으로 살펴본다. 제5절에서는 도드프랭크법이 연준의 긴급유동성 지원기능을 제한한 내용과 그에 대한 상반된 입장을 살펴본다. 그리고 제6절에서는 공화당의 금융선택법안과 재무부 보고서를 중심으로 시스템리스크 감독체계 개편논의를 살펴보고, 마지막으로 제7절에서는 미국 시스템리스크 감독체계의 특징을 요약하고 우리나라 시스템리스크 감독체계의 구축에 주는 시사점을 도출한다. 도드프랭크법 제1편에서 규정한 연준의 SIFI 감독권한은 이 책의 제6장에서, 그리고 제8편의 시스템적으로 중요한 금융시장기구(FMU)에 대한 감독강화 내용은 제8장에서 다룬다.

II

도드프랭크법 이전의
시스템리스크 감독체계 개편논의

【논의 배경】

미국에서는 금융위기 이전부터 금융감독권한의 분산 등 감독업무의 비효율성을 극복하기 위한 감독체계 개편논의가 진행되어왔다. 2007년 3월 '자본시장 경쟁력에 관한 회의'(Conference on Capital Market Competitiveness)에서 금융감독체계 개편에 대한 논의가 본격적으로 시작되었으며, 이를 바탕으로 부시 정부의 재무부는 2008년 3월 '금융감독체계 현대화를 위한 청사진'(Blueprint for a Modernized Financial Regulatory Structure, 이하 폴슨 개혁안)을 발표하였다. 뒤이어 오바마 정부는 2009년 6월 재무부 명의로 '금융규제 개혁-새로운 기반: 금융감독 및 규제의 재확립'(Financial Regulatory Reform-A New Foundation: Rebuilding Financial Supervision and Regulation)이라는 제목의 금융규제개혁안(이하 오바마 개혁안)을 발표하였다. 2010년 7월 21일 오바마 대통령이 서명한 도드프랭크 금융규제개혁법은 이러한 앞선 금융개혁안을 토대로 마련된 것이다. 폴슨 개혁안은 비록 성사되지는 못하였으나 내용의 일정 부분이 오바마 개혁안과 도드프랭크법에 반영되었으며,[2] 오바마 개혁안은 도드프랭크법의 모태가 되었다.

폴슨 개혁안과 오바마 개혁안은 모두 시스템리스크 감독체계에 대해 다루었으나 구체적인 내용에 있어서는 상당한 차이가 있다. 폴슨 개혁안은 연준을 시스템리스크 감독기구로 지정한 데 반해 오바마 개혁안은 시스템리스크 감독을 목적으로 하는 새로운 기구로서 금융서비스감시위원회(Financial Service Oversight Committee)의 설립방안을 제시하였다. 이러한 방안의 차이는 두 개혁안 사이에 발생했던 2008년 9~10월의 금융위기 상황이 연준의 기능과 성과에 대한 입장변화를 불가피하게 했다는 점이 크게 작용하였지만, 보다 근본적으로는 미국내 학계 및 정계에서 흐르고 있는 연준의 기능과 관련한 상이한 관점을 대변하는 것이다. 이하에서는 폴슨 개혁안과 오바마 개혁안의 시스템리스크 감독체계의 차이점을 중심으로 살펴본다.

【폴슨 개혁안】

폴슨 개혁안은 단기, 중기, 장기의 3단계로 구성된 감독체계 개편안을 제시하였는데, 그 중에서 단기 개편방안은 1988년 3월 설립된 대통령 직속 금융시장대책반(PWG : President's Working Group on Financial Markets)의 구성

---

[2] 오바마 개혁안은 폴슨 개혁안의 정신을 일정 부분 계승하고 있으나 폴슨 개혁안에 포함되지 않은 금융회사 및 금융시장 규제를 위한 새로운 내용들을 다수 담고 있다. 이러한 차이는 오바마 개혁안이 2008년 9월의 리먼브라더스 및 AIG 사태에 따른 극심한 금융위기를 경험한 이후에 마련된 시간적 차이가 중요한 배경으로 작용하였다. 폴슨 개혁안 및 오바마 개혁안의 비교분석에 대하여는 원승연·정신동(2009) 참조.

원 및 기능을 크게 확대하는 것을 골자로 하였다. PWG는 1987년 10월 주식시장의 붕괴를 경험한 이듬해인 1988년 3월 레이건 대통령의 행정명령(Executive Order 12631)에 의해 설치되었으며, 금융시장의 투명성제고와 투자자 신뢰도제고를 위한 다양한 정책보고서, 원칙, 법률안 초안을 작성하는 한편, 감독기관간 협조와 소통을 촉진하는 역할을 담당하여왔다. 그러나 기능이 금융시장 관련 이슈에 대한 조정·협의에 한정되었고, 법적 권한이 불분명하였으며, 구성원도 재무부 장관(의장), 연준 의장, 증권거래위원회(SEC) 및 상품선물거래위원회(CFTC) 위원장 등 4명으로 제한되어 금융시스템 전반에 걸친 조정·통할 기능 수행에는 한계가 있다는 평가를 받아왔다.

이에 따라 폴슨 개혁안은 기존 구성원에 더하여 통화감독청(OCC), 연방예금보험공사(FDIC) 및 저축기관감독청(OTS)의 수장을 추가로 포함하는 한편, 기능에 있어서도 금융시장 이슈뿐만 아니라 시스템리스크를 포함한 금융정책 전반에 관한 조정기능을 담당하도록 제안하였다. 그러나 폴슨 개혁안은 PWG의 기능확대를 위해 기존의 행정명령을 새로운 행정명령으로 대체하였을 뿐 법상의 지위를 갖는 공식적인 기구로는 승격하지 못했다. 폴슨 개혁안에서 PWG는 시스템리스크 감독기구가 아니라 여전히 시스템리스크를 포함한 금융시스템상의 이슈에 대하여 감독기관간 협의·조정하는 기구에 불과하였다.

폴슨 개혁안에서 시스템리스크 감독기능은 연준에 있었다. 폴슨 개혁안은 장기적으로 연준을 금융시장 안정 감독기구(Market Stability Regulator)로 개편하고, 통화정책 및 유동성 공급 등 전통적인 중앙은행으로서의 역할에 더하여 '전반적 금융시장 안정 감독자'(overall financial market stability regulator)로서의 책무를 새로이 부여하였다. 그리고 연준이 새로운 기능을 원활히 수행할 수 있도록 금융기관으로부터 정보수집 권한과 금융시장 안정을 위한 시정조치³(corrective action) 권한, 그리고 감독기구(건전성 및 영업행위)와 공동검사 권한을 보유하도록 제안하였다. 금융시장 안정 감독자로서의 새로운 연준은 예금금융기관뿐만 아니라 보험회사, 증권회사, 지주회사 등 모든 종류의 금융회사를 감독대상으로 한다는 점에서 기존의 연준과 차이가 있다.

【오바마 개혁안을 거쳐 도드프랭크 금융개혁으로】

오바마 개혁안은 폴슨 개혁안의 내용을 일부 수용하면서도 중요한 측면에서 상이한 방식을 채택하였다. 폴슨 개혁안과 비교하여 오바마 개혁안은 PWG의 기능과 권한을 더욱 확대하는 반면, 연준에게는 제한적인 시스템리스크 감독권한을 부여하였다.

우선, 오바마 개혁안은 PWG를 대체하는 금융감독기구 협의체 성격의 금융서비스감시위원회(FSOC: Financial Services Oversight Council)를 신설하였다. FSOC는 감독당국간 정보의 교환 및 공유, 이견조율을 주된 기능으로 한다는 점에서 폴슨 개혁안에서 기능이 확대 개편된 PWG의 연장선상에 있다. 그러나 FSOC는 법상의 공식적인 지위를 가지며, 시스템적 리스크를 초래할 수 있는 금융회사(1순위 금융지주회사)를 연준에 권고할 수 있는 권한을 가진다는 점에서 PWG와 크게 차별된다.

오바마 개혁안의 FSOC는 실질적 감독권한이 없는 자문기구로서의 성격이 강하다는 점에서 한계가 있었다. FSOC는 시스템리스크 축소를 위해 직접

---

3 특정 금융기관의 특정 위험이 금융시스템 전체로 전이되는 것을 방지하기 위해 필요한 조치를 의미한다. 예를 들어 서브프라임 모기지 등 특정 자산의 익스포져 증가분을 제한하거나 자기자본의 일정 비율로 익스포져를 제한하는 등의 조치가 이에 해당한다.

감독조치를 단행하거나 연준에 감독조치를 단행하도록 강제할 권한이 없었다. 이러한 문제는 도드프랭크법에 의해 부분적으로 해결된다. 도드프랭크법은 기구의 명칭을 '금융안정감시위원회'(FSOC)로 변경하고, 시스템리스크의 감시 또는 금융안정 확보를 신설 FSOC의 책무로 명확히 부여하였다. 그리고 시스템적 중요 금융회사(SIFI)를 지정할 권한을 FSOC에 부여하였다.

다음으로, 연준의 기능과 관련하여 오바마 개혁안은 은행·보험·증권 등 업종을 불문하고 시스템리스크를 초래할 수 있는 대형 복합금융회사(SIFI)를 1순위 금융지주회사(Tier 1 Finacial Holding Companies)로 규정하고, 이들에 대한 통합 감독권한을 감독기구이자 중앙은행인 연준에 부여하였다. 연준에 시스템리스크 감독권한을 부여한 것은 기존의 미국 감독기관 중 연준이 SIFI를 전체적으로 감독할 수 있는 경험과 능력을 보유한 유일한 감독기관이라는 점과 2008년 9월의 리먼브라더스 파산사태 이후 투자은행들이 은행지주회사로 전환함으로써 연준이 사실상 이들의 건전성 감독기구로서 기능하고 있던 현실을 고려한 것이다.

그러나 오바마 개혁안은 폴슨 개혁안에 비해 연준의 시스템리스크 감독기능을 후퇴시킨 측면이 있다. 폴슨 개혁안은 연준에 금융시장 안정 감독자로서의 책무를 명확히 부여하였던 데 반하여, 오바마 개혁안은 시스템리스크 감독과 관련한 포괄적이고 통합적인 기능을 명시적으로 부여하지 않았다. 연준의 시스템리스크 감독기능은 1순위 금융지주회사로 제한되었기 때문이다.

한편, 도드프랭크법은 시스템리스크 감독과 관련한 연준의 기능을 더욱 축소하였다. 오바마 개혁안에서 시스템적 중요 금융회사(SIFI)의 지정권한은 최종적으로 연준에 귀속되는 데 반해 도드프랭크법에서는 금융안정감시위원회(FSOC)의 권한으로 이관되었다. 연준은 SIFI로 지정된 금융회사에 대하여 강화된 감독기준을 적용할 권한만을 갖게 되었다. 이에 더하여 도드프랭크법은 연준의 긴급유동성 지원기능에 일정한 제한을 가하였다.

이상과 같이 폴슨 개혁안에서 오바마 개혁안을 거쳐 도드프랭크 개혁으로 이어지는 과정에서 시스템리스크 감독과 관련한 논의는 감독기관간 협의체인 FSOC의 기능과 권한은 강화하는 반면, 연준의 기능과 권한은 축소하는 방향으로 전개되었음을 알 수 있다.

【연준의 시스템리스크 감독기능과 관련한 입장 변화】

미국에서 시스템리스크 감독과 관련한 중요한 이슈 중의 하나는 연준에 시스템리스크 감독자로서의 역할과 책무를 부여할 것인지 여부였다. 연준은 전통적으로 최종 대부자 기능을 통해 시스템적 위험요인에 대응해왔기 때문에 연준을 시스템리스크 감독자로 지정하는 것은 자연스러운 귀결일 수 있으며, 폴슨 개혁안이 연준을 금융안정 감독기구로 설정한 것도 이러한 이유 때문이었다. 그리고 금융위기를 겪으면서 이 문제에 대한 미국 주류사회의 전반적인 입장이 부정적으로 변화하였음은 앞에서 언급한 바와 같다. 이하에서는 이러한 입장 변화의 요인을 간략히 정리한다.[4]

첫째, 금융위기를 계기로 연준의 정책수행에 대한 평가가 부정적으로 전환된 것이 중요 요인으로 작용하였다. 금융위기 이전까지만 하더라도 연준의 정책수행에 대한 평가는 매우 긍정적이었다. 예컨대 2001년 IT 버블 붕괴시 연준은 자산거품이 꺼진 후 신속히 금리를 인하함으로써 GDP와 실업에 미치는 영향을 최소화하는 성과를 거두었으며, 이후 유지된 장기간의 저금리정

---

4 이에 대한 논의는 Roberta S. Karmel(2010), Cooley, Schoenholtz, Smith, Sylla, Wachtel(2011) 참조.

책은 2000년대 중반까지의 물가상승 없는 경제성장, 소위 골디락스^{Goldilocks} 경제성장의 견인차 역할을 하였다는 것이 중론이다. 그러나 장기간 저금리정책에 따른 통화팽창은 자산가격의 버블과 함께 금융회사들이 고위험의 복잡한 파생금융상품에 대규모로 투자하는 결과를 초래하였다. 금융시스템 전반에 걸쳐 위기징후가 늘어나고 있었던 것이다. 그런데도 전 연준 의장 앨런 그린스펀$^{Alan\ Greenspan}$은 자산가격을 통화정책의 주된 요소로서 고려할 수 없다는 그린스펀 독트린$^{Greenspan\ doctrine}$[5]을 고수하였으며, 파생금융상품과 관련해 위험의 분산기능을 통해 은행시스템의 안정성에 도움이 되므로 규제해서는 안 된다는 입장을 견지하였다.[6] 나아가 그는 파생상품시장의 발전이 1990년대 미국 부의 증가와 생산성 향상에 상당히 기여했다고 언급했다.[7] 그러나 금융위기 당시 CDS 등 파생상품에서 비롯된 자산가격 버블의 붕괴와 심각한 신용위기로 인해 그린스펀의 낙관적 견해와 연준에 대한 긍정적 평가도 종말을 고하였다.

두 번째 요인으로, 시스템리스크 감독과 통화정책, 건전성 규제 목표들간의 이해상충을 우려하는 시각이 대두되었다는 점이다. 예컨대 물가안정을 목표로 하는 긴축적 통화정책은 불황기 신용공급의 원활화를 목표로 하는 금융시스템 안정목표와 상충될 수 있다. 또한 시스템리스크를 초래할 수 있는 금융상품(예: CDS, CDO 등의 복합금융상품)에 대해서도 금융회사의 건전성과

---

5 그린스펀 독트린의 요지는 다음과 같다: (1) 자산가격 변동에 내포된 정보를 해석함에 있어 연준이 시장참가자들보다 우월하다고 보기 어렵고, (2) 이러한 변동이 경제의 기초여건 변화를 반영한 것인지 투기적 수요에 의한 것인지 판단하기도 어려우므로 자산가격 버블을 사전적으로 식별하기는 불가능하며, (3) 설사 버블 발생 여부를 사전적으로 알 수 있다 하더라도 금리인상은 버블 대응에 부적합(not well-suited)하다. 왜냐하면 자산버블을 꺾을 만큼 큰 폭으로 금리를 올리면 경제 전체에 악영향을 미칠 수 있기 때문이다. (4) 따라서 버블이 저절로 꺼지기를 기다렸다가 사후적으로 시스템리스크와 실물경제에 미치는 부정적 영향을 방지하기 위해 개입하는 것이 안전하다.

6 David Blake(2008).

7 CONG. REC. S11,925(daily ed. Dec. 15, 2000) (statement of Sen. Lugar).

수익성을 이유로 판매중단 등의 과감한 조치를 내리는 데 주저할 수 있다. 앞에서 본 바와 같이 폴슨 개혁안은 연준에 시스템리스크 감독자로서의 역할을 부여하는 대신 건전성 감독기능을 별도의 감독기구(PERA)로 이양하는 방안을 제시한 바 있다.

셋째, 연준이 이미 과도한 권한과 지나치게 많은 기능을 수행하고 있다고 우려하는 견해가 증가하였다는 점이다. 이 견해에 따르면 연준은 통화정책, 유동성 공급, 지급결제시스템 관리 등 전통적인 중앙은행 기능에 충실하여야 하며, 개별 금융회사에 대한 건전성 감독과 시스템리스크 감독기능은 별도의 기구에서 수행하는 것이 바람직하다는 것이다.

그러나 도드프랭크법하에서 연준은 시스템리스크 감독에 있어 여전히 중추적인 역할을 수행하고 있다. 비록 시스템리스크 감독자로서의 명예는 FSOC에 넘겨주었지만 실질적이고도 핵심적인 기능은 연준이 수행한다고 해도 과언이 아닐 것이다.

Ⅲ
금융안정감시위원회
(FSOC)

【FSOC의 개요 및 기능】

(1) FSOC의 구성 및 운영

FSOC는 의결권을 가진 10명의 정위원(voting members)과 의결권이 없는 5명의 준위원(non-voting members)으로 구성된다. 재무부 장관이 의장을 맡고, 8개 연방감독기관의 수장, 그리고 상원의 인준을 거쳐 대통령이 임명한 보험전문가가 정위원으로 참여한다. 8개 연방감독기관은 은행(연준, OCC, FDIC), 증권(SEC, CFTC), 비은행(NCUA), 주택금융(FHFA), 소비자보호(CFPB) 분야의 연방감독기관을 포괄한다. 보험전문가가 위원에 포함된 것은 미국에는 연방 차원의 보험감독기구가 존재하지 않는 점을 고려한 것이다.[8]

---

[8] 재무부 장관과 연준 의장은 Level 1의 급여를 받으며, 감독기관 수장들은 Level 3의 급여를 받는다. 참고로 미국 연방 고위 공직자의 급여 스케줄(executive pay schedule)은 5개 등급으로 구분되며, 장관급은 1등급(총 21명).

준위원은 재무부 내의 부서인 금융조사국(OFR) 및 연방보험국[9]의 국장, 주(州) 정부의 은행·증권·보험 분야의 감독관 각 1인으로 구성되며, FSOC에 자문기능을 수행한다. 감독관 3인은 해당 분야의 주(州) 감독관 중에서 선출된다. 정위원인 보험전문가의 임기는 6년이며, 준위원인 감독관 3인은 2년이다.

FSOC는 의장(재무부 장관) 또는 정위원 과반수의 요청으로 개최되며, 분기당 1회 이상 회의 개최가 의무화된다. 위원회의 의사결정은 일상적인 사항은 과반수, 중요 사항은 2/3 의결로 이루어진다. FSOC는 회의 개최 전 최소 48시간 이전에 회의안건 및 자료를 위원들에게 공지해야 한다.

(2) FOSC의 책무와 기능

도드프랭크법은 FSOC에 3대 책무(purposes)를 부여하였다.[10]

① 대형 복합금융회사가 초래하는 시스템위험 요인의 감지

② 대마불사에 대한 기대를 불식시킴으로써 시장규율 확립

③ 금융시스템의 안정[11]을 저해하는 위험요인에 대한 선제적 대응

차관급은 2등급(총 46명), 연방감독기관의 수장은 3등급(총 119명)에 해당한다. 5. U.S.C. 5311~5356 참조.

9 도드프랭크법에 의해 재무부 내에 신설된 부서이다. 이 책의 제14장 참조.

10 도드프랭크법 제112조.

11 금융조사국(OFR, 2016)은 금융시스템의 여섯 가지 기본적 기능이 원활히 수행되고 있는 상태를 금융안정(financial stability)으로 정의하였다. 여섯 가지 기능이란 ①신용배분 및 자금조달 ②만기전환 ③리스크 이전 ④가격발견 ⑤유동성 제공 ⑥지급결제의 제공을 말한다. 또한 금융안정은 금융시장의 변동성을 억제하거나 충격을 예측 또는 예방함으로써 아니라 복원력(resilence)을 확보함으로써 달성된다고 주장하였다. 복원력이 있는 금융시스템은 금융시장에 충격이 발생하더라도 여섯 가지 기본적 기능을 지속적으로 제공함으로써 금융안정을 달성한다는 것이다. 그리고 금융시스템의 복원력을 확보하기 위해서는 충격을 흡수할 수 있는 제도적 장치(shock-absorbing capacity)와 과도한 위험추구를 억제하기 위한 인센티브가 동시에 필요하다고 주장하였다. 금융안정에 대한 이러한 정의에 따르면 시스템리스크란 금융회사의 파산 등 금융충격의 발생으로 인해 금융안정이 훼손될 위험, 즉 금융시스템의 여섯 가지 기능의 전부 또는 일부가 제대로 작동되지 못할 리스크로 이해할 수 있다.

그리고 이러한 책무달성을 위해 FSOC로 하여금 시스템리스크 요인의 모니터링, 감독기관에 대한 정책권고, 감독기관간 정보공유 및 정책조율 등의 기능을 수행하도록 요구하였다.

【FSOC의 주요 권한】

FSOC의 주요 기능이나 권한 중에서 시스템적으로 중요한 금융회사(SIFI) 및 금융시장기구(SIFMU) 지정권한, 강화된 감독을 권고할 수 있는 권한, 금융회사에 대한 보고서 징구권한 등에 대해서 살펴본다.

(1) 비은행금융회사의 SIFI 지정권한

FSOC는 비은행금융회사를 시스템적으로 중요한 금융회사(SIFI)로 지정하고, 연준에 의해 강화된 건전성 감독기준(이하 SIFI 규제)을 적용받도록 결정할 수 있는 권한을 갖는다. 도드프랭크법은 FSOC가 이러한 권한을 발동하기 위해 준수해야 할 기준과 절차를 상세히 규정하였다.[12] FSOC는 또한 시스템적으로 중요한 금융시장기구(SIFMU: Systemically Important FMU) 및 시스템적으로 중요한 지급·청산·결제(SIPCS: Systemically Important Payment, Clearing and Settlement) 활동을 지정할 권한을 갖는데, 이에 대해서는 제8장에서 다룬다.

---

12 도드프랭크법 제113조.

ⅰ) 비은행금융회사의 정의

비은행금융회사란 미국 또는 외국에서 인가받은 회사로서, 금융업 비중이 지배적으로 높은(predominantly engaged in financial activities) 회사를 말한다. 금융업 비중이 지배적으로 높다는 것은 금융업에서 발생하는 수익비중 또는 금융업 자산비중이 전체의 85% 이상인 회사를 말한다. 도드프랭크법은 비은행금융회사가 SIFI 규제를 회피할 목적으로 조직을 운영한다고 판단하는 경우에도 연준의 감독을 받도록 결정할 권한을 FSOC에 부여[13]함으로써 금융업 비중을 의도적으로 낮추기 위한 편법적 조직운용 가능성을 차단하고자 하였다. 또한 외국에서 인가받은 비은행금융회사도 SIFI 규제대상에 포함함으로써 외국계 회사의 미국내 점포뿐만 아니라 본점도 연준에 의한 감독을 받을 수 있는 길을 열어놓았다.

ⅱ) SIFI 지정기준

비은행금융회사는 다음 두 가지 기준 중 어느 하나에 해당하는 경우 SIFI로 지정된다: ①비은행금융회사의 중대한 재무취약성으로 인해 금융안정성이 위협받을 수 있는 경우(기준 1) ②비은행금융회사가 영위하는 금융업의 특성, 범위, 규모, 스케일, 집중도, 연계성 및 복잡도로 인해 금융안정성이 위협받을 수 있는 경우(기준 2). 여기에서 기준 1에 의한 SIFI 지정은 해당 회사가 재무적 취약성을 겪고 있다는 뜻이 아니라 향후 중대한 재무적 취약성이 발생한다면 금융안정성이 위협받을 수 있다는 의미이다.[14] 기준 1은 시스템적 위협의 가능성만으로, 그리고 기준 2는 시스템적 위협을 초래하는 다양한 요인을

---

13 도드프랭크법 제113조(c).
14 FSOC(2013, July).

열거함으로써 FSOC에 SIFI 지정과 관련한 폭넓은 재량권을 부여하였다.[15]

FSOC는 2012년 4월 동 규정의 이행을 위한 세부기준[16]을 마련하였다. 즉 '금융안정이 위협받는 경우'를 '금융중개 기능 또는 금융시장 기능의 심각한 장애로 인해 경제 전반에 중대한 손상이 초래되는 경우'로 구체화하였다. 또한 '중대한 재무 취약성'(material financial distress)을 '임박한 채무 불이행 또는 파산위기에 놓여 있는 경우'로 정의하였다.

이와 함께 세부기준에서는 비은행금융회사의 중대한 재무상 취약성 또는 파산으로 인해 시스템위험이 초래될 수 있는 세 가지 경로를 명시하였다. 첫째는 익스포져 경로(exposure chanel)로서 비은행금융회사에 대규모 익스포져를 보유한 다른 금융회사가 심각한 손상을 입는 경로이며, 둘째는 자산청산 경로(asset liquidation)로서 비은행금융회사에 의한 자산의 헐값 매각(fire sale)으로 인해 시장 전반에 걸친 자산가격 하락이 촉발되고 유사한 자산을 보유한 여타 금융회사가 자금조달 등에 어려움을 겪는 경로이다. 그리고 셋째는 중요 기능·서비스 경로(critical function or service)로서 비은행금융회사가 제공하는 중요 기능 또는 서비스(예: 가계, 기업, 저소득층에 대한 신용공급 기능 등)가 중단됨으로써 금융시스템의 안정이 위협받는 경로이다. 이 외에 세부기준은 비은행금융회사 조직구조의 복잡도 및 모호성, 파산시 정리의 어려운 정도 등에 따라 시스템안정에 대한 위협이 커질 수 있음을 지적하였다.

---

15 도드프랭크법은 이러한 두 가지 기준에 따라 SIFI로 지정함에 있어 구체적으로 고려해야 할 10가지 요인들을 규정하였다 : ①비은행금융회사의 레버리지 ②부외 익스포저의 규모 및 특성 ③여타 시스템적 중요 금융회사와의 거래관계 ④가계·기업·저소득층·소수계층에 대한 신용공급자로서의 역할 ⑤금융시스템에 대한 유동성 공급자로서의 역할 ⑥운용자산 규모 및 동 자산의 소유 분산도 ⑦영위업종의 특성·범위·규모·스케일·집중도·연계성 ⑧주主 감독기관의 존재 여부 ⑨금융자산의 규모 및 특성 ⑩채무의 규모 및 유형 등.
16 FSOC(2012, April) 참조. 이와 함께 FSOC는 SIFI 지정을 위한 3단계 검토(3-stage review process) 등 구체적인 절차기준을 마련하였다. FSOC(2015, February) 참조.

iii) SIFI 지정 및 이의 제기절차

도드프랭크법은 SIFI 결정시 준수해야 할 엄격한 절차를 규정함과 아울러 해당 회사에 이의를 제기할 수 있는 기회를 부여하였다. 즉, SIFI 지정을 위해서는 의장을 포함한 FSOC 위원 2/3 이상의 찬성이 필요하며, 해당 회사의 주ᵗʰ 감독기관(외국회사인 경우 모국의 감독당국)과 협의절차를 거쳐야 한다. 또한 FSOC는 해당 회사에 SIFI 결정의 사실과 이유를 사전에 통지하고, 해당 회사가 이의를 제기할 수 있는 청문의 기회를 부여하여야 한다. 다만 긴급한 경우에는 FSOC 위원 2/3 찬성에 의해 이러한 통지 및 청문절차를 생략할 수 있다. 마지막으로 해당 회사는 법원에 SIFI 결정에 대한 취소소송을 제기할 수 있는데, 법원은 SIFI 지정이 자의적이고 객관성이 결여(arbitrary and capricious)된 경우에 한해 취소판결을 내릴 수 있다.

그 밖에 FSOC는 SIFI 지정 여부를 매년 재평가해야 하며, 해당 회사가 더 이상 SIFI 기준에 부합하지 않는다고 판단하는 경우에는 의장을 포함한 위원 2/3 찬성에 의해 SIFI 지정을 해제할 수 있다. FSOC에 의해 SIFI로 지정된 비은행금융회사는 연준이 정하는 양식에 따라 연준에 등록할 의무가 있다.[17]

iv) FSOC의 SIFI 지정현황

FSOC는 설립 이후 AIG, GE 캐피탈, 푸르덴셜Prudential, 메트라이프MetLife 등 4개의 회사를 SIFI로 지정하였다. SIFI 지정사유로는 4개 회사 모두 기준 1(중대한 재무적 취약성 기준)이 적용되었다. FSOC는 4개 회사의 SIFI 지정에 있어 해당 회사의 중대 재무위험 발생시 전염경로(익스포져·자산청산·중요기능 경로)별로 금융시장 영향을 자세히 분석하였다. 이 분석에 따르면 대부

---

17 도드프랭크법 제114조.

분의 경우 익스포져 경로와 자산청산 경로가 주요한 위험 전염경로이며, 중요 기능 경로는 부차적인 중요성을 가지는 것으로 나타났다.

그러나 SIFI 지정제도는 사실상 형해화의 길을 걷고 있다. GE 캐피탈은 자산매각 등 적극적인 구조개혁을 통해 3년 만인 2016년 6월 SIFI 지정에서 벗어났으며, AIG도 단기부채 및 파생상품 축소, 유동성제고 등의 노력을 통해 2017년 9월 지정 해제되었다.[18] 메트라이프는 FSOC 지정절차의 투명성이 결여된다며 2015년 8월 미국 연방법원에 소송을 제기하였다. 2017년 11월 현재 4개 회사 중 푸르덴셜만이 SIFI 지정을 유지하고 있으나 이 또한 조만간 해제될 것으로 예상하고 있다.

(2) 강화된 감독기준 적용을 연준에 권고할 수 있는 권한

FSOC는 SIFI, 즉 연준의 감독을 받는 비은행금융회사와 총자산 500억 달러 이상의 상호 연계된 대형 은행지주회사에 대하여 강화된 감독기준(enhanced supervision)을 적용하도록 연준에 권고할 수 있는 권한을 갖는다.[19] 금융안정을 위협할 수 있는 SIFI에 대하여는 그렇지 않은 일반 금융회사보다 엄격한 감독기준을 적용함으로써 부실가능성을 사전에 차단함과 아울러 파산시 초래되는 부정적 영향을 축소코자 하는 것이 그 취지이다.

도드프랭크법은 FSOC가 권고할 수 있는 감독기준으로서 구체적으로 9개를 열거하였다: ①자기자본비율 ②레버리지비율(부채/자본 비율 15배 이하[20]) ③유동성비율 ④정리계획 및 신용 익스포져 보고 ⑤조건부자본 ⑥거액여신

---

18 AIG의 지정 해제와 관련하여 FSOC 위원 중 6인은 찬성, 3인은 반대, 1인은 기권하였다. FSOC의 SIFI 지정 해제사유에 대해서는 FSOC(2017, September 29), FSOC 위원들간 상반된 입장에 대해서는 FSOC(2017, October 2) 참조.
19 도드프랭크법 제115조.
20 도드프랭크법 제165조(j).

한도(자기자본의 25% 이내[21]) ⑦공시 ⑧단기부채 한도규제 ⑨리스크 관리 등

(3) 회원 감독기관간 이견 조율기능

　FSOC는 회원 감독기관간 이견을 조율(non-binding dispute resolution)할 수 있는 권한을 갖는다.[22] 회원 감독기관들은 은행지주회사, 비은행금융회사, 금융상품 및 영위업무 등과 관련한 감독관할 문제에 있어 여타 감독기관과 이견이 있는 경우에 FSOC의 개입 및 조율을 신청할 수 있다. 이에 대하여 FSOC는 위원 2/3 의결로써 서면에 의한 권고를 할 수 있다. 다만, 회원 감독기관들은 FSOC의 권고에 구속받을 의무는 없다.

(4) 주(州) 감독당국에 감독기준을 권고할 수 있는 권한

　FSOC는 SEC, CFTC 등 주감독당국(primary regulators)에 감독기준을 권고할 수 있는 권한을 갖는다.[23] 감독기준이란 새로운 감독기준을 도입하거나 기존보다 강화된 감독기준을 적용하는 것을 말하며, 금융회사의 영업행위를 제한(영업행위의 축소, 자본금 증액, 리스크관리 강화 등)하거나 금지하는 내용을 포함할 수 있다.

　이러한 권고를 함에 있어 FSOC은 주감독당국과 사전에 협의하여야 하고, 장기 경제성장에 미치는 영향을 고려하여야 하며, 일반 공중에 권고내용을 공시 및 의견제출의 기회를 부여하여야 한다. 주감독당국은 권고받은 감독기준을 그대로 이행하거나, FSOC의 양해하에 유사한 감독기준을 도입할 수 있다. 또한 권고받은 감독기준의 이행을 거부할 수도 있는데, 이때 90일 이내에

21　도드프랭크법 제165조(e).
22　도드프랭크법 제119조.
23　도드프랭크법 제120조.

서면으로 그 사유를 설명하여야 한다.

또한 FSOC는 상기 감독기준이 더 이상 필요없다고 판단하는 경우에는 주감독당국에 이의 적용 중지를 권고할 수 있다. 주감독당국은 이 권고에 구속받지 않고 감독기준을 계속해서 적용할 수 있다. 다만, 관할 금융회사들이 주감독당국의 이러한 결정에 이의를 제기할 수 있도록 절차를 마련·운용하여야 한다.

FSOC는 주감독당국에 권고한 감독기준의 내용과 주감독당국이 이를 이행하였는지 여부 등을 의회에 보고하여야 한다. 만약 해당 사안과 관련된 주감독당국이 없다면 의회에 입법을 권고하여야 한다. 현재까지 동 규정에 근거한 FSOC의 감독기준 권고는 단 한 차례뿐이었다.[24]

(5) 보고서 징구권한

도드프랭크법은 FSOC의 보고서 및 정보 징구권한을 매우 중요하게 여기고, 여러 조문에 걸쳐 중복하여 규정하였다. 우선, FSOC는 회원 감독기관으로부터 금융시장 모니터링 및 잠재위험 파악 등 업무수행을 위해 필요한 보고서를 징구할 권한을 갖는다.[25] 또한 모든 비은행금융회사 및 은행지주회사로부터 SIFI 해당 여부를 판단하기 위한 목적으로 보고서를 징구할 권한을 갖는다.[26] 마지막으로, FSOC는 SIFI로 지정된 금융회사로부터 강화된 보고서 징구권한을 갖는다.[27] 즉, 금융회사의 재무상황, 리스크관리 시스템, 예금취급 자회사와의 거래내용, 금융안정을 저해할 수 있는 금융거래 내용 등에 대한

---

24 GAO(2016) p.82 참조. FSOC는 2012년 11월 MMMF(Money Market Mutual Fund) 구조개혁 방안을 권고하였으며, SEC는 동 권고를 수용하여 2014년 관련규칙을 발표하였다.
25 도드프랭크법 제112조(d).
26 도드프랭크법 제112조(d).
27 도드프랭크법 제116조(a).

보고서를 징구할 수 있다.

FSOC는 보고서 징구에 있어 주ᵇ 감독기관 또는 본국의 모감독기관(해당 회사가 외국에서 인가받은 경우)과 충분히 협의하여야 하며, 금융회사들이 주감독기관에 보고하는 기존의 보고서와 외부 감사보고서 등을 '가능한 최대한'(to the fullest extent possible) 이용할 의무가 있다.

【FSOC의 책임성 확보장치】

도드프랭크법은 FSOC의 기능 및 권한행사와 관련하여 그 책임성(accountability)을 확보하기 위한 장치를 마련하였다. 우선, 의회에 대한 책임성 확보장치로서 연차보고서 제출 및 증언의무가 있다. FSOC는 매년 업무수행 내용(SIFI 지정 결정 등) 및 금융시장 위험요인 등을 포함한 보고서를 의회에 제출하여야 한다.[28] 또한 위원회의 정위원들은 시스템리스크 대응조치의 적절성 여부에 대한 자신의 견해를 자필 서명하여 연차보고서에 첨부하는 형태로 의회에 제출하여야 한다.[29] 그리고 의장은 매년 상원의 은행위원회와 하원의 금융서비스위원회에 출석하여 FSOC의 업무수행 내용 및 추진계획 등에 대해 토론(discussion)하고 질의응답할 의무를 갖는다.[30]

둘째, 회계감사원(GAO)에 의한 감사이다. GAO는 FSOC 및 소속 직원, 그리고 FSOC를 위해 업무를 하는 자 및 기관에 대하여 감사를 수행할 수 있다. GAO는 이를 위해 필요한 정보 및 기록을 요구할 수 있다.

---

28 도드프랭크법 제112조(a).
29 도드프랭크법 제112조(b).
30 도드프랭크법 제112조(c).

셋째, 회의의 내용과 투표결과는 의사록에 기록되며, 의사록은 다음 회의 이전에 일반에 공개하여야 한다. 단 감독기관의 조사, 검사의 보고내용이나 금융시장의 투기로 이어질 수 있는 내용 등이 포함된 경우에는 비공개로 할 수 있다.[31]

넷째, 다른 모든 연방기구와 동일하게 FSOC의 결정은 법원에 의한 심리 대상이 된다. 따라서 금융회사는 SIFI 지정의 적절성에 대하여 법원에 소송을 제기하여 무효를 구할 수 있다.

【FSOC에 대한 상반된 견해】

FSOC를 중심으로 한 미국의 시스템리스크 감독체계가 구축된 지 7년여가 경과하였으나 아직까지도 필요성 및 성과에 대하여 상반된 평가가 나오고 있다. 공화당을 중심으로 한 보수적 견해는 FSOC의 권한축소나 폐지를 주장하는 반면, 다른 한편에서는 현행 시스템리스크 감독체계가 FSOC의 권한부족 및 감독기관간 협조미흡 등으로 효율적인 작동이 어려운 한계가 있음을 지적하고 있다. 이하에서는 FSOC를 중심으로 한 미국 시스템리스크 감독체계에 대한 상반된 견해를 살펴본다.

(1) 현행 체계의 보완 필요성을 주장하는 견해

현행 체계의 보완이 필요하다는 견해로는 대표적으로 GAO 보고서[32]와

---

31 FSOC, "Rules of Organization of the Financial Stability Council".
32 GAO(2016).

초당파정책센터 보고서[33]가 있다. 이들 보고서는 네 가지 문제점을 지적하고 있다.

첫째, 시스템리스크 감독과 관련한 FSOC의 기능과 권한이 제한적이라는 점이다. 도드프랭크법은 시스템리스크 감독과 관련한 3대 책무(시스템리스크의 감지 및 선제대응, 시장규율 확립)를 독점적으로 FSOC에 부여하였으나, 실제 감독기능은 연준을 비롯한 회원 감독기관들이 수행하도록 하였다. FSOC는 SIFI 지정권한을 제외하고는 시스템리스크 대응을 위한 직접적인 감독권한을 갖지 못하며, 회원 감독기관들에 대해 권고를 통한 간접적인 감독권한을 행사할 수 있을 뿐이다. 더군다나 회원 감독기관들은 FSOC의 권고를 수용할 의무가 없기 때문에 FSOC의 권고는 법적 구속력을 갖지 못한다. 도드프랭크법은 권고내용의 FSOC 홈페이지 공시, 권고내용 미이행사유의 서면에 의한 해명 등 일부 구속력을 확보할 만한 장치를 도입하고 있으나 효력이 의문시되고 있다. 이와 같은 책무와 권한의 괴리로 인해 FSOC는 온전한 시스템리스크 감독자로서의 위상을 확보하지 못하고 여전히 감독기구들의 협의체로서 인식되고 있는 실정이다.

둘째, GAO 보고서(2016)는 시스템리스크 감독에 있어서 업무의 중첩·중복 등의 문제가 있으며, 감독기관간 정보공유와 업무협조가 원활하지 않음을 지적하였다. 예컨대 금융조사국(OFR)과 연준은 시스템리스크의 모니터링 및 측정이라는 동일한 기능을 상호 협조 없이 각각 독립적으로 수행하고 있다는 것이다.[34]

셋째, 재무부 장관이 의장을 맡는 FSOC의 지배구조에 대해서도 비판적 견

---

33 Bipartisan Policy Center(2014).
34 도드프랭크법 제153조 및 도드프랭크법 제165조(i).

해가 있다. 대통령을 보좌하여 정치적 목표달성을 위주로 하는 재무부 장관의 책무는 안정적인 금융시스템의 구축·유지를 근간으로 하는 FSOC의 책무와 상충될 수 있다는 것이다.

전직 FDIC 의장인 실라 베어는 자신의 저서《정면돌파》에서 다음과 같이 말하였다.

> "금융안정감시위원회는 개별 규제기관과 달리 편협한 이해관계를 초월해야 한다. 선출직 공무원들이 재선 가능성이나 정치자금을 기부할 수 있는 금융회사의 영향력에 흔들리는 것과는 달리 금융안정감시위원회는 이러한 요인에서 자유로운 조직이어야 한다…… 그러려면 독립적으로 기능하고 필요한 규정을 제정할 수 있는 권한을 확보해야만 한다."[35]

마지막으로, 연준은 SIFI에 대한 강화된 감독기준을 마련하고 실행함으로써 시스템리스크 감독체계의 실행에 중추적인 역할을 맡도록 설계되었으나, 실제 기능을 제약하는 다수의 요인이 있음이 지적되고 있다. 예컨대 연준은 FSOC에서 여타 회원 감독기관들과 동일하게 1개의 의결권만 행사할 수 있을 뿐이며 주도적인 역할을 부여받지 못하고 있다. SIFI 감독과 관련하여 발생할 수 있는 감독기관간 이해상충 등에 효과적으로 대응하지 못함으로써 연준의 SIFI 감독기능이 저해될 수 있다는 소지이다.

또한 연준은 중앙은행으로서 전통적으로 금융안정 확보에 기여할 것이 기대되고 있으며, 연준 내 고위 간부들도 금융안정이 연준의 중요한 책무임을 공개적으로 밝히고 있다. 그러나 현행 법은 금융안정 책무를 FSOC에 명시적

---

35 실라 베어(2016), p.590.

으로 부여하였으며 연준에는 종전과 같이 완전고용과 물가안정 목표[36]만을 부여하였다. 이와 같은 암묵적인 책무와 법상의 명시적인 책무의 괴리는 시스템리스크 감독의 실행에 있어 연준의 기능을 제약하는 요인으로 작용할 수 있다는 지적이다.

(2) FSOC의 폐지를 주장하는 견해

공화당을 중심으로 한 보수적 견해와 업계는 SIFI 규제에 초점을 맞춘 도드프랭크법의 시스템리스크 감독체계에 대해 부정적 입장을 견지하고 있다.[37] 동 견해는 특히 FSOC의 비은행금융회사를 SIFI로 지정할 수 있는 권한에 대하여 이의를 표시한다. 동 견해에 따르면 SIFI 지정은 정부가 당해 금융회사에 '대마불사'의 꼬리표를 붙여주는 결과로서, 이들 금융기관이 어떠한 상황에서도 파산하지 않도록 하는 안전장치와 같은 역할을 함으로써 미국 금융자산의 절반 이상을 차지하는 소수 대형 금융회사들의 도덕적 해이와 시장규율기능 약화를 유발하여 또 다른 위기의 근원이 될 수 있다는 것이다.

이들 견해는 나아가 SIFI 지정은 당해 금융회사의 파산에 대비해 정부가 암묵적인 보증을 제공하는 효과를 발생시킨다고 주장한다. 이로 인해 SIFI는 여타 금융회사에 비해 경쟁우위를 가지게 되며, 시장지배력이 강화되는 문제가 발생한다. 이러한 주장은 물론 타당성이 있지만 이에 대한 반론도 있다. 하원 금융서비스위원회 전 의장 바니 프랭크 Barney Frank는 SIFI 지정으로 인한 강화된 규제준수 부담이 이러한 암묵적 정부 보증에 따른 효익을 상쇄한다고

---

36 연방준비법 제2A조(통화정책의 목표). 법은 통화정책의 세 번째 목표로서 장기금리를 낮은 수준으로 유지하는 것을 명시하고 있다. 인플레이션율이 낮고 계속 낮은 상태를 유지할 것으로 기대된다면, 장기금리도 낮아지기 때문에 세 번째 목표는 물가안정이라는 목표에 포함되는 것으로 간주된다. 벤 버냉키(2015), p.69.
37 Peter J. Wallsion(2016), House Committee on Financial Services(2017, April) 참조.

주장하였다.[38]

　보수적 견해는 SIFI 지정절차의 적정성에 대해서도 문제를 제기하고 있다. 이와 관한 논쟁은 메트라이프가 SIFI 지정에 반발하여 2015년 8월 연방지방법원에 소송[39]을 제기하면서 촉발되었다. 메트라이프는 SIFI 지정절차의 객관성과 일관성이 결여되었다고 주장하였으며, 연방지방법원은 메트라이프의 주장을 수용하여 2016년 3월 FSOC의 SIFI 지정 결정의 무효를 선언하였다. FSOC는 이에 즉각 불복하여 2016년 4월 항소법원에 항소를 신청하는 등 양측의 주장이 대립되고 있다.

　이러한 상황에서 FSOC의 사무국장 패트릭 핀슈미트$^{Patrick\ Pinschmidt}$의 의회 증언(deposition)은 SIFI 지정절차의 적정성 논란에 기름을 붓는 꼴이 되었다. 핀슈미트 사무국장은 2016년 5월 SIFI 지정기준인 '경제 전반에 중대한 손상이 초래되는 경우'의 구체적인 의미를 묻는 질문에 대하여 다음과 같이 답변하였다.[40]

　"이에 관한 명백한 기준(bright-line threshold)은 존재하지 않으며…… 중대성의 요건은 각 위원들이 판단할 사항이다."

　한편, 도드프랭크법 폐지 등 규제완화를 주장한 트럼프 대통령은 집권 즉시 FSOC의 항소를 철회시킬 것으로 기대되었으나, 트럼프 행정부는 2017년 4월 대통령 비망록을 통해 FSOC의 SIFI 지정절차의 투명성과 적절성을 검

---

38 Peter J. Wallsion(2016), p.44 참조.
39 MetLife, Inc. v. Financial Stability Oversight Council, C.A. No. 15-0045, Mar. 30, 2016.
40 U.S. House of Representatives(2017, February) 및 House Committee on Financial Services(2016, May 11).

토하여 보고토록 하는 등 이 문제에 신중하게 접근하였다.[41] 재무부는 이에 따른 검토보고서를 2017년 11월에 발표하였다.

이 밖에도 보수적 견해는 SIFI에 대하여 강화된 감독기준을 적용토록 권고할 수 있는 권한, 주감독당국(primary regulators)에 감독기준을 권고할 수 있는 권한, SIFI 영업활동에 제한을 부과할 수 있는 권한 등을 철폐해야 한다고 주장하고 있다. 이러한 권한들은 FSOC가 시스템리스크 감독기구로 기능할 수 있도록 도드프랭크법이 부여한 권한들 중 핵심을 이루는 것이다. 요컨대 보수적 견해는 FSOC를 도드프랭크법 이전의 대통령 직속 금융시장대책반(PWG)이 가졌던 기능, 즉 감독기관간 정보교환 및 협의체로 환원하고자 하는 것이다.

---

41 White House(2017, April 21).

Ⅳ
금융조사국의 설립배경 및 기능

【설립배경】

도드프랭크법 제1편 B장은 데이터의 수집, 분석 및 연구를 통해 FSOC와 연방감독기관을 보좌하는 금융조사국(OFR : Office of Financial Research)을 창설하였다. 금융위기를 거치면서 미국 의회 및 정책당국자들간에는 시스템리스크를 측정·관리하기 위한 적절한 기법을 개발할 필요가 있다는 공감대가 형성되었다. 표준화된 데이터 없이는 시스템리스크의 측정이 어려우며, 시스템리스크의 정확한 측정이 전제되지 않고서는 시스템리스크 감독기구인 FSOC가 원활히 기능할 수 없기 때문이다.

금융조사국은 미국의 감독기관들이 하지 못하던 기능, 즉 표준화된 데이터의 생성과 시스템리스크 측정기법의 개발이라는 감독업무에 있어서의 갭을 메우기 위해 창설되었던 것이다.

【금융조사국의 법적 지위】

금융조사국은 재무부 내(within the Department of Treasury)에 설치되었다.[42] 도드프랭크법은 금융조사국에 독립적 지위를 부여하지 않았는데, 이 점에서 재무부 내 독립적 기구로서의 지위를 갖는 통화감독청(OCC)과 차별된다.

그러나 도드프랭크법은 금융조사국장(Director)에게 여타 연방감독기관의 수장에 준하는 지위를 부여하였다. 금융조사국장의 임명절차는 상원의 인준(by the advice and consent of the Senate)을 받아 대통령이 임명한다는 점에서 여타 주요 연방감독기관의 수장과 동일하다. 6년의 임기를 가지며, 연방 고위공직자의 급여스케줄 중 3등급(Level 3)에 해당하는 급여를 받는다.[43] 임기 중 여타 연방감독기관의 수장을 겸임할 수 없다.

금융조사국장은 도드프랭크법에 의해 부여된 책무와 기능을 수행함에 있어 완전한 재량권을 가진다. 그러나 조직운영, 즉 예산, 임직원의 임용, 직원 수 및 급여 등의 결정에는 FSOC 의장인 재무부 장관과 상의하여 결정할 것이 요구된다. 다만, 직원의 급여에 관하여는 연방정부 공무원의 임용 및 급여에 관한 규정[44]에 구속받지 않는다고 규정함으로써 일반적인 재무부 공무원과 차별을 두었다.

금융조사국장은 상하원의 위원회에 매년 출석하여 보고 및 증언할 의무를 갖는다. 동 보고에는 금융조사국의 업무수행 내용과 금융시장 상황, 금융안정을 저해하는 잠재위험에 대한 평가를 포함하여야 한다.

도드프랭크법은 금융조사국장이 의회 증언에 있어 누구의 간섭도 받지 않

---

42 도드프랭크법 제132조.
43 5 U.S.C. 5314 참조.
44 5 U.S.C. 51 및 53.

고 독립적으로 자신의 견해를 밝힐 것을 규정하였다. 즉, 어떠한 연방기구도 금융조사국장의 의회 증언과 관련하여 사전에 승인·점검·논평할 수 없으며, 금융조사국장은 의회 증언에 있어 대통령의 의견을 반영하지 않은 자신의 의견을 밝혀야 한다.[45] 동 조항은 금융조사국장이 누구의 영향으로부터도 자유롭게 미국 금융시스템의 안정성과 잠재위험을 객관적으로 정확하게 평가할 수 있도록 하기 위한 장치로 이해된다.

【책무와 기능】

금융조사국은 FSOC가 법적으로 주어진 3대 책무를 효율적으로 달성할 수 있도록 보좌하는 것을 그 주요 책무로 한다.[46] 그리고 이를 위해 금융안정과 관련한 데이터의 수집 및 분석, 관련자(FSOC·감독기관·의회·일반 대중)에 대한 정보제공, 리스크 측정 및 모니터링을 위한 기법개발 및 연구 등의 기능을 수행한다.

금융조사국은 금융회사를 직접 감독할 권한은 없으나, 책무와 기능의 이행을 위해 필요한 규칙의 제정권한을 가지며, 자료제출 요구권을 갖는다. 또한 금융안정 저해요인에 대한 분석 등을 포함한 연차보고서를 매 회계연도말로부터 120일 이내에 의회에 보고할 의무가 있다.

금융조사국은 금융시장 모니터링을 위해 '금융안정 모니터'를 개발하여 2013년부터 홈페이지에 게시하고 있다. 동 지표는 거시경제, 금융시장, 신용,

---

45 도드프랭크법 제153조(d).
46 도드프랭크법 제153조.

자금조달 및 유동성, 전염위험 등 5개 분야에 대해 특정 시점에서의 취약성을 포착하여 시각적으로 보여주는 모니터링 수단이다. 금융조사국은 그 밖에도 '금융시장 모니터', 'MMF 모니터', 'CDS 모니터', '헤지펀드 모니터', '상관관계 모니터' 등을 개발하여 활용 중에 있다.

【조직】

도드프랭크법은 금융조사국 내에 데이터 센터와 조사연구·분석 센터를 두도록 규정하였다.[47] 데이터 센터는 회원 감독기관, 금융회사, 데이터 제공업자, 기타 공시자료 등에서 수집한 데이터를 바탕으로 데이터베이스를 구축하여 FSOC, 회원 감독기관 및 일반 대중에 제공함으로써 시장의 투명성을 제고하고 금융시스템에 관한 조사연구를 촉진하는 것을 임무로 한다.

조사연구·분석 센터는 금융안정에 대한 분석기법 개발, 금융시장 불안요인 탐지, 시스템리스크의 평가, 스트레스테스트의 실시, 리스크관리 모범관행의 개발 등을 통해 FSOC에 정책을 권고하는 기능을 수행한다.

그 외에 도드프랭크법은 재무부 내에 금융조사펀드(Financial Research Fund)를 설립하고, 금융조사국의 업무수행에 필요한 경비를 제공하도록 하였다.[48] 동 펀드의 자금은 SIFI로부터 징수하는 감독분담금으로 조달된다.

---

47 도드프랭크법 제154조.
48 도드프랭크법 제155조.

V
연준의
시스템리스크 감독기능

【개요】

　오늘날 중앙은행의 목적과 기능은 나라마다 다를 수 있으나 대체로 3개 영역으로 구분할 수 있다. 즉 통화안정(또는 물가안정), 개별 금융회사의 건전성, 그리고 금융안정이 바로 그것이다. 통화안정 달성을 위한 통화정책(재할인·지급준비·공개시장조작)은 전통적으로 중앙은행의 가장 중요한 기능으로 간주돼 왔으나 오늘날 대부분의 선진국가에서 저물가가 고착화되며 과거에 비해 상대적 중요성이 떨어지고 있다. 개별 금융회사의 건전성 보장을 위한 미시건전성 감독(자본·유동성·거액여신한도 규제 등) 기능 또한 미국 등 일부 국가를 제외한 대부분 국가들이 금융감독기관에서 담당하고 있어 중앙은행 본연의 기능에서 다소 멀어지는 추세이다.
　마지막 항목인 금융안정 기능은 금융시스템 전반의 안정성을 보장하기 위한 기능으로 전통적인 지급결제제도의 운영·관리와 최종대부자(긴급유동성 지원) 기능이 이에 해당한다. 이에 더하여 금융위기 이후에는 시스템 전반에 걸친 위험요인의 조기 인지 및 대응이 금융안정을 위한 중요 기능으로 주목 받고 있다. 이러한 새로운 기능은 통상 시스템리스크 감독 또는 거시건전성 감독으로 불리고 있다. 앞에서 본 바와 같이 시스템리스크 감독의 핵심내용 중 하나로서 복잡하고 상호 연계된 대형 금융회사, 즉 시스템적으로 중요한 금융회사에 대한 감독이 있다.

도드프랭크법은 연준의 금융안정 기능과 관련하여 두 가지 측면에서 큰 변화를 가져왔다. 하나는 연준의 시스템리스크 감독기능을 대폭 확대한 것이다. 도드프랭크법 제1편 C장은 SIFI 규제강화를 위한 일련의 새로운 권한을 연준에 부여하였으며, 제8편은 시스템적 중요 금융시장기구(SIFMU)의 감독강화를 위한 새로운 권한을 연준에 부여하였다. 이에 대해서는 각각 제6장과 제8장에서 다룬다. 다른 하나는 연준의 긴급 유동성 지원 기능에 관한 것이다. 도드프랭크법 제11편은 연방준비법을 개정하여 연준의 긴급 유동성 지원 프로그램 운용과 관련하여 일정한 요건을 부과하였다. 아래에서는 이에 대해 살펴본다.

【긴급 유동성 지원기능에 대한 제한】

(1) 배경

글래스스티걸법(Glass-Steagall Act of 1932)에 의해 도입된 연방준비법(Federal Reserve Act) 제13조(3)은 연준의 긴급 유동성 지원(emergency lending) 기능에 관하여 규정하였다. 금융위기 이전에 동 조항은 '비정상적이고 긴급한'(unusual and exigent circumstances) 상황에서는 연준이 개별 비은행금융회사에 대하여도 유동성 직접 지원을 할 수 있도록 허용하고 있었다. 이러한 긴급 유동성 지원이 실행되기 위해서는 비정상적이고 긴급한 상황이 존재해야 하며, 연준이사회 이사 5명 이상의 찬성을 필요로 하고, 일반 은행으로부터의 차입이 불가능하다는 믿을 만한 증거가 있어야 하며, 충분한 담보가 제공되어야 한다는 등의 네 가지 조건을 필요로 하였다.

  동 규정에 근거하여 연준은 금융위기 와중에 개별 비은행금융회사에 대규모 직접 유동성 지원을 제공하였다. 예를 들면, 2008년 3월 베어스턴스Bear Sterns에 대한 130억 달러 대출, J.P. 모건체이스J.P. Morgan Chase의 베어스턴스 인수지원을 위한 290억 달러 대출, 그리고 그해 9월 AIG에 대한 주식담보부 850억 달러 대출 등이 이에 해당한다.[49] 이와 별도로 연준이 2007년 12월부터 2010년 7월까지 확대 긴급 유동성 지원 프로그램(Broad-Based Emergency Programs)에 의해 금융회사에 제공한 유동성 직접 지원규모는 총 16조 달러에 이르는 것으로 추산되고 있다.[50]

  이러한 연준의 긴급 유동성 직접 지원에 대하여 일반 공중의 비판적 여론과 함께 전문가 및 정부 내에서도 정당성에 의문을 제기하였다. 예컨대 전연준 의장인 폴 볼커Paul Vocker는 연준의 베어스턴스 지원이 중앙은행의 오랜 원칙과 관행을 벗어난 이례적인 것으로서 '연준의 법적 권한을 벗어날 소지'가 있다고 언급한 바 있다.[51] 또한 미국 연방 법원은 2015년 AIG에 대한 연준의 주식담보부 대출이 부적절하며, 법적으로 주어진 연준의 권한을 명백히 넘어

---

49 이에 대한 논의는 Michael(2016), 김병기·김진일(2015) 참조.
50 U.S. Government Accountability Office(2011), p.131 참조.
51 John Brinsley and Anthony Massucci(2008).

선 것으로 판결하였다.[52] 이 판결은 대출이 실행된 지 7년이 지난 시점에 이루어졌으며, 연준에 부과한 벌금이 '0' 달러로 실질적 영향이 거의 없는 '깡통판결'(empty judgement)에 지나지 않는다는 주장도 있지만, 연준의 위기대응 정책에 대한 일반 대중과 의회의 지지를 약화시킬 수 있다는 점에서 역사적 의의와 상징적 의미는 자못 큰 것으로 이해되었다.[53] 물론 연준 내 정책당국자들과 학계 등의 옹호론자들은 연준의 신속하고도 과감한 긴급 유동성 지원이 금융위기의 확산을 방지하는 데 효과적이었으며, 적법하고도 적절한 정책대응이었다는 반론을 제기하였다.[54]

2008년 금융위기에 대한 연준의 대응에 대해 부정적 여론이 많이 제기된 것은 다음과 같은 이유 때문이다. 첫째, 지원규모에 있어 전례 없는 대규모로 이루어진 것에 대한 반발이 컸고, 둘째, 외부의 견제장치 없이 연준이 독단적으로 대규모 공적 자금을 이용하여 특정 금융회사를 구제하는 것에 대한 의사결정 과정의 타당성에 대해 의문이 제기되었다. 셋째, 증권, 보험 등 비은행 금융회사에까지 구제금융을 제공하는 것은 전통적인 중앙은행의 기능에서 벗어나는 것으로 그 정당성에 대한 불만이 있었으며, 마지막으로 부실위험에 빠진 대형 금융회사 구제의 전례가 됨으로써 대마불사의 도덕적 해이를 조장할 수 있다는 우려 때문이었다.

이러한 인식을 배경으로 도드프랭크법은 긴급 유동성 지원과 관련한 연준의 기능에 일정한 제한을 가함과 아울러 외부의 견제장치를 도입하였다.

---

52 Starr International Company v. U.S., No.11-779C, at 2(Fed. Cl., June 15, 2015).
53 이에 관해서는 Philip A. Wallach(2015) 참조. Wallach는 동 판결이 연준당국자들의 어깨를 으쓱하게 하는 것을 제외하고는 효과가 없다고 지적하였다.
54 Federal Reserve(2015. June).

(2) 긴급 유동성 지원기능에 대한 제한

도드프랭크법은 연방준비법 제13조(3)을 개정하여 연준의 긴급 유동성 지원 프로그램(emergency lending programs or facilities) 운용과 관련하여 일정한 요건을 부과하였다.[55] 즉 연준은 '금융시스템의 광범위한 필요성'(broad-based eligibility requirement, 이하 '광범성 요건')이 있는 경우에만 동 프로그램을 운용할 수 있다.

2015년 11월 연준은 이와 관련한 최종 규칙을 발표하고, '광범성 요건'은 다음 세 가지 조건을 충족시키는 경우에만 성립하는 것으로 규정하였다.[56] 첫째, 금융시스템 내의 특정 시장 또는 부문에 유동성 제공을 목적으로 하여야 하며, 둘째, 자산매각을 포함하여 특정 금융회사의 파산 또는 정리 등을 회피할 목적으로 운용되어서는 안 되며, 셋째, 긴급 유동성 지원 프로그램에 참여하는 금융회사의 수가 5개 이상이 되어야 한다.

여기에서 첫째 및 둘째 요건은 도드프랭크법 제1101조의 내용을 반복한 것이며, 셋째 요건은 연준이 발표한 최종 규칙의 공개초안에는 없었으나 업계 등의 의견을 반영하여 최종 규칙에 포함시킨 것이다. 그러나 연준은 '광범성'(broad-based)의 기준이 7개 또는 10개가 아니라 왜 5개여야 하는지에 대해서는 어떠한 설명도 내놓지 않았다.

이들 3개 조건은 긴급 유동성 지원 프로그램이 개별 부실 금융회사에 대한 최종 대부자로서가 아니라 금융시스템에 대한 최종 대부자로서 기능케 하기 위한 장치이다. 예를 들면 앞에서 언급한 확대 긴급 유동성 지원 프로그램은 3개 조건을 충족하지만, 베어스턴스나 AIG에 대한 대출은 이들 조건을 충족

---

55 도드프랭크법 제1101조.
56 Federal Reserve(2015, November).

시키지 못한다.

(3) 긴급 유동성 지원기능에 대한 견제장치

도드프랭크법은 긴급 유동성 지원 프로그램 운용의 절차적 요건과 함께 일정한 견제장치를 도입하였다.[57] 우선, 연준은 동 프로그램을 운영하고자 할 경우에는 사전에 재무부 장관의 승인을 얻어야 한다.

다음으로 의회에 의한 사후적인 감시장치로서 보고의무를 부과하였다. 연준은 긴급 유동성 지원이 실행된 지 7일 이내에 의회(상원 은행위원회 및 하원 금융서비스위원회)에 지원사유 등을 설명한 보고서를 제출하여야 하며, 매 30일마다 보유잔액이 있는 대출과 관련하여 담보가치, 이자율 등을 업데이트한 보고서를 제출하여야 한다.

또한 연준의 긴급 유동성 지원 프로그램은 회계감사원(GAO)으로부터 감사를 받는다.[58] 감사범위는 긴급 유동성 지원 프로그램의 회계, 재무보고, 내부통제, 담보의 적절성 및 특정 금융회사의 지원 여부 등 모든 측면을 대상으로 한다. 연준은 1978년부터 GAO의 감사를 받고 있으나 통화정책 수행에 대해서는 독립성을 보장하기 위해 감사를 면제받고 있었다.[59] 도드프랭크법은 연준의 긴급 유동성 지원 프로그램에 대한 GAO의 감사의무를 규정하면서 통화정책에 대해서는 명시적으로 언급하지 않았다. 한편, 공화당의 금융선택법안은 도드프랭크법에서 한 걸음 더 나아가 연준 통화정책에 대해 GAO 감사를 면제하는 법적인 제한을 폐지할 것을 제안하였다.[60]

---

57 도드프랭크법 제1101조.
58 도드프랭크법 제1102조.
59 31 U.S. Code § 714(b).
60 House Committee on Financial Services(2017, April).

마지막으로 도드프랭크법은 연준 정책의 투명성제고를 위해 일반 대중의 정보접근권을 확대하였다.[61] 연준 홈페이지에 'Audit'라는 명칭의 링크를 신설하고, GAO의 감사보고서, 연준의 연차재무보고서 등 각종 보고서를 게시하도록 규정하였다. 또한 연준의 통화정책운용과 관련한 각종 정보(차주별 이름·차입금액·대출금리 등)를 공개하도록 규정하였다.

【긴급 유동성 지원기능 제한에 대한 상반된 견해】

연준 긴급 유동성 지원기능의 '광범성 요건'과 관련하여 상반되는 두 가지 견해가 있다.[62] 이들 견해의 요지를 정리하면 다음과 같다. 우선, 연준 반대론자들은 연방준비법 제13조(3), 즉 연준에 긴급 유동성 지원기능을 부여하는 조항의 폐지를 주장한다. 동 견해는 '광범성 요건'을 부과하는 것만으로는 긴급 유동성 지원기능이 초래하는 SIFI의 도덕적 해이를 방지할 수 없다고 보기 때문이다. '광범성 요건'을 부과하더라도 지원대상이 특정 금융회사에서 특정 금융회사의 그룹으로 바뀌었을 뿐 긴급 유동성 지원기능의 본질적 성격이 변하지 않는다고 보는 것이다. 동 견해는 긴급 유동성 지원기능이 존속하는 한 연준이 특정 금융회사(즉 개별 금융회사의 그룹)를 구제할 것이라는 믿음이 사라지지 않을 것이며, 도드프랭크 금융개혁의 가장 중요한 목표의 하나인 대마불사의 도덕적 해이 근절을 달성할 수 없을 것이라고 경고한다.

또한 그들은 고전적 의미의 최종 대부자 기능, 즉 유동성 부족으로 금융시

---

61 도드프랭크법 제1103조.
62 이하의 논의는 Cooley, Schoenholtz, Smith, Sylla, Wachtel(2011), Donald Kohn(2015) Norbert J. Michel(2015), Bipartisan Policy Center(2014) 등을 참고.

장에 일시적인 패닉이 발생하는 경우 지불능력이 있는 모든 금융회사를 대상으로 단기 유동성을 공급하는 본연의 기능에 충실해야 한다고 주장한다. 최종 대부자 기능이 특정 금융회사 또는 금융회사 그룹이 아니라 전체 금융시장을 대상으로 할 때만 대마불사의 도덕적 해이가 근절될 수 있다는 것이다.

이에 반해 연준 옹호론자들은 '광범성 요건'으로 인해 연준의 즉각적인 위기대응 능력이 약화될 수 있음을 우려한다. 금융시스템 전반으로의 위기확산을 방지하기 위해 금융회사에 긴급 유동성을 적시에 제공하는 것이 중앙은행의 핵심기능인데, '광범성 요건'은 이러한 중앙은행의 기능에 큰 제약을 가하는 것이라고 주장한다. 특히 유동성 위기와 지급불능 위기는 상호 연관되어 있어 명확히 구분하는 것이 매우 어렵기 때문에 유동성 위기의 경우에만 긴급 유동성을 제공한다는 원칙이 현실에서 지켜지기 어렵다는 것이다. 뿐만 아니라 오늘날에는 금융중개의 탈은행화 현상으로 인해 보험, 증권 등 비은행금융회사도 금융중개 기능의 한 축을 담당하기 때문에 최종 대부자 기능에 있어 굳이 은행과 비은행을 구분할 실익이 없다고 주장한다.

또한 도드프랭크법이 연준의 긴급 유동성 지원기능을 제한하는 대신 시스템리스크 감독강화를 위한 규제개혁조치(FSOC 설치, SIFI 규제강화, 정리절차 등)를 도입하였지만 그 취지와 목적이 상이하다는 점을 강조한다. 예컨대 SIFI 규제강화는 부도 발생률을 줄이는 데 중점을 두고 있으며, 정리절차는 위기발생 이후의 사후적인 파급 영향을 축소하기 위한 조치의 성격을 가진다. 이에 반해 연준의 긴급 유동성 지원기능은 즉각적인 대응을 통해 위기확산을 조기에 차단하는 데 그 목적을 두고 있다. 오늘날 시스템리스크 차단을 위한 초기단계 대응의 중요성이 증대하고 있음에도 '광범성 요건'을 부과하여 연준의 위기대응 능력을 제한한 것은 잘못된 정책방향이라고 주장한다. 따라서 동 견해는 '광범성 요건'을 폐지하여 종전의 긴급 유동성 지원기능을 되살릴 것을 주장한다. 또한 긴급 유동성 지원기능의 남용방지를 위해서는 '광범성 요건'의 부과가 아니라 외부의 견제장치(대통령의 승인, 지원규모에 대한 상한 설정, 의회의 통제 등)를 강화하는 것이 보다 바람직하다고 주장한다.

긴급 유동성 지원기능에 대한 견제장치에 대해서도 연준 옹호론자와 반대론자는 상반된 입장을 보이고 있다. 옹호론자들은 견제장치 중에서 재무부 장관의 사전승인 및 GAO의 감사는 연준의 독립성을 저해할 수 있다고 우려한다. 이들은 연준 정책결정에 대한 재무부 장관의 사전승인은 불필요하며, 특히 GAO의 감사는 연준의 통화정책에 대한 정치적 영향력을 행사하는 통로가 될 수 있음을 우려한다. 연준의 정책당국자들은 과거의 경험을 근거로 통화정책에 정치적 영향력이 개입될 경우 인플레이션 기대심리와 장기금리의 상승을 초래하고 연준의 정책결정에 대한 시장신뢰를 저하시킬 것이라고 주장한다.

이에 반해 반대론자들은 2008 금융위기 극복과정에서 보여지듯이 위기극복을 위한 재무부와 연준의 긴밀한 협조는 늘 있어온 것이라고 주장한다. 재무부 장관의 승인절차는 연준의 독립성을 저해하기 위한 것이 아니라 관행적으로 이루어져오던 것을 명문화한 것에 지나지 않는다는 것이다. 또한 긴급 유동성 지원 프로그램이 존속하는 한 GAO의 연준 감사도 유지되어야 한다고 주장한다.

한편, 도드프랭크법은 연준이 긴급 유동성 지원 프로그램을 운영하는 데 있어 의회의 사전승인을 의무화하지는 않았다. 이것은 FDIC의 보증프로그램[63] 운영과 관련하여 의회의 사전승인을 거치도록 규정하고 있는 것과는 대

---

[63] 도드프랭크법(제1104~제1106조)은 유동성 위기 발생시 부보금융회사 및 그 지주회사의 채무에 대한 지급보증 프로그램을 마련할 수 있는 권한을 FDIC에 부여하였다. 동 조항은 금융위기시 도입한 '한시적 유동성 보증 프로그램'(TLGP: Temporary Liquidity Guarantee Program)을 영구적인 제도로 전환한 것이다. 이 프로그램이 발동되기 위해서는 재무부 장관이 FDIC 및 연준에 미국 금융안정 또는 경제상황에 심각한 악영향을 미칠 수 있는 유동성

비되는 것이다. 반대론자들이 보기에 연준은 이미 충분한 독립성을 확보하고 있는 것이다.

사태(liquidity event)가 존재하는지 여부의 결정을 의뢰하여야 하며, 이 요청에 대해 FDIC 및 연준은 각각 이사회 2/3 이상의 찬성으로 그러한 결정을 하여야 한다(제1104조). 그리고 재무부 장관은 대통령과 협의하여 보증금액의 최고한도를 설정할 수 있으며, 대통령은 재량으로 이에 관한 보고서를 의회에 제출할 수 있다. 일단 보고서가 의회에 제출되면 최고한도는 양원의 합동결의(joint resolution)를 거쳐야 한다(제1105조). 도드프랭크법(제1105조(d))은 의회의 신속 승인(fast track consideration) 절차를 규정하였다.

VI
최근의 개편논의

트럼프 행정부의 출범과 함께 FSOC를 중심으로 한 시스템리스크 감독체계 개편 움직임이 행정부와 의회에서 동시에 진행되고 있다. 여기에서 쟁점은 크게 네 가지이다. 첫째, FSOC의 권한 폐지·축소 여부이다. 공화당의 금융선택법안은 FSOC에 부여된 시스템적 중요 금융회사(SIFI) 및 금융시장기구(SIFMU)의 지정권한과 기존에 지정된 SIFI(4개) 및 SIFMU(8개)를 소급적으로 폐지할 것을 제안하였다.[64] 이 방안은 FSOC의 핵심권한을 폐지한다는 점에서 FSOC를 도드프랭크법 이전의 대통령 직속 금융시장대책반(PWG)으로 환원할 것을 주장하는 보수 싱크탱크의 주장과 맥을 같이하는 것이다.

이에 반해 재무부 보고서는 FSOC의 조정역할의 강화를 의회에 권고하였다. 구체적으로 감독관할권이 중복·상충되는 이슈와 관련하여 선임 감독기

---

[64] House Committee on Financial Services(2017, April).

관(lead regulator)을 지정할 권한을 FSOC에 부여하고, 감독정책, 규칙제정, 검사·제재, 보고 등과 관련하여 FSOC 회원 감독기관간 정보공유 및 협력을 강화할 것을 권고하였다.[65]

둘째, SIFI 지정절차의 적정성 여부이다. 트럼프 행정부는 2017년 4월 대통령 비망록[66]을 통해 FSOC의 SIFI 지정절차의 투명성과 적절성을 검토하여 180일 이내에 권고안을 보고토록 재무부에 명령한 바 있다. 동 비망록에 근거하여 재무부는 2017년 11월 FSOC의 비은행 SIFI 및 SIFMU 지정절차에 대한 검토보고서를 발표하였다.[67] 동 보고서는 SIFI 및 SIFMU 선정에 있어서 비용편익분석 등 엄격한 분석이 선행되어야 하며, 선정과정의 투명성이 확보되어야 한다고 지적하였다. 특히 금융산업(industry-wide) 전반에 걸친 영업활동에 초점을 맞추어 리스크에 적절히 대응하는 것이 우선이며, 개별 금융회사를 대상으로 한 SIFI 및 SIFMU 지정은 3단계의 절차[68]를 거친 후 최종 수단으로 활용토록 권고하였다. 그리고 SIFI 지정을 위한 심사에 있어 해당 금융회사의 중대한 건전성 악화 가능성, 지정에 따른 비용편익, 리스크 전이경로 등에 대한 엄밀한 분석을 실시토록 권고하였다. 이와 같이 재무부 보고서는 FSOC의 SIFI 지정권한을 폐기하지는 않았으나 그 절차를 매우 어렵게 하고 최후의 수단으로써만 활용되도록 함으로써 사실상 무력화하였다. 예컨대 로이터 통신의 쉬로더Pete Schroeder는 동 보고서를 개별 대형 금융회사에 대한 강력한 규제라는 오바마 행정부의 금융규제 방향에서 탈피하는 명확한 징표

---

65 U.S. Department of Treasury(2017, June 12).
66 White House(2017, April 21).
67 U.S. Department of Treasury(2017, November 17).
68 ①금융회사의 영업활동 및 금융상품별로 금융안정성에 영향을 줄 수 있는 잠재리스크를 분석·식별 ②식별된 잠재리스크에 대해 소관 감독기관(relevant primary regulator)과의 협업을 통해 대응 ③리스크를 야기하는 금융회사에 대해 소관 감독기구와의 협의를 거친 후 SIFI로 지정. U.S. Department of Treasury(2017, November 17).

이며, SIFI 규제강화에 반발해온 금융회사들의 승리라고 평가하였다.[69]

셋째, 금융조사국(OFR)의 폐지 내지 개편 여부이다. 금융선택법안은 보수 싱크탱크 등의 주장을 수용하여 금융조사국의 폐지를 제안하였다. 그러나 재무부 보고서는 금융조사국을 존치하되, 책임성 및 효율성제고를 위해 재무부장관에게 금융조사국장의 해임권한을 부여(현재는 임기보장)하고, 재무부가 예산을 직접 통제하도록 지배구조를 개편하는 방안을 권고하였다.

넷째, 연준의 긴급 유동성 지원기능에 관한 것이다. 미 의회 산하 초당파정책센터는 연준의 위기대응 능력강화를 위해 도드프랭크법에 의해 폐지된 개별 비은행금융회사에 대한 긴급 유동성 제공권한의 복원을 제안한 바 있었다.[70] 그러나 금융선택법안은 연준의 긴급 유동성 발동권한을 도드프랭크법보다 더욱 강화할 것을 제안하였다. 예컨대 긴급 대출의 적격담보 및 대상 금융회사 요건을 강화하고, 벌칙성 금리를 부과하며, 9개 지역 연준 은행 총재의 승인을 거치도록 하는 등의 방안을 제안하였다. 한편, 재무부 보고서는 연준의 긴급 유동성 기능과 관련해서는 어떠한 권고도 제시하지 않았다.

이러한 쟁점사항에 대한 최종 검토 및 결정은 향후 미 상원에서 이루어질 것으로 예상된다. 그러나 2017년 11월 발의된 상원의 금융규제 개편법안에는 시스템리스크 감독체계에 관한 내용이 포함되지 않았다.[71] 따라서 이와 관련한 논의는 장기적 과제로 남겨질 것으로 전망된다.

---

69 Pete Schroeder(2017).
70 Bipartisan Policy Center(2014).
71 Economic Growth, Regulatory Relief, and Consumer Protection Act(S. 2155).

VII
맺음말

　글로벌 금융위기 이후 세계 각국은 시스템리스크의 방지 및 대응을 위한 새로운 감독기능을 앞다투어 도입하고 있다. 흔히 시스템리스크 감독 또는 거시건전성 감독(macro-prudential supervision)이라 불리는 이러한 기능은 금융안정 확보 또는 시스템리스크의 방지를 직접적이고 명시적인 목표로 한다는 점에서 기존의 거시경제정책 또는 건전성 감독과 차별성이 있다.[72]

　우리나라의 경우 시스템리스크 대응관련 정책조율 등을 위한 감독유관기관간 공식·비공식 협의체[73]가 운영되고 있으나, 법적 구속력이 없고 위상 및 기능이 미흡하다는 문제점이 있다. 이에 따라 최근 학계[74]를 중심으로 시스템

72　거시건전성 감독과 거시경제정책 또는 미시건전성 감독과의 차이에 대해서는 졸저 《바젤Ⅲ와 글로벌 금융규제의 개혁》, 제9장 참조.
73　경제금융대책회의, 거시경제금융회의, 외환시장안정협의회, 금융업무협의회 등.
74　윤석헌·고동원·빈기범·양채열·원승연·전성인(2013), 김홍범(2016).

리스크 감독체계의 도입 필요성이 제기되고 있으며, 향후 관련논의가 활성화될 것으로 예상된다. 이하에서는 영국, 유럽 등 다른 나라와 비교하여 미국 시스템리스크 감독체계의 특징을 요약하고 우리나라의 시스템리스크 감독체계(또는 거시건전성 감독체계) 구축과 관련한 시사점을 살펴보기로 한다.

첫째, 미국은 정부 주도하에 오랜 논쟁을 거쳐 시스템리스크 감독체계를 도입하였다는 점에 주목할 필요가 있다. 폴슨 개혁안(2008.3), 오바마 개혁안(2009.6)을 거쳐 도드프랭크법(2010.7)에 이르기까지 오랜 기간 다양한 방안을 심도있게 논의하였으며, 이를 통해 시스템리스크 감독의 주체(연준 v.s FSOC), 법적 지위 및 권한(단순 자문기구 v.s 의결기구) 등에 대한 폭넓은 공감대가 형성되었다. 우리나라에서도 시스템리스크 감독체계의 도입에 앞서 그 필요성 및 세부내용 등에 대하여 정부 주도의 활발한 논의가 선행될 필요가 있다고 하겠다.

둘째, 정부 및 감독기구 수장이 참여하는 위원회 형태의 시스템리스크 감독기구를 도입하였다는 점이다. 폴슨 개혁안은 연준에 금융안정 책무를 부여하였으나, 도드프랭크법은 정부기구 수장이 위원으로 참여하는 위원회 조직을 채택하였다. 이러한 방식은 금융감독기구와 중앙은행이 분리되어 있는 국가의 경우에는 시스템리스크 감독기구로서 여러 정책당국이 참여하는 위원회 설치가 바람직하다는 IMF(2011)의 권고와도 일맥상통하는 것이다.[75] 따라서 우리나라도 위원회 형태의 시스템리스크 감독기구를 도입하고, 정책당국의 수장이 위원으로 참여함으로써 위상 및 권위를 확보하는 방안을 고려할 필요가 있다.

이와 관련하여 한 가지 고려할 점은 위원회 기구의 의장을 누가 담당하느

---

[75] IMF(2011, March).

냐 하는 문제이다. 미국 FSOC의 경우 재무부 장관이 의장을 맡는데, 이러한 지배구조는 시스템위험의 방지 및 대응에 대한 최종 책임을 정부가 부담한다는 점에서 바람직한 측면도 있지만 금융시스템의 안정확보를 위해 반드시 필요한 정치적 중립성을 훼손할 수 있다는 점은 앞에서 살펴본 바와 같다. 영국은 중앙은행 총재가 의장을 담당하는 반면, 독일은 재무부 장관, 캐나다는 금융감독청장이 의장을 담당하는 등 국가별로 상이하다. 따라서 향후 시스템리스크 감독기구의 지배구조를 설계하는 경우 각 지배구조의 장단점과 우리나라의 실정 등을 감안하여 결정하여야 할 것이다.

셋째, 미국은 도드프랭크법에 의해 시스템리스크 감독의 수행주체, 감독수단, 작동원리 등을 명확히 제도화하였다는 점에 특징이 있다. 기존의 대통령 행정명령에 의해 설치된 금융시장대책반을 오랜 논의 끝에 법적으로 공식적인 지위를 갖는 금융안정감시위원회(FSOC)로 격상시키고, 시스템리스크 감독기구로서의 책무를 명확히 부여하였다. 그리고 FSOC를 중심으로 금융조사국(OFR)과 연준 등 3개 기구간의 역할분담을 명확히 규정함으로써 시스템리스크 감독기능이 유사시에 혼선 없이 작동할 수 있도록 제도적 장치를 마련하였다. 이러한 법상 제도화는 감독기구간 MOU에 의해 협의회를 운영하는 호주의 사례와는 차별화되는 반면, 근거법에 의해 시스템리스크 관련 의결기구를 설립한 영국, 독일의 사례와 친화력을 갖는다.[76] 미국, 영국, 독일 등 주요 선진국에서 시스템리스크 감독체계를 법적 제도화하고 있는 점은 향후 우리나라에서 시스템리스크 감독체계를 설계함에 있어 참고할

---

[76] 영국은 '금융서비스법'(Financial Services Act of 2012)에 의해 거시건전성 감독의 수행주체를 금융정책위원회(Financial Policy Committee)로 명시하고, 그 목적, 위상, 기능 및 권한을 명확히 하였으며, 독일은 2013년 1월 금융안정법(Act on Monitoring Financial Stability Act)을 제정하고 거시건전성 감시 관련 의결기구인 금융안정위원회(Financial Stability Committee)를 재무부 내에 설치하여 금융안정 관련 감독기구간 협력을 제도화하였다. 이에 대해서는 강경훈·이건범·정신동(2017) 참고.

필요가 있다고 본다.

넷째, 시스템리스크 감독기구의 책무와 권한의 설계에 관한 문제이다. 도드프랭크법은 FSOC의 시스템리스크 감독을 위한 책무와 함께 권한(SIFI 지정, 감독기준 권고 등)을 법에 구체적으로 명시하였으며, 특히 FSOC 정위원의 의회 진술 및 보고서 제출 등으로 투명성 및 책임성 확보장치를 마련하였다. 다만, SIFI 지정권한을 제외하고는 구속력을 갖춘 권한이 없어 시스템리스크 감독의 실효성 확보에 미흡하다는 평가가 있음은 앞에서 본 바와 같다. 이에 비해 영국의 금융정책위원회(FPC)는 감독당국(FCA, PRA)에 감독수단의 실행을 지시할 수 있는 강력한 권한을 보유하고 있어 미국의 FSOC와는 차별성을 갖는다.[77] 따라서 미국 및 영국의 사례를 참조하여 그 기능, 권한 등이 우리나라 실정에 맞도록 시스템리스크 감독기구를 설립할 필요가 있다.

다섯째, 시스템리스크 감독의 구체적인 내용 내지 감독수단의 문제이다. 미국의 시스템리스크 감독은 시스템적으로 중요한 금융회사(SIFI) 및 금융시장기구(SIFMU)에 대한 감독강화를 주요 내용으로 한다는 점에서 특징을 갖는다. 도드프랭크법은 FSOC의 가장 중요한 권한으로서 비은행 SIFI 및 SIFMU의 지정권한을 부여하였으며, 또한 비은행 SIFI 및 SIFMU에 대한 실질적 감독권한을 연준에 부여함으로써 연준을 사실상 금융산업 전반에 대한 총괄적 감독자로 거듭나게 하였다. 이와 같은 SIFI 감독 중심의 시스템리스크 감독체계는 신용팽창으로 인한 자산버블 등 거시적 차원의 금융안정 확보에 초점을 맞추고 있는 영국의 거시건전성 감독체계[78]와 차별성을 갖는다. 시스템리스크 감독의 권한 내지 수단의 차이는 감독의 수행주체 내지 감독체계에

---

77 강경훈·이건범·정신동(2017).
78 강경훈·이건범·정신동(2017).

도 영향을 미칠 수 있다. 미국과 같이 SIFI에 대한 감독강화에 중점을 두면 금융감독기구의 역할이 중요해지는 반면, 영국과 같이 신용팽창으로 인한 거시적 안정성을 중심으로 하면 중앙은행의 역할이 중요해지기 때문이다.

여섯째, 미국은 FSOC를 보좌하고 데이터의 수집·분석을 통해 시스템리스크 요인의 조기 측정·감지를 주된 기능으로 하는 별도의 기구로 금융조사국(OFR)을 창설하였다. 비록 연준과 기능이 중첩된다는 비판적 시각이 있고, 의회에서 동 기구의 폐지를 위한 법안이 제출되어 있는 등 논란이 있으나 금융조사국은 미국의 시스템리스크 감독체계에서 중요한 역할을 담당하고 있다. 금융조사국 창설은 도드프랭크법의 주창자들이 데이터분석을 통한 시스템리스크 요인의 조기 파악이 시스템리스크 대응에 매우 중요하다고 인식하였음을 보여주는 것이다. 우리나라의 경우 한국은행과 금융감독원에서 시스템리스크 요인의 분석을 담당하고 있는 바, 향후 시스템리스크 감독체계를 설계함에 있어서는 이러한 기능을 어떻게 확충·보완할지에 대한 고려가 필요하다고 본다.

마지막으로, 감독기구간 정보공유 및 업무협조의 중요성이다. 위원회 조직인 FSOC에 의한 효과적인 시스템리스크 감독을 위해서는 회원 감독기관간 원활한 정보교환 및 업무협조가 매우 중요하다. 그러나 회원 감독기관간 시스템리스크 감독업무의 중첩·중복이 발생하고 있는데도 정보교환 및 업무협조가 원활하지 않다는 지적이 제기되고 있다. 미국의 사례를 참조하여 시스템리스크 감독기구의 회원기관간 원활한 정보교환 및 업무협조 방안을 치밀하게 설계할 필요가 있다고 본다.

제3장

⋘

금융회사 정리제도의 개혁

Dodd-Frank Act

I

머리말

도드프랭크법 제2편은 은행지주회사 및 시스템적으로 중요한 비은행금융회사를 대상[1]으로 한 특별정리제도(OLA: Orderly Liquidation Authority)를 마련하였다. 재무부 장관은 대통령과 협의하여 금융회사가 파산상태(in default) 또는 파산의 위험(in danger of default)에 처해 있는지 여부 및 일반 파산법에 의한 청산시 금융시장에 막대한 혼란을 초래할 가능성이 있는지 여부를 결정해 OLA를 발동할 수 있다. OLA가 발동되면 파산법에 따른 일반적인 청산절차의 적용이 배제되고, 청산관재인(receivership)으로 지명된 예금보험공사(FDIC)가 금융회사의 운영 및 청산과 관련한 모든 권한을 갖고 신속하고 질서 있는 정리를 추진하게 된다.

도드프랭크법 제정 이전에는 시스템적 위험을 초래할 수 있는 대형 금융

---

[1] 기존 예금보험법에 의해 신속한 정리절차가 이미 마련되어 있는 부보은행 및 주법의 적용을 받는 보험회사는 OLA의 적용대상에서 제외된다. 도드프랭크법 제201조(a).

회사의 부실화시 두 가지 처리방안만이 가능하였다. 즉, 리먼브라더스 사례에서처럼 기존 파산법(Bankruptcy Code)의 청산절차를 적용함으로써 시스템적 혼란이 초래되도록 방치하든가, 또는 AIG 사례와 같이 납세자의 부담을 초래하는 구제금융의 투입을 통해 대형 금융회사를 구제하든가 중 하나를 선택해야만 했다. OLA는 대형 금융회사 부실화시 제3의 처리방안을 제공하는 것을 목적으로 한다. 즉, 금융시장의 극심한 혼란을 초래하지 않으면서도 구제금융의 투입 없이 대형 금융회사를 청산할 수 있는 제도적 장치를 마련코자 한 것이다. 바로 이러한 점에서 도드프랭크법의 주창자들은 OLA를 도드프랭크 금융규제 개혁의 가장 중요한 부분의 하나라고 생각하였다.

도드프랭크법은 OLA를 통해 부실 금융회사를 시스템리스크 없이 신속히 청산함으로써 '대마불사'(TBTF)의 관행을 근절하고, 미국 금융시스템의 시장규율 기능을 회복하고자 하였다. 일단 OLA가 발동되면 대상 금융회사는 영업을 계속하거나 자본을 재확충할 수 없이 반드시 청산되어야 한다. 청산을 의무화함으로써 대마불사의 그릇된 관념을 근절시키고자 한 것이다. 그리고 이러한 청산에 따른 손실은 주주 및 채권자가 우선적으로 부담하도록 하였으며, 주주 및 채권자만으로는 손실충당에 부족한 경우에는 대형 금융회사로부터 분담금을 징수하도록 하였다. 이러한 다중의 장치를 통해 어떠한 경우에도 납세자가 손실을 부담하지 않도록 하였다. 이와 같이 주주, 채권자 등 이해관계자는 물론이고 전체 금융시스템에 큰 영향을 미치는 점을 감안하여 도드프랭크법은 시스템적 위험이 있는 예외적인 상황하에서만 OLA가 발동되도록 엄격한 절차적 요건을 마련하였다.

OLA는 도드프랭크법 제정 당시 첨예한 논란의 대상이었으며, 그로부터 7년여 경과한 지금까지도 여전히 논란의 대상이 되고 있다. 공화당을 비롯한 도드프랭크법 폐지론자들은 OLA가 대마불사의 도덕적 해이와 납세자의 손실을 초래한다며 폐지할 것을 주장하는 반면, 도드프랭크법의 주창자들은 시스템리스크를 초래하지 않으면서 구제금융의 투입 없이 대형 금융회사를 청산할 수 있는 유일한 수단이 OLA임을 주장하고 있다. 이 장은 도드프랭크법 제2편의 특별정리제도(OLA)의 구체적 내용과 최근의 논의내용을 살펴보는 것을 목적으로 한다.

도드프랭크법의 특별정리제도는 금융위기 이후 금융안정위원회(FSB)를 중심으로 논의되고 있는 글로벌 정리제도 개혁의 일환으로 이루어진 것이다. FSB는 '대마불사'의 문제를 근원적으로 해결하기 위해서는 효과적인 정리제도의 구축이 선결조건임을 인식하고, 이를 위한 일련의 권고사항을 제시한 바 있다.[2] 여기에서 정리(resolution)란 정부의 지원 없이는 자생(viability)이 어려운 부실(우려) 금융회사를 지원하는 정부와 감독당국의 활동 일체를 의미한다. 그리고 효과적인 정리제도란 금융시스템의 안정성을 저해하지 않고, 납세자 부담 없이 대형 금융회사를 신속하고 안전하게 정리할 수 있는 제도를 의미한다.

FSB의 권고사항에는 종합적 정리제도의 구축 및 정리당국의 지정, 부실 금융회사 자산의 매각·이전을 위해 신속히 개입할 수 있는 권한과 정책수단을 정리당국에 부여할 것 등의 내용이 포함되어 있다. 도드프랭크법의 특별정리제도 도입은 이와 같은 국제적 정리제도 개혁 노력의 일환으로 이루어진 것이다.

---

2 FSB(2010, October).

II

도드프랭크법 이전의
파산제도와 한계

미국에는 도드프랭크법 이전에 네 종류의 파산제도가 존재하고 있었다. 일반 기업과 개인에 공통으로 적용되는 파산법(Bankruptcy Code), 은행에 적용되는 연방예금보험법(Federal Deposit Insurance Act of 1950), 보험회사에 적용되는 주(州)의 파산 관련법(state laws), 브로커·딜러에 적용되는 증권투자자보호법(Securities Investor Act)이 그것이다. 이 중 파산법이 가장 포괄적인 제도로서, 거의 모든 형태의 기업이 동법 제7장 또는 제11장에 의거하여 청산(liquidation) 또는 재건(reorganization) 절차를 밟을 수 있다.[3] 파산법은 은행과 보험회사를 채무자로 보지 않는다는 명문의 규정을 두어 적용대상에서 제

---

3 미국은 파산사건을 전담하는 파산법원(US Bankruptcy Court)을 두고 있다. 파산사건은 연방지방법원(US District Court) 관할이었으나 1979년에 연방의회가 파산사건만을 독점적으로 관할하는 파산법원을 94개의 모든 연방지방법원에 설치하여 독립적인 업무를 담당하게 하였다. 파산법원 판사는 관할 연방항소법원(US Court of Appeals)에 의해 임명되며 임기는 14년이다. 파산법원의 판결은 연방항소법원, 그리고 연방대법원(US Supreme Court)으로 상소할 수 있다. 배성현(2016), p.94 참조.

외[4]하고 있는데, 은행과 보험회사는 각각 연방예금보험법과 주 법의 규율을 받기 때문이다. 브로커·딜러는 이러한 규정이 없어 파산법에 의한 청산절차를 밟을 수 있지만 증권투자자보호법에 따른 청산절차가 주로 이용된다.

은행, 증권회사, 보험회사를 자회사로 거느린 복합금융그룹(예: 은행지주회사)에는 여러 파산제도가 동시에 적용된다. 예컨대 은행지주회사의 경우에는 파산법이 적용되는 반면, 은행자회사에는 부보은행에 특화된 파산제도인 연방예금보험법이 적용된다. 그리고 증권자회사에는 증권회사에 특화된 파산제도인 증권투자자보호법이, 보험회사에는 주의 파산제도가 각각 적용된다.

은행 파산을 파산법이 아닌 연방예금보험법으로 규율하는 것은 예금자 및 예금보험기금을 보호하고, 뱅크런 등 은행시스템에 미치는 부정적 영향을 최소화하기 위해서 신속하고 질서 있는 정리절차가 필요하기 때문이다. 1933년 예금보험공사(FDIC)가 창설되기 이전에 은행의 청산업무는 통화감독청(OCC) 또는 주 정부의 감독하에 있었다. 당시 은행 예금주는 다른 채권자와 동일한 대우를 받았으며, 은행 자산의 청산이 이루어진 이후에야 예금을 돌려받을 수 있었다. 예컨대 1921년~1930년에 발생한 1,200여 건의 은행 파산에서 예금주들이 예금을 돌려받는 데 평균 6년의 시간이 소요되었고, 회수율은 60% 내외에 불과하였다.[5] 대공황 당시 예금주들은 이러한 손실을 회피하기 위해 은행 파산의 조짐만 있어도 예금을 인출하려 하였으며, 이는 빈번한 뱅크런으로 이어졌다.

은행 청산절차의 지연과 이로 인한 예금손실 위험이 은행의 파산 도미노와 경제공황을 심화시키는 요인으로 작용한다는 인식에 따라 미 의회는

---

4 11 U.S.C. §109(b)(2)(3).
5 FDIC(2013) Volume Ⅰ Chapter 8, "The FDIC's Role as Receiver".

FDIC를 창설하고 예금보호제도를 도입하였다. 아울러 FDIC를 청산관재인 (receivership)으로 임명, 특별한 권한을 부여함으로써 부실은행을 신속히 정리할 수 있도록 하였다. 오늘날 FDIC는 부실은행의 효율적 정리를 위해 필요한 광범위한 권한을 보유하고 있다. FDIC는 정부, 감독기구, 법원 등 누구의 지시나 감독을 받지 않고 독자적인 재량에 의해 청산관재인으로서 폭넓은 권한을 행사할 수 있다. 이러한 권한의 효율적 행사를 통해 FDIC는 예금자를 보호하고 예금보험기금의 손실을 최소화하며, 나아가 뱅크런을 방지하고, 은행시스템의 안정성을 보장하는 것을 목표로 한다.

FDIC에 의해 운용되는 은행정리제도는 1980년대와 1990년대, 그리고 2008년 금융위기 당시 부실은행 정리에 효과적으로 작동되었다. 그런데 문제는 FDIC의 효율적 정리제도가 부보 금융회사에만 적용될 뿐, 그 이외의 금융회사에는 적용되지 않는다는 점이었다. 특히 2008년 금융위기 당시 대형 복합금융그룹의 부실로 인해 시스템적 위험이 초래될 상황인데도 FDIC는 특별정리권한을 부보은행의 범위를 벗어나서, 즉 그 지주회사나 그 자회사에 적용할 수 없었다.

대형 복합금융회사의 청산을 파산법과 법원에 맡겨둘 경우 특히 두 가지 점에서 금융시장 혼란을 심화시킬 수 있음이 우려되었다. 하나는 법원에 의한 이해관계자간의 권리·의무의 조정에 많은 시간이 소요된다는 점이다. 특히 금융회사 청산업무에는 전문적 경험과 지식이 요구되는데도 이러한 경험과 지식이 없는 법원에 청산업무를 맡길 경우 금융시장 혼란이 장기화될 것으로 우려되었다. 다음으로 파산법에는 유동성 런(liquidity run)을 방지하기 위한 긴급 유동성 지원장치가 없다는 점이다. 비부보은행이 뱅크런의 위험에 노출되어 있는 것과 마찬가지로 리먼브라더스, AIG 등의 대형 복합금융회사들이 보유한 대량의 단기 유동성 채무는 유동성 런에 노출되어 있었다. 그러나 도드프랭크법 이전에는 비은행금융회사의 유동성 런을 방지하고, 자산매각, 청산 등의 질서 있는 정리절차를 위한 긴급 유동성 지원장치가 마련되어 있지 않았다.

이러한 상황에서 규제당국자들은 두 가지 옵션 중의 하나만을 선택할 수 있었다. 즉 기존 파산법(Bankruptcy Code)의 청산절차를 적용함으로써 시스템적 혼란이 초래되도록 방치하든가, 아니면 납세자의 부담을 초래하는 구제금융의 투입을 통해 대형 금융회사를 구제하든가의 선택을 해야만 했다. 이러한 두 가지 옵션의 어느 쪽도 바람직하지 않음은 물론이다.

이러한 배경에서 도드프랭크법은 대형 금융회사에 대하여도 부보은행에 적용되는 것과 같은 신속하고 질서 있는 정리제도를 마련하고자 하였다. FDIC를 청산관재인으로 지명하고 일련의 특별정리권한(OLA)을 부여함과 아울러 정리기금(liquidation fund)을 통한 긴급 유동성 지원장치를 마련하였다. 그리고 주주, 채권자의 우선 손실 부담 및 대형 금융회사의 분담금제도 등 다중장치를 마련함으로써 어떠한 경우에도 납세자의 부담이 초래되지 않도록 하였다. 이에 대해서는 다음 절에서 자세히 살펴본다.

III
도드프랭크법의 정리체계

【금융회사의 정의】

도드프랭크법은 OLA의 적용을 받는 금융회사, 즉 대상 금융회사(covered financial institutions)를 5개 유형으로 나누었다.[6] 대상 금융회사에는 은행지주회사와 연준의 감독을 받는 시스템적으로 중요한 비은행금융회사, 그리고 금융업 비중이 지배적으로 높은 회사 및 이들의 자회사가 포함된다. 도드프랭크법 이전에 이들 금융회사는 연방예금보험법에 의해 신속한 정리제도의 적용을 받지 않고 법원의 통제하에 있는 일반적인 파산제도의 적용을 받았다.

부보은행과 보험회사는 OLA의 적용을 받지 않는다. 은행과 보험회사는 기존과 동일하게 각각 연방예금보험법과 주 법에 의한 정리제도의 적용을 받

---
6 도드프랭크법 제201조(a).

는다. 다만, 보험회사는 재무부 장관에 의한 OLA 발동 결정이 있은 지 60일 이내에 주 당국이 정리절차를 개시하지 않으면 FDIC가 도드프랭크법에 따라 정리절차를 개시하게 된다.

OLA의 적용을 받는 대상 금융회사의 정의

① 은행지주회사법(제2조(a))의 적용을 받는 은행지주회사. 동법상 은행지주회사란 다른 은행 또는 은행지주회사 주식의 25% 이상을 소유하거나 사실상 지배하는 회사를 말한다.[7]
② 연준의 감독을 받는 비은행금융회사. 금융안정감시위원회(FSOC)에 의해 시스템적으로 중요한 금융회사(SIFI)로 지정되어, 연준에 의한 강화된 건전성 감독기준(이하 SIFI 규제)을 적용받도록 결정된 비은행금융회사를 말한다.
③ 금융업 비중이 지배적으로 높은 회사. 금융업이란 은행지주회사법 제4조(k)에 의해 연준이 '본원적 금융업무 및 이에 부수하는 업무'(financial in nature or incidental to such financial acivity)에 해당한다고 결정한 업무를 말한다.[8] 그리고 금융업 비중이 지배적으로 높은 (predominantly engaged in financial activities) 회사란 금융업에서 발생하는 수익비중 또는 금융업의 자산비중이 전체의 85% 이상인 회사를 말한다.[9]
④ ①~③에서 정의된 금융회사의 자회사(단, 연방예금보험 부보 금융기관 및 보험회사는 제외)
⑤ 브로커·딜러도 OLA의 적용을 받는다. 브로커·딜러가 OLA의 적용을 받기 위해서는 SEC에 등록되어야 하고 증권투자자보호공사(SIPC)의 회원이어야 한다.

【OLA의 기본원칙】

도드프랭크법 제2편은 여러 조항에 걸쳐 OLA의 발동 및 진행시 준수해야 할 일련의 원칙을 밝혔다. 이러한 원칙으로는 ①납세자 손실부담의 금지 및 청산의 의무화 ②시스템적 위험이 있는 예외적 상황에서만 적용 ③주주 및 채권자의 손실부담 ④경영진에 책임부과 등이 있다. 도드프랭크법이 이러한

---

[7] 이에 대해서는 이 책의 제5장 참조.
[8] 연준 Regulation Y의 Subpart I.
[9] 도드프랭크법 제201조(b).

원칙을 규정한 것은 주주, 채권자, 경영진에 먼저 책임을 부과함으로써 금융회사의 과도한 위험추구를 억제함과 아울러 OLA가 자칫 구제금융의 수단으로 오용되는 것을 방지하기 위함이다. 또한 OLA의 발동이 주주, 채권자 등 이해관계자는 물론이고 금융시스템에 큰 영향을 미치는 점을 고려하여 그 남용을 제한하기 위해서다.

(1) 납세자 손실부담의 금지 및 청산의무화

박서 수정조항(Boxer Amendment)으로 알려진 도드프랭크법 제214조는 OLA의 가장 중요한 원칙으로서 납세자가 어떠한 손실도 부담하지 않도록 명문으로 규정하였다. OLA를 적용받는 모든 금융회사는 영업을 계속하거나 자본을 재확충할 수 없으며, 반드시 청산(liquidation)되어야 하고, 구제금융으로 구제되어서는 안 된다. 신속하고 체계적인 정리를 위해 투입된 자금은 부실 금융회사의 자산을 처분하여 회수되어야 하며, 자산 처분으로 부족한 부분은 대형 금융회사(총자산 500억 달러 이상의 은행지주회사 및 연준의 감독을 받는 비은행금융회사)로부터 분담금(risk-based assessments)을 징수하여 충당되어야 한다(이에 대해서는 후술한다). 도드프랭크법이 이러한 원칙들을 명시적으로 규정한 것은 OLA가 대마불사의 수단으로 악용될 가능성을 원천적으로 차단하기 위함이다.

(2) 시스템적 위험이 있는 예외적 상황에서만 적용

도드프랭크법은 OLA가 금융시스템의 안정이 위협받는 예외적인 상황에서만 적용되어야 함을 명확히 밝혔다.[10] 그리고 이러한 예외성을 확

---

10 도드프랭크법 제203조(a)(2) 및 (b).

보하기 위해 OLA 발동에 엄격한 절차적 요건을 부과하였다. 즉, OLA 발동을 위해서는 연준과 FDIC 이사회 2/3 이상의 찬성에 의한 권고가 있어야 하며, 재무부 장관은 대통령과 협의한 이후에만 OLA를 발동할 수 있다. 그리고 연준과 FDIC는 이러한 권고를 함에 있어서 파산법에 의한 정리절차를 우선적으로 고려하여야 하며, 민간부문에 의한 구제조치 또는 파산법에 의한 정리가 적절치 않은 예외적인 경우에만 OLA를 권고하여야 한다. 동일하게 재무부 장관도 부실 금융회사에 대해 기존 파산법에 의한 정리절차를 적용하는 것이 미국 금융안정에 심각한 부정적 영향을 초래할 수 있으며, OLA가 이러한 부정적 영향을 방지 내지 완화할 수 있다고 판단하는 경우에만 OLA를 발동할 수 있다. 이와 같이 도드프랭크법은 각 단계마다 반복적으로 OLA 이외의 다른 대안이 있는지 여부를 점검하도록 규정함으로써 OLA가 불가피한 경우에만 발동되도록 하였다.

(3) 주주 및 채권자의 손실부담

도드프랭크법은 부실 금융회사의 주주가 부실에 따른 손실을 가장 먼저 부담하도록 규정하였다.[11] 즉 FDIC는 청산관재인으로서 다른 채권자에 대한 지급이 종료된 이후에 잔여재산을 주주에게 지급하여야 한다. 그 다음으로는 무담보 채권자들이 채권변제순서에 따라 손실을 부담한다. 경영진 급여, 후순위 채권자, 선순위 채권자, 직원의 연금 및 급여의 순서로 손실을 부담하며, 미국 정부로부터의 차입금과 청산관재인의 행정비용은 맨 마지막으로 손실을 부담한다.[12]

---

11 도드프랭크법 제206조.
12 도드프랭크법 제210조(b).

이와 관련된 중요 원칙으로서 도드프랭크법은 특정 채권자를 우대해서는 안 된다는 조항을 두었다.[13] 유사한 상황에 있는 모든 채권자를 동등하게 취급해야 한다는 의미이다. 다만 부실 금융회사의 자산가치 최대화, 자산매각에 따른 손실 최소화 또는 핵심사업 지속을 위해 필요한 경우에는 채권자의 차등 대우를 허용한다.

(4) 경영진의 해임 등 책임부과

파산법은 회생절차를 신청한 기업의 기존 경영자를 관재인으로 선임해 계속해서 경영을 맡기도록 허용하고 있다.[14] 이것을 기존 경영자 관리인 제도(DIP: debtor in possession)라 한다. 기존 경영자가 회사사정을 가장 잘 파악하고 있으며 경영 노하우를 활용할 수 있다는 것이 그 이유이다. 다만, 기업 경영에 법원의 통제를 받으며, 일상적인 경영 이외의 중요 의사결정은 법원의 승인을 거치도록 하는 등 일정한 제약이 따른다.

그러나 금융위기 이후 부실 금융회사의 경영진에게 대규모 보너스를 지급한 것에 대해 일반 공중의 분노가 표출되면서 기존 경영자 관리인 제도의 타당성에도 의문이 제기되었다. 기존 경영자에게 계속해서 경영권과 높은 급여를 보장하는 DIP 제도의 수정이 불가피해진 것이다.

이러한 배경에서 도드프랭크법은 부실 금융회사의 기존 경영진에게 책임을 묻는 일련의 새로운 제도들을 도입하였다. 예컨대 FDIC는 금융회사의 부실에 책임이 있는 경영진 및 이사를 해임조치하여야 한다.[15] 또한 FDIC는 금융회사의 손실을 벌충하기 위해 부실에 책임이 있는 전·현직 이사 및 경영진

---

13 도드프랭크법 제210조(b)(4).
14 11 U.S.C. §§ 1107 & 11108.
15 도드프랭크법 제204조(4).

에 대해 2년간(사기행위가 있는 경우에는 무기한)의 급여를 징구할 수 있다.[16] 그리고 FDIC는 이사 및 경영진의 중과실(gross negligence) 또는 그와 유사한 행위에 대하여 민사소송을 통해 금전적 책임을 부과할 수 있다.[17] 뿐만 아니라 FDIC는 법규 또는 중지명령 등을 위반한 부실 금융회사의 경영진에 대하여 최소 2년 이상 금융업 종사를 금지할 수 있다.[18]

(5) 기타 원칙

그 밖에 FDIC가 청산관재인으로서 준수해야 할 원칙으로, 대상 금융회사의 보전을 위해서가 아니라 미국 금융시스템의 안정을 위해 필요한 의사결정을 하여야 하며,[19] 대상 금융회사의 지분을 취득하거나 주주가 되어서는 안 되고,[20] 또한 자산의 처분 등 권한행사에 있어 수익을 극대화하고 손실을 최소화하며, 금융시스템에 대한 부정적 영향의 완화를 위해 최선의 노력을 기울일 것[21] 등이 있다.

【신속하고 질서 있는 정리를 위한 제도적 장치】

대형 금융회사의 부실화로 인한 시스템리스크가 우려되는 상황에서는 질서 있는 정리의 신속한 추진이 시장신뢰와 금융안정 회복의 관건이라고 할

---

16 도드프랭크법 제210조(s).
17 도드프랭크법 제210조(f).
18 도드프랭크법 제210조(c).
19 도드프랭크법 제206조(1).
20 도드프랭크법 제206조(6).
21 도드프랭크법 제210조(a)(9)(E).

수 있다. 도드프랭크법의 정리체계는 파산법 7장의 청산절차를 기반으로 하며, 특히 연방예금보험법에 의한 은행 정리제도를 모델로 하고 있다. 예컨대 도드프랭크법의 정리체계는 파산법에서와 같이 납세자가 아닌 주주 및 채권자가 부실에 따른 손실을 부담하도록 하고 있으며, 연방예금보호법상의 가교 금융회사 제도, 단기 유동성 공급 제도 등을 원용하고 있다. 이러한 기반 위에서 도드프랭크법은 부실금융회사 정리가 신속하면서도 질서 있게 진행되도록 일련의 새로운 제도적 장치를 도입하였다.

(1) 신속한 발동절차

도드프랭크법은 OLA가 최대한 단시간 내에 발동될 수 있도록 절차적 요건을 명확히 규정함과 아울러 재무부 장관 1인에게 의사결정권을 집중하였다.[22] 연준과 FDIC의 권고를 받은 재무부 장관은 부실금융회사 경영진의 동의하에 OLA를 즉시 발동할 수 있다. 부실금융회사의 경영진이 동의하지 않는 경우에만 법원의 승인을 받도록 하였으며, 이 경우에도 24시간의 시한을 부과하여 OLA 발동이 지연되는 것을 방지하였다.

뿐만 아니라 도드프랭크법은 OLA 발동과 관련하여 감독기구(연준, FDIC, SEC)와 재무부 장관에게 상당한 재량권을 부여하였다. 즉 도드프랭크법은 OLA 발동요건의 하나로서 '해당 금융회사가 파산 상태(in default) 또는 파산의 위험(in danger of default)에 있는지 여부'를 검토하도록 요구하고 있는데, '파산 상태 또는 파산의 위험'이라는 문구를 폭넓게 정의하여 상당한 재량권을 행사할 수 있는 여지를 남겨놓았다. 구체적으로 금융회사의 파산 상태 또는 는 파산의 위험을 다음과 같이 정의하였다.

---

22 도드프랭크법 제202조 및 제203조.

OLA 발동절차

① 연준 및 FDIC에 의한 서면의 권고
OLA 절차는 연준과 FDIC가 각각 이사회 2/3 이상의 찬성으로 재무부 장관에게 서면으로 권고함으로써 개시된다. 이러한 권고는 연준과 FDIC가 자발적으로 할 수도 있고, 재무부 장관의 요청에 의해 이루어질 수도 있다. 브로커·딜러에 대하여는 연준과 SEC가 권고를 하며, 보험회사의 경우에는 연준이 FDIC와 협의 및 연방보험국(FIO)의 승인을 거쳐 권고를 한다. 서면의 권고에는 다음과 같은 사항에 대한 의견을 포함하여야 한다.

- 해당 금융회사가 파산 상태(in default) 또는 파산의 위험(in danger of default)에 있는지 여부
- 해당 금융회사의 파산이 금융안정과 취약계층에 미치는 영향
- 파산 방지를 위한 다른 조치의 존재 여부
- 파산법에 의한 정리절차를 적용하는 것이 적절하지 않은 이유
- 채권자, 거래상대방, 주주 및 기타 시장참가자에 미치는 영향

② 재무부 장관의 결정
서면의 권고를 받은 재무부 장관은 대통령과 협의하여 OLA의 발동 여부를 결정한다. 재무부 장관은 OLA 발동을 결정함에 있어 다음과 같은 사항들을 검토하여야 한다.

- 해당 금융회사가 파산 상태 또는 파산의 위험에 있는지 여부
- 해당 금융회사의 파산이 금융안정에 심각한 부정적 영향을 초래하는지 여부
- 해당 금융회사에 대해 파산법 또는 주 법에 의한 정리절차를 적용하는 경우 금융안정에 심각한 부정적 영향을 초래하는지 여부
- OLA가 이러한 부정적 영향을 방지 내지 완화할 수 있는지 여부
- 파산 방지를 위한 다른 조치의 존재 여부
- 채권자, 거래상대방, 주주, 기타 시장참가자에 미치는 영향

③ 대상 금융회사에 통보 및 법원의 심리
재무부 장관은 OLA 발동을 결정하면 즉시 대상 금융기관과 FDIC에 통보하여야 한다. 금융회사의 경영진이 OLA에 동의하면 FDIC가 파산관재인으로 지명된다. 대상 금융회사가 동의하지 않을 경우 재무부 장관은 워싱턴 DC에 소재한 연방지방법원[23]에 OLA의 승인을 신청하여야 한다. 도드프랭크법 제202조는 파산관재인 지정과 관련한 법원의 심리절차를 자세히 규정하고 있다. 승인신청은 비공개로 엄격한 보안을 유지하여야 하며, 법원은 24시간 이내에 청문의 절차를 거쳐 승인의 타당성 여부를 판단하여야 한다. 24시간이 경과하면 FDIC가 자동으로 청산관재인이 된다.

④ 의회 보고
재무부 장관은 OLA 발동이 있은 지 24시간 이내에 의회에 통지하여야 한다. 그리고 FDIC는 파산관재인으로 지명된 지 60일 이내에 정리계획 및 추진실적 등을 담은 보고서를 의회에 제출하여야 하며, 주기적(분기 1회 이상)으로 업데이트된 보고서를 제출하여야 한다. 마지막으로 회계감사원(GAO)은 OLA 발동의 타당성 여부에 관한 검토보고서를 의회에 제출하여야 한다.

① 해당 금융회사에 대해 파산절차(bankruptcy case)가 개시되거나 또는 개시될 개연성(is likely to)이 있는 경우
② 해당 금융회사가 대규모 손실로 자본금이 고갈되거나 또는 고갈될 개연성이 있으며, 자본금 고갈을 방지할 수 없을 것으로 전망되는 경우
③ 해당 금융회사의 부채가 자산을 초과하거나 또는 초과할 개연성이 높은 경우
④ 해당 금융회사가 영업활동을 통해 부채를 상환할 능력이 없거나 또는 그러할 개연성이 높은 경우

이상의 정의에서 반복적으로 등장하는 '개연성'이라는 용어는 규제당국이 과거에 발생한 사실이 아니라 앞으로의 사태가 진행되는 전망에 근거하여 파산 위험을 판단할 수 있도록 한 것으로 규제당국에 상당한 재량권을 부여하는 것이다.

(2) 예금보험공사에 강력한 정리권한 부여

도드프랭크법의 정리체계는 연방예금보험법(FDIA)의 정리제도를 모델로 하고 있으며, 이 중 가장 대표적인 것이 FDIC를 청산관재인으로 지정하고 강력한 정리권한을 부여한 것이다. FDIC를 청산관재인으로 지정한 것은 FDIC가 부보은행의 청산관재인으로서 오랜 경험과 전문성을 쌓은 점을 고려한 것이다. OLA에 있어 FDIC가 갖는 권한은 도드프랭크법 제210조에 상세히 규정되어 있다. 이러한 FDIC의 권한은 예금보험법(FDIA) 상 부보은행에 적용되는 파산절차에 있어 FDIC가 갖는 권한과 거의 유사한 것이다.

FDIC는 일단 대상 금융회사의 청산관재인으로 지정되면 대상 금융회사

---

23 United States District Court for the District of Columbia를 의미한다.

의 운영 및 청산과 관련한 모든 권한을 인수받는다. 즉 FDIC는 대상 금융회사 및 그 자산, 주주, 이사 및 간부가 갖는 모든 권리, 자격, 권한 및 특권을 승계받는다.[24] 이와 같이 FDIC는 단순한 직무대행자 또는 수탁자가 아니라 모든 이해관계자의 승계자로서의 자격을 갖게 되므로 대상 금융회사의 운영, 구조조정, 청산 등과 관련한 다양한 권한을 연방정부, 감독당국, 주주 등 누구의 지시나 감독을 받지 않고 독자적으로 행사할 수 있다. 예컨대 FDIC는 청산관재인으로서 자산의 매각, 가교금융회사로의 자산의 이전, 다른 금융회사와 합병, 채권의 회수 및 채무상환 등의 권한을 행사할 수 있다.

이와 아울러 도드프랭크법은 파산법 제7장, 연방예금보험법(FDIA), 증권투자자보호법(SIPA) 등에 규정되어 있는 일련의 권한을 FDIC에 부여하였다. 첫째, FDIC는 개별 채권의 지급 여부를 일방적으로 결정할 수 있는 권한을 갖는다.[25] FDIC의 이러한 권한은 연방예금보험법(FDIA) 및 증권투자자보호법(SIPA)에 의해 각각 FDIC와 증권투자자보호공사(SIPA)에 주어진 권한과 유사하지만, 파산법 제7장의 청산관재인(trustee)에게 주어진 권한과는 구별된다. 파산법 제7장에서는 청산관재인이 개별 채권자의 채권을 기각하기 위해서는 법원에 청구하는 절차를 거쳐야 한다.[26] 이에 반해 OLA에서는 개별 채권자가 FDIC의 결정에 불복하여 채권을 돌려받기 위해서는 관할 법원에 청구하는 절차를 거쳐야 한다.[27]

둘째, FDIC는 기존 계약—FDIC가 청산관재인으로 지명되기 이전에 대상 금융회사가 체결한 계약—의 상환부담이 과도하거나 또는 신속한 OLA

---

24 도드프랭크법 제210조(a).
25 도드프랭크법 제210조(a)(2).
26 11 U.S.C. 제502조(a).
27 도드프랭크법 제210조(a)(4).

절차를 위해 필요하다고 판단하는 경우에는 합리적인 기간 이내에 기존 계약의 이행을 거부할 수 있다.[28]

셋째, FDIC는 사기적 이전(fraudulent transfers), 특혜적 이전(preferential transfers), 부적절한 상계(improper setoffs)를 방지하기 위하여 소송을 제기할 수 있는 권한을 갖는다.[29] 사기적 이전이란 적절한 수준보다 낮은 급부를 대가로 자산이나 이권을 이전하는 것을 의미하며, 특혜적 이전이란 채권자에게 청산시 받을 수 있는 금액 이상을 지급하는 것을 의미한다. 이러한 권한은 연방예금보험법(FDIA), 증권투자자보호법(SIPA), 그리고 파산법 제7장에 규정된 청산관재인 또는 수탁자의 권리와 유사한 것이다.

(3) 사전적 정리계획 마련

OLA가 시스템적 위험이 있는 긴박하고 예외적인 경우에만 적용되어야 한다는 원칙과 관련된 것으로 도드프랭크법 제1편 제165조(d)에서 요구하는 정리계획(resolution plan)이 있다. 이에 따르면 총자산 500억 달러 이상의 은행지주회사 및 FSOC가 지정하는 비은행금융회사(비은행 SIFI)는 파산에 대비하여 사전에 정리계획을 수립하여야 한다. 사전 정리계획은 금융회사가 건전한 상태에 있을 때 작성한다는 의미에서 유언장(living will)으로도 불린다.

금융회사는 매년 정리계획을 작성하여 연준, FDIC 및 FSOC에 제출하여야 하며, 연준과 FDIC는 금융회사가 제출한 정리계획을 공동으로 검토하고, 미흡한 점이 있을 경우 다시 제출토록 요청할 수 있다. 만약 금융회사가 개선된 정리계획을 제출하지 않는 경우, 연준과 FDIC는 더욱 강화된 감독기준

---

28 도드프랭크법 제210조(c).
29 도드프랭크법 제201조(a)(11) 및 (12).

(자본·레버리지·유동성 등)을 적용하거나 영업활동에 일정한 제약(성장·업무범위 등)을 부과할 수 있다. 이러한 조치에도 불구하고 금융회사가 2년 내에 개선된 정리계획을 제출하지 않는 경우 연준은 2단계 조치로서 자산 및 영업의 일부 매각명령 등 보다 강도 높은 시정조치를 부과할 수 있다. 사전적 정리계획은 도드프랭크법 중에서 금융회사에 가장 부담을 주는 규제의 하나로 평가되고 있다.[30]

도드프랭크법 제1편의 정리계획(이하 Title I 정리계획)은 파산법에 따른 정리절차를 금융회사 자체적으로 작성토록 함으로써 실제로 파산이 발생할 경우 파산법에 따른 질서 있는 정리가 가능토록 하는 데 그 기본적 취지가 있다. 파산법에 의한 질서 있는 정리가 가능하다면 도드프랭크법 제2편의 OLA를 굳이 발동하지 않아도 되기 때문이다. 이는 시스템적 리스크 우려가 있는 예외적이고도 긴급한 상황에서만 OLA가 발동되어야 한다는 원칙과도 일맥상통하는 것이다.

또한 Title I 정리계획은 Title II OLA 정리계획의 기초자료로 활용됨으로써 긴급한 상황에서 실효성 있는 OLA 정리계획을 수립하는 데 도움이 되는 부수적인 이점도 가져온다. Title I 정리계획에는 소유구조, 자산·부채 상황, 주요 거래상대방, 담보 및 보증 제공현황, 비은행자회사의 영업활동으로부터 발생하는 리스크의 차단방법 등 다양한 정보와 함께 파산법에 따른 신속하고 질서 있는 정리전략을 포함하여야 한다. 따라서 FDIC와 연준은 Title I 정리계획을 매년 심도 있게 검토·평가하는 과정에서 긴급한 상황에서 금융회사를 질서 있게 정리하기 위해 필요한 전문적인 지식과 정보를 획득할 수 있다. 특히 OLA의 대상이 대형 복합 금융회사인 점을 감안하면 감독당국이 이러

---

30 Paul L. Lee(2016).

한 정보를 사전에 파악하는 데 따른 이점은 더욱 크다고 할 수 있다.

연준과 FDIC는 2011년 11월 공동으로 Title I 정리계획의 실행을 위한 최종 규칙[31]을 발표하였다. 동 규칙은 금융회사들이 매 1년마다 사전 정리계획을 작성·보고토록 규정하였다. 한편, 이와 별도로 FDIC는 2012년 1월 총자산 500억 달러 이상의 대형 예금취급기관을 대상으로 정리계획 제출을 의무화하고 이에 대한 최종 기준[32]을 마련하였다. 도드프랭크법 Title I의 정리계획은 금융그룹의 모지주회사가 작성하며 파산법의 절차를 따르는 반면, FDIC가 요구하는 정리계획은 연방예금보험법(FDI Act)에 따라 부보 예금취급 자회사에 적용된다는 점에서 차이가 있다. 또한 Title I 정리계획은 전체적인 금융시스템 안정에 초점을 맞추고 있는 반면, 연방예금보험법에 근거한 정리계획은 예금자 보호와 예금보험기금의 손실방지에 초점을 맞추고 있다는 점에서 차이가 있다.[33]

한편, 트럼프 행정부의 재무부 보고서는 사전 정리계획의 작성·보고가 의무화되는 은행지주회사의 총자산 기준을 상향(현행 500억 달러 → 미정)하고, 작성 주기를 완화(현행 1년 → 2년)할 것을 권고하였다. 또한 사전 정리계획의 점검기관을 연준으로 일원화하여 점검절차의 일관성을 확보하는 한편, 사전 정리계획의 점검절차를 6개월 내에 완료할 것을 연준에 권고하였다.[34]

(4) 가교금융회사의 설립을 통한 자산·부채의 신속한 처분

도드프랭크법은 가교금융회사(bridge financial company)를 설립하여 부실

---

31 Federl Reserve & FDIC(2011, November).
32 FDIC(2012, January 17).
33 임형석(2014).
34 U.S. Department of Teasury(2017, June 12), pp.66~68.

금융회사의 자산·부채를 인수할 수 있는 권한을 FDIC에 부여하였다.[35] 도드프랭크법이 도입한 가교금융회사 제도는 연방예금보험법상의 부보은행에 적용되는 가교금융회사 제도와 유사하다. 가교금융회사의 설립은 민간부문의 인수자가 나타나기 이전의 파산절차 초기에 즉각적이고 일시적으로(immediately and temporarily) 자산·부채를 인수하고 핵심업무를 지속함으로써—리먼브라더스의 사태에서 본 바와 같은—자산의 헐값 매각 등에 따른 파괴적인 시장혼란을 방지하는 것을 목적으로 한다. 또한 가교금융회사는 파산금융회사의 실체를 계속기업으로서 유지하고 영업권(franchise value)을 보호함으로써 즉각적인 청산시 받을 수 있는 가격보다 더 높은 가격에 장래 자산의 매각을 가능하게 함으로써 손실을 최소화하는 효과도 가져온다.

가교금융회사의 설립은 채권자 또는 주주에게 통지하거나 동의를 받는 절차를 거치지 않아도 되며, 법원의 승인도 필요치 않다. FDIC는 가교금융회사의 자산·부채 이전 등 처분과 관련하여 어떠한 정부기구의 간섭도 받지 않고 완전한 재량권을 가진다. FDIC는 가교금융회사의 운영을 위해 필요한 자금조달을 위해 주식 또는 기타의 증권을 발행하거나 기타의 자금지원을 할 수 있다. 그러나 FDIC는 가교금융회사의 설립을 위해 자본금을 납입할 필요는 없으며, 가교금융회사는 자본금 또는 잉여금 없이도 운용될 수 있다.[36] 자산·부채 이전을 촉진하기 위하여 도드프랭크법은 가교금융회사의 존속기간을 2년으로 규정하고, 매 1년마다 총 3년간 연장할 수 있도록 제한하였다. 가교금융회사는 다른 금융회사와 합병하거나 자산·부채의 대부분을 이전한 경우에는 소멸된다.

---

35 도드프랭크법 제201조(h).
36 다만, 도드프랭크법은 파산금융회사로부터 인수한 부채총액이 자산총액을 초과하지 않아야 한다는 제약을 두고 있다. 도드프랭크법 제210조(h)(5)(F).

(5) 정리기금을 통한 단기 유동성의 제공

부실금융회사는 자산매각, 청산 등의 질서 있는 정리절차가 완료될 때까지 핵심기능의 유지를 위해 유동성 공급을 필요로 한다. 적절한 유동성 공급이 이루어지지 않을 경우 영업활동 동결, 자산의 급매각 등 무질서한 정리로 인해 극심한 시장혼란의 위험이 커지게 된다. 이러한 배경에서 도드프랭크법은 FDIC에게 재무부로부터 단기 유동성 자금(temporary liquidity funding)을 차입하여 부실금융회사에 대출할 수 있는 길을 열어놓았다.[37] 부실금융회사에 대한 FDIC의 단기 유동성 지원은 중앙은행이 최종 대부자로서 개별 금융회사 또는 전체 금융시스템에 유동성을 공급하는 것과 맥락이 같다.

FDIC의 단기 유동성 지원과 관련해 제기되는 한 가지 우려는 이 자금지원이 구제금융 수단으로 악용됨으로써 결국 납세자의 부담이 초래될 수 있다는 것이다. 이와 관련하여 도드프랭크법은 단기 유동성 지원으로 인해 어떠한 경우에도 납세자의 부담이 초래되지 않도록 다중의 엄격한 제도적 장치를 마련하였다.

이를 구체적으로 보면, 첫째 FDIC의 단기 유동성 지원, 즉 재무부 대출금에 대해 모든 무담보채권(unsecured claims)에 우선하는 변제순위를 부여하였다.[38] 둘째, 재무부 대출금에 대해 최고한도를 설정하였다.[39] 즉 재무부 대출금은 FDIC가 파산관재인으로 지명된 지 30일까지는 부실금융회사 총자산 장부가치의 10%(공정가치를 산출할 수 있는 경우에는 공정가치의 90%)를 초과할 수 없으며, 그 이후로는 공정가치의 90%를 초과할 수 없다. 셋째, 재무부와 FDIC는 정해진 기간 내에 대출금의 전액 상환을 약정하는 계약을 체결하여

---

37 도드프랭크법 제210조(n)(5)(A).
38 도드프랭크법 제210조(b)(1)(B).
39 도드프랭크법 제210조(n)(6).

야 한다.[40] 재무부와 FDIC는 상환 스케줄 등 계약의 조건을 의회와 협의하여야 한다. 넷째, 부실금융회사의 자산으로 재무부 대출금을 전액 상환할 수 없는 경우에 FDIC는 채권자에게 기지급된 금액을 환수(clawback)할 수 있는 권한을 갖는다. 이러한 권한은 채권자에 대한 지급이 다른 채권자에 비해 특혜적으로(preferential payments) 이루어진 경우, 즉 채권자에게 기지급한 금액이 청산시의 가치를 초과하는 경우에 행사될 수 있다.[41]

다섯째, 이상의 조치로도 재무부 대출금을 전액 상환할 수 없다면 최후의 수단으로써 FDIC는 시스템적 중요 금융회사로부터 위험에 상응하는 분담금(risk-based assessments)을 징수하여 대출금 상환에 충당할 수 있다.[42] 도드프랭크법은 이를 위해 재무부 내에 '정리기금'(Orderly Liquidation Fund)을 설립하고 있다. FDIC가 재무부로부터 차입하는 유동성 자금과 금융회사로부터 징수하는 분담금은 정리기금에 예치되며, FDIC는 청산관재인으로서 책무수행을 위해 정리기금을 활용할 수 있다.

건전금융회사로부터 분담금을 징수하여 부실금융회사의 손실을 보전하는 방식(이하 정리기금 방식)은 부보은행에 적용하는 예금보험기금과 그 취지가 동일한 것이다. 다만 정리기금 방식이 부실 발생 이후 사후적으로 조성되는데 반해 예금보험기금은 부실 발생 이전 사전적으로 보험료를 징수하여 조성된다는 점에서 차이가 있다. 도드프랭크법 초안에는 500억 달러 규모의 사전적인 준비기금(pre-funded reserve)을 마련하는 방안이 제시되었으나 금융회사의 도덕적 해이를 초래한다는 이유로 최종적으로는 사후적 기금 조성 방식으로 바뀌었다. FDIC가 정리기금을 활용하기 위해서는 먼저 정리계획을 마련

---

40 도드프랭크법 제210조(n)(9)(B).
41 도드프랭크법 제210조(o)(1)(D)(i).
42 도드프랭크법 제210조(o)(1)(D)(ii).

하여 재무부 장관으로부터 승인을 받아야 한다는 점에서 사전적 방식에 비해 절차상 까다롭다.

정리기금과 관련한 논쟁

> 정리기금은 도드프랭크법에서 찬반의 주장이 첨예하게 대립한 이슈 중의 하나였다. 당초 하원의 법안은 1,500억 달러 규모의 사전적인 정리기금을 마련하는 방안을 포함하였으며, 전 FDIC 의장인 실라 베어Shelia Bair는 이를 적극 지지하였다. 실라 베어는 의회 청문회에서 사전적으로 기금을 조성하면 금융위기 와중에 금융회사로부터 분담금을 징수하는 번거로움을 피할 수 있으며, 건전은행과 부실은행을 포함한 모든 금융회사가 정리기금 조성에 참여하게 되며, 납세자의 부담이 초래되지 않는다는 장점이 있다고 주장하였다.[43]
>
> 그러나 상원 은행위원회의 공화당은 정리기금을 '구제금융기금'으로 부르며 강력한 반대입장을 표명하였으며, 법안에 서명하는 조건으로 정리기금 조항의 삭제를 요구하였다. 예컨대 공화당 리차드 셸비Richard C. Shelby 의원은 2010년 3월 25일 재무부 장관에게 보낸 서한에서 정리기금을 '비자금'(slush fund)으로 칭하면서 "이러한 기금이 존재한다는 사실만으로도 파산이 아닌 구제금융을 택하기가 쉬워질 것이다"고 주장하였다.[44]
>
> 이러한 논쟁의 타협결과로서 도드프랭크법은 사전적 정리기금 규모를 500억 달러로 축소하였다가 최종적으로 사후적인 정리기금 방식으로 변경하였다. 정리기금과 관련한 논쟁은 실라 베어의 저서 《정면돌파》(Bull by the Horns) 제19장에 소개되어 있다.

(6) 파생상품에 대한 처리

파산법은 쌍방 미이행 쌍무계약에 있어 소위 도산해지조항(ipso facto clause)의 효력을 금지하고 있다.[45] 도산해지조항이란 채무자의 재산상태가 장래 악화될 것에 대비하여 계약 당사자간에 당해계약의 해지권을 정한 계약을 말한다. 즉 당사자 일방에게 지급정지, 파산, 회생절차의 개시신청 등 일정한 사건이 발생할 경우 상대방에게 계약을 해지할 수 있는 권리를 부여

---

43 Shelia C. Bair(2010).
44 실라 베어(2010), p.385에서 재인용.
45 11 U.S.C. §365(e)(1).

하는 조항이다. 파산법상 일단 파산절차가 개시되면 청산관재인이 기존 계약의 종료 여부를 포함하여 모든 자산에 대한 처분권을 갖게 된다. 이러한 권한의 일환으로서 도산해지조항의 금지규정은 단지 파산절차에 돌입하였다는 사실만으로 거래상대방이 일방적으로 기존 계약을 종료·수정할 수 없도록 하는 것이다.

그런데 파산법은 레포, 스왑, 일괄정산협약(master-netting agreement) 등 파생상품계약에 대하여는 도산해지조항의 적용을 면제하고 있다.[46] 이에 따라 파생상품계약에 있어 거래상대방은 파산절차가 개시된 이후에도 법원의 승인 없이 계약을 종료할 수 있다. 일단 계약이 종료되면 거래상대방은 상계(netting), 담보물의 처분, 기초자산의 매각(레포거래) 등을 통해 손실액을 줄일 수 있다. 이러한 면제조항은 연방예금보험법(FDIA)과 도드프랭크법에도 도입되어 있다.[47]

이와 같이 파생상품계약의 예외를 인정하는 것은 상계 후 기준으로 지급액을 정산하는 파생상품계약의 특성과 함께 시스템리스크에 대한 우려를 고려한 것이다.[48] 파생상품계약은 거래규모(명목원금)가 크고, 상호 연계성이 매우 높기 때문에 어느 일방의 파산은 상대방의 연쇄적인 부실화(ripple effect)를 초래하고 금융시스템 전체를 위험에 빠뜨릴 수 있다. 따라서 파산사건이 발생할 경우 거래상대방에게 신속하게 계약을 종료할 기회를 부여하여 상계, 담보물 처분 등을 통해 손실을 축소하도록 허용함으로써 거래상대방의 연쇄적인 부실화에 따른 시스템위험을 방지하고자 하는 것이 파생상품 예외조항

---

[46] 11 U.S.C. §559, 560, 561. 제559조(레포계약)는 1984년에, 제560조(스왑계약)는 1990년에, 제561조(일괄정산협약)는 2005년에 각각 도입되었다.
[47] 12 U.S.C. §1821(e)(8) 및 도드프랭크법 제210조(c)(8).
[48] 이에 대한 논의는 Stephen Adams(2013) 참조.

의 취지이다.

그러나 이러한 취지와 달리 금융위기시 파생상품 예외조항이 오히려 시스템위험을 증폭시킬 수 있음이 드러났다. 예컨대 파생상품계약의 일종은 거래상대방의 자회사가 파산하는 경우 계약을 종료할 수 있는 조항, 즉 '교차도산조항'(cross-default clause)을 포함하고 있다. 이로 인해 대규모 파생상품계약을 보유하고 있는 대형 금융회사의 파산은 즉각적으로 시스템 전체에 걸친 대량의 파생상품계약 해지를 촉발할 수 있다. 그리고 이는 경쟁적인 추가 담보물의 요구(collateral runs)나 담보자산의 헐값 매각을 초래하여 시스템위기를 증폭시킬 수 있다. 2008년 9월 리먼브라더스의 파산이 바로 이러한 시나리오가 현실화된 것이다.[49]

이러한 배경에서 도드프랭크법은 파생상품 예외조항에 일정한 제한을 두었다.[50] 즉, 파생상품계약의 거래상대방은 FDIC가 청산관재인으로 선임된 날의 다음 영업일 오후 5시(동부시간 기준)까지 계약을 종료, 청산 또는 상계할 수 없다. 마찬가지로 거래상대방은 FDIC로부터 파생상품계약이 가교금융회사 또는 다른 금융회사로 이전되었음을 알리는 통지를 받은 이후에는 계약을 종료, 청산 또는 상계할 수 없다.[51] 요컨대 도드프랭크법은 FDIC가 청산관재인으로 선임된 직후 일정기간(1 영업일) 및 가교회사 등으로 계약이 이전된 경우에는 예외조항에 의한 일방적 계약종료 권한의 행사를 금지하고 있는 것이다. 만약 정해진 시간 내에 가교회사 등으로의 계약이전이 발생하지 않

---

49 2008년 9월 파산 당시 리먼브라더스는 90만 건 이상의 거래를 수반한 6,000건 이상의 파생상품계약을 보유하고 있었는데, 파산 직후 거래상대방의 약 80%가 계약을 종료하였다. U.S. Department of Treasury(2017, October 6), pp.115~116.
50 도드프랭크법 § 210(c)(10)(B).
51 도드프랭크법(§ 210(c)(10)(B))은 FDIC가 청산관재인으로 선임된 날의 다음 영업일 오후 5시(동부시간 기준)까지 계약이전 사실을 거래상대방에게 통지하도록 규정하였다.

는다면 거래상대방은 파생상품 예외조항에 의해 계약을 종료·청산·상계할 수 있다.

도드프랭크법이 이와 같이 짧은 기간이지만 계약종료 권한의 행사를 일시적으로 유예한 것은 리먼브라더스 사태에서처럼 파산절차 초기에 발생할 수 있는 대량 계약해지를 방지하고 금융시장 안정을 조기에 달성하기 위함이다. 한편, 이러한 계약해지 권한의 일시적 유예제도는 연방예금보험법상의 1일간 지불정지제도(one-day moratorium)와 유사한 것이다.[52] 파산법 및 증권투자자보호법에는 이러한 조항이 존재하지 않는다.

【지주회사 중심의 단일기구 정리방안】

도드프랭크법 제2편은 OLA의 발동절차와 요건, 청산관재인으로서의 FDIC의 권한 등을 규정하고 있지만 은행지주회사와 같은 대형 금융회사에 OLA 절차가 실제로 어떻게 적용되어야 하는지에 대한 구체적인 설명은 하지 않고 있다. 이러한 공백을 메우기 위해 FDIC는 수년간의 검토와 업계의 의견을 토대로 2013년 12월 지주회사 중심의 '단일기구 정리방안'(SPE: Single Point of Entry Strategy)에 대한 공개제안서[53]를 발표하였다. 이 방안은 시스템적 중요 금융그룹(SIFI)의 부실에 따른 손실을 최상위의 단일기구, 즉 지주회사의 주주 및 채권자가 흡수하도록 함으로써 금융시장 혼란을 최소화하는 방안이다. SPE 방식하에서 정리절차는 지주회사에 한정되며, 금융 자회사

---

52 12 U.S.C. § 1821(e)(10)(A).
53 FDIC(2013, December 18).

들은 계속기업으로 영업활동을 지속하게 된다. 따라서 영업활동을 하는 금융 자회사들의 파산으로 인해 발생할 수 있는 유동성 런, 자산 급매각, 파생상품 계약의 무질서한 청산 등 시스템적 위기가 방지될 수 있다는 것이 FDIC의 주장이다.

구체적으로 단일기구 정리방식은 FDIC를 최상위 지주회사의 청산관재인으로 지명하는 것으로부터 시작한다. 청산관재인으로 지명되면 FDIC는 즉각적으로 가교지주회사를 설립하고, 기존 지주회사의 자산과 담보부 부채를 가교지주회사로 이전한다. 이때 금융자회사들에 대한 투자지분도 가교지주회사로 이전되며, 따라서 금융 자회사들은 영업가치가 보존되고 계속기업으로서 영업활동을 지속할 수 있게 된다. FDIC는 자산이전과 함께 가교지주회사 및 그 자회사들을 운영할 새로운 이사회와 경영진을 선출한다.

한편, 기존 지주회사에는 자본, 후순위채권, 그리고 무담보 선순위채권이 남아 있게 되며, 이들은 손실흡수에 충당되거나 또는 신설 가교지주회사의 자본 또는 채권으로 전환된다. 즉 손실은 기존 지주회사의 자본이 가장 먼저 흡수하며, 그 다음으로 후순위채권과 무담보 선순위채권이 흡수한다. 손실흡수에 충당되고 남은 채권은 가교지주회사의 주식으로 전환되며, 그 중 일부는 주식전환부 후순위채권(convertible subordinated debt) 또는 새로운 무담보 선순위채권의 형태로 가교지주회사로 이전된다.

다음 단계로서, FDIC는 가교지주회사의 유동성 조달을 지원한다. 기존 지주회사로부터 자산이전 등으로 재무구조가 개선된 가교지주회사는 주식 또는 채무증서의 발행을 통해 시장으로부터 유동성 자금을 조달할 수 있을 것으로 기대된다. 그러나 가교지주회사에 추가적인 유동성 자금이 필요할 경우에는 FDIC가 '정리기금'을 활용하여 직접 대출이나 보증의 제공을 통해 지원할 수 있다. 정리기금으로부터의 대출금은 부실금융회사의 자산매각으로 상환하거나 건전한 대형 금융회사(SIFI)로부터 분담금을 징수하여 상환되어야 한다. 도드프랭크법은 어떠한 경우에도 납세자의 부담을 초래하는 구제금융의 투입을 금지하고 있기 때문이다.

　FDIC의 단일기구 정리방안(SPE)의 가장 중요한 특징으로서 부실 금융회사의 질서 있는 정리(OLA)를 위해 제3자 매각(sales to third parties) 또는 청산(liquidation)의 방식이 아닌 민간으로부터의 자본재확충(recapitalization) 방식을 활용한다는 점을 들 수 있다. 제3자 매각방식은 정부 개입을 최소화하고 즉각적인 매각을 통해 부실금융회사의 핵심기능을 유지함으로써 시장혼란을 최소화하는 장점이 있으며, 부보 예금취급 금융기관의 정리에 널리 활용되는 방법이다. 그러나 대형 부실금융회사(SIFI)의 경우에는 인수자를 찾기가 쉽지 않고, 설사 인수자가 있다 하더라도 인수의 결과로 탄생하는 금융회사가 지나치게 복잡하고 비대해져 대마불사의 문제가 심화되는 단점이 있다. 그리고 가교금융회사 설립을 통한 청산방식은 즉각적인 청산시 초래될 수 있는 자산의 헐값 매각문제는 회피할 수 있지만 완전한 청산에까지 장기간이 소요되고 시장의 신뢰저하 등으로 자회사의 영업능력이 위축됨으로써 FDIC 및 채권자에 상당한 손실이 발생할 수 있다는 문제가 있다.

　이에 반해 자본재확충 방식은 주주 및 일부 채권자의 손실흡수를 통해 납세자의 부담을 초래하지 않으면서도 시스템리스크를 최소화하는 방식으로 대형 금융회사의 정리가 가능하다는 장점이 있다. 또한 자본재확충 방식은 금융안정위원회(FSB)가 2011년 제시한 '효과적 정리제도의 핵심원칙'[54]과도 부합하는 것이다. FSB는 핵심원칙에서 대형 금융회사(SIFI)의 정리과정에서 시스템리스크 방지를 위해서는 핵심기능이 유지되어야 함을 강조하고, 이

54　FSB(2014, October).

를 위해서는 자본재확충 방식이 가장 적합함을 주장하였다.

그러나 FDIC가 제안한 SPE 방식은 많은 비판을 불러왔다.[55] 우선 법적인 문제로서 자본재확충이라는 용어가 도드프랭크법 제2편의 어디에도 등장하지 않는다는 점이다. 오히려 도드프랭크법 제214조는 "OLA 정리절차를 적용받는 모든 금융회사는 청산되어야 한다"고 규정하고 있다. 물론 이 문구는 납세자 부담을 초래하는 구제금융의 투입을 금지하기 위한 것이지만 자본재확충 방식도 금지하는 것으로 해석될 여지가 있다. 또한 도드프랭크법 제201조(a)는 OLA 적용대상에 부보은행을 명시적으로 배제하고 있다. 따라서 은행자회사의 부실을 정리하기 위한 방편으로 SPE 자본재확충 방식을 활용하는 것은 논란의 여지가 있을 수 있다.

또한 도드프랭크법은 OLA 발동요건으로서 금융회사가 '파산 상태' 또는 '파산의 위험'에 처해 있어야 한다고 명시해놓았다. 따라서 SPE가 적용되기 위해서는 자회사의 부실로 인해 지주회사도 파산의 위험에 놓여 있어야 한다. 그러나 미국 대형 은행지주회사를 대상으로 한 연구에 따르면 자회사의 부실이 지주회사의 파산으로 연결되는 경우는 많지 않은 것으로 나타났다.[56] 이러한 분석은 자회사 부실을 정리하기 위해 지주회사 중심의 SPE 방식을 적용하는 것은 도드프랭크법상 가능하지 않음을 시사하는 것이다.

마지막으로, SPE 방식은 지주회사에 상당 규모의 무담보 부채가 존재함을 전제로 하고 있다는 점에서 금융위기 이후 도입된 강화된 건전성 규제기준과 상충될 수 있다. 바젤Ⅲ와 도드프랭크법은 계속기업으로서의 건전성제고를 위해 자본 규제기준을 강화하고 레버리지 규제기준을 새로이 도입하고 있는

---

55 이에 대한 논의는 Kupiec(2016) 및 Kupiec & Wallsion(2014) 참조.
56 Kupiec & Wallsion(2014) 참조. 이들은 15개 대형 은행지주회사를 대상으로 한 분석에서 가장 큰 자회사의 자본이 완전 잠식되더라도 지주회사가 파산의 위험에 처하는 은행지주회사는 4개사에 불과한 것으로 주장하였다.

데 반해 SPE 방식은 청산시 은행 및 비은행자회사에 대한 자본재확충을 지원하기 위해 지주회사에 일정 수준 이상의 부채 보유를 전제로 하고 있기 때문이다. 더욱이 청산시 손실흡수에 활용되거나 자본으로 전환될 수 있는 무담보 채권을 발행하기 위해서는 상당히 높은 수준의 수익률 보장이 필요하다는 문제도 있다. 이러한 점을 감안하여 FDIC는 2018년 2월 현재까지 최종 규칙을 공표하지 않고 있다.

IV
최근의 OLA 폐지논쟁

    도드프랭크법 제2편의 특별정리절차(OLA)는 금융안정감시위원회(FSOC)의 시스템적 중요 금융회사(SIFI) 지정권한과 함께 도드프랭크법 폐지논란의 중심에 있는 주제이다. 공화당을 비롯한 도드프랭크법 폐지론자들은 OLA가 대마불사의 도덕적 해이와 납세자의 손실을 초래한다며 폐지할 것을 주장하는 반면, 도드프랭크법의 주창자들은 OLA를 도드프랭크 금융개혁의 가장 중요한 부분의 하나로 간주하고 존치시킬 것을 주장하고 있다.[57]

    이러한 논란 와중에 트럼프 대통령은 2017년 4월 21일 재무부 장관으로 하여금 OLA의 적정성을 검토하여 권고안을 보고토록 명령하는 대통령 비망록(Presidential Memorandum)을 발동하였다.[58] 이 비망록에서 검토를 요구한 주

---

57 최근의 OLA 폐지논쟁에 대하여는 Ben S. Bernanke(2017), Paul H. Kupiec(2017), House Committee on Financial Services(2017, April) 등을 참조.
58 White House(2017, April 21), Memorandum on Orderly Liquidation.

요 쟁점사항은 세 가지이다. OLA 정리절차에 납세자의 세금이 투입될 여지가 있는지 여부, OLA가 금융회사의 과도한 위험추구 및 대마불사를 조장하는지 여부, 그리고 파산법에 의한 청산절차가 OLA보다 더 바람직한지 여부이다.

첫 번째 쟁점과 관련하여 도드프랭크법은 부실금융회사의 질서 있는 정리를 위해 재무부로부터 단기 유동성 자금(temporary liquidity funding)을 차입할 수 있도록 허용하고 있는데, 여기에서 관건은 이를 사실상 구제금융으로 볼 수 있는지 여부이다. OLA 존치론자들은 주주, 채권자에게 손실을 우선적으로 부담시킬 뿐만 아니라 차입금의 상환을 위한 다중의 장치들(우선 변제순위 부여, 차입한도 설정, 환수조항 등)을 마련하고 있어 재무부 차입금을 구제금융으로 볼 수 없다는 입장이다. 더욱이 대형 금융회사로부터의 분담금 징수제도를 통해 차입금 상환을 최종 보증하고 있어 어떠한 경우에도 납세자의 손실이 발생하지 않는다고 주장한다. 이에 반해 OLA 폐지론자들은 건전금융회사로부터 분담금을 징수하여 부실금융회사를 지원하는 것은 '정의상'(by definition)구제금융에 해당한다고 주장한다.[59] 부실금융회사 지원을 위한 자금출처가 어디인지, 즉 납세자의 세금이든, 건전금융회사의 분담금이든, 소비자에게 전가되는 가격인상이든 그것은 중요하지 않으며, 부실금융회사에 대한 사실상의 지원이 이루어지면 구제금융으로 보아야 한다는 것이다.

두 번째 쟁점과 관련하여 OLA 폐지론자들은 구제금융의 가능성으로 인해 금융회사의 주주, 채권자, 경영자에게 과도한 위험추구 요인과 대마불사의 도덕적 해이가 초래된다고 주장한다. 또한 대마불사 금융회사의 과도한 위험추구 행위에 대한 시장참여자의 모니터링 및 규율기능이 약화될 것이라고 주

---

[59] John Taylor(2013), p.9.

장한다. 이에 대해 OLA 존치론자들은 도드프랭크법이 대마불사의 문제를 완화하기 위한 여러 장치들을 마련하고 있음을 강조한다. 대형 금융회사에 대해 강화된 건전성 규제기준을 도입하여 규제감독을 강화하고 있으며, 특히 정리계획(living will) 제출을 의무화하고 필요시 조직구조의 단순화 또는 다운사이징을 요구하는 것은 대마불사 방지를 위한 사전적인 대응조치임을 주장한다. 또한 주주, 채권자의 손실부담과 경영진의 해임 등 책임부과 장치를 마련하고 있어 대마불사의 도덕적 해이가 최소화된다고 주장한다.

마지막으로 세 번째 쟁점과 관련하여 OLA 폐지론자들은 OLA의 대안으로서 파산법에 의한 청산절차의 적용을 주장한다. 지난 몇 년간 미 의회는 대형 금융회사의 청산절차를 다룬 몇 개의 파산법 개정안을 발의하였는데, 이러한 법안들은 OLA의 중요한 특성들 ─ 예컨대 가교금융회사를 통한 자산·부채의 신속한 이전, 파생상품계약에 있어 일시적 계약해지 및 상계의 허용 등 ─ 을 수용하고 있다. 이들 법안과 OLA의 결정적인 차이점은 FDIC가 아닌 법원 주도하에 청산이 이루어진다는 점이다. OLA 존치론자들은 법원이 금융에 관한 전문적인 경험과 지식이 부족하다는 점을 들어 법원 주도 방식을 반대한다. 또한 국제업무를 영위하는 대형 금융회사의 정리에 필수적인 외국 감독당국과의 협조가 어렵다는 점도 법원 주도 방식의 약점으로 거론되고 있다.

재무부 보고서는 이상 세 가지 쟁점사항에 대하여 면밀한 검토를 거쳐 결론을 내릴 것으로 예상된다. OLA 폐지 여부는 찬반대립이 첨예한 민감한 이슈인 점을 고려하여 재무부는 당초 대통령 비망록에서 지정한 시한(2017년 10월 18일)을 넘겨 장기간 검토하고 있다.

제2부 – 은행규제의 강화

제4장

예금취급기관 감독체계와 예금보험제도의 개편

Dodd-Frank Act

I
머리말

도드프랭크법 제3편은 금융기관 안정성 및 건전성 강화법(Enhancing Financial Safety and Soundness Act of 2010)이라는 부제를 달고 있다. 이 법은 저축기관감독청(OTS : Office of Thrift Supervision)의 해체 및 기능·권한의 이전과 연방예금보험제도의 개편을 주요 내용으로 한다.

1980년대 저축은행의 대량 도산사태를 계기로 1989년 설립된 OTS는 연방 면허 저축은행과 그 지주회사에 대한 단일한 연방감독기구로서의 지위를 누려왔다. 그러나 감독영역의 확대를 위한 OTS의 지나친 규제완화 내지 관용적인 감독문화는 저축은행 감독부실로 귀결되었으며 결국 금융위기 당시 최대 저축은행이던 워싱턴 뮤추얼Washington Mutual의 파산을 초래하였다. 이에 따라 도드프랭크법은 감독부실의 책임을 물어 OTS를 완전 해체하라는 상원 상임조사분과위원회의 건의를 받아들여 2011년 7월 21일자로 OTS를 폐지하고 그 감독권한을 연준(Fed), 통화감독청(OCC) 및 예금보험공사(FDIC)에 분할 이관하였다.

도드프랭크법은 또한 연방예금보험제도를 세 가지 측면에서 개편하였다. 즉 예금보험료 산정기준을 기존의 예수금 기준에서 총부채 기준으로 변경하였고, 목표적립률의 상한을 삭제하고 초과적립분의 환급을 중지할 수 있는 재량권을 FDIC에 부여하였으며, 예금보호 한도를 기존 10만 달러에서 25만 달러로 영구적으로 인상하였다.

이 장에서는 OTS를 해체한 배경과 함께 그 기능·권한의 이전내용에 대해서 살펴본다. 그리고 연방예금보험제도 개편의 세 가지 주요 내용에 대해서 살펴본다. 또한 미국 예금취급기관 감독체계의 개요에 대해서도 살펴본다.

미국은 역사적으로 국법은행(National Bank)과 주법은행(state bank)이 병존하는 2원 은행제도(dual banking system)가 확립되었으며, 면허기관, 연준시스템 가맹 여부, 연방예금보험 가입 여부 등에 따라 통화감독청(OCC), 연준(Fed), 예금보험공사(FDIC) 및 주(州) 정부에게 감독권한을 분할하는 다기화된 감독체계가 형성되었다. 이에 따른 감독의 파편화(fragmentation), 업무의 중첩(overlap), 그리고 중복(duplication)이라는 3대 문제를 해결하기 위해 1980년대 중반부터 연방감독기관의 통폐합 등 감독체계의 개편 필요성이 간헐적으로 줄곧 제기되어왔다.

도드프랭크법은 제1편에서 금융안정감시위원회(FSOC)를 창설하고, 제10편에서 소비자금융보호청(CFPB)을 설립하는 등 감독체계의 문제해결을 부분적으로 시도하였으나 근본적인 문제는 미해결의 상태로 남겨두었다. 감독체계의 개편과 관련하여 도드프랭크법에 의해 실현된 부분과 그렇지 못한 부분을 구분하는 것은 향후에 남겨진 개편과제를 이해하는 데 도움을 줄 것이다.

II
은행 감독체계

【은행 감독체계 개편의 역사】

　미국 은행제도의 역사를 보면 1800년대 중반까지 주(州) 정부가 은행면허를 부여하고, 은행의 영업행위에 대하여 규제감독을 실시하였다. 당시 대부분의 주에서는 최소한의 요건을 만족하면 은행면허를 취득할 수 있도록 하였는데, 다수 은행에 의한 다종의 통화발행을 허용함으로써 빈번한 금융불안의 원인이 되기도 하였다.

　1863년에 미 의회는 남북전쟁의 전비조달을 위해 발행한 정부공채의 상환과 금융불안을 완화할 목적으로 국법은행법(National Bank Act)을 제정하였다. 이 법은 단일한 통화의 발행과 함께 통화감독청(OCC)을 창설하여 은행에 대한 연방면허의 부여와 규제감독을 실시토록 하였다. 이에 따라 미국의 은행제도는 연방으로부터 면허를 받은 국법은행과 주 정부로부터 면허를 받은 주법은행이 병존하는 2원 은행제도가 확립되었다.

1900년대 들어 뱅크런 등 여러 차례의 금융위기를 경험한 미국은 은행 부문의 뱅크런 방지와 유동성 공급을 위해 1913년 연방준비법(Federal Reserve Act)을 도입하였다. 이 법은 연방준비제도(Federal Reserve System)를 창설하였으며, 주법은행 중 연방준비제도 가맹 은행에 대한 감독권을 연방준비제도이사회(Board of Governors of the Federal Reserve System, 이하 연준)에 부여하였다.

1920년대 말 대공황과 은행도산을 배경으로 도입된 1933년 은행법(Banking Act of 1933)은 연방예금보험공사(FDIC : Federal Deposit Insurance Corporation)를 설립하였다. 이에 따라 FDIC는 연방예금보험제도에 가입한 모든 금융기관들에 대하여 예금보험을 제공함과 아울러 검사 및 제재를 실시할 권한을 가진다.

FDIC의 검사·제재권한은 예금보험기금의 손실을 방지하기 위한 것으로 주ᵎ 감독당국의 검사·제재권한을 보완(backup authority)하는 성격을 갖는다. 후술하는 바와 같이 FDIC의 부보대상은 1989년에 저축기관(Thrift)에까지 확대되었다.

1956년 도입된 은행지주회사법(BHCA : Bank Holding Company Act)은 은행지주회사에 대한 감독권한을 연준에 부여하였다. 즉 은행지주회사는 연준 등록이 의무화되고 연준에 의한 연결기준의 자본적정성 등 규제기준의 적용을 받으며, 주기적 보고서 제출의무가 있고, 검사 및 제재대상이 된다.

이상과 같이 미국의 은행감독제도는 면허의 부여 주체, 연방준비제도 가맹 여부, 연방예금보험 가입 여부 등에 따라 OCC, 연준, FDIC, 주 정부 등이 참여하는 다원적인 체계를 이루게 되었다. 이상의 내용을 요약하여 미국의 현행 은행 감독체계를 다시 정리하면 다음과 같다.

미국에서는 연방 또는 주법에 따라 은행으로서의 법적 실체를 설립하는 것을 면허[1](chartering)라고 부른다.

만약 은행이 연방정부(OCC)로부터 면허를 받는다면 국법은행(National Bank)으로 분류되며, OCC로부터 주된 감독을 받게 된다. 국법은행은 연방준비제도와 FDIC가 제공하는 연방예금보험 가입이 의무화된다. 만약 OCC로부터 국법은행 면허를 받았더라도 FDIC로부터 예금보험 가입승인을 받지 못하면 OCC의 국법은행 면허도 취소된다.

은행이 주 정부로부터 면허를 받는다면 주법은행(state bank)으로 분류되며, 주 정부가 감독권한을 갖게 된다. 주법은행의 연방준비제도 가맹과 연방예금보험 가입 여부는 각 주법의 규정에 따라 다르다. 연방준비제도에 가맹한 경우에는 연방예금보험 가입도 의무화되며, 연준이 주 당국과 병행하여 주된 감독권한(primary authority)을 보유하게 된다. 연방준비제도에 가맹하지 않고 연방예금보험에만 가입한 경우에는 FDIC가 주 당국과 병행하여 주된 감독권한을 갖는다.

한편, 연방신용조합법(Federal Credit Union Act of 1934)은 연방신용조합국(Bureau of Federal Credit Unions)을 창설하여 신용조합에 대한 연방 면허 및 규제감독을 담당하도록 하였다. 이후 미 의회는 1970년에 신용조합법을 개정하여 전미신용조합감독청(NCUA : National Credit Union Administration)을 창설하고, 동 기구에 연방 면허 및 감독권한을 부여하는 한편, 모든 신용조합(연방 면허 및 주 면허)에 대한 예금보험 업무를 담당하도록 하였다. 주 면허를 받은 신협에 대한 감독업무는 주 정부에서 담당하며, 전미신용조합감독자협의회(National Association of State Credit Union Supervisors)가 구성되어 주 정부 신협 감독자들간의 협의체로서 기능하고 있다.

---

1 미국을 제외한 외국에서는 통상 인가(licensing) 또는 허가(authorization)라는 용어가 사용된다.

미국의 은행 감독체계 개요

구 분			연방 당국				주 당국
			OCC	Fed	FDIC	NCUA	
은행		국법은행 (FRS 강제가맹·FDIC 강제가입)	● ◎		○		
	주법은행	FRS 가맹(FDIC 강제가입)		◎	○		●
		FDIC만 가입			◎		●
		FRS 비가맹 및 FDIC 비가입					● ◎
	은행지주회사			◎			
신용 조합	연방 면허					● ◎	
	주 면허						● ◎

주: ● = 면허권한 ◎ = 주된 감독권한 ○ = 연방예금보험 공여자로서 검사권한

【은행 감독체계 개편논의】

 2016년 미 회계감사원(GAO)의 보고서는 미국 금융감독체계가 파편화, 업무의 중첩, 그리고 중복의 3대 문제를 갖고 있음을 지적하였다.[2] 파편화란 동일한 감독목적 달성을 위해 다수의 연방감독기관이 관여하는 것을 말하며, 중첩이란 다수의 연방감독기관이 유사한 감독목적을 갖거나 유사한 감독업무를 수행하는 것을 말한다. 그리고 중복이란 복수의 감독기관이 동일한 감독업무를 수행하는 것을 말한다.

 미국 금융감독체계가 이러한 3대 문제를 갖게 된 것은 위에서 살펴본 것

---

2 GAO(2016).

처럼 미 의회가 150여 년 동안 금융위기 등 문제가 발생할 때마다 단편적으로 새로운 감독기관을 창설하는 방식으로 대응해온 데 주요한 원인이 있다. GAO 보고서는 이러한 3대 문제로 인해 금융감독업무에 있어 효율성과 일관성이 저해되는 문제가 있음을 지적하였다.

미국에서 금융감독체계 개편의 필요성은 1980년대 중반에 처음 제기된 것으로 알려지고 있다. 이후 간헐적으로 줄곧 감독체계 개편논의가 이루어졌으며, 이러한 논의를 총괄한 궁극적인 개편방안은 부시 행정부의 재무부가 2008년 3월 발표한 금융감독체계 개편방안[3]에서 제시되었다. 당시 재무부장관이던 헨리 폴슨Henry Paulson의 이름을 따서 폴슨 개혁안으로 불리는 이 개편안은 미국의 최적 감독체계(optimal regulatory structure)로서 연방감독기관을 목표중심(Objective-based)별로 금융시장안정 감독기관(MSR: Market Stability Regulator, 현재의 연준), 건전성 감독기관(Prudential Financial Regulatory Agency), 영업행위 감독기관(Conduct of Business Regulatory Agency)의 3개 축으로 개편하는 방안을 제시하였다.

이러한 궁극적이고 장기적인 감독체계 개편방안은 오바마 정부의 금융규제 개혁안[4](이하 오바마 개혁안)과 이를 입법화한 도드프랭크법에는 반영되지 않았다. 오바마 개혁안과 도드프랭크법이 2008년 9월의 리먼브라더스 파산사태 이후의 극심한 금융위기를 경험한 이후에 마련됨에 따라 장기적인 감독체계의 개편보다는 시스템리스크 방지와 소비자보호 강화를 위한 금융규제 개혁이 당면한 과제로 떠오른 데 따른 것이다.

그러나 도드프랭크법은 감독체계 개편과 관련하여 세 가지 중요한 내용을

---

[3] U.S. Department of Treasury(2008).
[4] U.S. Department of Treasury(2009).

포함하였다. 첫째는 금융안정감시위원회(FSOC)와 그 사무국에 해당하는 금융조사국(OFR)을 창설한 것이고, 둘째는 소비자금융보호청(CFPB)을 설립한 것이다. 그리고 셋째는 저축기관감독청(OTS)을 폐지하고, 그 감독기능을 OCC, 연준, 그리고 FDIC로 분할 이관한 것이다. FSOC는 시스템리스크 감독강화를 위한 감독기관간 협의·조정기구에 해당하며, CFPB는 18개의 소비자법률과 이에 부속하는 50여 개의 규칙에 근거하여 7개 연방기관이 나누어 담당하던 소비자금융 관련 규제감독 기능을 통합적으로 수행하는 소비자금융 보호기구이다.

도드프랭크법의 이러한 감독체계 개편은 미국 감독체계의 문제점을 부분적으로나마 해소하는 효과가 있었으나 근본적인 문제는 미해결 상태로 남겨두었다. 예컨대 CFPB의 창설은 소비자금융보호와 관련한 감독 파편화의 문제는 어느 정도 해소하였으나, CFPB와 연준, OCC, FDIC, NCUA 및 주^州 당국과의 업무중복 문제를 새로이 발생시켰다.

트럼프 행정부의 재무부 보고서는 미국 금융감독체계에 내재하는 3대 문제의 해결을 위해 의회가 조치를 취할 것을 권고하였다.[5] 보고서는 이러한 조치에 유사한 목적을 가진 감독기관의 통합방안을 포함할 것을 권고하였으나 폴슨 개혁안에서 제시된 바와 같은 구체적인 최적 감독체계 개편방안을 거론하지는 않았다. 또한 금융규제의 중복을 방지하고, 감독기관간 협력증진을 위해 FSOC의 조정역할을 강화할 것을 권고하였는데, 이에 대해서는 이 책의 제2장에서 다루었다.

---

5 U.S. Department of Treasury(2017, June).

【미국의 연방 은행감독기관】

미국에는 8대 연방 금융감독기관이 있다. 은행감독기관으로 연준, FDIC, OCC, NCUA가 있으며, 자본시장 감독기관으로 SEC와 CFTC가 있고, 소비자금융 보호기구인 CFPB와 주택금융 감독기관인 FHFA가 있다.[6] 그 밖에 거래소, 협회 등 자율규제기구가 있다. 보험 부문은 주(州) 정부가 주된 감독기능을 수행한다. 이하에서는 4개 은행감독기관의 개요에 대해서 간략히 언급한다. 자본시장 감독기관인 SEC와 자율규제기구에 대해서는 이 책의 제9장, 보험감독에 관해서는 제14장을 각각 참조하기 바란다.

(1) 연방준비제도이사회(Board of Governors of the Federal Reserve System, 이하 연준)

연준은 전통적으로 통화정책 수행, 지급결제시스템 운영 등 중앙은행의 기능을 수행함과 동시에 은행지주회사와 주(州) 면허 연준 가맹은행에 대한 주된 감독당국으로서의 기능을 수행해왔다. 이 밖에 엣지회사(edge corporation) 및 어그리먼트 회사(agreement corporation)에 대한 감독기능도 연준이 수행한다.

도드프랭크법은 법 전반에 걸쳐 연준에 일련의 새로운 기능과 권한을 부여하여 연준을 사실상 미국의 가장 강력한 금융감독기관으로 거듭나게 하였다. 제1편과 제8편은 각각 시스템적으로 중요한 비은행금융회사와 금융시장기구에 대한 강화된 감독권한을 연준에 부여하였다. 제2편은 특별정리권한(OLA)의 발동을 재무부 장관에게 권고할 권한을 연준 이사회와 FDIC 이사회에 각각 부여하였다. 또한 제3편은 저축기관감독청(OTS)을 해체하고, 저축

---

6 한글 및 정식 영문 명칭은 약어표 참조.

조합지주회사 및 그 비예금수취 자회사에 대한 감독권한을 연준에 부여하였다. 제1편의 SIFI 보험회사 감독권한과 더불어 보험업을 영위하는 저축조합지주회사에 대한 감독권한은 연준을 보험회사에 대한 중요한 감독자로 부상하게 만들었다.

또한 제6편은 금융지주회사의 기능별로 규제되는 자회사와 증권지주회사(securities holding company)에 대한 연준의 감독권한을 규정하는 등 비은행 금융회사에 대한 연준의 감독권한을 강화하였다. 또한 연준은 OCC, FDIC, SEC, CFTC와 공동으로 볼커 룰 규제권한을 갖는다.

이에 반해 도드프랭크법에 의해 축소 내지 폐지된 기능도 있다. 제10편은 CFPB를 창설하여 연준이 담당하던 일련의 소비자금융 감독업무를 이 기구로 이관하였으며, 제11편은 연준의 긴급 유동성 공급기능에 일정한 제한을 가하였다.

한편, 도드프랭크법은 연방준비법 제10조를 개정하여 은행 감독담당 부의장(Vice Chairman) 직위를 신설하고, 연준이사회에 감독·규제 정책제안 및 감시권한과 의회에 출석하여 감독업무에 대해 설명할 의무를 부여하였다.[7] 감독담당 부의장은 연준 의장의 임명절차와 동일하게 상원의 인준을 받아 대통령이 임명한다.[8]

(2) 연방예금보험공사(FDIC: Federal Deposit Insurance Corporation)

FDIC는 연방예금보험제도를 운영하는 예금보호기구인 동시에 부보 금융회사를 감독·검사하는 감독기관이다. FDIC는 연준에 가맹하지 않은 주법은

---

[7] 도드프랭크법 제1108조.
[8] 오바마 대통령은 상원의 인준 거부 가능성 등을 고려하여 감독담당 부의장을 임명하지 않았는데, 트럼프 대통령은 2017년 10월 전 재무부 차관보를 역임한 랜달 퀄스Randal Quarles를 감독담당 부의장으로 임명하였다.

행에 대한 1차적인 연방감독기관으로서 기능하며, 그 밖의 부보은행에 대해서는 2차적인 감독검사 권한을 갖는다. FDIC는 또한 파산금융회사에 대해서는 청산관재인으로서 청산절차를 주관한다.

도드프랭크법은 FDIC에 일련의 새로운 기능과 권한을 부여하였다. 동법 제1편에 의해 FDIC 의장은 FSOC의 정위원으로서 시스템적으로 중요한 금융회사의 지정 등 시스템리스크 감독과 관련한 중요 의사결정에 의결권을 행사한다. 제2편의 특별정리제도(OLA)는 FDIC의 정리권한을 은행지주회사 및 시스템적으로 중요한 비은행금융회사 등 비부보 금융회사로 확대하였다. OLA에 의해 FDIC는 청산관재인으로서 파산 금융회사의 운영 및 청산과 관련한 모든 권한을 갖고 신속하고 질서 있는 정리를 추진하게 된다. 이 밖에 도드프랭크법에 의해 FDIC는 정리계획(living will) 및 볼커 룰과 관련한 감독권한을 갖게 되었다.[9]

(3) 통화감독청(OCC : Office of Comptroller of the Currency)

OCC는 국법은행, 연방저축기관, 외국은행의 지점·현지법인에 대한 연방 면허 및 감독권한을 가진다. 도드프랭크법 제3편은 연방 면허 저축기관에 대한 면허 및 감독권한을 OCC로 이관하였다. 이 밖에 도드프랭크법은 OCC에 볼커 룰, 유동화증권의 신용위험 보유, 경영진 성과보수, 자본·유동성 규제, 스트레스테스트 등에 대한 새로운 감독권한을 부여하였다.

(4) 전미신용조합감독청(NCUA : National Credit Union Administration)

NCUA는 연방신용조합에 대한 면허 및 감독권한을 가진다. 또한 NCUA

---

9 도드프랭크법 제165조(d) 및 제619조.

는 신용조합에 대한 예금보험기금인 전미신용조합보험기금(National Credit Union Share Insurance Fund)을 관리한다.

III
저축기관 감독체계의 개편

도드프랭크법 제3편 A장 및 B장은 저축기관감독청(OTS)을 폐지하고, 그 기능과 권한을 OCC, 연준 및 FDIC로 분할 이관하였다. 이하에서는 저축감독청 폐지의 배경과 기능·권한의 이전내용에 대해서 살펴본다. 또한 도드프랭크법에 산재해 있는 저축기관에 대한 특혜적 규제기준의 폐지에 대해서도 살펴본다.

【저축기관의 기원과 감독체계의 변천】

저축은행(savings bank)과 저축대부조합(savings and loan association)을 통칭하여 저축기관(Thrift)이라 한다. 저축은행과 저축대부조합은 다수의 소액 저축으로 자금을 조달하여 주로 모기지대출로 운용한다는 점에서 동일하나 전자가 미국 동북부와 중북부 지역을 중심으로 영업하는 데 비해 후자는 전국에 걸쳐 영업한다는 점에 차이가 있다. 또한 저축대부조합은 초기에 조합 형태로 운영되었다는 점에서 주식회사 형태인 저축은행과 차이가 있었으나, 이후 저축대부조합의 주식회사 전환이 허용되어 현재는 양자간에 큰 차이가 없다.

저축기관은 1930년대 이전까지 주 정부가 규제하여왔다. 그러다가 1930년 대공황을 계기로 금융감독체계의 일대 개편이 이루어지면서 저축기관에 대하여도 연방감독이 이루어지게 되었다. 1933년의 주택소유자대출법(Home Owners' Loan Act)은 연방주택대출은행이사회(FHLBB : Federal Home Loan Bank Board)를 창설하고, 동 기구에 연방저축기관에 대한 면허 및 감독권한을 부여하였다. 그리고 1934년의 국가주택법(National Housing Act)은 저축기관에 대한 연방예금보험기금이라고 할 수 있는 연방저축조합보험공사(FSLIC : Federal Savings and Loan Insurance Corporation)를 설립하였다.

저축기관에 대한 감독체계는 1980년대 저축기관의 도산사태를 계기로 한 차례 변천을 겪었다. 1980년에서 1990년 중 1,000개가 넘는 저축기관이 도산하였으며 이로 인해 연방저축조합보험공사(FSLIC)의 부실화가 초래되었다. 이에 따라 1989년 금융기관 개혁·구제 및 규제강화법(Financial Institutions Reform, Recovery, and Enforcement Act)은 FSLIC를 FDIC로 완전히 흡수하는 한편, 연방주택대출은행이사회(FHLBB)를 해체하고 재무부 내의 기구로서 저축기관감독청(OTS : Office of Thrift Supervision)을 설립하여 저축기관에 대한 감독강화를 도모하였다.

저축기관은 서민을 대상으로 한 모기지대출 전문기관으로서 특수성이 있었으나 세월이 지남에 따라 두 가지 측면에서 변화가 일어났다. 하나는 저축기관이 업무범위를 점차 확대하여 본질적으로 상업은행과 차이가 모호해지기 시작했다는 점이다. 이에 따라 미 의회는 1987년 경쟁동등은행법(CEBA :

Competitive Equality Banking Act)을 제정하여 '적격저축기관대출자'(QTL: Qualified thrift lender) 기준을 도입하였다. QTL 기준은 자산의 65% 이상을 주거용 모기지대출(residential mortgages) 또는 관련자산에 투자하여야 한다는 것으로 저축기관 면허에 따른 특혜를 누리기 위해서는 이 기준을 충족하여야 한다. 후술하는 바와 같이 저축기관에 대하여는 규제기준 적용에 있어 상업은행에 비해 많은 이점을 제공하였다.

두 번째는 저축기관 산업이 점차로 위축되었다는 점이다. 부보 저축기관의 수는 정점에 있었던 1966년 말에 4,842개에 달했으나 점차 줄어들어 2016년 말에는 불과 800개에 지나지 않는다. 그리고 총자산은 1994년 1조 달러에서 2007년 말 사상 최대수준인 1조 8,000억 달러로 증가하였다가 금융위기를 거치며 크게 감소하여 2016년 말에는 1조 1,500억 달러에 그치고 있다. OTS(2010년 이후는 OCC)의 감독을 받는 저축기관의 수는 1966년 말 4,510개에서 2007년 말 827개로 줄었으며, 2016년 말 현재로는 410개에 불과하다.

이러한 저축기관 산업의 영업모델 변화와 비중축소로 인해 1990년대부터 독립된 저축기관 감독기관을 존치시킬 필요가 없다는 주장이 지속적으로 제기돼왔다. 예컨대 1995년에 저축기관 면허 통일법안(Thrift Chapter Convergence Act)[10]을 비롯한 다수의 법안은 저축기관을 모두 상업은행으로 전환하고 OTS를 폐지하는 방안을 제시하였다. 또한 1997년에도 저축기관의 연방 면허를 폐지하는 다수의 법안[11]이 제출되었다. 당시에 이러한 법안들은

---

10 H.R. 2363, 104th Cong.(1995) 참조. 또한 The Bank Regulatory Consolidation and Reform Act, H.R. 17, 104th Cong.(1995) 및 The Federal Deposit Insurance Amendments Act of 1995, H.R. 1769, 104th Cong. (1995)도 이 해에 제출되었다.
11 Financial Services Competitiveness Act, H.R. 10, 105th Cong.(1997), Depository Institution Affiliation and Thrift Charter Conversion Act, H.R. 268, 105th Cong.(1997) 등.

비록 입법화되지는 못하였지만 OTS를 다른 감독기관과 통폐합해야 한다는 주장은 2000년대 들어서도 지속되었다. 앞서 언급한 폴슨 개혁안은 저축기관 면허를 2년 내에 폐지하고 연방저축기관을 모두 국법은행으로 대체하며, OTS를 OCC와 통합하는 방안을 제시하였다. 폴슨 개혁안은 주거용 모기지대출의 전문 취급기관으로서 저축기관을 유지할 실익이 없음을 주장하였는데, 2006년 말 상업은행의 주거용 모기지대출 규모가 저축기관의 2배에 이르는 등 상업은행이 소비자에게 이미 충분한 규모의 모기지대출을 제공하고 있다고 보았기 때문이다. 이러한 주장은 오바마 정부의 금융개혁안에도 그대로 계승되었다. 오바마 개혁안도 폴슨 개혁안과 동일하게 저축기관 면허를 폐지하고, OTS와 OCC를 국법은행 감독기관(NBS: National Bank Supervisor)으로 통합하는 방안을 제시하였다.

이러한 흐름의 연장선상에서 2010년 도드프랭크법은 마침내 OTS를 완전히 해체하고, 그 감독권한을 연준, FDIC, 그리고 OCC로 분할 이관함으로써 25년 이상 지속되어온 OTS 폐지논의에 종지부를 찍었다. 그러나 도드프랭크법은 폴슨 개혁안이나 오바마 개혁안과 달리 저축기관 면허제도를 폐지하지는 않았으며, 저축기관에 적용되는 별도의 규제기준도 존치시켰다. 저축기관에 적용되는 규제기준을 은행감독기관이 시행하도록 하였다는 점에서 도드프랭크법은 혼합형 접근방식을 채택하였다고 할 수 있다.

【저축기관감독청(OTS)의 폐지와 기능의 이전】

도드프랭크법은 2011년 7월 21일자로 저축기관감독청(OTS)을 폐지[12]하고 ①저축조합지주회사 및 동 지주회사의 비예금수취 자회사에 대한 감독권한을 연준으로, ②연방 면허 저축기관에 대한 감독권한을 OCC로, ③주 면허 저축기관에 대한 감독권한을 FDIC로 각각 이관[13]하였다. 그리고 감독권한과 함께 OTS의 1,000여 명에 이르는 직원과 워싱턴 본부 및 4개 지역사무소에 걸쳐 있던 재산도 이전하였다.[14]

도드프랭크법이 저축기관감독청을 폐지하고 그 기능을 다른 연방감독기관으로 이관한 이유는 두 가지로 요약할 수 있다. 하나는 금융위기 당시 저축기관 파산 등 감독부실에 대한 책임을 물은 것이며, 다른 하나는 저축기관 산업의 위축으로 독립적인 감독기관을 존치시킬 근거가 약해졌다는 것이다.

첫 번째 요인과 관련하여, 금융위기 이전에 OTS는 연방 면허 저축기관과 그 지주회사(이하 저축기관으로 통칭)에 대한 단일한 연방감독기관으로서의 지위를 갖고 있었다. 이러한 OTS의 지위는 은행 및 그 지주회사에 대한 감독권한이 OCC, FDIC, 연준 등으로 나누어져 있는 은행감독기관의 그것과는 다른 점이었다. 그럼에도 불구하고 OTS는 감독기관으로서의 자신의 지위향상을 주요한 감독목적의 하나로 삼고 있었다. 예컨대 금융위기 직전에 수립된 전략계획(strategic plan)[15]을 보면, OTS는 "금융기관 및 그 지주회사에 대한 제1류 감독기관(premier regulator)으로서의 기능수행 및 위상확립"을 비전으

---

12 도드프랭크법 제313조.
13 도드프랭크법 제312조.
14 도드프랭크법 제321조~제327조.
15 OTS(2007).

로 설정하였는데, 이는 당시 OTS의 청장이던 존 리치John M.Reich가 보기에도 '공격적'(agressive)인 것이었다.[16]

OTS는 이러한 비전달성을 위해 비단 전문성 등 내부적인 감독역량의 강화뿐만 아니라 외부적인 감독영역의 확대를 적극적으로 추진하였다. 감독영역의 확대를 위해 규제 및 감독검사의 완화와 면허정책을 지렛대로 활용하였다. 저축기관의 규제준수 및 수검 부담을 경감시킴으로써 은행 등 여타 금융기관에 비해 경쟁력을 갖도록 배려함과 아울러 다른 권역의 금융회사에 OTS 면허를 유도함으로써 저축기관 산업의 외연을 확대한다는 것이 기본적인 발상이었다. 예컨대 OTS로부터 저축조합지주회사의 면허를 받은 보험회사가 2013년 말 최소 55개에 이르는 것으로 추정되었다. OTS에게 있어 저축기관은 감독대상일 뿐만 아니라 활발한 상호소통의 상대방이기도 하였다. 전략계획은 다음과 같이 기술하였다 : "OTS는 규제대상 기관으로부터 청취하고, 배우며, 협업한다."

OTS의 저축기관 감독실패는 상원 상임조사분과위원회(Senate Permanent Subcommittee on Investigations)의 보고서[17]에 잘 드러나 있다. 이 보고서는 OTS의 워싱턴뮤추얼Washington Mutual 감독실패 사례를 집중적으로 조사·분석하여 감독상의 귀중한 시사점을 도출하였다.

2008년 당시 워싱턴뮤추얼은 총자산 3,000억 달러, 15개 주에 2,300여 개의 지점, 직원수 4만 3,000여 명의 거대 회사로 OTS의 감독대상 중 최대의 저축기관이었으며, FDIC의 예금보험에 가입한 예금취급기관 중 여덟 번째로 큰 금융회사였다. 리먼브라더스의 뒤를 이어 2008년 9월에 발생한 워싱

---

[16] OTS vision statement: "To perform, and to be recognized, as the premier regulator of financial institutions and holding companies", OTS(2007), p.1 및 p.4.
[17] Senate Permanent Subcommittee on Investigations(2011).

턴뮤추얼의 파산은 금융위기를 가속화한 주요 요인이었으며, 미국 역사에서 대규모 은행파산 사례 중의 하나로 기록되었다.

보고서에 따르면 2004년에서 2008년의 5년간 OTS의 검사역은 워싱턴뮤추얼에 대해 500건이 넘는 불건전 관행사례를 적발하는 등 검사기능을 원활히 수행하였다. 그럼에도 OTS는 워싱턴뮤추얼에 대해 경영실태평가(CAMELS) 등급을 하향하거나, 공개적인 시정조치를 요구하거나, 또는 민사벌금을 부과하는 등의 적절한 감독상의 조치를 단 한 번도 취하지 않았다. 오히려 OTS는 워싱턴뮤추얼의 평가등급을 2008년 파산 직전까지도 계속해서 우수등급(5단계 중 2등급)으로 평가하였다.

보고서는 OTS 감독실패의 원인으로서 관용적인 감독문화(regulatory culture)를 지적하였다. OTS 고위 간부는 워싱턴뮤추얼을 피감독기관이라기보다는 '선거권자'(constituent)로 부르며 불건전 관행에 대한 시정조치를 경영진에 위임(deference to management)하였으며, 워싱턴뮤추얼이 시정조치 이행약속을 반복적으로 위반했는데도 감독상의 개입을 꺼렸다. OTS 간부의 이러한 감독해태는 워싱턴뮤추얼이 납부하는 감독분담금과 무관하지 않았다. 워싱턴뮤추얼은 OTS에 연간 3,000만 달러의 감독분담금을 납부하였는데, 이는 OTS 총수입의 12~15%에 해당하는 금액이었다. 당시 OTS의 CEO이던 존 리치는 직원에게 보내는 이메일에서 워싱턴뮤추얼을 '최대의 선거권자'로 지칭하였는데, 상원 청문회에서 한 상원의원은 OTS의 진정한 선거권자는 피감독기관이 아니라 "금융회사의 불건전 관행으로부터 보호되어야 할 미국 국민"임을 지적하였다.[18]

OTS는 비단 워싱턴뮤추얼 감독에 태만하였을 뿐만 아니라 2차 감독기관

---

18 April 16, 2010 Subcommittee Hearing at 36.(opening statement of Senator Levin). Senate Permanent Subcommittee on Investigations(2011), p.210에서 재인용.

(backup regulator)인 FDIC의 감독검사도 무시 또는 방해하였다. 예컨대 OTS는 워싱턴뮤추얼에 대해 평가등급을 하향하고 제재조치를 취하라는 FDIC의 권고를 무시하였으며, 워싱턴뮤추얼에 대한 공동검사시 FDIC 검사역에게 사무실 공간과 대출정보 파일 제공을 거부하거나 제한하였으며, 심지어는 FDIC의 공동검사 요구를 거부하였다. OTS가 상대해야 할 진정한 적은 시스템적 금융위기를 초래할 수 있는 총자산 3,000억 달러에 이르는 거대 금융회사였음에도 OTS는 FDIC를 상대로 심각한 권역다툼을 전개한 것이다. 결론적으로 상원 상임조사분과위원회의 보고서는 OCC 내에서 OTS의 정체성과 영향력을 보존하려는 일부 간부의 시도를 저지하고, OTS를 완전히 해체(complete dismantling)할 것을 OCC 청장에게 권고하였다.

사실 미국에서 감독기관간 권한다툼은 OTS만의 문제는 아니었다. FDIC 간부는 상원 청문회에서 FDIC는 2차 감독기관으로서 은행에 대해 제재조치를 취할 권한이 있지만 이러한 권한을 한 번도 행사한 적이 없는데, 그 이유는 상대 감독기관이 이를 '전쟁행위'(act of war)로 간주하기 때문이라고 언급하였다.[19] 보고서는 이와 관련하여 금융시스템의 안정확보를 위해 연방감독기관들이 서로를 적으로 돌리기보다는 파트너로서 상호협력하는 것이 얼마나 중요한지를 워싱턴뮤추얼의 사례가 증명하고 있음을 지적하였다.

두 번째 요인과 관련하여 저축기관 산업의 위축으로 독립된 감독기관의 존치 근거가 약해졌다는 것은 앞에서 본 바와 같다. 특히 OTS의 감독을 받는 2대 저축조합지주회사인 인디맥 은행IndyMac Bank과 워싱턴뮤추얼이 2008년 7월과 9월에 각각 파산함으로써 OTS의 자금조달 능력에 심각한 의문이 제기된 것이 주요 고려요인이 되었다. 미 의회가 금융산업에 대한 감독시스템

---

[19] Senate Permanent Subcommittee on Investigations(2011), p.208.

을 설계할 때 감독서비스(supervisory service)의 제공에 따른 편익과 비용을 균형 있게 고려함을 알 수 있게 하는 대목이다.

【저축기관에 대한 특혜적 규제기준의 폐지】

저축기관은 '적격저축기관대출자'(QTL) 기준을 부담하는 대가로 다양한 특혜적 규제기준을 적용받아왔다. 도드프랭크법은 OTS 폐지와 함께 상업은행에 비해 저축기관이 누려왔던 각종 특혜적 규제기준을 폐지하였다.[20]

첫째, 1927년 맥파든법McFadden Act에 의해 주간州間 은행업이 금지된 상업은행과 달리 저축기관은 1933년 주택소유자대출법에 의해 지점설치 등 주간 영업행위가 허용되었다. 저축기관의 주간 영업 특권은 1980년대에 이르러 각 주들이 타주 상업은행의 주내 진출을 허용하기 시작하면서 점차 약화되었으며, 1994년 리글닐 주간 은행업무효율화법(Riegal-Neal Interstate Banking and Branching Efficiency Act, 이하 리글닐법)이 주의 동의[21](opt-in)를 전제로 상업은행의 주간 은행업을 허용하면서 사실상 소멸되었다. 이와 관련하여 도드프랭크법은 국법은행에 대하여 주법은행과 동일한 지점설치 권한을 부여하여야 한다고 규정함으로써 주의 동의요건을 법조문에서 삭제하고, 명목상 유지돼 왔던 '모주'(home state) 개념을 완전히 폐지하였다.[22]

둘째, OTS는 자신으로부터 면허를 받은 연방저축기관에 대하여 공시, 검

---

20 이에 대한 논의는 MacDonald & Schwartz(2011) 참조.
21 주간 은행업 허용에 반대하는 주는 1997년 6월 1일까지 리글닐법의 적용을 배제(opt-out)하는 법을 제정하도록 하였다.
22 도드프랭크법 제613조.

사, 대출기준 등과 관련한 다양한 주 법규의 적용을 면제(preemption)하였다. OTS의 면제범위는 OCC가 국법은행에 제공한 면제범위보다 폭넓은 것이었으며, 이로 인해 저축기관은 국법은행에 비해 상대적인 경쟁상의 이점을 누릴 수 있었다. 그러나 OCC가 2000년대 들어 국법은행에 적용되는 면제범위를 확대함으로써 저축은행의 경쟁우위는 점차 축소되었다.

이와 관련하여, 도드프랭크법은 연방저축은행에 적용하던 주 법규 면제특권의 대부분을 폐지하였다. 저축기관에만 적용되던 별도의 면제기준을 폐지하고 국법은행과 동일한 면제기준을 적용[23]하도록 하였으며, 소비자금융 보호와 관련한 주 정부의 법 집행권한을 보존[24]하는 한편, 연방감독기관이 주 정부의 소송제기 권한을 제약할 수 없도록 규정[25]하였다. 이러한 조치들로 인하여 저축기관이 국법은행에 비해 상대적으로 많이 누렸던 주 법규 면제특권과 이로 인한 경쟁상의 우위는 거의 사라지게 되었다.

셋째, 도드프랭크법 이전에 저축조합지주회사(SLHC)는 은행지주회사(BHC)에 비해 건전성 규제기준에 있어 상대적 이점을 누려왔다. 예컨대 OTS는 저축조합지주회사에 대하여 개별 회사별로 비공식적인 자본규제 기준만을 적용하였으며, 재무건전성의 원천(source of strength) 및 업무범위에 관한 엄격한 규제를 도입하지 않았다. 도드프랭크법은 저축조합지주회사에 대한 감독권한을 연준으로 이관함과 아울러 은행지주회사와 동일한 수준의 건전성 규제기준을 적용토록 의무화하였다. 저축조합지주회사는 5년간의 이행기간을 거쳐 레버리지 규제 및 위험기준 자본규제의 적용[26]을 받도록 하였으며,

---

23 도드프랭크법 제1044조 및 제1046조.
24 도드프랭크법 제1042조.
25 도드프랭크법 제1047조.
26 도드프랭크법 제171조(b)(4)(D).

은행지주회사와 동일한 수준의 재무건전성의 원천에 관한 규제[27] 및 업무범위에 관한 규제[28]를 받도록 하였다.

　이상과 같이 도드프랭크법은 저축기관에 적용되어온 특혜적 규제기준을 폐지하였으나 '적격저축기관대출자'(QTL) 기준은 종전대로 존치시켰다. 이로 인해 조부조항(grandfather clause)[29]의 적용을 받는 일부 저축기관을 제외한 대부분의 저축기관은 상업은행에 비해 상대적으로 불리한 경쟁여건에 직면하게 되었다. 더구나 도드프랭크법은 저축기관 면허제도와 규제기준을 유지하는 한편, 그에 대한 집행권한을 은행감독기관(OCC, 연준, FDIC)으로 이관하였는데, 이로 인해 저축기관의 규제여건은 종전보다 엄격해질 것으로 전망되고 있다. 연방감독기관들은 OTS와 달리 저축기관 산업의 경쟁력보다는 은행 규제기준과의 일관성을 더 중요시할 것으로 예상되기 때문이다. 이러한 규제 및 경쟁환경의 변화로 인해 저축기관 면허제도를 폐지하고, 저축기관을 상업은행(국법은행 또는 주법은행)으로 전환해야 한다는 주장이 다시 제기되고 있다.[30]

27　도드프랭크법 제616조(d).
28　도드프랭크법 제606조(b).
29　법률 개정 전의 기득권을 개정 후에도 그대로 인정하는 규정을 말하는 것으로 기득권 옹호조항이라고도 한다.
30　MacDonald & Jordan(2011) 참조.

IV
연방예금보험제도의 개편

도드프랭크법 제3편 C장은 연방예금보험제도를 세 가지 측면에서 개편하였다. 보험료 산정기준의 변경, 목표적립률의 상향, 그리고 예금보험한도의 영구적 인상이 그것이다.

【보험료 산정기준의 변경】

연방예금보험법(FDIA : Federal Deposit Insurance Act) 제7조는 보험료 산정기준, 보험료율 등 보험료 관련사항을 규칙으로 정할 수 있는 권한을 연방예금보험공사(FDIC)에 부여하였다. 이에 근거하여 FDIC는 도드프랭크법 이전까지 각 은행의 예수금(deposit)을 기준으로 보험료를 산정하여왔다.

이와 관련하여 도드프랭크법은 FDIC의 보험료 산정기준을 총자산에서

유형자기자본(tangible equity)을 차감한 금액, 즉 총부채를 기준으로 변경하였다.[31]

도드프랭크법의 기준변경은 대형은행에 비해 예수금 비중이 상대적으로 높은 소형은행들의 요구를 반영한 것이다. 소형은행들은 예수금보다는 총자산이 보험료 산정을 위해 보다 공정한 기준임을 주장하여왔다. 또한 은행들이 자금조달 방식을 변동성이 높은 시장성 자금에서 안정적인 조달원인 예수금으로 변경할 것이라는 기대도 기준변경의 배경이 되었다.

이러한 기대는 현실화되었다. FDIC 소속 연구원의 분석에 따르면 기준변경으로 인해 총자산 1,000억 달러 이하의 은행들은 보험료 부담비중이 소폭 하락한 반면, 총자산 1,000억 달러 이상의 대형은행들은 소폭(1.55%p) 상승한 것으로 나타났다. 또한 은행의 총자금조달(예수금 + 비예수금 부채)에서 비예수금 부채가 차지하는 비중은 2010년 25% 수준에서 2014년에는 14.4%로 크게 감소한 것으로 나타났다.[32]

그러나 기준변경으로 의도하지 않은 부작용이 발생한다는 분석이 제기되었다. 예컨대 시스템적으로 중요한 대형은행은 부실화시 예금보험기금보다는 정부의 구제금융으로 구제될 가능성이 높다는 점에서 대형은행의 부담증가는 결국 납세자의 부담증가로 이어질 수 있다는 지적이 있다.[33] 또한 시장성 자금에 대한 보험료 부과로 동 자금의 조달비중이 상승함으로써 미국 은행의 국제경쟁력이 저하될 수 있다는 지적도 있다.[34]

---

31 도드프랭크법 제331조. 이에 관한 FDIC 규칙은 FDIC(2011, February) 참조.
32 Larry D. Wall(2015).
33 Larry D. Wall(2015).
34 Kreicher, McCauley and McGuire(2013).

【목표적립률의 상향 및 초과적립분 환급의 재량권】

연방보험법 제7조는 예금보호기금(Deposit Insurance Fund)의 재원확보를 위해 예금보호기금이 부보예금의 일정 비율 이상을 유지하도록 하는 목표적립률(DFR: Designated reserve ratio) 제도를 도입하고 있다. FDIC는 매년 말 익년도 목표적립률을 결정하여 발표하여야 한다.

도드프랭크법 이전에 연방보험법은 목표적립률을 하한 1.15% 및 상한 1.5%로 규정하는 한편, 적립률이 1.5%를 초과할 경우 초과분을 부보금융회사에게 전액 환급하도록 규정하고 있었다. 이러한 제도는 1990년대 초중반에 이루어진 입법의 결과였다.

1980년대 저축대부조합의 위기를 겪은 미국은 1991년 연방예금보험공사 개선법(FDICIA: Federal Deposit Insurance Corporation Improvement Act)에 의해 세계 최초로 위험에 따라 보험료율을 차등 부과하는 예금보험료율 차등화 제도(risk-based deposit insurance premiums)를 도입하였다. 그런데 1996년 예금보험기금법(Deposit Insurance Fund Act)에서는 보험기금의 목표적립률이 충족된 경우에는 자본충실도 및 검사등급이 우수한 은행에 대하여 보험료를 면제해주도록 규정하였다.

이러한 면제규정에 대해서 경제학자들은 예금보험료율 결정의 경기순응성(procyclical bias)을 초래한다는 비판을 제기하여왔다. 즉, 금융안정기에는 목표적립률 이상으로 보험기금을 적립하는 것이 금지되는 반면, 은행부실로 보험기금의 손실이 초래되는 금융위축기에는 보험료율이 크게 늘어날 수밖에 없다는 것이다.

이러한 배경에서 도드프랭크법은 연방예금보험법 제7조(e)를 개정하여 목표적립률 초과분의 환급을 중지 또는 제한할 수 있는 재량권을 FDIC에 부여하였다.[35] 이 조항은 목표적립률의 충족 여부에 상관없이 FDIC가 보험료를 징수할 수 있도록 함으로써 FDIC의 오랜 숙원을 해결해주었다. 이와 함께 도드프랭크법은 연방예금보험법 제7조(b)(3)(B)를 개정하여 목표적립률의 상한을 삭제하고, 하한을 1.35%로 상향하였다.[36] FDIC는 2010년 12월 금융위기의 경험을 반영하여 목표적립률을 최저 2%로 유지할 방침[37]임을 발표하였는데, 이 수치는 2008년과 같은 대규모 금융위기가 재발하더라도 보험기금 고갈을 방지할 수 있는 수준으로 설정된 것이다.

【예금보호한도의 영구적 인상】

도드프랭크법은 연방예금보험법(제11조(a)(1)(E))을 개정하여 1인당(자연인, 법인, 정부기관 등) 예금보호한도를 기존의 10만 달러에서 25만 달러로 영구적으로 인상하였다.[38] 미 의회는 금융위기 와중인 2008년 10월 보호한도를 2009년 말까지 한시적으로 25만 달러로 증액하였다가 2009년 5월 증액기한을 2013년 말까지 연장한 바 있었다. 예금보험제도에 대한 일반 공중의 신뢰를 제고하고 뱅크런을 방지하기 위한 조치였다. 도드프랭크법은 이러한 보호한도 증액조치를 영구화한 것이다.

예금보험제도가 처음 도입된 1933년 예금보호한도는 2,500달러였다. 이후 보호한도는 1980년의 10만 달러까지 6차례(1934, 1950, 1966, 1969,

---

35 도드프랭크법 제332조.
36 도드프랭크법 제334조.
37 FDIC(2010, December) Federal Register Vol.75, No.243.
38 도드프랭크법 제335조(a).

1974, 1980)에 걸쳐 단계적으로 인상된 바 있었다.[39] 도드프랭크법의 전면적인 보호한도 증액조치는 30년 만에 이루어진 것이다.

---

39 이에 대한 논의는 Christine M. Bradley(2000) 참조.

| 부록 |

미국의 예금취급기관 현황[40]

2016년 말 현재 전체 예금취급기관(은행 및 신용조합)의 총자산은 약 21조 4,000억 달러로 미국 GDP의 115% 수준이며, 직원 수는 280만 명으로 추산된다.

글로벌 시스템적 중요은행(G-SIBs)[41] _ 바젤은행감독위원회(BCBS)에 의해 글로벌 시스템적 중요 은행(G-SIB)으로 지정된 은행을 말한다. 은행별로 총자산 규모가 많게는 2조 달러를 상회하는 초대형 은행그룹으로서 2016년 말 현재 미국에는 8개의 G-SIB가 있다.[42] 8개 G-SIB의 총자산은 10조 7,000억 달러로 전체 미국 은행산업 총자산의 약 50%를 차지한다.

대형은행(Regional banks) _ 총자산 500억 달러 이상의 은행 또는 은행지주회사로서 G-SIB에 해당되지 않는 은행을 말한다. 전체 대형은행의 총자산은 약 5조 3,000억 달러로 미국 은행산업 총자산의 25% 수준이다. 대형은행 및 아래

---

40 U.S. Department of Treasury(2017. June)를 주로 참고하였다.
41 G-SIB는 금융안정위원회(FSB)가 바젤은행감독위원회(BCBS)와 협의하여 매년 선정한다. G-SIB는 ①국제적 영업활동 ②규모 ③상호연계성 ④대체가능성/금융기관 인프라 ⑤복잡성 등 5개 부문 12개 지표를 평가하여 선정된다. 2017년 11월 현재 전세계 30개 은행이 G-SIB로 선정되었다. FSB(2017. November) 참조.
42 8개 G-SIB는 Citigroup($1.9조), JP Morgan Chase($2.6조), Bank of America($2.3조), Goldman Sachs($0.9조), Wells Fargo($1.9조), Bank of New York Mellon($0.4조), Morgan Stanley($0.8조), State Street($0.2조) 등이다. ( ) 내는 2017년 6월 말 현재 총자산.

의 중형은행 그룹에 속하는 은행은 약 90개가 있다.

중형은행(Mid-sized banks)_ 총자산 100~500억 달러의 은행을 말한다. 전체 중형은행의 총자산은 1조 4,000억 달러 수준이다. 트럼프 행정부의 재무부 보고서[43]는 도드프랭크법 시행에 따른 과도한 규제부담으로 초대형은행(G-SIB)의 시장지배력이 강화된 반면, 대형 및 중형은행의 경쟁여건은 악화되었다고 주장하였다.

지역은행(Community banks)_ 총자산 100억 달러 이하로서 지역의 부동산, 소비자 및 중소기업 대출을 주로 취급하는 은행을 말한다. 미국 내 약 5,500개의 지역은행이 있으며, 전체 지역은행의 총자산은 2조 7,000억 달러 수준이다. 재무부 보고서는 금융위기 이후 지역은행의 자본충실도와 자산건전성이 개선되었으나, 도드프랭크법 규제부담으로 은행수가 감소하는 등 경쟁력은 약화되었다고 주장하였다. 예컨대 연방 부보은행수는 1984년 1만 7,901개에서 2016년 5,913개로 줄어들었는데, 이러한 장기적인 은행수 감소의 주요한 원인의 하나로 규제부담을 지적하였다.

신용조합(Credit banks)_ 사원(member)들에 의해 소유되는 금융기관으로서 사원들을 대상으로 예금수취 및 대출 등 은행과 유사한 서비스를 제공한다. 2016년 말 현재 약 5,800개의 신용조합이 있으며, 전체 신용조합의 총자산은 1조 3,000억 달러 수준이다. 신용조합의 95%는 총자산 10억 달러 이하의 소형 금융기관이다.

---

[43] Department of Treasury(2017, June).

미국의 예금취급기관 현황

구분	자산규모	개수	총자산(비중, %)
G-SIBs		8개	10조 7,000억 달러(50)
대형은행 (Regional banks)	500억 달러 이상	약 90개	5조 3,000억 달러(25)
중형은행 (Mid-sized banks)	100~500억 달러		1조 4,000억 달러(6)
지역은행 (Community banks)	100억 달러 미만	약 5,500개	2조 7,000억 달러(13)
신용조합 (Credit banks)		약 5,800개	1조 3,000억 달러(6)
계			21조 4,000억 달러(100)

자료: Department of Treasury(2017, June)

제5장

⋘

은행규제의 개혁

Dodd-Frank Act

I

머리말

　은행, 저축조합지주회사 및 예금취급기관 규제강화법(Bank and Savings Association Holding Company and Depository Institution Regulatory Improvements Act of 2010)이라는 다소 긴 부제를 달고 있는 도드프랭크법 제6편은 은행 등 금융회사의 비은행업무, 위험자산거래, 대형화 등으로부터 초래될 수 있는 시스템적 위험을 차단하기 위한 다양한 규제강화 조치들을 도입하였다. 제6편에 포함된 중요 은행규제의 하나로 '자기계정 거래금지 및 헤지·사모펀드 투자규제'가 있다. 흔히 볼커 룰로 알려진 이 규제는 도드프랭크법 제619조에 규정되었다. 제6편은 이러한 규제강화를 위해 은행지주회사법(Bank Holding Company Act), 연방예금보험법(Federal Deposit Insurance Act), 주택소유자대출법(Home Owners' Loan Act), 연방준비법(Federal Reserve Act) 등 일련의 법을 개정하였다.

　이 장에서는 도드프랭크법 제6편의 은행 규제강화 내용을 비은행금융회사에 대한 연준의 감독권한 강화, 파생상품거래와 관련한 한도규제의 도입, 대형화 억제를 위한 은행 인수·합병 규제강화로 나누어 살펴본다. 이러한 분류는 도드프랭크법이 아니라 저자에 의한 것임을 밝혀둔다. 도드프랭크법 제619조의 볼커 룰은 분량이 많은 점을 고려하여 별도의 장에서 다룬다. 도드프랭크법 제1편의 시스템적으로 중요한 금융회사에 대한 연준의 감독강화 내용도 이 장에서 다루었는데, 제6편의 은행 규제강화 내용과 연관성이 높은 점을 고려한 것이다. 마지막으로 은행지주회사법상 상업-은행업 분리제도의 개요에 대해 다룬다. 상업과 은행업의 분리는 도드프랭크법의 주된 관심사항은 아니지만 산업은행(industrial bank)의 신규예금 보험가입을 금지(moratorium)한 조항이 이와 관련된다.

도드프랭크법 제6편의 은행 규제강화 내용을 살펴보기 전에 은행지주회사에 대한 규제의 역사를 먼저 살펴본다. 은행지주회사 규제제도는 오늘날 미국의 은행규제체계에서 핵심적인 부분을 이루는 것으로 도드프랭크법 제6편의 은행 규제강화 내용을 이해하기 위해서는 은행지주회사 규제체계에 대한 이해가 선행될 필요가 있기 때문이다. 도드프랭크법의 은행지주회사 규제강화는 시스템리스크 방지에 초점을 둔다는 점에서 이전의 은행지주회사 규제와 차별성을 가진다.

마지막으로 트럼프 행정부 출범 이후 은행규제 개편논의에 대해서 살펴본다. 은행규제와 관련된 최근의 개편논의는 트럼프 행정부의 재무부 보고서, 공화당의 금융선택법안, 그리고 FDIC 이사회의 부의장인 토마스 호니그Thomas M. Honig의 개편방안 등을 들 수 있다. 이들 개편방안의 주요 내용과 시장의 평가를 살펴본다.

II

은행지주회사에 대한 규제의 역사

    은행지주회사에 대한 규제목적은 은행지주회사법(BHCA: Bank Holding Company Act of 1956)이 처음 도입된 1956년부터 2010년 도드프랭크법에 이르기까지 경제여건의 변화에 따라 몇 차례 변천을 겪었다. 아래에서는 은행지주회사의 개념정의와 함께 규제목적이 어떻게 변천되어왔는지 간략히 서술한다.[1]

【은행지주회사법의 도입】

    1956년 당시 BHCA 도입의 주된 목적은 은행의 주간(州間) 영업확대를 제한

---

[1] 이하의 논의는 Mark B. Greenlee(2008), Bill Medley(1004), Saule T. Omarova and Margaret E. Tahyar(2011-2012), Walker F. Todd(1993) 등을 참고하였다.

하고 은행산업의 경제력집중을 방지하는 데 있었다. 은행지주회사는 1900년대 초 단점은행單占銀行(unit banking)에 대립되는 소위 '체인뱅킹'(chain banking)의 형태로 처음 나타났다. 체인뱅킹이란 동일한 소유주가 독립적으로 면허를 받은 3개 이상의 은행을 지배하는 경우를 말한다. 체인뱅킹은 이후 은행지주회사 형태로 발전하였으며, 은행지주회사는 은행들이 주간 영업을 확대하기 위한 조직형태로 널리 활용되었다. 미국은 각 주별로 은행제도가 발전해온 역사적 배경으로 인해 지점설치를 통한 은행의 주간 영업을 엄격히 금지하였으나, 은행지주회사가 은행자회사 설립을 통해 다른 주에 진출하는 것에는 제한을 두지 않았기 때문이다.[2]

또한 은행지주회사는 은행에게는 금지된 상업업무를 영위할 수 있었다. 은행업과 증권업을 분리한 글래스스티걸법(Glass-Steagall Act of 1933)은 지주회사의 업무범위에 제한을 두지 않았으며, 이러한 규제공백은 기업들이 상업과 은행업의 겸영을 위해 빈번히 지주회사의 형태를 활용하는 결과를 초래하였다. 특히 2차 세계대전 이후에는 상업기업(commercial frim)[3]에 의한 은행인수가 급속히 늘어나 지주회사를 통한 은행소유가 일반적인 기업모델(generally accepted model)이 되다시피 하였다.[4]

이러한 은행지주회사의 성행에 따라 정치 지도자들은 1930년대부터 독점적 금융-산업자본이 형성될 수 있다며 지속적으로 우려를 표명하였으며, 연준(Federal Reserve)은 은행지주회사 규제법안을 통과시키기 위한 노력을 활발하게 전개하였다. 그러나 1956년 은행지주회사법(BHCA)이 실제로 통과된

---

2 맥파든법(McFadden Act of 1927)은 국법은행의 지점설치(branching)를 통한 주간 영업을 금지하였으나 은행지주회사의 은행설립을 통한 주간 영업은 규제하지 않았다.
3 우리나라에서는 산업자본이라는 용어를 쓰고 있는데, 이 글에서는 상업기업, 상업자본, 산업자본 등의 용어를 같은 의미로 혼용한다.
4 Walker F. Todd(1993).

것은 대형 은행지주회사의 발달로 인한 시장잠식을 우려한 소규모 단점은행들의 적극적인 로비 덕분이었다.

BHCA는 은행지주회사를 다른 은행 또는 다른 은행지주회사를 '지배'(control)하는 회사로 정의하였다.[5] 그리고 지배의 개념을 다음의 세 가지 경우 중 하나에 해당하는 것으로 정의하였다.[6] ①직접 또는 간접으로 주식의 종류에 상관없이 25% 이상을 소유하는 경우 ②방법에 상관없이 이사의 과반수를 선임할 수 있는 경우 ③경영정책에 직접 또는 간접으로 지배적인 영향(controlling influence)을 행사한다고 연준이 결정[7]한 경우 등이다. 요컨대 BHCA는 다른 은행 또는 은행지주회사 주식의 25% 이상을 소유하거나 사실상 지배하는 경우를 은행지주회사로 정의하였다.

1956년 도입된 BHCA의 주요 내용은 다음 세 가지로 요약할 수 있다. 첫째, 은행지주회사에 대한 감독권한을 연준에 부여하였다.[8] 은행지주회사는 연준 등록과 함께 재무 및 경영정보 보고가 의무화되었으며, 연준은 각종 규제기준을 설정하고 검사를 실시할 권한을 갖게 되었다. 둘째, 모주(home state) 이외의 타주에서 은행지주회사의 은행인수를 금지하였다. 이를 통상 더글라스 수정조항(Douglas Amendment)이라고 하는데, 이 조항에 의해 지주회사를 통한 주간 은행업 영위는 종언을 고하게 되었다. 셋째, 은행이 아닌 회사의 의결권 있는 주식을 직접 또는 간접으로 신규 취득하거나 지배할 수 없도록 규정[9]함과 아울러 은행지주회사가 '영위할 수 있는 업무'(permissible activities)

---

5 12 U.S.C. 1841(a)(1) (은행지주회사법 제2조(a)(1)).
6 12 U.S.C. 1841(a)(2) (은행지주회사법 제2조(a)(2)).
7 '지배적인 영향'의 구체적인 의미에 대해서는 연준이 2008년 9월에 발표한 정책설명서(Policy statement)를 참조. Federal Reserve(2008, September).
8 12 U.S.C. 1844(은행지주회사법 제5조).
9 12 U.S.C. 1843(a)(1) (은행지주회사법 제4조(a)(1)).

를 은행업, 은행의 관리 및 소유, 그리고 은행업과 밀접히 연관된 업무(closely related to banking)로 제한[10]하였다. 그리고 은행업과 밀접히 연관된 업무의 구체적인 범위는 연준이 정하도록 하였다.[11] 이 세 번째 항목의 2개 조항은 상업과 은행업의 분리원칙(separation of commerce and banking)을 선언한 것이다. 이 두 조항에 의해서 상업기업의 '은행' 소유가 금지되고, 은행의 비은행업무 영위가 불가능해지는 이중의 은산분리원칙이 확립된 것이다. 다만, BHCA는 다수의 예외를 통해 제한적으로 상업기업의 은행소유, 그리고 은행의 비은행업무 영위가 이루어지도록 허용하였다.

【리글닐법에 의한 주간(州間) 인수·합병규제 폐지】

역설적이게도 BHCA 도입 이후 금융환경의 변화와 더불어 은행지주회사에 대한 규제목적은 다른 방향으로 전환되기 시작하였다. 1970년대 이후 진행된 금융규제의 완화(deregularization) 및 탈중개화(disintermediation) 현상으로 인해 금융업간 경쟁이 격화되면서 은행지주회사에 대한 규제의 초점이 경제력집중 제한에서 경쟁력향상으로 옮겨가게 되었다. 은행 경쟁력제고를 위한 규제완화의 흐름은 주간 은행업 제한 폐지와 은행이 영위할 수 있는 비은행업무 범위의 확대로 나타났다.

주간 은행업 규제와 관련하여 1994년 리글닐 주간 은행업무효율화법(Riegal-Neal Interstate Banking and Branching Efficiency Act, 이하 리글닐법)은 주의

---

10 12 U.S.C. 1843(c)(8) (은행지주회사법 제4조(c)(8)).
11 연준 규정인 Regulation Y의 Section 225.28(b) 참조.

(참고) 4대 예금취급기관의 예수금 점유율 추이

아래 표는 미국 4대 은행의 예수금 점유율 추이를 나타낸다. 리글닐법이 도입된 1994년 당시에는 예수금 한도규제의 영향을 받는 은행이 없었으나 2000년대 들어 은행간 인수·합병으로 인해 3개 은행이 한도규제의 영향권 내에 든 것으로 나타났다. 표에서 예수금 점유율이 특정연도에 비연속적으로 증가하였는데, 이는 점유율 상승이 내적 성장(organic growth)보다는 주로 인수·합병에 의해 이루어진 것임을 보여주는 것이다.

	2003	2004	2005	2006	2007	2008	2009
BOA	7.41	9.99	8.99	9.06	10.01	10.61	11.99
Wells Fargo	4.55	4.61	4.78	4.27	4.15	9.90	9.94
JP Morgan hase	3.76	6.83	6.92	7.23	7.43	9.99	8.49
Citigroup	3.55	3.45	3.50	3.77	4.24	4.36	4.26

자료: Reports of Income and Condition and equivalent reports from thrift institution, FSOC(2011) p.24에서 재인용.

동의[12](opt-in)를 전제로 더글러스 수정조항과 주간 은행진출 제한을 폐지하였다. 이에 따라 경영관리(well-managed)와 자본충실도(well-capitalized)가 우수한 은행지주회사는 20여 년 만에 타주에서의 은행인수를 다시 추진할 수 있게 되었다. 다만, 지나친 경제력집중을 방지하기 위해 인수·합병 후 은행지주회사의 총예수금 비중이 전체 은행시스템 총예수금의 10%를 초과하는 경우에는 은행지주회사의 은행인수·합병을 금지하였다. 리글닐법은 1990년대 금융규제 완화의 시대를 여는 중요한 이정표가 되었으며, 이러한 자유화의 물결은 은행-증권의 장벽을 허문 1999년 그램리치블라일리법[13](Gramm-

---

12 주간 은행업 허용에 반대하는 주는 1997년 6월 1일까지 리글닐법의 적용을 배제(opt-out)하는 법을 제정하도록 하였다.
13 법안 심의를 주도한 Phil Gramm 당시 상원의원, Jim Leach 당시 하원의원, 그리고 Thomas J. Bliley 당시

Leach-Bliley Act)의 제정으로 이어지게 된다.[14]

【금융서비스현대화법(Financial Services Modernization Act)의 은행업무 범위확대】

1970년대 이후 은행과 은행지주회사들은 경쟁력강화를 위해 증권, 보험, 부동산, 파생상품 등으로 업무범위를 확대하였다. 이러한 업무확대는 BHCA 제4조의 '영위할 수 있는 비은행업무'(permissible activities)의 해석을 둘러싸고 은행업계와 비은행업계간 치열한 논쟁과 대립을 초래하였다.

이러한 배경 아래 연방감독기관은 은행지주회사가 영위할 수 있는 업무범위를 점차 확대하였다. 예컨대 연준은 1978년부터 은행지주회사의 비은행자회사가 영위할 수 있는 증권업무의 범위를 확대하기 시작하였으며, 1987년에는 총수익에 대한 증권업무의 수익비율이 일정 한도(5%)[15] 이내인 경우에는 은행의 증권자회사 소유를 금지하는 글래스스티걸법 제20조에 저촉되지 않는다고 해석함으로써 은행지주회사가 소위 'Section 20 자회사' 설립을 통해 사실상 증권업무를 영위할 수 있는 길을 열어놓았다.

이러한 움직임은 마침내 1999년 11월 속칭 그램리치블라일리법(이하 GLBA)으로 불리는 금융서비스현대화법의 제정으로 귀결되었다. 이 법의 주요 내용은 크게 세 가지로 요약할 수 있는데, 첫째 은행, 증권회사, 보험회사에 자회사 형태의 상호진출을 허용함으로써 글래스스티걸법의 은행·증권의 업무영역 제한을 66년 만에 폐지하였다. 이에 따라 일정한 재무기준을 충족

하원 상업위원장의 이름을 딴 것이다.
14 Bill Medley(1994).
15 동 상한은 1996년에는 25%까지 인상되었다.

시키는 국법은행은 자회사 인수·설립을 통해 비은행 금융업(보험계약 인수 및 부동산개발 등 일부 제외) 영위가 가능해졌다.

둘째, GLBA는 금융지주회사(FHC: Financial Holding Company) 제도를 새로이 도입하였다. 일정 기준을 충족하는 은행지주회사에 대하여 금융지주회사로의 전환을 허용하고, '본원적 금융업무 및 이에 부수하는 업무'(financial in nature or incidental to such financial activity), 그리고 '금융업에 대한 보완적 업무'(complementary to the financial in nature activities)를 영위할 수 있도록 하였다.[16] 그리고 금융업무와 보완적 금융업무의 범위는 연준이 결정하도록 하였다.[17] 여기에서 은행지주회사가 충족하여야 할 일정한 조건이란 은행지주회사의 모든 은행자회사가 자본충실도[18](well-capitalized) 및 경영관리[19](well-managed) 우수요건을 충족하고, 지역사회재투자법(CRA: Community Reinvestment Act)에 의한 최직근 검사에서 '양호'(satisfactory) 이상의 등급[20]을 받아야 한다는 것이다. 한편, 금융지주회사로 전환되지 못한 은행지주회사는 은행지주회사법 제4조(c)(8)에서 정한 '은행업무 및 이와 밀접히 연관된 업무'만을 영위할 수 있다.

마지막으로 GLBA는 포괄적 감독당국(umbrella supervisor), 기능별 감독당국(functional regulator), 그리고 기능별로 규제되는 자회사(functionally regulated subsidiary) 등 일련의 새로운 개념을 도입하였다. 포괄적 감독당국이란 GLBA에

---

16 12 U.S.C. 1843(k) (은행지주회사법 제4조(k)).
17 연준은 Regulation Y에 Subpart I을 추가하여 금융지주회사의 업무범위에 관한 내용을 규정하였다.
18 자본충실도 우수(well-capitalized)는 BIS 총자기자본비율 10% 이상, 기본자본비율 6% 이상을 의미한다. 12 C.F.R. 225.2.
19 경영관리 우수(well-managed)는 최직근 검사에서 경영실태평가 종합등급 및 경영관리능력이 각각 양호 이상의 평가등급을 받은 것을 의미한다. 12 C.F.R. 225.2. 한편, 미국 은행지주회사의 경영실태평가 등급은 5단계 - 우수(Strong), 양호(Satisfactory), 보통(Fair), 취약(Marginal), 위험(Unsatisfactory) - 로 구분된다.
20 지역사회재투자법(CRA)에 의한 검사결과 평가등급은 우수(O: Outstanding), 양호(S: Satisfactory), 취약(N: Needs to Improve), 불량(SN: Substantial Non-compliance)의 4개 등급으로 구분된다.

의해 금융지주회사 업무 전반에 대한 감독권한을 부여받게 된 연준을, 기능별 감독당국이란 증권·보험 등 비은행회사[21]에 대한 주된 감독업무를 담당하는 연방감독기관(SEC, CFTC 등)과 주 정부를 각각 지칭한다. 그리고 기능별로 규제되는 자회사란 기능별 감독당국에 의해 규제되는 비은행자회사를 의미한다. 즉 SEC의 감독을 받는 브로커·딜러, 증권회사, 투자회사, 투자자문업자, CFTC의 감독을 받는 선물업자, 주 정부의 감독을 받는 보험회사 등이 이에 해당한다.

GLBA는 포괄적 감독당국[22]으로서의 지위를 연준에 부여하는 한편, 연방감독기관과 주 정부를 기능별 감독당국으로 규정하고 양자간의 역할분담을 명확히 하였다. 즉 증권·보험 등 비은행자회사에 대한 주된 감독기능은 기능별 감독당국이 행사하도록 하였으며, 연준은 보완적 감독권한(back-door authority)을 갖도록 하였다.[23] 보완적 감독권한이란 비은행자회사가 은행자회사의 건전성 또는 지급결제시스템에 중대한 위험(material risk)을 초래하는 경우 등 일정한 요건하에서만 연준이 예외적으로 이들 비은행자회사에 대하여 직접적 검사 및 감독상의 조치를 할 수 있음을 의미한다. 비은행자회사에 대한 연준의 보완적 감독권한을 규정한 GLBA 제111조를 통상 'Fed-Lite' 조항이라 한다. 금융서비스현대화법(GLBA)과 2000년에 제정된 상품선물현대화법(CFMA: Commodity Futures Modernization Act)은 1990년대에 진행된 규제완화 흐름의 결정판이었다. 2개의 현대화법이 어떤 미래를 초래할지는 당시 노쓰 다코다 출신의 민주당 상원의원인 바이런 도르건[Byron L.Dorgan]의 예언적인

---

21 12 U.S.C. 1844(c)(5).
22 그램리치블라일리법 제307조. 포괄적 감독당국(umbrella supervisor)의 개념에 대한 논의는 Mark B. Greenlee(2008) 참조.
23 그램리치블라일리법 제111조 및 제113조(은행지주회사법 제5조(c) 및 제10A조).

언급에 잘 암시되어 있다.

"우리는 10년 뒤 지금 이 순간을 되돌아보면서 하지 말아야 할 것을 했다고 말하게 될 것이다. 규제완화를 한 것은 과거 (대공황의) 교훈을 잊어버렸기 때문이며, 1930년대에 유효했던 것이 2010년에도 여전히 유효하다고 말하게 될 것이다…… 우리는 현대화라는 이름 아래 과거의 교훈, 안정성과 건전성의 중요도에 대한 교훈을 잊기로 결정한 것이다."[24]

【도드프랭크법의 규제목적】

2007년 금융위기와 도드프랭크법으로 인해 은행지주회사에 대한 규제의 목적은 또 한 차례 변천을 겪게 되었다. 금융위기를 계기로 시스템리스크에 대한 감독, 특히 시스템리스크를 초래하는 핵심요인으로서 시스템적으로 중요한 금융회사(SIFI)에 대한 감독강화가 핵심적인 감독이슈로 부상하였기 때문이다.

도드프랭크법은 제1편과 제6편에서 은행지주회사에 대한 규제강화를 다루었다. 제1편에서는 금융안정감시위원회(FSOC)에 의해 시스템적으로 중요한 금융회사로 지정된 비은행금융회사와 함께 총자산 500억 달러 이상의 은행지주회사를 SIFI로 정의하고, 연준으로 하여금 자본·유동성·리스크관리 등과 관련해 강화된 감독기준을 적용하도록 규정하였다.[25] 또한 SIFI가 금융

---

24 Labton Stephen(1999)에서 재인용.
25 도드프랭크법 제115조 및 제165조.

안정에 중대한 위협이 된다고 판단하는 경우에는 인수·합병의 제한, 특정 금융상품 판매중지 등 영업행위에 일정한 제한을 부과할 수 있는 권한을 연준에 부여하였다.[26]

제6편에서는 은행의 위험투자와 대형화 억제를 위한 다양한 조치들을 규정하였다. 위험자산 거래억제를 위해 볼커 룰과 파생상품 거래한도 규제를 도입하였으며, 대형화 억제를 위해 인수합병 규제를 강화하였다. 이 밖에 비은행금융회사에 대한 연준의 규제권한을 확대하고, 은행지주회사의 금융지주회사 전환요건 등 은행의 비은행업무 취급기준도 강화하였다.

---

26 도드프랭크법 제121조.

III
도드프랭크법의 은행규제 개혁

　이하에서는 도드프랭크법 제1편과 제6편의 은행규제 개혁내용을 크게 5개 부문으로 나누어 정리한다. 제6편의 내용을 비은행금융회사에 대한 연준의 감독권한 강화, 파생상품거래와 관련한 한도규제의 도입, 대형화 억제를 위한 은행인수·합병 규제강화 등으로 나누어 살펴보고, 이어서 도드프랭크법 제1편의 시스템적으로 중요한 금융회사에 대한 연준의 감독강화 내용을 다룬다. 마지막으로 은행지주회사법상 상업-은행업 분리제도의 개요에 대해 다룬다.

【비은행금융회사에 대한 연준의 감독권한 강화】

　도드프랭크법은 비은행금융회사에 대한 연준의 감독권한을 크게 강화하였다. 기능별로 규제되는 자회사를 연준이 직접 감독검사할 수 있도록 하였으며, 증권지주회사 개념을 새로이 도입하고 그에 대한 감독권한을 연준에 부여하였다. 이러한 연준의 권한강화는 도드프랭크법 제1편의 시스템적으로 중요한 금융회사에 대한 감독권한과 더불어 연준을 금융산업 전반에 영향력을 행사하는 가장 중요한 연방감독기관으로 거듭나게 한 조치로 평가되고 있다. 그 밖에 도드프랭크법은 은행지주회사의 금융지주회사 전환요건과 은행지주회사의 재원공급자 기능에 대해 규정하였다.

(1) 기능별로 규제되는 자회사에 대한 연준의 직접 감독검사 강화

앞에서 GLBA 제111조(소위 Fed-lite 조항)는 기능별로 규제되는 자회사(functionally regulated subsidiary), 즉 금융지주회사의 비은행자회사에 대한 검사 및 제재 등 감독검사 권한을 기능별 감독당국(functional regulator)에 부여하는 한편, 연준에게는 보완적 감독권한만을 부여하였음을 살펴본 바 있다. 도드프랭크법 제604조는 GLBA의 이러한 Fed-lite 조항을 수정 내지 삭제함으로써 비은행자회사에 대한 연준의 직접 감독검사 권한을 강화하였다.

첫째, 비은행자회사에 대한 연준의 직접 검사를 제한하고 있는 은행지주회사법(BHCA) 제5조(c)(2)를 수정하였다.[27] 은행지주회사법은 비은행자회사가 은행자회사에 중대한 리스크를 초래하며, 연방법규를 위반하였다는 타당한 근거가 있는 등 일정한 요건하에서만 연준의 당해 비은행자회사 검사를 허용했다.[28] 도드프랭크법은 이러한 제한을 제거하여 연준이 비은행자회사의 경영건전성 및 법규준수 실태를 직접 검사할 수 있도록 허용하였다.

---

[27] 도드프랭크법 제604조(b).
[28] 12 U.S.C. 1844(c)(2)(B) (은행지주회사법 제5조(c)(2)(B)).

둘째, 비은행자회사에 대한 연준의 직접 조치권한을 제한하고 있는 은행지주회사법(BHCA) 제10A조를 삭제하였다.[29] GLBA에 의해 도입된 은행지주회사법 제10A조는 은행지주회사의 비은행자회사에 대하여 연준이 직접 규제감독(규칙·명령의 제정, 제한부과, 제재조치 등)을 못하도록 하되, 다만 비은행자회사로 인해 은행자회사의 건전성 또는 지급결제시스템에 중대한 위험(material risk)이 초래될 우려가 있는 경우 등 일정한 요건하에서는 예외적으로 허용하고 있었다. 도드프랭크법은 이 조항을 삭제함으로써 연준이 은행지주회사의 비은행자회사에 대하여도 은행자회사와 동일하게 직접 규제감독할 수 있도록 허용한 것이다.

도드프랭크법이 GLBA의 Fed-lite 조항을 삭제·수정한 것은 감독기관간 협조 부족과 대형 복합금융회사를 통합적으로 감독하는 단일 감독기관의 부재가 금융위기를 초래한 원인의 하나였다는 인식에 바탕을 둔 것이다. 연준은 GLBA에 의해 은행지주회사에 대한 포괄적 감독자로서의 지위를 부여받고 있었으나 비은행자회사에 대해서는 직접 감독검사를 제약받고 있었다. 도드프랭크법은 이러한 제약을 제거함으로써 연준이 대형 복합금융회사를 실질적으로 포괄 감독할 수 있는 여건을 조성한 것이다. 도드프랭크법에 의한 Fed-Lite 조항의 삭제·수정은 시스템적으로 중요한 금융회사에 대한 감독권한과 함께 연준을 금융산업의 가장 중요하고도 강력한 감독기관으로 거듭나게 한 조치로 평가된다.

그러나 도드프랭크법에 의한 Fed-lite 조항의 수정·삭제가 부분에 그쳐 효력에 한계가 있다는 지적이 있다.[30] 예컨대 도드프랭크법은 Fed-lite 조항의

---

29 도드프랭크법 제604조(c).
30 Paul L. Lee(2012).

중요한 일부인 은행지주회사법 제5조(c)(3)을 그대로 존치시켰다. 이 조항은 기능별로 규제되는 자회사에 대해 연준이 어떠한 자본규제 기준(규정·명령·지도 등)도 부과할 수 없도록 규정하고 있다. 자본규제는 기능별 감독당국(SEC, 주 정부 등)의 고유한 권한임을 명확히 한 것이다. 자본규제가 금융회사의 건전성 유지를 위한 가장 중요한 규제의 하나인 점을 감안할 때 비은행자회사에 대한 연준의 직접 감독권한을 강화하고자 한 도드프랭크법의 시도는 미완에 그쳤다는 지적이다.

(2) 은행지주회사의 금융지주회사 전환요건 강화

도드프랭크법은 은행지주회사가 금융지주회사로 전환하기 위한 요건을 강화하였다.[31] 앞에서 설명한 바와 같이 GLBA는 일정 요건을 충족하는 은행지주회사는 금융지주회사 전환을 통해 비은행 금융업무를 영위할 수 있도록 허용한 바 있다. 일정한 요건이란 ①은행지주회사의 모든 은행자회사가 자본충실도(well-capitalized) 및 ②경영관리(well-managed)가 우수하여야 하고, ③지역사회재투자법(CRA)에 의한 검사결과 평가등급이 양호 등급(Satisfactory) 이상을 받아야 한다는 것이다. 이상의 3개 요건에 더하여 도드프랭크법은 은행지주회사법에 제4조(l)(1)(C)를 추가하여 은행지주회사도 자본충실도 및 경영관리 요건을 충족하도록 하였다.[32] 이러한 요건강화는 은행지주회사의 비은행 금융업무 영위에서 발생할 수 있는 잠재적 손실로부터 은행지주회사의 건전성과 안정성을 보다 두텁게 보호하기 위한 조치이다.

---

31 도드프랭크법 제606조(a).
32 12 U.S.C. 1843(l)(1)(C).

(3) 지주회사의 재원공급자 기능(Source of Strength)

도드프랭크법은 연방예금보험법에 제38A조를 추가하여 재무건전성의 원천(source of financial strength)에 관한 은행지주회사의 역할과 연방감독기관의 권한을 규정하였다.[33] 즉 은행지주회사는 은행자회사가 재무위기에 직면하였을 때 재무건전성의 원천으로서 기능하여야 하며, 연준은 은행지주회사가 이러한 역할을 하도록 요구할 권한을 갖는다. 은행지주회사가 아닌 다른 회사가 은행자회사를 지배하는 경우에도 동일한 규제가 적용된다. 다만, 이 경우에는 연준이 아닌 당해 은행자회사의 주된 감독당국(OCC, FDIC 등)이 이러한 권한을 갖는다.

도드프랭크법의 이 규정은 연준, OCC, 그리고 FDIC 등 연방감독기관들이 이미 운용하고 있는 제도를 입법화한 것이다. 연준은 1984년 Regulation Y(Section 225.4(a)) 제정, 1987년 정책설명서(policy statement) 발표 등을 통해 자본부족 또는 유동성고갈 등 재무위기에 직면한 은행자회사에게 자본확충, 유동성공급 등 재무적 지원을 제공할 은행지주회사의 의무를 규정하였다. 또한 OCC는 은행자회사를 지배하는 회사에게 자본 및 유동성 지원계약(capital and liquidity support agreement)을 체결하도록 요구하였으며, FDIC도 모회사에게 이와 유사한 자본유지계약(capital maintenance agreement)을 체결하도록 요구하였다.[34]

한편, 도드프랭크법은 건전성의 원천에 관한 조항(제616조(d))을 마련하면서 이 조항과 상충될 수 있는 은행지주회사법 제5조(g)를 수정하거나 폐지하

---

33 도드프랭크법 제616조(d).
34 우리나라의 경우 2000년 제정된 금융지주회사법에서 지주회사 설립인가 기준을 규정하고 있는 바, 이 규정이 재원공급자 기능의 근거조항으로 활용될 수 있으나 미국과 같은 명시적이고 충분한 규정은 아니라는 평가가 있다. 김자봉(2008) 참조.

지 않았다. 은행지주회사법 제5조(g)는 은행자회사에 대한 은행지주회사의 자금지원으로 인해 당해 은행지주회사 또는 기능별로 규제되는 자회사(보험회사, 브로커·딜러, 투자회사, 투자자문업자 등)의 재무건전성이 중대하게 훼손될 수 있는 경우에는 은행지주회사의 재무지원을 금지하고 있다. 도드프랭크법 규정(제616조(d))과 은행지주회사법 규정(제5조(g))의 상충 가능성을 어떻게 해결할지는 각 연방감독기관들에게 남겨진 과제라고 할 수 있다.[35]

(4) 증권지주회사에 대한 연준의 감독권한

도드프랭크법은 증권지주회사(securities holding company)의 개념을 새로이 도입하고 이에 대한 감독권한을 연준에 부여하였다.[36] 도드프랭크법의 증권지주회사는 GLBA 제231조의 투자은행지주회사(investment holding company)를 대체한 것이다.

GLBA는 증권회사가 자발적으로 투자은행지주회사로 SEC에 등록하고 감독검사를 받을 수 있도록 허용했다.[37] GLBA의 이 조항은 미국 증권회사의 해외영업을 제도적으로 지원하기 위한 목적으로 도입된 것이다. 해외에서 은행인수 등 영업을 확대하고자 하는 미국 증권회사는 종종 미국 감독당국으로부터 포괄적인 규제와 감독(comprehensive consolidated supervision)을 받고 있음을 외국 감독당국에 증명할 것이 요구되었는데, 투자은행지주회사가 이러한 포괄적 규제감독 요건을 충족시킬 수 있는 수단으로 활용되었다. 이 제도 도입 이후 베어스턴스, 골드만삭스, 리먼브라더스, 메릴린치, 모건스탠리 등 5개사가 투자은행지주회사로 SEC에 등록하였다. 그러나 금융위기 이후 이 중

---

35 이에 대한 논의는 Paul L. Lee(2012) 참조.
36 도드프랭크법 제618조.
37 그램리치블라일리법 제231조.

2개 회사(베어스턴스와 리먼브라더스)는 도산하였고, 나머지 3개 회사는 은행지주회사로 전환하여 연준의 감독을 받는 등 투자은행지주회사 제도의 존치 필요성이 사라지게 되었다. 이에 따라 도드프랭크법은 SEC의 규제감독을 받는 투자은행지주회사 제도를 폐지하고 연준의 감독을 받는 증권지주회사 제도를 새로이 도입한 것이다.

도드프랭크법(제618조) 상 증권지주회사로의 등록 여부는 자발적인 선택사항이다. 그러나 일단 증권지주회사로 등록하면 전면적인 검사(full scale examination)를 포함하여 기록유지, 보고, 자본규제, 리스크관리, 제재 등 은행지주회사에 준하는 규제감독을 연준으로부터 받게 된다.

증권지주회사에 대한 연준의 감독권한은 시스템적으로 중요한 비은행금융회사에 대한 감독(제1편 C장), 기능별로 규제되는 자회사에 대한 감독강화(제604조)와 함께 비은행금융회사에 대한 연준의 감독권한을 크게 확대한 도드프랭크법 조치의 중요한 부분을 형성하는 것이다. 다만, 증권지주회사 제도는 투자은행지주회사 제도와 동일하게 외국 감독당국에서 요구하는 포괄적 규제감독 요건의 충족을 일차적 감독목적으로 한다는 점에서 연준이 전면적 검사 등 실질적인 감독권한 행사에 소극적인 태도를 보일 가능성은 있다.

【위험자산 거래규제 강화 : 파생상품거래와 관련한 한도규제의 도입】

도드프랭크법은 파생상품거래와 증권금융거래(securities financing transaction)로부터 발생하는 신용익스포져를 건전성 관련 한도규제에 반영하는 일련의 조항들을 포함하였다. 여기서 증권금융거래라 함은 증권대출(securities loans), 환매조건부계약(repurchase agreements), 역환매조건부계약(reverse repurchase agreements), 증권차입거래(securities borrowing transaction) 등을 의미한다. 도드프랭크법 제1편과 제6편에 걸쳐 있는 한도규제 조항들은 3개 유형으로 정리할 수 있다.

(1) 국법은행 및 주법은행에 대한 여신한도 규제

도드프랭크법은 국법은행 등에 적용되는 OCC의 여신한도(lending limits) 규제를 강화하였다.[38] OCC의 여신한도 규제는 동일인에 대한 여신이 은행 총자기자본의 15%를 초과하지 않도록 규제하고 있으며, 담보여신에 대하여는 규제를 다소 완화하여 은행 총자기자본의 25%까지 허용하도록 규정하고 있다.[39] 이와 관련하여 도드프랭크법은 여신의 정의에 파생상품거래와 증권금융거래로부터 발생하는 신용익스포져를 포함하도록 OCC 규칙을 개정하도록 하였다.[40] 자금지원 성격이 있는 신용공여뿐만 아니라 신용리스크가 있는 익스포져를 규제대상에 포함함으로써 위험자산거래로부터 은행자본을 한층 더 두텁게 보호하기 위한 장치라고 하겠다.

또한 도드프랭크법은 연방예금보험법(Federal Deposit Insurance Act) 제18조를 개정하여 주법은행이 일정한 조건하에서만 파생상품거래를 영위할 수 있도록 제한을 부과하였다.[41] 일정한 조건이란 주 정부가 여신한도 규제적용에 있어 파생상품거래와 관련한 신용익스포져를 반영하도록 규칙을 개정한 것을 말한다. 즉 주법은행이 파생상품거래와 관련하여 국법은행과 동일한 수준의 규제를 적용받도록 한 것이다.[42]

---

38 도드프랭크법 제610조.
39 12 U.S.C. 84(b) Section 5200(b).
40 이에 관한 OCC의 감독규칙은 OCC(2013, August) 참조.
41 도드프랭크법 제611조.
42 도드프랭크법 제611조는 증권금융거래로부터 발생하는 신용익스포져에 대해서는 언급하지 않았다.

(2) 시스템적으로 중요한 금융회사에 대한 신용한도 규제

도드프랭크법은 시스템적으로 중요한 금융회사(SIFI)에 적용되는 동일 거래상대방 신용한도(SSCL: single-counterparty credit limits) 규제를 새로이 도입하였다.[43] 즉 특정 비계열회사에 대한 신용공여는 SIFI 자기자본의 25%(또는 이 한도를 초과하지 않는 범위에서 연준이 정하는 수준)를 초과하지 않아야 한다.

이러한 신용한도 규제는 두 가지 측면에서 새로운 것이다. 첫째는 은행지주회사에 대한 신용한도 규제가 처음으로 도입되었다는 점이다. 개별 은행단위로는 기존에 동일인 여신한도 규제가 도입되어 있었으나 은행지주회사 차원의 연결기준에 의한 한도규제는 도드프랭크법에 의해 비로소 도입된 것이다. 둘째는 여신의 범위에 파생상품거래 또는 증권금융거래와 연관된 신용익스포져가 새로이 포함되었다는 점이다. 이에 관해서는 위에서 살펴본 바와 같다.

도드프랭크법 제165조(e) 상 신용익스포져의 범위

① 신용(대출, 예금, 대출한도 부여)   ② 증권금융거래와 관련한 신용익스포져
③ 보증   ④ 발행증권의 매입 또는 투자
⑤ 파생상품거래와 관련한 신용익스포져   ⑥ 기타 연준이 정하는 거래

한편, 연준은 도드프랭크법의 규정에 근거하여 2016년 4월 신용한도 규제의 이행을 위한 규칙의 수정안을 발표하였다.[44] 연준은 2012년 이와 관련한 규칙초안을 발표한 바 있었으나 업계의 이견 등으로 오랜 검토를 거쳐 규칙수정안을 발표하였다. 이 수정안은 바젤은행감독위원회(BCBS)가 2014년

---

43 도드프랭크법 제165조(e).
44 Federal Reserve(2016, March).

4월 발표한 거액 익스포져 규제체계[45]와의 정합성을 도모하였으며, 금융회사의 시스템적 중요도, 총자산 규모, 거래상대방 등에 따라 신용한도 규제를 4단계로 차등화하는 방안을 제시하였다.[46] 이와 관련하여 미 재무부 보고서[47]는 신용한도의 산출방식이 과도하게 복잡하고 업계의 실정을 정확히 반영하지 않았음을 지적하며 산출방식을 재검토하는 한편, 이 규칙을 초대형은행만을 대상으로 적용할 것을 권고하였다.

(3) 계열회사 및 내부자와의 거래에 대한 규제

도드프랭크법은 연방준비법(Federal Reserve Act) 제23A조를 개정하여 은행과 계열회사간 거래규제를 강화하였다.[48] 동법 제23A조는 은행과 계열회사간 일련의 거래(covered transactions, 이하 대상거래)에 대해 한도를 부여하고 있다.[49] 즉 개별 계열회사와의 대상거래는 은행 자기자본의 10%를 초과할 수 없으며, 전체 계열회사와의 대상거래는 은행 자기자본의 20%를 초과할 수 없다. 이와 관련하여 도드프랭크법은 대상거래의 정의에 신용익스포져를 발생시키는 파생상품거래와 증권대차거래를 포함하도록 규정하였다. 계열회

---

[45] BCBS(2014, April). 동 규제는 각 BCBS 회원국에서 2019년 1월 1일자로 전면 시행될 예정이다. 한편, 우리나라의 은행법규는 동일인과 동일차주를 구분하여 각각 20% 및 25%의 한도규제를 적용하고 있으며 자금지원 성격이 있는 '신용공여'만 규제대상에 포함하고 있는 데 반해, BCBS 규제체계는 개별 거래상대방에 대하여 25% 단일 한도를 적용하며 '신용리스크가 있는 모든 익스포져'를 규제대상에 포함한다는 점에서 차이가 있다. 금융위원회(2014, 4월) 참조.

[46] 글로벌 시스템적 중요은행(G-SIB)은 기본자본의 15%(대對 SIFI) 또는 25%(기타), 총자산 2,500억 달러 이상은 기본자본의 25%, 총자산 500억 달러 이상은 총규제자본의 25%, 총자산 500억 달러 미만은 규제 미적용. Federal Reserve(2016, March) 참조.

[47] U.S. Department of Treasury(2017, June).

[48] 도드프랭크법 제608조.

[49] 연방준비법 제23A조의 대상거래는 다음과 같다: ①계열회사에 대한 여신 또는 신용의 제공 ②계열회사가 발행하는 증권의 매수 ③계열회사로부터 자산의 매입 ④계열회사가 발행한 증권 또는 채무증서를 담보로 수취하는 행위 ⑤계열회사를 위한 보증, 어음인수 또는 신용장의 제공 ⑥계열회사와 신용익스포져를 발생시키는 증권의 대차거래 ⑦계열회사와 신용익스포져를 발생시키는 파생상품거래.

사로부터 발생하는 리스크가 은행으로 전이되는 것을 제한함으로써 예금보험기금의 손실을 방지하기 위한 목적이다.

이와 동일한 맥락에서 도드프랭크법은 은행 내부자에 대한 여신규제도 강화하였다.[50] 연방준비법 제22조(h)는 은행 내부자(임원, 이사, 주요 주주 등)에 대한 거래와 관련하여 신용공여 금지 등 일련의 제한을 부과하고 있는데, 도드프랭크법은 이 조항을 개정하여 신용의 범위에 파생상품거래 및 증권금융거래로부터 발생하는 신용익스포져를 포함토록 하였다.

【대형화 억제를 위한 은행인수·합병 규제강화】

대마불사의 도덕적 해이를 규제하는 가장 직접적인 방법은 대마, 즉 은행의 대형화를 미연에 방지하는 것이다. 이러한 취지에서 도드프랭크법은 은행지주회사 또는 은행의 대형화를 억제하기 위한 일련의 규제를 도입하였다. 감독기관의 인수·합병 승인시 고려해야 할 요인으로서 시스템리스크 영향을 새롭게 추가하였으며, 자본충실도 및 경영관리 요건을 강화하였다. 더 나아가 부채기준의 시장점유율이 일정 수준 이상인 경우에는 인수·합병을 금지하는 보다 더 직접적이고 강화된 규제를 도입하였다.

(1) 은행인수·합병 승인시 시스템리스크 영향의 고려

도드프랭크법은 일련의 법 개정을 통해 은행인수·합병 승인에 있어 금융안정성(risks to financial stability)에 미치는 영향을 고려하도록 요구하였다. 은행

---

50 도드프랭크법 제614조.

지주회사법 제3조(c)는 연준이 은행지주회사의 은행인수를 승인하기에 앞서 경쟁도, 지역사회, 감독기준의 준수, 특정 재무적 사항, 경영진, 자금세탁 등의 요소들을 고려할 것을 요구하고 있다. 이와 유사하게 속칭 은행합병법(BMA : Bank Merger Act)으로 불리는 예금보험법 제18조도 주(州) 감독당국(OCC, FDIC, 연준)으로 하여금 은행인수·합병을 승인하기에 앞서 유사한 요소들을 고려할 것을 요구하고 있다.

도드프랭크법은 이들 조항[51]을 개정하여 감독당국이 은행인수·합병의 승인에 있어 이상의 요소들에 더하여 시스템리스크, 즉 금융안정에 미치는 영향을 고려할 것을 요구하였다.[52]

한편, 도드프랭크법은 은행지주회사법을 개정하여 금융지주회사의 비은행자회사 인수에 대하여도 일정한 제한을 가하였다. 은행지주회사법은 은행지주회사가 비은행업무를 영위하거나 비은행자회사를 인수하고자 하는 경우에는 60일 이전에 연준에 그 의향을 통지하도록 함과 아울러,[53] 연준으로 하여금 그에 따른 긍정적 효과(공중의 편리성·경쟁도·효율성제고 등)가 부정적 영향(경제력 집중·공정경쟁의 저해·이해상충·은행의 불건전 관행 등)을 상회하는 경우에만 비은행업무의 영위를 승인하도록 규정하고 있었다.[54] 도드프랭크법은 이러한 은행지주회사법 조항을 개정하여 연준의 승인을 위한 고려요인에 '미국 은행시스템 또는 금융시스템의 안정성에 미치는 위험'을 포함하도록 하였다.[55]

또한 은행지주회사법은 금융지주회사가 '본질적 금융업'을 영위하는 비은

---

51 은행지주회사법 제3조(c)(7) 및 연방예금보험법 제18조(c)(5).
52 도드프랭크법 제604조(d) 및 (f).
53 은행지주회사법 제4조(j)(1)(A).
54 은행지주회사법 제4조(j)(2)(A).
55 도드프랭크법 제604조(e)(1).

행회사를 인수하는 경우에는 연준의 사전승인을 면제하고 있다.[56] 도드프랭크법은 이러한 규제체계를 유지하되 금융지주회사가 인수하고자 하는 회사의 총자산이 100억 달러를 초과하는 경우에는 연준의 사전승인을 받도록 관련규정을 개정하였다.[57]

(2) 은행인수를 위한 자본충실도 및 경영관리 요건의 강화

도드프랭크법은 은행지주회사법과 연방예금보험법을 개정하여 은행지주회사 또는 은행이 타주에 소재한 은행의 인수를 승인받기 위한 기준을 강화하였다.[58]

은행지주회사법(제3조(d)(1)(A))은 은행지주회사가 타주에 소재한 은행의 인수를 승인받기 위한 요건으로서 자본충실도(adequately capitalized) 및 경영관리(adequately managed)가 각각 '적정' 등급일 것을 요구하고 있었다.[59] 연방예금보험법 또한 은행이 타주에 소재한 은행의 인수를 승인받기 위해서는 자본충실도 및 경영관리가 각각 '적정' 등급일 것을 요구하고 있었다.[60] 도드프랭크법은 이들 법 규정을 개정하여 은행지주회사 또는 은행이 타주에 소재한 은행의 인수를 승인받기 위한 자본충실도(well capitalized) 및 경영관리(well managed) 요건을 각각 '우수' 등급으로 상향하였다.

(3) 시장점유율 한도규제(Concentration limits)

도드프랭크법은 금융회사의 인수·합병결과 부채기준 시장점유율이 10%

---

56 은행지주회사법 제4조(k)(6).
57 도드프랭크법 제604조(e)(2).
58 도드프랭크법 제607조.
59 은행지주회사법 제3조(d)(1)(A).
60 연방예금보험법 제44조(b)(4)(B).

를 초과하는 경우에는 인수·합병을 금지하였다.[61] 다시 말해 합병 뒤 금융회사의 총부채가 전체 금융회사 총부채에서 차지하는 비중이 10%를 초과하는 경우에는 인수·합병을 금지하였다. 한편, 도드프랭크법은 금융회사가 내적 성장(organic growth)에 의해 부채기준 시장점유율이 10%를 초과하는 것에 대하여는 금지하지 않았다.

이 조항의 적용을 받는 금융회사에는 은행지주회사와 예금취급기관뿐만 아니라 금융안정감시위원회(FSOC)에 의해 시스템적으로 중요한 금융회사로 지정된 비은행금융회사도 포함된다. 그리고 총부채(total consolidated liabilities)란 바젤 자기자본규제에서 정하는 바에 따라 산출된 위험가중자산(total risk-weighted assets)에서 규제자본(total regulatory capital)을 차감한 금액을 말한다.

도드프랭크법의 요구에 따라 FSOC는 2011년 1월 시장점유율 한도규제의 방안 및 동 규제가 미국 금융시스템의 안정성, 도덕적 해이, 효율성에 미치는 영향에 대해 분석한 보고서[62]를 의회에 제출하였으며, 연준은 이를 토대로 2014년 11월 동 규제의 이행을 위한 규칙[63]을 발표한 바 있다.

도드프랭크법에서 도입한 부채기준 시장점유율 한도규제는 1994년 리글닐법에서 도입한 예수금기준 한도규제를 보다 강화한 것이다. 리글닐법은 은행지주회사의 타주 은행의 인수·합병을 허용하면서 지나친 경제력집중 방지를 위해 합병 후 은행지주회사의 총예수금이 전체 은행시스템 총예수금의 10%를 초과하지 않도록 규제한 바 있었다. 총부채는 예수금뿐만 아니라 비예수금 부채(non-deposit liabilities) 및 부외항목을 포함함에 따라 예수금에 비

---

61 도드프랭크법 제622조.
62 FSOC(2011, January).
63 Federal Reserve(2014, November).

해 포괄범위가 넓다. 이러한 차이로 인해 부채기준은 예수금기준에 비해 규제를 강화하는 효과를 낳는다.

FSOC는 도드프랭크법의 기준변경이 리글닐법에 비해 두 가지 측면에서 규제강화 효과를 가져온다고 분석하였다. 첫째, 예수금을 취급하지 않거나 취급비중이 낮은 비은행금융회사도 규제대상에 포함된다. 예를 들어 시스템적으로 중요한 금융회사로 지정된 비은행금융회사는 리글닐법의 적용대상이 아니었으나 도드프랭크법의 적용대상이 된다. 둘째, 은행은 리글닐법의 예수금 한도규제를 회피하기 위해 예수금보다는 부외항목 등 위험이 높은 부채를 늘리거나 인수·합병시 예수금을 양도하고 위험성 부채를 인수할 유인을 갖는다. 도드프랭크법의 부채기준 한도규제는 이러한 규제회피 행동을 규제의 영역으로 끌어들인다는 점에서 리글닐법의 예수금 한도규제에 비해 강화된 규제라 할 수 있다.

FSOC는 도드프랭크법이 도입한 한도규제가 금융회사의 인수·합병에 의한 대형화를 억제함으로써 시스템리스크를 낮출 것으로 기대하였다. 2011년 현재 부채기준 시장점유율이 5%를 초과하는 금융회사는 4개사(BOA, JP 모르건 체이스, 시티, 웰스파고)에 불과하지만 향후 한도규제의 영향을 받는 금융회사가 점점 늘어날 것으로 예상하였기 때문이다. 또한 부채기준 한도규제는 예수금기준의 한도규제가 갖는 위험부채의 증가유인을 완화함으로써 금융안정을 높이는 효과도 있을 것으로 기대하였다.

【시스템적 중요 금융회사의 감독강화】

도드프랭크법 제1편 Subtitle C는 SIFI 감독을 강화하기 위한 일련의 새로운 권한을 연준에 부여하였다. 연준은 SIFI의 영업활동에 일정한 제한을 가할 수 있고, 강화된 감독기준(enhanced supervision)을 부과하여야 할 의무 또는 권한을 갖는다. 또한 연준은 비은행 SIFI(SIFI로 지정된 비은행금융회사를 말한다)에 대해 보고서징구 및 검사·제재권한과 중간지주회사의 설립을 요구할 권한을 갖는다.

(1) SIFI의 영업활동에 대한 제한

도드프랭크법은 SIFI의 영업행위에 일정한 제한을 둘 수 있는 권한을 연준에 부여하였다.[64] 즉 연준은 금융안정에 중대한 위협이 된다고 판단하는 SIFI에 대하여 FSOC 위원 2/3 이상의 동의에 의해 인수·합병의 제한, 특정 금융상품 판매중지, 특정 영업행위의 중지 또는 조건의 부과, 자산(부외항목 포함)의 판매 또는 이전 등의 조치를 할 수 있다. 연준은 이러한 조치 전에 당해 SIFI에 서면통지 및 청문의 기회를 부여하여야 한다. 이러한 조치들은 도드프랭크법의 여타 조치로는 SIFI 위험을 축소·제거하기 어렵다고 판단될 때 활용하는 최후의 감독수단이다.

(2) SIFI 인수행위의 사전신고

도드프랭크법은 SIFI의 인수행위에 대하여 일정한 제한을 가하였다.[65] 즉 SIFI가 은행지주회사법(BHCA) 제4조(k)에 규정된 업종에 종사하는 총자산 100억 달러 이상인 비은행회사를 인수하는 경우 연준에 사전신고하여야 한다. 은행지주회사법 제4조(k)는 금융지주회사가 영위할 수 있는 금융업으로

---

64 도드프랭크법 제121조.
65 도드프랭크법 제163조.

서 대출, 보증, 보험업, 인수업무 등을 열거하고 있다.

(3) SIFI에 대한 강화된 감독기준의 적용

연준은 FSOC의 권고 또는 스스로의 판단에 의해 SIFI에 강화된 감독기준(enhanced supervision)을 적용할 수 있는 권한을 갖는다. 이러한 감독기준에는 ①자본 및 레버리지 규제 ②유동성 규제 ③리스크관리 ④정리계획 및 신용익스포져 보고 ⑤ 거액여신한도 ⑥조건부 자본 ⑦공시기준의 강화 ⑧단기부채한도 ⑨스트레스테스트 등이 있다. 연준에 강화된 감독기준의 적용권한을 부여한 도드프랭크법 제165조는 FSOC에 강화된 감독기준을 권고할 권한을 부여한 제115조와 대칭을 이루는 것이다. 강화된 감독기준의 적용을 위해 연준은 주(州) 감독기관과 협의할 의무가 있으며, 이행현황을 매년 의회에 보고하여야 한다.

제165조는 금융선택법안 및 재무부 보고서에서 개편하고자 한 도드프랭크 규제 중의 하나이다. 금융선택법안은 레버리지비율 10% 이상을 유지하는 은행에 대해서는 이 규제의 면제를 제안하였으며, 재무부 보고서[66]와 상원 개편안은 규제의 적용대상이 되는 은행의 총자산기준을 상향할 것을 권고하였다. 이에 대해서는 후술한다.

또 다른 쟁점사항은 스트레스테스트이다. 제165조는 연준이 주(州) 감독기관과 협의하여 SIFI를 대상으로 매년 스트레스테스트를 실시하도록 의무화하였다. 총자산 500억 달러 이상의 SIFI는 매 반기별로, 총자산 100억 달러 이상의 금융회사는 자체적으로 매년 스트레스테스트를 실시하고, 그 결과를 연준과 주(州) 감독기관에 보고하여야 한다. 스트레스테스트는 기본(baseline),

---

66 U.S. Department of Treasury(June, 12).

악화(adverse), 최악(severely adverse)의 3개 시나리오로 실시하며, 연준은 그 결과를 토대로 금융회사의 정리계획을 수정·보완하도록 지도하여야 한다. 가이트너$^{Timothy M.Geitner}$ 전 재무부 장관의 저서 제목이 《Stress Test》인 데서 암시하듯이 스트레스테스트는 금융위기 당시 금융시스템에 대한 일반의 신뢰를 회복하기 위한 주요 수단으로 활용되었으며, 금융위기 이후 새롭게 등장한 대형은행 규제감독의 핵심적 내용을 이루는 것이었다.[67] 동시에 스트레스테스트는 은행업계로부터 정리계획(living will)과 함께 규제준수 부담이 높은 대표적인 규제로 지목받아왔다. 금융선택법안과 재무부 보고서는 은행업계의 요구를 수용하여 스트레스테스트의 시나리오 및 실시주기 등을 완화할 것을 제안하였다.

(4) 조기개선조치

도드프랭크법은 재무구조가 악화된 SIFI에 적용할 조기개선조치(Early Remediation Requirements)의 세부기준을 만들도록 연준에 요구하였다.[68] 조기개선조치는 재무적 어려움을 겪는 SIFI의 파산위험을 최소화함과 동시에 파산발생시 금융시스템에 미치는 파급영향을 줄이는 것을 목적으로 한다. 재무구조 악화의 초기단계에 있는 금융회사는 자본배분, 인수 및 자산성장 등에 대한 제한조치가 부과되며, 재무구조 악화가 상당히 진전된 금융회사는 자본확충 계획의 마련, 관계회사와의 거래제한, 경영진 교체, 자산매각 등의 조치가 부과된다.

---

67 Daniel K. Tarullo(2014).
68 도드프랭크법 제166조. 연준은 2012년 1월 관련규칙의 제안서를 발표한 바 있다. Federal Reserve(2012, January) 참조.

(5) 비은행 SIFI에 대한 보고서징구, 검사 및 제재

연준은 비은행 SIFI에 대하여 보고서를 징구하고 검사를 실시할 권한을 갖는다.[69] 비은행 SIFI의 재무상황, 리스크 관리시스템 등에 대한 점검을 통해 금융안정을 위협할 수 있는 잠재위험을 파악하는 것이 주요 목적이다. 연준은 보고서징구에 있어 주[‡] 감독기관에 보고하는 보고서 등 기존의 보고서를 가능한 최대한 이용할 의무를 지니며, 검사에 있어서도 주감독기관에 사전통보 및 중복검사 방지를 위한 협의의무를 갖는다.

또한 연준은 비은행 SIFI가 연준의 규칙을 위반하거나 금융안정에 위협이 된다고 판단할 경우 주감독기관에 감독조치 또는 제재절차를 진행하도록 요청할 수 있다.[70] 만약 주감독기관이 60일 이내에 감독조치 또는 제재절차를 개시하지 않는다면 연준이 이 절차를 개시할 수 있다.

(6) 중간지주회사의 설립요구 권한

연준은 비은행 SIFI가 금융업이 아닌 업무를 영위하는 경우에는 중간지주회사(intermediate holding company)를 설립하고, 이 중간지주회사를 통해 금융업을 영위하도록 요구할 권한을 갖는다.[71] 만약 당해 비은행 SIFI의 금융업 감독을 위해 필요하다고 판단하는 경우에는 중간지주회사 설립을 반드시 요구하여야 한다.

(7) 콜린스 수정조항

콜린스 수정조항(Collins Amendment)으로 불리는 도드프랭크법 제171조

---

69 도드프랭크법 제161조.
70 도드프랭크법 제162조.
71 도드프랭크법 제167조.

는 은행지주회사 및 비은행 SIFI에 대하여 예금금융기관과 동일한 수준의 최저 자본규제 및 최저 레버리지규제를 적용하도록 규정하였다.[72] 구체적으로 이 조항은 은행, 은행지주회사 및 비은행 SIFI(이하 대상 금융회사)에 적용되는 자본규제 및 레버리지규제에 두 가지 최저 한도(floor)를 부여하였다. 즉 대상 금융회사에 대한 자본규제는 '일반적 자본규제기준'(generally applicable risk-based capital requirement)보다 낮아서는 안 되며, 또한 도드프랭크법 시행시점(2010.7.22)에 은행에 적용되고 있던 규제수준보다 낮아서는 안 된다. 여기에서 일반적 자본규제란 은행에 적용하는 위험기준의 자본규제를 의미한다. 레버리지규제(Tier 1 자본/총자산)의 경우에도 동일한 내용이 적용된다.

요컨대 도드프랭크법은 대형 금융기관에 일반 예금은행보다 낮은 자본 및 레버리지 규제기준의 적용을 금지한 것이다. 또한 도드프랭크법 시행 당시 미국에서 시행 중에 있던 바젤Ⅰ 및 바젤Ⅱ 자본규제보다 완화된 기준을 적용할 수 없도록 한 것이다.

콜린스 수정조항은 미 감독기관들이 바젤Ⅲ의 시행에 맞추어 자본규제기준을 수정하도록 명시적으로 허용하지 않았다. 따라서 미국 감독기관들은 바젤Ⅲ의 미국 내 이행기준을 마련함에 있어 콜린스 수정조항과 부합되도록 하여야만 한다.[73]

콜린스 수정조항은 도드프랭크법 제정 당시 실라 베어$^{Sheila\ Bair}$ FDIC 의장의 건의를 받아들여 수잔 콜린스$^{Susan\ Collins}$ 상원의원이 제안한 것으로서, 이 수정조항에 의해 바젤Ⅱ는 미국 내에서 실질적으로 폐기된 것이나 다름없게 되었다.[74] 실라 베어는 FDIC 의장으로 재직할 당시 고급 내부등급법의 사용

---

72 콜린스 수정조항의 시행규칙은 Federal Reserve, OCC & FDIC(2011, June) 참조.
73 바젤Ⅲ 시행규칙은 Federal Reserve, OCC & FDIC(2013, October) 참조.
74 실라 베어(2016), p.83.

을 허용한 바젤Ⅱ는 사실상 요구자본량의 결정을 은행경영진에 맡긴 것으로서 대형은행의 자본비율 하락을 초래할 것이라며 그 시행을 반대한 바 있었다. 바젤Ⅱ고급 내부등급법은 당초 뉴욕 연준에서 구상한 것이었는데 결과적으로 미국에서는 적용이 금지되고 경쟁상대인 유럽계를 비롯한 외국은행에만 적용되어 요구자본 경감에 활용된 것은 다소 아이러니하다.

(8) 외국 금융회사의 미국 진출 규제강화

도드프랭크법은 국제은행법(International Banking Act of 1978)과 증권거래법(Securities Exchange Act of 1934)을 개정하여 외국계 금융회사의 미국 진출 및 영업에 관한 규제를 강화하였다.[75] 즉, 연준은 외국계 은행의 미국 내 점포 신설 또는 금융회사 인수를 승인하고자 할 때 미국의 금융안정에 미치는 영향을 고려하여야 한다. 또한 이러한 승인에 있어 본국의 감독당국이 시스템리스크 완화를 위한 규제체계를 도입하였거나 도입계획이 있는지 여부 등을 고려하여야 한다.

또한 도드프랭크법은 외국계 은행의 미국 내 점포의 영업을 중지할 수 있는 사유에 기존의 포괄적 감독 미도입 요건 및 위법·불건전행위 요건[76]에 더하여 본국 감독당국의 시스템리스크 감독체계 미도입 요건을 추가하였다. 즉 연준은 ① 외국계 은행의 미국 내 점포가 미국 금융안정에 위협을 초래하며 ② 본국 감독당국이 시스템리스크 규제체계를 도입하지 않았거나 도입계획이 없는 경우 당해 점포의 영업을 중지할 권한을 갖는다.

---

[75] 도드프랭크법 제173조.
[76] 12 U.S.C. 3105(e). (1) 당해 외국 금융회사가 본국 감독당국으로부터 연결기준에 의한 포괄적 감독·규제를 받지 않고 있거나 그러한 계획이 없을 것 (2) 당해 외국 금융회사 또는 관계회사가 미국 내에서 위법행위를 하였거나 불건전한 영업행위를 하였을 것.

도드프랭크법은 또한 외국 금융회사의 브로커·딜러 등록과 관련하여 SEC에 동일한 권한을 부여하였다.

【은행 소유규제제도와 도드프랭크법】[77]

미국 은행규제제도와 관련하여 도드프랭크법에서 자세히 다루지 않은 분야 중의 하나가 바로 은행 소유규제이다. 그러나 여기에서는 몇 가지 이유로 미국의 은행 소유규제제도에 대해 간략히 언급하고자 한다. 첫째는 도드프랭크법의 1개 조항이 산업은행의 소유규제와 관련된 내용을 포함한다는 점이다. 둘째는 미국은 오랫동안 은산분리, 즉 상업기업의 은행소유를 금지해왔는데, 이를 재검토할 때가 되었다는 주장을 일각에서 제기하고 있다는 점이다. 마지막으로 은산분리는 우리나라에서 관심이 높은 주제로서 미국의 사례를 참고할 필요가 있기 때문이다.

(1) 은행지주회사법상 은산분리제도의 개요와 변천

은행지주회사법(BHCA) 제4조는 은산분리원칙에 대해 규정하고 있다. 우선, 이 조의 (a)항은 은행지주회사(BHC)는 은행이 아닌 회사(이하 비은행회사)의 의결권 있는 주식을 직간접으로 신규 취득하거나 지배할 수 없으며, BHC가 된 지 2년 이후부터는 은행이나 BHC가 아닌 회사에 대해 직간접으로 지분소유 또는 지배를 유지해서는 안 된다고 규정하고 있다.[78] 다만, (c)항에서 이에

---

[77] 은행지주회사법상 은산분리에 대한 개괄적 논의는 Mehrsa Baradaran(2012), John Krainer(2000) 참조.
[78] 1843(a)(1) 및 (2).

대한 14가지 예외를 인정하고 있는데, 그 중의 하나로서 연준에 의해 은행업과 밀접히 연관된 업무로 결정된 업무를 취급하는 회사(비은행회사)의 소유를 허용하고 있다.[79] 이 조항에 의거 비은행회사의 주식을 취득하고자 하는 BHC는 60일 이전에 연준에 그 의향을 통지하여야 하며,[80] 연준은 그에 따른 긍정적 효과(공중의 편리성·경쟁도·효율성제고 등)가 부정적 영향(경제력집중·공정경쟁의 저해·이해상충·은행의 불건전 관행·금융시스템의 안정성저해 등)을 상회하는 경우에만 주식취득을 승인할 수 있다는 점은 앞에서 설명한 바와 같다.[81]

BHCA의 은산분리제도는 1970년 한 차례 변화를 겪었다. 1956년 BHCA는 BHC를 '2개 이상(two or more banks)의 은행에 대해 25% 이상의 주식을 보유하는 회사'로 정의하였는데, 이 문구의 허점을 이용하여 1개의 은행만을 자회사로 거느린 단일은행지주회사(One-Bank Holding Company)를 설립하고, 이를 통해 비금융업무를 영위하는 사례가 증가하였다. 1956년 이전 83개에 불과했던 단일은행지주회사는 1956년부터 1970년 사이에 1,235개가 추가로 설립되었다. 이에 따라 미 의회는 1970년 수정조항(Bank Holding Company Act Amendments)을 통해 단일은행지주회사도 BHCA 규제를 적용받도록 하였다. 다만, 1968년 6월 30일 이전의 비은행업무에 대해서는 계속해서 허용하되 연준이 이를 종료할 수 있도록 하였다.

(2) 은행지배구조변경법상의 규제

미국에서 상업기업(또는 산업기업)의 은행주식 소유를 직접적으로 제한하는 법규는 없다. 그러나 앞에서 설명한 바와 같이 상업기업이 은행 의결권주

---

[79] 1843(c)(8).
[80] 1843(j)(1)(A).
[81] 1843(j)(2)(A).

식의 25% 이상을 소유하게 되면 은행지주회사로 분류되어 BHCA의 소유규제를 받게 되므로 상업기업의 은행소유가 사실상 불가하다.

상업기업의 은행주식 소유제한과 관련된 법으로서 1978년 은행지배구조변경법(Change in Bank Control Act)이 있다. 동 법은 은행 또는 은행지주회사의 의결권부 주식 10% 이상을 소유·지배하고자 하는 개인(person) 또는 개인의 집단(persons acting in concert)으로서 ①당해 은행 또는 은행지주회사가 상장기업이거나 ②개인 또는 개인의 집단이 주식취득으로 최대주주가 되는 경우에는 주식취득 60일 이전에 해당 연방감독기관(OCC, 연준, FDIC)에 서면에 의한 통지 및 승인을 받도록 하였다.[82] 즉 개인 또는 개인의 집단이 의결권 주식 10% 이상을 보유함과 아울러 두 가지 요건(상장기업 또는 최대주주 요건) 중 하나를 충족하면 해당 은행 또는 은행지주회사를 지배하는 것으로 의제(presumed to control)하여 감독당국의 심사 및 승인을 받도록 한 것이다.

상업기업도 이 규제의 적용을 받는다. 다시 말해 은행지주회사법상 상업기업은 24.9%까지 은행 또는 은행지주회사의 의결권부 주식을 소유할 수 있으나, 은행지배구조변경법은 10% 이상 취득의 경우에도 일정한 요건에 해당하면 감독당국의 승인을 받도록 규제하고 있는 것이다. 감독당국은 은행산업의 경쟁도 및 금융안정성에 미치는 영향과 신청자의 주주적합성 등을 종합적으로 고려하여 승인 여부를 결정한다.

(3) 상업기업의 예금취급기관 소유 규제

상업기업은 은행 이외의 부보 예금취급기관을 소유할 수 있는 다른 길이 있었다. 하나는 1967년 저축조합지주회사법(Savings and Loan Holding Company

---

[82] 12 C.F.R. 225.41(c)

Act)이 은행지주회사법과 동일하게 저축조합지주회사를 '2개 이상의 저축조합'을 자회사로 거느린 지주회사로 정의한 것이다. 이에 따라 상업기업은 1개의 저축조합만을 자회사로 둔 단일저축조합지주회사(unitary thrift holding company)의 설립을 통한 저축조합의 소유가 허용되었다.[83] 그러나 1999년 GLBA(Gramm-Leach-Bliley Act)는 상업기업의 단일저축조합지주회사 신설을 금지함에 따라 이후로는 상업기업의 저축조합업 진출이 금지되었다.

상업은행이 예금취급기관을 소유할 수 있는 다른 경로는 소위 '비은행은행'(nonbank bank)의 인수였다. 1956년 은행지주회사법은 '은행'을 '모든 전국 은행, 주(州) 은행, 저축은행 또는 신탁회사'로 폭넓게 정의하였는데, 이러한 정의가 경제력집중 문제의 소지가 없는 금융기관까지 포괄하여 규제의 과잉을 초래한다는 지적이 제기되었다. 이에 따라 1966년 및 1970년 두 차례에 걸친 은행지주회사법 개정으로 은행의 정의를 '요구불예금과 상업대출을 동시에 취급하는 금융기관'으로 수정하였다. 그런데 이러한 정의는 상업기업의 예금취급기관 인수라는 의도치 않은 결과를 초래하였다. 상업기업들이 은행을 인수한 다음에 요구불예금이나 상업대출의 취급을 중단함으로써 법망을 피해 간 것이다.

이러한 기관들은 법상 은행의 정의에는 해당하지 않지만 예수금을 수취하고 연방예금보험에 가입하였기 때문에 비은행은행으로 불렸다. 이에 대한 대응으로 의회는 1987년 경쟁동등은행법(Competitive Equality Banking Act)을 제정, 은행의 정의를 확대하여 연방예금보험에 가입한 예금취급기관을 포함하도록 함으로써 비은행은행의 신설을 금지하였다.

마지막 경로는 1987년 이후 이루어진 상업기업의 산업은행(industrial bank)

---

[83] 이의 예로서는 ETrade, H&R Block, John Deere, Macy's, Nordstrom, Raymond James, Scottrade, State Farm, T. Rowe Price, Allstate, Edward Jones 등을 들 수 있다.

인수 또는 설립이었다.[84] 예수금을 수취하는 산업은행은 1982년 예금금융기관법(Garn-St-Germain Depository Institutions Act)에 의해 연방예금보험 가입이 허용되었으며, 1987년 경쟁동등은행법에 의해 동 가입이 의무화되었다. 이와 함께 경쟁동등은행법은 조부조항(grandfather)의 적용을 받는 7개 주[85]에서만 부보 산업은행을 은행지주회사법(BHCA) 상 은행의 범주에서 제외하였는데, 이로 인해 이들 주에서 다수의 상업기업에 의한 산업은행 인수·설립이 이루어졌다.[86] 그러나 상업기업의 산업은행 인수는 1999년부터 시작된 월마트의 산업은행 인수시도를 계기로 사실상 종결되었다. 상업기업의 산업은행 인수에 대한 부정적 여론을 의식한 FDIC가 산업은행의 예금보험 가입을 한시적으로 중단(moratorium)한 데 따른 것이다. 이러한 흐름의 연장선상에서 도드프랭크법은 2009년 11월 23일 이후로 상업기업이 직간접으로 소유하는 산업은행의 신규 예금보험 가입을 3년간 금지(moratorium)하였다.[87]

(4) 소결

이상과 같이 미국에서는 1956년 은행지주회사법에 의해 상업기업의 은행 소유를 금지하는 은산분리원칙이 확립되었다. 이후 법망의 허점을 이용한 상업기업의 예금취급기관 인수·설립이 이루어졌으나, 미 의회는 지속적으로 그리고 단계적으로 이러한 법적 허점을 보완함으로써 상업기업의 예금취급

---

84 산업대부회사(Industrial Loan Company)로도 불리는 산업은행은 1910년 버지니아 노포크의 아더 모리스가 설립한 Fidelity Savings & Trust Company가 시초로 알려져 있다. 초기에 산업은행은 예수금 대신 투자증서(investment certificate)를 발행하여 자금을 조달하였으며, 안정적인 직장을 갖고 있으나 은행대출 이용이 어려운 저·중소득의 산업근로자(industrial workers)에게 대출제공을 주된 목적으로 하였다. 산업은행은 산업근로자를 주 고객으로 한 데서 여타 금융회사와 차별되었으며, 이로부터 산업대부회사 또는 산업은행의 명칭을 얻었다.
85 미네소타, 인디애나, 하와이, 캘리포니아, 네바다, 유타, 콜로라도.
86 예컨대 GE, BMW, Toyota, Pitney Bowes, Harley-Davidson, Target 등이 이에 해당한다.
87 도드프랭크법 제603조.

기관 소유를 금지하기 위해 노력해왔다. 현재 상업기업의 예금취급기관 소유는 관련법의 조부조항(grandfather)에 의해 규제적용이 면제된 일부에 그치고 있다. 그러나 미국 은행산업의 경쟁력제고를 위해 상업기업의 은행소유를 허용해야 한다는 논의가 제기되고 있어 앞으로 그 귀추가 주목된다.[88]

---

88 이에 대한 논의는 James R. Barth and Tong Li(2011), Mehrsa Baradaran(2012) 참조.

IV
최근의 은행규제 개편논의와 평가

　트럼프 행정부 출범 이후 금융규제 개편논의의 중요한 일부로서 은행규제 개편방안이 있다. 공화당의 금융선택법안(Financial CHOICE Act)[89]과 재무부의 은행 부문 규제개편보고서[90]는 SIFI 규제, 볼커 룰, 소형 지역은행 규제의 완화·면제 등 다수의 은행규제완화 방안을 포함하였다. 또한 FDIC 이사회 부의장인 토마스 호니그는 전통적 은행업과 비전통적 은행업을 분리하고, 자본규제를 단순화·강화하는 은행규제 개편방안[91]을 발표하였다. 여기에서는 이러한 개편방안을 과도한 규제의 완화, 자본규제의 단순화·강화, 그리고 전통적 은행업과 비전통적 은행업 분리 등으로 나누어 살펴본다. 은행규제 개

---

[89] House Committee on Financial Services(2017. April).
[90] U.S. Department of Treasury(2017. June).
[91] Thomas M. Hoenig(2017). 2017년 3월 13일 국제은행협회(Institute of International Banks) 연차 총회연설에서 발표한 내용이다.

편방안의 주요한 내용 중 하나인 볼커 룰 완화는 이 책의 제6장에서 별도로 다룬다.

【과도한 규제의 완화】

공화당 금융선택법안과 재무부 보고서는 도드프랭크법의 은행규제가 세 가지 측면에서 과도하다고 주장하였다. 첫째, 도드프랭크 규제강화가 주로 대형 복합금융회사를 타깃으로 한 것임에도 이를 중형 및 소형 은행에도 동일하게 적용함에 따라 이들 은행의 규제준수 부담이 가중되고 대형은행 대비 상대적 경쟁력이 약화(too small too succeed)되었다고 주장하였다. 이러한 인식에서 재무부 보고서는 자산규모별 규제수준을 차등화하는 방안을 제시하였다. 예컨대 도드프랭크법 제165조에 의해 연준의 강화된 감독기준 적용이 의무화되는 대형 은행지주회사의 총자산기준(현행 500억 달러)을 상향할 것을 권고하였다. 또한 도드프랭크법에서 요구하는 스트레스테스트와 사전정리계획(living will)의 대상 금융회사 요건 및 실시주기 등을 차등화·완화할 것을 권고하였다. 한편, 미 상원 은행위원회 위원장 마이크 크레이포$^{Mike\ Crapo}$가 발표한 금융규제 개편안은 총자산기준을 2,500억 달러로 상향할 것을 제안하였다.[92] 이 기준은 그동안 언론 등에서 예상한 총자산기준(1,000억 달러)을 크게 상회하는 것이다.

둘째, 재무부 보고서는 총자산 100억 달러 미만의 소형 지역은행(community banks)과 신용조합(credit unions) 등 지역 금융기관에 대한 바젤Ⅲ

---

[92] U.S. Senate Committee on Banking, Housing, & Urban Affairs(2017, November).

자본규제를 면제하고, 콜 리포트의 간소화 등 보고 및 검사부담을 완화할 것을 권고하였다. 공화당의 금융선택법안도 유사한 규제완화 방안을 제시하였다. 농촌 등 격외지역과 중소기업에 대한 주요한 신용공급원인 지역 금융기관에 대한 규제완화를 통해 이들 금융기관의 경쟁력제고를 지원하고 지역경제를 활성화하자는 것이 그 목적이다. 미국에서는 전체 카운티counties의 약 25%가 전적으로 이러한 지역 금융기관에 의존하고 있어 지역경제의 활성화를 위해서는 지역 금융기관의 경쟁력제고가 매우 중요하다는 것이 재무부 보고서의 지적이다.[93]

지역 금융기관에 대한 규제완화는 미국에서 정파를 불문하고 그 필요성이 제기돼 왔으며, 연준 감독당국자들도 저신용도 차주, 소기업 등에 대한 은행 대출 활성화를 위해 지역은행에 대한 도드프랭크 규제를 일부 덜어줄 필요가 있음을 인정해왔다.[94] 진보성향의 싱크탱크인 브루킹스 연구소의 연구원도 소형 지역은행에 대한 바젤Ⅲ, 스트레스테스트, 볼커 룰 등 규제의 면제 내지 완화는 시스템리스크 증가 없이 규제부담을 완화하는 긍정적 효과가 있는 것으로 평가하였다.[95]

셋째, 재무부 보고서는 미국의 자본 및 유동성 규제가 국제기준보다 과도하게 엄격하다는 점을 지적하였다. 미국 감독당국은 국제협상 과정에서 바람직한 수준보다 낮은 국제기준이 도입되었다고 판단하는 경우에는 자국 은행에 대해 국제기준보다 엄격한 규제기준을 적용하였는데, 이러한 규제로는 G-SIB 추가자본, 레버리지비율, 총손실흡수력(TLAC : Total Loss Absorbing Capacity), 자기자본비율의 위험가중자산 산출, 단기 및 장기 유동성비율 등이

---

93 Department of Treasury(2017.6), pp.56~61.
94 Janet L. Yellen(2017), Jerome H. Powell(2017) 등 참조.
95 Neillie Liang(2017).

있다.

　예컨대 G-SIB 추가자본의 경우 국제기준은 시스템적 중요도에 따라 1~2.5%의 추가자본을 부과하였는 데 반해 미국 기준은 그 2배에 해당하는 최고 5%의 추가자본을 부과하였다. 또한 레버리지비율도 국제기준은 3%이나 미국 기준은 5~6%로 2배 높은 수준이다. 총손실흡수력(TLAC)의 레버리지비율도 국제기준은 6.75%이나 미국 기준은 9.5%로 설정하였다.[96] 재무부 보고서는 이와 같이 과도하게 엄격한 규제가 미국 금융회사의 국제경쟁력을 약화시킨다고 주장하며 완화할 것을 제안하였다.

　그러나 초대형은행을 대상으로 한 G-SIB 자본·유동성 규제, 손실흡수력 등 새로운 규제의 재점검은 시기적으로 너무 이르다는 지적이 있다.[97] 이 규제들은 초대형은행들이 초래할 수 있는 시스템위험의 파급영향을 축소 내지 차단하기 위한 것으로서 소형 지역은행에는 적용되지 않는다. 따라서 이 규제들의 재점검은 규제기준을 희석하고자 하는 초대형은행들의 요구를 반영한 것이라는 지적이다.

【자본규제의 단순화 및 강화】

　공화당의 금융선택법안은 자본충실도 우수은행, 즉 단순 레버리지비율 10% 이상[98]인 은행에 대해 각종 건전성 규제를 면제(Regulatory Off-Ramp)하

---

[96] 2016년 12월 연준은 금융안정위원회(FSB)의 제안에 따라 G-SIB에 대해 Tier 1 자본과 장기 미상환 발행채권으로 구성된 TLAC를 ① 위험가중자산의 18%와 ② 총 레버리지 익스포져의 9.5% 중 큰 금액 이상으로 유지토록 의무화하였다. Federal Reserve (2016, December) 참조.
[97] Neillie Liang(2017).
[98] 통상적으로 레버리지는 자산 또는 부채를 자본으로 나눈 값(예: 100배), 즉 레버리지 승수(leverage multiflier)로

는 방안을 제시하였다. 이러한 규제에는 도드프랭크법 제165조의 강화된 감독기준, 바젤Ⅲ 자본·유동성 규제, 볼커 룰 등이 포함된다. 복잡한 위험가중자산의 산출에 따른 은행의 규제준수 부담을 완화하고 손실흡수력을 획기적으로 개선하자는 것이 그 취지이다. 이 방안 도입시 BIS비율은 더 이상 공식적인 규제기준이 되지 못하고, 감독당국의 내부 건전성 평가기준으로 위상이 격하된다.

이 방안은 FDIC 호니그 부의장이 제안한 것을 금융선택법안에서 반영한 것이다. 호니그 부의장은 단순 레버리지비율의 도입을 주장한 근거로서 동 비율이 은행의 건전성을 더 잘 나타내는 신뢰할 만한 척도라는 일련의 연구결과[99]와 함께 금융위기 당시 애널리스트들이 이 비율을 이용하여 은행의 건전성을 평가하였다는 점을 들었다. 그리고 기준을 10%로 설정한 것은 전통적 은행업만을 영위하는 은행의 대부분이 10%를 상회하거나 근접한다는 점과 금융위기시 레버리지비율 10% 이상인 은행들의 부도율이 크게 낮았다는 점[100]을 고려한 것이라고 설명하였다.

호니그 부의장에 따르면, 2016년 9월 현재 10대 대형은행의 유형 자본비율은 평균 5.75%(IFRS 기준)로서 2008년의 3%보다는 크게 개선되었다. 그러나 지난 금융위기로 인한 대형은행의 손실규모가 총자산 대비 6%에 이른

정의된다. 그런데 레버리지비율은 자본에서 익스포져를 나눈 값(예: 10%)을 의미한다. 바젤위원회는 2010년 바젤Ⅲ의 일환으로 레버리지비율 규제를 도입하면서 레버리지비율로 레버리지를 측정·규제하고자 하였다. 바젤위원회가 이와 같이 레버리지를 비율의 개념으로 정의한 것은 자기자본비율(자본/위험기준자산)과의 일관성을 위한 것이다. 이러한 정의에 따를 경우 레버리지가 높은 은행은 레버리지비율이 낮게 나타난다.

99 Adrian Blundell-Wignall and Caroline Roulet(2012).
100 2008년 이후 파산한 부보 예금취급기관의 레버리지비율 현황(2007년 말 기준)

Tier I 레버리지 비율	5% 미만	5~10%	10~15%	15~20%	20% 초과	계
파산은행 수	9	334	125	24	18	510

자료: https://www.fdic.gov/about/learn/board/hoenig/Failed%20Bank%20Capital%20Ratios%20at%20YE%202007_03%

다는 점을 감안하면 아직 크게 부족한 수준이라는 것이 호니그 부의장의 주장이다.

한편, 연준, FDIC, OCC 등 연방은행감독기관들은 2014년 4월 공동으로 글로벌 시스템적으로 중요한 8개의 대형 은행지주회사에 대해 5%, 그리고 그 은행자회사에 대해 6%의 레버리지비율을 적용하는 규칙[101]을 제정한 바 있다. 호니그 부의장의 제안은 이러한 연방감독기관의 레버리지비율 규제기준보다 한층 강화된 것이다.

재무부 보고서는 하나의 대안적 규제완화 방안(an alternative approach)으로서 동 방안을 고려할 것을 감독당국에 권고하였다. 이 방안이 자본규제체계의 일대 전환을 전제로 한다는 점에서 상당한 논란을 일으킬 수 있다는 점을 감안하여 신중한 접근방식을 채택한 것으로 생각된다. 한편, 상원 개편안은 보다 현실적인 관점에서 레버리지비율을 8~10%로 설정하고 이 비율을 충족하는 소형은행(총자산 100억 달러 미만)에 대해서만 바젤Ⅲ 자본 및 유동성 규제를 면제할 것을 제안하였다.

【전통적 은행업과 비전통적 은행업의 분리】

호니그 부의장은 금융지주회사 산하에 중간지주회사를 도입하여 전통적 은행업(TBA: traditional banking activities)과 비전통적 은행업(NTBA: non-traditional banking activities)을 분리하는 방안을 제안하였다. 구체적으로 보면, 금융지주회사 산하의 은행중간지주회사(BICH: bank intermediate holding

---

[101] Federal Reserve, OCC & FDIC(2014, September).

company)는 전통적 은행업을, 비은행중간지주회사(NICH : nontraditional intermediate holding company)는 비전통적 은행업(이하 비은행업)을 영위한다. 여기에서 전통적 은행업(TBA)이란 예금수취, 신용중개, 지급결제 서비스 등을 포함한 전통적인 상업은행 업무를 말하는 것이다. 그리고 비은행업이란 투자은행업 및 보험업 등 다양한 비은행 금융업무를 의미한다.

호니그 부의장은 비은행업의 위험을 차단하여 공적 안전망(예금보험제도, 연준 재할인 등)의 손실을 방지하기 위한 제도적 장치를 제안하였다. 예컨대 은행 및 비은행 중간지주회사는 각각 별도로 경영되어야 하며, 별도로 자본금을 보유하여야 한다. 그리고 비은행중간지주회사의 자본금은 금융지주회사가 발행하는 트래킹 주식(tracking stock)으로 조달되어야 한다. 트래킹 주식이란 상업기업이 신규사업 또는 위험사업으로부터 핵심영업을 분리·보호하기 위해 활용하는 수단으로서 그 가치가 신규·위험사업의 손익 등 경영성과에 연동되는 특징이 있다. 경영진은 트래킹 주식을 활용하여 비은행업으로부터 수익을 창출할 수 있는 기회를 가짐과 더불어 그로부터 발생하는 잠재적 손실로부터 부보 예금취급기관을 보호할 수 있다. 또한 금융지주회사 및 그 계열회사는 비은행중간지주회사 부채의 일정 비율(20%)을 초과하여 보유할 수 없다. 호니그 부의장은 이러한 중간지주회사 구조를 통해 상업은행업과 투자은행업의 시너지를 유지하면서도 비은행 부문의 위험으로부터 은행업의 안전성을 지킬 수 있는 장점이 있다고 주장하였다.

호니그 부의장의 방안은 금융선택법안과 재무부 보고서에는 반영되지 않았다. 그러나 미국 내 일각에서 주장하는 21세기형 글래스스티걸법, 즉 은행증권 분리제도의 한 방안으로서 고려될 수 있다는 점에서 한번쯤 주목할 만한 방안이라고 생각된다.

제6장

<<<

볼커 룰
Volcker rule

Dodd-Frank Act

I
머리말

오바마 대통령에 의해 2009년 2월 '경제회복자문이사회'(Economic Recovery Advisory Board) 의장으로 임명된 폴 볼커Paul Volcker는 그해 오바마 대통령에게 세 페이지 분량의 서한을 제출하였다. 금융안정망의 혜택을 받는 금융회사는 고위험업무를 영위하지 못하도록 하여야 한다는 내용의 권고안으로서 소위 볼커 룰이라 불리게 된 것이다. 오바마 대통령은 1년 뒤인 2010년 1월 볼커 룰에 대해 공개적인 지지를 표명하였으며, 이는 도드프랭크법 제619조에 반영되었다.

볼커 룰이라 명명되는 도드프랭크법 제619조는 은행지주회사법 제13조를 신설하여 은행의 자기계정거래[1](proprietary trading)와 헤지·사모펀드에 대

---

[1] proprietary trading은 통상 자기자본거래, 자기계정거래, 자기매매 등으로 번역되고 있는데, 이 거래는 자기자본뿐만 아니라 타인자본을 활용할 수 있기 때문에 자기자본거래보다는 자기계정거래 또는 자기매매가 더 적절한 번역용어라고 생각된다. 한편, 실무계에서는 프롭 트레이딩이라는 용어로 사용되고 있다. 자기계정거래란 통상 고객의 요구에 의해서가 아닌 자기의 계산에 의해 단기매매를 주된 목적으로 하는 거래를 의미한다.

한 투자(ownership) 및 운용(sponsorship)을 원칙적으로 금지하였다. 또한 이 조항은 금융안정감시위원회(FSOC)에 의해 연준의 규제감독을 받도록 지정된 비은행금융회사에 대하여는 자기계정거래와 헤지·사모펀드의 투자·운용을 허용하되 강화된 규제감독(자기자본 부과 및 한도규제)를 받도록 하였다.

이 조항에 의거하여 미국의 5개 연방감독기관들(OCC, 연준, FDIC, SEC, CFTC)은 공개의견 수렴 및 영향분석 등 2년여 준비기간을 거쳐 2013년 12월 공동으로 볼커 룰 이행을 위한 규칙[2](이하 볼커 룰 규칙)을 발표하였다. 볼커 룰 규칙은 2014년 4월 1일자로 발효된 뒤 1년여 유예기간을 거쳐 2015년 7월부터 본격 시행되었다. 다만, 볼커 룰 시행시 사모펀드 등의 조기 청산으로 상당한 손실이 우려된다는 투자은행들의 건의를 받아들여 펀드 관련 규제의 시행은 2017년 7월로 다시 연기되었다.

미 의회가 볼커 룰을 도입한 목적은 예금보험이라는 금융안정망에 의해 보호되는 금융회사의 과도한 리스크투자를 제한함으로써 금융안정을 확보하고 납세자의 혈세낭비를 방지하는 데 있었다. 나아가 자기계정거래와 헤지펀드 투자를 금지·제한함으로써 대형 금융회사의 규모, 복잡성, 상호연계성을 줄이고 시스템적 리스크를 축소하는 것을 목적으로 하였다.[3]

도드프랭크법상 볼커 룰의 내용은 단순하지만, 이의 시행을 위해 감독기관들이 마련한 최종 규칙은 업계의 의견수렴 및 영향분석 등을 포함한 방대하고도 세밀하며 때로는 모호하고 복잡한 내용으로 구성되어 있다. 이 장에서는 도드프랭크법 제619조와 볼커 룰 규칙의 중요 내용을 개관하고, 2017년 6월 재무부 보고서[4]를 중심으로 최근의 볼커 룰 개편논의를 살펴본다. 볼커

---

2 OCC et al(2014, January).
3 S. Rep. No.111-176 p.8, CCH(2010), p.227에서 재인용.
4 U.S. Department of Treasury(2017, June).

룰과의 비교를 위해 재무부 보고서의 권고사항은 박스로 처리하여 본문에 실었다.[5]

---

[5] 볼커 룰과 유사한 규제로서 영국은 2011년 9월 소매금융업의 분리(ring-fencing)를 주요 내용으로 하는 비커스 보고서(Vickers Report)를, EU는 2012년 10월 고위험 투자은행 기능을 별도 자회사로 분리하는 방안을 주요 내용으로 하는 리카넨 보고서(Likanen Report)를 발표하였다. 이에 대한 비교연구는 이 글의 범위를 넘어서는 것으로 독자의 몫으로 남겨둔다.

II

볼커 룰 주요 내용

【볼커 룰의 적용대상】

도드프랭크법은 ①연방예금보험에 부보된 예금취급기관 ②동 예금취급기관의 지배회사(즉, 은행지주회사 및 저축조합지주회사) ③미국에 자회사 또는 지점을 둔 외국계 은행 ④이들 회사들의 자회사 및 관계회사를 통칭하여 은행기관(banking entity)으로 정의하고 볼커 룰의 적용대상으로 삼았다.[6]

따라서 부보은행 또는 은행지주회사와 함께 그 계열사인 증권회사도 볼커 룰의 적용을 받는다. 반면, 예금보험에 가입하지 않은 주법은행과 그 계열사는 볼커 룰의 적용을 받지 않으며, 은행 또는 은행지주회사의 계열사가 아닌 증권회사도 볼커 룰의 적용대상에서 제외된다.

---

6 은행지주회사법(The Bank Holding Company Act of 1956) 제13조(h)(1).

이와 같이 도드프랭크법이 볼커 룰의 적용대상을 부보은행과 그 지배회사 및 계열회사로 제한한 것은 자기계정거래 또는 헤지·사모펀드 투자로부터 발생하는 은행손실로 인해 초래될 수 있는 예금보험기금의 고갈과 납세자의 혈세로 조달되는 공적자금의 낭비를 방지하는 데 볼커 룰의 주된 목적이 있음을 의미하는 것이다.[7]

재무부 보고서의 권고사항

재무부 보고서는 은행의 자산규모 또는 트레이딩 거래규모에 따라 볼커 룰을 차별적으로 적용하는 방안을 권고하였다. 우선, 총자산 100억 달러 이하의 은행(이하 소형은행)에 대해서는 볼커 룰의 모든 규제를 면제할 것을 권고하였다. 소형은행은 트레이딩 거래실적이 전혀 없는 경우에도 리스크 헤지목적의 거래임을 증명하는 데 상당한 자원을 투자하여야 한다. 이에 반해 소형은행은 금융시스템의 안정에 미치는 위협의 정도가 아주 낮으며, 설사 소형은행이 제한적으로 트레이딩 거래를 하더라도 그에 따른 리스크는 기존의 건전성 규제감독으로 충분히 대응할 수 있다는 것이다. 따라서 소형은행에 대해서는 소비자 및 중소기업 대출이라는 본연의 핵심업무에 집중할 수 있도록 볼커 룰 규제를 전면 면제할 것을 권고하였다.

다음으로, 총자산 100억 달러를 초과하는 대형은행에 대하여도 트레이딩 거래규모가 일정 수준 이하인 경우에는 볼커 룰의 자기계정거래 금지규제를 면제할 것을 권고하였다. 일정 수준이란 트레이딩 자산·부채 규모가 10억 달러 이내이고, 자산·부채의 총자산 대비 비중이 10% 이하인 경우를 말하는 것으로 은행 감독당국이 시장리스크 자본규제(market risk capital rule)의 적용대상을 결정하는 데 사용하고 있는 기준이다.[7] 보고서는 이와 같이 자기계정거래 금지규제의 적용기준을 시장리스크 자본규제 기준과 동일하게 결정함으로써 은행들의 규제준수 부담을 크게 줄일 수 있다고 주장하였다.

---

7 12 C.F.R. 217.201.

【자기계정거래(Proprietary Trading)의 금지】

(1) 금지내용 및 트레이딩 계좌의 기준

도드프랭크법은 금지의 대상이 되는 '자기계정거래'를 트레이딩 계좌(trading account)의 주체(principal)가 되어 금융상품(증권·파생상품·선물·옵션 등)을 거래(매매·취득·처분)하는 행위로 정의하였다. 또한 '트레이딩 계좌'를 단기매매 또는 단기 시세변동으로부터 수익을 주된 목적으로 금융상품을 취득·보유하는 계좌로 정의하고, 구체적인 사항은 연방감독기관들이 정하도록 하였다.

이에 따라 볼커 룰 규칙은 다음 세 가지 기준 중 어느 하나에 해당하는 계좌를 '트레이딩 계좌'로 정의하였다.[8]

① **거래목적 기준(purpose test)**_ 단기간 내 재매도, 단기차익 실현, 또는 이들 거래에 대한 헤지 등을 주된 목적으로 금융상품을 매매하기 위한 계좌. 여기에서 단기의 기준은 60일이다. 즉 금융상품의 보유기간이 60일 이내면 은행이 달리 설득력 있는 증거를 제시하지 않는 한 트레이딩 계좌로 분류된다. 이를 통상 반증가능추정(rebuttable presumption)이라 한다.

② **시장리스크 자본규제 기준(market risk capital rule test)**_ 시장리스크 자본규제의 대상이 되는 포지션을 보유하는 계좌.

③ **딜러의 자격으로 거래(status test)**_ 은행이 증권딜러, 스왑딜러 또는 증권기초 스왑딜러의 자격으로 금융상품을 매매하기 위한 계좌.

---

[8] 12 C.F.R. 248.3(b).

재무부 보고서의 권고사항

> 재무부 보고서는 두 번째 및 세 번째 기준은 문제가 없으나, 첫 번째 거래목적 기준(purpose test)은 금융회사에 과도한 부담을 초래한다고 지적하였다. 목적기준은 거래시점에서 트레이더trader의 의도파악을 요구하는데, 이는 상당한 복잡함(complexity)과 주관성(subjectivity)을 수반하는 어려운 일이다. 이러한 어려움을 감안하여 볼커 룰 규칙은 보유기간이 60일 이내인 포지션은 설득력 있는 증거를 제시하지 않는 한 자기계정거래로 전제된다는 반증가능추정(rebuttable presumption) 조항을 도입하였다. 재무부 보고서는 반증가능추정 조항이 주관성의 문제는 해결하지만 과도한 광범성(overbreadth)의 문제를 초래한다고 비판하였다. 보유기간 60일 이내 포지션이 자기계정거래에 해당하지 않음을 해명하는 데 금융회사는 과도한 부담을 안게 되며, 이로 인해 트레이딩 활동이 크게 위축되는 결과가 초래된다는 것이다.
>
> 이에 따라 재무부 보고서는 반증가능추정 조항을 삭제할 것을 권고하였다. 나아가 은행기관이 트레이더의 거래의도를 분석해야 하는 부담을 지지 않도록 목적기준(purpose test)을 삭제하는 방안을 고려할 것을 권고하였다. 보고서는 목적기준을 삭제한다면 자기계정거래 여부를 판별하는 데 있어 금융회사의 부담이 크게 줄어들 것으로 주장하였다. 보고서는 볼커 룰 적용대상을 대형은행으로 한정하도록 권고하였는데, 대형은행들은 시장리스크 자본규제 준수를 위해 이미 트레이딩 자산과 부채를 구분하도록 요구되고 있기 때문이다.

(2) 자기계정거래에 해당하지 않는 거래

볼커 룰 규칙은 자기계정거래에 해당하지 않는 일련의 거래를 상세히 나열하였다.[9]

자기계정거래의 정의가 광범위하고 모호하기 때문에 이에 포함되지 않는 거래를 열거함으로써 규제대상을 명확히 하기 위함이다. 이들 거래는 자기계정거래에 해당하지 않는다는 점에서 자기계정거래에 해당하지만 예외적으로 허용되는 거래들(permitted activities)과 구별된다.

---

9 12 C.F.R. 248.3(d).

자기계정거래에 해당하지 않는 거래

① 레포 및 역레포거래
② 증권의 대차거래
③ 유동성 관리목적의 거래
④ 청산기구와 청산목적의 거래
⑤ 기존 의무의 이행을 위한 거래
⑥ 대리인·중개인·수탁인 자격으로 행한 거래
⑦ 임직원에게 이연보너스 지급을 위한 거래
⑧ 채권의 추심을 위한 거래 등

(3) 허용거래(permitted activities)

도드프랭크법과 볼커 룰 규칙은 아래에서 기술한 일련의 거래들에 대하여는 자기계정거래의 금지규정을 적용하지 않도록 예외(이하 허용거래)를 인정하였다.[10] 이러한 허용거래는 주로 기업·가계·개인 등 고객에 대한 서비스 제공 또는 이와 관련된 리스크관리를 위해 필요한 것으로서, 이들을 금지대상에 포함시킬 경우 금융시장의 자본형성 기능과 미국 경제의 활력이 손상될 것으로 우려되었기 때문이다.

은행이 허용거래를 영위하기 위해서는 볼커 룰 규칙에서 정하는 '내부 준법프로그램'(internal compliance program)을 마련·운용하여야 하고, 담당직원들이 금지된 자기계정거래를 수행할 유인을 갖지 않도록 보상체계를 설계하여야 한다.

이에 더하여 해당 허용거래별로 일정한 요건을 충족하여야 한다.

① **인수업무(Underwriting)** _ 증권의 인수업무(공모 및 사모 포함)는 자기계정거

---

10 은행지주회사법 제13조(d)(1) 및 12C.F.R. 248.4~6.

래의 금지대상에서 제외된다.[11] 단, 트레이딩 데스크trading desk[12]의 보유 포지션이 당해 증권의 분매(distribution)를 위한 것이어야 하며, 합리적으로 예측할 수 있는 고객의 단기적인 수요(near-term demand)를 초과하지 않는 범위 이내여야 한다. 이러한 제한은 허용거래임을 빙자한 투기적인 행위를 방지하기 위함이다.

② **시장조성 활동(Market making-related activities)**_ 시장조성 활동이 금지대상에서 제외되기 위해서는 트레이딩 데스크가 금융상품을 일상적으로 매매하여야 하며, 트레이딩 데스크가 보유한 금융상품의 재고(inventory)는 역사적 수요 및 시장요인 등을 고려하여 '합리적으로 예측할 수 있는 고객의 단기수요'(RENTD: reasonably expected near term demand)를 초과하지 않는 범위 이내여야 한다.[13]

재무부 보고서의 권고사항

재무부 보고서는 고객의 단기수요(RENTD)를 합리적으로 예측하는 것이 매우 어렵다는 점과 단기수요를 지나치게 빡빡하게 예측하여 금융상품의 재고가 충분하지 않을 경우에는 시장조성 활동이 위축될 수 있음을 지적하였다. 따라서 보고서는 은행들이 금융상품 재고의 결정에 있어 충분한 유연성을 가지도록 허용할 것을 권고하였다. 나아가서 보고서는 은행들이 시장조성 활동에 관한 엄격한 기준(narrowly tailored trader mandates)을 마련·운용하는 경우에는 단기수요 요건(RENTD)의 면제방안을 고려하도록 권고하였다.

---

11 은행지주회사법 제13조(d)(1)(B) 및 12 C.F.R. 248.4(a).
12 볼커 룰 규칙은 트레이딩 데스크를 은행 트레이딩 계좌의 명의로 금융상품을 매매하는 최소 단위조직(smallest discrete unit)으로 정의하였다.
13 은행지주회사법 제13조(d)(1)(B) 및 12 C.F.R. 248.4(b).

③ **위험경감 목적의 헤징(Risk-mitigating hedging)**_ 볼커 룰 규칙은 일정 조건하에 보유 포지션의 특정한 리스크(specific risk)를 경감하기 위한 헤징을 금지대상에서 제외하였다.[14] 그러나 은행 전체의 자산·부채리스크 또는 일반적 시장변동 리스크를 경감하기 위한 헤징은 예외대상에 포함되지 않는다.

④ **정부채권의 거래**_ 연방정부, 연방기구, 주 정부, 시 정부가 발행한 채권에 대한 자기계정거래는 허용된다. 또한 외국의 정부 및 정부기관이 발행한 채권도 일정 조건하에 자기계정거래가 허용된다.[15]

⑤ **외국은행의 거래**_ 외국은행에 의한 자기계정거래는 그에 관한 의사결정 및 그에 따른 리스크 보유가 미국의 영역 밖(solely outside of the U.S.)에서 이루어지는 경우에는 금지대상에서 제외된다.[16]

⑥ **고객을 위한 거래**_ 일정한 조건하에 은행이 수탁자의 지위(fiduciary duty)로 고객을 위해 하는 거래와 고객의 주문에 따라 포지션 상쇄를 위해 은행이 자기의 계산으로 하는 무위험 반대매매[17]는 허용된다.[18]

⑦ **보험회사**_ 보험회사가 일반계정(general account) 또는 특별계정(separate account)으로 하는 거래는 금지대상에서 제외된다. 이들 계정의 거래는 주로 보험계약자의 수요에 의해 발생하며, 그에 따른 이득과 손해도 보험회사가 아닌 보험계약자에게 귀속되기 때문이다.[19]

---

14 은행지주회사법 제13조(d)(1)(C) 및 12 C.F.R. 248.5.
15 은행지주회사법 제13조(d)(1)(A) 및 12 C.F.R. 248.6(a).
16 은행지주회사법 제13조(d)(1)(H) 및 12 C.F.R. 248.6(b).
17 예컨대 고객의 매수주문에 따라 고객에게 금융상품을 매도한 직후 동일한 금융상품을 은행이 자기의 계산으로 매수하는 것은 허용된다.
18 은행지주회사법 제13조(d)(1)(D) 및 12 C.F.R. 248.6(c).
19 은행지주회사법 제13조(d)(1)(F) 및 12 C.F.R. 248.6(d).

(4) 예외에 대한 제한(Limitations on permitted activities)

도드프랭크법은 상기 허용거래에 대하여 일정한 제한을 부과하였다.[20] 즉 상기 허용거래로 인해 ①고객과 중대한 이해상충이 초래되거나 ②은행의 고위험자산(high-risk asset) 또는 고위험 트레이딩 전략(high-risk trading strategy)이 현저히 증가하거나 ③은행의 건전성 또는 미국의 금융안정에 위협이 초래되는 경우에는 허용거래의 대상에서 제외된다.

이와 관련하여 볼커 룰 규칙은 '고객과 중대한 이해상충이 초래되는 경우'를 은행의 이익과 고객의 이익이 중대하게 상반되는데도 은행이 고객에게 이해상충 가능성을 적절하게 공시하지 않았거나 또는 이해상충 방지를 위한 적절한 정보장벽(information barriers)을 설치하지 않은 경우로 정의하였다.[21] 다시 말해 은행과 고객의 이익이 상반되어도 이를 적절하게 공시하거나 정보장벽을 구축하였다면 이해상충에 해당하지 않는다.

【헤지·사모펀드에 대한 투자 및 운용 금지】

(1) 금지의 내용

도드프랭크법과 볼커 룰 규칙은 헤지·사모펀드에 대한 은행의 소유(ownership interests) 또는 운용(sponsorship)을 금지하였다.[22] 은행이 소유·운영하는 펀드를 통해 자기계정거래를 간접적으로 영위하는 것을 방지하기 위한 목적이다. 또한 고객과의 이해상충을 예방함과 아울러 평판리스크를 우려하여

---

20 은행지주회사법 제13조(d)(2).
21 12 C.F.R. 248.7.
22 은행지주회사법 제13조(f) 및 12 C.F.R. 248.10~16.

부실화된 펀드를 구제하고자 하는 은행의 유인을 제거하기 위한 목적도 있다.

여기에서 세 가지 개념이 중요하다. 즉 '규제대상이 되는 펀드'(covered fund, 이하 대상펀드), '소유', 그리고 '운용'의 정확한 의미를 정의할 필요가 있다.

도드프랭크법은 볼커 룰 규제의 대상이 되는 헤지펀드 및 사모펀드를 ① 투자회사법(Investment Company Act of 1940) 제3조(c)(1) 및 제3조(c)(7)에 의해 투자회사 등록이 면제된 펀드,[23] 그리고 감독당국에 의해 이와 유사한 펀드로 지정된 펀드로 규정하였다.[24]

이 조항에 따라 볼커 룰 규칙은 ②상품거래법(Commodity Exchange Act) 상 등록이 면제된 선물신탁[25](commodity pool)과 ③미국 은행에 의해 운용(sponsor)되는 외국 펀드로서 일정 기준을 충족하는 펀드 등을 대상펀드의 범위에 포함하였다.[26] 이와 함께 볼커 룰 규칙은 대상펀드의 정의에서 제외되는 펀드[27]를 상세하게 열거하고 있는데, 이 펀드들은 일반기업으로서의 특성을 갖거나 특정목적을 가지고 장기투자를 한다는 점에서 볼커 룰에서 규제하고자 하는 단기수익 목적의 투자활동을 하는 헤지·사모펀드와는 성격을 달리하는 것이다. 연방 감독당국들은 앞으로도 업계의 요구가 있으면 대상펀드의 범위에서 제외되는 펀드를 추가적으로 인정할 방침임을 밝혔다.

도드프랭크법은 '운용'(sponsor)을 ①펀드의 무한책임사원·경영인·수탁인

---

[23] 15 U.S.C. 80a-1 et seq.
[24] 은행지주회사법 제13조(h)(2).
[25] 7 U.S.C. 1a(10).
[26] 12 C.F.R. 248.10(b).
[27] 이에는 외국공공펀드(foreign public fund), 은행에 의해 직간접으로 소유되는 완전자회사(wholly-owned subsidiaries), 합작투자(joint venture), 인수합병을 목적으로 한 특수회사(acquisition vehicle), 증권화 관련 기구(securitization related vehicle), 투자회사법상 등록이 의무화된 투자회사, 외국의 연금 및 퇴직연금 펀드, 보험회사의 특별계정, 소상공인 및 공공복지 펀드, FDIC가 청산인 자격으로 자산처분을 위해 활용하는 기구 등이 포함된다. 12 C.F.R. 248.10(c).

으로서 참여하거나 ②펀드의 이사·경영진·수탁인의 과반수를 선임 또는 지배(또는 임직원 및 대리인의 과반수를 임용)하거나 ③마케팅·광고 등의 목적으로 펀드와 명칭을 공유하는 행위로 폭넓게 규정하였다.[28]

'소유'의 의미는 볼커 룰 규칙에서 구체적으로 정의하고 있는데, 지분투자, 파트너십partnership 및 기타 유사한 투자(other similar interests)를 의미한다고 규정하였다.[29]

이상과 같이 볼커 룰 규칙은 지분성 투자의 의미를 폭넓게 정의하였는데, 이에 따르면 통상 소유지분의 정의에 포함되지 않는 파생상품, 자본의 성격을 갖는 채무증권(손익분담 권리를 갖는 채무증권 등) 등 구조화 상품도 볼커 룰 규제목적상 소유지분의 정의에 포함된다. 그러나 구조화 상품은 매우 다양하기 때문에 이러한 소유지분 요건을 충족하는지 여부를 일일이 평가해야 하는 문제가 있다.

(2) 허용거래(permitted activities)

도드프랭크법과 볼커 룰 규칙은 대상펀드가 고객에 대한 서비스 제공을 목적으로 하는 경우에는 일정한 조건하에 은행의 투자 및 운용을 예외적으로 허용하였다.[30] 대고객 서비스라 함은 신탁(trust), 수탁(fiduciary), 투자자문, 상품거래자문 등의 서비스를 의미한다. 또한 대상펀드가 자산담보부 증권의 발

---

28 은행지주회사법 제13조(h)(5).
29 12 C.F.R. 248.10(d)(6). '기타 유사한 투자'란 현재, 미래, 또는 잠재적(contingent basis)으로 다음과 같은 권리를 갖는 경우를 의미한다: ①대상펀드의 무한책임사원, 경영진, 이사, 투자 매니저, 투자 자문업자, 상품거래 자문업자 등의 선임·해임에 참여할 권리 ②대상펀드의 이익·이득·이윤을 배분받을 권리 ③대상펀드의 청산 후 잔여가치(residual asset)를 배분받을 권리 ④대상펀드의 초과 스프레드(excess spread)를 배분받을 권리(초과 스프레드란 펀드의 총수취이자에서 총지급이자를 차감한 금액을 의미) ⑤대상펀드 자산의 상각 등으로 손실발생시 대상펀드의 지급의무가 감소하는 경우 ⑥대상펀드로부터 패스스루(pass-through) 방식으로 이익을 수취하거나 대상펀드 기초자산의 성과에 연동되어 수익률이 결정되는 경우 ⑦이상의 권리들의 조합
30 은행지주회사법 제13조(f)(3) 및 12 C.F.R. 248.11~13.

행, 인수업무, 시장조성, 위험경감 등을 목적으로 하는 경우에도 동일한 조건 하에 투자 및 운용을 허용하였다. 그 밖에 외국은행이 외국에서 대상펀드에 투자·운용하는 경우와 보험회사가 일반계정 또는 특별계정으로 대상펀드에 투자·운용하는 경우도 허용된다.

(3) 허용거래의 전제조건 및 관련규제

도드프랭크법과 볼커 룰 규칙은 허용거래의 전제조건들을 구체적으로 명시하였는데, 그 중 중요한 조건으로서 두 종류의 3% 한도규제가 있다.[31]

첫째는 개별 대상펀드별로 적용되는 조건으로서, 대상펀드에 대한 은행의 투자지분이 대상펀드 자산가치의 3% 또는 주식수의 3%를 초과할 수 없다는 것이 그것이다. 다만, 대상펀드 설립 후 1년간은 초기 투자기간(seeding period) 으로서 3% 한도의 초과가 허용된다. 감독당국은 은행의 요청에 의해 초기 투자기간을 최대 2년간 연장할 수 있다.

둘째, 전체 대상펀드에 대한 은행의 총투자금액(이익금 포함)은 은행 자기자본(Tier 1 기준)의 3%를 초과할 수 없다.

도드프랭크법에서 열거하는 그 밖의 조건으로서 은행은 대상펀드의 채무를 보증·인수할 수 없으며, 대상펀드는 은행과 동일한 명칭을 사용할 수 없고, 은행의 임직원은 대상펀드에 대한 지분투자가 금지된다.[32] 또한 은행은 투자자의 손실이 은행에 의해 보전되지 않는다는 사실을 투자자에게 고지하여야 할 의무가 있다.[33]

또한 볼커 룰은 대상펀드에 대한 투자·운용과 관련하여 자본규제와 거

---

31 은행지주회사법 제13조(d)(4) 및 12 C.F.R. 248.12.
32 은행지주회사법 제13조(d)(1)(G)(ⅴ)~(ⅷ).
33 은행지주회사법 제13조(d)(1)(G).

래규제를 부과하였다. 즉 은행기관은 대상펀드에 대한 총투자금액을 규제자본 산출시 차감하여야 한다.[34] 또한 은행기관은 대상펀드와 연방준비법(Federal Reserve Act) 제23A조에서 규정하는 일련의 거래, 즉 대상거래(covered transactions)를 할 수 없다.[35]

(4) 허용거래에 대한 제한(Limitations on permitted activities)

볼커 룰 규칙은 대상펀드에 대한 투자·운용의 허용대상과 관련하여 자기계정거래의 경우와 동일한 제한을 부과하였다.[36] 즉 대상펀드에 대한 투자·운용으로 인해 ①고객과 중대한 이해상충이 초래되거나 ②은행기관의 고위험자산 또는 고위험 트레이딩 전략이 현저히 증가하거나 ③은행기관의 건전성 또는 미국의 금융안정에 위협이 초래되는 경우에는 허용대상에서 제외된다.

재무부 보고서의 권고사항

> 재무부 보고서는 은행기관의 벤처캐피탈 지원 등 자본형성 기능을 촉진하기 위해 볼커 룰의 펀드 투자·운용 규제를 일부 수정할 것을 권고하였다. 첫째, 대상펀드의 정의가 지나치게 포괄적이라는 점을 지적하고, 헤지·사모펀드만이 규제대상에 포함되도록 대상펀드의 정의를 단순화할 것을 권고하였다. 둘째, 펀드의 자립적 운영기반 마련과 투자자 유치촉진을 위해 초기 투자기간(seeding period)을 3년으로 연장할 것을 권고하였다. 셋째, 은행기관과 대상펀드간에 연방준비법 제23A조에서 정한 거래를 허용할 것을 권고하였다. 넷째, 펀드가 은행으로부터 분리된 독립법인임을 투자자에게 공개하는 것을 전제로 예금취급기관 이외의 은행기관(banking entities) 및 은행지주회사는 펀드와 명칭을 공유하도록 허용할 것을 권고하였다.

---

34 은행지주회사법 제13조(d)(4)(B)(ⅲ).
35 은행지주회사법 제13조(f) 및 12 C.F.R. 248.14.
36 12 C.F.R. 248.15.

【준법시스템의 구축】

도드프랭크법과 볼커 룰 규칙은 은행기관이 볼커 룰의 준수 여부를 자체적으로 점검·감시하기 위한 준법시스템(Compliance programs)을 갖추도록 요구하였다.[37]

볼커 룰 규칙은 준법시스템의 요건을 은행기관의 자산 및 규제대상 거래의 규모에 따라 달리 규정하였다. 우선, 정부발행 채권의 거래를 제외하고는 규제대상 거래를 영위하지 않는 은행기관은 볼커 룰 준법시스템을 갖추지 않아도 된다. 다음으로 트레이딩 자산규모 100억 달러 이하의 은행기관은 기존 준법시스템에 볼커 룰 내용을 포함함으로써 요건을 충족할 수 있다.

마지막으로 총자산 규모 500억 달러 이상 또는 트레이딩 자산규모 100억 달러 이상의 은행기관은 별도의 볼커 룰 준법시스템을 마련하여야 한다.

준법시스템은 트레이딩 및 투자한도의 설정, 볼커 룰 준수 여부의 감시를 위한 내부 통제절차 확립, 볼커 룰 준수에 책임을 가진 고위 경영진의 임명, 준법시스템에 대한 내부감사, 직원교육, 기록보관 등에 관한 내용을 포함하여야 한다.

재무부 보고서의 권고사항

재무부 보고서는 트레이딩 자산 또는 부채가 100억 달러 이상인 은행기관에게만 강화된 준법시스템을 마련토록 권고하였다. 또한 감독기관들로 하여금 준법시스템 관련 규제를 전면 재검토하여 불필요한 규제부담을 축소·제거하도록 권고하였다.

---

[37] 은행지주회사법 제13조(e) 및 12 C.F.R. 248.20~21.

【외국은행에 대한 적용】

도드프랭크법과 볼커 룰 규칙은 일정 조건하에 외국은행에 의한 자기계정거래와 대상펀드 투자·소유를 허용하였다.

(1) 자기계정거래 금지의 면제

볼커 룰 규칙은 외국은행에 의한 자기계정거래가 '미국의 영역 밖'(solely outside of the U.S.)에서 이루어지는 경우에는 금지대상에서 제외하였다.[38] 여기에서 '미국의 영역 밖'의 구체적 의미가 무엇인지가 관건이다.

볼커 룰 규칙의 공개초안은 '거래기준'(transaction-based approach) 방식을 채택하여 모든 거래상대방이 미국에 거주하지 않아야 하고, 모든 자기계정거래가 '완전히'(wholly outside) 미국의 영역 밖에서 이루어질 것을 요구하였다. 이에 대해 업계에서는 이 기준 도입시 외국은행의 미국 시장 이탈을 초래함으로써 미국 금융시장의 위축과 유동성 부족 등 부정적 영향이 우려될 뿐만 아니라 볼커 룰의 규제목적과도 부합하지 않는다고 이의를 제기하였다. 외국은행에 의한 자기계정거래는 그에 따른 리스크가 주로 외국에서 보유되기 때문에 미국 은행시스템의 안정성에 미치는 영향이 거의 없기 때문이다. 이러한 건의를 수용하여 최종 볼커 룰 규칙은 '리스크 기준'(risk-based approach) 방식을 채택하였다. 즉 외국은행의 자기계정거래에 따른 주요 리스크가 미국의 영역 밖에서 보유되면 금지대상에서 제외되도록 하였다. 구체적으로 외국은행의 자기계정거래가 금지대상에서 제외되기 위해서는 다음 요건들을 충족하여야 한다.

---

38 은행지주회사법 제13조(d)(1)(H) 및 12 C.F.R. 248.6(b)

① 미국 은행기관이 직간접으로 당해 외국은행을 지배하지 않을 것.

② 외국은행 영업활동의 대부분이 미국 영역 밖에서 이루어질 것.

③ 트레이딩 활동(거래의 주선, 협상, 실행을 포함하고 청산 및 결제를 포함하지 않음)을 영위하는 당해 외국은행 및 그 계열회사는 미국 영역 밖에 소재하여야 하며, 미국 법에 의해 설립되지 않을 것.

④ 트레이딩의 의사결정이 미국 영역 밖에서 이루어질 것.

⑤ 트레이딩(헤징거래 포함) 및 그에 따른 손익은 미국 영역 밖에서 외국법에 의해 설립된 회사의 회계장부에 기록될 것.

⑥ 외국은행의 트레이딩과 관련하여 외국은행의 미국 내 지점 또는 계열회사가 어떠한 금융지원도 하지 않을 것.

(2) 대상펀드 투자·운용 금지의 면제

볼커 룰 규칙은 외국은행에 의한 대상펀드 투자·운용이 미국의 영역 밖에서 이루어지는 경우에는 금지대상에서 제외하였다.[39] 이를 위해서는 구체적으로 다음과 같은 조건들이 충족되어야 한다(처음 2개의 조건은 앞의 경우와 동일하다).

① 미국 은행이 직간접으로 당해 외국은행을 지배하지 않을 것.

② 외국은행 영업활동의 대부분이 미국 영역 밖에서 이루어질 것.

③ 외국은행이 보유한 대상펀드 소유지분이 미국 거주자들(U.S. residents)을 대상으로 하지 않은 모집으로부터 매입한 것일 것.

④ 투자·운영의 의사결정이 미국 영역 밖에서 이루어질 것.

---

[39] 은행지주회사법 제13조(d)(1)(I) 및 12 C.F.R. 248.13(b).

⑤ 대상펀드의 투자(헤징거래 포함) 및 그에 따른 손익은 미국 영역 밖에서 미국법에 의해 설립되지 않은 회사의 회계장부에 기록될 것.

⑥ 대상펀드의 투자와 관련하여 외국은행의 미국 내 지점 또는 계열회사가 어떠한 금융지원도 하지 않을 것.

여기에서 세 번째 요건과 관련하여 규칙초안에서는 '미국 거주자에게 모집·판매된 펀드를 소유하지 않을 것'으로 규정하고 있었다. 최종 규칙에서는 이를 다소 완화하여 '미국 거주자들을 대상으로 모집하지 않은' 경우에는 대상펀드에 대한 소유지분을 허용하였다. 이는 미국 거주자들이 유통시장 등을 통하여 나중에 대상펀드의 소유지분을 취득할 수 있음을 의미한다.

III

평가 및
최근의 개편논의

【볼커 룰에 대한 평가】

　은행 증권을 분리한 글래스스티걸법의 현대 버전이라 불리는 볼커 룰은 도드프랭크법 중에서 의견이 가장 첨예하게 대립한 규제 중의 하나이다. 볼커 룰 논란은 도드프랭크법 도입 당시뿐만 아니라 볼커 룰 규칙시행 이후에도 폐지·완화 주장이 제기되고 있다는 점에서 현재진행형이다.

　볼커 룰에 대한 비판은 네 가지로 요약할 수 있다. 첫째는 볼커 룰 규칙이 지나치게 복잡하고 방대하다는 것이다. 볼커 룰의 창안자인 폴 볼커가 오바마 대통령에게 보낸 서한은 세 페이지에 불과했으나, 도드프랭크법은 10여 쪽(공표용 버전 기준)으로 늘어났으며, 감독기관들이 공동으로 제정한 볼커 룰 규칙은 무려 1,077쪽에 이르고 있어 복잡함과 방대함의 대표적인 규제로 인식되고 있다. 월가 금융기업들이 볼커 룰 희석을 위한 치열한 로비로 인해 수

많은 예외조항이 삽입된 결과였다. 폴 볼커가 언급하였듯이 규제가 복잡하고 방대해진 것의 책임은 바로 '금융회사 자신들'이 져야 할 것이었다.[40]

둘째, 볼커 룰에서 금지하는 자기계정거래와 헤지펀드 투자·운용이 금융위기의 직접적이고 핵심적인 원인이 아니라는 점이다. 심지어 폴 볼커도 이 점을 인정하였으며,[41] 금융위기 당시 재무부 장관이던 가이트너도 의회 증언에서 금융회사의 부실은 "자기계정거래로부터 비롯된 것이 아니라…… 대부분 신용의 확장에 기인한 것이다."고 언급한 바 있다.[42] 금융위기의 직접적 원인은 자기계정거래 그 자체에 있었다기보다는 기초자산의 위험성이 잘못 평가된 자산담보부 증권을 금융회사들이 엄청난 규모로 보유—그것이 자기계정거래의 결과인지 여부를 불문하고—하고 있다는 데 있었다.

볼커 룰의 반대론자들은 오늘날 자기계정거래와 헤지펀드 투자·운용이 전통적인 은행업무에 비해 더 위험한지 여부도 명확하지 않다고 주장한다. 이들 거래가 은행의 위험을 증가시키는 일면이 있지만 동시에 자산 분산효과를 통해 위험을 축소하는 측면도 있기 때문이다. 하원 금융서비스위원회의 공화당 보고서는 볼커 룰이 "해결책이라기보다는 문제를 야기하며, 금융위기와 관련없는 활동을 금지함으로써 금융안정을 해치는 효과만을 가져올 뿐이다."라고 주장하였다.[43]

그러나 이러한 주장에 대한 반대의견도 만만찮다. 예컨대 2011년 회계감사원(GAO) 보고서에 따르면, 정책당국자와 경제학자들은 리먼브라더스 파산원인의 하나로 자기계정거래에서의 손실을 지목하였으며, 금융위기의 주

---

40 James B. Stewart(2011).
41 Kim Dixon & Karey Wutkowski(2010).
42 Hearing Before the Cong. Oversight Panel, 111th Cong.(Sept. 10, 2009).
43 House Committee on Financial Services(2017), "The Financial CHOICE Act: Comprehensive Summary".

요한 원인으로 작용한 대규모 모기지증권 투자손실은 자기계정거래의 결과로 간주되어야 함을 지적하였다.[44]

어쨌든 폴 볼커가 볼커 룰을 제안한 것은 그것이 금융위기의 직접적 원인이었다기보다는 은행의 핵심업무와 거리가 있다고 보았기 때문이다. 폴 볼커는 자기계정거래와 같은 '투기적이고 위험하며 비핵심적인 업무'를 은행업에서 축출함으로써 은행산업의 건전성과 안정성이 제고될 수 있다고 본 것이다. 이런 점에서 볼커 룰은 금융위기에 대한 대응책을 넘어서 오늘날에 있어 은행업의 본질이 무엇인지에 대한 보다 근원적인 질문과 맥이 닿아 있다고 하겠다.

셋째, 볼커 룰에 의해 허용된 업무와 금지된 업무 사이에 정확한 선을 긋는 것이 매우 어렵다는 점이다. 현대 은행업은 업무활동의 중요한 부분으로서 고객의 요구에 대응한 시장조성 활동을 수행하고 있다. 과거 글래스스티걸법처럼 오늘날 은행업과 증권업을 칼로 자르듯 분리할 수 없는 이유도 여기에 있다.

이러한 점을 인정하여 볼커 룰은 자기계정거래를 금지하면서 시장조성 행위는 허용하고 있는데, 시장조성 활동으로 인정받기 위해서는 금융상품의 재고가 '고객의 단기수요'를 초과하지 않아야 한다. 다시 말해 금융회사들이 시장조성 활동으로 인정받기 위해서는 고객의 단기수요를 항상 올바르게 예측하고 그 범위 내에서 금융상품 재고를 보유하여야 한다. 만약 시장상황의 변동이나 오판으로 인해 금융상품 재고를 예상보다 오랫동안 보유하게 되면 자기계정거래로 오인받을 수 있는 위험이 있다. 헤지목적으로 시작한 거래가 결과적으로는 투기적 목적의 거래로 비춰질 수 있는 것이다.

---

[44] GAO(2011, July).

넷째, 볼커 룰은 금융위기 이후 채권시장의 유동성 축소와 변동성 증가의 원인으로 종종 지목돼왔다. 시장조성자들이 볼커 룰 위반을 우려하여 금융상품의 재고를 과도하게 축소하는 등 보수적인 거래전략을 채택할 수밖에 없으며, 시장조성 활동의 둔화는 결국 시장유동성 축소와 변동성 증가를 초래한다는 것이다. 금융위기 이후 미국 채권시장에서의 유동성 축소는 학계, 언론계, 감독당국 등에서 주목을 받아왔다.[45, 46]

그러나 FSOC가 지적[47]한 것처럼 금융위기 이후 규제환경(볼커 룰을 포함한 다양한 규제의 도입)과 거시경제 환경(저금리 환경하에서 채권발행량 축소)의 변화와 함께, 투자자의 유동성 선호(소위 유동성의 내부화)와 금융회사의 유동성 거래전략(금융상품 재고보다는 매입자와 매도자의 즉시 매칭에 의존하는 거래가 증가) 등 다양한 요인이 시장유동성에 영향을 미치고 있어 현 단계에서 금융시장의 유동성 축소를 볼커 룰만의 영향이라고 단정하기는 어려운 것으로 보인다.

【최근의 볼커 룰 개편논의】

금융업계를 중심으로 한 볼커 룰 반대론자들은 이상과 같은 네 가지 이유(과도한 규제준수 부담, 금융위기와 무관함, 금지거래의 모호함, 유동성 축소 등 부작용)를 근거로 볼커 룰의 유용성을 부정하며 폐지할 것을 주장하여왔다. 예컨

---

45 예컨대 Lawrence Goodman(2015)은 2014년 10월 현재 시장유동성이 2008년 3월 피크에 대비하여 46% 감소하였다고 측정하였다. 볼커 룰 시행 이후 회사채 시장유동성 축소에 대한 연준(Fed) 소속 경제학자들의 연구는 Bao et al(2016) 참조.
46 이에 대한 논의는 Bao et al(2016) 참조.
47 FSOC, "2016 Annual Report to Congress", pp.123~125.

대 미국은행협회(ABA : American Bankers Association)는 궁극적으로 볼커 룰을 폐지하되, 단기적으로는 규제를 단순화·완화해줄 것을 요구하였다.[48] 또한 업계 의견을 반영한 공화당의 금융선택법안(Financial CHOICE Act)은 볼커 룰이 민간의 자본형성을 저해한다며 전면 폐지할 것을 주장하였다.

이에 반해 정책당국자들은 볼커 룰의 유용성을 인정하면서 과도한 규제부담과 부정적 영향을 축소하기 위한 개편방안을 제시하였다. 2017년 6월 발표된 재무부 보고서는 총자산 100억 달러 이하의 소형은행에 대해 볼커 룰의 적용을 면제하고, 자기계정거래 규제와 펀드 투자·운용 규제를 단순화·명료화하며, 준법시스템 규제를 완화하는 등의 볼커 룰 개편방안을 제시하였다. 재무부 보고서의 볼커 룰 개편방안에 대해서는 이 장의 본문에서 자세히 언급하였다. 이러한 볼커 룰 규제완화와 함께 재무부 보고서는 레버리지비율이 10% 이상인 고자본비율 은행에 대해서는 자기계정거래 등에 따른 위험을 자기자본으로 흡수할 수 있는 점을 고려하여 볼커 룰의 면제방안을 제안하였다. 이 방안은 금융업계와 공화당의 볼커 룰 폐지주장을 일정 부분 수용하기 위한 조치로 해석된다.

볼커 룰 개편방안에 대한 시장의 반응은 전면 폐지보다는 완화하는 쪽에 긍정적 반응을 보이고 있는 듯하다. 예컨대 도드프랭크법 준수를 위해 내규 및 시스템 도입을 완료한 일부 대형 금융회사들은 볼커 룰 폐지 등 금융선택법의 급격한 규제완화에 다소 부정적인 입장을 보이는 것으로 전해지고 있다. 또한 브루킹스 연구소의 연구원은 소형은행에 대한 볼커 룰의 적용면제 등 재무부의 볼커 룰 개편방안에 대해 자기계정거래로 인한 시스템리스크를 제한하고자 하는 볼커 룰의 의도를 훼손하지 않으면서 규제부담을 축소하는

---

48 ABA(2017).

방안이라며 긍정적 반응을 보였다.[49]

볼커 룰은 2018년 본격 추진될 것으로 전망되는 금융규제 개편안에서 어떤 형태로든 생존하게 될 것으로 관측되고 있다. 2017년 11월 발의된 미 상원의 금융규제 개편안은 총자산 100억 달러 미만의 소형은행에 대해 총자산의 5%까지 자기계정거래를 허용하도록 볼커 룰을 부분적으로 완화할 것을 제안하였다.[50]

업계의 볼커 룰 폐지주장을 잠재우고, 볼커 룰이 목표로 한 은행시스템의 안정성제고 등 긍정적 영향이 발휘되도록 하는 것은 앞으로 감독당국에 남겨진 과제이다. 그것은 감독당국이 얼마나 적절하게 볼커 룰을 시행하고 시장환경의 변화에 맞추어 조정해 나가느냐에 달려 있을 것이다.[51] 재무부 보고서에서 권고한 방안을 적기에 시행하는 것도 하나의 방법이 될 것이다.

---

49 Neille Liang(2017).
50 U.S. Senate Committee on Banking, Housing, & Urban Affairs(2017, November).
51 Martin Neil Baily, Aaron Klein, and Justin Schardin(2017), p.36.

제3부 – 증권규제의 강화

제7장

헤지펀드 규제강화

Dodd-Frank Act

I
머리말

도드프랭크법 제4편은 사모펀드 자문업자 등록에 관한 법(Private Investment Advisers Registration Act of 2010)이라는 부제하에 헤지펀드 및 기타 사모펀드 자문업자 규제에 관한 내용을 다루었다. 사모펀드 자문업자의 SEC 등록, 기록유지 및 보고의무, SEC의 규칙제정 권한, 전문투자자의 기준조정 등이 그 주요 내용을 이룬다.

미국에서 헤지펀드 및 사모펀드는 역사적으로 증권 관련법규상의 면제조항이 적용되어 감독당국에 의한 보고·검사 등 규제감독의 영역에서 벗어나 있었다. 헤지펀드에 투자하는 개인투자자는 거액의 재산을 보유한 전문적인 투자자로서 법에 의한 보호의 필요성이 낮다는 측면과 함께 혁신기업에 대한 자금지원을 원활히 하기 위해서는 사모자본시장의 자본형성 기능을 활성화할 필요가 있다는 것이 그 주된 이유였다.

도드프랭크법이 헤지펀드에 대한 정책을 일대 전환하여 규제감독을 강화한 것은 두 가지 이유 때문이다. 첫째는 사모자본시장의 투자자보호를 강화할 필요성 때문이다. 헤지펀드 산업은 2000년대 들어 펀드수와 운용자산 규모에 있어 급속한 성장세를 보였으며, 헤지펀드 투자에 직간접으로 노출된 개인투자자가 크게 증가하였다. 경제성장에 따른 부의 증가 등으로 증권법상의 면제조항을 적용받는 전문투자자 비중이 큰 폭으로 상승[1]한 것과 함께 연기금 등 기관투자가의 헤지펀드 투자가 크게 증가[2]한 것이 그 이유였다. 이러한 배경에서 도드프랭크법은 헤지펀드 투자자문업자에 대한 등록 및 보고 등 규제감독을 강화함으로써 자문업자의 잠재적인 위법 또는 사기적인 행위로부터 투자자보호를 강화하고자 한 것이다.

둘째는 헤지펀드가 초래할 수 있는 시스템적 위험에 대한 규제강화 필요성이다. 과거 헤지펀드 산업은 전체 금융산업에서 차지하는 비중이 높지 않아 미국 규제당국은 헤지펀드로 인한 시스템리스크의 발생 가능성에 대해서 크게 주목하지 않아왔다. 그러나 1998년 LTCM 파산 이래 미국 규제당국은 헤지펀드의 시스템리스크 영향에 관심을 가지고 규제방안을 모색해왔으며, 2008년 헤지펀드와 연관된 베어스턴스 파산을 계기로 헤지펀드가 직간접으로 금융위기의 원인이 될 수 있다는 인식이 확산되었다. 이러한 인식에 따라 도드프랭크법은 금융안정감시위원회(FSOC)의 시스템리스크 분석에 필요한 상세한 정보의 보고의무를 자문업자에게 부과하였다. FSOC는 이 정보를 토대로 시스템리스크를 분석하고 연방감독기구에 필요한 정책을 권고한다.

이 장은 헤지펀드의 의의와 현황을 개관하고, 미국 증권관련법 및 도드프랭크법 제4편의 헤지펀드 자문업자 규제강화의 주요 내용을 살펴보는 것을

---

[1] 전체 가구 중 전문투자자 비중은 1983년 1.8%에서 2013년 10.1%로 상승하였다. SEC(2011, June).
[2] 2014년 기준 기관투자가 비중 65% 수준이다. Preqin(2015).

목적으로 한다. 은행의 헤지펀드 투자를 금지하는 볼커 룰(법 제619조)은 이 책 제6장에서 다룬 바 있다.

II
헤지펀드의 기원과 의의

【헤지펀드의 기원과 성장】

최초의 헤지펀드는 사회학자이고 언론인이며 펀드매니저인 알프레드 존스Alfred W. Jones에 의해 1949년 조성된 것으로 알려져 있다. 그는 레버리지와 주식의 매입·매도포지션을 동시에 활용하는 전략을 사용하였는데, 이는 당시로서는 매우 혁신적인 금융기법이었다. 즉, 그는 초과수익을 획득하기 위해 과소평가된 특정 종목의 주식(security selection)에 매입포지션을 취함과 동시에 시장위험을 회피하기 위하여 과대평가된 주식에 매도포지션을 취하였으며, 또한 이로부터 창출되는 이익을 극대화하기 위해 레버리지를 활용하였던 것이다.

알프레드 존스는 자신의 펀드를 완전한 비밀 속에서 운영하였으나 1966년 〈포춘〉지에서 그가 운영하는 펀드의 운영성과를 소개하면서 세상에 알려지게 되었다.[3] 〈포춘〉 지는 알프레드 존스가 매우 독창적이고 성공적인 투자전략—"보수적인 목적을 가진 투기적인 전략"(speculative instruments for conservative purposes)—을 통해 진실로 놀라운 수익률을 실현하였다고 언급하였다.

이후 헤지펀드는 그 수와 자산규모에 있어 급속히 성장하였으며, 특히 1990년대 이후 헤지펀드 산업은 비약적으로 발전하였다. 이에는 다음과 같은 요인들이 배경으로 작용하였다. 첫째, 1990년대 주식시장의 활황에 힘입어 유례없는 부의 창출이 발생하였다. 이러한 부의 창출은 첨단 투자기법에 익숙한 투자자, 특히 막대한 부를 소유한 개인투자자(high net worth private investors)를 양산하였다. 둘째, 은퇴한 베이비붐 세대가 부를 자손에게 물려주면서 세대간 부의 이전이 발생하였다. 이들 새로운 세대의 투자자들은 부모 세대에 비해 위험에 대한 인내도가 높은 반면 고수익률을 요구하였다. 이러한 새로운 투자자의 특성은 유연한 투자전략을 통해 높은 절대수익을 추구하는 헤지펀드와 잘 부합하였다. 셋째, 금융시장의 자유화 및 금융기법의 급속한 발전에 힘입어 금융시장의 성장과 심화가 진행되고 금융시장에서의 새로운 수익창출 기회가 확대된 것이 헤지펀드 산업의 성장에 중요한 요인이 되었다.

마지막으로 헤지펀드는 법과 감독당국의 규제로부터 벗어나 있었다는 점이다. 미국 증권관련법들은 거래대상이 되는 당해증권은 물론 브로커-딜러, 투자회사, 자문업자 등 증권거래와 관련한 제반 당사자에 대하여 SEC 등록 및 감독검사의 대상이 되도록 함으로써 투자자보호를 도모하는 한편, 법 적용에 있어 폭넓은 면제조항(safe harbour)을 둠으로써 전문적인 투자자들에 의

---

[3] Carol J. Loomis, "The Jones that Nobody Keeps Up With", 〈Fortune〉 Magazine April, 1966. Lhabitant(2004), p.3에서 인용.

한 사모자본시장을 허용하고 있다. 헤지펀드는 이러한 면제조항을 활용하여 감독당국의 규제망에서 벗어나 고레버리지와 다양한 투자전략을 활용한 고수익 창출이 가능하였던 것이다.

그러나 1998년 LTCM 파산을 계기로 미국 감독당국은 사모시장을 통한 자본형성 촉진이라는 관점에 더하여 시스템리스크의 시각에서 헤지펀드를 바라보기 시작하였으며, 2000년대 들어 헤지펀드가 급속히 성장함과 아울러 고위험전략을 계속하자 투자자보호를 위해 헤지펀드 규제강화로 급속히 선회하게 된 것이다. 도드프랭크법의 헤지펀드 규제강화는 미국 감독당국의 이러한 감독기조 변화의 연장선상 속에서 이루어진 것이다.

【헤지펀드의 의의와 특징】

당초 헤지펀드라는 명칭은 매입 및 매도포지션의 조합에 의해 시장위험을 회피(hedge)하는 것을 목적으로 하는 알프레드 존스의 전략에서 유래된 것이다. 그러나 오늘날 대부분의 헤지펀드는 실제로 헤지하지 않으며, 오히려 적극적인 위험을 추구하기 때문에 헤지펀드라는 명칭은 실제와 부합하지 않는 이름이라고 할 수 있다. 오늘날 헤지펀드라는 용어는 헤지펀드가 사용하는 헤징기법(hedging technique)보다는 사모투자기구라는 특성을 지칭하는 개념으로 사용되고 있다.

헤지펀드의 특성은 다수의 투자자로부터 자금을 모아 투자한다는 점에서 동일한 성격을 갖는 다른 간접투자기구인 뮤추얼펀드 및 사모주식펀드(PEF: private equity fund)와 비교함으로써 가장 잘 파악할 수 있다.

헤지펀드의 가장 기본적이고 중요한 특징은 소수의 거액 개인투자자를 대상으로 한 사모투자기구라는 점이며, 바로 이 점에서 일반 대중을 대상으로 공모하는 뮤추얼펀드와 구별된다. 헤지펀드는 일반 대중을 대상으로 한 공모펀드가 아니기 때문에 감독당국은 헤지펀드를 전통적인 투자기구로 간주하지 않았으며, 도드프랭크법 제정 이전까지 투자자보호를 위한 규제감독이 불필요하다고 간주하여왔다.

둘째, 헤지펀드 매니저는 규제를 받지 않는 다양한 투자전략을 구사할 수 있다. 레버리지와 공매도를 활용할 수 있고, 파생상품과 같은 고위험자산에 집중 투자할 수 있으며, 유동성이 낮거나 상장되지 않은 증권에 투자할 수도 있다. 헤지펀드의 이러한 특징은 투자전략 및 투자대상에 있어 높은 수준의 규제를 받는 뮤추얼펀드와는 엄밀히 구별되는 것이다.

셋째, 헤지펀드 매니저는 시장에 어떤 일이 발생하는지를 불문하고 일정 수준의 목표수익률 획득을 목적으로 한다. 요컨대 '절대수익률'(absolute return)을 달성하여야 하는 것이다. 주식시장의 침체는 낮은 운영성과의 이유가 되지 못한다. 펀드 매니저는 필요하면 공매도를 활용할 수 있기 때문이다.

넷째, 헤지펀드는 최고의 매니저를 유치하기 위해 운용보수와 함께 성과보수[4]를 지급한다. 그러나 높은 보수가 오히려 자격미달인 매니저를 유치할 우려가 있기 때문에 헤지펀드는 통상 매니저에게 펀드자산의 일정 비율을 직접 투자할 것을 요구한다. 또한 성과보수의 지급조건으로 수익률이 일정 수준을 초과할 것을 요구하거나 전기의 손실이 있는 경우에는 이를 보전하고 난 이후에 성과보수를 지급한다.

헤지펀드는 사모주식펀드와도 구별된다. 사모주식펀드는 전통적으로 미등록 투자회사로서 고액의 전문적인 투자자를 대상으로 사모를 한다는 점에

---

[4] 후술하는 바와 같이 SEC의 Form PF는 시장가치, 즉 미실현이익(unrealized gains)을 기반으로 성과보수를 수취하는 것을 헤지펀드 정의의 세 가지 구성요소 중 하나로 간주한다. 자세한 내용은 이 장의 제4절 참조.

서 헤지펀드와 유사하지만, 투자기간이 장기이고 투자금의 중도환매를 허용하지 않는다는 점에서 헤지펀드와 구별된다.

헤지펀드는 벤처캐피탈과도 구분된다. 벤처캐피탈은 미등록 투자회사로서 전문적인 투자자를 대상으로 사모를 한다는 점에서 헤지펀드와 유사하지만, 스타트업start-up 등 창업 초기 회사에 투자한다는 점에서 차이가 있다. 벤처캐피탈은 장기투자를 하고 중도환매를 허용하지 않는다는 점에서 사모펀드의 일종으로 분류되기도 한다. 또한 벤처캐피탈은 무한책임사원이 펀드가 투자하는 회사경영에 적극 참여하며, 기업가치 상승으로 투자목적을 달성하는 경우에는 청산된다는 점에서 헤지펀드와 구별된다.

헤지펀드는 비밀주의와 함께 과도한 레버리지, 공격적인 투자전략 등으로 종종 금융불안의 원인으로 지목돼왔으며, 1998년 LTCM 파산, 2008년 베어스턴스 파산 등에서 보듯이 실제로 시스템적 위기를 초래하는 직접적인 원인이 되기도 하였다. 그러나 미국의 정책당국자들은 헤지펀드의 긍정적인 측면도 간과하지 않고 있다.[5] 헤지펀드는 증권의 내재가치에 대한 폭넓은 리서치를 바탕으로 투기포지션을 취함으로써 금융시장의 가격발견 기능을 담당하고 유동성을 제공한다. 그리고 거래상대방으로서 리스크를 인수함으로써 리스크 헤저risk hedger에게 리스크관리 수단을 제공한다. 마지막으로 헤지펀드의 가장 중요한 기능으로 사모를 통한 자본형성 기능을 들 수 있다. 헤지펀드를 비롯한 사모시장의 발전은 미국 자본시장의 주요 특징의 하나가 되고 있으며, 이를 통한 자본형성은 미국 경제발전을 가능케 한 혁신의 원천이 되고 있는 것으로 평가되고 있다.

---

[5] "헤지펀드는 미국 경제발전에 기여하고 있다고 생각합니다." 연준 의장 앨런 그린스펀의 하원 은행 및 금융서비스위원회 증언(1998.10.1), SEC(2003), p.4에서 재인용.

【헤지펀드 산업의 개황】

SEC의 투자관리국이 사모펀드 자문업자의 보고양식인 Form PF를 토대로 발표한 자료에 따르면 2016년 말 현재 미국 헤지펀드의 총운용자산은 6조 4,000억 달러, 차입자금을 제외한 순운용자산은 3조 5,000억 달러에 이른다.[6,7] 따라서 전체 헤지펀드의 평균 레버리지(총운용자산/순운용자산)는 1.8배 수준으로 높지 않은 수준이다. 그러나 개별 펀드별로는 레버리지의 편차(1~18배)가 큰 편이다.

미국 내 헤지펀드의 수는 8,877개에 달하며, 펀드당 평균 총운용자산 규모는 7억 2,000만 달러, 평균 순운용자산 규모는 3억 9,000만 달러 수준이다. 또한 총운용자산 기준 상위 50개 헤지펀드가 전체 헤지펀드의 31%를 차지하는 등 대형 헤지펀드로의 집중화경향이 나타나고 있다. 헤지펀드 자문업자는 1,677개에 이른다. 따라서 1명의 자문업자는 평균 5.3개의 헤지펀드를 운용한다.

헤지펀드 산업은 미국 전체 자산운용 산업의 규모에 비추어 그리 큰 것은 아니다. SEC가 추산한 바에 따르면 2016년 말 현재 미국 전체 자산운용 산업의 총운용자산 규모는 약 70조 달러[8]에 이르며, 이 중 헤지펀드의 비중은 약 9% 수준이다. 그러나 사모주식펀드와 헤지펀드를 포함한 사모펀드 전체로는 총운용자산 규모가 약 11조 달러로 시장규모가 작지 않음을 알 수 있다.

---

6 SEC(2017, July 7).
7 헤지펀드 운용자산 규모는 파악 주체에 따라 상당한 차이가 있다. 2017년 6월 말 현재 글로벌 헤지펀드 운용자산은 약 3조 달러(유레카헤지: 2조 3,200억 달러, 헤지펀드리서치: 3조 1,000억 달러, 바클레이헤지: 3조 1,800억 달러) 수준으로 파악되고 있다. 박재위·김성환(2017) 참조.
8 Form ADV 자료를 기초로 SEC 직원이 추산한 수치. 주 정부에 등록된 자문업자의 운용자산은 포함되지 않았다. U.S. Department of Treasury(2017, October 26), p.14.

아래 그림은 업계 자료를 기초로 금융안정감시위원회(FSOC)가 추산한 미국 헤지펀드 산업의 순운용자산 규모추세를 보여준다. 헤지펀드 산업은 금융위기 직후 규모가 큰 폭으로 감소하였으나 곧바로 높은 수익률과 신규자금의 유입 등에 힘입어 급속한 성장세를 보였다. 금융위기 이후 금융규제 개혁의 일환으로 은행의 헤지펀드 투자에 대한 규제가 강화(볼커 룰)되었음에도 불구하고 양적 완화정책과 저금리 기조하에 투자자들이 수익성제고를 위해 대체투자를 적극 모색한 결과로 해석된다.

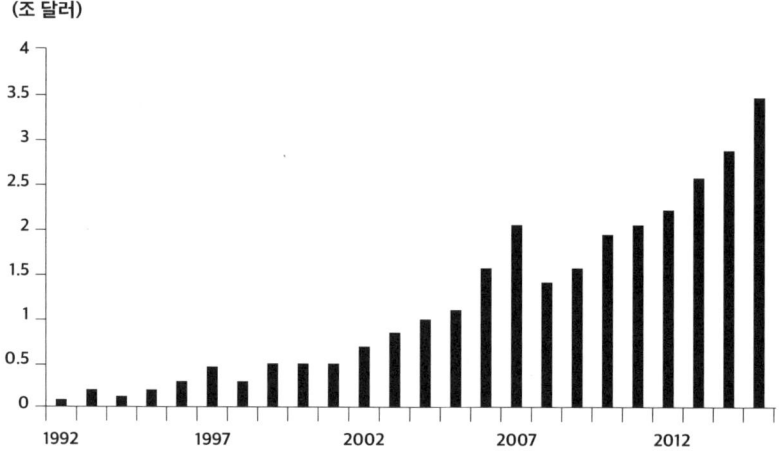

미국 헤지펀드의 운용자산 규모(순자산가치 기준)

III
도드프랭크법 이전의
헤지펀드 규제

미국의 연방법 중 헤지펀드 규제와 관련되는 법으로는 증권법(The Securities Act of 1933), 증권거래법(The Securities Exchange Act of 1934), 투자회사법(The Investment Act of 1940), 그리고 투자자문업법(The Investment Advisers Act of 1940) 등이 있다.

대부분의 헤지펀드는 이들 4개 증권관련법상의 각종 면제조항(exempt provision)을 활용하여 SEC 등록 및 보고·검사 등 각종 감독규제를 회피하여 왔다. 이들 법상 규제내용은 다소 복잡하지만 도드프랭크법의 헤지펀드 규제 강화 배경을 이해하는 데 도움이 되므로 그 개요를 살펴보기로 한다.[9]

---

9 헤지펀드 규제와 관련한 자세한 논의는 SEC(2003), 송종준(2006) 등 참조.

【증권법상 규제】

증권법은 증권거래에 있어 완전하고도 공정한 공시를 목적으로 하며, 이를 위하여 공모(public offerings) 증권의 SEC 등록과 함께 발행인 및 당해증권에 대한 상세한 정보를 담은 투자설명서의 제공을 의무화하고 있다.[10] 그리고 공모를 수반하지 않는 거래, 즉 사모(private offerings)에 대하여는 이러한 의무를 면제[11]하고 있는데, 이를 사모면제조항(private placement exemption provision)이라 한다.[12]

그런데 이 법은 공모에 대한 구체적인 정의를 내리지 않아 면제요건의 충족 여부에 대한 다툼이 있어왔다. 이에 따라 SEC는 1982년 Regulation D를 제정하여 등록을 면제받을 수 있는 세 가지 요건을 마련하였다: (1) 스스로를 방어할 수 있는 전문적인 투자지식 또는 손실을 감내할 수 있는 능력을 갖춘 투자자 즉, 전문투자자(accredited investor)[13]만을 대상으로 증권을 판매할 것[14] (2) 불특정다수 대상 광고 및 투자권유 행위를 하지 않을 것 (3) 투자자들이 일반 공중을 대상으로 증권을 재판매하지 않을 것(Regulation D Rule 506).

이러한 요건은 사모면제조항 적용의 필요조건은 아니지만 충분조건을 이

---

10 증권법 제5조.
11 증권법 제4조(a)(2).
12 SEC(2003, September) 참조.
13 accredited investor는 전문투자자, 공인투자자, 자위능력이 있는 투자자 등으로 번역되고 있는데, 여기에서는 전문투자자로 번역한다. SEC Regulation D의 Rule 501조는 전문투자자를 일정한 기관투자가 또는 부유층 개인투자자로 정의하고 있다: ①은행, 저축대부조합, 브로커·딜러, 보험회사, 투자회사, 부동산개발회사, 연기금, 사업개발회사, 총자산 500만 달러 이상의 회사·신탁·파트너십 ②발행인의 이사·임원·무한책임사원 ③부부합산 기준 순재산 100만 달러 이상의 자연인(주거주지 가격 제외) ④최근 2년간 연간소득 20만 달러 이상 또는 부부합산 소득 30만 달러 이상의 자연인 ⑤총자산 500만 달러 이상의 신탁 ⑥주주가 모두 자위능력이 있는 투자자로 구성된 기업.
14 전문투자자가 아닌 일반투자자를 대상으로 할 경우에는 35인을 초과하여서는 안 된다.

룬다. 즉 동 요건을 충족하면 SEC는 공모에 해당하지 않는 것으로 보아 등록을 면제해주고 있다. 이러한 의미에서 Rule 506은 사모면제를 위한 안전항기준(safe harbor criteria)으로 작용하며, 실제로 다수의 헤지펀드들이 이 요건을 이용하여 증권법 제5조의 등록의무를 회피하여왔다.[15]

한편, 2012년 4월에 제정된 신생기업육성법, 일명 잡스법(JOBS Act : Jumpstart Our Business Startup Act)은 전문투자자에 대하여는 Regulation D의 Rule 506을 적용하지 않도록 규정하였다. 이는 전문투자자를 대상으로 한 광고 및 투자권유 행위(general solicitation or general advertising)를 허용함으로써 사모펀드의 자금형성과 신생기업 지원기능을 활성화하기 위한 것이다. SEC는 동 규정의 이행을 위해 2013년 9월 Regulation D의 Rule 506(c)를 새로이 마련하였다.[16]

【증권거래법상 규제】

증권거래법상 헤지펀드 관련규제에는 세 가지가 있다. 첫째, 브로커·딜러에 대하여 SEC 등록의무를 부과하고 있다.[17] 여기서 브로커broker란 '타인의 계산으로 증권거래에 효력을 미치는 행위를 영업으로 하는 자'[18]를 말하며, 딜러dealer란 '자기의 계산으로 증권매매를 영업으로 하는 자'[19]를 말한다. 브로커·딜러로 등록하게 되면 자본요건, 보고 및 기록유지 요건, 증거금 등에

---

15 SEC(2003, September).
16 SEC(2012, August).
17 증권거래법 제15조(a) & (b).
18 증권거래법 제3조(a)(4).
19 증권거래법 제3조(a)(5).

대한 SEC 규제를 받게 된다.

그런데 SEC는 거래자(trader)를 브로커·딜러와 구분하고, 거래자에 대하여는 SEC 등록 및 규제를 면제하여왔다. 이를 통상 '거래자면제'(trader exemption)라 한다. 거래자란 개인 또는 수탁자의 자격으로 증권을 매매하되 이를 영업의 일부로서 하지 않는 자를 말한다. 이러한 거래자면제는 헤지펀드가 브로커·딜러 등록 및 규제를 회피하는 수단이 되어왔다.[20]

둘째, 발행인의 총자산이 1,000만 달러를 초과하고 특정 지분증권(equity security)의 주주수가 500명을 초과하는 경우에는 발행인으로 하여금 이 지분증권을 SEC에 등록하도록 의무화하는 한편, 주기적 보고의무 등 규제[21]를 부과하고 있다.[22] 이에 따라 헤지펀드들은 투자자[23] 수를 500인 미만으로 유지함으로써 증권 등록의무 등 각종 규제를 회피하여왔다.

셋째, 증권거래법은 '실질적 소유권'(beneficial ownership) 관련 보고의무를 규정하고 있다. 예를 들어 지분증권의 실질적 소유권을 5% 이상 가진 자는 소유권 현황(금액 및 지분), 소유자 관련정보, 증권의 취득 관련정보(자금의 원천, 취득의 목적 등) 등을 일정한 양식(Schedule 13D 또는 Schedule 13G)에 따라 보고하여야 한다.[24]

SEC는 실질적 소유권을 지분증권의 의결권 또는 처분권뿐만 아니라 의결 또는 처분을 지시할 수 있는 권한까지를 포함하는 광범위한 개념으로 정의

---

20 SEC(2003, September) 참조.
21 증권거래법 제13조(periodic reporting), 제14조(proxy requirements), 제16조(insider reporting and 단기매매차익) 등의 규제가 적용된다. 자세한 내용은 SEC(2003) 참조.
22 증권거래법 제12조.
23 헤지펀드의 경우 투자자와 주주가 동일하다.
24 증권거래법 제13조(d)&(g). 그 밖에 동 법 제13조(f)는 1,000만 달러 이상 투자재량권을 가진 기관투자 매니저에 적용되는 분기별 보고의무를 규정하고 있으며, 제16조는 실질적 소유권 10% 이상 소유자에 대한 보고의무, 발행인의 임원과 이사에게 요구되는 주식소유관계 보고의무, 단기매매차익(short swing profit) 관련규제 등을 규정하고 있다.

하였다.[25] 이에 따라 일반적으로 헤지펀드 그 자체뿐만 아니라 동 펀드에 대한 자문업자도 헤지펀드가 소유한 지분증권에 대하여 실질적 소유권을 갖는 것으로 해석된다. 헤지펀드 자문업자가 동 헤지펀드 소유 지분증권에 대하여 실질적 권한을 행사하기 때문이다.

【투자회사법상 규제】

투자회사법은 투자회사를 '증권의 투자, 재투자 또는 거래를 영업으로 하는 회사'로 포괄적으로 정의하며,[26] 헤지펀드는 이 정의에 해당되어 투자회사로 분류된다. 그리고 동 법은 투자회사의 SEC 등록의무와 함께 투자회사에 적용되는 각종 공시의무 및 운영상 규제, SEC 감독·검사 등을 규정하고 있다.

동 법은 이와 동시에 헤지펀드가 이러한 법상 규제를 회피할 수 있도록 하는 두 가지 면제조항을 규정하고 있다. 첫째, 투자자, 즉 헤지펀드에 대한 실질적 소유권을 보유한 자의 수가 100인 미만이고 공모를 수반하지 않는 경우에는 투자회사로서 등록의무가 면제된다.[27] 이 면제조항은 제한된 수의 투자자에 의해 소유되는 투자회사는 투자회사법상의 규제를 받을 필요가 없다는 의회의 견해를 반영하는 것이다.[28]

그런데 여기에서 기관투자가(corporate investor)를 몇 명의 투자자로 계산

---

25 17 C.F.R. 240.13d-3 – Determination of beneficial owner.
26 투자회사법 제3조(a)(1)(A).
27 투자회사법 제3조(c)(1).
28 Hearings on S. 3580 before a Subcomm. of the Senate Comm. on Banking and Currency, 76th Cong., 3d Sess. 179(1940).

할 것인가 하는 이슈가 있다. SEC는 기관투자가의 실질적 소유권이 10% 미만인 경우에는 1인으로 계산하되, 10%를 초과하는 경우에는 '투시'(look-through)를 통해 동 기관투자가의 투자자를 모두 헤지펀드의 투자자로 계산한다.[29] 이는 100인 이내 투자자수 요건을 다른 펀드를 통해 우회적으로 회피하는 것을 방지하기 위한 목적이다. 따라서 100인 미만 요건을 이용하여 투자회사 등록의무를 회피하고자 하는 헤지펀드들은 기관투자가의 실질적 소유권이 10%를 상회하지 않도록 주의하여야 한다.

둘째, 공모를 수반하지 않으며 적격투자자(qualified purchaser)만을 대상으로 한 경우에도 투자회사로서 등록의무가 면제된다.[30] 이 면제조항은 고도로 경험 있는 투자자들은 집합투자기구와 관련된 위험을 평가할 수 있는 지위에 있기 때문에 투자회사법에 의한 보호가 필요치 않다는 의회의 견해를 반영한 것이다.[31]

여기에서 동 법상 적격투자자의 수에는 제한이 없다. 다만, 앞에서 본 바와 같이 대부분 헤지펀드들은 증권거래법 제12조상의 등록의무를 회피하기 위해 적격투자자의 수를 499인 이하로 유지하고 있다. 또한 이 면제조항에는 위에서 본 '투시규정'(look-through provision)이 적용되지 않는다. 즉 기관투자가들이 적격투자자 요건에 해당하는 한 헤지펀드에 대한 실질적 소유권을 10% 이상 보유하더라도 투자자수의 제한을 받지 않는 것이다.

---

29 SEC(2003, September).
30 투자회사법 제3조(c)(7). 한편, 투자회사법 제2조(51)(A)는 적격투자자를 다음 조건을 만족하는 투자자로 정의한다: (ⅰ) 500만 달러 이상을 투자하는 자연인 (ⅱ) 500만 달러 이상을 투자하는 가족회사 (ⅲ) 수탁자(trustee), 신탁설정자(settlor) 등이 (ⅰ),(ⅱ),(ⅳ)에 해당하는 신탁 (ⅳ) 자기의 재량으로 투자하는 총액이 2,500만 달러 이상인 자.
31 Committee Reports 104th Congress(1995-1996), Senate Report 104-293 - THE SECURITIES INVESTMENT PROMOTION ACT OF 1996.

【투자자문업법상 규제】

투자자문업법상의 규제는 도드프랭크법에 의한 헤지펀드 규제강화와 직접적으로 관련된다. 이 법은 투자자문업자를 '보수를 목적으로 증권의 가치 또는 증권투자의 타당성에 대하여 자문하거나 증권에 대한 분석보고서를 발표하는 것을 업으로 하는 자'로 포괄적으로 정의[32]하며, 따라서 헤지펀드 자문업자(또는 운용사)도 동 법상의 자문업자에 해당된다.

이 법에 따라 투자자문업자로 SEC에 등록하면 일정 양식(Form ADV)에 의한 보고, 고객에 대한 정보제공, 기록유지, 성과급 보수제한,[33] SEC 감독검사 등의 규제를 받게 된다.[34] 그러나 투자회사법에 의한 투자회사의 SEC 등록과는 달리 자문업자에 대한 등록의무가 곧 헤지펀드 운용상의 제한을 의미하는 것은 아니다.

헤지펀드 자문업자는 동 법상의 등록면제조항을 이용하여 SEC 등록을 회피할 수 있었다. 즉, 헤지펀드 자문업자는 (1) 최근 12개월 이내 동안 고객(client)의 수가 15인 미만이어야 하고, (2) 대외적으로 널리 투자자문업자로 광고하지 말아야 하며, (3) 투자회사법에 의해 등록된 투자회사의 자문업자가 아니어야 한다는 등의 요건을 충족하면 SEC 등록을 면제받을 수 있었다.[35]

앞서 투자회사의 경우와 마찬가지로 SEC는 고객의 수를 계산함에 있어 기

---

[32] 투자자문업법 제202조(a)(11). 보다 구체적으로는 "보수를 목적으로 증권의 가치 또는 증권에 대한 투자의 타당성에 대하여 직접 또는 출판, 저술 등의 방법을 통해 자문하거나 증권에 대하여 분석 또는 보고서를 발간 또는 배포하는 것을 업으로 하는 자"를 말한다.
[33] 투자자문업법(제205조(a)(1)) 및 관련 SEC 규칙(Rule 205-3)은 '적격고객'(qualified client)을 제외한 일반 고객으로부터의 성과보수 수취를 금지하고 있다.
[34] 17 C.F.R. Part 275 – RULES AND REGULATIONS, INVESTMENT ADVISERS ACT OF 1940 참조.
[35] 투자회사법 203조(b).

관투자가(legal organization)를 단일고객(single client)으로 계산해왔다. 따라서 자문업자는 수백 명의 투자자[36]를 가지는 헤지펀드를 14개까지 고객으로 유치함으로써 사실상 수천 명의 투자자를 대상으로 자문서비스를 제공하면서도 SEC 등록의무를 회피해왔던 것이다. 그러나 동 면제조항은 도드프랭크법에 의해 삭제되었으며, 헤지펀드 자문업자도 SEC의 규제대상에 포함되었다. 이에 대해서는 후술한다.

【1990년대 이후 헤지펀드 규제강화 논의】

헤지펀드는 수십 년간 SEC 등록 및 증권 관련법규의 규제망을 피해왔으나 감독당국은 헤지펀드를 규제할 필요성을 느끼지 못하였다. 헤지펀드에는 주로 제한된 수의 고도의 경험 있는 고소득 투자자들이 투자하였기 때문에 법에 의한 보호가 필요하지 않다고 보았기 때문이다. 그러나 1990년대 후반 이후 헤지펀드의 규제 지형에 변화를 초래하는 두 가지 흐름이 나타났다. 하나는 대형 헤지펀드인 LTCM의 파산을 계기로 헤지펀드가 시스템리스크를 초래할 수 있다는 우려가 제기된 것이며, 다른 하나는 헤지펀드 산업의 급격한 성장으로 인해 투자자보호 강화의 필요성이 제기된 것이다.

(1) LTCM 파산을 계기로 인한 헤지펀드 규제강화 논의

LTCM 파산사태[37]는 미 정부와 의회의 헤지펀드 규제강화 논의를 촉발하

---

36 앞에서 본 바와 같이 헤지펀드들은 증권거래법상의 등록의무를 회피하기 위해서는 적격투자자수를 최대 499명까지 유치할 수 있다.
37 1994년 자본금 13억 달러로 시작한 LTCM은 수년간 기록적인 수익률(1994년 19.9%, 1995년 42.8%, 1996년

였다. 우선, 금융시장에 관한 대통령작업반(PWG : President's Working Group)과 회계감사원(GAO : Government Accountability Office)은 1999년에 헤지펀드의 문제점과 개선방안에 관한 보고서[38]를 각각 마련하였다. 이들 보고서는 헤지펀드의 과도한 레버리지와 이로 인한 시스템리스크 문제를 제기하였으나, 헤지펀드가 향유하고 있던 증권관련법상의 각종 면제조항의 철폐를 권고하기보다는 헤지펀드의 공시 확대를 통한 일반 공중의 정보접근권을 제고하는 데 노력을 경주하였다.

이러한 보고서의 권고에 따라 의회에서는 헤지펀드의 연준에 대한 정보보고를 주요 내용으로 하는 헤지펀드 공시법(The Hedge Fund Disclosure Act of 1999)과 헤지펀드 등의 SEC에 대한 분기별 보고의무를 포함하는 파생상품시장개혁법(Derivatives Market Reform Act of 1999)를 발의하였다. 그러나 미 의회는 이들 법안들을 실제로 입법화하는 데까지는 이르지 못하였다. LTCM 사건은 재발 가능성이 낮은 예외적인 사건으로 간주되었으며, 은행의 대출심사 강화와 헤지펀드의 자체적인 투명성제고 노력을 통해 레버리지 누적 등 문제를 예방할 수 있기 때문에 규제강화는 불필요한 것으로 믿어졌다.[39]

(2) 2003년 이후 헤지펀드 규제강화 논의

2003년 SEC는 헤지펀드에 관한 기념비적인 보고서[40]를 발표하였다. 이

40.8%, 1997년 17.1%)을 보인 끝에 1997년에는 자산규모가 70억 달러를 상회하는 수준으로 성장하였다. LTCM은 1998년 초 은행으로부터 막대한 규모(1,250억 달러)의 차입을 일으켜 실행한 채권투자의 실패로 인해 파산하였으며, 이로 인한 금융회사의 연쇄도산 등 시스템리스크를 우려한 뉴욕 연준은 대규모(36억 달러)의 구제금융을 공급하였다. LTCM 파산은 헤지펀드가 전체 금융시장에 파괴적인 혼란을 초래할 수 있음을 명백히 보여준 첫 번째 사례였다. Luther R. Ashworth II(2013) 참조.
38 PWG(1999) 및 GAO(1999).
39 Luther R. Ashworth II(2013) 참조.
40 SEC(2003, September).

보고서는 헤지펀드의 수(2003년 당시 6,000~7,000개 추산) 및 운용자산 규모(6,000~6,500억 달러 추산)가 크게 증가하는 가운데 특히 재간접펀드(funds of funds)의 급속한 증가로 전문투자자뿐만 아니라 일반투자자도 헤지펀드에 직간접으로 노출되어 투자자보호를 강화할 필요성이 있음을 제기하였다. 또한 2000년대 들어 헤지펀드 자문업자의 사기 등 법규 위반으로 헤지펀드 제재 건수가 크게 증가하고 있음을 지적하며 헤지펀드 규제강화의 필요성을 역설하였다.

이 보고서에 기초하여 SEC는 2004년 헤지펀드 자문업자에 대하여 자문업법에 따른 등록을 의무화하도록 결정하고, 새로운 규칙(이른바 Hedge Fund Rule)을 도입하였다.[41] 즉, 투자자수 계산방식을 종전의 펀드단위 방식에서 헤지펀드에 투자하는 개별 투자자를 모두 계산(소위 투시규정의 적용)하는 방식으로 전환하였다. 2006년 2월 1일부터 시행된 이 투시규정(look-through rule)은 종전의 면제조항을 무력화함으로써 헤지펀드 운용사 대부분의 SEC 등록을 의무화하는 결과를 초래하였다.

그러나 이에 대해 헤지펀드 운용사인 필립 골드스타인[Phillip Goldstein]이 SEC를 상대로 낸 소송(Goldstein v. SEC)에서 콜롬비아 연방항소법원은 2006년 6월 2일 SEC의 새로운 규칙이 지나치게 자의적(arbitrary)이며, 모법인 1940년 투자자문업법에 위배된다며 무효를 결정하였다.[42] 이후 SEC가 항소를 포기함으로써 헤지펀드에 대한 규제와 감독은 'Hedge Fund Rule' 도입 이전으로 돌아가게 되었다.

이후 하원의원 바니 프랭크[Barney Frank]는 SEC에 '투시규정'을 도입할 수 있

---

41 SEC(2004), Release No.IA-2333.
42 Goldstein v. SEC, 451 F.3d 873(D.C. Cir. 2006).

는 명시적인 권한을 부여하는 법안을 제출하였으나 통과되지 못하였으며,[43] 2007년에는 상원의원 그래슬리Chuck Grassley가 비슷한 법안을 제출하였으나 역시 실패하였다.[44] 이에 따라 투자자문업법의 개정을 통한 헤지펀드 규제강화는 도드프랭크법의 몫으로 넘어가게 되었다.

한편 SEC는 소송패소에 대한 대응으로 2007년 8월 자문업자의 사기금지규정[45]을 도입하였다. 이 규정은 사기적인 행위를 한 자문업자에 대한 SEC의 제재권한을 명확히 하기 위한 목적으로 도입된 것이다. 이 규정은 헤지펀드의 자문업자를 포함한 모든 공모 및 사모 집합투자기구의 자문업자에게 적용된다.

---

43 H.R. 5712, 109th Cong.(2d Sess. 2006).
44 S. 1402, 110th Cong.(1st Sess. 2007).
45 SEC(2007, August).

IV
도드프랭크법의 헤지펀드 규제

    도드프랭크법 제4편은 두 가지 측면에서 기존의 규제체계에 큰 변화를 초래하였다.

    첫째, 법 제401조에서 투자자문업법에서 면제되었던 사모펀드 자문업자의 등록 및 보고의무를 도입하였다. 이 법 제4편이 사모펀드 투자자문업자등록법(Private Fund Investment Advisers Registration Act of 2010)으로 인용될 수 있다고 밝히고 있는 데서 알 수 있듯이 투자자문업자의 등록의무화와 이로부터 파생하는 SEC 보고의무는 도드프랭크법 헤지펀드 규제의 핵심을 이룬다.

    두 번째는 전문투자자(accredited investor)의 기준 조정이다. 미국의 규제당국은 헤지펀드 등 사모자본시장의 규제정책에 있어 투자자보호와 자본형성 기능의 활성화라는 두 가지 상반된 목표의 조화를 도모하고 있으며, 전문투자자 개념은 이러한 규제정책에 있어 중요한 부분을 차지하고 있다.

【사모펀드 자문업자의 SEC 등록의무】

SEC와 미 의회가 '투시규정'을 통해 헤지펀드 자문업자를 규제하고자 하였으나 실패하였음은 앞에서 본 바와 같다. 도드프랭크법은 헤지펀드 및 사모펀드 자문업자 규제를 위해 이와는 완전히 다른 접근방식을 채택하였다. 즉 도드프랭크법은 SEC에 '투시규정'을 부여하는 대신 투자자문업법상의 면제조항을 삭제함으로써 사모펀드 투자자문업자의 등록을 의무화하는 방식을 채택하였다.[46] 앞에서 본 바와 같이 투자자문업법 제203조(b)는 고객수 15인 미만 등 일정 요건을 충족하는 자문업자에 대하여는 SEC 등록을 면제해주고 있었다. 그러나 도드프랭크법에 의해 이 면제조항이 삭제됨으로써 사모펀드 자문업자는 고객수에 상관없이 등록이 의무화된 것이다. 여기에서 사모펀드란 투자회사법 제3조(c)(1) 및 제3조(c)(7)에 의해 투자회사 등록이 면제된 펀드[47]를 의미한다.[48]

이와 함께 도드프랭크법은 투자자문업법의 개정을 통해 새로운 면제요건을 부여하였으며, SEC는 2011년 6월 이에 관한 규칙[49]을 발표하였다. 이에 따르면 미국 내 운용자산이 1억 5,000만 달러 미만인 소규모 사모펀드의 자문업자,[50] 일정 요건을 충족하는 외국 사모자문업자[51] (foreign private advisor),

---

46 도드프랭크법 제403조.
47 15 U.S.C. 80a-1 et seq. 투자회사법 제3조(c)(1)은 투자자, 즉 헤지펀드에 대한 실질적 소유권을 보유한 자의 수가 100인 미만이고 공모를 수반하지 않는 경우에는 투자회사로서 등록의무를 면제하고 있으며, 투자회사법 제3조(c)(7)은 공모를 수반하지 않으며 적격투자자(qualified purchaser)만을 대상으로 한 경우에 투자회사로서 등록의무를 면제하고 있다.
48 도드프랭크법 제401조.
49 SEC(2011. June) Release No. IA-3222.
50 도드프랭크법 제408조, 투자자문업법 제203조(m).
51 도드프랭크법 제402조(a)는 외국 사모자문업자를 다음 요건을 충족하는 자문업자로 정의하였다 : ①미국 내 영업점이 없을 것 ②미국 내 고객이 15인 미만일 것 ③미국 내 운용자산이 2,500만 달러 이내일 것(또는 SEC가 이보다 높은 금액을 최고한도로 정하는 경우에는 그 금액 이내) ④미국 내에서 일반 공중을 대상으로 스스로를 자문업자

가족회사[52](families offices), 그리고 SEC가 정하는 벤처캐피탈펀드 등은 SEC 등록이 면제된다. 이러한 면제요건들은 상당히 협소하게 정의되어 있기 때문에 운용자산이 1억 5,000만 달러를 상회하는 대부분의 사모펀드는 SEC 등록이 의무화된다. 한편, 운용자산 1억 5,000만 달러 미만의 소규모 사모펀드는 조건에 따라 SEC 또는 주 정부당국에 등록할 의무가 있으며, 운용자산 2,500만 달러 미만의 영세 사모펀드는 대체로 SEC 등록이 금지되어 있다. 여기에서 운용자산 기준(1억 5,000만 달러)은 투자자의 투자자금(실제 납입된 투자자금과 약정금액 포함)뿐만 아니라 차입자금을 모두 포함하는 금액이다. 운용자산 산출시 통상 차입자금을 포함하지 않는 업계의 관행과 구별하여 이를 감독기준에 의한 운용자산(regulatory assets under management)이라고 한다.

SEC에 자문업자로 등록되면 투자자문업법상 각종 감독규제의 적용대상이 된다. 예컨대 준법감시 인프라(준법감시 정책 및 절차, 준법감시인 임명 등)를 구축하여야 하고, 일정한 기록유지 및 보고의무가 있으며, 적격투자자(qualified client)로부터만 성과보수 수취가 허용되고, 과장광고의 금지 등 광고와 관련한 일정 규제를 받게 된다. 그리고 SEC로부터 정기 및 비정기 검사를 받게 된다.

한편, 여기에서 2006년 골드스타인 대 SEC 소송건에서 SEC가 승소하였다면 사모펀드업계에 결과적으로 더 유리하게 작용하였을 것이라는 흥미로운 분석[53]이 있어 간단히 소개한다. 이 분석에 따르면 만약 SEC가 승소하였다면 미 의회는 도드프랭크법을 통해 투자자문업법을 개정하지 않고, SEC로 하

로 나타내지 않아야 하고, 투자회사법에 등록된 투자회사를 대상으로 자문업무를 하지 말아야 하며, 투자회사법 제54조의 사업개발회사로서의 지위를 갖지 말아야 할 것.
52 도드프랭크법 제409조.
53 William K. Sjostrom Jr.(2011) 참조.

여금 '투시규정'을 통해 헤지펀드 자문업자를 규제하도록 내버려두었을 가능성이 높다. SEC의 '투시규정'은 2년 이내에 투자금 회수를 허용하는 사모펀드의 자문업자에 대하여만 적용되었으며, 이를 허용하지 않는(lockup) 사모펀드의 자문업자에 대하여는 적용하지 않았다. 따라서 일반적으로 2년 내 투자금 회수를 허용하지 않는 사모주식펀드와 벤처캐피탈펀드의 자문업자에게는 투시규정이 적용되지 않았으며, 헤지펀드 자문업자도 2년 내 투자금 회수를 불허함으로써 SEC 등록 및 규제를 피해 갈 수 있었다. 그러나 도드프랭크법은 면제조항 자체를 삭제함으로써 일정 규모 이상의 모든 사모펀드 자문업자가 규제대상에 포함되었던 것이다.

【헤지펀드 자문업자의 보고의무】

도드프랭크법은 사모펀드 자문업자의 보고 및 공시 등 의무의 이행을 위한 세부규칙을 마련하도록 SEC에 요구하였다.[54] 도드프랭크법은 이러한 보고 등의 의무가 공익 및 소비자보호를 도모함과 아울러 금융안정감시위원회(FSOC)의 시스템리스크 평가를 지원하기 위한 목적임을 밝혔다. 앞에서 밝힌 바와 같이 자문업자에 의한 보고 및 공시의무는 도드프랭크법에 의한 헤지펀드 규제강화의 핵심내용을 이룬다.

이에 따라 SEC는 2011년 10월 사모펀드 자문업자의 보고기준인 Rule 204(b)-1과 보고양식인 Form PF[55]를 제정함과 아울러 이 양식의 도입배경과

---

54 도드프랭크법 제404조 및 제406조.
55 Form PF의 PF는 사모펀드(Private Fund)의 머릿글자를 나타낸다.

세부기준을 해설한 보고서[56]를 발표하였다. Form PF는 자문업자의 작성부담이 만만찮은 방대한 양이며, 이에 대한 해설서도 200페이지가 넘는다. 이 해설서를 통해 Form PF의 작성기준과 함께 SEC가 시장과 소통하는 방식도 엿볼 수 있어 이하에서는 그 주요 내용을 소개한다.

첫째, 보고서 작성대상은 운용자산이 1억 5,000만 달러를 초과하고, SEC 등록이 의무화된 모든 사모펀드이다. 당초 SEC는 1억 달러 이상의 사모펀드를 대상으로 하려고 하였으나, 업계의 건의를 받아들여 1억 5,000만 달러로 상향하였다. SEC 규칙상 운용자산 1억 5,000만 달러 이하인 사모펀드는 SEC 등록이 면제되는데, 초안에 따를 경우 이보다 규모가 더 작은 사모펀드는 보고의무를 부담하는 불합리가 초래된다는 지적이 제기되었기 때문이다.

둘째, SEC는 사모펀드의 유형을 6개로 구분하고, 동 유형에 따라 보고내용을 달리 적용하였다. 사모펀드의 유형은 헤지펀드, 유동성펀드[57](liquidity fund), 벤처캐피탈펀드, 부동산펀드,[58] 증권화자산 펀드[59](securitized asset fund), 사모주식펀드[60](PEF: Private Equity Fund) 등이다. 여기에서 Form PF는 시장가치에 기반한 성과보수 수취, 고레버리지, 공매도활용 등의 세 가지 특징 중 어느 하나에라도 해당되는 사모펀드를 헤지펀드로 정의하였다. 이러한 정의는 감독당국에 의한 최초의 공식적인 헤지펀드 정의라고 할 수 있다.

업계에서는 이러한 헤지펀드 정의에 대하여 민감한 반응을 보이며 다양한 의견을 제시하였다. 이는 헤지펀드, 특히 대형 헤지펀드의 경우에는 보고

---

56 SEC(2011, October) Release No. IA-3308.
57 안정적인 순자산가치의 유지 또는 원금의 변동성 완화를 목적으로 주로 단기채권에 투자하는 사모펀드.
58 주로 부동산 및 부동산 관련자산에 투자하며, 헤지펀드가 아닌 사모펀드로서 투자자에게 상환권(redemption rights)을 제공하지 않는 펀드.
59 주로 자산담보부 증권에 투자하는 사모펀드.
60 이상의 5개 유형에 속하지 않는 사모펀드로서 투자자에게 상환권(redemption rights)을 부여하지 않는 펀드.

부담이 상당히 커지기 때문이다. 또한 Form PF의 정보를 토대로 한 분석에서 시스템적 위험이 높다고 판단할 경우 FSOC는 헤지펀드에 강화된 감독을 실시하도록 연준(Fed)에 건의할 수 있기 때문이다.[61] SEC는 업계 의견에도 불구하고 초안에서 크게 후퇴하지 않은 헤지펀드 정의를 최종 확정하였다.

Form PF의 헤지펀드 정의

- 시장가치, 즉 미실현이익(unrealized gains)을 기반으로 성과보수 수취
- 고레버리지 활용(순자산가치의 1.5배를 초과하여 차입 또는 총명목원금이 순자산가치의 2배를 초과)
- 헤지 또는 듀레이션 관리 이외의 목적으로 공매도(short selling) 기법 사용

셋째, Form PF에 따라 보고해야 할 정보는 상당히 광범위하면서도 세밀하다. 특히, 헤지펀드와 유동성펀드에 대해서는 보고해야 할 정보가 더욱 확대되는데, SEC는 이와 관련하여 도드프랭크법 제404조를 기본으로 하면서 과거 영국 FSA 서베이,[62] EMSA 보고서[63] 등을 참조하고, 특히 FSOC와도 협의하였음을 밝혔다. SEC는 헤지펀드 및 유동성펀드와 관련한 자세한 보고의무의 주된 목적이 FSOC의 시스템리스크 분석을 지원하기 위한 것에 있음을 강조하는 한편, SEC의 감독목적만을 위해서는 이러한 방대한 정보의 보고를 요구하지 않았을 것이라고 밝혔다.

넷째, SEC는 문서감축법(Paperwork Reduction Act of 1980)에 의거 Form PF 도입에 따른 작성부담 등 비용과 함께 경제적 편익을 상세히 계산하여 제시

---

61 도드프랭크법 제115조.
62 FSA(2011).
63 ESMA(2011).

사모펀드 자문업자의 Form PF 작성에 따른 소요시간 및 비용 추정

(단위: 시간, 달러)

	최초 보고		계속 보고	
	소요시간	비용	소요시간	비용
소형 사모펀드	40	13,600	15	4,200
대형 헤지펀드	300	93,100[64]	140	38,800
대형 유동성펀드	140	43,500	65	18,000
대형 사모주식펀드	100	31,000	50	13,900

자료: SEC(2011, October)

하였다. 우선, 경제적 편익으로는 헤지펀드 등 사모펀드 산업의 시스템적 위험에 대한 FSOC의 분석을 지원함으로써 금융위기 가능성을 낮추는 데 기여한다는 점을 들었다. Form PF의 정보는 사모펀드가 미 연준(Fed)의 감독대상에 포함되어야 하는지 여부를 결정하는 데 있어 중요한 역할을 한다. 또한 종전에는 존재하지 않던 사모펀드의 투자활동 정보에 대한 접근이 가능해짐으로써 이 정보를 활용하여 금융시장의 공정성과 효율성을 유지하고 투자자를 보호하기 위한 감독당국의 능력을 제고할 수 있다고 주장하였다.

다음으로 Form PF 도입에 따른 비용은 사모펀드 자문업자가 보고서 작성에 소요하는 비용으로 측정하였다. SEC는 동 보고서를 최초로 작성하는 경우와 이후 계속보고의 경우로 나누어 작성 소요시간을 추정하였다. 또한 SEC는 준법감시인, 리스크전문가, 전산프로그래머 등이 보고서 작성에 관여하는 것으로 가정하고, 이들의 시간당 임금자료에 기초하여 작성비용을 산

---

[64] 준법전문가 180시간, 전산시스템 구축을 위한 프로그래머 120시간이 소요된다고 가정. compliance manager(시간당 임금 273달러), senior risk management specialist(409달러), senior programmer(304달러), programmer analyst(224달러) 가정: ($273×0.5+$409×0.5+$192×0.5) × 180시간 + ($304×0.5+$224× 0.5)×120시간 = 약 93,100. 여타의 경우는 비슷하므로 설명을 생략한다.

출하였다. SEC는 사모펀드 자문업계 전체[65]로 보면, Form PF 작성을 위해 초 년도에는 1억 700만 달러, 이후에는 연간 5,980만 달러가 소요될 것으로 추정하였다.

【전문투자자의 기준 조정】

미국의 증권관련법들은 개인고객(natural person) 중 일정 수준 이상의 소득 및 재산을 가진 자에 대하여는 등록의무 등 엄격한 법 적용을 면제하고 있다. 이 고객들은 금융상의 전문지식과 능력으로 인하여 투자손실을 감내할 수 있고 스스로를 보호할 수 있기 때문에 법의 보호가 필요치 않다는 것이 그 이유이다.

예를 들어 증권법은 '전문투자자'(accredited investor)를 대상으로 한 증권의 모집·발행시 증권의 등록의무를 면제하고 있으며,[66] SEC의 관련규칙 Rule 501(a)는 개인 고객의 경우 (1) 연간 소득 20만 달러 초과 (2) 부부 합산 소득 30만 달러 초과 (3) 순재산 100만 달러 초과인 경우 중 어느 하나에 해당하면 전문투자자에 포함시키고 있다.

유사하게 투자자문업법은 적격고객(qualified client)에 대하여는 성과보수 수취금지 규정의 적용을 면제하고 있다. 또한 투자회사법은 적격고객 (qualified purchaser)만을 대상으로 하는 경우 투자회사의 등록의무를 면제해주고 있다. 그리고 상품거래법은 적격 계약참가자(Eligible Contract Participant)에

---

[65] 소형 사모펀드 자문업자 3,070개, 대형 헤지펀드 자문업자 250개, 대형 유동성펀드 자문업자 80개, 대형 사모주식펀드 자문업자 170개 등이다.
[66] 증권법 제4조(a)(2).

대하여만 파생상품 및 스왑거래 참가를 허용하고 있다.

이러한 면제조항 적용의 대상이 되는 고소득 부유층 개인고객(이하 적격투자자로 통칭)의 개념은 미국의 자본시장 발전에 있어 중요한 위치를 차지한다. 미국의 자본시장이 사모시장을 중심으로 발전할 수 있었던 배경에는 바로 이와 같은 적격투자자 면제조항이 큰 역할을 한 것으로 이해되고 있는 것이다.

여기에서 적격투자자 기준을 어떻게 정의할 것인가 하는 문제가 대두된다. 이를 지나치게 좁게 정의할 경우 적격투자자의 수를 감소시켜 혁신기업의 사모시장을 통한 자금조달을 어렵게 할 수 있다. 반대로 지나치게 넓게 정의할 경우 보호가 필요한 투자자에게 적절한 보호수단(정보의 충실한 공시 등)을 제공하지 못하게 될 위험이 있다.

따라서 경제발전에 따라서 이들 기준을 적절하게 조정하는 것이 중요하다고 하겠다.

도드프랭크법은 면제조항 적용대상이 되는 적격투자자 기준을 일부 수정하였다. 첫째, 증권법상의 전문투자자의 순재산 기준(100만 달러) 산정시 주거지의 가격을 제외하였다.[67] 이는 실질적으로 그만큼 순재산 기준을 상향하는 결과를 초래한다.

둘째, SEC로 하여금 자연인에 적용되는 전문투자자 기준을 전반적으로 재검토하고 조정하도록 하였다.

셋째, 투자자문업법상의 성과보수 수취금지 조항의 적용이 면제되는 적격투자자의 기준을 인플레이션 등을 감안하여 5년마다 조정하도록 하였다.[68] 이에 따라 SEC는 2012년 2월 규칙개정을 통해 투자금액 기준, 즉 자문업자

---

67 도드프랭크법 제413조.
68 도드프랭크법 제418조.

에게 관리를 위탁한 금액기준을 기존 75만 달러에서 100만 달러로, 순재산 기준을 기존 150만 달러에서 200만 달러로 상향하였다.[69]

증권관련법상 적격투자자(자연인)의 개념 및 규제목적

	자연인의 소득·재산 기준	규제목적
전문투자자 (Accredited Investor) 〈증권법 Rule 501(a)〉	· 소득 20만 달러 · 부부 합산 소득 30만 달러 · 순재산 100만 달러(단, 주거지 주택가격 제외)	증권법상 증권의 모집·발행시 등록의무 면제
적격고객 (Qualified Client) 〈자문업법 Rule 205-3〉	· 투자금액 100만 달러 · 순재산 200만 달러(단, 주거지 주택가격 제외) · 5년 단위로 인플레이션 반영하여 조정	자문업법 상 고객에 대한 성과보수 수취금지 조항 면제
적격투자자 (Qualified Purchaser) 〈투자회사법 제2조(a)(51)(A)〉	· 투자금액 500만 달러	투자회사법상 투자회사의 등록 면제
적격계약참가자 (Eligible Contract Participant) 〈상품거래법 제1조a(18)〉	· 투자금액 1,000만 달러 · 헤지시 투자금액 500만 달러	파생상품 및 스왑거래 참가 허용

이상의 조치 중 SEC로 하여금 전문투자자 개념을 전반적으로 재검토하도록 한 것은 미국 자본시장에 상당한 영향을 미칠 수 있는 잠재력을 가진 것으로 평가된다. 이하에서는 SEC가 2015년 12월 발표한 전문투자자 개념에 대한 검토보고서[70]의 주요 내용을 소개한다.

---

69 SEC(2012, February 15).
70 SEC(2015, December 18).

(SEC의 '전문투자자' 개념의 재검토)

SEC는 전문투자자 기준을 1982년(연간 소득 20만 달러 또는 순재산 100만 달러)과 1988년(부부 합산 소득 30만 달러)에 도입하였다. 그리고 2011년 도드프랭크법에 의한 미세 조정(순재산 기준 산출시 주택가격 제외)을 제외하고는 동 기준을 장기간 그대로 유지하여왔다. 도드프랭크법은 30년 이상 유지된 낡은 기준을 현실에 맞게 수정할 것을 SEC에 요구하였으며, SEC는 전문투자자 개념을 전반적으로 재검토하고 동 개념의 다양한 수정안을 담은 보고서를 2015년 12월 발표하였다.

전문투자자의 기준을 전반적으로 재검토함에 있어 SEC 보고서는 시장 의견 등을 감안하여 다음 두 가지 논점을 심도 있게 고려하였다. 첫째, 소득 및 순재산 기준을 전문투자자 식별기준으로 계속해서 사용할 것인가 하는 문제이다. 일각에서는 부(소득 또는 재산)는 투자자의 금융능력(financial sophistication)과 상관관계가 높지 않기 때문에 소득 또는 순재산 기준이 전문투자자를 식별하는 데 유용하지 않다고 주장하였다. 이들은 투자자의 교육수준, 전문성, 투자경험, 발행인과의 관계, 금융전문가의 활용 정도 등을 대안적 기준으로 제안하였다. 이들 대안기준은 투자자의 투자손실을 감내할 수 있는 능력을 나타내지는 못하지만 법에 의한 보호가 불필요한 투자자를 식별하는 데는 보다 효과적이라는 것이다.

이에 대해 SEC 보고서는 다양한 실증연구를 인용하면서 순재산 또는 소득 수준이 높은 투자자일수록 과거의 투자경험, 높은 교육수준, 사회적 관계를 통해 습득한 정보, 전문적 자문 등을 활용하여 합리적 투자를 할 가능성이 높다고 주장하였다. 또한 대안적 기준이 타당성이 있다고 하더라도 그 정의 및 측정에 실무적 어려움이 있다는 점을 지적하였다.

둘째, 인플레이션 등을 감안하여 소득 및 순재산 기준을 상향할 것인지 여부이다. 아래의 표는 전문투자자 기준을 충족하는 가구수와 전체 가구수 대비 비중을 보여준다. 이 표에 따르면 소득(20만 달러) 또는 순재산(100만 달러) 기준 중 하나를 충족하는 가구수는 1983년에 151만 가구(비중 1.8%)에 불과하였으나 2013년에는 1,240만 가구(비중 10.1%)로 크게 증가하였다. 투자자 보호라는 관점에서 본다면 이러한 가구수 증가는 분명히 기준의 상향 필요성을 시사하는 것이다.

그러나 기준상향에 대한 업계의 반대 목소리도 만만찮게 제기되었다. 기준상향은 전문투자자의 가구수를 감소시킴으로써 사모자본 조달시장의 위축과 시장을 통한 혁신기업의 자금조달을 어렵게 하리라는 것이 그 주된 논리였다. 또한 기준상향은 헤지펀드, 구조화 금융상품 등 고수익 투자기회를 상실케 함으로써 상당수 가구에게 재산형성 기회를 박탈하는 부정적 영향을 초래할 것이라고 주장하였다.

전문투자자 가구수 및 비중

(단위: 만 가구, %)

	1983년		2013년	
	가구수	(비중)	가구수	(비중)
소득	44	(0.5)	807	(6.6)
순재산	142	(1.7)	922	(7.5)
소득 또는 순재산	151	(1.8)	1,240	(10.1)

주: 1) 전체 가구수(1983년 8,390만 가구, 2013년 1억 2,250만 가구) 대비 비중(%)임.
2) 2013년 순재산 산출시 주거지 주택가격 제외.

이상과 같은 점을 고려하여 SEC 보고서는 소득 및 순재산 기준을 조정하는 방안으로 ①현행 기준(20만 달러, 30만 달러, 100만 달러)을 유지하되 투자한도(예: 소득의 10% 또는 순재산의 10%)를 부여하는 방안 ②물가상승률을 감안하여 소득기준을 50만 달러로, 부부 합산 소득기준을 75만 달러로, 순재산 기준을 250만 달러로 각각 상향하는 방안 ③소득 및 재산 기준을 인플레이션 인덱스화하여 매년 조정하는 방안 등을 제시하였다. 이 중에서 첫 번째 방안은 최대 손실액을 제한함으로써 투자자를 보호하는 효과와 함께 투자자 풀을 그대로 보존하여 사모자본시장의 자본형성 기능을 유지하는 효과도 거두는 장점이 있는 것으로 분석하였다.

또한 정성적 기준과 관련하여는 ①일정 금액 이상의 투자자 ②전문적 자격증을 취득한 자 ③사모시장에 일정 회수(예: 10번) 이상의 투자경험을 보유한 자 ④자격시험(accredited investor examination)을 신설하고 이 시험에 합격한 자 등을 전문투자자로 인정하는 방안을 제시하였다.

V
헤지펀드
규제강화에 대한 평가

  도드프랭크법은 헤지펀드를 처음으로 규제의 영역으로 끌어들였다는 점에서 큰 의의가 있다. 운용자산이 일정 기준(1억 5,000만 달러)을 상회하는 대부분의 헤지펀드 자문업자에 대해 SEC 등록, 보고 및 검사 등의 규제를 받게 함으로써 자문업자의 위법 또는 사기적인 행위로부터 투자자를 두텁게 보호할 수 있는 제도적 장치를 마련하였다. 또한 Form PF에 의한 엄밀하고도 상세한 보고의무를 규정함으로써 헤지펀드의 운용자산 규모와 거래전략을 감독당국이 투명하게 파악하고, 헤지펀드가 초래하는 잠재적인 시스템리스크를 정밀하게 평가할 수 있는 기틀을 마련하였다고 평가할 수 있다. 특히 헤지펀드는 그 동안 비밀주의로 인해 자산규모와 거래전략에 대한 공식적인 통계 없이 다양한 민간업체의 서베이에 의한 부분적이고 산발적인 정보만이 존재했는데, 도드프랭크법에 의해 일정 규모 이상 자문업자의 정보보고가 의무화됨으로써 감독당국에 의한 공식적인 정보의 집계가 처음으로 가능하게 되었다는 점에서 큰 의의가 있다.

도드프랭크법의 헤지펀드 자문업자 규제는 2000년대 들어 지속된 의회와 SEC 등 규제당국의 헤지펀드 규제강화 노력이 마침내 결실을 맺은 것이라 볼 수 있다. 헤지펀드 규제에 대해 상반된 입장을 보여온 업계와 규제당국간의 힘겨루기가 규제당국의 승리로 일단락된 것이다. 이러한 배경에는 무엇보다 헤지펀드 산업이 급속히 성장하여 금융산업 내 비중(2012년 기준 자산운용산업 내 비중 9% 수준[71])이 무시할 수 없을 정도로 높아졌다는 사실이 있다. 투자자보호와 시스템리스크 측면에서의 영향이 지대해짐에 따라 헤지펀드를 계속해서 규제의 영역 밖에 방치해 둘 수 없다는 공감대가 형성된 것이 규제강화의 배경이 되었다.

도드프랭크에 의해 도입된 헤지펀드 규제의 유효성 내지 필요성과 관련하여 제기되고 있는 몇 가지 이슈를 정리하면 다음과 같다. 첫째, 도드프랭크법은 헤지펀드의 자문업자만을 규제대상으로 하고 있어 헤지펀드의 과도한 레버리지와 투기적 투자활동을 규제하는 데 있어 실효성이 낮다는 평가가 제기될 수 있다. 도드프랭크법은 헤지펀드와 관련된 4개의 증권관련법(증권법, 증권거래법, 투자회사법, 투자자문업법) 중 투자자문업법상의 규제만을 개정하였다. 따라서 헤지펀드는 증권법, 증권거래법 및 투자회사법상의 면제조항을 활용하여 투자자금을 모집하고 레버리지·공매도 등 유연한 투자전략을 활용하는 등 종전과 동일한 방식으로 투자활동을 영위할 수 있다. 이는 도드프랭크법의 규제목적이 헤지펀드의 성장을 직접적으로 억제하는 데 있는 것이 아니라 자문업자의 등록 및 보고 등의 규제를 통해 헤지펀드의 정확한 실태파악을 우선적인 목적으로 하고 있는 것임을 시사하는 것이다.

---

[71] OFR(2013, September).

둘째, 헤지펀드 업계와 일부 학계[72]에서는 자문업자의 등록 등 규제의 실익이 없다는 견해를 제기하고 있다. 헤지펀드는 LTCM 파산 이후 투자설명서를 통해 투자자에게 투자전략, 운용성과 포트폴리오 구성 등에 관한 상세한 설명을 제공하며, 독립된 외부 회계법인의 감사를 받고, 일반회계기준을 준수하는 등 자체적인 투명성제고 노력을 기울이고 있을 뿐만 아니라 SEC가 2007년 헤지펀드 사기금지 규정(Hedge Fund Anti-Fraud Rule)을 도입하는 등 기존에 투자자보호 장치가 마련되어 있어 별도의 규제를 도입할 실익이 없다는 주장이다. 나아가 새로운 규제는 감독자원의 낭비와 자문업자의 부담을 초래할 뿐이므로 강제적인 등록규제를 폐지하고 자발적인 등록제도(voluntary registration model)로 전환할 것을 주장하고 있다. 다만, 규제 반대론자들도 자문업자의 보고의무에 대해서는 헤지펀드의 전반적인 통계파악을 가능케 하는 유효한 규제라고 그 의의를 인정하고 있다.

셋째, Form PF의 효율성에 대한 논란이 있다. Form PF는 시스템리스크 평가를 위해 필요할지도 모를 모든 정보를 보고하도록 요구하고 있어 작성부담이 과도한 반면 시스템리스크 평가를 위한 효율성은 낮다는 비판[73]이다. 심지어 금융조사국(OFR)에서 작성한 보고서[74]도 Form PF가 지나치게 복잡하고 모호하여 개별 헤지펀드의 리스크를 측정하는 데 있어 오류의 가능성이 많음을 지적하고 있다. Form PF의 이러한 흠결은 앞으로 개선될 여지가 있는 것으로 보인다.

마지막으로 미국의 규제당국은 헤지펀드 규제정책을 마련함에 있어 투자자보호 및 시스템리스크 억제라는 측면과 사모자본시장의 자금형성 기능

---

72 Luther B. Ashworth II(2013), J.W. Verret (2016).
73 J.W. Verret(2016).
74 Mark D. Flood(2015), p.10 및 p.22 참조.

의 활성화라는 측면을 균형 있게 고려하고 있다는 점을 주목할 필요가 있다. 미국의 규제당국은 도드프랭크법에 의한 규제강화와 함께 2012년 잡스법(JOBS Act)을 통해 전문투자자를 대상으로 한 광고 및 투자권유 행위도 사모면제조항에 해당하도록 허용토록 함으로써 헤지펀드의 자금형성 기능을 강화하고 있다. 그리고 SEC가 전문투자자 기준을 재설정함에 있어 헤지펀드의 자금형성 기능을 훼손하지 않으면서 투자자보호를 강화하는 최선의 방안을 모색하고자 노력하는 것도 이러한 규제정책의 연장선상에 있는 것이다.

| 부록 |

헤지펀드 관련 주요 통계(2016년 현재)[75]

(1) 펀드수, 자문업자수 및 자산가치

(단위: 개, 10억 달러)

	펀드수	자문업자수	총자산가치 (GAV)	순자산가치 (NAV)
헤지펀드	8,877	1,677	6,398	3,484
적격헤지펀드*	1,649	531	5,214	2,740
사모펀드	10,305	1,076	2,307	2,064
Section 4 사모주식펀드	1,999	247	1,644	1,492
기타 사모펀드	4,414	571	1,065	973
부동산펀드	1,420	305	443	339
유동성펀드	69	39	293	292
Section 3 유동성펀드	44	24	274	273
증권화자산펀드	1,451	149	448	141
벤처캐피탈펀드	754	109	62	59
총계	28,290	2,878	11,008	7,354

주: 1) 열 항목의 이중계산으로 '총계'가 열 항목 합계와 불일치할 수 있음.
2) *는 대형 자문업자(운용자산 5억 달러 이상)에 의해 운용되는 헤지펀드.

(2) 펀드 소재지(순자산가치 대비 비중)

(단위: %)

	미국	케이만군도	아일랜드	영국령 버진 아일랜드	기타
사모펀드	51.3	36.4	4.3	2.2	5.9
적격헤지펀드	34.1	53.1	2.7	5.5	4.8

---

75 SEC 투자관리국에서 분기별로 발표하는 사모펀드 통계(Private Funds Statistics)에서 발췌한 것임.

(3) 실질적 소유자(총자산가치 대비 비중)

(단위: 개, %)

	사모펀드	정부연기금[1]	퇴직연금	미국 개인	금융회사[2]	기타
사모펀드	18.1	13.7	12.9	10.4	9.1	35.8
적격헤지펀드	17.8	11.1	13.5	11.6	8.5	37.5

주: 1) 연방, 주 및 지방 정부의 연기금.
    2) 보험사+은행+투자회사+브로커·딜러.

(4) 파생상품 투자비중(총자산가치 대비 비중)

(단위: %)

헤지펀드	적격헤지펀드	기타사모펀드	사모주식펀드	부동산 펀드	증권화 자산펀드
452.6	526.8	11.8	1.8	4.8	9.8

제8장

《《《

장외파생시장 및 지급·청산·결제 감독강화

Dodd-Frank Act

I

머리말

    도드프랭크법 제7편은 월가 투명성 및 책임성법(Wall Street Transparency and Accountability Act of 2010)이라는 부제하에 장외파생시장에 대한 포괄적인 규제개혁 조치를 담았다. 제7편은 장외파생시장의 시스템위험 유발행위를 예방하고 거래효율성과 투명성제고를 목적으로 스왑거래와 스왑업체를 엄밀히 정의하고, 스왑업체에 대한 기록·보고·공시 및 자본·증거금 규제를 신설·강화하는 한편, 스왑시장의 거래인프라(중앙청산·거래실행·정보저장 등)를 정비하였다.

    미국은 장외파생시장의 선진화 및 경쟁력강화를 명분으로 2000년 상품선물현대화법(CFMA : Commodity Futures Modernization Act)을 제정하여 장외파생시장에 대한 감독당국의 규제권한을 사실상 폐지하다시피 하였다. 이러한 급격한 규제의 완화 내지 폐지는 한편으로 장외파생시장의 눈부신 팽창을 가져왔으나 그 이면에는 비정상적인 레버리지의 증가와 복잡하게 상호연계된 거래상대방 리스크의 집중 등 시스템적 위험이 누적되고 있었다. 그럼에도 불구하고 장외파생시장은 구석기 시대의 암흑상태에 비유될 정도로 불투명하였으며, 시스템 전체적으로 자본·증거금 등 손실흡수장치는 크게 부족하였다. 장외파생시장은 금융위기의 일차적 원인이나 주범은 아니었다 하더라도 모기지증권시장의 버블을 부추기고 거래상대방 리스크의 전염을 통해 주택시장의 위기를 은행시스템의 위기로 전환시키는 데 중요한 역할을 하였다. 이러한 배경에서 도드프랭크법은 금융시스템의 안정확보를 위한 노력의 일환으로 장외파생시장에 대한 포괄적인 규제체계를 도입하였다. 제7편의 부제(월가 투명성 및 책임성법)가 법의 명칭(월가개혁 및 소비자보호법)에 반영되어 있는 데서 알 수 있듯이 장외파생시장 규제개혁은 도드프랭크 금융개혁의 핵심을 이루는 것이다.

글로벌 금융위기 이후 장외파생시장의 규제개혁 필요성은 비단 미국만이 아니라 글로벌 차원에서 추진되었다. 2009년 9월 피츠버그^{Pittsburgh} 정상회의에서 G20은 장외파생시장의 개혁을 위한 4대 정책과제를 제시하였다. 즉 ① 모든 표준화된 장외파생상품 계약은 거래소 또는 전자거래 플랫폼(electronic trading platform)을 통한 거래 및 ②중앙청산소를 통한 청산을 의무화하였다. 또한 ③모든 장외파생 거래는 거래정보저장소(trade repositories)에 보고하도록 하였으며, ④중앙청산소를 통해 청산되지 않은 비청산 거래(NCCD: non-centrally cleared derivatives)는 강화된 자본규제의 적용을 받도록 하였다. 이와 아울러 2011년 11월 칸^{Cannes} 정상회의는 국제기구(BCBS, IOSCO 등)로 하여금 ⑤비청산 거래(NCCDs)에 대하여 최소증거금 규제기준을 도입할 것을 의무화하였다.

도드프랭크법의 장외파생시장 규제개혁은 이러한 국제적 차원의 규제개혁 노력과 연계되어 추진된 것이다. 금융안정위원회(FSB)는 장외파생시장의

5대 개혁과제에 대한 국가별 이행현황을 4단계(규제초안 발표 → 규제 일부 도입 → 규제도입 확대 → 이행완료)로 나누어 주기적으로 발표하고 있는데, 미국의 경우 2017년 6월 현재 4개 과제를 이행완료한 것으로 분석되었다.[1] 즉 미국은 장외파생 거래의 90% 이상에 대해 전자거래 플랫폼을 통한 거래, 중앙청산소를 통한 청산, 거래정보의 저장소 보고 및 비청산 거래(NCCDs)에 대한 자본규제 등의 과제를 이행완료하였다. 다섯 번째 과제인 비청산 거래에 대한 증거금 규제는 3단계(규제도입 확대)의 이행수준을 보이고 있다.

한편, 도드프랭크법 제8편은 지급·청산·결제감독법(Payment, Clearing, and Settlement Act of 2010)이라는 부제하에 시스템적으로 중요한 금융시장기구 및 시스템적으로 중요한 지급·청산·결제활동에 대한 감독강화에 대해 규정하였다. 장외파생 거래의 중앙청산을 의무화한 도드프랭크법 제7편은 효율적인 지급·청산·결제시스템을 전제로 한다. 따라서 여기에서는 제7편의 장외파생시장 규제개혁을 중심으로 다루되 제8편의 내용을 하나의 장으로 묶어 같이 살펴본다.

마지막으로 2017년 10월 미 재무부가 발표한 자본시장 부문 규제개편 보고서[2]를 중심으로 트럼프 행정부의 장외파생시장 규제개편 방향에 대해 간략히 살펴본다.

---

[1] FSB(2017, June, 29).
[2] U.S. Department of Treasury(2017, Oct. 6). 별도의 표시가 없는 한 이 장에서 언급한 재무부 보고서는 동 보고서를 지칭한다.

II

도드프랭크법 이전의
장외파생시장 규제체계

【상품거래법(CEA)과 파생상품 규제】

　미국에서 파생상품 거래는 19세기 중반 곡물선물 거래에서 시작되었다. 당시에 파생상품시장은 시장의 자율규율 기능에 맡겨져 있었으며, 국제스왑파생상품협회(ISDA)[3]의 역할과 기능에서 보는 바와 같이 오늘날까지도 자율규율은 파생상품시장의 주요한 특징의 하나로 남아 있다. 1922년의 곡물선물법(Grain Futures Act)과 이를 대체한 1936년의 상품거래법(CEA : Commodity Exchange Act)은 장외시장에서의 선물거래를 금지하였는데, 이는 장내거래와 장외거래를 구분하여 규제를 달리하는 중요한 이정표가 되었다. 이들 법에서 규정한 선물거래에 해당하지 않는 장외파생 거래―예컨대 선도거래가 이에

3　국제스왑파생상품협회(ISDA: International Swaps and Derivatives Association)는 장외파생상품 표준계약서(ISDA Master Agreement) 제정 등 장외파생상품 시장의 자율규제기관으로서 기능한다.

해당한다―는 규제의 대상에서 제외되었다.

이후 장내 선물거래는 상품의 표준화 등에 힘입어 지속적으로 성장하였으며, 1972년에는 시카고상업거래소(Chicago Mercantile Exchange) 내 국제금융시장(International Monetary Market)에 의해 금융선물계약이 처음으로 등장하였다. 선물거래의 팽창에 대응하여 미 의회는 1974년 상품거래법을 개정(이하 개정 CEA)하고 선물시장에 대한 포괄적인 규제체계를 도입하였다. 이러한 조치의 일환으로 동 개정법은 파생상품시장에 대한 규제감독기관인 상품선물거래위원회(CFTC: Commodity Futures Trading Commission)를 창설하고, 이 위원회에 상품선물 및 선물옵션에 대한 배타적인 감독관할권(exclusive jurisdiction)을 부여하였다.[4] 이와 동시에 상품거래법의 적용을 받는 '상품'(commodity)의 정의를 기존의 농산물에 한정된 열거상품에서 벗어나 '모든 재화, 물품, 서비스, 권리, 이익'으로 확대하였다. 사실상 상품의 정의를 유형 및 무형의 모든 것을 포함하도록 확대한 것이며, 증권도 당연히 상품의 정의에 포함되었다. 한편, 증권거래 및 증권시장에 대한 SEC의 기존 규제감독권한은 조정되지 않고 종전과 동일하게 남아 있었다.

이와 같이 CFTC에 배타적인 감독관할권을 부여함과 아울러 상품의 정의를 확대한 것은 필연적으로 타 감독기관(SEC 및 주州 증권감독관)과 감독관할권의 충돌을 가져옴과 아울러 장외파생상품의 규제 여부―즉 특정 장외파생상품 거래가 선물거래에 해당되어 금지되는지 여부―에 대한 불확실성과 혼란을 초래하였다. 특히 개정 CEA로 인해 초래된 장외파생상품의 규제 여부에 대한 불확실성과 혼란은 심대하였다. 장외파생 거래는 표준화 등에 힘입어 점차로 장내 선물거래와 유사한 성격을 갖게 되었으며, 법원이 선물거래

---

[4] 상품거래법(CEA) 제2조(a). CFTC 설립 이전에 선물시장에 대한 감독권한은 농무부 산하의 상품거래청(Commodity Exchange Authority)이 갖고 있었다.

에 해당한다고 판결함으로써 불법거래가 되어 무효화될 수 있는 법률 리스크(legal risk)의 현실화 가능성이 상존하고 있었다. 특히 장외파생 거래의 명목원금이 수조 달러에 이를 정도로 증가함에 따라 법률 리스크의 크기와 이 리스크의 금융시장 영향이 자못 심대하였다. 이하에서는 이들 두 가지 이슈의 전개상황에 대해 간략히 살펴본다.

먼저 CFTC와 SEC간의 감독관할권 논란에 대해 살펴보자. 개정 CEA는 선물거래(선물옵션 포함)에 대한 배타적인 감독권한을 CFTC에 부여하였는데, 이는 기초상품이 증권(security)인 금융선물도 CFTC의 규제감독을 받는다는 것을 의미하였다. 여기에서 배타적 감독권한(exclusivity) 그 자체는 새로운 개념이 아니었다. 예컨대 SEC는 증권거래법(제4조)에 의해 증권거래에 대한 유일한 연방감독기관으로서의 지위를 부여받고 있었다. 그런데 문제는 SEC도 기초상품이 증권인 파생상품 거래에 대한 감독권한을 주장하였다는 데 있었다.

감독관할권을 둘러싼 CFTC와 SEC의 갈등은 법원소송 등으로 혼란을 겪다가 마침내 1982년 SEC의 샤드(John Shad) 의장과 CFTC의 존슨(Philip McBride Johnson) 의장간의 합의(Shad-Johnson Jurisdictional Accord)로 일단락되었다. 이 합의는 증권(개별 증권 및 주가지수)에 기초한 옵션에 대한 규제권한은 SEC에, 그리고 일련의 면제증권[5]과 주가지수에 기초한 선물 및 선물옵션에 대한 규제권한은 CFTC에 부여하였다.[6] 그러나 새로운 장외파생상품의 등장에 따라 SEC와 CFTC의 감독관할권 논란은 이후에도 계속되었으며, 감독관할권 논란을 종식시키기 위해 두 기관을 통합해야 한다는 주장이 지속적으로 제기돼

---

[5] SEC의 등록 및 보고의무가 면제된 증권(exempted securities)을 말하는 것으로 미국 정부 및 주써 정부에 의해 발행 또는 보증되는 채권 등이 이에 해당한다.
[6] 샤드존슨 합의는 증권법 제2조, 증권거래법 제3조 및 선물거래법 제2조(a)(1)(B)에 반영되었다.

왔다. 도드프랭크법은 두 기관을 통합하지 않고 그대로 두면서 스왑 규제는 CFTC에, 증권기초 스왑 규제는 SEC로 감독권할권을 구분하였다. 그러나 혼합스왑의 경우에는 여전히 두 기구가 공동으로 감독하도록 함으로써 감독관할권 논란을 완전히 해결하지는 못하였다. 한편, 트럼프 행정부의 재무부 보고서는 양 기관 통합에 따른 예산절감 효과가 미미하고, 증권시장과 파생시장은 각각 자본형성과 리스크 헤지·이전으로 그 기능이 명확히 구분되는 점을 고려하여 현행 감독체계 유지를 권고하였다.[7]

다음으로, 장외파생상품 규제와 관련한 불확실성에 대해서 살펴보자. 이와 관련하여 재무부는 1974년 법 개정 당시 CFTC의 감독관할권이 지나치게 광범위함을 우려하면서 은행간 시장에서 거래되는 장외통화파생 거래를 포함한 일련의 거래를 CFTC의 규제대상에서 제외할 것을 요구하였다. 장외통화파생상품은 감독기관(OCC, Fed, SEC 등)에 의해 이미 적절하게 규제되고 있을 뿐만 아니라 은행, 딜러 등 고도의 전문성을 가진 기관들에 의해 거래되고 있어 투자자보호의 필요성이 낮으며, 외환시장의 효율적 작동을 위해서는 최소한의 규제가 바람직하다는 이유에서였다. 이를 통상 재무부 수정안(Treasury amendment)이라고 하며, 동 수정안에 따라 장외에서 거래되는 외국통화에 기초한 선도 및 선물 등 통화파생상품은 CFTC의 규제대상에서 제외되었다.

그러나 CEA는 통화옵션을 포함하여 다수의 금융파생상품에 대하여는 규제를 면제하지 않음으로써 불확실성이 남아 있었다. 예컨대 통화옵션의 규제여부를 둘러싼 CFTC와 업계의 상반된 주장이 법원소송으로 이어지는 등 불확실성이 계속되었다.[8] 1980년대와 1990년대에 걸쳐 스왑, 하이브리드상품

---

[7] U.S. Department of Treasury(2017, October 6).
[8] 이에 대해서는 Thomas A. Tormey(1997) 참조.

등 새로운 상품이 등장함에 따라 파생상품 규제의 불확실성도 더욱 증가하였다. 이에 따라 규제당국과 의회는 일련의 규칙 및 법률제정을 통해 규제 불확실성을 해소하고자 노력하였다. CFTC는 1989년 스왑거래에 관한 정책설명서(Policy Statement Concerning Swap Transactions)를 통해 스왑거래에 대해 적절한 규제가 이루어지지 못하고 있음을 언급함과 아울러 일정 요건을 충족하는 스왑거래에 대한 규제적용 면제방침을 발표하였으며, 의회는 1992년 선물거래실행법(Futures Trading Practices Act)을 제정하여 스왑거래와 하이브리드상품에 대한 규제적용 면제권한을 CFTC에 공식적으로 부여하였다. 그리고 동법에 근거하여 CFTC는 1993년 스왑거래와 하이브리드상품에 대한 규제적용을 면제하는 규칙을 각각 공표하였다.

그러나 CFTC의 이러한 노력에도 불구하고 증권기초 스왑 등 장외파생상품 규제의 불확실성이 여전히 남아 있었다. 시장참가자들은 미국 장외파생시장의 지속적 성장과 해외 경쟁우위를 확보하기 위해서는 상품선물법(CEA)의 현대화, 즉 CFTC의 장외파생상품 규제권한을 제거함으로써 규제를 완화하는 것이 급선무임을 주장하였다. 그리고 이러한 주장은 2000년 상품선물현대화법(CFMA: Commodity Futures Modernization Act)의 제정으로 이어지게 되었다.

【상품선물현대화법과 장외파생상품 규제논쟁】

장외파생상품의 규제와 관련한 논쟁의 핵심에 상품선물현대화법(CFMA)이 자리하고 있다. 임기를 한 달 남겨놓은 클린턴 대통령에 의해 2000년 12월 21일 서명된 CFMA는 증권법, 증권거래법, 상품거래법 및 일련의 감독규칙을 개정하여 파생상품 규제체계를 크게 바꾸어 놓았다. CFMA는 장외파생상품 규제의 불확실성을 해소하고자 한 업계의 오랜 노력과 금융혁신의 긍정적 효과를 과신한 정책당국자의 오판이 결합된 결과였다. CFMA의 제정에 얽힌 이야기는 매우 유명하므로 자세히 살펴보자.

CFMA는 대통령 직속 금융시장대책반(PWG: President's Working Group on Financial Markets)이 1999년 11월에 작성한 장외파생상품 보고서[9]의 권고에 기초하고 있다. 이 보고서는 PWG 구성원의 '만장일치'(unanimously)로 적격스왑참가자(eligible swap participants)의 파생상품 거래에 대하여 상품거래법(CEA) 적용을 면제할 것을 권고하였다. 여기에서 적격스왑참가자란 금융회사, 연기금, 일정 규모 이상의 기업 등 리스크 관리에 전문적 능력을 가진 참가자(sophisticated counterparties)를 의미한다. 즉, PWG 보고서는 전문적 능력이 있는 적격참가자간의 거래에 대하여는 사실상 대부분의 규제를 완화하도록 권고함으로써 장외파생상품 규제와 관련한 오랜 논란을 종결시키고자 한 것이다.

그러나 PWG 보고서에서 구성원의 만장일치로 규제완화를 권고하였다는 것은 사실과 다른 측면이 있었다. PWG는 재무장관, 연준 의장, SEC 의장, 그리고 CFTC 의장으로 구성되었는데, 규제완화를 지지하는 다른 구성원들과 달리 CFTC 의장은 규제강화를 추진하고 있었기 때문이다.

여성 변호사였던 브룩슬리 본$^{Brooksley\ E.Born}$ 의장[10]의 영도하에 있던 CFTC는 1997년부터 파생상품 규제강화 방안을 모색하기 시작하였다. 불투명하고 규제받지 않는 파생상품 거래가 금융시장의 안정을 위협할 수 있음을 우려한

---

9 President's Working Group on Financial Markets(1999).
10 재임기간은 1996.8.26 ~ 1999.6.10이다.

본 의장은 파생상품 규제강화를 위한 준비의 일환으로 1998년 5월 장외파생상품에 관한 개념설명서[11](concept release)를 발표하였다. 이 개념설명서는 구체적인 규제안 마련을 위한 예비적 조치였음에도 적극적인 규제강화 의도로 받아들여졌으며, 특히 당시 재무부 장관이던 로버트 루빈 Robert Rubin과 연준 의장이던 앨런 그린스펀의 극렬한 반대를 불러일으켰다.

그린스펀 의장과 루빈 장관은 규제를 강화하면 급속히 성장하고 있던 파생상품 거래가 해외시장으로 이탈함으로써 월스트리트로 대변되는 미국 금융시장의 경쟁력약화를 초래함은 물론 혼란과 위기를 초래할 수 있다고 주장하였다. 루빈 장관과 연준 의장의 철회 요구에도 불구하고 본 의장이 규제강화 방안을 밀어붙이자 급기야 루빈 장관, 그린스펀 의장, 그리고 당시 아더 레빗 Arthur Levitt SEC 의장은 공동으로 CFTC의 규칙제정 권한을 임시적으로 동결시키는 모라토리엄을 부여할 것을 요청하는 서한을 1998년 6월 상원 및 하원 의장에게 송부하는 사태에까지 이르렀다. CFTC가 제기하는 이슈가 매우 중요하므로 대통령 직속 금융시장대책반(PWG)이 신중히 검토하여 권고방안을 마련할 때까지 시간이 필요하다는 것이 그 이유였다. 1998년 가을 헤지 펀드인 LTCM의 파산으로 한때 본 의장의 입지가 강화되는 듯하였으나, 결국 미 의회는 다음 해 3월까지 6개월 동안 CFTC의 규칙 제·개정 권한을 정지시키는 긴급 법안을 통과시켰다. 이의 후폭풍으로 리더십을 상실한 본 의장은 5년의 임기를 채우지 못하고 의장으로 취임한 지 2년 10개월 만인 1999년 6월 사퇴하였다. 그리고 PWG는 새로 CFTC 의장으로 임명된 윌리엄 레이너 William J. Rainer를 포함하여 구성원 4명의 '만장일치'로 사실상 CFTC의 무장해제를 권고한 장외파생상품 보고서를 채택하여 그해 11월 의회에 제출하였다.

---

11 CFTC(1998).

전례를 찾기 힘든 감독당국의 규칙제정 권한에 대한 이러한 모라토리엄 제재의 배후에는 파생상품 규제완화를 위한 업계의 오랜 노력이 있었다. 월스트리트 은행들은 1998년부터 2000년까지 3년 동안 금융규제 완화를 위한 2개의 현대화법—금융서비스현대화법(Financial Services Modernization Act of 1999)과 상품선물현대화법(CFMA)—의 통과를 위한 로비에 50억 달러를 지출한 것으로 알려지고 있다.[12] 월스트리트와 깊이 연관돼 있던 루빈 재무부 장관과 그의 부관이던 로렌스 서머스Lawrence Summers 차관은 업계의 입장을 대변하여 파생상품 규제완화를 정책적으로 뒷받침하는 데 주도적 역할을 담당하였다.

그린스펀 연준 의장은 월스트리트와 직접적 연관성은 없었지만 효율적 시장의 가설과 장외파생상품이 초래할 금융혁신의 긍정적 효과에 대한 자신의 믿음과 지혜를 과신하여 규제완화를 적극 지지하였다. 그린스펀 의장은 여러 차례의 의회 증언과 강연에서 파생상품 거래의 위험은 높지만 그 위험의 현실화 가능성이 극히 낮으며, 민간의 영역에 속하는 장외파생 거래에 대해 건전성 규제 이외의 추가적인 규제는 불필요하다고 주장하였다.[13] 나아가 파생상품은 금융혁신을 통해 미국 금융시장의 경쟁력을 강화하고 경제발전에 기여할 것이라고 주장[14]하였으며, 연준 의장이라는 자신의 우월적인 지위를 활용하여 규제를 완화하도록 의회에 영향력을 행사하였다. 그린스펀은 "파생상품의 치어리더cheer leader였다."[15] 그린스펀 의장은 1999년 3월 선물업협회

---

12 Wall Street Watch(2009). 한편, 미 금융업계는 금융규제의 완화를 위한 로비를 위해 제45대 대통령 선거기간(2015년~2016년 말) 중 후원금을 포함하여 20억 달러를 지출한 것으로 알려지고 있는데(Pete Schroeder, 2017 March), 이 금액과 비교해보면 당시 지출금액(50억 달러)이 막대한 규모임을 알 수 있다.
13 Alan Greenspan(1998).
14 CONG. REC. S11,925(daily ed. Dec. 15, 2000) (statement of Sen. Lugar) 참조.
15 연준 이사였으며 프린스턴 대학 경제학 교수인 Alan S. Blinder가 〈뉴욕 타임즈〉 인터뷰에서 발언한 내용이다. Peter S. Goodman(2008)에서 재인용.

(Futures Industry Association) 컨퍼런스에서 다음과 같이 언급하였다.

"지난 10년간 금융업에 있어 가장 의미있는 사건은 파생상품의 놀라운 발전과 성장이었다."[16]

CFMA는 일정 요건을 충족하는 상품에 대한 규제배제 또는 규제면제를 통해 장외파생상품 규제를 사실상 거의 대부분 폐지하였다. CFMA는 금리, 증권, 증권지수, 신용위험, 환율 등 대부분의 금융파생상품을 규제배제상품(excluded commodity)으로 분류하여 규제대상에서 제외하였다. 규제배제상품 중에는 '은행상품'(banking products)과 CDS 등 신용파생상품이 포함되었는데, 이러한 배제상품은 모기지대출의 증권화와 이를 기초로 한 신용파생상품의 급격한 증가를 초래함으로써 2008 금융위기를 초래한 주요 원인의 하나가 된 것으로 여겨지고 있다.

CFMA는 또한 에너지와 금속상품을 규제면제상품(exempt commodity)으로 분류하여 규제를 면제하였다.[17] 규제면제상품은 사기와 시장조작의 금지 등 일부 상품거래법에 의한 규제를 적용받는다는 점에서 그렇지 않은 규제배제상품과 구별된다. 규제면제상품에 관한 조항은 엔론 사태 이후 소위 '엔론 루프홀'Enron loophole이라는 악명을 얻게 되었는데, 상원의원 린제이 그램Lindsay Gramm과 CFTC 의장으로 재직하다 엔론사의 이사로 자리를 옮긴 그의 부인인 웬디 그램Wendy L.Gramm이 엔론사의 로비를 받아 이 조항의 제정에 관여한 것으로 알려져 있다. 엔론 루프홀 조항은 2008년 6월에 폐지되었다.

---

16 The Financial Crisis Inquiry Commission(2011), p.48에서 재인용.
17 상품선물현대화법(CFMA) 제2조(g) 및 (h).

CFMA는 장외파생상품에 대한 주州 정부의 규제권한도 폐지하였다. 예컨대 CFMA 이전에 주 보험국은 신용부도스왑(CDS)에 대해 규제권한을 갖는지 여부가 불확실하였다. CFMA 이후에 주 보험국은 CDS가 보험상품에 해당하지 않는다고 결정하고 규제대상에서 명시적으로 제외하였다.

CFMA에 의한 파생상품 규제완화가 초래할 금융위기의 가능성은 일찍이 오마하의 현인 워렌 버핏Warren Buffet이 예언적으로 갈파한 적이 있었다. 버핏은 2003년 투자자에게 보내는 서한에서 파생상품을 소위 '금융의 대량 살상무기'(financial weapons of mass destruction)로 명명하며 다음과 같이 언급하였다.[18]

"이제 파생상품의 요정 지니genie가 병 밖으로 나왔으며, 이 요정은 그 유해성을 명확히 보여줄 어떤 사태가 발생할 때까지 다양한 형태로 기하급수로 증식을 거듭할 것입니다…… 우리가 보기에 파생상품은 금융의 대량 살상무기이며, 비록 지금은 잠복해 있지만 치명적인 위험을 갖고 있습니다."

금융위기 발생 이후 PWG 3인방은 어떠한 입장을 보였을까. 2009년 〈뉴욕 타임즈〉와의 인터뷰에서 레빗 SEC 의장은 본 의장을 핍박한 과거의 결정을 후회한다고 발언하였으며, 루빈 재무부 장관은 "자신은 규제강화를 지지하였지만 재무부 장관으로 재직할 당시 업계의 반대가 거세 그럴 수가 없었다."라고 언급하는 등 업계의 영향으로부터 자유롭지 못했음을 우회적으로 인정하는 모습을 보였다. 이에 반해 그린스펀 의장은 반성하는 기색이 없었다. 그는 자서전 《격동의 시대》(The Age of Turbulence)의 2009년판 에필로그에서 "대부분이 잘못하고 있었다…… 정부와 중앙은행은 붐boom으로 가는 길을

---

18 Warren Buffett(2003).

멈추게 할 수 없었다."고 기술하였다.[19]

【장외파생상품과 금융위기 : 도드프랭크법 제7편의 제정배경】

CFMA는 CFTC, SEC, 그리고 주(州) 정부의 장외파생상품 규제권한을 사실상 거의 폐지함으로써 2008 금융위기로 가는 중요한 전환점이 되었다.[20] 규제에서 벗어난 장외파생상품은 급속한 성장세를 시현하였다. CFMA가 제정된 2000년 12월 말 전세계 장외파생 거래의 명목원금 잔액은 95조 달러에 불과하였으나 리먼브라더스 사태가 터지기 직전인 2008년 6월 말에는 673조 달러를 기록하였다.[21] 즉, 7년 6개월 만에 거래규모가 7배로 증가한 것이다.

이러한 거래규모 급증에도 불구하고 적절한 규제체계의 부재로 인해 파생상품 거래에 대한 기록·보고·공시가 제대로 이루어지지 않았고, 시장의 특정 부문에서 리스크의 집중과 레버리지의 증가가 누적되었으며, 시스템 전체적으로 자본·담보·증거금 등 손실의 흡수 또는 완충장치가 부족하였다. 미국 자본시장은 전세계적으로 가장 규모가 크고 시장질서 및 투자자보호를 위한 정치화된 제도를 도입하고 있었으나 장외파생시장만큼은 그 불투명성으로 인해 구석기 시대의 암흑상태에 비유되었다.

장외파생상품의 급성장과 규제미비가 금융위기의 주된 요인이었는지에

---

19 Peter S. Goodman(2008)에서 재인용.
20 The Financial Crisis Inquiry Commission(2011), p.xxiv.
21 Bank for International Settlements, BIS Statistics Explorer : Table D5.1, Global OTC derivatives market. 장외파생 거래는 2014년 이후 거래가 다소 줄어들고 있으며, 2016년 12월 말 현재로는 거래규모가 482조에 이른다.

대해서는 아직까지도 논란이 있다.[22] 금융위기 당시 금융회사들이 입은 대규모 투자손실은 파생상품보다는 대부분 자산유동화증권의 부실화에 기인하였다. 예컨대 금융위기시 역대 최대 수준의 손실을 기록한 AIG의 경우 부채담보부증권(CDO : Collateralized Debt Obligation) 등 자산유동화 관련 손실이 총손실의 94%를 차지하였던 반면, 파생상품의 일종인 신용부도스왑(CDS : Credit Default Swap) 관련 손실은 총손실의 단지 2%에 불과하였다.[23] CDO는 종종 금융혁신의 대표적인 사례로서 장외파생상품의 일종으로 오인되는 경우가 있으나 실상은 유동화증권의 일종으로 파생상품으로 분류되지 않는다. 도드프랭크법도 유동화증권의 규제개혁은 제9편에서, 그리고 파생상품의 규제개혁은 제7편에서 각각 다루는 등 이 둘을 달리 취급하고 있다.

그렇지만 장외파생상품이 금융위기를 초래한 '주연급 악당'(central villain)은 아니었다 하더라도 위기를 증폭시킨 중요한 요인이었다는 인식은 광범위하게 퍼져 있었다.[24] 장외파생상품은 주택시장의 위기를 은행시스템의 위기로 전환시키는 데 중요한 역할을 담당하였는데, 그 경로는 두 가지였다. 첫 번째는 신용부도스왑(CDS)의 역할이다. CDS는 금융위기 발생의 직접적 촉매가 된 모기지증권시장(mortgage securitization)의 팽창을 부추기는 파이프라인의 역할을 하였다.[25] CDS는 투자자(보장매입자)에게 모기지 관련 증권이 부실화될 경우 손실을 보전받을 수 있는 보험을 제공함으로써 모기지시장의 팽창과 주택버블을 더욱 촉진하였다. CDS를 매입한 금융회사들은 기초자산의 부실화 여부에 대한 면밀한 모니터링 없이 마음 놓고 모기지

---

22 장외파생상품이 금융위기의 주범이 아니었다는 주장에 대해서는 Bruce Tuckman(2015) 참조.
23 Lynton Jones(2009), p.9 참조.
24 Carol J. Loomis(2009).
25 FCIC(2011), pp.xxiv~xxv.

증권의 매입을 확대하였던 것이다. 전세계 CDS 시장의 거래규모는 2004년 말 6조 4,000억 달러에 불과하였으나 2007년 말에는 사상 최대치인 58조 2,000억 달러까지 증가하였다.[26]

장외파생상품이 금융위기를 증폭시킨 또 다른 경로로는 전염리스크(contagion risk)를 들 수 있다. 금융회사들은 보유 리스크의 헤지 또는 제거를 위해서 일련의 거래상대방과 연속적인 장외파생 거래를 하는데, 금융시스템 전체적으로는 리스크가 소멸되는 것이 아니라 단지 다른 거래주체에게로 이전되는 것뿐이다. 그 결과는 끝없이 연계된, 전체적인 실상을 파악하기조차 힘든 수많은 거래의 망으로 나타났다. 예컨대 리먼브라더스 파산 당시 이 회사 파생상품의 장부가치는 단지 7,300억 달러에 불과하였으나 거래건수는 약 90만 건에 달하였다. 이러한 상호 연계된 수많은 거래는 시스템적 금융위기에 취약한 것으로 드러났다.

파산법에 따르면 일방의 거래상대방은 다른 일방의 거래상대방 파산사태 발생시 일방적으로 계약을 종료·상계할 수 있는 권한을 갖는데, 이로 인해 리먼브라더스 파산 당시 시스템 전반에 걸친 대량의 파상상품 계약해지가 촉발됨으로써 위기가 순식간에 증폭되는 결과가 초래되었던 것이다.[27] 금융위기를 계기로 새롭게 탄생한 용어 중의 하나로 TITF(Too Interconnected To Fail), 즉 대련불사大連不死가 있다. 자산규모는 크지 않지만 상호 연계성으로 인해 정부의 구제금융 지급이 불가피한 경우를 두고 이르는 말이다.

이러한 배경에서 오바마 행정부의 금융규제개혁 보고서[28]는 금융시스템

---

26 Bank for International Settlements, BIS Statistics Explorer: Table D5.1, Global OTC derivatives market. 그 이후로 CDS 시장은 거래규모가 위축되어 2016년 12월 말에는 9조 9,000억 달러 수준에 그치고 있다.
27 대형 금융회사 파산시 파생상품의 처리에 관한 도드프랭크법 규정에 대해서는 이 책의 제3장 참조.
28 U.S. Department of Treasury(2009, June).

의 안정성확보를 위한 초석을 다지는 데 있어 장외파생시장 규제개혁이 매우 중요함을 인식하였다. 오바마 개혁안은 그 동안의 규제완화의 흐름을 되돌려 장외파생시장에 대한 포괄적인 규제체계를 도입할 것을 제안하였으며, 그 주요 내용은 도드프랭크법에 반영되었다.

III

도드프랭크법 제7편 : 장외파생시장 규제개혁

 이하에서는 도드프랭크법 제7편의 장외파생시장 규제개혁 내용을 스왑거래의 정의, 시장참가자의 정의, 스왑업체에 대한 규제(등록·기록·보고·자본금·증거금·영업행위·포지션한도), 시장인프라(중앙청산소·스왑실행기구·스왑정보저장소), 링컨 수정조항 등 5개 부문으로 나누어 살펴본다.

【스왑거래의 구분 및 정의】

 도드프랭크법은 장외파생상품을 CFTC가 규제하는 '스왑'(swap)과 SEC가 규제하는 '증권기초스왑'(security-based swap)으로 크게 양분하였다. 그리고 스왑과 증권기초스왑의 특성을 모두 갖는 스왑은 '혼합스왑'(mixed swap)으로 규정하고 CFTC와 SEC가 공동으로 규제하도록 하였다. 도드프랭크법상의 이와 같은 구분은 증권과 파생상품의 규제기관이 각각 SEC와 CFTC로 나뉘어 있는 미국의 감독체계를 반영한 것이다. CFTC가 관할하는 스왑은 미국 장외파생시장의 약 95%를, SEC가 관할하는 증권기초스왑은 시장의 약 5%를 차지한다.[29]

아래에서 보는 바와 같이 도드프랭크법의 정의는 매우 자세하면서도 포괄적이며, 때로는 모호하기까지 하다. 이러한 법상 개념정의를 보다 명확히 하기 위하여 SEC와 CFTC(이하에서는 위원회로 통칭)는 2012년 8월 공동으로 시행규칙과 함께 그에 대한 자세한 설명을 포함한 600페이지가 넘는 방대한 보도자료[30](이하 위원회 규칙)를 발표하였다. 이하에서는 도드프랭크법의 조문과 위원회의 보도자료를 중심으로 스왑, 증권기초스왑, 그리고 혼합스왑의 정의에 대해서 구체적으로 살펴본다. 도드프랭크법에서는 스왑 및 증권기초스왑의 규제를 기본적으로 동일한 구조를 갖도록 서술하고 있으므로, 여기에서는 스왑과 관련한 규제를 중심으로 서술하고, 증권기초스왑에 대한 세부적인 사항은 생략한다.

(1) 스왑의 정의

도드프랭크법상 스왑의 정의는 금융시장현대화법(일명 Gramm-Leach-Bliley Act, 2004년 개정) 제206A조의 스왑 정의를 기반으로 한 것으로서, 증권기초스왑 및 일부 예외(후술하는 스왑 배제 거래)를 제외한 장외파생상품의 대부분을 포함하도록 포괄적으로 설계되었다. 즉 도드프랭크법은 장외파생상품을 '스왑'으로 총칭하였다.

---

29 U.S. Department of Treasury(2017, October 6).
30 CFTC & SEC(2012, August).

도드프랭크법은 상품거래법 제1a조(7 U.S.C. 1a)를 개정하여 스왑을 다음과 같이 정의하였다.[31] 즉 스왑은 ①다양한 상품(금리, 통화, 상품, 부채, 증서, 지수, 양적 측정수단, 기타 금융경제적 이익·재산권 등)을 기초로 하는 여러 종류의 옵션(풋·콜·캡 등) ②특정 사건의 발생, 미발생 또는 우발성에 의존하는 계약(상세 후술) ③여러 종류의 리스크 전가수단(이자율스왑·CDS 등 22종) ④증권기초스왑협약[32](security-based swap agreement)을 포함하며, 나아가 ⑤통상 스왑으로 알려졌거나 또는 미래에 그러하게 될 수 있는 계약·협약·거래 등으로 광범위하면서도 포괄적인 범주를 포함하도록 정의되었다. 이에 더하여 ⑥앞에서 열거한 스왑에 대한 조합 또는 옵션도 스왑의 정의에 포함되었다.

한편, 도드프랭크법은 스왑의 정의에서 배제되는 거래로서 아래의 10개 거래를 열거하였다.[33] 이들 배제 거래는 ①거래소에서 거래되는 선물 및 옵션(이들은 장외파생상품이 아니다) ②상업적 목적의 선도거래(리스크관리 목적의 스왑과 구별된다) ③증권법 및 증권거래법의 규제를 받는 증권에 연계된 거래(CFTC의 규제대상이 아니다) 등의 3개 유형으로 구분할 수 있다.

아래의 스왑 배제 거래 중에서 10번째 항목(증권기초스왑)을 제외하고는 증권기초스왑에도 적용된다.

---

31 도드프랭크법 제721조(a).
32 도드프랭크법은 '증권기초스왑협약'을 GLB법(Gramm-Leach-Bliely Act) 제206A조의 정의를 인용하여 "계약의 중요 조건이 증권·증권그룹·증권지수의 가격, 수익률, 가치, 변동성에 의해 결정되는 계약"으로 정의하였다. GLB법의 정의상 증권기초스왑협약은 당연히 스왑에 포함되는 것으로 해석될 수 있기 때문에 도드프랭크법에서 이를 명시적으로 스왑의 정의에 포함하여 열거할 필요가 없다는 견해도 있다. 그러나 도드프랭크법은 증권기초스왑을 스왑의 정의에서 배제하고 있기 때문에 이와는 성격이 다른 증권기초스왑협약은 스왑의 정의에 포함된다는 것을 명확히 하기 위한 의도로 해석할 수 있을 것이다. 위원회는 증권기초스왑협약의 예로서 광의의 증권지수(broad-based security index)를 기초자산으로 하는 스왑 또는 인덱스 CDS를 들고 있다. CFTC & SEC(2012, August).
33 도드프랭크법 제721조(a)(21).

스왑의 정의에 포함되지 않는 거래

① 선물계약, 레버리지계약
② 현물결제 의도를 갖는(intended to be physically settled) 선도계약
③ 옵션(풋, 콜, 스트래들 등)
④ 외환옵션(풋, 콜, 스트래들 등)
⑤ 증권에 대한 고정방식(fixed basis)의 거래
⑥ 증권에 대한 조건부방식(contingent basis)의 거래
⑦ 부채증권
⑧ 자본조달을 목적으로 한 발행자와 인수자간의 계약(단, 위험관리를 목적으로 하는 계약은 제외)
⑨ 거래상대방이 연방준비은행, 연방 정부 또는 연방기구인 계약
⑩ 혼합스왑이 아닌 증권기초스왑

스왑 정의와 관련한 쟁점 중 아래에서는 보험상품 및 선도계약의 배제와 관련하여 구체적으로 살펴본다.

(i) 보험상품(insurance products)의 배제

도드프랭크법은 스왑 정의의 두 번째 항목을 다음과 같이 규정하였다.[34]

"금융·경제·상업상의 결과를 초래할 수 있는 특정 사건의 발생, 미발생, 발생의 정도, 또는 우발성(contingency)에 의존하여 매입, 매도, 지급, 인도가 일어나는 모든 계약, 협약 또는 거래(지분증권에 대한 배당금은 제외)"[35]

이러한 정의는 종래 스왑으로 간주되지 않던 계약, 즉 보험상품을 새로이

---

34 도드프랭크법 제721조(a)(21).
35 상품거래법 제1a조(47)(A)(ii), 7 U.S.C. 1a(47)(A)(ii).

스왑의 정의에 포함하는 것으로 해석될 여지가 있다. 이와 관련하여 위원회는 (1) 전통적으로 보험상품으로 분류되어온 계약은 스왑(증권기초스왑 포함)의 정의에 포함되는 것으로 해석하지 않으며, (2) 도드프랭크법이 보험상품을 스왑으로 정의하여 규제할 의도를 갖고 있지 않음을 명확히 밝혔다. 위원회는 이의 근거로서 도드프랭크법이 "스왑은 보험계약으로 간주되어서는 안 되며, 또한 그와 같이 규제하여서는 안 된다."라고 규정[36]하고 있는 점을 들었다.

(ⅱ) 선도계약(forward contract)의 배제

도드프랭크법은 선도계약, 즉 '현물결제 의도를 갖는(intended to be physically settled) 거래로서 미래 인도 목적의 비금융상품(nonfinancial commodities) 또는 증권의 판매'를 스왑의 정의에서 배제하였다.

여기에서 관건이 되는 것은 '현물결제 의도'이다. 선도계약은 '현물결제'를 통해 상품에 대한 소유권이전을 목적으로 하며, 바로 이 점에서 가격리스크의 이전을 목적으로 하는 스왑 또는 선물계약과 구별된다. 참고로 선물계약은 선도계약과 구조가 유사하지만, '현금결제'(cash settlement)를 전제로 한다는 점에서 선도계약과 차이가 있다.

요컨대 선도계약이 상업적 편익 또는 필요에 의해서 상품인도가 뒤로 미루어진 상업적 거래(commercial merchandising transactions)의 속성을 갖는 반면, 스왑 및 선물계약은 본질적으로 투자활동(investment activities) 내지는 리스크 관리 활동의 성격을 갖는 것이다. 그리고 이러한 구분의 핵심에 '현물결제 의도'가 자리하고 있다.

---

36 도드프랭크법 제722조(b).

그런데 여기에서 '의도'를 어떻게 알 수 있는가 하는 문제가 있다. 이와 관련하여 위원회 규칙은 과거 브렌트유에 적용하였던 해석(소위 'Brent Interpretation'[37])을 모든 비금융상품으로 확대 적용하였다. 즉 (1) 인도에 대한 구속력 있는 의무가 있거나 (2)당사자들이 일상적인 영업활동 과정에서 현물인도를 수반하는 경우에는 현물결제 의도가 있다고 추정하는 것이다. 두 가지 조건 중 하나를 충족시키는 거래는 선도거래로 분류되어 CFTC의 규제를 벗어나게 되므로, 이를 통상 '선도거래 면제의 안전항 기준'으로 부른다.

(2) 증권기초스왑에 대한 정의

도드프랭크법은 증권거래법 제3조(a)를 개정하여 증권기초스왑(security-based swap)을 다음과 같은 세 가지로 정의하였다.[38]

"①협의의 증권지수(narrow-based security index), 또는 그에 내재하는 이자 또는 가치에 기초한 스왑 ②개별 증권, 대출, 또는 그에 내재하는 이자 또는 가치에 기초한 스왑 ③증권 발행자(증권지수의 경우에는 발행자들)의 신용상태에 영향을 미치는 사건의 발생, 미발생 또는 발생의 정도에 연계된 스왑"

이러한 정의는 스왑과 증권기초스왑을 어떻게 구분할 것인지를 보여준다. 첫째, 협의의 증권지수에 기초한 스왑은 증권기초스왑으로 정의되며 SEC의 규제를 받는다. 반면, 광의의 증권지수(broad-based security index)에 기초한 스왑은 스왑으로 정의되며 CFTC의 규제를 받는다. 협의의 증권지수가 되기 위

---

37 CFTC(1990, September)("Brent Interpretation").
38 도드프랭크법 제761조(a)(6).

해서는 위원회 규칙에서 정한 다소 복잡하고도 구체적인 기준 즉, 지수를 구성하는 증권의 수가 9개 이하여야 하며, 일정한 집중도 기준(1개 증권의 비중 30% 이상, 상위 5개 증권의 비중 60% 이상)과 거래량 기준(하위 25% 증권의 일일 거래량이 5,000만 달러 이하)을 충족하여야 한다. 이러한 기준을 충족하는 협의의 증권지수는 순수한 지수로서의 성격보다는 증권으로서의 속성을 더 갖기 때문에 증권관련법의 규제를 받는 것이 타당하다고 보는 것이다.

다음으로 개별 증권, 대출, 또는 그에 내재하는 이자 또는 가치에 의존하는 계약은 증권기초스왑이다. 반면에 증권이나 대출이 아닌 여타의 금리, 상품 또는 재산권에 기초한 계약(스왑 정의의 첫 번째 항목)은 스왑으로 분류된다. 이와 관련하여 위원회는 이자율 또는 화폐이자율(은행간 금리, 시중금리, 목표금리, 대출금리 등)에 기초하는 계약은 스왑으로, 증권의 '수익률'(yield)에 기초하는 계약은 증권기초스왑으로 구분하였다. 왜냐하면 수익률은 증권의 가격(또는 가치)을 다른 방식으로 표현한 것이기 때문이다.

마지막으로 증권의 발행자와 관련된 사건에 연계된 계약은 증권기초스왑으로 분류된다. 이는 금융·경제·상업적 결과를 초래할 수 있는 특정 사건과 연계된 계약(스왑 정의의 두 번째 항목)을 스왑으로 보는 것과 대비된다. 이러한 계약의 예로서는 CDS를 들 수 있는데, 위원회 규칙은 지불금이 발행자의 신용사건과 연계된 CDS는 증권기초스왑으로 분류하였다.

(3) 혼합스왑(mixed swap)에 대한 정의

혼합스왑은 스왑과 증권기초스왑의 성격을 모두 갖는 것이다. 도드프랭크법은 혼합스왑을 다음과 같이 정의하였다.[39]

---

39 도드프랭크법 제721조(a)(21).

"혼합스왑은 증권기초스왑이면서 동시에 금리, 통화, 상품, 부채증서, 지수, 양적 측정수단, 기타 금융경제적 이익·재산권(개별 증권 또는 협의의 증권지수는 제외)을 기초로 하거나, 또는 금융·경제·상업상의 결과를 초래할 수 있는 특정 사건의 발생, 미발생, 발생의 정도 또는 우발성에 의존하는 계약을 의미한다."

CFTC는 혼합스왑의 예로서 기초자산이 증권과 상품을 동시에 포함하는 거래를 들었다. 예를 들어 스왑거래에 있어 한쪽의 현금흐름은 정유회사의 주가에 연동하고, 다른 한 쪽의 현금흐름은 유가에 연동하는 계약은 혼합스왑에 해당한다.

【시장참가자의 구분 및 정의】

도드프랭크법은 시장참가자의 새로운 유형으로서 스왑딜러(swap dealer), 증권기초스왑딜러(security based swap dealer), 주요스왑참가자(MSP: Major Swap Participant) 및 주요증권기초스왑참가자(MSBSP: Major Security-based Swap Participant)의 개념을 추가하였다.[40] 법에서는 이들을 통칭하여 스왑업체(swap entities)로 부른다. 또한 법은 상품거래법(CEA)의 '적격참가자'(elegible contract participant) 개념을 수정하였다. 이하에서는 법상의 규정과 CFTC와 SEC가 공동으로 마련한 규칙[41](이하 위원회 규칙)을 중심으로 시장참가자의 의의를

---

40 도드프랭크법 제721조(a).
41 CFTC & SEC(2012, August).

살펴본다.

(1) 스왑딜러 및 증권기초스왑딜러의 정의

도드프랭크법은 스왑딜러 또는 증권기초스왑딜러의 정의와 함께 이로부터 제외되는 경우를 규정하였는데, 그 내용은 아래와 같다.

스왑딜러 및 증권기초스왑딜러의 정의

① 스스로 스왑딜러 또는 증권기초스왑딜러로 주장하는 자
② 시장조성 행위를 수행하는 자
③ 자신의 계정으로 일상 업무(ordinary course of business)로서 정기적으로 스왑거래를 영위하는 자
④ 딜러 또는 시장조성자로 일반적으로 알려지도록(commonly kmown) 스왑거래에 참여하는 자

스왑딜러 또는 증권기초스왑딜러의 정의에서 제외되는 경우

① 자신의 계정으로 스왑거래에 참여하되, 이를 정규적인 영업의 일부(as a part of regular business)로서 하지는 않는 자
② 소액(de minimis)의 대對고객 스왑거래를 하는 자
③ 부보금융기관이 대고객 대출과 연계된 스왑을 체결하는 경우(단, 증권기초스왑에는 해당하지 않음)

스왑딜러 또는 증권기초스왑딜러의 정의와 관련하여 첫째, 법은 '일상 업무로서 정기적으로 스왑거래를 영위하는 자'는 딜러로 규정하는 한편, '스왑거래를 정규적인 영업의 일부로서 하지는 않는 자'는 딜러의 정의에서 배제하였다.

이러한 구분은 증권거래법의 '딜러-거래자 구분'(dealer-trader distinction)과

그 취지에 있어서 사실상 동일한 것이다.[42] 다만, 증권거래법상의 딜러는 '증권의 매매(buying and selling)를 업으로 하는 자'로 정의되어 있는 데 비하여 도드프랭크법상의 스왑딜러 정의에서는 '증권의 매매'라는 용어가 '스왑거래'로 대체되어 있다.

이러한 정의를 반영하여 딜러를 구분하기 위해서는 보다 구체적인 기준이 필요하다.

증권관련법의 규제대상이 되는 '딜러'와 규제대상이 아닌 '거래자'를 구분하는 것은 실로 SEC의 오랜 숙제였다. 현재 SEC는 딜러의 구분지표로서 정기적인 고객의 존재 여부, 영업장에서 증권의 매매수행 여부, 증권재고(inventory)의 정기적인 회전 여부, 인수자로서 발행 또는 매출업무에 참여 여부 등을 활용하고 있다.[43]

그런데 여기에서 스왑시장과 증권시장은 그 특성에 있어 차이가 있기 때문에 이러한 SEC의 구분지표를 스왑딜러와 거래자를 구분하는 데 그대로 활용하기 어렵다는 문제가 있다. 요컨대 스왑시장은 증권시장에 비해 거래가 활발하지 않고, 증권의 발행자에 해당하는 자가 없어 증권의 재고라는 개념이 성립하지 않는다. 또한 스왑거래는 장외시장에서 거래되는 비표준화된 거래이며, 스왑거래에 있어서는 고객(customers)보다는 거래상대방이 보다 적합한 표현이다.

이러한 점을 감안하여 위원회는 스왑딜러와 거래자를 구분하기 위한 새로운 지표를 개발하여 활용하고 있다.

---

[42] 증권거래법(제3조)의 딜러 정의는 다음과 같다: "딜러는 브로커 등을 통해 자기계정으로 증권 매매(buying and selling)를 업으로 하는 자를 말한다. 다만, 개인 또는 수탁자의 자격으로 자기계정에 의해 증권을 매매하되 이를 정규적인 영업의 일부로서 하지 않는 자는 딜러의 정의에서 제외한다."

[43] SEC(2003, February).

스왑딜러 및 증권기초스왑딜러의 구분지표

- 스왑거래 수요의 수용 등 유동성 공급자로서 역할
- 거래상대방에 대해 자문기능 수행(헤징전략, 스왑거래구조 등)
- 정기적인 고객이 존재하거나 적극적인 고객유치 활동 전개
- 정규 거래소 등에서 시장조성자로서 활동
- 가격 수용자로서보다는 가격 설정자로서 기능 등

둘째, 위원회 규칙은 스왑딜러 또는 증권기초스왑딜러로 '스스로 주장(holding oneself out)하는 자'와 '일반적으로 알려진(commonly known) 자'의 구체적인 기준을 예시하였다. 이러한 기준으로는 스왑협회에 회원으로 참여 여부, 신종 스왑의 개발 여부, 잠재적 거래상대방과의 교섭 또는 광고 여부 등이 있다.

셋째, 위원회 규칙은 스왑거래에 있어서 '시장조성 행위'(market making)를 '거래상대방의 요구 또는 수요에 대응하여 스왑거래를 일상적으로 수행(routinely standing ready to enter into swaps)하는 것'이라 명확화하였다. 여기에서 '일상적으로'(routinely)의 의미에 대하여는 '가끔'(occasionally)보다는 빈도가 높지만 연속적(continuously)이지는 않은 것을 의미한다고 밝혔다. 왜냐하면 대부분의 스왑거래가 연속적으로 발생하지는 않기 때문이다. 이러한 명확화에도 불구하고 시장조성 행위의 의미를 보다 더 구체화해달라는 업계의 요구에 따라 위원회 규칙은 매수-매도 호가의 인용, 스왑거래 요구의 수용, 지정가 주문의 지시(placing limit order), 수수료 등 보수수취 등의 행위를 일상적으로 영위하는지 여부를 추가적인 판단지표로 참고할 방침임을 밝혔다.

넷째, 위원회 규칙은 딜러 규제가 적용되지 않는 소액 면제(de minimis exception) 기준을 30억 달러(직전 12개월간의 스왑거래 규모 기준)로 설정하였다. 이 기준은 업계와의 수차에 걸친 토론 및 의견수렴, 미국내 전체 스왑거

래 규모, 규제의 효과와 비용 등을 종합적으로 고려한 것이다. 위원회 규칙은 30억 달러 기준이 2011년 현재 미국 내 전체 스왑거래 규모의 약 0.001%에 해당하는 수준으로 추정하였다. 한편, 위원회 규칙은 2018년 10월까지는 이행기간으로서 소액 면제기준을 80억 달러로 완화하였는데, 재무부 보고서는 이 면제기준을 계속해서 80억 달러로 유지할 것을 권고하였다. 면제기준 하향시 유동성 축소, 거래비용 증가 등의 부작용이 초래될 수 있다는 업계의 우려를 반영한 것이다.

(2) 주요 스왑참가자 및 주요 증권기초스왑참가자의 정의

주요 스왑참가자와 주요 증권기초스왑참가자는 스왑딜러와 증권기초스왑딜러가 아닌 시장참가자 중 시장 영향력이 큰 거래자로서 다음과 같이 정의된다.

주요 스왑참가자 및 주요 증권기초스왑참가자의 정의

① 주요스왑 카테고리(major swap caterogies)로 분류된 스왑에 상당한 포지션*(substantial position)을 보유한 자
  * 단, 헤징 또는 상업리스크의 경감 목적으로 보유한 포지션 및 종업원 복지플랜의 위험경감을 위한 포지션은 제외
② 미국 은행시스템 또는 금융시장 안정성에 심대한 악영향을 미칠 수 있는 상당한 거래상대방 익스포져를 보유한 자
③ 높은 레버리지(highly leveraged)를 갖고 있음에도 불구하고 은행 감독당국에 의한 자본규제의 적용을 받지 않으면서 주요스왑 카테고리로 분류된 스왑에 상당한 포지션을 보유한 금융기관

이러한 정의와 관련해서는 위원회가 우선, 주요스왑 카테고리로서 ①이자율, 환율 등 이율에 기초한 이율스왑(rate swaps) ②부도, 파산 등 신용사건에 기초한 신용스왑(credit swaps) ③주가지수 등 주식증권에 기초한 주식스

왑(equity swap) ④기타 상품스왑(other commodity swaps)의 네 가지를 도입하였다.

또한 주요 증권기초스왑 카테고리로서는 ①채무증서 또는 발행자의 신용사건과 관련된 부채증권기초스왑(debt security-based swaps) ②기타 증권기초스왑(other security-based swap)의 두 가지를 도입하였다. 일부 업계에서는 이율스왑을 이자율스왑과 환율스왑으로 구분하거나 에너지, 농업, 금속스왑을 별도의 카테고리로 도입하는 등 더욱 세분화해줄 것을 요청하였다. 그러나 위원회 규칙은 지나친 세분화는 '상당한 포지션'(substantial position)의 산출과 관련한 혼란이나 규제회피를 초래할 우려가 있다는 점을 들어 초안을 그대로 유지하였다.

둘째, 위원회 규칙은 첫 번째 항목의 '상당한 포지션', 그리고 두 번째 항목의 '상당한 거래상대방 익스포져'를 무담보 커런트 익스포져 규모 또는 미래의 잠재 익스포져[44]가 일정 수준 이상인 경우로 정의하였다.[45]

셋째, 위원회 규칙은 부채-자본 비율(ratio of liability to equity)이 12:1을 초과하는 금융회사를 '높은 레버리지'(highly leveraged)의 금융회사로 규정하였다. 당초 위원회는 제안서(proposal)에서 비율기준을 8:1 또는 15:1로 제안하였으나, 업계 의견을 수렴하여 중간 값인 12:1로 최종 결정하였다. 업계에서는 은행 자기자본 비율 8%가 대체로 레버리지 비율 12:1에 해당한다는 점을

---

[44] 미래의 잠재 익스포져는 기초가 되는 시장변수들(금리, 주식, 환율, 상품가격 등)의 변화로 인해 발생하는 미래 익스포져의 변화분, 즉 현재 시점이 아니라 미래의 특정 시점에 거래상대방의 부도가 발생한다고 가정할 경우의 익스포져이다.

[45] '상당한 포지션'은 주요 카테고리로 분류된 특정 스왑 또는 증권기초스왑에 대한 ①일평균 무담보 커런트 익스포져 규모가 10억 달러(이율스왑의 경우에는 30억 달러)를 상회하거나 ②일평균 무담보 커런트 익스포져와 미래의 잠재 익스포져의 합계액이 20억 달러(이율스왑의 경우 60억 달러)를 상회하는 경우로 정의된다. 그리고 '상당한 거래상대방 익스포져'는 ①일평균 무담보 커런트 익스포져 규모가 50억 달러(증권기초스왑의 경우에는 20억 달러)를 상회하거나 ②일평균 무담보 커런트 익스포져와 미래의 잠재 익스포져의 합계액이 80억 달러(증권기초스왑의 경우에는 40억 달러)로 정의된다.

지적하였다.[46]

(3) 적격참가자의 정의

도드프랭크법은 적격참가자(eligible contract participant)가 아닌 상대방과의 스왑거래를 원칙적으로 금지하였다.[47] 비적격참가자와의 스왑 또는 증권기초스왑 거래는 각각 지정 계약시장(후술 참조) 및 전국 증권거래소를 통해서만 가능하도록 규정하였다.

【스왑업체에 대한 규제】

도드프랭크법은 상품거래법에 제4s조를 추가하여 스왑딜러 및 주요스왑참가자의 등록, 자본 및 증거금 규제, 영업행위 기준, 기록유지 및 보고의무에 대하여 규정하였다.[48] 동일하게 도드프랭크법은 증권거래법에 제15F조를 추가하여 증권기초스왑딜러 및 주요증권기초스왑참가자의 등록 등 규제에 대하여 규정하였다.[49] 이러한 규제는 스왑시장의 투명성과 무결성을 제고함으로써 장외파생시장에 내재하는 위험을 줄이기 위한 것이다. 이하에서는 도드프랭크법 제731조의 내용을 중심으로 살펴본다.

---

46 정확하게는 자기자본비율(자본/(자본+부채)) 8%는 부채 : 자본 비율 11.5 : 1에 해당한다.
47 도드프랭크법 제723조(a) 및 제763조(e).
48 도드프랭크법 제731조.
49 도드프랭크법 제764조.

(1) 등록, 기록유지 및 보고의무

스왑업체는 CFTC(스왑딜러 및 주요 스왑참가자) 또는 SEC(증권기초스왑딜러 및 주요 증권기초스왑참가자)에 의무적으로 등록하여야 한다. 스왑업체가 스왑거래와 증권기초스왑거래 모두를 수행하는 경우에는 CFTC와 SEC에 이중으로 등록하여야 한다. 스왑업체가 예금취급기관인 경우에는 해당 건전성 감독당국(OCC, 연준, FDIC 등)에 등록과 아울러 CFTC 또는 SEC 등록이 의무화된다.[50]

스왑업체는 CFTC, SEC 또는 건전성 감독당국이 정하는 바에 따라 거래내역, 포지션, 재무상황에 관한 보고서를 작성·제출하여야 한다. 또한 스왑거래 관련장부 및 기록을 일정한 양식에 따라 일정 기간 보유하여야 하고, 이러한 장부 및 기록은 감독당국의 조사에 응할 수 있어야 한다.[51] 특히 스왑업체는 CFTC 또는 SEC가 정하는 바에 따라 거래상대방별로 일별 거래내역과 통신내용을 보관할 의무가 있다.[52] 또한 스왑업체는 적시의 정확한 거래확인, 처리, 상계, 가치평가 등과 관련하여 CFTC 또는 SEC가 정하는 기준을 준수하여야 하며,[53] 준법감사인을 선임할 의무가 있다.[54]

(2) 증거금 및 자본금 규제

도드프랭크법은 스왑업체(swap entities)에 적용할 증거금 규제와 자본금 규제를 도입하도록 규정하였다. 증거금 규제는 중앙청산소를 통한 청산이 의무화되지 않는 비청산 스왑(non-cleared swap)에 대하여 적용된다.

---

50 상품거래법(CEA) 제4s조(a)~(c).
51 상품거래법(CEA) 제4s조(f).
52 상품거래법(CEA) 제4s조(g).
53 상품거래법(CEA) 제4s조(i).
54 상품거래법(CEA) 제4s조(k).

우선, 증거금 규제와 관련하여 5개의 연방은행감독기관(OCC, 연준, FDIC, FCA, FHFA)들은 2015년 10월에, CFTC는 2016년 1월에 각각 최종 규칙[55]을 발표하였다. 은행감독기관의 규칙은 은행 관계회사인 스왑딜러를 대상으로, CFTC 규칙은 비은행 스왑딜러를 대상으로 각각 적용된다. CFTC의 증거금 규칙은 증거금 산출방식 등 일부 사항을 제외하고는 은행감독기관들이 발표한 증거금 규칙과 대체로 동일하다. CFTC의 규칙은 2013년 9월 도입된 BCBS/IOSCO의 국제기준[56]보다 일부 내용에 있어 더욱 강화된 기준을 도입하였다.

이와 관련하여 재무부 보고서는 비청산 스왑에 대한 미 감독당국의 증거금 규제가 국제기준보다 엄격하여 미 금융회사의 경쟁력이 저하되는 한편, 외국 기업이 미국의 강화된 규제를 우려하여 미국 기업과의 거래를 기피하는 현상이 발생하고 있음을 지적하고, 증거금 규제를 국제기준에 맞게 재정비할 것을 감독당국에 권고하였다.

다음으로, 스왑업체에 대한 자본금 규제와 관련하여 OCC와 연준은 2013년 10월 발표한 바젤III의 이행규칙[57]에 의해 규율할 것임을 밝혔으며,[58] CFTC는 2016년 12월에 규칙수정안[59]을 발표하였다. CFTC는 스왑업체의 유형에 따라 3개 종류의 자본규제기준을 제시하였다. 즉, 은행자회사는 해당 은행감독당국의 규제기준을, 브로커·딜러는 SEC 또는 CFTC의 순유동자산 규제기준(net liquid assets requirements)을 각각 적용하도록 하였다. 그리고 비금융업무를 주로 취급하는 스왑딜러 및 주요 스왑참가자에 대하여는 신설된

---

55 OCC et al(2015. November) 및 CFTC(2016. January).
56 BCBS and IOSCO(2013. September).
57 OCC & FRS(2013. October).
58 OCC et al(2015. November).
59 CFTC(2016. December).

유형 순자산가치(tangible net worth)에 기초한 규제기준을 적용하도록 하였다. CFTC의 규칙초안에 대하여 당시 위원장이던 티모시 마사드[Timothy Massad]는 "스왑거래의 참가자가 다양한 현실을 반영하고 있으며, 건전성제고와 아울러 경쟁을 촉진할 것"이라고 기대하였다. 반면, 크리스토퍼 지안카를로[Christopher Giancarlo][60] 당시 CFTC 위원은 규칙초안에 찬성표를 행사하였으나, 별도의 성명서[61]를 통해 이 규칙초안이 소규모 스왑업체와 신규진입자에 미치는 영향 등을 우려하며 업계에서 적극적인 의견을 제출해줄 것을 요청하였다. 이와 같이 감독규칙 제정과 관련하여 위원회 구성원(commissioner)들이 개인적 견해를 공개적으로 밝히고 있는 것이 흥미롭다.

(3) 영업행위 기준(Business Conduct Standards)

도드프랭크법은 스왑업체가 준수하여야 할 세부적인 영업행위 기준을 마련할 것을 위원회에 요구하였다.[62] 영업행위 기준은 ①사기, 조작 등 불공정거래 관련사항 ②등록 스왑업체의 영업에 대한 엄격한 감독(diligent supervision) ③포지션 한도의 준수 ④기타 위원회가 정하는 사항으로 구분된다.

이러한 법 규정에 따라 CFTC가 마련한 영업행위 기준[63]의 주요 내용은 다음의 표와 같다. 표에서 CFTC는 사기 등 불공정행위의 금지, 거래상대방 알기의무, 거래상대방에 대한 중요 정보의 통지의무, 권고의 적합성 확인의무 등 다중의 장치를 통해 거래상대방을 보호하고 있다.[64]

---

60 티모시 마사드 의장 사임 이후 의장 대행을 수행하였으며, 트럼프 대통령에 의해 의장으로 지명되어 2017년 8월 3일부터 재직중이다.
61 CFTC(2016, December), "Statement of Commissioner J. Christopher Giancarlo".
62 도드프랭크법 제731조 및 제764조.
63 CFTC(2012, February).
64 증권기초스왑딜러 및 주요 참가자에 대한 SEC의 영업행위 기준은 SEC(2016, April) 참조.

CFTC의 스왑업체에 대한 영업행위 기준

규제명		세부내용
모든 거래 상대방과의 영업행위에 적용되는 규제	사기·조작·기만 행위의 금지	• 사기, 조작, 기만 등의 행위 금지 • 사실인정방어[65](affirmative defense) 제도 도입
	거래상대방의 신분확인 및 기록보유의무	• 거래상대방의 성명·주소·직업 • 거래상대방의 거래이행을 보증하는 자의 성명·주소 • 거래상대방의 포지션에 통제권을 행사하는 자의 성명·주소
	거래상대방의 법적 지위 확인의무	• 계약체결 이전에 거래상대방이 적격거래자(ECP)인지 여부를 확인
	거래상대방 알기의무 (know your counterparty) *스왑딜러만 적용	• 거래상대방과의 비즈니스를 위해 필요한 정보*를 입수·보유 *거래상대방의 신용·운용리스크 관리정책 등
	거래상대방 관련 정보 보호	• 거래상대방 관련 중요 정보의 누출금지 및 스왑업체의 이익을 위해 동 정보의 활용행위 금지
거래상대방이 비스왑업체인 경우	중요 정보의 통지	• 스왑의 중요 리스크(시장·신용·유동성·외환·법률·운영리스크 등) • 스왑의 중요 특성(조건·권리·의무 등) • 스왑의 가격, 수수료, 이해상충 등 • 시나리오 분석결과(하방리스크 등) *스왑딜러에게만 적용 • 스왑의 시가평가 관련정보
	청산 관련정보의 제공	• 파생상품청산소를 선택할 권리(청산대상 스왑인 경우) 또는 청산을 요구할 권리(비청산 대상인 경우)가 있음을 통지
	권고의 적합성 확인 *스왑딜러 적용	• 거래상대방에게 권고하는 스왑의 잠재리스크와 수익을 이해하기 위한 합리적인 주의를 기울일 의무 • 당해 스왑거래가 거래상대방에게 적합하다는 객관적인 근거를 확보할 의무
거래상대방이 특별기관[66]인 경우	자문업자로서의 의무 *스왑딜러만 적용	• 특별기관에 가장 적합한 스왑거래를 권고할 수 있도록 합리적인 주의를 기울일 의무
	거래상대방으로서의 의무	• 특별기관의 이익을 위해 최선을 다할 의무, 적시 공시 의무 등

---

65 일부 업계에서 스왑업체가 고의성 없이 금지규정을 위반한 경우에도 그에 따른 책임을 부과하는 것은 부당하다고 주장한 데 대응하여 CFTC가 최종 규칙에서 도입한 제도이다. 즉, 스왑업체가 (1) 고의적으로 또는 무모하게 (intentionally or recklessly) 금지규정의 위반행위를 저지르지 않았고 (2) 명문으로 정해진 정책 또는 절차에 따라 성실하게 금지규정 준수를 위해 노력하였다면, 금지규정 위반혐의에 대하여 방어할 수 있도록 허용하였다.

66 도드프랭크법(제731조)상 특별기관은 위험성이 높은 장외파생상품의 투자권유 등에 있어 보다 높은 수준의 주의의무가 요구되는 기구로서, 연방 기구, 주州 정부, 주州 기구, 종업원 복지플랜과 정부연기금 등이 있다.

(4) 포지션 한도규제(Position limits)

도드프랭크법의 제정 당시뿐만 아니라 그 이후의 규칙제정 과정에서 가장 많은 논란을 불러일으킨 규제 중의 하나로 포지션 한도규제가 있다. 포지션 한도규제는 '거래소 거래의 의무화' 및 '거래 투명성제고'와 함께 금융위기 이후 스왑시장 개혁을 위한 주요 규제조치의 하나로 간주되었다.

포지션 한도규제는 1936년 상품거래법(CEA)이 제정되면서 도입되었다. 동법 제4a조는 상품선물(commodity futures)에 대한 과도한 투기와 시세조정 행위를 축소·제거·방지하기 위한 목적으로 동일인이 보유할 수 있는 포지션 한도규제를 도입할 것을 규정하였다. 상품거래법의 포지션 한도규제는 제1차 세계대전 이후 곡물가격의 폭락을 계기로 촉발되어 약 20년간에 걸쳐 지속된 격렬한 논쟁 — 연방 정부가 선물계약 거래에 한도를 부과하여야 하는지 여부 — 의 결과로 도입된 것이었다.[67] 이후 포지션 한도규제는 수차례 개정되었지만 그 기본취지는 그대로 유지되었다.

투기거래를 억제하기 위한 규제로는 포지션 한도규제 이외에 일일 가격변동폭 한도규제(daily price limits)와 일일 거래량 한도규제(daily trading limits)가 있다. 가격변동폭 규제는 가격발견(price discovery) 기능을 촉진할 목적으로 점차 완화되었으며, 거래량 규제는 유동성을 제약할 수 있다는 우려로 1970년대에 폐지되었다. 이에 따라 포지션 한도규제만이 투기거래를 억제하기 위한 주요 수단으로 남게 되었다.

도드프랭크법은 상품거래법(CEA) 제4a조를 개정하여 기존의 포지션 한도규제를 더욱 확대·강화하였다.[68] 이를 구체적으로 살펴보면, 지정계약시장

---

67 이에 대해서는 Dan M. Berkovitz(2009) 참조.
68 도드프랭크법 제737조.

(DCM : Deginated Contract Market)에서 거래되는 선물 및 옵션에 대하여 포지션 한도규제를 도입할 것을 CFTC에 요구하였다. 그리고 지정계약시장에서 거래되는 선물·옵션과 '경제적으로 동등한'(economically equivalent) 스왑에 대해서도 동일한 한도규제를 도입하도록 하였다.

포지션 한도규제는 실물상품(physical commodities)만을 대상으로 하며, 금융파생상품 등의 규제배제 상품[69](excluded commodity)과 진실한 헤지 포지션은 규제의 대상에서 제외된다. 도드프랭크법이 실물상품으로 규제의 대상을 한정한 것은 금융위기 직전 유가, 천연가스 등 에너지시장의 투기거래로 인해 관련 선물가격의 변동성이 확대됨에 따라 상품선물시장의 안정화조치를 도입할 필요성이 제기된 점을 고려한 것이다.[70]

CFTC는 2011년 11월 포지션 한도에 관한 규칙[71]을 발표하였다. 이 규칙은 28개 실물상품(농산물 관련 19개, 에너지 관련 4개, 귀금속 관련 5개)의 선물·옵션계약 및 이와 '경제적으로 동등'(economically equivalent)한 스왑계약의 투기적 포지션에 대한 한도규제를 설정하였다. CFTC는 28개 선물·옵션계약을 핵심준거계약(Core Referenced Futures Contracts)으로 명명하였으며, 동 28개 핵심준거계약의 가격과 직간접으로 연관되어 가격 또는 청산이 결정되는 계약을 '경제적으로 동등'한 계약으로 정의하였다. 요컨대 종전에는 곡물 등 일부 농산물을 중심으로 한도규제를 실시하였는 데 반해 새로운 규칙은 28개 핵심준거계약 및 이와 경제적으로 동등한 스왑계약으로 규제대상을 확대한

---

69 2000년 상품선물현대화법(CFMA)에 의해 도입된 개념으로 금리, 증권지수, 신용위험, 환율 등 대부분의 금융파생상품을 말한다.
70 Permanent Subcommittee on Investigations of the Senate Committee on Homeland Security and Governmental Affairs(2006) 및 (2007) 참조. 예컨대 국제유가는 리먼브라더스 위기발발 직전인 2008년 7월 사상 최고치인 147달러를 기록한 바 있다.
71 CFTC(2011, November).

것이다. 또한 CFTC 규칙은 만기월에 적용되는 포지션의 초기한도를 인도규모의 25% 수준으로 설정하였는데, 이는 종전에 이 비율을 100%까지로 하였던 것에 비해 크게 축소한 것이다. 이렇듯 CFTC 규칙은 규제의 대상과 한도를 종전보다 크게 강화하였다.

CFTC 규칙은 업계로부터 많은 반발을 불러일으켰다. 예컨대 CFTC는 규제제안서(proposal)에 대하여 약 15,116건의 업계 의견을 접수하였으며, 이 중 일부는 규제안의 근본적 수정 내지는 철회를 요구하였다. 업계의 이러한 반발은 결국 연방법원에의 소송으로 이어지게 되었다.

국제스왑파생상품협회(ISDA)와 증권업 및 금융시장협회(SIFMA : Securities Industry and Financial Markets Association)는 규제의 필요성과 적절성, 그리고 규제비용에 대해 CFTC가 충분한 분석을 수행하지 않았다고 주장하며, 2012년 9월 공동으로 연방항소법원에 소송을 제기하였다. 이러한 소송제기는 규제당국의 포지션 한도규제에 반대하는 월가의 오랜 입장을 대변하는 것이었다. 이에 대해 연방법원은 2012년 9월 업계의 의견을 받아들여 CFTC가 마련한 포지션 한도규제의 무효를 선언하였다.[72]

CFTC는 법원의 결정에 대해 항소를 제기하였으나 이를 곧 철회하였다. 그리고 2013년 11월 수정안을 발표하였다가 업계와의 입장 차이로 3년의 검토를 거친 뒤인 2016년 12월에 재수정안(reproposal)[73]을 발표하는 등 난항을 거듭하고 있다. 2016년 재수정안은 총 25개의 핵심준거계약에 대해 한도를 설정하였다는 점에서 2011년의 규칙(28개 핵심준거계약)과 차이가 있다. CFTC의 포지션 한도규제 방안에 대해 업계는 최근까지도 파생시장은 물론

---

72 ISDA et al. v. CFTC, Civil Action No. 11-cv-2146(RLW).
73 CFTC(2016, December 30).

실물시장의 거래 유동성 급감을 초래하고 위험전가 및 가격발견 기능을 저해함으로써 진실한 헤저의 헤징을 어렵게 할 것이라며 반대의견을 제시하고 있다.[74] 포지션 한도규제의 유효성 및 그 방안의 적절성에 대하여 규제당국과 업계가 시각을 조율하여 최종규칙을 도출하는 것은 앞으로 남겨진 과제이다.

한편, 재무부 보고서는 포지션 한도규제가 시장조작, 코너링(cornering), 기타 교란행위로부터 시장참가자를 보호하는 주요한 수단임을 인정하고, CFTC로 하여금 포지션 한도규칙의 도입을 마무리할 것을 권고하였다.

【장외파생상품 거래인프라 구축】

도드프랭크법은 장외파생상품 거래의 투명성제고를 위한 핵심장치로서 청산, 거래실행 및 정보보고 등 일련의 거래인프라를 구축하였다. 장외파생상품 거래인프라의 핵심은 ① 청산의무 스왑은 중앙청산기구에서 청산되어야 하고 ② 정규거래소 또는 스왑실행기구(SEF: Swap Execution Facility)에서만 거래되어야 하며 ③ 청산의무와 관계없이 모든 스왑정보는 스왑정보저장소에 보고되어야 한다는 것이다.

(1) 중앙청산소를 통한 청산의무

도드프랭크법은 청산이 의무화된 스왑은 파생상품청산소(DCO: Derivatives Clearing Organization)를 통해 청산토록 의무화하였다.[75] 동일하게 청산이 의

---

74 CFTC's Energy and Environmental Markets Advisory Committee(2016, February).
75 도드프랭크법 제723조.

무화된 증권기초스왑은 반드시 청산대행사(Clearing Agency)를 통해 청산토록 의무화하였다.[76] 파생상품청산소와 청산대행사는 각각 스왑 및 증권기초스왑에 대한 중앙청산소를 의미한다. 다만, 최종 이용자(end user)는 중앙청산소를 통한 청산의무가 면제된다. 이하에서는 중앙청산소의 의의와 함께 이러한 법 조문의 의미를 자세히 살펴보자.

먼저 중앙청산소의 의의이다. 장외파생시장의 개혁이 도드프랭크 금융개혁의 핵심을 차지하는 것이라고 한다면, 청산은 장외파생시장 개혁의 중심을 이루는 것이다. 상원의원인 도드Christopher Dodd와 링컨Blanche Lincoln이 하원의원인 프랭크Barney Frank와 피터슨Collin Peterson 앞으로 보낸 편지의 한 구절을 인용해보자.

"미 의회는 청산이야말로 금융개혁의 핵심을 이루는 것이라고 판단하였습니다ㅡ 청산은 장외파생상품 거래에 대한 견고하고, 보수적이며, 투명한 리스크관리를 가능케 하기 때문입니다(2010년 6월 30일)."[77]

미 의회가 중앙청산소를 통해 장외파생 거래의 거래상대방 리스크를 축소하고자 한 것은 금융위기의 경험 때문이다. 장외파생 거래에 있어서 개별 계약당사자들은 신용위험에 노출된다. 이를 회피하기 위해 계약당사자들은 반대매매(offsetting transaction)를 체결하게 되는데, 이로 인해 개별 당사자의 신용위험은 줄어드는 효과가 있지만 시스템 전체적으로는 명목 거래규모의 증가와 함께 거래당사자간의 복잡한 네트워크 형성에 의해 거래상대방 리스크

---

76 도드프랭크법 제763조.
77 CFTC(2011. November 8)에서 재인용.

가 누적되는 결과가 초래된다. 미국의 서브프라임 모기지 부실이 금융시스템 전반에 걸친 신용 및 유동성위기로 확산된 배경에는 장외파생 거래와 관련한 거래상대방 리스크의 누적이 중요한 원인으로 작용하였던 것이다.

중앙청산소는 거래소의 장내시장에서 거래된 상품에 제공되는 중앙청산 결제서비스를 장외파생상품에까지 확대하여 제공한다. 중앙청산소는 거래 당사자 사이에 개입하여 매입자에 대하여는 매도자로, 매도자에 대하여는 매입자로서 역할을 수행함으로써 장외상품 거래의 이행을 보증한다. 이를 통해 거래당사자는 더 이상 신용위험을 부담하지 않게 되며, 반대매매의 필요도 없어지게 되므로 시스템 내 거래상대방 리스크의 누적도 발생하지 않게 된다. 한편, 신용위험을 인수, 집중하는 기능을 갖는 중앙청산소는 신용위험을 줄이기 위해 차액결제방식, 회원자격의 제한, 포지션과 증거금관리 등 리스크 관리체계를 도입하고 있다.

파생상품청산소(DCO)는 CFTC 등록이 의무화[78](청산대행사는 SEC의 등록이 의무화)되며, 법에 규정된 17개의 핵심원칙을 준수하여야 한다.[79] 도드프랭크법은 청산기구의 핵심원칙을 기존 상품선물현대화법의 13개 원칙에서 17개로 확대하여 규정하였다. 도드프랭크법이 핵심원칙에 포함된 내용을 규정으로 의무화하지 않고 핵심원칙으로 규율하는 것은 합리적인 범위 내에서 감독기관에 일정 정도의 재량을 부여하기 위한 것이다.

다음으로 청산의무 스왑이 어떻게 결정되는지 알아보자. 도드프랭크법은 청산의무 스왑의 결정을 대단히 중요하게 간주하고 이에 대해 자세히 규정하였다.[80] 이는 스왑실행기구에서 '거래가능'(mad available to trade)한 스왑의 결

---

[78] 2017년 6월 현재 CFTC에 등록된 DCO는 모두 16개이다.
[79] 도드프랭크법 제725조. 이에 관한 CFTC 규칙은 CFTC(2011, November 8) 참조.
[80] 도드프랭크법 제723조. 청산의무 증권기초스왑의 결정절차는 도드프랭크법 제763조에서 규정하였다.

정절차를 전적으로 해당 감독당국(CFTC 또는 SEC)에 위임하고 있는 것과 대비된다.

청산의무 스왑(mandatory clearing swap)이 되기 위해서는 우선 파생상품청산소가 청산대상에 포함하고자 하는 스왑을 CFTC에 신청(swap submission)하는 한편, 회원들에게도 이를 통지하여야 한다. 다음으로 CFTC는 신청받은 내용을 최소 30일간 일반 공중에 공개하고, 이를 검토한 후 청산의무 대상 여부를 결정(commission review)하여야 한다. 이러한 결정은 원칙적으로 제출일로부터 90일 이내에 내려져야 한다. 이와 같이 도드프랭크법은 공개적이고 투명한 절차를 마련함으로써 청산의무 스왑의 결정에 청산기구, 감독당국, 시장참가자 모두가 관여하도록 유도하고 있음을 주목할 필요가 있다. 증권기초스왑의 경우에는 청산대행사(CA)의 신청, SEC 심사 등의 절차를 밟는데, 세부 절차는 동일하다.

마지막으로 도드프랭크법은 최종 이용자에 대하여는 청산의무 조항의 적용을 면제하였다. 최종 이용자가 청산의무를 면제받기 위해서는 (1) 금융회사가 아니어야 하고 (2) 장외파생상품을 헤징이나 위험경감 목적으로 사용해야 하며 (3) 비청산 스왑거래와 관련한 금융의무를 어떻게 이행할 것인지에 대해 감독당국(CFTC 또는 SEC)에 일정한 양식에 따라 통지해야 한다. 첫 번째 조건은 최종 이용자에 대하여만 예외를 허용하는 규정의 취지상 당연한 것이며, 두 번째와 세 번째는 이러한 예외적용에 있어 일정한 제한을 가하고 있는 것이다. 청산의무 조항의 적용이 면제되는 최종 이용자는 비청산 스왑에 대한 증거금 규제도 면제된다.[81]

---

81 테러위험 보험프로그램재허가법(Terrorism Risk Insurance Program Reauthorization Act of 2015)에 의해 2015년 상품거래법 제4s조(e)(4)항에 추가된 내용이다.

(2) 스왑실행기구 또는 지정계약시장을 통한 거래실행 의무

도드프랭크법은 두 가지 조건을 충족하는 스왑 즉, (1) 중앙청산소를 통한 청산의무가 있고 (2) '거래가능'(MAT: Made-Available-to-Trade)한 스왑은 스왑실행기구(SEF) 또는 지정계약시장(DCM)에서만 거래가 이루어지도록 규정하였다.[82]

이를 통상 '거래실행규제'(mandatory trade execution requirement)라 한다. 증권기초스왑에 대해서도 동일한 규제가 적용된다.[83]

여기에서 몇 가지 생소한 개념들이 등장하고 있다. 우선 스왑실행기구란 2009년 피츠버그 정상회의에서 장외파생상품 관련 4대 정책과제의 하나로 제시된 개념으로서, 도드프랭크법은 이를 "다수의 참여자들이 그 기구나 시스템 안의 복수의 참가자에게 공개된 다른 참가자의 매입주문(bid) 또는 매도주문(offer)을 승낙함으로써 스왑을 실행하거나 거래할 수 있는 거래시스템 또는 플랫폼으로서 지정계약시장(DCM)은 아니지만 당사자간 스왑의 실행을 용이하게 하는 기구"로 정의하였다.[84] 쉽게 말해 스왑실행기구는 장외파생상품 거래에 전통적으로 사용되던 전화·팩스를 대체한 전자거래 플랫폼으로, 다수의 참가자가 제시한 매수·매도호가를 기반으로 거래를 체결하는 시스템이라 할 수 있다.

스왑실행기구는 CFTC 등록이 의무화[85]되며 법에 규정된 15개의 핵심원칙(core principles)을 준수하여야 한다.[86] 증권기초스왑의 실행기구는 SEC 등록이 의무화되며, 14개의 핵심운영원칙(스왑실행기구에 대한 15개 핵심원칙 중

---

82 도드프랭크법 제723조.
83 도드프랭크법 제761조.
84 도드프랭크법 제721조(a)(21).
85 2017년 6월 현재 CFTC에 등록된 스왑실행기구는 모두 25개이다.
86 도드프랭크법 제733조.

포지션 한도내역 보고를 제외)을 준수하여야 한다.[87]

다음으로, 지정계약시장(DCM)이란 파생상품의 정규거래소에 해당하는 것으로 잘 알려진 시카고거래소(Chigago Board of Trade), 시카고상품거래소(Chicago Mercantile Exchange) 등이 이에 해당한다.[88] 도드프랭크법은 상품선물현대화법에서 제시된 지정계약시장이 지켜야 할 18개 핵심원칙을 23개로 확대하여 규정하였다.[89]

마지막으로, 어느 특정한 스왑이 '거래가능'(Made Available-to-Trade)한 스왑이 되기 위해서는 CFTC가 2013년 6월 마련한 일련의 절차[90]를 거쳐야 한다. 동 절차에 따르면 스왑실행기구(SEF) 또는 지정계약시장(DCM)은 스왑거래의 적격성, 즉 CFTC가 마련한 6개 요건[91]에 부합하는지 여부를 자체적으로 검토한 후 CFTC의 심사 및 승인을 받아야 한다. CFTC는 '거래가능'한 스왑을 결정함에 있어 진행과정 및 고려요인 등을 각 스왑실행기구 및 CFTC의 홈페이지에 투명하게 공시하여 시장참가자들이 이 정보를 이용해 스스로를 보호할 수 있도록 하였다.

CFTC는 거래실행규제—스왑실행기구 및 지정계약시장을 통한 거래실행 의무규제—의 도입으로 종전의 양자간 협상(bilateral negotiation)에 의한 모호한 방식에서 다자간의 공개적이고 투명한 방식으로 가격결정방식이 개선됨으로써 가격발견 기능이 제고되고 매매가격 차이(bid-ask spread)가 줄어드는 등 시장효율성이 크게 제고될 것으로 예측하였다. 또한 스왑거래와 관련

---

[87] 도드프랭크법 제763조.
[88] 2017년 6월 현재 15개의 지정계약시장이 CFTC에 등록되어 영업중이다.
[89] 도드프랭크법 제735조. 이에 관한 CFTC 규칙은 CFTC(2012. June) 참조.
[90] CFTC(2013. June 4).
[91] (1) 충분한 매도자, 매수자의 존재 여부 (2) 거래의 빈도 및 규모 (3) 거래량 (4) 시장참여자의 수 및 유형 (5) 매도/매수 호가 스프레드 (6) 이용기업수 등.

한 정보의 비대칭성이 해소됨으로써 과거 파생상품 딜러가 정보의 우위에 기대어 향유하였던 초과이윤이 사라지고 스왑시장 참가자들에게 동 경제적 이익이 배분될 것으로 분석하였다.

(3) 스왑정보의 실시간 공시 및 보고의무

장외파생상품 관련 시장인프라의 세 번째 요소는 스왑정보의 공시 및 보고인프라이다. 도드프랭크법은 (1) 스왑거래 및 가격정보의 '실시간 공시'(real-time public reporting)를 의무화하고, 이를 위해 (2) 청산 여부를 불문하고 모든 스왑거래 정보는 스왑정보저장소(SDR: swap data repository)로 보고할 것을 규정하였다.[92] 증권기초스왑에 대해서도 동일한 내용이 적용된다.[93] 이하에서는 CFTC가 2012년 1월 마련한 규칙[94]을 중심으로 동 규정의 의미를 구체적으로 알아본다.

우선, 도드프랭크법은 실시간 공시를 "스왑거래가 실행된 직후 기술적으로 가능한 신속하게(as soon as technologically practically) 가격, 거래규모 등을 포함한 스왑거래 관련정보를 보고하는 것"으로 정의하였다. CFTC는 '기술적으로 가능한 신속하게'의 의미를 보다 구체화하여 "현재 보급된 기술수준 및 동류 시장참가자들에 의한 기술의 활용현황을 고려하여 가능한 신속하게"로 정의하였다. 이에 대해 업계 일부에서는 그 의미가 여전히 모호함을 지적하고, 일정한 보고시한(예: 최대 5분)을 둘 것을 제언하였다. 이에 대해 CFTC는 거래상대방(스왑딜러, MSP, 최종 이용자), 스왑의 유형(에너지스왑, CDS, 이자율스왑 등), 실행의 방식(SEF, DCM, 기타) 등에 따라 보고 소요시간이 상이하며,

---

92 도드프랭크법 제727조.
93 도드프랭크법 제763조 및 제766조.
94 CFTC(2012, January 9).

특히 최종 이용자의 경우 시스템구축 등을 위해 막대한 비용이 소요될 수 있음을 우려하여 보고시한을 두는 것에 반대하였다. 한편, SEC는 증권기초스왑에 대해 일정한 보고시한(거래방식에 따라 최대 15분, 30분, 24시간)을 설정하였다. 이는 최종 이용자가 광범위한 스왑거래와 달리 증권기초스왑의 경우 거래에 참가하는 최종 이용자가 제한적임을 고려한 것이다.

다음으로 스왑정보의 보고 및 공시절차는 다음과 같다. 먼저 스왑거래의 실행기구 또는 거래당사자(스왑딜러, MSP, 최종 이용자)는 일정한 양식에 따라 거래정보를 스왑정보저장소(SDR)에 기술적으로 가능한 신속히 보고하여야 한다. 여기에서 보고대상 스왑은 청산기구를 통한 청산 여부 및 스왑실행기구를 통한 거래실행 여부를 불문하고 모든 스왑을 포괄한다. 다음 단계로 스왑정보저장소는 접수한 스왑정보를 기술적으로 가능한 신속히 일정한 양식에 따라 일반 공중에 공시하여야 한다.

마지막으로, 도드프랭크법은 스왑정보저장소(SDR)를 "스왑에 대한 중앙집중화된 기록보전 시설을 제공할 목적으로 제3자와 체결한 스왑의 거래, 포지션, 조건 등에 관한 정보 또는 기록을 수집·관리하는 자"로 정의하였다.[95] 스왑정보저장소는 스왑정보의 수집·관리·공시 이외에도 정보의 정확성 확인, 조사, 분석 등의 기능을 수행한다.[96] 스왑정보저장소는 CFTC 등록이 의무화되고, CFTC의 조사 및 검사를 받아야 한다. 도드프랭크법은 파생상품청산소가 스왑정보저장소로 등록하여 겸업하는 것을 허용하였다.

---

95 도드프랭크법 제721조.
96 도드프랭크법 제728조.

【스왑업체에 대한 연방지원의 금지(링컨 수정조항)】

도드프랭크법 제716조는 스왑업체에 대한 연방지원(Federal assistance)을 금지하였다. 연방지원이란 ①연준의 신용공여 또는 재할인창구를 이용한 지원 ②FDIC의 보험·보증을 말하는 것이다. 이 중 ②번 항목은 은행 및 저축대부조합의 스왑업무 취급을 사실상 금지하는 효과를 가져오는데, 대부분의 은행 및 저축대부조합은 FDIC 부보가 의무화되어 있기 때문이다.

동 조항은 도드프랭크법 중 가장 많은 논란의 대상이 된 규정 중의 하나로서, 흔히 제안자인 링컨 상원의원의 이름을 따서 링컨 수정조항(Lincoln Amendment) 또는 스왑업무를 은행의 업무영역에서 제외한다는 의미에서 '스왑 푸시 아웃 룰'(swaps push-out rule)이라 불리고 있다.

링컨조항은 하원법안(2009년 12월, H.R. 4173)과 상원초안(2010년 4월, S. 3217)에는 포함되지 않았으나, 2010년 4월 당시 농산물위원회 위원장이던 블랑쉐 링컨Blanche Lincoln의 제안으로 도드프랭크법에 포함되었다. 동 조항은 발의 직후인 2010년 4월과 5월에 걸쳐 집중적인 논의의 대상이 되었으며, 민주당과 공화당의 상당수 상원의원이 동 조항을 반대하였다. 당시 벤 버냉키Ben Bernanke 연준 의장과 실라 베어 전 FDIC 의장도 이 조항이 은행의 헤징 등 영업활동에 지장을 초래할 것이라며 반대의사를 표명하였다. 이에 따라 이 조항의 적용에 상당한 예외를 허용하는 등 내용이 크게 완화되었으며, 그 밖에 상원의원인 링컨에 대한 배려 등 정치적 요인이 작용하면서 이 조항을 포함한 도드프랭크법안이 2010년 5월 20일 상원을 통과하였다.[97]

링컨 수정조항은 직접적으로 스왑업체의 스왑업무 취급을 금지하지는 않

---

[97] Cadwalader Wickersham & Taft LLP(2010) 참조.

았다. 그 대신 우회적인 방법으로 스왑업체(스왑딜러 및 주요 참가자)에 대한 연방지원을 금지함으로써 궁극적으로 금융기관(은행·저축대부조합·외국은행 지점)의 스왑업무 취급을—일부 예외를 제외하고는—금지하는 효과를 거두고 있다. 그리고 이를 통해 금융기관이 대부분의 스왑업무를 직접 취급하지 않고, 연방지원을 받지 못하는 계열사(affiliates)에게로 밀어내(push-out) 취급하도록 유도하고 있는 것이다.

그러나 링컨 수정조항은 의회 통과를 위해 수많은 예외를 허용함으로써 그 실효성에 의문이 제기되었다. 부보은행들은 금리, 환율 및 청산기구에서 청산이 의무화(cleared)된 CDS를 포함하여 표준화된 파생상품의 대부분을 직접 취급할 수 있도록 허용되었으며, 변형(exotic) 파생상품, 청산기구 청산이 의무화되지 않은(uncleared) CDS 등 일부에 대하여만 직접 취급이 금지되었다. 2012년 피치[Fitch]의 보고서에 따르면 예외조항을 적용하고 난 뒤 링컨 수정조항의 규제대상은 대형은행(BOA, 시티, JP모르간, 웰스파고) 파생상품 거래의 단지 5%에 불과한 것으로 나타났다.[98]

이와 같이 광범위한 예외를 허용하였음에도 링컨 수정조항은 결국 시행되지 못하고 폐지될 운명이었다. 파생금융상품을 대량으로 보유하고 있던 메가뱅크, 특히 시티은행은 링컨 수정조항의 폐지를 위해 엄청난 로비를 벌였는데, 그 주요 이유는 볼커 룰과 중복된다는 것이었다.[99] 볼커 룰에 의해 은행의 위험투자를 제한·방지하기 위한 제도적 장치가 마련되어 있기 때문에 링컨 수정조항으로 스왑업무 취급을 금지하도록 중복해서 규제할 실익이 없다는 것이다. 또한 위기상황에서 은행들이 '밀어내진 스왑딜러'(pushed-out swaps

---

[98] Haley Sweetland Edwards(2014)에서 재인용.
[99] 이에 대해서는 Bipartizan Policy Center(2013) 참조.

dealer)를 파산하도록 내버려두기가 어렵다는 점도 지적되었다. 지난 금융위기 때 대형은행들은 자회사의 형태로 운영하던 구조화 투자회사(Structured Investment Vehicle)가 부실화되자 평판리스크를 우려하여 결국 금융지원을 한 전례가 있었다. 금융시장이 양호한 시기에는 '밀어내진'(pushed-out) 것으로 간주될 수 있지만, 위기상황에서는 다시 '되돌려'(pulled back) 지원할 수밖에 없다는 것이다. 미 의회는 메가뱅크의 끈질긴 로비에 굴복하여 결국 2014년 12월 옴니버스 예산법안(Cromnibus spending bill)의 일부 조항으로 시티은행이 제공한 문구를 그대로 끼워넣어 링컨 수정조항을 폐지하였다.[100]

링컨 수정조항이 과연 중복규제, 과잉규제에 해당하는지는 논란이 있다. 링컨 수정조항이 볼커 룰과 중복되는 측면도 있지만 그렇지 않은 점도 있기 때문이다. 예컨대 볼커 룰은 변형 파생상품, 청산이 의무화되지 않은 CDS라 할지라도 시장조성 행위에 해당하면 허용하는 반면, 링컨 수정조항은 이들 업무의 직접 취급을 금지한다는 점에서 차이가 있다.[101] 상원의원인 엘리자베스 워렌(Elizabeth Warren), FDIC 부의장 토마스 호니그 등을 포함한 월스트리트 개혁파들은 링컨 수정조항의 폐지를 중단시키기 위해 마지막까지 노력하였다. 링컨 수정조항은 도드프랭크법의 '영혼과 심장'은 아니더라도 적어도 중요한 장부(vital organ)의 하나에 해당하는 중요성을 가진 것으로 간주되었다.[102] 이들이 보기에 링컨 수정조항의 폐지는 은행들로 하여금 금융위기 이전의 카지노 금융업으로 복귀하기 위한 중요한 열쇠를 주는 것을 의미하였다. 입법부터 폐지에 이르기까지 논란의 대상이 된 링컨 수정조항, 과연 규제의 적절한 수준은 무엇인가에 질문을 던지게 하는 사례라고 하겠다.

---

100 Gregg Levine(2014).
101 Roosevelt Institute(2012).
102 Haley Sweetland Edwards(2014).

IV

도드프랭크법 제8편: 지급·청산·결제 감독

【배경】

　금융시장기구(FMU : Financial Market Utilities)란 금융기관간 증권 등의 이전(transferring), 청산(clearing), 지급(payment), 결제(settlement)를 목적으로 하는 시스템을 운영하는 기구를 의미한다. FMU는 흔히 '금융시스템의 도관'(plumbing of the financial institutions)으로 불리며, 도드프랭크법이 제정되기 오래 전부터 청산기능 제공 등 금융시장의 중요한 인프라로서 기능하여왔다.[103]

　오늘날 최종 이용자(end-user)에서부터 기관투자가, 브로커·딜러 등 광범위한 시장참가자들이 금융거래의 원활한 이행과 리스크축소를 위해 FMU

---

103 예컨대 뉴욕증권거래소(NYSE) 산하의 청산소는 1892년도에 설립되었다.

를 이용한다. 그러나 이에 따른 금융거래의 집중화 및 상호연계성으로 인해 FMU는 금융시스템에 새로운 리스크를 초래하고 있다.

도드프랭크법의 기초가 된 오바마 행정부의 금융규제 개혁보고서[104]는 FMU의 원활한 작동이 금융시장의 안정성 및 건전성에 매우 중요하며, 특히 금융시장의 상호연계성으로 인한 시스템적 리스크와 밀접히 연관되어 있음을 지적하였다.

이러한 배경에서 도드프랭크법 제8편은 시스템적으로 중요한 금융시장기구(SIFMU : Systemically Important FMU) 및 시스템적으로 중요한 지급·청산·결제(SIPCS : Systemically Important Payment, Clearing and Settlement) 활동에 대한 감독을 강화하였다. FMU 또는 PCS는 금융위기에 직접적 역할은 하지 않았지만, 위기 재발방지 및 금융시스템 안정을 위해 FMU 및 PCS 감독강화가 중요하다는 인식에 따른 것이다.

도드프랭크법은 SIFMU 및 SIPCS의 지정절차를 규정하는 한편, 연준에 리스크관리 기준마련 및 검사 및 제재 등과 관련하여 일련의 새로운 감독권한을 부여하였다. 또한 긴급한 상황에서 재할인창구 및 대출공여 등 연준이 예금취급기관에 제공하는 서비스를 SIFMU에도 제공할 수 있도록 허용하였다.

【도드프랭크법의 규제내용】

(1) 시스템적 중요 금융시장기구(SIFMU)의 지정권한

금융안정감시위원회(FSOC)는 의장(재무부 장관)을 포함하여 위원 2/3 이

---

[104] U.S. Department of Treasury(2009, June).

상의 찬성으로 SIFMU 또는 SIPCS 활동을 지정할 수 있다.[105] FSOC는 이러한 지정을 결정함에 있어 거래금액, 거래상대방 익스포져, 상호연관성, FMU의 파산 또는 PCS 활동의 중단이 금융시스템에 미치는 영향 등을 고려하여야 한다. FSOC는 지정에 앞서 연준 및 주‡ 감독기관과 협의하여야 하며, 해당 FMU와 금융기관에 사전통지 및 청문의 기회를 제공하여야 한다.[106] 2012년 7월 FSOC는 8개의 SIFMU를 지정하였다.[107]

(2) 리스크 관리기준의 마련

도드프랭크법은 감독기관으로 하여금 SIFMU 및 SIPCS 활동에 적용될 리스크 관리기준을 마련하도록 요구하면서 이에 관한 전반적인 권한을 연준에 부여하였다.[108] 연준은 FSOC 및 주‡ 감독기관(SEC 및 CFTC)과 협의하여 리스크 관리기준 마련의 권한을 갖는다. SEC와 CFTC의 감독관할을 받는 청산기구 등 일부 기구에 대해서는 SEC와 CFTC가 리스크 관리기준을 마련할 권한을 갖는다.

리스크 관리기준에는 리스크 관리정책 및 지침, 증거금 및 담보요건, 거래상대방 파산시 처리절차, 금융거래 청산 및 결제의 신속한 실행능력, 자본금 요건 등을 포함하여야 한다.

(3) SIFMU에 대한 연준의 서비스

도드프랭크법은 연방준비은행(Federal Reserve Bank)이 예금취급기관에 제

---

105 도드프랭크법 제804조.
106 재무부 보고서는 SIFMU 지정절차의 투명성을 제고할 것을 권고하였다. U.S. Department of Treasury(2017, November 17) 참조.
107 FSOC(2012, July).
108 도드프랭크법 제805조.

공하는 서비스를 SIFMU에도 제공할 수 있도록 허용하였다.[109] 이러한 서비스에는 연준은행에 예금 계좌(deposit account) 개설, 동 계좌의 예치금에 대한 이자의 지급, 재할인 및 대출의 공여 등이 있다. 이 중 재할인 및 대출의 공여는 비정상적이고 긴급한 상황에서만 가능하며, 재무부 장관의 협의와 연준 이사회의 과반수 찬성 등 엄격한 절차적 요건을 충족하여야만 한다. 이와 관련하여 재무부 보고서는 SIFMU의 도덕적 해이 방지를 위해 연준은행이 제공하는 서비스의 적정성을 재점검할 것을 연준에 권고하였다.

(4) SIFMU의 규칙개정 절차

SIFMU는 자체적인 규칙(rules), 절차(procedures) 또는 운영기준(operations) 등을 변경하고자 하는 경우에는 해당 감독기관(연준, SEC, CFTC)에 60일 이전에 통지 및 그 적절성 여부에 대해 점검을 받아야 한다.[110] 이와 관련하여 업계에서는 감독당국의 점검기간이 통상 법에 규정된 60일을 초과하여 장기간 소요되며, 이로 인해 SIFMU의 혁신이 저해된다는 불만을 제기하여왔다. 이에 따라 재무부 보고서는 감독기관들이 감독자원을 확충하여 점검기간을 단축할 것과 점검절차를 간소화하는 방안을 강구할 것을 권고하였다.

(5) 검사 및 제재조치

도드프랭크법은 SIFMU에 대한 검사 및 제재조치에 관해서 규정하였다.[111] 주휼 감독기관은 SIFMU에 대해 매년 최소 1회 이상 검사를 실시하여야 한다. SIFMU가 초래할 수 있는 시스템적 위험요소를 평가하고 도드프랭크법 제

---

109 도드프랭크법 제806조(a)~(d).
110 도드프랭크법 제806조(e).
111 도드프랭크법 제807조.

8편의 리스크 관리기준 등에 대한 준수 여부를 점검하기 위한 목적이다. 또한 주감독기관은 SIFMU의 위반사항에 대하여 예금보험법 제8조(b~n)의 규정에 따라 제재조치를 부과할 수 있다. 제재조치에는 위반행위의 중지, 위반자의 직무정지 또는 해임, 민사벌금 부과 등이 있다.

이와 관련하여 도드프랭크법은 연준에도 상당한 권한을 부여하였다. 주감독기관은 SIFMU에 대한 검사의 범위 등을 결정하기 위해 매년 연준과 협의하여야 한다. 연준은 필요한 경우 주감독기관이 실시하는 검사에 참여할 수 있다. 또한 연준은 시스템위험의 방지·완화를 위해 필요하다면 SIFMU에 제재조치를 취하도록 주감독기관에 권고할 수 있으며, 긴급한 경우에는 직접 제재조치를 취할 수 있다. 다만, 전자의 경우에는 FSOC와 협의가 필요하며, 후자의 경우에는 FSOC 위원의 과반수 찬성이 필요하다.

(6) 정보 및 보고서 요구

FSOC와 연준은 FMU의 시스템적 중요도 평가, 건전성, 법규준수 여부 등의 평가를 위해 필요한 정보를 요구할 권한을 갖는다.[112] FSOC 및 연준은 이러한 정보를 요구함에 있어 사전에 해당 주ᵇ 감독기관과 협의하여야 한다. FSOC, 연준 및 주감독기관은 SIFMU의 중대한 위험징후, 검사보고서 등의 정보를 공유할 의무를 갖는다.

---

112 도드프랭크법 제809조.

시스템적 중요 금융시장기구 현황

미국에는 9개의 주요 FMU가 존재하고 있으며, 이들은 고유한 시장, 취급업무, 영업모델을 갖고 있다. 2012년 7월 FSOC는 이 중 8개의 기구를 SIFMU로 지정하였다.[113] 이들 8개 기구의 주[±] 감독기관은 연준(2개), SEC(4개), CFTC(2개)로 나뉘어 있다. 연준은 비록 2개 기구에 대해서만 주감독기관의 역할을 담당하지만, 다른 6개의 기구에 대해서도 보완적인 감독권한(backup regulator)을 통해서 직·간접적으로 감독기능을 수행한다. 따라서 SIFMU에 대한 감독검사 기준은 주감독기관에 따라 상이할 수 있지만, 모든 SIFMU는 공통적으로 연준의 감독검사 기준에 의해 영향을 받는다고 할 수 있다.

	기구명	설립연도 (SIFMU 지정)	주요 기능	주감독 기관
중앙 청산	Fixed Income Clearing Corporation(FICC)	2003 (2012)	정부채 및 모기지증권에 대한 유일한 CCP	SEC
	National Securities Clearing Corporation(NSCC)	1976 (2012)	주식, 회사채, 지방채, ETF 등에 대한 CCP	SEC
	Options Clearing Corporation (OCC)	1973 (2012)	주식 파생상품 관련 최대 CCP, 증권대차 거래에 있어 유일한 CCP	SEC
	ICE Clear Credit LLC(ICC)	2000 (2012)	표준화된 CDS 거래에 대한 CCP	CFTC
	Chicago Mercantile Exchange, Inc(CME)	1898 (2012)	선물, 옵션, OTC 이자율스왑 및 CDS에 대한 CCP	CFTC
	LCH, Ltd	2001 (-)	거래소 상품 및 일부 OTC 상품에 대한 CCP	CFTC
증권 예탁	The Depository Trust Corporation(DTC)	1973 (2012)	증권 예탁 및 결제 서비스, 스왑정보저장소 기능 수행	SEC
지급 결제	The Clearing House Payments Company, LLC(TCH)	1853 (2012)	은행간 결제시스템인 CHIPS 운영 (즉시 다면 상계방식 활용)	연준
	CLS Bank International	2002 (2012)	외환동시결제 기능 제공	연준

---

113 FSOC(2012, July).

V
최근의 장외파생시장 규제 개편논의

재무부 보고서가 지적하듯이 중앙청산소를 통한 청산, 표준화된 스왑의 플랫폼 거래, 스왑정보의 실시간 보고 등 도드프랭크법의 장외파생시장 규제개혁에 대해서는 폭넓은 지지가 형성되어 있다.[114] 도드프랭크법의 폐지를 주요 내용으로 하는 공화당의 금융선택법안도 장외파생시장의 규제개혁 조치에 대해서는 폐지 또는 완화 등의 주장을 하지 않았다. 그러나 장외파생시장 규제와 관련하여 두 가지 측면에서 보완이 필요하다는 목소리가 있다.

하나는 중앙청산소로 인한 새로운 시스템적 리스크의 등장이다. 중앙청산소는 금융위기 이후 각국이 새로운 국제기준으로 도입한 것으로서, 거래당사자 사이에 개입하여 장외파생 거래의 이행을 보증함으로써 거래상대방 리스크를 크게 낮추는 효과를 가져온다. 그러나 그에 따른 금융거래의 집중화

---

114 U.S. Department of Treasury(2017, Oct. 6), p.126.

및 상호연계성으로 인해 중앙청산소가 파산할 경우에는 금융시스템에 막대한 시스템적 리스크가 발생할 수 있다는 우려가 제기되고 있다. 도드프랭크법이 중앙청산소를 포함하여 시스템적으로 중요한 금융시장기구(SIFMU)를 지정하여 감독규제를 강화한 것은 이러한 인식에 따른 것이다. 중앙청산소가 초래할 수 있는 시스템적 위험의 축소·방지 방안마련은 금융위기 이후 마무리되지 않은 규제개혁 조치의 하나로서 각국에서는 다자간 상계, 자본, 손실분담, 리스크관리 등 중앙청산소의 파산위험을 줄이기 위한 노력을 다각도로 진행하고 있다.

둘째, 재무부 보고서는 도드프랭크법이 도입한 장외파생시장 규제개혁의 큰 틀을 유지하면서 규제 일관성제고 및 중복방지를 위해 CFTC 및 SEC가 도입한 감독규칙의 부분적인 개편을 권고하였다. 예컨대 보고서는 CFTC가 관할하는 스왑과 SEC가 관할하는 증권기초스왑의 구분이 모호하여 규제의 비일관성 및 중복이 초래되고 있음을 지적하고, 관련규칙의 재정비를 촉구하였다. 또한 비청산 스왑에 대한 증거금규제, 중앙청산과 관련한 자본규제 등 일부 규제의 경우 국제기준에 비해 과도하게 엄격하여 미 금융회사의 국제경쟁력이 훼손될 수 있음을 우려하고, 국제기준에 부합되도록 수정할 것을 권고하였다. 그 밖에 스왑딜러 면제기준, 청산의무 규제의 적용을 받는 금융회사의 범위, 포지션 한도, 스왑실행기구의 거래가능스왑 결정방식, 스왑정보 보고제도, SIFMU 규칙 점검기간 및 스트레스테스트 등에 대해 재검토, 재정비할 것을 권고하였다.

| 부록 |

장외파생시장 주요 현황

1. 글로벌 장외파생상품 거래규모(명목원금 기준)

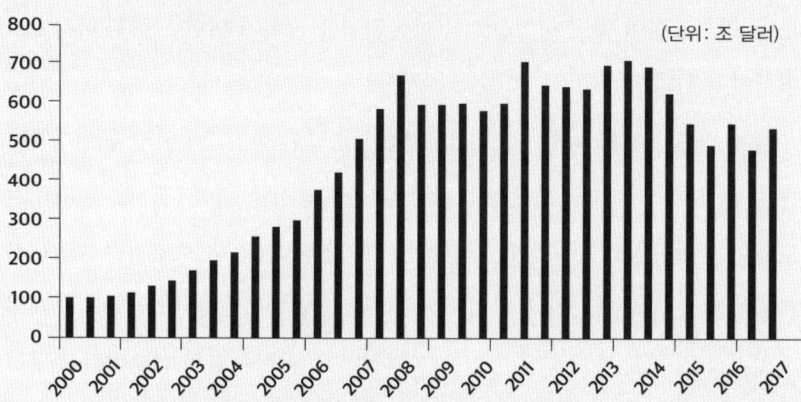

자료: BIS Statistics Explorer: Table D5.1

2. 글로벌 CDS 거래규모(명목원금 기준)

자료: BIS Statistics Explorer: Table D5.2

3. 미국 장외파생상품 거래 청산현황

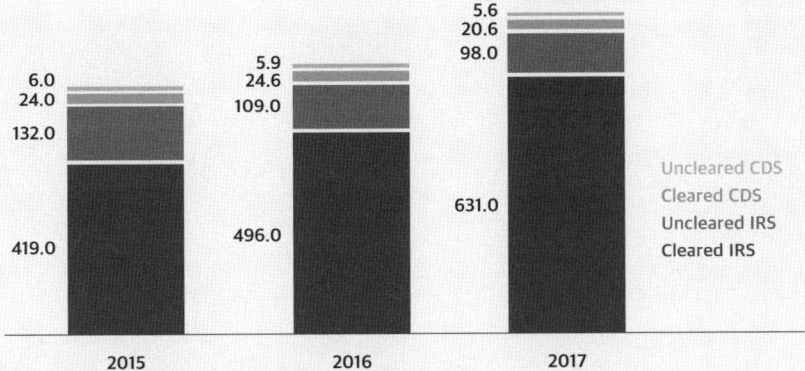

Source: SDR data, as compiled by ISDA
자료: U.S. Department of Treasry(2017, October 6)

4. 미국 스왑실행기구(SEF)를 통한 거래현황

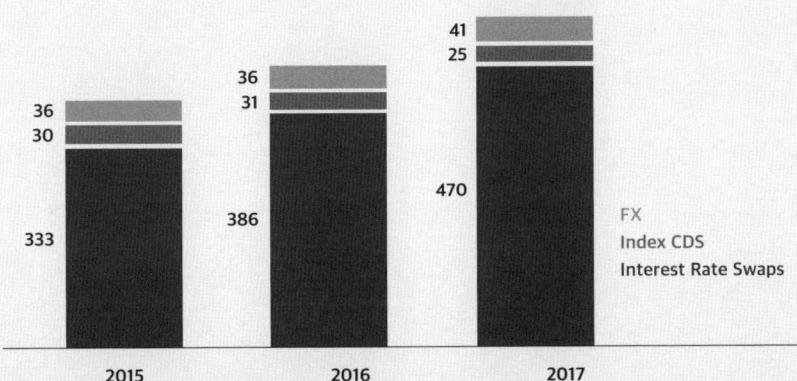

Source: SDR data, as compiled by ISDA
자료: U.S. Department of Treasry(2017, October 6)

제9장

증권거래위원회(SEC)의 기능 및 권한강화

Dodd-Frank Act

I

머리말

증권거래법(Securities and Exchange Act of 1934) 제4조에 의해 1934년에 설립된 이래 증권거래위원회(SEC: Securities and Exchange Commission)는 미국 증권시장[1] 및 증권산업에 대한 연방감독기관으로서 오랜 위상과 긍지를 누려왔다. 오늘날 SEC는 직원 수 4,800여 명, 연간 예산 20억 달러를 소요하는 주된 증권감독기관이자 미국의 증권관련 4대 연방감독기관[2]의 리더로서 투자자 보호, 증권시장의 공정성·효율성·적법성 유지, 원활한 자본형성 촉진의 3대 책무를 달성하기 위해 광범위한 시장참가자를 대상으로 규칙제정, 감독검사,

---

[1] 주식·채권 등 증권거래를 통해 자본형성을 촉진하는 자본시장(capital market)과 선물·옵션·스왑 등 파생상품의 거래를 통해 리스크관리 및 이전을 촉진하는 파생상품시장(derivatives market)으로 구분된다. 미국에서는 전통적으로 증권시장 감독은 증권거래위원회(SEC)가, 파생상품시장 감독은 상품선물거래위원회(CFTC)가 담당하여왔다. U.S. Department of Treasury(2017, October 6), pp.171~178 참조.
[2] SEC, 상품선물거래위원회(CFTC), FINRA(Financal Industry Regulatory Authority) 및 상장회사회계감시위원회(Public Company Accounting Oversight Board)를 지칭한다.

법 집행 및 투자자보호 등 폭넓은 감독업무를 독립적이고 통합적으로 수행하고 있다.

그러나 SEC는 지난 금융위기 때 감독실패 책임론이 대두되면서 위상과 긍지에 큰 상처를 입었다. SEC는 증권규제를 완화하거나 주어진 감독규제 권한을 충분히 행사하지 않음으로써 금융위기 발생을 방치하였다는 비판에 직면하였다. 특히 베어스턴스, 리먼브라더스의 파산으로 금융시장의 위기가 정점에 달하는 가운데, 2008년 공화당 대선 후보이던 존 매케인^{John McCain}은 대통령에 당선되면 당시 SEC 의장이던 크리스토퍼 콕스^{Christopher Cox}를 해임하겠다고 공개적으로 언급[3]하는 등 SEC에 대한 비난여론이 크게 확산되었다.

이러한 비판으로 SEC의 위상과 권한이 축소될 것이라는 예상과는 달리 도드프랭크법은 SEC의 기능과 권한을 크게 확대하였다. 금융위기를 초래한 주요한 원인으로 지목된 장외파생상품, 신용평가회사, 헤지펀드, 자산유동화증권(ABS) 등에 대한 규제감독을 강화하면서 자연스럽게 이들에 대한 감독기관인 SEC의 권한이 확대된 결과였다.

도드프랭크법은 제9편의 A, B, F, J장에 걸쳐 SEC의 기능 및 권한을 강화하였다. SEC에 5개 부서를 신설하는 한편, 시장 및 기술발전에 대응한 감독역량의 적시 확충을 위해 예산결정의 자율성이 필요하다는 SEC의 주장을 수용하여 예산한도를 확대하고 예산집행의 자율성을 제고하였다.[4] 또한 증권법규 위반행위에 대한 내부고발자 제도를 신설하고, 광범위한 시장참여자를 대상으로 행정심판 절차에 의해 효율적으로 제재조치를 부과할 수 있도록 허용하는 등 SEC의 법 집행(enforcement) 권한을 대폭 강화하였다. 또한

---

[3] 2008년 9월 19일 Iwoa Cedar Rapids 유세에서 언급. Theo Francis(2008) 참조.
[4] SEC의 조직 및 기능확대에 따라 직원수는 2011년 3,846명에서 2017년 4,794명으로 증가하였으며, 연간 예산은 동 기간 중 11억 5,000만 달러에서 20억 달러로 증가하였다.

투자자보호와 관련하여 투자자자문위원회(Investor Advisory Committee)와 투자자보호관(Investor Advocate)을 신설하고, 일련의 투자자보호 관련제도를 정비하였다.

　이 장은 도드프랭크법 제9편의 내용을 토대로 SEC의 조직과 기능을 전반적으로 이해하는 것을 목적으로 한다. SEC의 설립배경과 위상, 책무에 대해 살펴보고, 위원회의 구성과 임기, 그리고 28개에 이르는 부서의 주요 기능을 개관한다. 그리고 SEC의 4대 감독기능인 규칙제정, 검사, 법 집행 및 투자자보호제도와 관련한 도드프랭크법의 개혁내용을 살펴본다. 마지막으로 재무부 보고서와 금융선택법을 중심으로 최근의 SEC 개편 논의내용을 개략적으로 살펴본다.

II

SEC 조직 및 기능의 개요

【설립배경, 위상 및 책무】

(1) SEC의 설립배경

증권거래위원회(SEC)는 대공황을 배경으로 탄생하였다. 대공황으로 주식시장이 붕괴한 1929년 이전까지 미국에서는 증권시장에 대한 연방규제가 거의 이루어지지 않았다. 특히 제1차 세계대전 이후 경제적 번영과 함께 주식시장이 활황을 보이는 가운데 증권정보의 왜곡과 주가조작이 만연하였음에도 연방정부는 공시강화 및 증권사기방지를 위한 규제 도입을 추진하지 않았다.

그러나 1929년 10월 주식시장의 붕괴로 인해 증권시장에 대한 일반 공중의 신뢰가 급격히 추락하면서 연방정부의 증권규제정책은 일대 변화를 겪게 되었다. 1929년과 1933년 사이에 다우지수는 90% 가까이 하락하였으며,

1920년대에 상장된 주식의 약 절반이 이 기간에 휴지조각이 되었다. 그리고 저축의 절반 이상을 증권매입에 사용함으로써 주식시장의 활황을 뒷받침하던 가계는 주가하락으로 심각한 손실을 입었다. 대공황 극복을 위해서는 증권시장에 대한 일반 공중의 신뢰회복이 선결되어야 한다는 데 광범위한 공감대가 형성되었다.

이러한 배경에서 미 의회는 일련의 증권관련법률을 도입하고, 이들 법률의 집행기구로서 SEC를 설립하였다. 1933년에 최초의 연방 차원의 증권규제법인 증권법(Securities Act)이 제정되었는데, 이 법은 공모증권과 관련한 중요 정보의 공시 및 사기방지를 목적으로 하였다는 점에서 '증권진실법'(truth in securities law)으로도 불렸다. 그리고 1934년에는 증권유통시장의 규제를 목적으로 하는 증권거래법(Securities Exchange Act)이 제정되었다. SEC는 동법 제4조에 의하여 1934년 6월 6일 설립되었으며, 프랭클린 루즈벨트$^{Franklin\ D.\ Roosevelt}$ 대통령이 증권거래법 발효일의 다음 날인 1934년 7월 2일 조셉 케네디$^{Joseph\ P.\ Kennedy}$[5]를 초대의장으로 임명함에 따라 증권감독기관으로서의 공식 업무를 개시하였다.

그 당시 별도의 행정기구로서 SEC 설립이 꼭 필요한지에 대하여 논쟁이 있었다. 당초 루즈벨트 행정부는 증권관련법의 집행기구로서 연방거래위원회(FTC: Federal Trade Commission)를 고려하였다. 실제로 증권법이 제정된 1933년부터 SEC가 설립되기까지 약 1년 동안 증권법의 집행업무는 FTC가 담당하였다. SEC의 설립이유에 대해서도 상반된 주장이 있었다. 일각에 따르

---

[5] 미국 제35대 대통령인 존 에프 케네디John F. Kennedy의 아버지이다. 루즈벨트 대통령이 조셉 케네디를 SEC 초대의장으로 임명한 것은 소위 '여우로서 여우를 잡는'(outfox the fox) 전략이었다. 조셉 케네디는 오늘날의 기준에서 보면 비도덕적이고 불법적인 각종 수단으로 거부를 일군 증권투자의 귀재였으며, 루즈벨트 대통령은 조셉 케네디를 이용하여 증권시장의 사기적이고 불법적인 행위를 차단하고자 한 것이다. 실제로 조셉 케네디는 SEC 의장으로 재임한 2년 동안 증권시장의 안정화에 크게 기여한 것으로 평가되고 있다. 이에 대해서는 Michael C. Castranova(2013) 참조.

면 월가 로비스트들이 FTC를 싫어하였으며, 보다 포획이 용이한 새로운 행정기구의 설립을 선호하였던 것이 SEC 설립의 주요 이유였다고 한다. 다른 시각에 따르면 증권법규를 적극적이고 효율적으로 집행하기 위해서는 이미 업무부담이 과중한 FTC와 별도로 전담기구가 필요하다는 주장에 따라 SEC를 설립하였다고 한다. 아마도 SEC는 이러한 상반된 주장들의 타협결과로서 탄생되었다고 보는 것이 타당할 것이다.

(2) SEC의 법적 지위 및 위상

2017년에 83돌을 맞이한 SEC는 증권시장 및 증권산업에 대한 규칙제정, 감독검사, 집행 및 투자자보호 업무를 독립적으로, 그리고 통합적으로 수행하는 연방감독기관이다. 그리고 SEC는 법 집행기구라는 점에서 건전성감독을 주된 목적으로 하는 은행감독기관과 구별된다.

첫째, SEC는 어디에도 소속되지 않은 독립 행정청이다. 이런 점에서 재무부 내의 독립적 기구로서의 지위를 갖는 통화감독청(OCC)이나 연준(Fed) 내의 독립적 기구로서의 지위를 갖는 소비자금융보호청(CFPB)과 차이가 있다. 그러나 이러한 외견상의 지위에도 불구하고 행정부, 특히 대통령으로부터의 독립성 정도는 다른 연방기관에 비해 그리 높지 않은 편이다. 미국에서 연방기관의 독립성을 평가하는 중요한 척도는 지배구조, 즉 위원회 구조의 도입 여부 및 대통령이 임의적으로 위원 해임권한을 보유하는지 여부이다. 후술하는 바와 같이 SEC의 설립 근거법인 증권거래법(제4조)은 SEC의 의사결정기구로서 청장 독임제가 아닌 5명의 위원(commissioner)으로 구성된 위원회 제도를 도입하였으며, 5명의 위원 중 동일 정당 소속을 3인 이하로 제한하였다. 이러한 위원회 구조는 행정부로부터의 독립성을 보장하는 한편 어느 한 정당의 정책에 의해 증권행정이 좌우되는 것을 방지하는 효과를 갖는다.

그러나 증권거래법은 SEC의 의사결정기구로서 위원회 제도를 도입하면서 대통령의 위원 해임권한에 대하여는 명시적으로 규정하지 않았다. 다른 연방감독기관, 예컨대 소비자금융보호청(CFPB)의 경우는 그 근거법에 수장 또는 위원에 대하여 대통령이 '마음대로'(at will) 해임하지 못하며 반드시 무능력, 업무태만, 불법행위 등 '타당한 이유'(at cause)가 있어야만 해임할 수 있다고 규정[6]하고 있는 반면, SEC의 경우에는 증권거래법상 이러한 명문의 규정이 없는 것이다. 설립 근거법인 증권거래법에 명문의 규정이 없음에도 불구하고 전통적으로—1940년대 초반부터—SEC는 여타 연방기관과 동일하게 대통령의 임의적인 해임권한으로부터 보호를 보장받는 것으로 해석돼왔으며, SEC도 스스로를 독립적 연방기관임을 주장하고 있다.[7] 그러나 이에 대해 증권거래법상 명문의 규정이 부재한 것은 입법 미비가 아니라 대통령이 뜻대로 위원들을 해임할 수 있도록 하기 위한 의회의 의도를 반영한 것이라는 시각이 있다.[8] 이러한 시각에 따르면 SEC는 대통령으로부터 독립된 연방기관이라고 보기 어려울 것이다.[9]

이와 함께 SEC에 대한 의회 및 행정부의 통제도 여타 연방감독기관에 비해 더 강한 편이다. SEC는 규칙제정에 있어 여타 연방기관과 동일하게 사전 의견 수렴 등 행정절차법(APA : Administrative Procedure Act)의 적용을 받으며, 업무활동과 관련하여 의회 및 행정부로부터 일상적인 감시를 받는다. 그러나

---

[6] 도드프랭크법 제1011조(b)(c).
[7] 이와 관련하여 다음과 같은 에피소드가 있다. 2008년 대선과정에서 상원의원 존 매케인John McCain은 "SEC 의장은 대통령의 뜻에 따라 임명된다…… 내가 대통령에 당선되면 SEC 의장을 해임하겠다."고 언급하였다. 이에 대해 언론으로부터 SEC는 관련법률, 법원의 결정, 학계의 해석 등에 의해 독립적 연방기관으로서의 지위를 인정받아왔으며, 대통령이 마음대로 해임할 수 없다는 비판이 몰아쳤다. 이러한 비판에 따라 매케인 캠프는 곧 SEC 의장을 해임하겠다는 주장을 철회하였다. Harvard Law Review(2013), p.781에서 재인용.
[8] 이에 대해서는 Harvard Law Review(2013) 참조.
[9] 소속 당이 다른 대통령이 당선되면 SEC의 의장들이 통상 임기만료 전에 사임하는 경향을 보이고 있는 것은 이러한 법 규정을 반영한 것으로 생각된다.

OCC, 연준 등 여타 연방감독기관이 의회로부터 예산통제를 받지 않는 데 비해 SEC는 예산집행과 관련하여 의회의 세출승인을 받아야 한다.

미국 연방감독기관에 대한 통제장치

		SEC	OCC	Fed	CFPB	FDIC
지배구조	① 위원회 구조 도입 여부	O		○		○
	② 대통령의 자의적 위원해임 권한	O	?			
규칙제정	③ 규칙제정시 APA 적용 여부	O	○	○	○	○
	④ 법상 비용편익분석 의무화	O			○	
	⑤ FSOC 거부권				○	
의회통제	⑥ 업무활동 감시	O	○	○	○	○
	⑦ 세출승인	O				
	⑧ GAO의 감사				○	
정부통제	⑨ 행정부의 비공식 지도	O	○	?	○	○

주: ①항목(위원회 구조 도입 여부)을 제외하고는 ○는 독립성이 낮음을 의미.
자료: Adam J. Levitin(2012-2013)을 토대로 작성.

둘째, SEC는 규칙제정, 감독검사, 법 집행 및 투자자보호 업무를 통합적으로 수행하는 증권 부문의 주된 감독기관(primary regulator)이다. 상품선물거래위원회(CFTC: Commodity Futures Trading Commission)와 일정 부분 감독권한을 분담하고 있으나, CFTC는 주로 선물 등 파생상품시장의 감독기관이라는 점에서 차이를 가진다. 또한 각각 브로커·딜러 감독 및 상장법인 회계감사 업무와 관련하여 일정한 역할을 하는 FINRA(Financial Industry Regulatory Authority) 및 상장회사회계감시위원회(PCAOB: Public Company Accounting

Oversight Board)는 SEC의 통제를 받는 자율기관으로서 그 법적 지위에 있어 SEC와 차이가 있다. 이러한 SEC의 지위는 은행 부문에 있어 감독기관이 연준(Fed), FDIC, OCC로 나누어져 있고 소비자금융보호와 관련된 업무는 CFPB가 담당하며, 보험 부문의 경우 독립된 연방감독기관이 존재하지 않는 점과 크게 차별된다.

SEC는 4,200여 개의 브로커·딜러, 1만 2,000여 개의 등록 투자자문업자, 800여 개의 투자회사, 450여 개의 사무수탁회사, 21개의 거래소, 10개의 공인신용평가회사, 44개의 자율규제기관을 감독하며, 4,000여 개[10]의 상장기업에 대하여 공시 및 재무제표 적정성을 점검하고, 시가총액이 29조 달러[11]에 이르는 주식시장에 대한 감시감독을 실시한다. SEC는 매년 20~30개에 이르는 규칙을 제정하며, 2,000건이 넘는 자율규제기관의 규칙을 심사·승인하며, 1,500여 회의 검사를 실시하고, 800건이 넘는 제재조치를 단행하며, 수만 건에 이르는 투자자불만을 처리하고, 100만 건이 넘는 증권등록(securities filing)을 감독한다. 이와 같이 SEC는 증권시장의 광범위한 참가자를 대상으로 폭넓은 감독권한을 행사한다. 그리고 자체적으로 투자자보호를 위한 조직체계를 갖추고, 규칙제정, 투자자 불만처리 및 교육·홍보 등 다양한 투자자보호 업무를 적극적으로 수행하고 있다.[12]

셋째, SEC는 법 집행기구이다. 이 점에서 개별 금융기관의 건전성과 전체 금융시스템의 안정성확보에 감독의 일차적 목표를 두는 은행감독기관과 성

---

10 미국의 상장기업수는 1996년 사상 최고치인 약 8,000개에서 2016년 약 4,000개로 반감되었다. 반면 개별회사의 평균 시가총액은 1996년 18억 달러에서 2017년 73억 달러로 증가하였다. 2017년 현재 시가총액 500억 달러를 상회하는 기업수는 약 140개로 미국 전체 시가총액의 절반을 차지한다. U.S. Department of Treasury(2017, October 6).

11 U.S. Department of Treasury(2017, October 6) p.14. 2016년 말 현재 뉴욕거래소(NYSE) 19조 6,000억 달러, 나스닥Nasdaq 7조 8,000억 달러이다. World Federation of Exchanges 홈페이지 참조.

12 SEC(2016), Agency Financial Report 참조.

격을 달리한다. SEC는 금융회사의 건전경영보다는 투자자보호와 시장질서 유지를 위해 법을 집행하는 기관이다. SEC가 어떤 성격의 기관인지는 버냉키 전 연준 의장의 다음과 같은 언급에 잘 표현되어 있다.

"SEC는 진지하게 노력하는데도 불구하고 투자은행을 감독하기에는 적합치 않은 기관이다. SEC는 주로 법을 집행하는 기관이다. SEC 법률가들은 증권 중개업체가 고객계좌의 자금을 횡령하지 못하도록 하거나 증권상품에 관한 정보를 정직하게 공개하도록 요구하는 방식으로 법을 집행하고, 위반할 경우에 처벌한다. (그러나) 그들은 금융회사가 경영을 잘하도록 감사하기 위한 존재가 아니다."[13]

(3) SEC의 책무

SEC의 설립 근거법인 증권거래법은 SEC의 책무 또는 목적에 관하여 명시적인 규정을 두고 있지 않지만, 증권시장을 규율하는 증권관련법들은 법을 집행할 책무를 SEC에 부여하고 있다. 따라서 SEC의 책무는 증권관련법들의 제정목적에서 유추해볼 수 있다. 미국에서 증권관련법의 효시라고 할 수 있는 1933년 증권법과 1934년 증권거래법은 각각 증권의 발행시장 및 유통시장에서 정보의 공정 공시 및 사기방지를 목적으로 하였다. 이로 인해 SEC는 설립 초기부터 그 주요 책무를 시장조작, 증권사기 등 증권 부문의 불공정행위로부터 투자자를 보호하는 데 두어왔다. 이후 수차례에 걸친 증권관련법의 개정을 통해 미 의회는 투자자보호에 더하여 공정 시장질서 유지와 자본형성의 촉진을 SEC의 중요한 책무로 포함하였다. 예컨대 1975년에 개정된 증권

---

13 벤 S. 버냉키(2016), p.299에서 인용.

거래법은 제3조의 (f)항을 추가하여 SEC가 규칙제정시 투자자보호에 미치는 영향에 더하여 효율성, 경쟁도 및 자본형성에 미치는 영향을 고려하도록 규정하였다. SEC는 2003년도부터 연차보고서에 3대 책무로서 투자자보호, 시장의 공정성·효율성·적법성 유지 및 원활한 자본형성 촉진을 명기하여왔다.

【위원회의 구성】

SEC의 최상위 의사결정기구인 위원회는 5명의 위원(commissioner)으로 구성된다. 위원회의 운영에 있어 견제와 균형의 원리가 작동되도록 위원의 임명 및 구성과 관련한 원칙을 설립 근거법인 증권거래법 제4조에서 상세히 규정하고 있다.

우선, SEC 위원들은 상원의 인준(by and with the advice and consent of the Senate)을 거쳐 대통령이 임명(appointment)하며, 이 중 1인은 대통령에 의해 위원회의 의장(Chairman)으로 지명되어 SEC의 CEO로서 업무총괄 기능을 수행한다. 대통령과 상원 간에 견제와 균형의 원리가 작동되도록 장치를 마련하고 있는 것이다. 양당제라는 미국의 독특한 정치적 전통과 맞물려 상원의 인준절차에 종종 상당 기간이 소요되기도 한다.

둘째, SEC 위원의 임기는 시차 5년 임기제(staggered five-year terms)를 채택하고 있다. 따라서 SEC 설립일 전날인 매년 6월 5일 위원 중 1인의 임기가 만료되도록 설계되어 있다. 시차 임기제를 채택한 것은 위원으로서의 업무수행에 있어 독립성과 중립성을 확보토록 함과 아울러 다수 위원의 임기가 동시에 만료되는 경우 초래될 수 있는 업무공백을 방지하기 위한 것으로 해석된다.

셋째, 위원회 위원은 양당제라는 미국의 정치적 전통을 반영하고 있다. 즉 SEC 위원 5명 중 동일 정당 소속을 3인 이하로 제한하여 위원회가 양당적(bipartisanship) 내지 초당적(non-partisanship) 성격을 갖도록 하고 있다.[14] 이러한 구조는 어느 한 정당의 정책에 의해 증권행정이 좌우되는 것을 방지하는 데 그 기본적 취지가 있는 것이다. 아울러 현안사항에 대한 위원들간 토론활성화도 양당적 성격을 유지하는 이유의 하나이다. 증권거래법은 SEC 위원을 임명함에 있어 가능한 한 양당 소속을 번갈아가며 임명하도록 규정하고 있다. 예컨대 직전에 공화당 소속을 임명하였다면 이번에는 민주당 소속을 임명하여야 한다.

넷째, 대통령은 SEC 위원을 임명할 권한은 갖지만 해임할 권한은 갖지 못한 것으로 일반적으로 인식되고 있다. 이러한 인식이 형성된 것은 유사한 연방기관들의 경우 대통령이 자의적으로 해임할 수 없도록 명문의 규정을 두고 있는 바, 이를 SEC에 확대 적용하는 것이 타당하다고 보기 때문이다. 대통령이 필요에 따라 언제든지 교체할 수 있는 내각(cabinet)과 달리 감독기관에 대해서는 독립성 보장장치가 필요하다고 보는 것이다.

그러나 증권거래법은 이에 대한 명문의 규정을 두고 있지 않으며, 대통령이 위원을 임의로 해임할 권한을 갖는다고 해석되어야 한다는 주장에 대해서는 앞에서 본 바와 같다.

---

14 SEC가 설립된 1934년 이후 2015년까지 SEC 위원으로 재직하다가 퇴직한 자는 각각 93명(위원장 포함)에 이르는데, 이들 위원의 평균 임기는 4.4년이며, 임기 5년을 채우지 못한 위원의 수가 64명에 이르는 것으로 나타났다. 이러한 경향은 양당제와도 관련이 깊다. 예컨대 공화당 소속의 인사가 위원장이 되어 정당 비율이 바뀌게 되면 정당 비율(동일 정당 소속이 3인 이하)을 맞추기 위해 임기만료 전이라도 사임하는 경우가 있다.

【조직구조의 강화】

SEC는 위원회를 지원하기 위한 하부조직으로 워싱턴 본부에 5개 국(division)과 25개 실(office)을 두고 있으며, 11개의 지역사무소를 운영하고 있다. 본부 부서의 주요 기능은 이 장의 부록 표를 참조 바란다.

도드프랭크법은 5개의 부서를 신설하여 SEC의 조직과 기능을 크게 확충하였다. 이들은 지방채감독실(Office of Municipal Securities), 신용평가실(Office of Credit Ratings), 내부고발자실(Office of Whistle blow), 투자자보호관(Investor Advocate), 소수자·여성 보호실(Office of Minority and Women Inclusion) 등으로서 이들 중 내부고발자실을 제외한 4개 부서의 장은 SEC 의장에게 직접 보고할 책무가 있다.

지방채감독실은 지방채시장 관련 SEC의 정책방향 수립, 지방채 관련 제재업무 지원, 지방채규제위원회(MSRB)가 제정하는 규칙의 심사·승인 등 지방채시장 관련 규제감독의 총괄조정 기능을 수행한다.[15] 도드프랭크법 제9편 H장은 지방채자문업자의 SEC 등록 및 규제, 지방채 브로커·딜러 규제, 지방채규제위원회의 기능 등 지방채시장에 대한 규제를 강화하였으며, 지방채감독실 설치는 이의 일환으로 이루어진 것이다. 지방채감독실은 1995년 독립된 부서로 설치되었다가 2001년 거래시장국의 산하에 배속되도록 개편된 바 있었다.

도드프랭크법의 조치는 지방채감독실을 2001년 이전 독립 부서의 지위로 회복시킨 것이다.

신용평가실은 도드프랭크법에 따라 2012년 6월 설립되었으며, 공인신용

---

15 도드프랭크법 제979조.

평가회사(NRSRO) 규제감독을 위한 규칙제정 및 검사업무를 수행한다.[16]

내부고발자실은 내부고발자 관련업무를 수행하기 위해 도드프랭크법에 의해 집행국 내에 설치된 팀단위 조직이다. 내부고발자제도와 관련해서는 뒤에서 살펴본다.

투자자보호관은 소매투자자와 SEC 또는 자율규제기관 사이에 개재하여 양자를 중재함으로써 소매투자자의 불만해결을 주된 기능으로 한다. 또한 투자자 권익제고를 위한 규칙개정의 건의, 금융상품으로 인한 투자자 피해의 탐지, SEC 규칙의 투자자 영향분석 등의 기능을 한다. 이와 함께 도드프랭크법은 증권거래법 제39조를 신설하여 SEC 내에 투자자자문위원회(IAC: Investor Advisory Committee)를 설치토록 하였다.[17] SEC는 도드프랭크법 제정 이전부터 자체적으로 IAC 설립을 준비[18]하여 왔는데, 도드프랭크법은 이를 법상 지위를 가진 공식적인 기구로 격상시킴과 아울러 위원 구성 및 기능에 대한 기준을 제공하였다.[19] IAC는 ①SEC 규제정책 방향의 설정 ②금융상품·거래전략·수수료 구조·공시 등과 관련한 규제 이슈 ③투자자의 권익보호 ④증권시장의 정합성 및 투자자 신뢰제고 등과 관련한 자문 및 권고를 주된 기능으로 한다. SEC는 IAC가 제출하는 자문 및 권고를 검토하고, 이에 대한 평가의견 및 조치내용을 공개하여야 한다. 그러나 SEC는 IAC의 자문 및 권고에 구속받을 의무는 없다.

---

16 도드프랭크법 제932조(a)(8). 이에 대한 자세한 내용은 이 책의 제10장 참조.
17 도드프랭크법 제911조.
18 SEC는 도드프랭크법 시행 이전인 2009년 6월에 IAC 설립을 발표한 바 있다. SEC(2009, June).
19 IAC 위원은 ①SEC 의장이 임명하는 투자자보호관(Investor Advocate) ②주 정부의 증권감독관(State securities commissions) 중 1인 ③시민(senior citizens) 대표 1인 ④SEC가 임명하는 10인 이상 20인 이하의 개인 및 기관투자가 대표 등으로 구성된다. IAC의 위원 중에서 의장, 부의장, 사무총장 및 사무총장보 등 운영위원을 선출한다. IAC의 의장과 부의장은 금융투자업계에 종사할 수 없다. IAC 위원의 임기는 4년이며, 운영위원의 임기는 3년이다.

최근에 신설된 투자자보호 관련조직으로서 소기업자본형성보호관(Small Business Capital Formation Advocate)이 있다. 소기업보호관법(Small Business Advocate Act of 2016)에 의거하여 2017년에 설립되었으며, 소기업 및 소기업 투자자보호 업무를 전담한다. 소기업자본형성보호관은 투자자보호관의 소매투자자 보호기능과 유사한 기능을 수행한다.

소수자·여성 보호실은 도드프랭크법에 의해 설치된 부서로서 SEC 내부의 경영관리, 직원 채용, 외부 서비스 제공업체와의 계약체결 등에 있어 소수자, 여성 등 다양성 배려 업무를 담당한다.[20] SEC 내 다양성 배려를 위한 정책·기준의 개발·시행과 함께 SEC의 감독을 받는 금융회사의 다양성 정책(diversity policies) 평가업무도 수행한다. 도드프랭크법은 SEC를 포함한 모든 연방감독기관에 소수자·여성 보호실의 설치를 의무화하였다.

이와 함께 도드프랭크법은 SEC를 포함하여 연방기관 감사[21]의 해임조건을 강화(위원회 2/3 이상의 찬성 필요)하고, 감사 지적사항에 대해 시정조치를 시행할 의무를 연방기관의 수장에게 부과하는 등 그 책임성 및 지위를 강화하였다.[22] 도드프랭크법은 또한 '금융 부문 감사위원회'(Council of Inspector Generals on Financial Oversight)를 신설하였다.[23] 감사위원회는 9개 연방감독기관[24]의 감사들로 구성되며, 재무부의 감사가 위원장을 맡는다. 감사위원회는

---

20 도드프랭크법 Sec 342.
21 미국에서 연방기관 감사의 권한, 의무 등에 관한 일반적인 사항은 감사법(Inspector General Act of 1978)에 규정되어 있다. 예컨대 연방기관의 감사는 감사 및 조사가 필요한 분야에 대해 감사·조사를 실시하고 보고서를 작성할 권한과 의무가 있으며, 이를 위해 해당 연방기관의 모든 기록과 자료에 접근할 권한을 가진다. 또한 해당 연방기관의 장에게 감사·조사의 결과 및 권고사항 등을 직접 보고할 수 있다. 그리고 감사는 권고사항 등을 담은 감사활동 보고서를 반기별(3월 말 및 9월 말 기준)로 연방기관의 수장 및 의회에 제출하여야 한다. 감사법에 따라 15개 정부부처를 포함하여 약 70여 개의 연방기관에 감사가 설치되어 있다.
22 도드프랭크법 제989C조, 제989D조, 제989H조.
23 도드프랭크법 제989E조.
24 ①연준(Fed) ②상품선물거래위원회(CFTC) ③주택도시개발부(DHUD) ④재무부 ⑤연방예금보험공사(FDIC) ⑥연방주택금융청(FHFA) ⑦전미신용조합감독청(NCUA) ⑧증권거래위원회(SEC) ⑨부실자산구제프로그램(Troubled

회원 감사들간 정보공유 및 토론활성화를 목적으로 하며, 매분기 1회 이상 회의를 개최하여야 한다.

도드프랭크법은 증권거래법에 제4D조를 추가하여 SEC 감사에 적용되는 추가적인 의무를 규정하였다.[25] SEC 직원들로부터 업무개선 건의 및 SEC 내 남용·위규행위 등에 대반 제보를 받을 수 있도록 전화 또는 기타 전자적 수단을 이용하는 핫라인(hotline)을 설치·운영하고, 이를 검토하여 조치사항을 권고할 의무가 그것이다. 감사는 건의·제보를 한 SEC 직원에게 투자자보호기금(Investor Protection Fund)의 자금을 활용하여 금전적 보상을 할 수 있다.[26]

【재원조달 구조의 개혁】

SEC는 의회 및 백악관의 통제에서 벗어나 자율적인 예산결정권을 갖기를 희망하여왔다. 예컨대 미국 변호사협회 산하의 증권법위원회(securities law committee)는 SEC의 만성적인 재원부족 해소를 위해서는 예산자율성이 매우 중요함을 지적하였다.[27] 동 위원회는 특히 SEC 예산에 대한 의회 승인제도로 인해 SEC가 시장 및 기술발전에 대응하여 감독역량을 적시에 확충하는 데 애로가 있음을 주장하였다. 도드프랭크법은 SEC 예산에 대한 의회 세출승인제도(budget appropriation)를 폐지하자는 주장을 받아들이지 않았지만 SEC의 재원조달 자율성을 확대하기 위한 몇 가지 조치들을 채택하였다. 이러한 조

Asset Relief Program).
25 도드프랭크법 제966조.
26 동 보상규모는 2015 회계연도 중 1만 9,000달러, 2016 회계연도 중 4만 4,000달러에 달하였다. SEC(2016, November), p.110.
27 CCH(2010), p.439에서 재인용.

치들은 SEC 예산에 대한 의회통제를 유지하면서도 SEC의 필요자금 조달능력 확충을 목적으로 한 것이다.

첫째, 증권거래법에 제31조(m)항을 추가하여 SEC 예산승인 절차를 변경하였다.[28] SEC는 예산안을 백악관 산하 행정관리예산국(OMB)과 의회[29]에 동시에 제출하여야 하며, OMB는 SEC 예산안을 수정하지 않고 그대로 정부 예산안에 포함하여 의회에 제출하여야 한다. 사실상 SEC 예산에 대한 OMB 사전승인제도를 폐지한 것이다.

둘째, 증권거래법 제35조를 개정하여 SEC의 예산한도를 단계적으로 확대하였다.[30] SEC 예산한도는 2011년 13억 달러에서 2015년 22억 5,000만 달러까지 확대되었다. 이에 따라 SEC는 감독업무 수행을 위해 조직 및 인력을 크게 확충하여 2017년 총예산이 20억 달러 수준에 이르렀다. SEC는 CFTC와 동일하게 예산한도를 의회로부터 주기적으로 재승인(periodic reauthorization)받아야 한다. 한편, 연준(Fed), OCC, FDIC 등 여타의 금융감독기구는 의회의 세출승인 및 예산한도 재승인을 받지 않는다.

셋째, 증권거래법에 제4조(i)항을 추가하여 SEC 내에 준비기금(Reserve Fund)을 설치하였다.[31] SEC는 증권법(제6조(b)) 및 투자회사법(제24조(f))에 의해 징수하는 증권등록 수수료(공개매수 및 합병 수수료 포함)를 연간 5,000만 달러 이내, 기금잔액 1억 달러 이내에서 준비기금에 납입할 수 있다. 동 한도를 초과하여 징수하는 증권등록 수수료 등은 국고(General Fund of Treasury)에 귀속되며 SEC가 사용할 수 없다. SEC는 연간 1억 달러 한도 내에

---

28 도드프랭크법 제991조(d).
29 상하원의 세출위원회(Committee on Appropriations), 상원의 은행·주택·도시문제위원회(Committee on Banking, Housing, and Urban Affairs) 및 하원의 금융서비스위원회(Committee on Financial Services).
30 도드프랭크법 제991조(c).
31 도드프랭크법 제991조(e).

서 동 기금을 사용할 수 있으며, 이 기금으로부터 자금을 인출한 지 10일 이내에 인출금액, 시기 및 사용용도 등을 의회에 보고하여야 한다. 그러나 이 기금은 정부의 자금으로 간주되거나 세출승인 대상에 포함되지 않으며, 따라서 SEC는 행정관리예산국에 의한 분기별 할당(apportionment) 통제[32]를 받지 않고 기금을 사용할 수 있다. 동 준비기금으로 인해 부분적으로나마 SEC는 시장 및 기술발전에 대응하여 신속하게 감독역량을 확충할 수 있는 재량권을 갖게 된 것이다.

넷째, 증권거래법 제31조는 거래소 또는 협회로부터 징수하는 증권거래세의 징수절차를 규정하고 있다. 이 조항에 의해 거래소 또는 협회는 증권거래액의 일정 비율로 SEC에 매년 2회에 걸쳐 수수료를 납부하여야 한다. 법상 동 비율의 기본값(baseline estimate)은 0.0015%(100만 달러당 15달러)로 규정되어 있으며, SEC는 예산규모 및 증권거래량 등을 감안하여 매년 이 비율을 조정한다. 도드프랭크법은 증권거래법 제31조(a 및 j)를 개정하여 거래세의 공표시기 등 기술적 사항을 일부 변경함과 아울러 거래세 징수금액을 의회가 승인한 예산과 상계처리하도록 규정하였다.[33]

【직원 급여수준의 향상】

SEC 직원의 급여(compensation and benefits)는 중요한 사항으로 그 수준 등에 대한 결정방식을 법에서 정하고 있다.[34] SEC는 그 기능수행을 위해 필요

---

[32] 31 U.S.C. 15.
[33] 도드프랭크법 제991조(a).
[34] 5 U.S.C. §4802.

한 만큼 직원을 고용하고 급여를 지급할 수 있다. 또한 SEC는 연방정부 공무원의 임용 및 급여에 관한 규정[35]에 구속받지 않고 독자적으로 직원의 급여를 결정하여 지급할 수 있다.[36]

1989년에 제정된 금융기관 개혁·구제 및 규제강화법(Financial Institutions Reform, Recovery, and Enforcement Act of 1989)은 연방기관[37](Federal Agency)들이 직원의 급여를 결정함에 있어 관련법규에 따라 독자적으로 결정하되 다른 연방기관 및 의회에 이를 통지함으로써 연방기관간 직원의 급여가 유사한 수준을 맞추도록 규정하였다. 이 규정은 SEC에도 적용[38]되며, SEC는 연방기관 중 최고 수준의 급여를 직원들에게 지급하고 있다.

한편, 도드프랭크법은 회계사, 이코노미스트, 준법검사역 등 SEC가 채용하는 금융전문가에게 SEC의 정규직원과 동일한 수준의 급여를 지급하도록 규정하였다.[39] 이 조항은 IWG(Investors Working Group)가 금융감독기관의 경쟁력강화책의 일환으로 제안한 권고에 착안하여 제정된 것이다.[40] IWG는 금융위기의 한 원인으로서 금융감독기관의 자원 및 전문성 부족을 지적하고, 금융감독기관이 금융시장의 변화속도를 따라잡기 위해서는 최고 인재(top-notch talent)를 영입할 수 있을 만큼의 급여를 지급할 필요가 있음을 지적하였다.

---

[35] 5 U.S.C. 51 및 53.
[36] 5 U.S.C. §4802.
[37] 동법 1206조 및 12 U.S.C. §1833b 참조. 동 연방기관에는 예금보험공사(FDIC), 통화감독청(OCC), 전미신용조합감독청(NCUA), 연방주택금융청(FHFA), 금융조사국(OFR), 소비자금융보호청(CFPB), 농업신용청(FCA) 등이 포함된다.
[38] 5 U.S.C. §4802-(d).
[39] 도드프랭크법 제929G조.
[40] Investors' Working Group(2009), pp.10~12.

III

SEC의
규칙제정 권한

미국에서는 1933년 증권법(Securities Act)을 필두로 2012년 신생기업지원법(일명 잡스법, JOBS Act)에 이르기까지 10개의 증권관련법[41]들이 제정되었다. 이 중 증권법, 증권거래법(Securities Exchange Act of 1934), 투자회사법(Investment Company Act of 1940), 투자자문업자법(Investment Advisers Act of 1940)이 증권관련 4대 법률로서 미국 증권시장 규제체계의 근간을 이룬다. SEC는 이들 법률에 근거하여 증권시장에 대한 규제감독 및 투자자보호를 위해 규칙을 제정하고, 감독검사를 실시하며, 집행권을 행사한다. 이 절에서는

---

41 미국의 증권관련 법률은 다음과 같다. ①증권법(Securities Act of 1933) ②증권거래법(Securities Exchange Act of 1934) ③공익사업지주회사법(Public Utility Holding Company Act of 2005) ④신탁증서법(Trust Indenture Act of 1939) ⑤투자회사법(Investment Company Act of 1940) ⑥투자자문업자법(Investment Advisers Act of 1940) ⑦증권투자자보호법(Securities Investor Protection Act of 1970) ⑧상장기업 회계개혁 및 기업책임법(Public Company Accounting Reform and Corporate Responsibility Act of 2002), 일명 사베인스옥슬리법(Sarbanes-Oxley Act) ⑨월스트리트개혁 및 소비자보호법(Wall Street Reform and Consumer Protection Act of 2010), 일명 도드프랭크법(Dodd-Frank Act) ⑩신생기업지원법(Jumpstart Our Business Startups Act of 2012), 일명 잡스법(JOBS Act).

SEC의 주요한 기능인 규칙제정 기능에 대해서 살펴본다. 법 집행 기능 및 투자자보호 기능은 다음 2개 절에서 나누어 살펴본다.

【증권관련법에 의한 규칙제정 권한】

증권관련법률에 근거한 SEC의 규칙제정은 ①개념 설명서(concept release) ②규칙제정안(rule proposal) ③공개의견 수렴 ④최종 규칙의 승인 및 도입(final rule adoption) 등의 4단계를 거쳐 이루어진다. 이러한 절차와 관련하여 SEC는 일련의 연방법률에 의해 비용편익분석의 실시, 공개의견 수렴, 연방공보에 공표, 행정관리예산국의 승인 등 일정한 규율을 받는다.

첫째, 개념 설명서의 단계이다. 대부분의 경우 규칙제정 절차는 두 번째 단계인 규칙제정안 발표로 시작한다. 그러나 매우 특수하거나 복잡한 사안의 경우 SEC는 먼저 규제적 접근방식(regulatory approach), 즉 규제당국에 의해 규제를 실시하는 것이 적절한지 여부에 대해 일반 공중의 의견을 구하는 절차를 거친다. SEC는 개념 설명서의 발표를 통해 현안이 되는 사안을 설명하고, 문제해결을 위한 다양한 방안을 제시한 다음, 일반 공중의 의견을 구하기 위한 일련의 질문을 제공한다. SEC는 이에 대한 일반 공중의 피드백을 고려하여 현안에 대한 규제적 접근이 타당한지 여부에 대해 결론을 내리게 된다.

두 번째는 규칙제정안을 작성하는 단계이다. 규칙제정안에서는 규칙제정을 통해 달성하고자 하는 구체적인 목표와 방법이 제시된다. 1975년과 1996년에 개정된 증권관련법들은 SEC의 새로운 규칙제정시 비용편익분석(cost benefit analysis)을 실시하도록 의무화하였다. 예컨대 증권거래법(제3조(f)) 과 투자회사법(제2조(c))은 SEC의 규칙제정시 투자자보호, 효율성, 경쟁도 및 자본형성에 미치는 영향을 고려하도록 규정하였다. 또한 민간 및 정부의 문서작성 부담을 완화하기 위해 1980년 도입된 문서감축법(Paperwork Reduction Act)은 민간으로부터 정보수집을 위한 새로운 규칙을 제정하고자 하는 모든 연방기관에 대해 정보수집의 목적 및 활용계획, 그리고 문서작성의 부담 등을 밝히도록 규정하였다. 또한 1993년 클린턴 대통령 행정명령(Executive Order 12866)은 연방기관의 규칙제정시 규제대안(regulatory alternatives)에 대하여 엄밀한 비용편익분석을 실시하도록 요구하였다.[42] 이러한 규정들에 따라 SEC는 규칙제정시 법률 전문가뿐만 아니라 데이터 분석가 및 경제학자가 공동으로 작업을 한다. SEC에 따르면 경제리스크분석국 업무의 50%는 이러한 비용편익분석 업무와 관련된다.

세 번째는 규칙제정안에 대해 일반 공중으로부터 의견을 수렴하는 단계이다. 공개의견 수렴은 행정절차법(Administration Procedure Act of 1946)에 의해 의무화되었다. 이 법은 연방기관으로 하여금 규칙제정안에 대한 공개의견 수렴을 실시하고, 수렴된 의견을 최종 규칙에 반영하도록 규정하였다. SEC는 통상 30일 내지 90일간의 의견수렴기간을 제공한다.

마지막으로, 최종 규칙을 마련하여 승인 및 공표하는 단계이다. SEC는 여타 연방기관과 동일하게 규칙제정시 문서감축법에 따라 백악관 산하 행정관리예산국의 승인을 받아야 한다. 행정관리예산국은 규칙제정안의 승인요청을 받은 지 60일 이내에 승인하여야 한다. 또한 SEC는 최종 규칙을 연방공보

---

42 SEC는 독립적 연방기관으로서 행정명령 12866호를 준수할 법적 의무는 없으나 자체적으로 이 행정명령을 규칙제정시 준수할 모범규준으로 받아들이고 있다. 이 행정명령은 경제적 영향이 1억 달러를 상회하는 중요규제에 대하여 엄밀한 비용편익분석을 의무화하였다. 2011년 오바마 대통령의 행정명령 13563은 행정명령 12866호를 재확인함과 아울러 '편익이 비용을 정당화'(only if benefits justify its costs)하는 경우에만 규칙을 도입하도록 규정하였다. Ted Gayer, Robert Litan, and Philip Wallach(2017) 참조. 이와 관련하여 재무부 보고서(2017, June 12)는 중요 금융규제에 대하여 행정명령(제12866호)에 의한 비용편익분석을 실시하고, 그 결과 최종 규칙 발표 자료에 포함·공개함으로써 규칙제정 절차의 투명성 및 책임성을 강화하도록 권고하였다.

(Federal Register)에 게재하는 방법으로 일반 공중에 공표하여야 한다.

한편, SEC가 제정한 규칙은 행정절차법에서 정한 바에 따라 연방법원에 의한 사법적 심사의 대상이 된다. 누구든지 SEC 규칙의 적절성에 대하여 법원에 소송을 제기하여 그 폐지를 요청할 수 있으며, 법원은 SEC 규칙이 '자의적이고 변덕스러우며, 재량권의 남용에 해당하는 등 법률에 위배'된다고 판단하는 경우에는 규칙의 폐지를 결정할 수 있다.

SEC의 연간 규칙제정 건수는 20~30건에 이른다. 도드프랭크법은 SEC에 약 100건의 규칙을 제정하도록 요구하였으며, 2016년 말 현재 이 중 약 80건의 규칙이 제정 완료된 상태이다.[43]

【자율규제기관(SRO)의 규칙 승인절차 간소화】

SEC의 조직 및 인력은 미국의 자본시장 및 증권산업의 규모에 비해 작은 것으로 평가되고 있다. 감독인력만 보더라도 은행 부문의 경우 2016년 기준으로 OCC(3,973명), 연준(3,200여 명), FDIC(6,363명) 등 총 1만 3,600명에 이르는 데 반해 SEC의 총직원은 4,800여 명에 불과하다. 이에 따라 SEC는 자본시장 및 증권산업 감독검사를 위해 자율규제기관에 크게 의존하고 있다.

증권거래법(제3조)상 자율규제기관(SRO : Self-Regulatory Organizations)이라 함은 SEC에 등록된 증권거래소(21개), 증권선물거래소(5개), 증권업협회(FINRA[44] 및 NFA), 청산소(13개) 및 지방채규제위원회(MSRB)를 의미한다. 이

---

43 Davis Polk(2016).
44 Financial Industry Regulatory Authority의 약자. 전신은 전미증권딜러협회(National Association of Securities Dealers)이다.

밖에 상장회사회계감시위원회(PCAOB)와 재무회계기준위원회(FASB)도 광의의 자율규제기관에 포함된다.

자율규제기관은 회원기관에 적용되는 규칙을 제정하며, 등록, 검사, 제재 등 일부 감독검사 업무도 수행한다. 이러한 기능을 통해서 자율규제기관은 증권시장의 효율적 감시감독을 위한 SEC의 기능을 보좌하는 역할을 한다. SEC는 자율규제기관이 제정하는 규칙을 승인하며, 자율규제기관의 업무수행에 대해 정기적으로 검사를 실시한다. 따라서 SEC는 자율규제기관과 이중의 관계를 갖는다. 한편으로 SEC는 자율규제기관을 감독하며, 다른 한편으로 자율규제기관과 공동으로 증권시장 참여자를 감독한다.

도드프랭크법은 증권거래법 제19조(b)를 개정하여 자율규제기관이 제정하는 규칙에 대한 SEC의 승인절차를 투명화·간소화하였다.[45] 도드프랭크법 제정 이전에 SEC는 자율규제기관이 제·개정안을 신고한 지 60일 이내에 이를 일방적으로 폐기(abrogation)할 수 있는 권한을 갖고 있었으며, 이 경우 자율규제기관은 재신고(re-filing), SEC의 재심사 등 일련의 규칙 제·개정 절차를 다시 밟아야 하는 부담이 있었다. 이에 대해서 자율규제기관들은 SEC의 규칙 승인절차가 너무 오래 걸리고 불투명하다는 불만을 제기하여왔다. 이러한 불만을 고려하여 도드프랭크법은 SEC의 규칙 승인기간을 단축(60일→45일)하고, 불승인하는 경우에는 그 사유의 통지 및 청문기회의 제공 등 일련의 절차를 거치도록 요구하였다.

---

45 도드프랭크법 제916조.

IV

SEC의
법 집행 권한강화

【SEC의 법 집행 개요】

(1) SEC의 법 집행절차[46]

SEC는 법 집행기구(law enforcement agency)이다. SEC는 증권법규 위반행위에 대해 민사소송 또는 행정절차에 의한 제재권한을 가진다. SEC는 형사적 제재권한은 없으나, 조사권을 발동한 이후 혐의점이 발견되면 법무부(Department of Justice)에 통보할 수 있으며, 법무부의 형사소송 절차와 병행하여 민사소송 또는 행정절차를 진행할 수 있다.

SEC의 법 집행은 SEC 내 집행국(Division of Enforcement)에서 실무를 담당한다. 집행국의 법 집행절차는 ①법률 위반사항에 대한 정보수집 단계 ②위

---

46 SEC(2016, October) 참조.

반사항에 대한 조사(investigations) 진행 단계 ③피고인에게 제재절차의 개시를 통지하는 단계 ④제재권고안을 작성하는 단계 ⑤연방법원에 소송의 제기 또는 행정판사(administrative law judge)에 의한 심판절차를 통해 제재를 부과하는 단계로 진행된다.

첫째는 다양한 정보원으로부터 법률 위반사항에 대한 정보를 수집하는 단계이다. SEC 외부의 정보원에는 언론보도, 내부제보자(whistle blower)의 제보, 자율규제기관 및 다른 감독기관으로부터의 이첩정보 등이 있으며, SEC 내부의 정보원으로는 SEC 직원에 의한 시장감시와 준법조사검사국(OCIE)의 검사가 있다. 검사국 직원은 검사업무 수행과정에서 적발한 법률위반 혐의를 집행국으로 이첩하며, 집행국의 직원은 이에 대해 독자적으로 법률위반 여부를 평가하고 조사를 진행할 것인지를 결정한다.

둘째는 조사권(investigative authority)을 발동하여 조사를 진행하는 단계이다. 조사는 비공식 조사(informal investigation)와 공식 조사(formal investigation)의 두 단계로 이루어진다. 비공식 단계에서는 소환장(subpoena)을 발부하지 않고 조사대상자의 자발적인 협조에 의해 자료제출, 인터뷰 또는 증언(testimony)을 실시한다. 인터뷰에서는 증인선서(witness oath)와 인터뷰 내용의 기록이 수반되지 않는 반면, 증언에서는 증인선서와 질의·응답 내용이 녹음된다는 차이가 있다. 증인은 증언함에 있어 변호사의 조력을 받을 권리(attorney client privilege) 및 수정헌법 제5조의 자기에게 불리한 증언을 하지 않을 특권(Fifth Amendment right against self-incrimination)을 가진다. 그러나 형사사건의 경우와 달리 SEC는 증인의 답변거부를 법률위반을 인정한 것으로 받아들인다. 집행국의 담당자는 '위반의 혐의'가 발견되어 보다 철저한 조사가 필요하다고 판단하면 위원회의 승인을 얻어 공식 조사를 실시할 수 있다. 공식 조사에서는 소환장이 발부되어 자료의 제출, 증인선서에 의한 증언 등이

의무화된다. 만약 조사대상자가 SEC의 소환에 불응하면 SEC는 법원에 소송을 제기할 수 있다.

셋째는 웰스 노티스Wells Notice[47] 단계이다. 조사가 마무리되면 집행국의 담당자는 잠재적 피고인에게 웰스 노티스를 통지함으로써 제재절차(enforcement action)의 개시 사실을 알린다. 담당자는 이와 동시에 피고인에게 혐의를 해명하는 서면상의 답변서인 웰스 서브미션Wells submission을 제출할 기회를 부여한다. 웰스 프로세스Wells process라고 알려진 이러한 사전통지 및 해명기회의 부여는 1972년에 구성된 웰스위원회 보고서(Wells Committee Report)의 권고에 따라 마련된 것으로 영미계 사법시스템의 '정당한 법의 절차'(due process)를 SEC의 제재절차에 도입한 것이다.[48]

담당자는 답변서의 설득력이 불충분하다고 판단하는 경우 위원회에 제출할 제재권고안을 작성한다. 동 권고안에는 법률 위반내용, 제재절차의 진행방법(행정심판 또는 민사소송), 피고인과 합의할 것인지 여부 등을 포함한다. 집행국 담당자는 동 권고안에 대해 유관부서(예: 브로커·딜러 제재건은 거래시장국) 및 감사 등으로부터 검토를 거쳐 최종 권고안(recommendation memorandum)을 작성하여 피고인의 서면 답변서와 함께 위원회에 제출한다. 위원회는 이들을 검토하여 ①제재절차를 개시할 것인지 여부 ②제재절차의 진행방법 ③피고인과의 합의 여부 등을 최종 결정한다.

모든 제재건에 대한 의사결정은 5명의 위원들에 의해 투표로 이루어져야

---

[47] 웰스라는 명칭은 1972년 SEC 제재절차 개혁에 관한 자문위원회의 의장을 맡았던 존 웰스John A. Wells의 이름을 딴 것이다. Wells는 당시 유명한 변호사이자 뉴욕의 로펌 Royall, Koegel & Wells의 파트너였다. 자문위원회 보고서의 권고 중 16번째 항목은 피고자에게 위반혐의의 내용과 제재안을 통지할 것을 권고하였으며, 17번째 항목은 피고인에게 해명기회를 부여할 것을 권고하였다. SEC, "Report of The Advisory Committee On Enforcement Policies And Practices"(June 1, 1972), Atkins & Bondi(2008), p.377에서 재인용.

[48] 정당한 법의 절차란 통지(notice)와 청문(hearing)을 의미한다. 임재연(2009), p.41 참조.

한다. 제재절차를 행정판사(administrative law judge)에 의한 심판절차로 진행할 것인지 또는 연방법원에 민사소송(civil action)을 제기할 것인지 여부는 사안의 중대성 등 여러 가지 사항을 복합적으로 고려하여 결정하며, 사안에 따라서는 행정심판과 법원소송 절차를 동시에 진행하기도 한다.

넷째, 행정판사에 의한 심판절차는 다음과 같이 진행된다. 행정판사는 집행국의 담당자가 제출한 증거를 검토하고 청문(hearing)을 주재한 다음 제재수준에 대한 잠정결정(initial decision)을 내린다. 집행국의 담당자와 피고인은 잠정결정의 전부 또는 일부에 대해 위원회에 재심을 요구할 수 있다. 위원회는 행정판사의 결정을 확정(affirm)하거나 번복(reverse)할 수 있으며, 또는 추가 청문을 위해 반송(remand)할 수 있다. 여기에서 위원회는 행정심판에 있어 두 가지 상이한 기능을 수행하고 있음을 알 수 있다. 위원회는 행정판사에 의한 심판절차의 개시를 결정함에 있어서는 검사의 소추와 유사한 기능(prosecutorial capacity)을 담당하지만, 행정판사의 결정에 대하여 재심을 함에 있어서는 판사의 판결기능(judicial capacity)을 수행한다.

행정심판 절차를 통해 SEC가 부과할 수 있는 제재조치(administrative sanction)에는 위반행위의 중지명령(cease and desist order), 부당이득환수(disgorgement), 민사벌금(civil monetary penalties), 등록정지 또는 취소(suspension or revocation), 공개적 경고조치(censure), 이사 및 간부의 해임(bar) 등이 있다.

다섯째, SEC는 연방법원에 소송을 제기하여 제재조치(sanction)를 구할 수 있다. 피고인도 SEC 위원회의 최종 결정에 불복하여 법원에 항소를 제기할 수 있다. 법원이 내릴 수 있는 가장 대표적인 조치로서 위반행위의 금지명령(injunction)이 있다. 금지명령을 어기게 되면 법정모욕죄(criminal contempt)가 성립되며 과징금 또는 구금(incarceration)이 부과된다. 이 밖에도 SEC는 민사소송을 통해 보조적 구제조치(ancillary relief)를 구할 수 있다. 이에는 부당이득환수, 민사벌금, 금융회사 이사 또는 임원의 업무정지(suspend) 또는 선임금지(bar) 등이 있다.

SEC의 제재조치 유형

행정심판을 통한 제재	법원소송을 통한 제재
① 위반행위의 중지명령 　(Cease & desist orders) ② 부당이득환수(Disgorgement) ③ 민사벌금 　(civil monetary penalties) ④ 이사 및 간부의 해임 　(Director and Officer bars) ⑤ 경고조치(Censure) ⑥ 증권거래의 정지 　(Trading suspension) ⑦ 등록취소(Revocation of license) ⑧ 변호사 및 회계사의 자격정지 　(Suspension of lawyer and accountant)	① 위반행위의 중지명령 　(injunction) ② 부당이득환수(Disgorgement) ③ 민사벌금 　(civil monetary penalties) ④ 이사 및 간부의 해임 　(Director and Officer bars) ⑤ 임시금지명령 　(Temporary Restraining Orders) 　- 해명(Accounting) 　- 자산동결(Asset freezes) 　- 자산반환(Repatriation of Assets) 　- 파산관재인(receiver) 임명 등

여섯째, 피고인과의 합의는 SEC 제재절차의 중요한 부분이다. 합의를 통해 신속히 사건을 종결함으로써 소송 또는 행정절차를 밟는 데 소요될 수 있는 시간과 감독자원을 절약하는 데 그 취지가 있다. 아울러 높은 수준의 제재조치를 부과함으로써 장래의 위반행위 방지 및 투자자보호라는 소기의 감독목적을 달성하는 것도 합의의 중요한 목적이다. 합의에 있어 피고자는 혐의사실을 인정(admission) 또는 부인(denial)하지 않고 제재조치를 수용한다. 피고인이 혐의를 인정하지 않는 것은 혐의를 인정함으로써 발생할 수 있는 추가적인 민사 또는 형사소송 등 불리한 결과를 미연에 방지하기 위함이다. 또한 피고인이 혐의를 부인하지 않는 것은 SEC 제재조치의 근거 내지는 정당성을 부정하지 않는다는 의미이다. 만약 피고가 합의한 다음 언론 인터뷰 등을 통해 혐의를 부인한다면 위원회는 합의를 취소하고 민사소송 또는 행정절

차를 다시 밟게 된다.

행정심판이란 무엇인가

> 행정판사(administrative law judge)의 기능은 행정절차법상 청문(hearing)과 심판[49] (adjudication)을 진행하는 것이다. 여기에서 행정심판이라 함은 행정절차법상 '행정청의 명령[50]을 행하기 위한 절차'를 의미하며, 청문이란 행정심판의 상대방이나 이해관계인이 의사를 개진하고 증거를 제출함으로써 행해지는 일련의 심리절차를 말한다. 행정판사의 심판절차에는 배심원이 관여하지 않는다는 점에서 법원의 판결과 다르다.
> 행정절차법은 청문을 주재하고 심판을 하는 행정판사의 지위 및 업무를 소속 행정청의 장으로부터 독립시키고 있다.[51] 행정청이 준입법(규칙제정), 행정 및 준사법(행정심판)의 3개 기능을 통합적으로 행사하는 것이 헌법상의 3권 분리원칙에 위배된다는 비판이 제기됨에 따라 행정절차법에서는 사법적 기능을 수행하는 행정판사를 조사(investigation) 및 소추(prosecution) 등 행정기능을 수행하는 조직으로부터 분리하도록 규정하고 있는 것이다.[52]

(2) SEC 집행권의 연혁

1980년대까지 SEC는 법 집행의 주요 목적을 피해 투자자의 구제(remedial relief)에 두었다. 그러나 80년대 중반을 기점으로 SEC는 피해 투자자 구제에서 점차로 위반자에 대한 처벌조치 위주로 법의 집행정책을 전환하였다. 이러한 전환은 1980년대 중반 이후 의회가 4차례에 걸친 법 제정을 통해 SEC에 새로운 집행권한을 부여한 것이 주요한 배경으로 작용하였다.

---

[49] 국내에서는 adjudication을 통상 재결裁決로 번역한다. 행정판사의 심판을 판사의 판결과 구별하기 위해서이다. 이 책에서는 편의상 심판으로 번역하였다. 이에 관한 논의는 손진상(1990) 참조.
[50] 5. U.S.C. 51(7). '명령'이라 함은 '형식에 있어서 긍정적, 부정적, 금지적 또는 선언적이든 간에 규칙제정(rulemaking)을 제외하고 인가행위(licensing)를 포함한 행정청의 모든 최종적인 처분의 전부 또는 일부'를 의미한다.
[51] 행정절차법은 행정판사는 "모든 당사자에게 통지하기 전에는 쟁점인 사실(fact in issues)에 관하여 어느 누구와도 상의할 수 없으며(5. U.S.C. 554(d)(1)), 조사 및 소추를 담당하는 직원의 지시나 관장을 받지 않으며, 또한 조사 및 소추를 담당하는 직원은 결정(decision)이나 권고적 결정(recommended decision)에 관여할 수 없다."고 규정(5. U.S.C. 554(d))하고 있다.
[52] 이에 관한 논의는 손진상(1990) 참조.

우선, 의회는 1984년 내부자거래제재법(ITSA: Insider Trading Sanctions Act)을 제정하였는데, 이 법(ITSA)에 의해 SEC는 내부자거래에 대하여 민사소송을 통해 벌금을 부과할 수 있는 권한을 처음으로 갖게 되었다. ITSA 제정 이전에 SEC는 법원소송을 통해 위반행위의 금지명령(injunction)과 함께 구제적 성격의 부당이득환수 조치만을 부과할 수 있었으며, 처벌적 성격의 벌금은 부과할 권한이 없었다. 금지명령은 단지 장래 위반행위를 중지할 것을 명령하는 것에 불과하며, 부당이득환수는 부당하게 취득한 이득만을 환수하는 것으로서 처벌적 성격이 없었다. 당시에 증권법규 위반행위에 대한 징역형(prison sentence), 벌금형(criminal fine) 등 처벌적 제재권한은 법무부가 보유하고 있었으며, SEC에게는 이러한 권한이 없었다. 의회가 ITSA를 제정한 것은 금지명령과 부당이득환수 조치만으로는 1980년대 들어 급증하는 내부자거래에 효과적으로 대응할 수 없으며, 위반행위 방지를 위해서는 SEC에 처벌적 성격의 보다 강력한 집행권한을 부여할 필요가 있다고 판단한 데 따른 것이다.

둘째, 증권사기 증가에 대응하여 제정된 증권집행 구제 및 저가주개혁법(SERPSRA: Securities Enforcement Remedies and Penny Stock Reform Act of 1990)은 브로커·딜러, 투자자문업자 등 일련의 증권법규 위반자에 대하여 행정조치를 통해 민사벌금을 부과할 수 있는 권한을 SEC에 부과하였다. 이와 관련하여 도드프랭크법은 SEC의 행정조치를 통한 민사벌금 부과권한을 전체 증권시장 참여자로 확대하였다(이에 대해서는 상세 후술). SERPSRA는 또한 행정조치를 통해 중지명령과 부당이득환수 조치를 부과할 수 있는 권한을 SEC에 부여하였으며, 법원소송을 통해 이사 및 간부(director and officer)를 해임할 수 있는 권한도 부여하였다.

셋째, 엔론Enron Corp 및 월드컴WorldCom 사태 등 일련의 대규모 기업 스캔들을 계기로 2002년에 제정된 사베인스옥슬리법(Sarbanes-Oxley Act of 2002)은 기업의 이사 및 간부에 새로운 책무를 부과함과 아울러 SEC의 법 집행권한을 확대하였다. 동 법 1105조는 행정조치를 통해 이사 및 간부를 해임할 수 있는 권한을 SEC에 부여하였으며, 308조(a)는 SEC가 법규 위반자로부터 징수한 민사벌금도 피해 투자자에게 보상하는 재원으로 활용될 수 있도록 하였다. 종전에는 부당이득환수(disgorgement) 금액만 보상 재원으로 활용될 수 있었으며, 민사벌금을 통해 징수한 금액은 재무부 내 국고로 귀속되었다.

넷째, 금융위기를 계기로 2010년 제정된 도드프랭크법은 SEC의 집행권한을 대폭 강화하였다. 이에 대해서는 다음 절에서 상세히 살펴본다.

【도드프랭크법의 법 집행권한 강화내용】

도드프랭크법 제9편 B장은 SEC의 법 집행권한을 크게 강화하였다. 여기에서는 그 중 중요한 내용을 조문의 순서대로 살펴본다.

(1) 내부고발자 제도(Whistleblower Program)의 신설

도드프랭크법은 증권거래법에 제21F조(증권 내부고발자의 인센티브 및 보호)를 추가하여 내부고발자 제도를 신설하였다.[53] 내부고발자 제도란 증권법규 위반사항에 관한 정보제공자에게 SEC가 징수한 제재금액(monetary sanction)의 10%에서 30% 해당분을 포상금으로 지급하는 제도이다. 포상금액은 법원소송 또는 행정심판에서 승소하기 위한 정보의 중요성, 유사 위법

---

53 도드프랭크법 제922조 참조. 미국에서는 내부고발자의 제보 촉진 및 보호를 위한 법률이 전문영역별로 약 30여 개 존재한다. 이에 대한 논의는 박정훈(2013) 참조.

SEC의 제재건수 및 금액현황

지난 20여 년간 SEC 제재건수는 1988년 251건에서 2017년 754건으로 대폭 증가하였는데, 이러한 증가는 주로 행정심판 절차에 의한 제재건수 증가에 기인한다. 1988년에는 행정심판 절차보다 법원소송에 의한 제재건이 더 많았으나, 5년 뒤인 1993년에는 이 비율이 역전되었다. 행정심판 절차에 의한 제재조치의 비중은 지속적으로 증가하여 2014년에는 전체 제재건(775건)의 약 80%에 달하였다. 법원소송에 비해 효율적이고 시간이 적게 소요되며, 특히 SEC와 피고간에 합의가 용이하다는 점 등이 행정심판 절차의 비중이 증가하는 요인으로 꼽히고 있다.[54]

SEC의 연도별 제재건수 및 금액
(단위: 건, 억 달러)

		1988	1993	2010	2014	2016	2017
건수	행정조치	109	229	429	610	–	–
	법원소송	142	172	252	145	–	–
	계	251	401	681	755	868	754
제재금					41.6	40.8	37.9

주: 회계연도 기준.
자료: SEC Division of Enforcement, Annual Report 각호
Center for Capital Markets(2015).

행위 방지를 위한 유용성 등을 감안하여 SEC가 재량으로 결정한다.

다만, SEC가 징수한 제재금액이 100만 달러를 초과하는 경우에만 포상금을 지급하며, 제공한 정보는 원천정보(original information)이어야 한다. 원천정보란 내부고발자 자신의 지식 또는 분석에 의해 도출된 정보로서 SEC가 인지하지 못한 정보를 의미한다. 법원·행정심판의 청문이나, 정부의 보고서·청문·감사·조사 등에 배타적으로 의존하여 획득된 것은 원천정보의 범위에서 제외된다. 감독기관, 법무부, 자율규제기관, 기타 법 집행기구 등에 근무하는 임직원은 내부고발자 포상대상에서 제외된다.

---

54 Center for Capital Markets(2015), p.12.

도드프랭크법은 내부고발자에 대한 포상의 재원을 마련하기 위해 재무부 내에 투자자보호기금(Investor Protection Fund)을 마련하였다. 투자자보호기금은 민사벌금, 부당이득환수액 등 SEC가 징수한 금전적 제재금 중에서 피해 투자자에게 보상하고 남은 금액으로 조달된다. SEC는 매년 10월 말 기준으로 투자자보호기금의 현황 등에 대한 보고서를 미 의회에 제출하여야 한다.

도드프랭크법은 내부고발자 보호를 위해 고용주의 보복행위를 금지하는 규정을 두었다. 고용주는 SEC에 정보를 제공하거나 소송·심판 등과 관련하여 조력을 제공하는 자에게 직간접으로 해고·강등·정직·협박·괴롭힘 혹은 다른 방식의 차별행위를 할 수 없다. 내부고발자 제도에 따른 정보제공 등을 이유로 고용주로부터 보복을 당한 자는 연방법원에 소송을 제기하여 구제를 신청할 수 있다. 구제에는 ①보복이 없었더라면 얻을 수 있었을 고용적 상황의 회복 ②이자와 함께 그동안 받지 못한 임금의 2배 지급 ③소송비용, 전문가 증인비용, 합리적인 변호사비용 등이 포함된다. 이러한 피해구제는 사베인스옥슬리법 제806조에서 규정된 내부고발자 제도의 피해구제보다 더욱 강화된 것이다.[55]

도드프랭크법의 내부고발자 제도의 운영을 위해 SEC는 2011년 5월 'Rule 21F'의 최종 규칙을 발표[56]하는 한편, 집행국 내에 내부고발자실(Office of Whistleblower)을 설치·운영하고 있다.

한편, 도드프랭크법은 SEC의 내부고발자 제도 이외에 내부고발자에 관한 다른 조항들을 두었다. 도드프랭크법 제929A조는 사베인스옥슬리법 제806조상의 내부고발자 보호제도의 적용범위를 상장회사의 자회사에까지 확

---

55 사베인스옥슬리법 제806조의 피해구제는 ①보복이 없었더라면 얻을 수 있었을 고용적 상황의 회복 ②이자와 함께 그동안 받지 못한 임금 ③소송비용, 전문가 증인비용, 합리적인 변호사비용 등을 포함한다.
56 SEC(2011, May).

대하였다.[57] 또한 동법 제748조는 상품거래법에 제23조(상품 내부고발자 인센티브 및 보호)를 추가하여 상품거래법 위반사항과 관련한 CFTC의 내부고발자 제도에 대해 규정하였다. CFTC 제도는 SEC 제도와 유사하지만 내부고발자 보호의 강도가 다소 약하다는 점에 차이가 있다.[58] 또한 도드프랭크법 제1057조는 고용주(금융회사)의 소비자금융보호법 위반사항에 관한 정보제공자에 대한 고용주의 차별행위 등 보복금지와 함께 내부고발자의 소송제기 등 피해구제 절차를 규정하였다.

SEC의 내부고발자 제도 운영현황

2011년 8월 12일 내부고발자 제도가 시행된 이후 2017년 9월 30일까지 6년 동안 SEC가 내부고발자의 제보로 인해 징수한 제재금은 총 5억 8,400만 달러, 내부고발자에게 지급한 포상금은 46명에게 총 1억 6,000만 달러에 이른다.

도드프랭크법의 제도가 도입되기 이전에는 증권거래법(제21A조)에 의해 내부자거래 제보에 대한 포상제도를 운영해왔는데, 1989년부터 2010년까지 단 7건 제보에 대해 총 16만 달러의 포상금만을 지급하는 등 그 운영실적은 미미하였다.

내부고발자의 제보건수

(단위: 건)

2011	2012	2013	2014	2015	2016	2017
334주)	3,001	3,238	3,620	3,923	4,218	4,400

주: 2011.8.12~9.30 기간중의 제보건수임.

---

57 도드프랭크법 제정 이전에는 많은 고용주들이 자회사가 사베인스옥슬리법의 적용대상이 아니라는 이유로 자회사 근로자에게 차별적 행위를 한 것으로 알려져 있다. 박정훈(2013), p.231 참조.
58 도드프랭크법 제748조의 내부고발자 피해구제는 사베인스옥슬리법 제806조의 내용과 동일하다.

(2) 포괄적 증권업 종사금지(collateral bar) 권한[59]

도드프랭크법 제정 이전에 SEC는 행정절차를 통해 예컨대 증권거래법상의 브로커·딜러 규제를 위반한 자에 대하여 오직 브로커·딜러업만을 금지할 수 있었다. SEC로부터 브로커·딜러업의 종사가 금지된 자라 하더라도 여전히 여타의 증권업, 예컨대 투자자문업자법상의 투자자문업자로서 업무를 영위할 수 있었다. 이러한 입장은 1999년 연방항소법원(U.S. court of appeals)의 판결에 잘 나타나 있다. Teicher v. SEC 사건에서 항소법원은 "특정 증권업에서의 종사가 금지된 자에 대하여 여타 증권업에도 종사하지 못하도록 무제한의 제재(unlimited sanctions)를 가하고자 하는 SEC의 의도는 개별 증권업별로 그 특성을 고려한 별도의 인허가 및 제재기준을 두고자 하는 의회의 의도와 상충된다."고 판결하였다.[60]

도드프랭크법은 이러한 항소법원의 판결을 뒤집어 SEC에 콜래터럴 바 collateral bar, 즉 포괄적으로 증권업 종사를 금지할 수 있는 권한을 부여하였다.[61] 콜래터럴 바란 브로커·딜러업과 같이 특정 증권업 규제를 위반한 자에 대하여 브로커·딜러업뿐만 아니라 투자자문업, 사무수탁업, 신용평가업 등 여타의 증권업도 동시에 금지한다는 의미이다. 예컨대 SEC는 고객자금을 유용한 브로커·딜러를 증권업에서 완전히 퇴출시킬 수 있는 막강한 권한을 갖게 된 것이다. 도드프랭크법은 이를 위해 증권거래법과 투자자문업자법을 개정하였다.[62] 콜래터럴 바는 위반행위 방지를 위한 전형적인 예방적 감독수단이라고 할 수 있으며, 의회는 SEC에 막강한 권한을 부여함으로써 투자자보호

---

59 콜래터럴 바에 대해서는 Chad Howell(2012) 참조.
60 CCH(2010), p.365에서 재인용.
61 도드프랭크법 Sec. 925.
62 증권거래법 제15조(b)(6)(A), 제15B조(c)(4), 제17A조(c)(4)(C), 투자자문업자법 제203조(f).

와 시장질서 유지를 위한 예방적 감독기능을 효율적으로 수행하도록 돕고자 한 것이다.[63]

(3) 전직 금융회사 직원에 대한 집행권한

도드프랭크법은 일련의 증권관련법[64]을 개정하여 피규제기관(투자회사, 자율규제기관 등)에 종사하다가 퇴직하였던 자에 대한 SEC의 집행권한을 명확히 하였다.[65] 피규제기관에 근무할 당시 위반행위를 하였던 임직원들이 퇴직함으로써 위반행위에 대한 책임으로부터 벗어나던 관행을 시정하기 위한 것이다. 증권관련법의 다수 조항들은 전직 임직원들에 대한 SEC의 제재권한을 명문화하고 있으나, 일부 법 조항들은 이러한 제제권한을 명확히 규정하지 않고 있었다. 도드프랭크법의 동 조항은 기존 증권관련법들의 이러한 입법상의 공백(loophole)을 보완하기 위한 것이다.

(4) 중지명령과 함께 민사벌금을 부과할 수 있는 권한확대

1990년에 제정된 증권집행 구제 및 저가주개혁법은 SEC에게 법원을 통하지 않고 직접 행정절차에 의해 민사벌금(civil money penalties)을 부과할 수 있는 권한을 처음으로 부여하였다. 동 법은 SEC에 의한 직접 민사벌금 부과제도를 증권거래법, 투자자문업자법, 투자회사법에 도입하였으며 증권법에는 도입하지 않았다. 따라서 SEC가 직접 민사벌금을 부과할 수 있는 자는 증권회사, 투자자문업자, 투자회사 등 SEC의 직접적인 감독대상에 한정되었으

---

63 SEC 의장인 Mary Schapiro가 2009년 7월 의회에서 증언한 내용. CCH(2010), p.365에서 재인용.
64 증권거래법 제15B조(c)(8), 제21조(a)(1), 제19조(h)(4), 투자회사법 제36조(a), 사베인스옥슬리법 제2조(a)(9), 제105조(c)(6), 제107조(d)(3).
65 도드프랭크법 제929F조.

며, 그 밖의 자들에 대하여 민사벌금을 부과하기 위해서는 연방법원에 민사소송을 제기하여 배심원의 심리를 거치는 과정을 거쳐야만 했다.

도드프랭크법은 증권법 제8A조(g)에 민사벌금 제도를 신설하는 한편, 4개의 증권관련법 개정[66]을 통해 중지명령과 함께 민사벌금을 부과할 수 있는 권한을 SEC에 부여하였다.[67] 이러한 법 개정, 특히 증권법 개정으로 인해 SEC는 거의 모든 시장참여자를 대상으로 행정판사를 통해 직접 민사벌금을 부과할 수 있게 되었다.

민사벌금은 3단계에 걸쳐 단계적으로 부과된다. 1단계는 단순하게 법을 위반한 경우이며, 2단계는 사기·기망·조작·고의 또는 무단으로(reckless disregard) 법을 위반한 경우이며, 3단계는 2단계의 구성요건(사기·고의 등)에 더하여 위 행위로 인해 상당한 금전적 이득을 취득하거나 또는 타인에게 심각한 손실(또는 손실위험)을 초래하는 경우에 해당한다. 벌금의 규모는 자연인과 그 이외(법인)에 달리 적용된다. 도드프랭크법은 증권법 위반으로 인한 중지명령에 대하여는 민사벌금의 최고한도를 여타 법 대비 50% 상향하였다.

증권관련법상 민사벌금

(단위: 달러)

		증권법 (제8A조(g))주)	증권거래법 (제21B조(a))	투자회사법 (제9조(d))	투자자문업자법 (제203조(i))
1단계	자연인 그 외	7,500 75,000	5,000 50,000	좌동	좌동
2단계	자연인 그 외	75,000 375,000	50,000 250,000	좌동	좌동
3단계	자연인 그 외	150,000 725,000	100,000 500,000	좌동	좌동

주) 증권법 제8A조(g)는 도드프랭크법(제929P(a))에 의해 추가된 항목이다.

---

[66] 증권법(제8A조(g)), 증권거래법(제21B조(a)), 투자회사법(제9조(d)), 투자자문업자법(제203조(i)) 등 4개의 증권관련법을 개정하였다.
[67] 도드프랭크법 제929P조(a).

(5) 해외시장에서의 증권사기에 대한 집행권한

금융시장의 국제화 진전으로 미국 증권의 해외시장 거래가 증가하고 있다. 그러나 도드프랭크법 이전의 증권관련법에는 해외시장에서 거래되는 미국 증권과 관련한 사기 등 위반행위를 제재할 수 있는 근거조항이 없었다. 예컨대 2010년 'Morrison v. National Australia Bank' 사건에서 대법원은 증권거래법 제10조(b)의 증권사기 금지조항이 "해외시장 거래에 적용된다는 명문의 규정이 없기 때문에 해외시장 거래에 적용할 수 없다."고 판결하였다.[68]

이러한 규제공백을 메우기 위해 도드프랭크법은 증권관련법[69]을 개정하여, 미국 증권의 해외시장 거래와 관련한 위법행위에 대해 SEC 또는 미국 정부(법무부)가 법원에 소송을 제기할 수 있는 근거를 마련하였다.[70] 도드프랭크법은 이를 위한 요건으로서 '효력기준'(effect test)과 '행위기준'(conduct test)을 규정하였다. 효력기준이란 미국 증권의 해외거래와 관련한 위법행위가 미국에 상당한 영향을 미치는 것을 의미하며, 행위기준이란 이러한 위법행위의 일정 부분이 미국 내에서 발생하는 것을 의미한다. 요컨대 미국의 증권이 해외시장에서 해외투자자만을 대상으로 거래되는 경우에도 이러한 두 가지 조건을 충족한다면 SEC 또는 미국 정부는 위법행위에 대해 법원소송을 통해 제재를 가할 수 있게 된 것이다.

(6) 관리자 책임에 대한 집행권한 명확화

증권거래법 제21조(a)는 관리자 책임[71](control person liability)에 대하여 규

---

68 CCH, p.379에서 재인용.
69 증권법 제22조(c), 증권거래법 제27조, 투자자문업자법 제214조 등.
70 도드프랭크법 제929P조(b).
71 관리자 책임, 지배자 책임 또는 감독자 책임 등으로 번역되고 있는데, 여기에서는 관리자 책임으로 번역했다.

정하고 있다. 관리자 책임이란 관리를 받는 자(controlled person, 이하 피관리자)가 행한 일체의 증권거래법 위반행위에 대하여 피관리자를 직간접으로 관리하는 위치에 있는 관리자에게도 피관리자와 동일한 정도의 책임을 인정하는 것을 말한다. 미국에서 관리자 책임은 증권시장의 사기행위를 예방하고 건전성을 확보하기 위한 중심적인 규제 중의 하나이다. 관리자 책임은 무과실 책임[72]이 아니라 위반행위의 발생을 막기 위하여 합리적으로 주의를 다하였음을 입증하는 경우에는 면책받을 수 있다. 따라서 증권회사의 경영진들은 관리자 책임을 회피하기 위하여 준법시스템(compliance system)의 구축·운영 등 위반행위의 예방을 위해 최선의 노력을 기울이게 된다. 다른 나라에 비해 미국에서 증권회사의 법률 위반행위 예방시스템이 발달한 중요한 이유의 하나가 바로 관리자 책임 규제이다.[73]

그런데 이와 관련하여 SEC가 관리자를 대상으로 집행권을 행사할 수 있는지에 대하여 논란이 있어왔다. 2000년대 후반 들어 SEC는 증권업계의 위반행위를 방지하기 위해 관리자 책임으로 묻는 처벌조치를 강화하는 등 관리자 책임을 중요한 감독수단으로 활용하고 있으나, 연방법원은 사안에 따라 SEC의 처벌조치들을 인정하기도 하고 불인정하기도 하였다.

이러한 논란을 불식시키기 위하여 도드프랭크법은 증권거래법 제21조(a)항을 개정하여 관리자 책임에 대한 집행권한을 SEC에 명확히 부여하였다.[74] 동 개정 조항에 의하여 SEC는 증권회사의 위반행위에 대한 고위경영진의 책임을 보다 용이하게 물을 수 있게 되었다. 고위경영진이 증권법규 위반행위에 직접 가담하였다는 사실을 굳이 증명하지 않고도 제재조치를 부과할 수

---

[72] 무과실 책임無過失 責任이란 특정인에게 과실 여부와 상관없이 책임을 부과하는 법리를 말한다.
[73] 이에 대한 자세한 논의는 안수현(2002) 참조.
[74] 도드프랭크법 제929P조(c).

있게 되었기 때문이다.

(7) 위반행위를 공모한 행위에 대한 집행권한 강화

도드프랭크법은 위반행위의 2차적 책임(secondary liability)에 대한 SEC의 집행권한을 두 가지 측면에서 강화하였다. 2차적 책임이란 위반행위를 공모하는 행위(aiding and abetting)를 의미한다.

첫째, 1995년 사적증권소송개혁법(PSLRA : Private Securities Litigation Reform Act)은 증권거래법 제21조의 (e)항을 신설하여 공모행위에 대해 제재를 가할 수 있는 권한을 SEC에 명시적으로 부여한 바 있었다. SEC가 공모행위에 대해 집행권을 행사하는 것이 적절한지에 대한 논란을 불식시키기 위한 조치였다. 동 조항은 타인의 위규행위를 '알고서'(knowingly) 상당한 조력을 행한 자에 대해서는 조력을 받은 타인과 동일한 정도의 위규행위를 한 것으로 간주되도록 규정하였다.

그런데 여기에서 공모행위를 구성하기 위한 주관적(state of mind) 요건인 '알고서'를 어떻게 해석할 것인가가 논란이 되었다. 증권관련법에서는 통상 '알고서 또는 무단으로'(knowingly or recklessly)를 증권사기의 구성요건으로 규정하고 있다. 따라서 만약 '알고서'를 실제로 위규사실을 인지하고 있는 것으로 한정하여 해석한다면 공모행위에 대하여 일반적인 증권사기보다 엄격한 구성요건을 적용하는 불합리한 결과가 된다. 입법상의 이러한 애매한 점을 해소하기 위해 도드프랭크법는 증권거래법 제21조의 (e)항을 개정하여 공모행위의 구성요건을 '알고서 또는 무단으로'라고 변경하였다.[75]

둘째, 도드프랭크법 이전에 증권거래법을 제외한 3개의 증권관련법은 2차

---

75 도드프랭크법 제9290조.

적 책임에 대한 집행권한을 SEC에 부여하지 않거나(증권법·투자회사법) 제한적으로만 부여(투자자문업자법)하고 있었다. 이러한 법률간의 규제차이를 해소하기 위해 도드프랭크법은 3개 증권관련법을 개정하여 공모행위에 대한 SEC의 집행권한을 신설[76]하거나 명확히[77] 하였다.

(8) 소환장 발부권한 및 집행·검사·조사의 기한

그 밖의 사항으로서, 도드프랭크법은 일련의 증권관련법[78]을 개정하여 법원소송절차에 있어 소환장(subpoena)을 발부할 수 있는 지리적 영역을 전국으로 확대하였다.[79] 이는 SEC가 집행권 행사의 효율성제고를 위해 오랫동안 요구해온 사항이다. 또한 도드프랭크법은 증권거래법에 제4E조를 추가하여 집행국의 조사(enforcement investigation) 및 준법검사조사국의 검사조사(compliance examination and inspection)와 관련하여 기한(180일)을 설정하였다.[80] 이는 SEC의 조사, 검사 및 집행을 종료하는 데까지 지나치게 많은 시간이 소요된다는 업계의 비판을 감안한 것이다.

---

[76] 증권법 제15조(b) 및 투자회사법 제48조(b).
[77] 투자자문업자법 제209조(f).
[78] 증권법 제22조(a), 증권거래법 제27조, 투자회사법 제44조, 투자자문업자법 제214조.
[79] 도드프랭크법 제929E조.
[80] 도드프랭크법 제929U조.

V

SEC의
투자자보호제도 강화

도드프랭크법 제9편 A장은 투자자보호 기능을 강화하기 위해 SEC에 일련의 새로운 권한을 부여하였다. 여기에서는 그 중 3개의 권한을 살펴본다.

(1) 브로커·딜러 및 투자자문업자에 대한 행위규준의 통일

투자자문업자와 브로커·딜러는 모두 소매 투자자(retail investor)에게 금융자문 서비스를 제공한다는 점에서 유사성을 가진다. 이러한 유사성에도 불구하고 미국의 증권 관련법규는 투자자문업자와 브로커·딜러에 대하여 상이한 행위규준을 적용하여왔다. 투자자문업자는 투자자문업자법에 따라 고객에 대하여 수탁자로서의 신의성실의무(fiduciary duty)를 준수해야 한다. 신의성실의무는 충실의무(duty of loyalty)와 주의의무(duty of care)로 구성된다. 충실의무란 고객의 최선의 이익을 위해 성실하게 업무를 수행할 의무와 고객과의 이해상충을 배제할 의무를 의미한다. 이해상충이 있을 경우에는 이를 고객에게 고지하여야 한다. 그리고 주의의무란 고객을 공정하게 대우하고 성실의 최고기준(high standards of commercial honor)에 따라 행동하며, 특히 적합성 원칙(duty of suitability)을 준수할 의무를 갖는다. 브로커·딜러는 일반적으로 수탁자로서의 지위를 갖지 않기 때문에 주의의무만을 갖는 것으로 해석되어왔다. 따라서 브로커·딜러는 자문업자에 비해서는 상대적으로 낮은 수준의 법적 책임을 갖는다.[81]

자문업자와 브로커·딜러는 고객으로부터 받는 보수체계에서도 차이가 있다. 자문업자는 고객과 장기적인 계약을 맺고 고객 자산의 운용을 주된 기능으로 하며, 고객으로부터 받는 보수는 운용자산(AUM)의 일정 비율로 정해진다. 자문업자의 보수는 고객이 금융상품을 얼마나 많이 거래하는지 여부와는 무관하며, 따라서 자문업자는 고객에게 금융상품의 매매를 권고할 인센티브를 갖지 않는다. 이에 반해 브로커·딜러는 금융중개기관으로서 고객의 금융거래 중개를 주된 기능으로 하며, 고객으로부터 받는 보수는 고객이 브로커·딜러를 통해 금융상품을 얼마나 많이 매매하는지 여부에 따라 결정(commission-based fee structure)된다. 따라서 브로커·딜러는 고객의 최선의 이익에 부합하지 않더라도 적합성 요건을 충족하기만 하면 금융상품의 매매를 권고할 유인을 갖게 된다.

수익률이 상이한 2개의 투자대안(A, B) 중 하나를 고객에게 권고하는 경우를 예로 들어 보자. 투자안 A가 수익률은 낮지만 브로커가 받을 수 있는 판매수수료는 더 높다고 가정하자. 신의성실의무를 준수해야 하는 자문업자는 수익률이 낮은 투자안 A를 고객에게 권고하는 것이 금지된다. 반면, 브로커·딜러는 투자안 A로부터 더 많은 보수를 받을 수 있기 때문에 투자안 A가 고객의

---

[81] SEC(2011, January), "Study on Investment Advisers and Broker-Dealers", p.106 참조.

최선의 이익에 부합하지 않더라도 고객에게 권고할 유인을 갖는다. 브로커·딜러는 투자안 A가 고객의 리스크 성향 및 투자목표에 비추어 적합하기만 하다면 고객에게 권고할 수 있기 때문이다.

자문업자와 브로커·딜러가 상이한 보수체계를 갖는 것은 전통적으로 그 기능이 각각 금융자문과 매매중개로 구별되어 있었던 것에 근거를 두고 있다. 그러나 오늘날 브로커·딜러는 전통적인 매매중개 기능에서 벗어나 점차 소매 투자자에게 맞춤형 금융자문서비스(personalized financial advice) 제공을 확대하고 있다. SEC에 따르면 2009년 말 현재 5,100여 개의 등록 브로커·딜러 중 약 20%에 해당하는 985개가 투자자문서비스를 제공하는 것으로 나타났다.[82] 또한 SEC의 요청에 따라 작성된 랜드 보고서[83]는 브로커·딜러와 자문업자의 업무경계가 점차 모호해지고 있다고 분석하였는데, 그 이유의 하나로서 브로커가 마케팅 목적으로 금융자문업자(financial advisor) 또는 금융매니저(financial manager) 등의 명칭을 사용하고 있는 것을 들었다. 동 보고서는 또한 소매 투자자들이 브로커·딜러로부터 받는 서비스와 자문업자로부터 받는 서비스를 구분하지 못하며, 자문업자와 브로커·딜러에 상이한 행위규준이 적용된다는 사실을 인지하지 못한다고 분석하고, 이로 인해 소매 투자자들이 최선이 아닌 차선의 투자안을 선택하는 결과가 초래되고 있다고 결론지었다.

이러한 배경에서 미 의회는 도드프랭크법을 통해 브로커·딜러의 행위규준을 자문업자와 동일한 수준으로 강화하고자 하였다. 당초 하원 법안에서는 브로커·딜러에 대한 신의성실의무를 도입하는 방안을 제안하였으나, 상원 법안에서는 업계의 반발을 고려하여 SEC에 이와 관련한 연구보고서를 작성

---

82 SEC(2011, January), p.8 참조.
83 LRN-RAND Center for Corporate Ethics, Law, and Governance(2008).

케 하는 것으로 크게 후퇴하였다.[84] 두 가지 방안에 대한 타협안으로서 도드프랭크법은 SEC로 하여금 '소매 투자자 자문서비스 관련 행위규준'(standard of care)의 문제점 및 개선방안을 모색하는 연구보고서를 작성하고, 이를 토대로 브로커, 딜러, 자문업자에 공통적으로 적용될 행위규준을 제정하도록 하였다.[85] 행위규준에는 브로커, 딜러 또는 자문업자가 소매 투자자의 최선의 이익에 봉사할 의무와 중대한 이해상충을 공개할 의무를 규정하도록 하였다. 이와 함께 도드프랭크법은 행위규준을 위반한 브로커·딜러 또는 자문업자에 대하여 동일한 제재조치를 부과할 것을 규정하였다. 도드프랭크법은 '소매 투자자'(retail investor)의 개념을 브로커, 딜러, 자문업자로부터 '맞춤형 투자자문 서비스'(personalized investment advice)를 제공받고, 이를 개인(personal), 가족(family), 가계(household)의 목적으로 활용하는 자연인(또는 법적 대리인)으로 규정하였다.

SEC는 이러한 도드프랭크법 규정에 따라 2011년 1월 '투자자문업자 및 브로커·딜러 보고서'[86]를 의회에 제출하였다. 동 보고서는 랜드 보고서와 동일하게 브로커·딜러와 자문업자의 경계가 모호해지고 있음을 지적하고, 브로커·딜러와 자문업자에게 공통의 행위규준을 부과할 것을 권고하였다. 이후 SEC는 2013년 3월 또 다른 보고서[87]를 통해 공통 행위규준의 다양한 방안을 제시하고 그 장단점을 장기적으로 검토해 나갈 방침임을 밝혔다. SEC가 제시한 방안에는 ①현행 자문업자에 적용하는 신의성실의무를 브로커·딜러에게 확대 적용하는 방안 ②신의성실의무 중 충실의무만을 자문업자 및 브로

---

84 CCH(2010), p.1016.
85 도드프랭크법 제913조(g).
86 SEC(2011, January), "Study on Investment Advisers and Broker-Dealers".
87 SEC(2013, March).

커·딜러에게 적용하는 방안 ③신의성실의무 중 주의의무만을 적용하는 방안 등을 포함하였다. SEC는 업계의 반발과 의견 등을 고려하여 자문업자와 브로커·딜러에게 공통적으로 적용되는 행위규준을 추가적인 공개의견 수렴을 거쳐 신중하게 결정하겠다는 입장이다.[88]

(2) 투자상품 판매전 정보공시 규제

도드프랭크법은 브로커·딜러가 소매 투자자에게 투자상품을 판매하기 이전에 일정 정보를 공시하도록 하는 규칙의 제정권한을 SEC에 부여하였다.[89] 브로커·딜러가 공시해야 할 정보에는 수수료, 이해상충 가능성, 투자위험, 투자목적 및 전략 등을 포함한다. 기존의 업계 관행은 상품을 판매하고 난 이후에야 투자의향서(prospectus)를 투자자에게 제공하기 때문에 투자자가 상품구매 전에 필요정보를 충분히 제공받지 못할 가능성이 높았다. SEC는 2004년과 2005년에 관련규칙의 도입을 위한 제안서를 발표하였으나, 업계 부담 등을 고려하여 최종 규제도입을 유보한 바 있었다. 도드프랭크법의 동 조항은 판매전 정보공시 규제를 도입하고자 하는 SEC의 오랜 노력에 법적 근거를 부여한 것이다.

(3) 사전중재협약(pre-dispute arbitration)의 폐지

오바마 행정부의 금융규제개혁 보고서[90]는 투자자와 증권회사간 사전중재협약을 금지·제한할 수 있는 권한을 SEC에 부여할 것을 의회에 권고하였다. 사전중재협약이란 금융회사와 소비자간 분쟁 발생시 소비자의 집단소송(class

---

88 2017년 6월 SEC는 의견제출을 요청하는 서한을 발표하였다. SEC(2017, June 1) 참조.
89 도드프랭크법 제919조.
90 U.S. Treasury Department(2009, June).

action) 제기·참여를 금지하고, 반드시 중재자를 통해 분쟁을 해결하도록 강제하는 협약이다. 보고서는 사전중재가 투자자 불만을 해소하기 위한 합리적인 방안의 하나임을 인정하면서도 사전중재를 강제하는 것은 투자자 이익을 훼손할 수 있음을 우려하였다.

보고서의 이러한 권고에 따라 도드프랭크법은 증권거래법 제15조 및 투자자문업자법 제205조를 개정하여 브로커·딜러 및 투자자문업자의 강제적인 사전중재협약을 금지·제한할 수 있는 규칙의 제정권한을 SEC에 부여하였다.[91] SEC가 동 규칙을 제정하기 위해서는 사전중재협약의 금지·제한이 공공의 이익과 투자자보호에 기여함을 입증하여야 한다. 이와 관련하여 미 공화당의 금융선택법안은 증권중재(securities arbitration)를 금지·제한할 수 있는 SEC의 권한을 폐지할 것을 제안하였다.

---

91 도드프랭크법 제921조.

VI
최근의 SEC 개편논의

공화당의 금융선택법안과 재무부 보고서는 SEC의 기능 및 권한과 관련한 일련의 개편방안을 포함하였다.[92] 금융선택법안은 주로 SEC의 조직, 예산, 제재절차에 대한 개편방안을 제안하였는 데 반해 재무부 보고서는 주로 규칙제정 활동과 관련한 개편방안을 권고하였다. 이하에서는 그 주요 내용을 간략히 요약한다.

금융선택법안은 도드프랭크법에 의해 확대·강화된 SEC의 조직과 예산을 개편·축소하는 한편, 투자자·피의자의 권익보호를 위한 조직·절차를 강화할 것을 제안하였다. 즉 도드프랭크법에 의해 설치된 부서장급 부서인 신용평가실과 지방채감독실을 각각 팀단위의 조직으로 축소하는 한편, SEC 예산한도를 축소하고 준비기금을 폐지하여 SEC의 예산자율성을 도드프랭크법 이전

---

[92] House Committee on Financial Services(2017) 및 U.S. Department of Treasury(2017, October 6).

으로 환원할 것을 제안하였다.

반면 투자자의 권익보호 강화를 위해 도드프랭크법에 의해 도입된 옴부즈만의 임명권자를 투자자대변인에서 SEC 위원장으로 변경하여 그 지위를 격상시킬 것을 제안하였다. 또한 SEC 조사·소송 중에 있는 피의자와 SEC간의 중재를 주된 기능으로 하는 법 집행 옴부즈만(Enforcement Ombudsman)을 신설하고, 피의자에 행정심판절차의 중단 및 민사소송을 요구할 수 있는 권리를, 그리고 웰스 노티스의 대상자에게 SEC에 직접 출두하여 해명할 수 있는 권리를 부여하는 등 피의자의 권익보호 강화를 위해 SEC의 제재절차를 개편할 것을 제안하였다.

재무부 보고서는 SEC[93]의 규칙제정 활동과 관련하여 행정명령(제12866호)에 의한 경제적 분석을 실시하고, 트럼프 대통령의 행정명령인 '금융규제 핵심원칙(제13772호)'에 부합하는지 여부를 자체 점검할 것을 권고하였다. 또한 비조치의견서 등 공개의견 수렴을 거치지 않은 감독수단에 대한 과도한 의존을 삼가고, 시장혼란을 초래하거나 규제준수 부담이 과도한 규제를 주기적으로 재점검하도록 권고하였다. 그리고 규칙제정의 투명성제고를 위해 공개의견 수렴을 더욱 활성화하고, 관련법이 허용하는 범위 내에서 최대한 원칙중심의 규제를 도입할 것을 권고하였다.

재무부 보고서는 또한 자율규제기관(SRO)의 역할과 기능을 종합 점검하고, 조직 및 지배구조의 개선방안을 마련할 것을 권고하였다. SRO 지배구조에 비회원 출신의 참여 증가 등으로 인해 SRO가 불투명하고, 자의적이며, 권위적 성격의 정부 규제기관으로 변질되어 시장과의 소통이 약화되었다는 불만이 제기된 데 따른 것이다. 구체적으로 SRO의 감독책무와 회원이익간 이

---

93 재무부 보고서의 권고는 SEC 및 CFTC를 대상으로 한 것이다.

해상충 방지, SRO 위원회의 구성·역할·권한의 개편, 회원으로부터 징수하는 수수료체계 개선, 규칙제정에 대한 감독기구(SEC·CFTC)의 점검·승인절차 개선, SRO가 보유한 감독·제재권한의 적정성 여부 등을 점검·개선하도록 권고하였다.

　도드프랭크법은 시장환경 변화에 대응한 감독역량을 확충하고 투자자보호를 강화하기 위해 SEC의 조직 및 예산 자율성을 확대하는 한편, 법 집행권한과 투자자보호 조직과 제도를 강화한 바 있었다. 금융선택법안과 재무부 보고서는 도드프랭크법에 의해 도입된 이러한 SEC 구조개혁의 전반적인 틀을 전제로 하면서 금융규제의 완화라는 트럼프 행정부의 정책기조에 맞추어 부분적인 SEC 개편방안을 제안하였다. 금융선택법안이 예산 자율성 축소, 특정 부서의 축소 또는 신설 등 직접적인 개편방안을 제시한 데 반해 재무부 보고서는 SEC의 규칙제정 활동에 대한 점검장치를 강화함으로써 간접적인 규제완화 효과를 도모하고 있다는 점에서 차이가 있다.

|부록|

SEC 주요 현황

1. SEC의 감독대상 금융회사 현황

(2017 회계연도 기준)

금융회사수	금융회사 개요	
	비고	
브로커·딜러	약 4,200개	지점 약 16만 개
투자자문업자	약 12,000개	운용자산 70조 달러
투자회사 컴플렉스 (뮤추얼펀드 및 ETF)	약 800개 (약 10,000개)	– (자산 규모 20조 달러)
사무수탁회사	약 450개	
공인신용평가회사	10개	
자율규제기구	44개	
증권거래소	21개	
증권선물거래소	5개	
청산소	13개	
협회	FINRA, NFA	
기준제정기구	MSRB, PCAOB, FASB	
스왑시장 참가자	n.a.	
계	약 26,000 개	

자료: SEC, FY 2018 Congressional Budget Justification
U.S. Department of Treasury(2017, October 6)

2. SEC의 부서 및 주요 업무

부서명		주요 업무
기관별 감독	거래시장국	증권거래법에 의거하여 브로커·딜러, 사무수탁회사, 자율규제기관 감독
	투자관리국	투자자문업자법 및 투자회사법에 따라 투자자문업자 및 투자회사 감독
	기업재무국	상장기업의 공시규제 및 회계업무 담당
	신용평가실	도드프랭크법에 의해 2012년 6월 설립되었으며, 공인신용평가회사(NRSRO) 감독검사업무 수행
기능별 감독	집행국	1972년 설치되었으며, SEC 경비의 약 35%, 직원수의 31%를 차지하는 SEC 내 최대 부서로서 증권관련법 위반사건에 대한 조사 및 제재업무 담당
	경제·리스크 분석국	• 규칙제정, 감독정책 시행, 제재 등과 관련한 경제적·수량적 분석 • 금융시장 데이터의 수집·분석을 통해 사기·불법·비정상적 행위 등을 조기에 탐지 및 보고
	준법조사검사실	1995년 설치되었으며, 1,000여 명의 검사역들이 미국 전역에 소재한 약 2만 6,000개의 금융회사를 대상으로 검사를 수행
	지방채감독실	도드프랭크법에 의해 설치되었으며, 지방채시장 관련규제감독의 총괄조정 기능 수행
	회계책임자	회계기준 제정 관련업무 및 PCAOB가 제정하는 감사기준의 심사·승인업무 담당
감독 지원	법무관	법률자문 및 법무에 관한 사항 총괄
	국제협력국	국제기준의 제정과 관련한 대외협상 등 국제협력업무
	행정판사	독립된 신분으로 증권관련법 위반사항에 대한 행정소송의 청문, 증거채택 및 증인심문에 관한 권한을 행사
투자자보호		투자자교육·보호국, 투자자보호관, 소기업자본형성보호관
경영지원		최고운영책임자(COO), 의사실,[94] 소수자·여성보호실, 고용기회평등실, 비서실
감사		SEC 업무수행에 대하여 내부감사 및 조사를 실시하고 반기보고서를 의회에 제출

---

[94] 위원회의 의사일정관리 및 의사록 작성·유지기능과 SEC 명의의 공식문건을 공표하는 기능을 담당한다. SEC 공표 문건에는 규칙, 제재조치, 소송제기, 자율규제기관의 규칙, 그리고 SEC 직원이 작성한 보고서가 있다. 의사실은 이들 문건을 연방공보 및 SEC Docket을 통해 대외에 공표하며, SEC 홈페이지에 게재한다.

3. 부서별 직원수 및 지출구조(2017 회계연도 기준)

(단위: 명, 100만 달러, %)

	직원수 (정규직)	경비	
		금액	비중
집행국	1,377	812	(40.5)
준법조사 검사국	1,069	390	(19.5)
기업재무국	460	166	(8.3)
거래시장국	266	97	(4.8)
투자관리국	183	66	(3.3)
경제리스크분석국	163	77	(3.8)
법무실	143	52	(2.6)
기타감독 부서	224	90	(4.5)
경영지원 부서	701	236	(11.8)
감사실	41	16	(0.8)
합계	4,672	2,003	(100.0)

자료: SEC Agency Financial Report Fiscal Year 2017
　　　SEC Congressional Budget Justification Annual Performance Plan Fiscal Year 2018

4. 직원수 및 경비 추이

(단위: 명, 100만 달러, %)

	2011	2012	2013	2014	2015	2016	2017	평균 증가율
직원수(명)	3,846	3,907	4,135	4,207	4,413	4,554	4,794*	3.8
인건비(A)	798	800	856	947	1026	1,141	1,183	6.8
인건비 이외(B)	350	398	475	494	558	595	820	15.7
총경비 (A+B)	1,148	1,198	1,331	1,441	1,584	1,736	2,003	9.8

＊정규직(permanent) 4,672명 및 영구계약직(full-time equivalents) 122명임.
자료: SEC Agency Financial Report 각호

제10장

신용평가회사
규제개혁

Dodd-Frank Act

I

머리말

신용평가란 "채무자가 금융채무를 적시에 상환할 수 있는 가능성, 즉 특정 기업 또는 채권의 신용위험을 평가하는 것"을 말한다. 오늘날 신용평가를 수행하는 기관인 신용평가사는 국제자본시장의 효율적 기능을 위한 필수불가결한 핵심적 시장인프라로 인정받고 있다. 금융위기 이후 규제개혁 조치의 일환으로 신용등급에 대한 의존도 축소가 추진되었음에도 불구하고 여전히 시장참가자들은 투자증권의 신용위험 평가와 가격결정을 위해 신용등급에 크게 의존하고 있으며, 감독기관들도 감독규제 목적상 신용등급을 광범위하게 활용하고 있다. 신용평가사는 좁게는 자본시장, 그리고 넓게는 현대 금융시스템 전반의 안전성 보장을 위한 '수문장'(gatekeeper)으로서의 역할을 수행하고 있는 것이다.

그러나 신용평가사는 1990년대 초반부터 효율적이고 중립적인 정보제공자로서의 역할을 충실히 수행하지 못하고 있다는 비판에 직면하여왔다. 신용평가사들이 특정 기업 또는 국가의 임박한 부도위기에 대한 경고기능을 제대로 수행하지 못했거나 또는 부실한 신용평가를 통해 오히려 금융위기의 원인을 제공하였다는 것이다. 1994년 멕시코 위기, 1997~1998년의 아시아 금융위기, 2001년의 엔론사 사태, 그리고 2008 금융위기의 배후에는 모두 신용평가사의 기능실패가 자리하고 있다는 비판이 제기되었다. 특히 미국에서는 신용평가사의 기능실패가 금융위기 발생의 10대 원인의 하나로서 중요한 축(essential cog)이었으며, 심지어는 신용평가회사가 없었다면 금융위기는 발생하지 않았을 것이라고까지 평가되었다.[1]

이러한 배경하에서 2008년 11월 G20 워싱턴 정상회의에서는 단기과제로서 신용평가사의 이해상충 방지, 공시강화, 복잡한 금융상품에 대한 차별화된 신용평가 기준의 도입을 권고하였으며, 중기과제로서 신용평가기관의 등록시스템을 도입하는 방안을 제시하였다. 그리고 2010년 6월에 개최된 G20 토론토 정상회의에서는 신용평가사에 대한 의존도를 축소한다는 보다 근본적이고 새로운 개혁방향을 제시하였으며, 이러한 G20의 개혁방향에 따라 금융안정위원회(FSB)는 2010년 10월 '외부 신용등급에 대한 의존도 축소 원칙'[2]을 발표한 바 있다.

이러한 움직임은 3대 신용평가사(S&P, 무디스, 피치)가 소재하는 모국인 미국에서 특히 두드러지게 나타났다. 미 의회는 자본형성 및 투자자 신뢰를 위해 신용평가사 개혁조치가 필요함을 인식[3]하고, 이를 도드프랭크법 제9편 C장(Improvements to the Regulation of Credit Rating Agencies)에 반영하였다. 이 장에서는 그 주요 내용을 신용평가사의 책임성 및 투명성강화, 이해상충 방

---

1 FCIC(2011), p.xxv.
2 FSB(2010, October).
3 도드프랭크법 제931조.

지, 신용등급 의존도 축소, 그리고 신용평가사 감독·검사 강화의 5개 주제로 나누어 살펴본다. 이러한 분류는 저자에 의한 것임을 밝혀둔다.

먼저 2절에서는 도드프랭크 규제개혁 조치의 배경을 이해하는 데 도움을 주기 위해 미국 신용평가산업과 규제의 변천추이를 개관한다. 3절에서 도드프랭크법의 신용평가사 규제개혁 내용을 살펴보고, 마지막으로 4절에서는 도드프랭크 개혁조치에 대한 상반된 평가를 간략히 살펴본다.

도드프랭크법이 규제대상으로 하는 신용평가사는 SEC에 등록한 공인 신용평가회사(NRSRO: Nationally Recognized Statistical Rating Organizations)이다. 2016년 현재 미국에는 10개의 NRSRO가 있다.

도드프랭크법에 의해 강화된 미국의 신용평가회사 규제기준은 EU의 규제기준과 거의 유사한 것으로 평가받고 있다. 유럽증권감독기관(ESMA: European Securities and Markets Authority)은 2012년 SEC와 협의를 거친 후 미국의 신용평가회사 규제기준이 EU의 규제기준과 동등한 수준임을 공식 결정(equivalence determination)하였다.[4]

---

[4] U.S. Department of Treasury(2017, October 6), p.189.

II
미국 신용평가 산업과 규제의 변천

【신용평가업의 기원과 규제목적의 활용】

미국에서 현대적 의미의 신용평가업은 무디스Moody's의 창시자인 존 무디 John Moody가 1907년 철도회사 채권에 신용등급을 부여함으로써 시작된 것으로 알려지고 있다. 무디스의 뒤를 이어 1916년 푸어스 퍼블리싱Poor's Publishing Company, 1922년 스탠다드 스태티스틱스Standard Statistics,[5] 1924년 피치 퍼블리싱Fitch Publishing이 각각 신용평가업을 개시하였다. 이 회사들은 두터운 신용등급 매뉴얼(rating manual)을 출판하여 채권 투자자들에게 판매하였는데, 이들의 영업방식은 오늘날의 용어로는 투자자 비용부담(investor pays)의 영업모델에 해당하는 것이다. 출판사라는 이름을 붙이고 있는 데서 알 수 있듯이 이 회

---

5 푸어스Poor's와 스탠다드Standard는 1941년 합병하여 S&P로 사명을 변경하였다.

사들은 스스로를 언론에 비유하였으며, 자신들이 출판한 신용등급은 헌법상 보장된 '표현의 자유'에 해당한다고 보았다. 이에 대해서는 뒤에서 자세히 살펴본다.

1920년대에 다수의 신용평가사들은 구독자가 부담하는 판매 수수료에 의존하여 경쟁적인 영업을 영위하였다. 그러다가 1930년대 들어 대공황과 금융위기를 계기로 감독기관들이 신용등급을 규제목적으로 활용하기 시작하면서 신용평가업은 획기적인 변화를 겪게 되었다. 통화감독청(OCC)이 1931년에, 그리고 연준(Fed)이 1935년에 은행 보유 채권의 가치평가에 신용등급을 적용토록 한 것이 감독규제에 신용등급을 활용하는 첫 사례가 되었다.

특히 통화감독청은 1936년에 공인된 평가 매뉴얼(recognized rating manual)에서 투기등급 채권에 대한 은행의 투자를 금지하는 조치[6]를 시행하였는데, 이 조치는 신용평가 산업이 소수의 대형 선도 평가사 위주로 발전하는 계기가 되었다. 통화감독청은 공인된 신용평가사를 지정하지 않았으나 투자자들은 당시의 4대 평가사를 의미하는 것으로 해석하였으며, 이로써 4대 평가사들이 공신력(reputational capital)을 획득하였기 때문이다. 그러나 감독당국이 감독목적으로 신용등급을 활용하는 것은 사실상 건전성 판단을 제3자에게 위임한 것으로서 감독부실의 소지를 잉태한 것이었다.

【공인 신용평가제도의 도입과 신용평가업의 변천】

미국의 신용평가업은 1970년대 들어 두 가지 큰 변화를 겪게 되었다. 하나

---

[6] OCC(1936, February).

는 투자자가 아닌 발행자로부터 보수를 받는 영업모델(issuer-pays)로 전환한 것이고, 다른 하나는 SEC에 의한 공인 신용평가회사(NRSRO)의 도입이다. 이 두 가지 변화는 오늘날 신용평가업에 고질적인 독과점화와 이해상충의 문제를 초래하는 발단이 된 것으로 평가되고 있다.

우선, 신용평가사들이 발행자 비용부담의 영업모델로 전환한 것은 수요자 및 공급자 양면에서 여러 요인이 복합적으로 작용한 결과였다. 무엇보다 자산담보부증권(ABS) 등 복잡한 증권의 등장으로 신용평가에 막대한 재원이 소요되는 반면, 신용평가의 준공공재적 성격에 기인한 무임승차 문제로 인해 투자자로부터 적정한 평가비용을 부담시키는 것이 점점 어려워진 것이 주요 이유였다. 특히 정보통신기술의 발달로 인해 신용평가 내용이 쉽게 유포됨에 따라 무임승차 문제가 심화되고 신용평가사의 수익성이 악화되어 영업모델의 전환이 불가피한 측면이 있었다. 또한 발행채권을 금융회사에 판매하기 위해 신용등급이 필요하였던 발행자 입장에서도 평가비용을 부담할 유인이 충분하였던 점도 영업모델 전환의 요인으로 작용하였다. 이와 함께 1970년 펜센트럴Penn Central 철도의 파산으로 인한 투자자 불안을 해소하기 위해 발행자들이 신용평가 비용을 부담해서라도 신용등급을 받을 필요성이 높았던 당시의 시대적 배경도 영업모델 전환을 촉진하는 계기가 되었다. 영업모델 변경은 피평가자(발행자)의 등급쇼핑[7](rating shopping)과 신용등급 부풀리기 현상 등 이해상충을 초래하는 원인이 되었다. 이에 대해서는 뒤에서 다시 언급한다.

다음으로, 규제 측면의 중요한 변화로서 SEC는 1975년 신용등급이 양호한 증권에 대한 요구자본 산출량의 경감을 허용하도록 브로커·딜러에 적용

---

[7] 피평가자가 자신에게 가장 양호한 등급을 부여하는 기관을 선택하기 위해 사전에 기관별 신용등급을 비교하는 행위를 의미한다.

되는 순자본 규제기준을 개정[8]하였다. 이와 관련하여 SEC는 기존에 감독목적으로 활용해오던 '공인된 평가 매뉴얼'의 개념이 모호하여 신용평가가 허위로 이루어질 수 있음을 우려하였다. 예컨대 평가보수를 많이 제공하는 기업에 대하여는 신용평가사가 AAA 등급을 부여하고, 그렇지 않은 기업에 대하여는 DDD 등급을 부여할 수 있다는 것이다. 이러한 문제를 해결하기 위해 SEC는 무디스, S&P, 피치 등 3개사를 공인 신용평가회사(NRSRO)로 지정하였다. 그러나 SEC는 NRSRO의 정의와 지정기준을 공표하지 않고 비조치의견서(no-action letter)에 의해 NRSRO를 지정함으로써 제도운영이 모호하고 불투명하다는 비판을 초래하였다.

이와 함께 SEC는 MMF 등 일부 금융상품의 경우 NRSRO로부터 일정 등급 이상을 받은 채권에 대해서만 투자를 허용하는 등 NRSRO의 활용을 확대하였다. 이후로 미국은 증권시장, 연기금, 은행업, 부동산업, 보험업 등 다양한 분야의 감독업무에 NRSRO 신용등급의 활용을 확대하였으며, 민간기업들도 자체 투자기준에 외부 신용등급을 사용하는 등 신용등급은 증권투자 결정에 광범위하게 활용되기 시작하였다.

신용평가시장에서는 경험, 브랜드 인지도, 규모의 경제가 주요 경쟁력의 원천으로 작용한다. 감독기관인 SEC의 NRSRO 지정은 브랜드 인지도를 강화함으로써 진입장벽을 높이고 3개사의 지배적 위치를 확립하는 데 직접적이고도 결정적인 원인이 된 것으로 평가되고 있다. SEC는 1990년대 말까지 4개사를 추가로 NRSRO로 지정하였으나, 신용평가사들간의 합병으로 2000년경에는 다시 3개사 체제로 복귀하였다. 마침내 1990년대 후반에 이르러 글로벌 금융시장에서 3개 신용평가사의 위상은 군사력에서 미국이 차

---

[8] SEC(1975), Net Capital Rule, 17 C.F.R. § 240.15c3-1.

지하는 위상에 비견되는 것으로 간주되었다. 저널리스트인 토마스 프리드먼 Thomas Friedman은 1996년 언론 인터뷰에서 다음과 같이 언급하였다.

"나의 견해로는 오늘날 세상에는 2개의 슈퍼 파워가 있다. 미국과 무디스 채권평가사가 바로 그것이다. 미국이 폭탄을 투하함으로써 당신을 파괴할 수 있다면, 무디스는 채권등급을 강등함으로써 당신을 파괴할 수 있다. 단언하건대 때에 따라서는 무디스의 힘이 더 셀 수도 있다."[9]

【2006년 신용평가회사개혁법】

2001년 12월의 엔론 파산사태는 신용평가사의 기능과 역할을 재조명하는 계기가 되었다. 엔론의 신용등급을 파산 직전까지 투자등급으로 분류하여 워치독watch dog으로서의 기능수행에 실패한 신용평가사에 대한 규제개혁의 필요성이 제기되었던 것이다. 사베인스옥슬리법의 요구[10]에 따라 작성된 SEC의 보고서[11]와 의회 차원에서 이루어진 다수의 청문회 등에서 신용평가사와 관련한 다양한 문제점이 검토되었다. 예컨대 신용평가업의 진입장벽, NRSRO 지정제도, 발행자 비용부담 모델에 내재한 이해상충, 신용등급의 감독목적 활용금지, SEC에 의한 NRSRO 감독 등의 이슈들이 논의되었다. 이들 이슈들은 2006년부터 2010년까지 이루어진 의회의 신용평가회사개혁법 및

---

9 "The News Hour with Jim Lehrer: Interview with Thomas L. Friedman" (PBS television broadcast Feb. 13. 1996). Cane, Shamir & Jodar(2012), p.1,066에서 재인용.
10 엔론 사태 등 일련의 회계부정 사건의 대응책으로 2002년 제정된 사베인스옥슬리법의 제702조는 SEC에 신용평가사의 역할과 기능을 평가하는 보고서를 작성하도록 규정하였다.
11 SEC(2003, January).

SEC 규칙에 대부분 반영되었다.

2006년 9월 제정된 신용평가회사개혁법(Credit Rating Agency Reform Act of 2006, 이하 개혁법)은 신용평가사에 대한 정책을 종전의 시장규율에서 규제강화로 방향을 바꾸는 전환점이 되었다. 이 법은 서문에서 법의 제정목적이 신용평가사의 책임성, 투명성 및 경쟁촉진을 통해 신용평가의 품질을 제고함으로써 투자자보호 및 공익을 증진하는 데 있음을 밝혔다. 이 법은 증권거래법의 2개 조항(제3조 및 제17조)을 개정하고 1개 조항(제15E조)을 추가하여 신용평가사의 정의, 등록, 감독에 관한 내용을 규정하였다.

우선 동법 제3조는 증권거래법 제3조를 개정하여 신용평가, 신용평가회사, 공인 신용평가회사(NRSRO)에 대한 정의 규정을 신설하였다. 이에 따르면 신용평가란 기업의 전반적인 신용도(creditworthiness) 또는 특정 채권의 상환능력을 평가하는 것을 의미한다. 또한 신용평가회사란 ①인터넷 또는 대중이 쉽게 접근할 수 있는 방법에 의해, 무료 또는 합리적 가격으로, 신용등급을 평가·공표하는 사업에 종사하고 ②신용평가를 위해 정량적 또는 정성적 모델을 사용하며 ③발행자, 투자자, 또는 기타 시장참여자 등으로부터 수수료를 받는 회사를 의미한다. 그리고 NRSRO란 ①3년 이상 신용평가회사로서 신용평가업을 수행하였고 ②주요 적격기관(금융회사·브로커·딜러·보험회사·기업·ABS 발행자·정부채 발행자 등)으로부터 인증받은 신용등급을 평가·공표하였으며 ③SEC에 등록한 신용평가회사를 의미한다.

여기에서 특징적인 것은 개혁법이 NRSRO에 대해 처음으로 정의하였다는 점이다. SEC는 1975년에 NRSRO 제도를 도입하였으나, 이의 개념을 정의하지 않았으며 지정기준도 공개하지 않았다. SEC는 소위 '누구나 보면 알 수 있는'(we-know-it-when-we-see-it) 기준에 의해 NRSRO를 지정해왔던 것이다.

개혁법 제4조는 증권거래법 제15E조를 신설하여 NRSRO의 등록과 관련한 요건 및 절차를 규정하였다. 동 조항에 의해 신용평가사들이 일정 요건의 서류(Form NRSRO)를 갖추어 등록을 신청하면, SEC는 재무적 및 경영상의 자원이 불충분하다고 판단되는 경우 등 일정 경우를 제외하고는 90일 이내에 등록을 승인하여야 한다. 이 조항은 또한 미공개정보의 오용 방지, 이해상충의 관리, 불공정·사기·남용행위의 금지 등 NRSRO의 책임성 확보를 위한 규제를 도입하고, NRSRO가 이를 위반할 경우에는 등록취소 등 제재조치를 취할 수 있는 권한을 SEC에 부여하였다.

그리고 개혁법 제5조는 증권거래법 제17조를 개정하여 NRSRO의 기록작성 및 보존, 보고서 제출의무를 규정함과 아울러 SEC에 NRSRO 검사권한을 부여하였다.

SEC는 개혁법의 시행을 위한 일련의 규칙을 새로이 제정하고 2007년 6월 5일에 공표하였다.[12] 이 시행규칙은 등록요건(Rule 17g-1), 등록신청서 양식(Form NRSRO), 기록보존(Rule 17g-2), 연차재무보고서(Rule 17g-3), 미공개 중대 정보의 오용방지(Rule 17g-4), 이해상충의 관리(Rule 17g-5), 불공정·사기·남용행위의 금지(Rule 17g-6) 등으로 구성되어 있다.

개혁법은 NRSRO 등록 및 감독제도를 개혁함으로써 신용평가업의 경쟁을 촉진하는 것을 주요 목적으로 하였다. 종전까지의 모호하고 불투명한 비조치의견서에 의한 NRSRO 지정방식을 폐지하고, 등록요건과 절차를 투명하게 제시함으로써 새로운 진입을 촉진하고자 한 것이다. 그러나 이 법이 제정된 지 10년이 넘은 2017년 말 현재에도 NRSRO는 10개사에 불과하며, 상위 대형 3사의 시장점유율은 2007년 말 98.8%에서 2015년 말 96.5%로 소

---

12 SEC(2007, June).

폭 하향에 그침으로써 경쟁촉진 정책의 효과가 미미하다는 비판적 평가가 나오고 있다.[13]

【금융위기 이후의 신용평가사 개혁논의】

부정확한 신용평가가 금융위기를 초래한 주요 원인의 하나로 지목되면서 신용평가사는 강도 높은 비판의 대상이 되었다. 의회 및 대통령의 요청에 의해 구성된 금융위기조사위원회(FCIC)가 작성한 보고서[14]는 신용평가사의 기능실패가 금융위기의 중요한 축(essential cog)이었음을 지적하고, 3대 신용평가사를 금융붕괴의 주요 원인제공자(key enablers)로 지목하였다. 심지어 이 보고서는 3대 신용평가사가 없었더라면 금융위기는 발생하지 않았을 것이라고 단언하였는데, 금융위기의 핵심원인인 서브프라임 모기지 관련 증권은 이들 3개 신용평가사들의 승인이 없었더라면 판매되지 않았을 것이기 때문이다. '문제 모기지를 암적인 금융상품으로 전환'(bad mortgages into toxic financial assets)하는 데 있어 신용평가사의 기능실패가 중요한 원인으로 자리하고 있었던 것이다.[15]

채권시장의 주요 기관투자가들(MMF, 연기금 등)은 관련법규에 의해 우량채권에만 투자가 허용되어 있었지만 복잡한 구조화증권의 신용등급을 자체적으로 평가할 능력이 없었다. 투자자들은 3대 신용평가사들을 맹목적으로

---

13 2015년 말 현재 10개 공인 신용평가사가 평가한 신용등급은 총 233만 개에 이르며, 이 중 S&P(49.1%), 무디스(34.4%), 피치(13.4%) 등 대형 3사의 점유율이 절대적으로 높다. 또한 대형 3사가 보유한 신용분석사는 총 4,154명으로 10개 신용평가사 인력의 87.2%를 차지한다.
14 FSIC(2011).
15 FSIC(2011), pp.425~426.

신뢰하였고, 이들이 AAA 등급을 부여한 구조화증권에 무턱대고 투자하였던 것이다. 보고서는 신용평가사가 복잡한 구조화증권 시장의 버블과 붕괴에 책임이 있었음을 무디스의 사례를 들어 설명하였다. 무디스는 2000~2007년 중 4만 5,000건의 모기지증권을 AAA로 평가하였다. 이는 2010년 초 미국 기업 중에서 AAA 등급을 보유한 기업이 6개에 불과하다는 사실과 극명하게 대비된다. 2006년 한 해 동안 무디스는 매 영업일마다 30건의 모기지증권에 대해 AAA 등급을 부여하였는데, 금융위기가 진행되면서 이 중 83%가 등급 하향 되었다.

신용평가사의 기능실패가 금융위기에 깊이 연관되어 있다는 인식이 확산되면서 신용평가사 개혁을 위한 다양한 노력들이 이루어졌다. SEC는 2008년 10개월의 조사 끝에 신용평가사 기능실패의 원인과 권고를 담은 보고서[16]를 발표하였다. 그리고 이 보고서에 기초하여 2009년 중 세 차례(2월,[17] 10월,[18] 11월[19])에 걸쳐 신용평가사 규칙을 개정하였다. 2월과 11월의 개정은 구조화증권(특히 모기지 관련 증권)의 신용평가에 대한 신뢰성을 개선하는 데 중점을 두었으며, 그 주요 내용은 ①신용평가 방법의 투명성제고 ②신용평가의 성과에 대한 공시의무의 강화(1년·3년·10년의 부도 및 등급전이 통계 공시, 신용등급 중 10% 무작위추출 샘플에 대한 공시 등) ③이해상충을 초래하는 일정 행위의 금지(신용평가사가 자문서비스를 제공한 경우에는 신용등급의 평가 금지, 평가업무에 참여한 애널리스트는 수수료 책정에 관여 금지 등) ④기록보존 및 보고의무의 강화 등이다. 그리고 10월의 개정은 SEC 규칙 중 신용등급을 참조

---

16 SEC(2008, July).
17 SEC(2009, February).
18 SEC(2009, October).
19 SEC(2009, November).

하도록 규정한 일련의 조항들을 삭제하였다. 이러한 개혁조치들은 도드프랭크법 이후 더욱 강화된 형태로 나타나게 된다.

    이 밖에 신용평가사들도 자체적으로 신용평가의 객관성과 투명성을 제고하고 이해상충을 완화하기 위한 개혁조치들을 추진하였다. 또한 오바마 행정부와 의회는 신용평가사 개혁을 위한 다양한 입법안을 제출하였다. 이러한 개혁방안들은 도드프랭크법 제9편 C장(신용평가회사 규제개혁)에 종합적으로 반영되었다.

III
도드프랭크법의 신용평가회사 규제개혁

【신용평가회사의 책임성 강화】

도드프랭크법은 증권거래법 및 SEC 규칙 등 일련의 증권법규 개정을 통해 신용평가사에 적용되던 각종 면책특권을 폐지함으로써 신용평가사의 책임성을 크게 강화하였다.

(1) 잠재적 민사책임의 인정

증권거래법 제18조는 SEC에 잘못된 정보가 담긴 신청서, 보고서 또는 서류 등을 '신고'(file)한 자에 대하여 잠재적 민사책임을 인정하고 있다. 즉 SEC에 신고된 잘못된 정보를 기초로 증권을 매매함으로써 금전적 손해를 입은 자는 누구라도 그 잘못된 정보를 신고한 자에 대하여 민사소송을 제기할 수 있다.

이와 관련하여 증권거래법 제15E조는 기존에 신용평가회사의 등록신청서와 관련하여 '제출'(furnish)이라는 표현을 사용함으로써 신용평가회사에 대해 잠재적 민사책임을 면제해왔다. 도드프랭크법은 증권거래법 제15E조의 '제출'(furnish)이라는 표현을 '신고'(file)라는 표현으로 변경함으로써 신용평가회사(NRSRO)도 동법 제18조에 의한 잠재적 민사책임의 대상이 되도록 하였다.[20]

(2) 전망보고서 면책특권의 삭제

증권거래법 제21E조는 전망보고서(forwardlooking statements)에 대하여는 공인회계사 및 증권분석가에 적용하는 제재 및 벌칙규정의 예외를 두고 있다. 전망보고서란 증권을 발행하는 기업의 재무상태(수익·자본구조·배당 등)를 전망하거나 경영계획·목표 등을 기술한 보고서를 의미한다.[21] 그리고 기업이 작성한 전망보고서를 평가하기 위한 목적으로 외부의 제3자가 작성한 보고서도 전망보고서에 해당한다. 이와 관련하여 도드프랭크법은 신용평가기관의 보고서는 증권거래법 제21E조에 규정된 전망보고서에 해당되지 않는다고 규정함으로써 신용평가기관이 작성한 보고서에 대하여 적용해오던 전망보고서 면책특권을 삭제하였다.[22]

(3) 사적 소송에서 주관적 요건의 완화

미국은 1995년 증권소송의 남발을 방지하기 위한 목적으로 사적증권소송개혁법(PSLRA : Private Securities Litigation Reform Act of 1995)을 제정하였다. 이

---

20 도드프랭크법 제932조(a).
21 증권거래법 제21E조(i).
22 도드프랭크법 제933조(a).

법 제정 이전까지 미국에서는 증권소송이 남발하는 경향이 있었다. 증권소송의 구성요소에 대한 규제가 거의 없어 법적 근거가 취약하더라도 원고가 쉽게 소송을 제기할 수 있었던 데다 피고(금융회사)가 끝까지 싸워서 이기려 하기보다는 비용 면에서 유리한 화해를 선택하는 경우가 많았기 때문이다. 이에 따라 PSLRA는 증권사기 행위에 대한 원고의 입증책임을 크게 강화함으로써 소송남발을 방지하고자 하였다. PSLRA에 의해 도입된 요건 중의 하나로서 피고의 잘못된 '심리상태'(state of mind)가 있다. 즉, 원고는 피고가 고의 또는 과실로 중요 사실을 허위표시하거나 누락하였음을 입증하여야만 소송을 제기할 수 있도록 하였다.[23]

도드프랭크법은 신용평가사를 대상으로 한 손해배상청구에서 이러한 '심리상태' 요건을 완화하였다.[24] 즉 원고는 신용평가사가 신용리스크의 평가에 활용한 기초자료(factual elements)에 대해 고의 또는 과실로 ① 합리적인 조사를 하지 않았거나 또는 ② 합리적인 검증을 거치지 않았음을 입증하는 것만으로도 손해배상청구를 할 수 있게 되었다.[25] 이러한 도드프랭크법 규정은 원고의 입증책임을 완화하고 신용평가사의 책임을 강화한 것이다.

(4) 평가대상 기업의 법규 위반행위 제보

도드프랭크법은 증권거래법 제15E조(u)항을 개정하여 신용평가사가 인지하게 된 평가대상 기업의 법규 위반행위에 관한 정보를 규제당국에 제보하도록 규정하였다.[26] 신용평가사는 제3자로부터 평가기업의 위반행위 정보를

---

23 15 U.S.C. 78u-4(b)(2).
24 도드프랭크법 제933조(b).
25 증권거래법 제21D조(b)(2)(B).
26 도드프랭크법 제934조.

접수하고, 그 정보에 신뢰성이 있다고 판단하는 경우에는 규제당국에 제보하여야 할 의무가 있다. 그러나 신용평가사는 사실관계 확인이나 추가적인 분석 등을 통해 그 정보의 정확성을 검증하여야 할 의무는 없다.

(5) 공정 공시(Fair Disclosure) 면제조항의 삭제

2000년 8월 SEC는 흔히 'Regulation FD'로 알려진 공정 공시규제(Fair Disclosure Regulation)를 도입하였다. 공정 공시규제는 상장기업으로 하여금 중요 정보(material information)를 모든 투자자에게 동시에 공시하도록 의무화한 규제이다. 구체적으로 공정 공시규제는 증권시장의 전문가(브로커·딜러, 투자자문업자, 기관투자 매니저, 투자회사 등과 그 관계인)와 증권 보유자 등의 '특정인'(enumerated persons)에게만 선별적으로 중요 정보를 공시(selective disclosure)하는 것을 금지하고 있다. 공정 공시규제는 기업의 정보공개 방식을 근본적으로 변화시킴으로써 특정인들이 미공개 중요 정보를 이용하여 증권거래 등을 통한 부당이익을 도모하지 못하도록 하였다는 점에서 중요한 규제로 평가받고 있다.

공정 공시규제는 해당정보의 비밀을 유지하기로 약속한 자 등 일부에게 적용을 면제하여왔다.

또한 신용평가사도 공정 공시규제의 적용대상에서 제외시켜왔는데, 신용평가 결과가 일반에 공개된다는 점과 함께 공정 공시규제를 적용할 경우 신용평가의 질이 저하될 수 있다는 것이 그 이유였다. 이로 인해 신용평가사는 애널리스트 등 증권시장의 다른 참가자들이 얻을 수 없는 미공개 중요 정보에 합법적으로 접근이 가능하게 되었으며, 미공개 정보를 반영하여 신용평가를 할 수 있게 되었다. 신용평가사의 신용등급이 증권시장에서 독보적인 가치를 갖게 된 데는 이러한 공정 공시 면제조항이 중요한 요인으로 작용한 것

으로 알려지고 있다.[27]

도드프랭크법은 SEC로 하여금 공정 공시규제(Regulation FD)를 개정하여 신용평가사 면제조항을 삭제하도록 요구하였으며,[28] SEC는 2010년 9월 관련규칙을 개정하였다.[29] 그러나 면제조항 삭제가 신용평가사의 영업방식에 큰 영향을 끼치지는 못할 것이라는 시각이 있다.[30] 신용평가사는 기업과 비밀유지 협약을 통해 규제적용을 피해 갈 수 있기 때문이다.

(6) 전문가 면책조항의 삭제

SEC Rule 463(g)를 폐지한 도드프랭크법 제939G조는 신용평가사와 관련한 도드프랭크법 규정 중에서 가장 많은 논란의 대상이 된 조항이다. 이하에서 Rule 463(g)의 제정 및 폐지의 배경에 대해서 살펴보자.[31]

증권법 제7조 및 제11조는 소위 전문가 책임(liability of experts)에 대하여 규정하고 있다. 동법 제7조는 증권등록신고서 작성에 관여한 회계사, 공학자, 감정사 등 전문가의 성명기재 및 동의의무를 규정하고 있다. 그리고 제11조는 증권등록신고서에 이름을 올린 전문가는 중요한 사실을 허위로 기재하거나 누락한 경우에는 해당증권을 취득하는 사람들에게 손해배상책임을 부담하도록 규정하고 있다. 증권법 제11조는 증권 공시내용의 정확성제고와 투자자보호를 위해 증권등록에 직접적으로 관여한 자들에 대하여 엄중한 책임을 부과하고 있는 것이다.

신용평가사들은 전문가 책임을 회피하기 위하여 신용평가 결과, 즉 신용등

---

27 Jorion, Liu & Shi(2004).
28 도드프랭크법 제939B조.
29 SEC(2010, September).
30 Gibson Dunn(2010) 및 Martin and Franker(2011) 참조.
31 이에 대해서는 Cane, Shamir & Jodar(2012) 참조.

급이 기업·증권의 신용도에 대한 하나의 '의견'(opinion)을 나타내는 것일 뿐이라고 주장해왔다. 이들에 따르면 신용도에 대한 '의견'은 어떤 증권의 매입·매도·보유를 위한 '권고'(recommendation) 내지는 '자문'(advise)과는 구별되는 것이다. 신용등급에 대한 신용평가사들의 이러한 견해는 미국에서 신용평가사들이 언론과 동등한 지위를 가지며 따라서 헌법(수정헌법 제1조)상 보장된 권리인 '표현의 자유'에 의한 보호를 받아야 한다는 주장으로 연결되었다. 그리고 나아가서 신용평가의 내용이나 방법에 대해서 어떠한 정부규제도 적용되어서는 안 된다는 주장으로 귀결되었다.[32]

SEC는 1970년대 말까지 증권등록신고서 등 각종 보고서에 신용등급의 기재를 허용하지 않았다. 그러나 1970년대 후반에 이미 자본규제와 민간의 증권투자 목적으로 신용등급이 광범위하게 활용되고 있다는 점을 고려하여 SEC는 1977년 기업이 발행하는 채권의 등록신고서 및 투자설명서에 신용등급의 공시를 허용하는 방안에 대한 공개제안서[33]를 발표하였다. 동 공개제안서에는 신용평가사에 대해 증권법 제7조 및 제11조의 규정을 적용할 것인지 여부도 포함되어 있었다.

SEC는 공개의견 수렴결과를 토대로 몇 년간의 검토를 거쳐 1982년에 증권등록신고서 등에 신용등급을 자발적으로 공시하는 임의공시제도를 도입함과 아울러 NRSRO에 대해 증권법 제7조 및 제11조의 적용을 면제하는 규칙(Rule 436(g))을 발표하였다.[34] 이 규칙에 의해 발행자는 NRSRO의 동의를 구하지 않고 자발적으로 증권등록신고서 또는 투자설명서에 신용평가등급을 공시할 수 있게 되었으며, NRSRO는 이에 대해 어떠한 책임도 부담하지

32　J. Katz(2009).
33　SEC(1977, November).
34　SEC(1982, March).

않아도 되었다. SEC가 NRSRO에게 면책특권을 부여한 것은 임의공시제도를 활성화함과 아울러 면책특권을 부여하지 않을 경우 예상되는 신용평가 업무의 질적 수준저하 및 자본조달 비용의 상승 등 부작용을 방지하기 위함이었다.[35]

Rule 436(g) 도입 이후 신용평가사는 30년 가까이 증권법상 전문가 책임에 대한 면책특권을 누렸다. 그러나 투자의사결정에 있어 신용등급의 중요성이 점점 커지게 되자 SEC는 투자자보호를 위해 동 규칙의 폐지 필요성을 검토하게 되었다. 2009년 발표된 개념설명[36]에서 SEC는 신용평가 업무의 질적인 수준 개선, NRSRO와 일반 신용평가사간의 공정 경쟁여건 조성, 그리고 일반적으로 신용등급이 전문가의 견해로 간주된다는 점 등을 들어 동 규칙을 폐지할 방침임을 밝혔다. 흥미롭게도 SEC의 이러한 폐지논거의 일부는 1982년 Rule 436(g)를 도입할 때 제시하였던 논거와 정면으로 상반되는 것이다.

도드프랭크법 제939G조는 SEC의 이러한 의도가 반영된 것이다. 미 의회는 Rule 436(g)를 폐지함으로써 부실한 신용평가에 대해서는 책임을 져야 한다는 메시지를 신용평가사에게 던지고자 하였다. 이제 증권등록신고서 또는 투자설명서에 신용평가 등급을 공시하고자 하는 발행자는 NRSRO의 동의를 기재하여야 하며, 동의를 제공한 NRSRO는 증권법 제11조에 의한 전문가 책임을 부담하여야만 하게 된 것이다.

그러나 도드프랭크법의 의도는 그리 성공적이지 못하고 있는 것으로 보인다. 도드프랭크법 제정 직후 대형 신용평가사(NRSRO)들은 전문가 책임 회

---

[35] Cane, Shamir & Jodar(2012) 참고.
[36] SEC(2009, October 15).

피를 위해 증권등록신고서에 성명기재 동의를 공개적으로 거부하는 방식으로 대응하였다. 이로 인해 신용등급의 의무 공시제도[37]가 도입된 유동화증권(ABS) 시장은 신규 발행이 중단되다시피 경색되었으며, 신용등급의 공시의무를 이행하지 않은 ABS 발행자에 대하여 제재조치를 취하지 않을 것이라는 SEC의 비조치의견서[38]가 발동되고 난 뒤에야 정상화된 바 있었다. Rule 436(g)의 폐지에 따른 효과는 미미한 수준에 그치고 있다는 평가이다.[39]

【신용평가의 투명성강화】

도드프랭크법은 신용평가의 투명성강화를 위한 일련의 개혁조치를 도입하였다. 이러한 개혁조치는 증권거래법 제15E조와 관련되는 것이다.

(1) 신용등급 결정과 관련한 내부통제체제의 구축

도드프랭크법은 증권거래법 제15E조(c)를 개정하여 신용평가회사(NRSRO)로 하여금 신용등급 결정과 관련한 내부통제체제(internal control structure)를 구축하도록 요구하였다.[40] 동 규정의 이행을 위해 2014년 8월 발표한 규칙에서 SEC는 내부통제체제에 독립된 제3자에 의한 신용등급 결정기법의 점검, 시장참가자로부터의 공개의견 수렴, 내부통제체제의 운영을 위해 충분한 자원을 투입하였는지 여부 점검, 내부통제 위반행위의 보고 및 위

---

37 Regulation AB, Items 1103(a)(9) 및 1120 참조.
38 SEC(2010. November 23).
39 Martin and Franker(2011).
40 도드프랭크법 제932조(a)(2).

반 직원에 대한 재교육 절차의 운영 등의 내용을 포함하도록 하였다.[41]

(2) 이사회의 구성 및 책무

도드프랭크법은 증권거래법 제15E조에 (t)항을 추가하여 신용평가사(NRSRO) 이사회의 구성 및 책무에 대하여 규정하였다.[42] 이사회의 1/2 이상은 독립이사(independent director)로 구성되어야 하며, 독립이사의 일부는 신용평가사의 고객(신용등급의 이용자)으로 충원되어야 한다. 독립이사는 신용평가사로부터 컨설팅, 자문 등의 보수를 받지 말아야 하며, 신용평가사의 관계인이어서는 안 된다. 독립이사는 신용평가사의 경영실적과 연동된 성과보수를 받을 수 없다. 또한 독립이사의 임기는 5년을 초과할 수 없으며 연임이 불가하다.

신용평가사의 이사회는 일반적인 이사회의 책무에 더하여 다음과 같은 사항을 감시할 책무를 갖는다:

①신용등급 결정에 관한 정책 및 절차의 수립·유지·이행
②이해상충 문제의 해소·관리·공시에 관한 정책 및 절차의 수립·유지·이행
③신용등급 결정과 관련한 내부통제체제의 유효성
④신용평가사의 보상 및 승진과 관련한 정책 및 관행

도드프랭크법의 독립이사 규정은 사베인스옥슬리법의 회계법인 지배구조 규정을 신용평가사에 적용한 것이다. 이와 관련하여 일부 연구는 독립이사의 확대는 지배구조 개선에 효과가 없을 뿐만 아니라 오히려 새로운 이해상충 문제를 초래할 수 있다는 우려를 제기하였다.[43] 예컨대 독립이사에 투자자를

---

41 SEC(2014, August 27).
42 도드프랭크법 제932조(a)(8).
43 Knight and Calabria(2016) 참조.

포함하도록 한 도드프랭크법의 규정은 이해상충을 완화한 것이 아니라 단지 하나의 이해상충(발행기업의 이해상충)을 다른 이해상충(투자자 이해상충)으로 대체하였을 뿐이라는 것이다. 투자자들도 자신이 보유하는 증권의 신용등급을 부풀리게 하려는 유인을 갖기 때문이다.

(3) 신용등급 정보의 공개요건 강화

도드프랭크법은 증권거래법 제15E조에 일부 항((q), (r), (s) 등)을 추가하여 신용등급 정보의 공개요건을 강화하였다.[44] 신용평가사(NRSRO)는 발행기업, 증권, 단기금융상품 등 각 종류별로 최초의 신용등급(initial credit ratings)과 이후의 신용등급 변동내역을 공개하여야 한다. 투자자 및 시장참가자들이 신용평가 결과의 정확도를 신용평가사간에 쉽게 비교 평가할 수 있도록 하기 위함이다. 이와 관련하여 SEC는 2014년 관련규칙[45] 개정을 통해 신용등급의 전이 및 부도율 등을 포함하여 신용등급 관련정보의 역사적 추이에 대한 공시요건을 강화한 바 있다.

또한, 신용평가사는 신용평가의 방법 및 절차를 이사회로부터 승인받아야 하며, 신용평가 절차 및 방법과 관련하여 중대한 변경이 발생하거나 심각한 오류가 발견되는 경우에는 그 내용을 공시하여야 한다.

그리고 투자자 및 시장참가자들이 신용평가에 사용된 주요 가정과 원칙을 잘 이해할 수 있도록 정보의 공개요건을 강화하였다. 신용평가사는 신용등급 공개시 일정한 양식에 따라 도드프랭크법에서 규정한 질적·양적 정보를 공개하여야 한다.

---

44 도드프랭크법 제932조(a)(8).
45 SEC Rule 17g-1, Rule 17g-2, Rule 17g-7.

(4) ABS 신용등급 평가에 활용한 제3자 실사보고서의 공개

신용평가회사는 자산담보부증권(ABS: Asset-backed security)의 신용등급 평가를 위해 제3자 실사보고서(third-party due diligence report)를 활용할 수 있다. 여기에서 제3자라 함은 통상 회계법인을 지칭한다. 그리고 실사란 ABS의 발행자가 제공한 정보의 정확성 여부, ABS 발행과 관련한 규정·지침의 준수 여부, 담보자산의 가치, 발행자의 원리금 상환능력에 중대한 영향을 미칠 수 있는 기타 요소 등을 점검할 목적으로 기초자산을 검토하는 것을 의미한다.[46]

이와 관련하여 도드프랭크법은 증권거래법 제15E조에 (s)(4) 항목을 추가하여 ABS 실사보고서의 투명성강화를 위한 몇 가지 새로운 규제를 도입하였다.[47] 첫째, ABS의 발행자 또는 인수자는 실사보고서의 내용을 일반 공중에 공개하여야 한다. 둘째, 실사보고서의 작성자는 신용등급 평가의 정확성을 기하기 위해 데이터, 서류, 정보를 충분히 검토하였음을 나타내는 확인서(certification)를 SEC가 정하는 서식(Form ABS Due Diligence-15E)에 따라 제공하여야 한다. 셋째, 이 확인서는 SEC가 정하는 바에 따라 일반 공중에 공개되어야 한다. 도드프랭크법은 이 새로운 규제를 통해 ABS 실사보고서를 투명하게 공개함으로써 그 적정성 여부를 일반 공중이 평가할 수 있도록 한 것이다.

(5) 제3자 제공 정보의 활용

도드프랭크법은 증권거래법 제15E조에 (i)항을 추가하여 발행기업 이외에 제3자로부터 얻은 정보를 신용등급 결정에 활용하도록 요구하였다.[48] 즉 공정하고 정확한 신용평가를 위해 발행기업이 제공하는 정보뿐만 아니라 제

---

46 SEC Rule 17g-10(d)(1).
47 도드프랭크법 제932조(a)(8).
48 도드프랭크법 제935조.

3자가 제공하는 정보 등 모든 신뢰 가능한 정보를 바탕으로 신용등급을 평가할 것을 요구한 것이다.

도드프랭크법이 이러한 규정을 포함한 것은 발행기업에서 제공한 정보만을 바탕으로 한 신용평가가 종종 부정확한 평가의 원인이 되었기 때문이다. 예를 들어 2001년 S&P와 무디스는 엔론사의 신용등급을 파산 직전까지 투자등급으로 분류하였는데, 이는 엔론사가 파산 직전까지 신용평가사에 잘못된 정보를 제공하였기 때문이다. 또한 미국 은행들이 서브프라임 대출의 건전성에 대하여 신용평가사에 잘못된 정보를 제공함으로써 서브프라임 모기지 증권의 신용평가가 부정확하게 이루어지고 금융위기가 심화된 것은 잘 알려진 사실이다.

(6) 신용평가사 애널리스트의 전문성 기준 마련

도드프랭크법은 신용평가사 애널리스트의 전문성 기준에 관한 규칙을 마련할 것을 SEC에 요구하였다.[49] 신용평가사 애널리스트가 정확한 신용등급을 산출할 수 있는 훈련, 경험 및 능력 등 충분한 전문성을 갖추도록 하기 위한 목적이다. 이에 따라 SEC는 2014년 8월 신용평가사의 애널리스트 전문성 기준인 Rule 17g-9를 도입하였다.[50]

(7) 신용등급 기호의 통일기준(universal rating symbol)

도드프랭크법은 신용등급 기호의 통일을 위한 규칙을 도입할 것을 SEC에 요구하였다.[51] 이에 따라 SEC는 2014년 8월 Rule 17g-8(b)를 제정하여

---

49 도드프랭크법 제936조.
50 SEC(2014, August 27).
51 도드프랭크법 제938조.

각 신용평가사로 하여금 ①발행기업의 부도확률 산출 ②신용등급 기호(rating symbol)의 명확한 정의 ③신용등급 기호의 일관된 적용 등에 관한 정책·지침을 마련하도록 규정하였다.[52]

또한 도드프랭크법은 모든 신용평가사들이 동일한 등급기준, 용어, 기법, 조건(스트레스 조건 등)을 사용하도록 표준화하는 것이 바람직한지 여부에 관한 연구보고서를 작성하여 의회에 보고하도록 SEC에 요구하였다.[53] SEC는 연구보고서[54]에서 표준화는 신용등급간의 비교를 용이하게 하고, 조작가능성을 낮춤으로써 정확도를 높이는 긍정적 효과가 있을 것으로 분석하였다. 그러나 SEC는 신용평가사가 사용하는 신용등급 기호 및 기법이 매우 다양하여 현실적으로 표준화가 가능하지 않으며, 오히려 신용평가 기법을 개선하고자 하는 신용평가사의 인센티브를 저하시킬 수 있음을 우려하였다. 이에 따라 SEC 보고서는 신용평가사별로 자신만의 고유한 신용평가 기호 및 기법을 계속해서 사용토록 허용하는 것이 바람직하다고 권고하였다.

【이해상충의 방지】

(1) 신용평가업의 이해상충 문제

신용평가업에 있어 발행자 비용부담의 모델(issuer pay model)에는 이해상충 문제가 내재해 있다. 피평가자(발행기업)의 등급쇼핑(rating shopping)과 신용평가사간의 시장점유율 경쟁이 결합되어 자연스럽게 신용등급을 부풀리게

---

52 SEC(2014, August 27).
53 도드프랭크법 제939조(h).
54 SEC(2012, September).

하는 유인이 초래된다는 것이다. 등급쇼핑이란 피평가자가 자신에게 가장 양호한 등급을 부여하는 기관을 선택하기 위해 사전에 기관별 신용등급을 비교하는 행위를 의미한다.

이해상충 문제는 신용평가사와 발행기업간의 밀접한 관계에 의해 더욱 악화될 수 있다. 신용평가사는 발행기업의 신용도 정보를 충실하게 파악하기 위해 밀접한 관계를 유지할 필요가 있지만, 이로 인해 발행기업과 유착관계가 형성될 경우 실제보다 양호하게 등급을 결정하거나 등급하향을 늦추어 달라는 고객(발행기업)의 요청을 뿌리치기가 어려워지기 때문이다.

복잡한 구조화증권에서는 이해상충의 문제가 더욱 심화된다. 전통적인 금융상품의 경우에는 평가등급 결정 이전에 신용도를 개선하거나 위험도를 낮출 수 있는 여지가 적지만, 구조화증권에서는 신용등급 개선을 위한 증권구조의 재설계가 가능하기 때문이다. 신용평가사는 자사의 신용평가 모델에서 높은 신용등급을 받기 위해 요구되는 트렌치 요건 등 증권구조에 대해 자문서비스를 발행기업에 제공하며, 발행기업은 이러한 자문을 바탕으로 목표로 하는 수준의 신용등급을 얻을 때까지 증권구조를 반복적으로 재설계한다. 구조화증권의 설계를 둘러싼 신용평가사와 발행기업간의 이러한 반복적인 상호교류는 결국 '등급 부풀리기'의 원천이 된다.

신용평가사들은 신용평가의 공정성에 대한 일반의 신뢰, 즉 평판에 의존하고 있는 신용평가업의 특성상 이해상충의 문제가 발생하지 않는다고 항변해 왔다. 신용평가사가 고객기업의 신용등급을 부적절하게 부풀려서 평가한다는 것이 알려지면 신용평가사의 가장 중요한 자본인 평판이 손상되고, 나아가 신용평가사의 수익성이 악화될 것이므로 이해상충의 유인이 발생하지 않는다는 것이다.

그러나 신용평가사에 대한 규제 강화론자들은 평판이 이해상충의 근본적 해결책이 될 수 없다고 주장한다. 신용평가업에 존재하는 진입장벽과 '2개 등급을 조회하는 관행'(two-rating norm)으로 인해 신용평가사간의 경쟁이 그리 치열하지 않기 때문이라는 것이다. 2개 등급 조회관행이란 각 발행증권에 대해 2개의 신용평가사로부터 신용등급을 조회하는 관행을 말하는 것으로, 2개 신용평가사간의 경쟁을 제한하는 효과를 가져온다.[55] 규제당국이 NRSRO의 등록절차 개혁을 통해 신용평가업의 경쟁을 촉진하고자 하였으나 그 효과가 미미하였음은 앞에서 설명한 바와 같다.

(2) SEC의 이해상충 규칙(Rule 17g-5)

이러한 배경에서 SEC는 2007년 신용평가업의 이해상충 규제를 위해 Rule 17g-5를 도입하였다. Rule 17g-5의 규제는 세 가지로 요약할 수 있다. 첫째, 특정한 이해상충에 대하여 공시의무를 부과하였다. 공시하지 않은 이해상충은 금지된다. 둘째, 특정한 이해상충은 절대적으로 금지(absolute prohibition)하였다. '절대적 금지'란 공시 여부에 상관없이 금지된다는 뜻이다. 두 번째 유형의 이해상충은 절대적으로 금지된다는 측면에서 공시를 조건으로 허용되는 첫 번째 유형의 이해상충과 대비된다. 마지막으로 신용평가사에 이해상충 방지를 위한 정책 및 절차를 도입하도록 의무화하였다.

(3) 도드프랭크법의 이해상충 규제

이상과 같은 이해상충 규제에 더하여 도드프랭크법은 신용평가사의 이해상충 방지를 위해 세 가지 새로운 규제를 도입하였다.

---

55 2개 등급 조회관행으로 인해 신용평가업은 무디스와 S&P로 구성되는 '파트너 독점'(partner monopoly)으로 불리기도 한다. Cane, Shamir & Jodar(2012) 참고.

Rule 17g-5에 의해 공시 또는 금지되는 이해상충

공시대상 이해상충	① 발행기업으로부터 받은 신용평가 수수료 ② 신용평가 이외의 서비스 제공을 대가로 받은 수수료 ③ 감독기준 준수 등을 위해 신용등급을 활용하는 투자자로부터 받은 수수료 ④ 신용등급에 의해 영향을 받는 투자자산(거래)을 소유(체결)한 투자자로부터 받은 수수료 ⑤ 신용평가사 직원이 보유하고 있는 평가대상 증권에 대한 소유지분 ⑥ 신용평가사 직원과 발행기업간의 사업관계 ⑦ 신용평가사 계열사 중 인수업무를 취급하는 브로커·딜러 현황 ⑧ 발행기업이 수수료를 지급한 ABS 또는 MBS 증권에 대한 신용등급 평가내용 ⑨ 기타 신용평가사에 중대한 이해상충 내용
금지대상 이해상충	① 특정 발행인으로부터의 수수료 수입이 신용평가사 총수익의 10% 초과 금지 ② 신용평가사, 애널리스트 및 그 관리자는 평가대상 기업의 증권 또는 소유지분 보유 금지 ③ 신용평가사의 계열사에 대한 신용평가 금지 ④ 애널리스트 또는 그 관리자가 임직원으로 근무하는 기업에 대한 신용평가 금지 ⑤ 신용평가사가 자문서비스(기업구조·법률·자산·부채·업무활동 등)를 제공한 발행인에 대한 신용평가 금지 ⑥ 신용평가업무에 참여한 자는 수수료 책정에 관여 금지 ⑦ 애널리스트 또는 그 관리자는 평가대상 기업으로부터 25달러 이상 선물수취 금지 ⑧ 판매·마케팅 담당자의 등급결정 업무에 간여 금지* * 도드프랭크법에 의해 추가된 금지항목임.

① 등급결정 업무와 판매·마케팅 업무간 이해상충의 방지

도드프랭크법은 증권거래법 제15E조에 (h)(3)항목을 추가하여 SEC로 하여금 등급결정 업무와 판매·마케팅 업무간 이해상충 방지를 위한 규칙을 마련할 것을 요구하였다.[56] 이에 따라 2014년 8월 SEC는 판매·마케팅 담당자가 등급결정 업무에 간여하는 것을 절대적으로 금지하는 내용을 골자로 한 Rule 17g-5(c)를 도입하였다.[57] 동 규칙에 따라 NRSRO는 등급결정 업무와 판매·마케팅 업무를 엄격히 분리하여야 한다. 위에서 설명한 바와 같이 SEC

---

56 도드프랭크법 제932조(a)(4).
57 SEC(2014, August 27).

는 2007년 Rule 17g-5에 의해 이해상충이 절대적으로 금지되는 7개 항목을 규정한 바 있는데, 도드프랭크법으로 인해 8개 항목으로 늘어나게 되었다. SEC는 동 규정을 위반한 NRSRO에 대하여 등록을 정지 내지 취소할 수 있는 권한을 갖는다.

② 신용평가회사 퇴직 임직원의 이해상충 방지('Look-back' review)

신용평가회사의 임직원은 종종 평가대상 기업으로 이직하는 경우가 있다. 이로 인해 이해상충의 문제가 발생한다. 도드프랭크법의 제창자 중 1명인 바니 프랭크^{Barney Frank} 하원의원은 다음과 같이 표현하였다.

"신용평가회사의 임직원은 더 많은 돈을 벌기 위해 평가대상 기업으로 이직을 하고 싶어 한다. 특정 기업에 대해 비판적인 시각을 견지하면서 동시에 그 기업이 자신을 고용해주기를 바라는 것은 인간의 본성에 어긋나는 것이다."(WSJ 2011)

어떤 실증연구에 따르면 평가대상 기업으로 이직을 앞두고 있는 애널리스트는 대상기업에 대한 신용등급을 관대하게 결정하는 경향(직전해 대비 0.18~0.23노치 상향)이 있는 것으로 나타났다.[58]

이러한 인식에 따라 도드프랭크법은 증권거래법 제15E조에 (h)(4)항목을 추가하여 소위 회전문 현상(revolving door)에 따른 이해상충을 차단하기 위한 적절한 정책·지침을 마련할 것을 신용평가사(NRSRO)에 요구하였다.[59] 회전

---

58 Cornaggia and Xia(2014).
59 도드프랭크법 제932조(a)(4).

문 현상이란 신용평가사의 임직원이 평가대상 기업으로 이직하는 것을 말한다. 구체적으로 도드프랭크법은 애널리스트가 대상기업으로 이직한 지 1년 이내에 등급결정이 이루어진 경우에는 이의 적정성 여부를 '재검토'(Look-back review)하고 필요시 신용등급을 수정할 것을 요구하였다.

③ 신용평가회사 퇴직 임직원의 재고용정보 공개

도드프랭크법은 증권거래법 제15E조에 (h)(5)항목을 추가하여 신용평가사 퇴직 임직원의 재고용정보를 SEC에 보고하도록 규정하였다.[60] 즉, 최직근 5년 동안 신용평가사(NRSRO)의 임직원으로 재직한 경험이 있던 자가 그 신용평가사로부터 최직근 12개월 이내에 신용평가를 받은 적이 있는 기업으로 이직한 사실을 인지하거나 인지하게 될 것으로 기대되는 경우에는 이를 SEC에 보고하여야 한다. SEC는 신용평가사로부터 보고받은 정보를 일반 공중에 공개하여야 한다.

(4) 프랭크 수정조항

도드프랭크법 제939F조는 소위 프랭크 수정조항(Franken Amendment)에 대해 규정하였다. 프랭크 수정조항은 상원의원인 앨 프랭크$^{Al\ Franken}$의 발의에 의해 증권거래법 제15E조에 추가된 (w)항을 말하는 것이다. 이 조항은 SEC가 창설하는 지정위원회(Credit Rating Agency Board)에 의해 운영되는 '구조화증권 신용평가 지정제도'(assigned credit ratings)를 도입하였다. 동 제도에서는 지정위원회가 지정하는 신용평가사(NRSRO)가 구조화증권에 대하여 1차적으로 신용등급(initial credit rating)을 평가한다. 발행인은 희망하는 경우

---

60 도드프랭크법 제932조(a)(8).

에 다른 신용평가사에 의한 제2차, 제3차의 신용등급을 받을 수 있다. 프랭큰 수정조항은 신용평가사에 의한 등급쇼핑을 차단함으로써 신용평가업에 내재하는 등급 부풀리기 등 이해상충 방지를 목적으로 한 것이다.

프랭큰 수정조항은 2009년 12월 통과된 하원법안에서는 포함되지 않았으며, 2010년 5월 통과된 상원법안에서 추가된 것이다. 도드프랭크법은 타협안으로서 프랭큰 수정조항의 타당성에 대한 연구보고서를 작성하여 의회에 보고할 것을 SEC에 요구하였다.[61] 동 규정에 따라 2012년 12월 마련한 보고서[62]에서 SEC는 프랭큰 수정조항이 이해상충 완화 및 신용평가 정확성제고 등 일부 긍정적 효과에도 불구하고 발행인의 등급쇼핑 등 이해상충 해소에 미흡하며, 제도가 복잡하고 운영에 비용이 많이 소요되는 등의 문제점을 지적하였다.

【신용평가등급에 대한 과도한 의존 금지】

(1) 배경

지난 금융위기에서 드러난 가장 큰 문제점 중의 하나는 은행을 포함한 많은 시장참가자들이 신용평가사의 신용평가 결과에 지나치게 의존한다는 점이었다. 시장참가자들은 자체적인 리스크 평가노력을 등한시한 채 외부 신용등급에 의해서만 금융상품의 리스크를 평가하는 경향을 보였다. 이러한 경향이 초래된 주요 원인의 하나는 국제기구와 각국의 감독당국이 각종 법규에

---

61 도드프랭크법 제939F조.
62 SEC(2012, December).

외부 신용등급을 광범위하게 활용한다는 점이었다.

외부 신용등급을 감독수단으로 가장 먼저 활용한 국가는 미국이었다. 미국은 1930년대 대공황과 금융위기를 겪으면서 통화감독청(OCC), 연준(Fed) 등 감독당국이 외부 신용등급을 감독목적으로 활용하기 시작하였으며, 1975년 SEC의 공인 신용평가회사(NRSRO) 제도 도입을 계기로 금융업 전반에 걸쳐 감독기관 및 민간기업의 NRSRO 신용등급 활용이 확대되었음은 앞에서 설명한 바와 같다.

외부 신용등급의 이용이 전 세계적으로 확산된 계기는 2004년 6월에 최종 확정된 바젤Ⅱ 자본체계의 도입이었다. 바젤Ⅱ 자본체계가 규제자본의 신용리스크 민감도를 높이기 위한 방법의 일환으로 일정한 자격을 갖춘 '적격 신용평가기관'이 평가한 신용등급을 익스포져의 신용리스크 평가기준으로 활용토록 함에 따라 외부 신용등급이 국제적으로 공인된 감독수단으로 등장한 것이다.

G7의 요청에 따라 바젤은행감독위원회(BCBS) 산하의 조인트포럼(Joint Forum)이 12개 국가들을 대상으로 조사한 바에 따르면, 각국의 감독당국은 외부 신용등급을 바젤Ⅱ 규제자본의 산출, 적격 투자증권의 지정, 유동화증권의 신용위험 평가, 공시관련 규제, 투자설명서(prospectus)의 적격성 심사 등 크게 5개 목적으로 활용하고 있었던 것으로 나타났다.[63]

그러나 규제당국이 외부 신용등급을 각종 감독법규에 '긴밀히 접착'(hard wiring)하여 감독수단으로 광범위하게 활용한 것은 의도치 않은 부작용을 초래하였다. 시장참가자들이 외부 신용등급에 과도하게 의존하게 되었으며, 이는 지난 금융위기에서 경험한 바와 같은 막대한 '전염효과'(spillover effect)의

---

[63] BCBS(2009, June).

원인이 되었다. 예컨대 신용평가사들이 구조화증권의 신용등급을 투자등급 이하로 급락시킴에 따라 금융회사들이 이들 증권을 헐값에 매각(fire-sale)할 수밖에 없었으며, 이로 인해 금융시장 전반에 걸쳐 급격한 유동성경색과 자산손실이 초래되었던 것이다.

이러한 인식에 따라 국제기구를 중심으로 외부 신용평가등급에 대한 과도한 의존을 축소하기 위한 노력이 진행되었다. 금융안정위원회(FSB)는 G20의 요청에 따라 2010년 10월에 외부 신용등급에 대한 의존축소를 위한 일련의 원칙을 발표하였다.[64] 동 원칙은 각종 법규에 산재해 있는 외부 신용등급 참조조항을 삭제 또는 대체, 은행 등 시장참가자의 기계적인 외부 신용등급 사용자제 및 자체적인 신용평가 실시 등을 주요 내용으로 하였다. 그리고 미국은 이보다 앞서 2010년 7월 공표된 도드프랭크법에서 외부 신용등급 의존도 축소에 관하여 규정하였다.

(2) 도드프랭크법 규정

도드프랭크법 제939조 및 제939A조는 신용등급 의존도 축소에 관하여 규정하였다. 동법 제939조는 일련의 금융법[65]을 개정하여 신용등급 참조조항, 예컨대 '투자등급' 또는 '최소한 1개 이상의 NRSRO에 의해 평가된 최상위 2개 등급' 등의 표현을 삭제하고, 이를 연방감독기관이 마련한 다른 '신용도 기준'(standards of credit-worthiness)으로 대체하였다. 또한 동법 제939A조는 각 연방감독기관들로 하여금 각종 감독규칙에 산재해 있는 신용등급 참조조항을 삭제하고, 이를 각 연방감독기관이 자체적으로 마련한 신용도 기준

---

64 FSB(2010, October).
65 예금보험공사법(제7조 및 제28조), 연방주택공사금융안정성 및 건전성법(제1319조), 투자회사법(제6조), 증권거래법(제3조) 등.

으로 대체할 것을 요구하였다. 특히 각 연방감독기관이 신용도 기준을 마련함에 있어서는—가능한 범위에서—광범위하게 활용될 수 있는 '통일적 기준'(uniform standard)을 마련할 것을 요구하였다.

이러한 규정에 따라 OCC, 연준(Fed), FDIC, SEC, NCUA 등 연방감독기관들은 관련규칙들을 개정하여 '신용등급'을 대체하기 위한 새로운 '신용도 기준'들을 도입하였다.[66] 예컨대 SEC는 브로커·딜러에 적용되는 순자본규제기준에서 요구자본량 경감을 위한 신용도 기준을 종전의 'NRSRO 신용등급(최상위 2개 등급)'에서 브로커·딜러가 자체적으로 정하는 '최저 신용위험'(minimal amount of credit risk)으로 대체하였다.[67] 그리고 '최저 신용위험'을 평가함에 있어서는 ①신용스프레드 ②증권 관련 보고서 ③내부 및 외부의 신용위험 평가 ④부도율 통계 ⑤지수(index)에 포함 여부 ⑥신용보강 여부 ⑦가격, 수익률 및 거래량 ⑧자산군별 특징적 요소 등을 고려하도록 요구하였다.

여기에서 한 가지 주목할 점은 연방감독기관들이 신용도 기준을 결정하기 위한 하나의 고려요소로서 '신용등급'을 포함하고 있다는 점이다. 이는 도드프랭크법(제939조 및 제939A조)의 당초 취지에서는 다소 벗어난 것으로 이해된다. 도드프랭크법 조문은 금융법 및 감독규칙에서 신용등급 참조조항을 삭제하고 다른 신용도 기준으로 대체할 것을 명시적으로 요구하였기 때문이다.

연방감독기관들이 도드프랭크법 규정에도 불구하고 신용등급의 활용을 완전히 배제하지 않은 것은 두 가지 이유 때문이다. 하나는 도드프랭크법에서 요구한 바와 같은—'신용등급 기준'을 대체할 수 있는—'통일 신용도 기준'[68](uniform standard of credit-worthiness)을 현실적으로 찾기가 불가능했다는

---

[66] 이에 대한 논의는 FSB(2014), Pascalis(2016), Soroushian(2016) 등을 참조.
[67] SEC(2013, December).
[68] 도드프랭크법 제939A조(b).

것이고, 다른 하나는 시장참가자들이 신용등급 기준을 완전히 배제하는 데 강력한 불만을 제기했던 것이다.

이에 따라 연방감독기관들은 시장의 요구도 만족시키면서 도드프랭크법의 규정을 이행하기 위한 절충안적인 해법으로서 신용도 결정을 위한 고려요인의 하나로서 신용등급의 활용을 허용한 것이다. 도드프랭크법 이전에 신용등급은 신용도 결정을 위한 가장 중요한 — 아마도 유일한 — 요인으로서 절대적 지위를 누렸으나 이제는 여러 고려요인의 하나로서 상대적 지위만을 갖게 되었다. 결국 감독기관들이 배제한 것은 신용등급 그 자체가 아니라 신용등급이 누렸던 배타적이고 절대적인 지위였던 것이다.[69]

【신용평가사에 대한 감독검사 강화】

SEC는 2006년 신용평가개혁법에 의해 신용평가사(NRSRO) 검사권을 확보한 바 있었다. 이러한 연장선상에서 도드프랭크법은 SEC의 신용평가사 감독검사 권한을 강화하였다.[70]

도드프랭크법은 SEC 내 신용평가실(Office of Credit Ratings)을 설치하도록 규정하였으며, 이에 따라 SEC는 2012년 6월 이 부서를 설립하였다. 신용평가실은 신용평가회사에 대한 규칙제정 및 검사업무를 수행한다. 그리고 검사결과 등에 대한 연차보고서를 작성·공표하는 업무도 담당하고 있다.

SEC 내에서 통상 규칙제정업무와 검사업무는 다른 부서에서 담당[71]하

---

69 이에 대해서는 Pascalis(2016) 참조.
70 도드프랭크법 제932조(a)(8).
71 SEC 내에서 규칙제정업무는 거래시장국(Division of Trading and Markets), 투자관리국(Division of Investment

는 데 반해, 신용평가실은 도드프랭크법 규정에 따라 이 두 가지 업무 모두를 수행한다. 다만, 제재업무는 여타의 경우와 동일하게 제재국(Division of Enforcement)에서 담당한다. 도드프랭크법은 공인 신용평가회사(NRSRO)에 대하여 최소 연간 1회 이상 검사를 실시하도록 규정하였다.[72]

Management), 기업재무국(Division of Corporation Finance) 등에서 담당하며, 검사업무는 준법조사검사실(Office of Compliance Inspections and Examinations)에서 담당한다.

[72] 도드프랭크법은 신용평가사에 대한 검사 때 다음 여덟 가지 사항(Section 15E Review Areas)을 중점적으로 점검하도록 규정하였다. ①신용평가 정책·절차 및 방법의 준수 여부 ②이해상충 문제의 관리현황 ③윤리규정의 이행 여부 ④내부통제체제 ⑤지배구조 ⑥준법감시인의 활동 ⑦민원의 처리현황 ⑧퇴직 임직원의 재고용에 관한 정책. 도드프랭크법 제932조(a)(8), 증권거래법 제15E조(p)(3)(B).

IV
도드프랭크 신용평가제도 개혁에 대한 평가

도드프랭크법의 신용평가제도의 개혁목적은 크게 두 가지로 요약할 수 있다. 신용평가등급의 질적 수준 제고와 신용평가등급에 대한 의존도 축소가 그것이다. 이러한 목적 달성을 위한 도드프랭크 개혁조치의 당위성을 부정하기는 어려울 것이다. 이는 도드프랭크법의 폐지를 기치로 내건 공화당의 금융선택법안(Financial CHOICE Act)도 신용평가사 개혁조치의 대부분을 그대로 존치하고 있는 데서도 드러나고 있다.

그러나 도드프랭크법의 개혁조치에 대해 두 가지 상반된 시각이 존재하고 있다. 하나는 도드프랭크 개혁이 신용평가업에 내재하는 문제의 근본적인 해결에는 미치지 못한다는 것이고, 다른 하나는 도드프랭크 개혁에 따른 규제가 과도하다며 그 부작용을 우려하는 시각이다.

먼저 개혁이 미흡하다는 견해부터 살펴보자.[73] 첫째, 발행자 비용부담 모델의 이해상충을 해소할 수 있는 대안적 영업모델의 도입은 그 필요성에도 불구하고 장기 검토과제로 남겨놓았다. 더구나 공화당의 금융선택법안은 발행자 비용부담 모델의 유력한 대안으로 검토되던 프랭큰 수정조항(도드프랭크법 제939F조)을 폐지할 것을 제의하였다. 투자자들이 신용평가사 지정제도를 정부가 신용평가를 인증한 것으로 오인할 수 있다는 우려에서다. 이렇게 될 경우 투자자가 자체적으로 신용도 평가 노력을 기울이기보다는 신용평가사의 신용등급에 더욱 의존하게 됨으로써 신용등급 의존도를 축소하고자 하는 도드프랭크법의 취지와 상충될 수 있다는 것이다.[74] 이러한 논란을 감안할 때 대안적인 영업모델의 모색은 앞으로 상당 기간이 소요될 것으로 예상된다.

둘째, 도드프랭크법은 신용평가업에 고질적인 과점적 시장구조의 해결책을 제시하지 못하였다. 신용평가업의 경쟁을 제고하기 위한 규제당국의 노력에도 불구하고 3대 신용평가사의 시장점유율이 2015년 96.5%로 절대적인 비중을 차지하고 있는 실정이다.

셋째, 도드프랭크법 개혁조치의 2대 목표의 하나인 신용등급 의존도 축소도 미완에 그쳤다는 평가이다. 신용등급 참조조항의 삭제조치에도 불구하고 신용도 평가의 하나의 요소로서 신용등급을 여전히 활용하도록 허용함으로써 시장참가자들에 의한 신용등급의 활용이 광범위하게 이루어지고 있기 때문이다.

이러한 점들 때문에 전직 연준(Fed) 의장이자 규제강화의 주창론자인 폴 보커Paul Volcker는 "신용평가사에 대하여 실질적인 규제개혁이 이루어지지 못하였다."고 평가절하[75]하였으며, 규제당국인 SEC도 신용평가사 규제개혁에

---

73 Rivlin and Soroushian(2017), Rick A. Fleming(2016) 등을 참조.
74 House Committee on Financial Services(2017, April).
75 "No meaningful reform of the credit-rating agencies has been undertaken.", Paul Volcker(2013).

관한 한 도드프랭크법이 "충분히 가지 못하였다(have not gone far enough)."고 언급[76]하였다.

다음으로, 도드프랭크 개혁조치의 부작용을 우려하는 시각을 살펴보자.[77] 도드프랭크법은 신용평가사의 책임성강화를 위한 일련의 조치들을 도입하였다. 비판자들은 이러한 조치들이 신용평가사의 위험 기피적 행태를 유도함으로써 자본시장의 정보흐름을 차단하고 자본형성 기능을 저해할 것이라고 주장한다. 예컨대 신용평가사에 대한 전문가 면책조항(Rule 436(g))을 삭제한 도드프랭크법 제939G조로 인해 ABS시장의 신규발행이 중단되는 부작용이 발생하였으며, SEC가 제재조치를 취하지 않을 것이라는 비조치의견서를 발동하고 난 뒤에야 정상화된 바 있었다.

그 밖에 전망보고서 면책특권의 삭제(제933조(a)), 사적소송에서 주관적 요건의 완화(제933조(b)), 공정공시 면제조항의 삭제(제939B조) 등의 책임성강화 조항들도 과도한 규제로서 자본시장 활성화를 위한 신용평가사의 긍정적 기능을 크게 저해할 것이라고 주장한다. 이러한 주장에 기반하여 공화당의 금융선택법안은 도드프랭크법에서 도입한 책임성강화 조치의 대부분을 폐지할 것을 제안하였다. 그러나 트럼프 행정부의 재무부 보고서는 이러한 신용평가사 규제완화 방안을 포함시키지 않았다.

---

76 Rick A. Fleming(2016).
77 Knight and Calabria(2016) 참조.

| 부록 |

미국 신용평가 산업의 개요

1. 공인 신용평가사 현황(2016년 말 현재)

신용평가회사	등록일자	국적	SEC 등록업무				
			금융회사	보험회사	기업	ABS	정부채
A.M. Best Company, Inc.(A.M. Best)	'07.9	미국		○	○	○	
DBRS, Inc.(DBRS)	'07.9	미국	○	○	○	○	○
Egan-Jones Ratings Company(EJR)	'07.12	미국	○	○	○		
Fitch Ratings, Inc.(Fitch)	'07.9	미국	○	○	○	○	○
HR Ratings de México, S.A. de C.V.(HR Ratings)	'12.11	멕시코	○		○		○
Japan Credit Rating Agency, Ltd.(JCR)	'07.9	일본	○	○	○		○
Kroll Bond Rating Agency, Inc.(KBRA)	'08.2	미국	○	○	○	○	○
Moody's Investors Service, Inc.(Moody's)	'07.9	미국	○	○	○	○	○
Morningstar Credit Ratings, LLC(Morningstar)	'08.6	미국	○		○	○	
S&P Global Ratings (S&P)[78]	'07.9	미국	○	○	○	○	○

자료 : SEC(2016, December)

---

[78] 이 회사는 2016년 4월 사명을 Standard & Poor's Ratings Services에서 S&P로 변경.

2. 카테고리별 신용등급 평가현황(2015년 말 기준)

(단위: 개, %)

	금융회사	보험회사	기업	ABS	정부채	합계	(비중)
S&P	60,005	6,896	51,105	64,222	964,704	1,146,932	49.1
Moody's	50,094	3,175	42,821	68,494	637,898	802,482	34.4
Fitch	43,798	3,077	16,734	41,517	198,375	303,501	13.0
A.M.Best	–	7,710	1,445	18		9,173	0.4
DBRS	8,487	143	3,536	12,848	16,947	41,961	1.8
EJR	11,251	1,015	6,384	–	–	18,650	0.8
HR Ratings	–	–	–	–	347	347	0.0
JCR	770	59	2,227	–	428	3,484	0.1
KBRA	443	4	4	4,259	55	4,765	0.2
Morningstar	–	–	–	3,306	–	3,306	0.1
합계	174,848	22,079	124,256	194,664	1,818,753	2,334,600	100.0
(비중)	7.5	0.9	5.3	8.3	77.9	100.0	

* '–'는 해당항목에 대해 SEC에 등록하지 않았음을 의미.
자료: SEC(2016, December)

제11장

자산유동화·보수체계·
기업지배구조·PCAOB의 개혁

이 장에서는 도드프랭크법 제9편 중 D장(자산유동화),
E장(보수체계), G장(기업지배구조), I장(PCAOB)을 차례대로 살펴본다.

Dodd-Frank Act

I
자산유동화 시장의 개혁

【머리말】

자산유동화는 대출심사기준의 완화를 초래함으로써 서브프라임 모기지대출의 급증과 부실화, 주택버블의 형성과 붕괴 등 금융위기의 근저에 있는 요인의 하나였다. 그럼에도 불구하고 금융위기 이후 미국과 국제 금융사회는 자산유동화가 금융시장의 효율적 기능을 위한 중요한 요소라는 데 인식을 같이하였다.

다시 말해 자산유동화 이전의 시대인 '보유하기 위한 대출모델'(Originate-to-Hold Model)로의 환원은 고려되지 않았다. 요컨대 도드프랭크법은 자산유동화의 금지보다는 자산유동화의 기초자산에 대한 정보공시를 강화하고 유동화업자의 유인을 투자자와 일치시키기 위한 규제를 도입할 것을 감독기관에 요구하였다.

이 절에서는 금융위기조사위원회(FCIC) 보고서[1]의 내용을 중심으로 금융위기에 있어 자산유동화가 어떤 역할을 했는지 알아보고, 도드프랭크법 제9편 D장의 위험보유(risk retention) 규제와 정보공시 강화에 대해 살펴본다. 그리고 도드프랭크법 제6편에 포함된 자산유동화와 관련한 이해상충 방지 조항에 대해서도 다룬다. 자산유동화 시장의 신뢰회복을 위한 조치의 하나로 이루어진 신용평가등급 신뢰제고 방안에 대해서는 이 책의 10장에서 자세히 언급하였다.

【금융위기와 자산유동화】

신용도가 낮은 차주에 대한 대출, 즉 서브프라임 모기지대출의 급증을 초래함으로써 금융위기의 근본적 원인을 제공한 요인의 하나로 대출심사기준의 완화(loosening loan standard)를 들 수 있다. 그리고 이러한 대출기준 완화의 배후에 있는 원인으로 자산유동화(securitization)가 있다.

종전에 은행의 대출재원은 예수금의 크기에 의해 제한되었으나, 유동화가 도입되면서 모기지대출을 유동화하여 매각한 자금으로 새로운 대출을 일으킬 수 있게 되었다.

대출재원의 확대는 곧 대출심사기준의 완화와 대출금리의 하락으로 이어지게 된다.[2]

자산유동화가 어떻게 모기지대출의 급증으로 연결되었는지 부채담보부

---

[1] FCIC(2011).
[2] 어떤 연구에 따르면 대출의 유동화가 10% 증가하면 서브프라임 대출금리가 0.24~0.38%포인트 하락한 것으로 나타났다. Faten Sabry & Chudozie Okongwu(2009) 참조.

증권(CDO: Collaterarized Debt Obligation)을 통해 살펴보자.[3] 구조화 자산담보부증권의 일종으로서 1980년대 후반에 처음 등장한 것으로 알려지고 있는 CDO는 2000년대 들어 모기지증권의 재유동화수단으로 활용되면서 새로운 전기를 갖게 되었다. 모기지대출을 기초로 발행된 모기지증권은 투자등급별 트란쉐tranche 구조를 갖는데, 이 중 저투자등급(A 또는 BBB 이하) 트란쉐는 투자자에게 그다지 인기가 없었다. CDO란 이러한 저투자등급 트란쉐를 주된 기초자산으로 하여 발행된 재유동화증권을 말하는 것이다. CDO는 모기지증권과 유사하게—보다 더 복잡한—트란쉐 구조로 발행되며, CDO 트란쉐의 70~80%에 최상위등급(AAA)이, 그 나머지에 다양한 투자등급(예: AA, A, BBB, BB 및 자본등급)이 부여되었다.

어떻게 BBB 이하의 저투자등급을 기초자산으로 발행된 CDO 증권의 70~80%에 AAA 등급을 부여할 수 있는가? 고도의 금융공학이 이를 가능케 한 것으로 믿어졌다. CDO를 발행한 증권회사들은 금융공학이 창출한 다양화효과로 인해 하위 등급의 트란쉐와 상위 등급의 트란쉐가 동시에 손실을 입을 가능성이 매우 낮은 것으로 주장하였다. 기초자산인 모기지증권의 손실 규모가 일정 수준 이내로 제한되는 한 하위 등급의 트란쉐가 이를 모두 흡수할 수 있도록 구조화되었기 때문이라는 것이다. 이러한 주장의 타당성에 대해 검증하고 AAA 등급의 인증을 부여한 것은 신용평가사들이었다. 증권회사와 신용평가사들이 공모하여 이루어진 현대판 연금술(alchemy)의 마법이 바로 CDO였던 것이다. 중세의 연금술사가 납을 금으로 바꾸기 위한 불가능의 도전에 그쳤다면, 21세기의 증권회사와 신용평가사들은 금융공학에 힘입어 투자등급의 둔갑술(BBB 이하→AAA)에 성공한 것처럼 보였다.

---

[3] FCIC(2011), pp.127~155.

월스트리트는 2003~2007년 중 약 7,000억 달러의 CDO를 발행하였으며, 이를 위해 2005년경에는 거의 모든 BBB 등급 모기지증권을 매입하다시피 하였다. CDO로 인해 과거에 냉대받던 저투자등급 모기지증권—대부분 서브프라임 및 알트A^{Alt-A} 모기지대출을 기초자산으로 발행된 것이다—에 대해 막대한 수요가 발생한 것이다. 월스트리트의 은행가는 "우리가 투자자를 창출하였다."라고 환호하였다.[4] CDO 발행을 통해 조성된 자금은 서브프라임과 알트A 모기지 대출시장으로 공급되었다. CDO는 모기지 공급체인(mortgage supply chain)을 움직이게 한 엔진이었다.[5]

그러나 주택가격이 하락세로 돌아서고 신용버블이 붕괴하자 CDO 모델이 잘못되었음이 밝혀졌다. 기초자산인 모기지증권의 높은 상호연관성으로 인해 CDO의 다양화효과가 미미한 것으로 드러났다. 신용평가사들의 급격한 신용등급 강등에 뒤이은 유동성경색으로 CDO 가격이 급락하면서 최우량 CDO 트란쉐—AAA 등급 및 그보다 더 우량한 슈퍼 선순위 등급의 트란쉐—에 투자한 대형 금융회사는 회복불능의 대규모 손실을 입고 금융위기를 촉발·심화하였던 것이다.

【도드프랭크법의 개혁내용】

(1) 위험의 보유(risk retention)

도드프랭크법은 증권거래법에 제15G조(신용위험보유)를 추가하여 통상

---

4 Ariz Phoenix(2002).
5 FCIC(2011), p.129.

'승부의 책임'(skin in the game)으로 불리는 위험보유(risk retention) 규제를 도입하였다.[6] 즉 유동화업자(securitizer)는 유동화증권 신용위험의 최소 5% 이상을 보유하도록 규정하고, 그 세부적인 사항을 연방감독기관들이 정하도록 요구하였다. 유동화업자는 보유 신용위험을 헤지하거나 제3자에게 이전할 수 없다. 여기에서 유동화업자란 유동화증권의 발행자 또는 유동화 거래의 운영자(sponsor)를 의미한다. 그리고 운영자란 자산의 판매 또는 이전을 통해 유동화 거래를 조직하고 실행하는 자를 의미한다.

위험보유 조항(제941조)은 유동화증권에 대해 발행자 또는 운영자가 '경제적 이해관계'(skin in the game)를 갖도록 함으로써 '매각을 목적으로 대출하는 모델'(Originate-to-Distribute Model, 이하 OTD 모델)에 내재하는 이해상충을 방지하고 유동화증권 기초자산의 질을 제고하기 위한 목적으로 도입되었다. OTD 모델에서 대출자(originator)는 유동화자산의 신용위험을 전혀 보유하지 않았는데, 이러한 관행은 거래량에 비례하여 성과급을 지급하는 관행과 함께 대출심사기준의 완화를 초래한 주요한 요인이 되었다. OTD 모델에서 대출자는 단지 유동화 풀(securitization pool)에 매각할 목적으로 저신용자들을 대상으로 막대한 규모의 대출을 일으켰으며, 이는 곧 유동화증권 시장의 팽창과 주택버블의 생성으로 이어졌다.

그러나 불량 대출자산을 기초로 한 유동화증권은 결국 사상누각에 불과하였다. 주택버블의 붕괴와 대출자산의 부실화로 인해 유동화증권을 인수한 금융회사는 막대한 손실을 입었다. 이런 배경에서 미 의회는 대출자산의 유동화를 금융위기의 중요한 요인의 하나로 간주하고 '위험보유' 조항을 도입하였으며, 도드프랭크법의 주창자 중 1명인 바니 프랭크 전 하원의원은 동 조항

---

6 도드프랭크법 제941조.

을 "도드프랭크법 중 가장 중요한 규제"라고 언급한 바 있다.[7]

미국의 6개 연방감독기관들(OCC, 연준, FDIC, FHFA, SEC, DHUD)은 2014년 10월 공동으로 동 조항의 시행을 위한 규칙, 일명 신용위험보유규칙[8](Credit Risk Retention Rule)을 발표하였다. 감독기관들은 연준과 FSOC의 보고서[9]에 기초하여 2011년 3월에 규칙초안을 발표하였다가 2013년 9월에 수정안을 다시 발표하는 등 오랜 기간의 숙의를 거쳐 최종 규칙을 마련하였다.

동 규칙은 유동화증권의 운영자로 하여금 유동화증권 공정가치(fair value)의 최소 5%를 보유하도록 의무화하고, 위험보유 방안으로서 '수평적 위험보유'(horizontal residual interest)와 '수직적 위험보유'(vertical interest)의 두 가지 옵션을 제시하였다. 수평적 위험보유란 원리금 상환에서 최후순위의 청구권(the most subordinate claim)을 갖도록 하는 것을 말하며, 수직적 위험보유란 유동화증권의 각 트란쉐 구조에 비례하여 위험을 보유하는 것을 말한다.[10]

도드프랭크법은 감독기관이 정하는 '적격 주거용 모기지'[11](QRM : qualified residential mortgages)를 기초자산으로 한 유동화증권에 대해서는 위험보유 규제의 적용을 면제할 수 있도록 하였다.

---

[7] Floyd Norris(2013).
[8] OCC et al(2014).
[9] Federal Reserve(2010, October) 및 FSOC(2011, January).
[10] 예컨대 선순위 트란쉐(94%), 후순위 트란쉐(5%), 자본지분(1%)의 3개 트란쉐로 구성된 유동화증권을 고려해보자. 이 경우 수직적 위험보유를 선택한 운영자는 선순위 트란쉐의 4.70%(=94% × 5%), 후순위 트란쉐의 0.25%(=5% × 5%), 자본지분의 0.05%(=1% × 5%)를 보유하게 된다. 한편, 수평적 위험보유에서는 운영자가 후순위 트란쉐(5%)를 모두 보유하게 된다. 유동화증권의 운영자는 수평적 위험보유와 수직적 위험보유의 두 가지 옵션을 조합하여 5% 기준을 충족할 수 있다. FSOC(2011, January) 참조.
[11] 최종 규칙(OCC et al, 2014)은 공정대출법 제129C조(15 U.S.C. 19639c)에서 정하는 적격모기지(qualified mortgage)를 '적격 주거용 모기지'로 정의하였다.

(2) 기초자산에 대한 정보공시 강화 및 실사점검

SEC는 2004년 당시 급성장하고 있던 자산유동화 시장의 규제를 위해 등록, 공시 및 보고의무 등을 규정한 규칙, 일명 Regulation AB를 도입한 바 있었다.[12] 그런데 동 규칙은 기초자산 풀의 정보만을 제공하였고, 개별 기초자산에 대한 정보는 충분히 제공하지 않는다는 문제점이 있었다.

이러한 배경에서 도드프랭크법은 유동화증권 기초자산의 투명성제고를 위해 정보공시를 강화하였다. 첫째, 도드프랭크법은 증권법 제7조에 (c)항목(공시요건)을 추가하여 투자자들이 스스로 실사(due diligence)를 통해 개별 기초자산의 신용도를 직접 파악할 수 있도록 관련정보를 공시하도록 하였다.[13] 공시정보에는 브로커 또는 원대출자(originator)에 관한 식별번호(unique identifier), 보상구조(nature and extent of compensation), 위험보유 비율(risk retention) 등을 포함하도록 하였다. 이에 따라 SEC는 2014년 9월 Regulation AB II를 제정하였다.[14]

동 규칙은 자산 유동화증권의 개별 기초자산에 대한 정보(270개 항목)를 공시토록 의무화하는 한편, 구조화증권의 기초자산에 대한 투자자의 독립적 실사(due diligence)가 가능하도록 유동화증권의 시장 매각 최소 3일 전에 관련 정보를 공시토록 하였다.

둘째, 도드프랭크법 이전에 유동화증권의 발행자는 증권거래법(제15조 (d))에 의해 유동화증권을 보유하는 자가 300인 미만인 경우에는 정기적 보고서 제출을 자동적으로 면제(automatic suspension)받도록 되어 있었다. 도드프랭크법은 이 증권거래법 조항을 개정하여 자동적 면제조항을 폐지하고, 보

---

12 SEC(2004, Dec. 22).
13 도드프랭크법 제942조(b).
14 SEC(2014, September).

고서 제출 여부를 SEC가 결정하도록 하였다.[15]

셋째, 유동화 거래에서 발행자 또는 원대출자는 통상 기초자산의 특성 내지 질에 대해 '진술 및 보증'[16](representations and warranties)을 하며, 기초자산이 이러한 진술 및 보증내용과 일치하지 않는 경우 투자자는 발행자 또는 원대출자에게 기초자산을 환매(repurchase)하거나 다른 자산으로 대체해줄 것을 요구할 수 있다. 실제로 지난 금융위기 때 투자자들이 '진술 및 보증' 조항에 의해 발행자에게 기초자산을 재매입하도록 요구하는 사례가 다수 발생하였다. 이러한 배경에서 도드프랭크법은 공인 신용평가회사(NRSRO)로 하여금 신용등급 보고서에 '진술 및 보증'에 관한 내용 및 투자자의 구제조치에 대해 공시하도록 규정하였다.[17] 또한 유동화증권의 운영자로 하여금 투자자의 과거 환매요구가 이행 또는 미이행 내역을 공시하도록 하였다.

넷째, 도드프랭크법은 증권법 제7조에 (d)항목(유동화증권의 등록설명서)을 추가하여 유동화증권의 발행자로 하여금 기초자산에 대한 실사(due diligence analysis)를 실시하고, 그 결과를 투자설명서(prospectus) 등에 공시하도록 요구하였다.[18]

(3) 이해상충 방지조항

도드프랭크법은 증권법에 제27B조를 추가하여 유동화 거래와 관련한 이해상충의 방지에 대해 규정하였다.[19] 즉 유동화 거래의 참가자들(인수자, 중개

---

15 도드프랭크법 제942조(a).
16 진술(representation)은 특정 시점의 사실(fact)에 관한 진술을 말하며, 보증(warranty)은 어떠한 사실(fact)이 진실(true)임을 보증하는 것을 말한다.
17 도드프랭크법 제943조.
18 도드프랭크법 제945조.
19 도드프랭크법 제621조. SEC는 동 규정의 이행을 위해 규칙의 초안을 2011년 9월 발표하였다. SEC(2011, September) Release No.34-65355 참조.

업자, 최초 매입자, 운영자 등)은 유동화증권(합성 유동화증권 포함)의 매각 완료일로부터 1년 동안 투자자에게 중대한 이해상충을 초래할 수 있는 거래를 할 수 없다. 다만, 헤징, 유동성 제공, 시장조성 등을 목적으로 한 매매는 예외적으로 허용된다.

미 의회가 이해상충 방지조항을 도입한 것은 골드만삭스의 합성 CDO 거래를 배경으로 한다. 골드만삭스는 2006~2007년에 걸쳐 헤지펀드인 Paulson & Co.와 공모하여 일명 ABACUS-2007-ACI로 불리는 합성 CDO 거래를 설계하였다. Paulson & Co.는 부실이 예상되는 서브프라임 모기지를 합성 CDO의 기초자산으로 추천함과 아울러 동 기초자산의 부실화시 이득을 얻을 수 있도록 이 거래에 매도포지션을 취하였다. 이 거래로 인해 헤지펀드인 Paulson & Co.는 약 10억 달러에 달하는 이익을 얻은 반면, 거래상대방들은 그에 상응하는 손실을 입은 것으로 알려졌다.[20] 문제는 골드만삭스가 위 합성 CDO의 기초자산을 사실상 결정한 것이 Paulson & Co.라는 사실을 거래상대방에게 고지하지 않았다는 데 있었다. 헤지펀드인 Paulson & Co.가 기초자산을 결정하였음을 거래상대방들이 인지하였다면 거래상대방들은 이 거래에 참여하지 않음으로써 손실을 회피하거나 아니면 위험에 따른 대가로 더 많은 금리를 요구하는 방식으로 대응할 수 있었을 것이다. 미 의회는 이해상충 방지조항을 통해 투자자에게 손실을 초래할 수 있는 이러한 유동화 거래를 원천적으로 방지하고자 한 것이다.

SEC의 규칙 도입이 지연되고 있는 가운데 이해상충 방지조항을 폐지해야 한다는 주장이 제기되었다. 그 논거는 다음 네 가지이다.[21] 첫째, 이해상충

---

20 Reuters Staff(2010).
21 이에 대한 논의는 Nathan R. Schuur(2015) 참조.

을 초래하는 거래를 원천적으로 금지하는 것은 미국 증권법규의 공시주의에 위배될 수 있다는 점이다. 미국의 증권법규는 공시주의를 채택하여 투자자가 공시정보를 근거로 투자 여부를 스스로 결정할 수 있도록 하는 한편, 중요 사실을 거짓 공시하거나 공시를 누락하는 것은 사기사건으로 간주하여 규제하고 있다. 따라서 중대한 이해상충이 있다 하더라도 이를 공시한다면 증권법규 위반행위가 되지 않는다. 예컨대 SEC 등 6개 감독기관들이 공동으로 도입한 볼커 룰 규칙[22]은 은행과 고객의 이익이 상반되어도 이를 적절하게 공시하거나 정보장벽을 구축하였다면 이해상충에 해당되지 않는다고 규정하였는데, 이는 증권법규의 이러한 원칙을 따른 것이다. 따라서 도드프랭크법의 이해상충 방지조항(제621조)과 이의 시행을 위한 SEC의 규칙초안이 이해상충 거래 그 자체를 금지하는 것은 증권법규의 공시주의에서 크게 벗어난 것이라 할 수 있다.

둘째, 골드만삭스의 합성 CDO 거래(ABACUS-2007-AC1)는 사실상 사기사건에 해당하는 것으로 기존의 증권관련법에 이미 그 처벌근거가 마련되어 있다는 점이다. 위에서 설명한 바와 같이 증권법규(증권법 제17조(a) 및 증권거래법 제10조(b))는 중요 사실을 거짓 공시하거나 공시를 누락하는 것은 사기사건으로 간주하여 제재조치를 부과하도록 하고 있다. 실제로 미 연방법원은 2014년 3월 골드만삭스의 트레이더인 패브리스 투레Fabrice Tourre에게 증권법규 위반혐의로 82만 5,000달러의 제재금을 부과하였다.[23, 24]

셋째, 자산유동화 거래에 있어 이해상충을 방지하기 위한 장치가 이미 도

---

22 OCC et al(2014, December).
23 SEC v. TOURRE, U.S. District Court, S.D. New York, No.10 Civ. 3229, March 12, 2014.
24 이와 별도로 SEC와 골드만삭스는 2010년 7월 5억 5,000만 달러의 민사벌금에 합의한 바 있다. SEC, Litigation Release No.21592, July 15, 2010 참조.

드프랭크법에 마련되어 있다는 점이다. 앞에서 본 바와 같이 도드프랭크법 제941조는 유동화증권의 발행자 또는 운영자로 하여금 유동화증권 신용위험의 최소 5% 이상을 보유(risk retention)하도록 규정함으로써 투자자와의 이해상충 방지를 도모하고 있다. 따라서 이해상충 거래를 직접적으로 금지하는 도드프랭크법 제621조는 중복규제이며 불필요하다.

넷째, 이해상충 금지조항은 금융시장의 가격발견 기능을 저해하는 부작용을 초래할 수 있다는 점이다. 유동화증권의 투자자들은 대체로 기초자산에 대한 실사 없이 유동화증권의 가격과 신용등급에 기초하여 투자결정을 내리는 경향이 있는데, 이로 인해 시간과 자원을 투자하여 기초자산의 질을 세밀히 검토하는 투자자에게 이득을 얻을 수 있는 기회가 존재하게 된다. 예컨대 유동화증권의 신용등급에 비해 기초자산의 질이 낮다고 판단하는 투자자들은 동 유동화증권에 매도포지션을 취함으로써 이득을 취할 수 있다. 이해상충 금지조항은 이러한 차익거래마저도 불법행위로 규정함으로써 금융시장의 정상적인 가격발견 기능을 저해하는 결과를 초래할 수 있다는 것이다.

이상과 같은 문제점을 고려하여 SEC는 도드프랭크법 제621조의 시행을 위한 규칙을 아직 확정하지 않고 있다. 이해상충 금지조항이 도드프랭크법의 중복규제 또는 과도한 규제로 지목되어 폐지 수순을 밟을지는 지켜볼 일이다.

【최근의 규제개편 논의】

오늘날 자산유동화는 금융기관의 리스크관리와 신용공급 기능을 제고하는 데 있어 빼놓을 수 없는 핵심적 요소의 하나이다. 자산유동화는 소위 '풀링

pooling'이라 불리는 비유동성 자산의 집합화(aggregation)를 통해 새로운 금융상품을 창출함으로써 신용위험을 다변화하고 유동성을 제고하는 기능을 한다. 그리고 이를 통해 폭넓고 두터운 투자자층으로부터 자본유치를 가능케 함으로써 차주의 자금조달 비용을 낮추는 데 기여한다.

현대 금융에 있어 자산유동화가 가지는 이러한 중요성을 고려하여 도드프랭크법은 금융위기의 주요 원인이었던 자산유동화를 제한·금지하기보다는 위험의 보유 및 정보공시 강화 등 자산유동화 시장의 결함을 보완하기 위한 제도적 장치를 마련하였음은 앞에서 설명한 바와 같다.

이와 관련하여 트럼프 행정부의 재무부 보고서[25]는 금융위기 이후 도입된 자산유동화 관련 도드프랭크법 규제(위험보유·정보공시) 및 바젤III(자본·유동성 비율)가 과도하게 엄격하여 자산유동화 시장의 위축을 초래하고 있음을 지적하고, 부분적으로 재정비할 것을 권고하였다. 이하에서는 그 내용을 간략히 정리한다.

첫째, 위험보유 규제는 존치하되, 일정 조건을 충족하는 유동화증권에 대한 규제면제를 확대하도록 권고하였다. 위험보유 규제는 유동화업자의 유인을 투자자와 일치시킴으로써 대출심사기준의 완화를 억제하는 긍정적 효과가 기대되는 반면에 자산유동화 시장을 위축시키는 부작용을 초래하는 데 따른 것이다. 여기에서 일정 조건을 충족하는 유동화증권이란 주거용 모기지증권(residential mortgage)을 기초자산으로 한 유동화증권, 적격 대출담보부증권(CLO) 등을 말한다. 주거용 모기지증권의 경우 도드프랭크법 제14편(모기지개혁 및 약탈적 대출 금지)에서 모기지대출 기준강화 및 소비자보호를 위한 다양한 규제가 도입되어 있어 위험보유 규제를 실시할 실익이 없으며, 주거용

---

25 U.S. Department of Treasury(2017, June 및 2017, October).

모기지를 제외한 여타의 대출채권(상업용 부동산모기지, 상업용 대출, 자동차대출 등)을 기초로 발행된 CLO의 경우 금융위기의 발생과 직접적 관련이 없다는 점을 고려한 것이다.

둘째, Regulation AB의 공시규제가 자산유동화 시장의 투명성제고에 크게 기여한 점을 인정하는 한편, 규제부담을 고려하여 일부 완화할 것을 권고하였다. 구체적으로 공시항목의 축소 및 표준화, 일정 항목에 대해 원칙공시-예외설명 제도(provide-or-explain regime)의 도입, 유동화증권의 시장매각 전 공시기간 단축(3일→1~2일) 등을 권고하였다.

셋째, 유동화증권 관련 바젤III 자본 및 유동성 규제의 완화를 권고하였다. 국제기준보다 엄격한 규제기준 등을 합리적으로 개선하여 금융회사의 규제부담을 경감시킴으로써 자산유동화 시장을 활성화하기 위한 취지이다. 이러한 권고사항에는 구조화증권에 대한 최저위험가중치 하향(미국 20%→BCBS 기준 15%), 트레이딩 계정에 대한 요구자본 하향, 트레이딩 익스포져에 대한 스트레스테스트 시나리오 현실화, 단기(LCR) 및 장기(NSFR) 유동성 비율 계산시 신용도 우수 유동화증권을 고유동성 자산(Level 2B)에 포함 등이 있다. 이에 대한 자세한 설명은 재무부 보고서 원본을 참고하기 바란다.[26]

---

26 U.S. Department of Treasury(2017, October), pp.91~105.

II
보상체계 및
기업 지배구조의 개혁

【머리말】

　도드프랭크법 제9편의 E장(제951조~제957조)과 G장(제971~제972조)은 각각 경영진 보수체계와 기업 지배구조의 개혁에 대해 다루었다. E장은 경영진 보수와 관련한 주주의 권고적 투표(Say on Pay) 제도를 도입하고 공시의무를 강화하였으며, 보수위원회의 독립성 기준과 성과보상의 환수제도 및 성과보상 체계에 대한 규제를 새로이 도입하였다. 그리고 G장은 위임장 자료에 대한 주주의 접근권한(Proxy Access)을 허용하였다. 도드프랭크법의 여타 조항들이 금융서비스업만을 규제대상으로 하는 데 반해 제9편의 E장과 G장은 금융회사와 함께 상장기업을 규제대상으로 한다.

　미 의회가 보수체계와 지배구조의 개혁을 도드프랭크법의 일환으로 포함시킨 것은 기존의 제도가 기업 경영진의 단기적인 성과를 노린 위험추구 행위를 부추김으로써 금융위기를 초래한 원인의 하나가 되었다는 인식에 바탕을 둔 것이다. 특히 금융기관 경영진에 대한 과도한 성과보상을 적정 수준에서 규제해야 한다는 여론이 비등해짐에 따라 미 의회는 금융회사 임직원 보수규제에 관한 사항을 금융개혁법에 반영하였다.

건전한 보수체계의 확립은 금융위기 이후 국제적으로 전개된 주요한 규제개혁 과제의 하나였다. 금융위기를 계기로 국제적 금융규제기준의 논의 및 제정기구로 등장한 금융안정위원회(FSB)는 2009년 4월 중요 금융회사(signification financial institution)를 대상으로 한 '건전한 보수원칙'을 제정한 데 이어 동년 9월에는 '보수원칙 이행기준'을 마련하였다.[27] 도드프랭크법의 보수체계 개혁은 이러한 국제적 노력의 연장선상에서 이루어진 것이다.

【도드프랭크법의 개편내용】

(1) 경영진 보수에 대한 주주승인투표(Say on Pay) 제도

도드프랭크법은 증권거래법에 제14A조를 추가하여 임원 보수에 대한 주주승인투표(Say on Pay) 제도를 도입하였다.[28] 이 제도에 따르면 공개회사는 3년에 1회 이상 경영진 보수에 관한 주주의 권고적 투표(shareholder advisory vote)를 실시하여야 한다. 또한 공개회사는 투표주기(매 1년, 매 2년 또는 매

---

[27] 보수원칙은 FSB(2009, April), 이행기준은 FSB(2009, September) 참조. 보수원칙은 ①보수체계의 효과적 지배구조 ②보수체계와 위험부담의 정합성 ③감독당국의 감시와 이해관계자의 참여라는 3개 대원칙 아래 9개 세부원칙으로 구성되어 있다. 그리고 이행기준은 보수원칙을 보다 구체화한 것으로 보수정책 및 관행에 대한 보수위원회의 독립적 점검, 기업성과가 낮은 경우 변동보상의 축소 또는 환수, 변동보상의 주식과 현금비율(50:50), 변동보상 중 이연지급의 비율(40~60%), 이연지급 기간(3년) 등을 제시하였다. FSB에 따르면, 2017년 4월 현재 대부분의 FSB 회원국은 은행 부문에서 보수원칙과 이행기준을 도입 완료한 것으로 나타났다. FSB(2017, July) 참조.
[28] 도드프랭크법 제951조(a).

3년)에 대한 주주의 권고적 투표를 6년에 1회 이상 실시하여야 한다. 이러한 투표는 공개기업이 주주총회에 앞서 주주에게 발송하는 위임장설명서[29](proxy statement)에 포함시켜야 한다.

권고적 투표란 투표결과가 경영진 보수에 관한 이사회의 결정을 구속(non-binding)하지 않는다는 의미이다. 그러나 도드프랭크법이 주주의 권고를 따르지 않는 이사의 해임을 용이하게 하도록 기업 지배구조를 변경하였기 때문에 이사회는 경영진 보수 결정시 주주의 투표결과를 비중있게 고려할 것으로 기대되었다.[30]

또한 공개기업은 기업의 합병, 매각, 인수에 관한 주주의 승인을 구하는 위임장설명서에 황금 낙하산(golden parachute)과 관련한 주주의 투표를 포함시켜야 한다.[31] 황금 낙하산이란 경영진 퇴임 또는 해임시 받는 거액의 퇴직금, 스톡옵션 등을 고용계약에 명시해놓은 것을 의미한다.

경영진 보수에 관한 주주승인제도는 영국이 2006년 선도적으로 도입하였다. 미국에서는 2007년 이후 의회에서 관련제도의 도입 움직임이 제기되었으며, 공개기업의 주주들도 동 제도의 도입을 활발하게 요구하였다. 그리고 금융위기 와중인 2008년 제정된 긴급경제안정화법(일명 구제금융법, EESA: Emergency Economic Stabilization Act)은 부실자산 구제프로그램(TARP: Troubled Asset Relief Program)에 의해 구제금융을 지원받은 금융회사에 대하여 주주승인제도 도입을 의무화한 바 있었다. 이러한 배경에서 2009년 오바마 개혁안[32]은

---

29 위임장설명서란 SEC의 Form DEF 14A를 말하는 것으로 미국 기업들이 주주총회에 앞서 연차보고서와 함께 주주에게 제공하는 서류이다. 위임장설명서에는 주총 의사일정, 선출대상 이사의 약력 및 이해상충 가능성, 이사 현황 및 보수, 경영진현황 및 보수 등의 내용이 포함된다.
30 도드프랭크법 제971조에 의해 도입된 Proxy Access Rule을 의미한다. 후술 참조.
31 도드프랭크법 제951조(b).
32 U.S. Department of the Treasury(2009).

모든 공개기업에 대하여 주주승인제도를 도입할 것을 제안하였으며, 동 제안은 도드프랭크법에 반영되었다. SEC는 2012년 2월 이에 관한 최종 규칙을 발표한 바 있다.[33]

(2) 경영진 보수에 대한 공시강화

미국에서 임원보수의 공시는 1933년 증권법 및 1934년 증권거래법에 의해 법적 근거가 마련되었으며, SEC가 1938년 8월 '임원보수 공시기준'(Executive Compensation and Related Person Disclosure)을 제정함에 따라 위임장설명서(Proxy Statement)에 기재하는 방식으로 임원의 보수를 공시하기 시작하였다. 그러나 1992년 이전까지 임원보수의 공시는 불완전하게 이루어졌다. CEO를 포함하여 최고액 보수자 상위 5인의 보수를 금전 및 금전 이외의 것으로 나누어 공시하도록 한 것에 불과했으며, 금전 이외의 보수에 대하여는 일반투자자인 주주가 세부적인 내용을 이해하고 그 가치를 평가하는 것이 매우 어려웠다.[34]

임원보수의 공시체계가 전반적으로 정비된 것은 1990년대 초반이다. SEC는 1992년 10월[35] 및 1993년 11월[36]의 두 차례에 걸쳐 임원보수 공시에 관한 Regulation S-K[37] Item 402를 전면 개정하였는데, 동 개정에는 공시대상 보수의 범위(주식매수선택권 및 주식평가권 행사총액 등)를 대폭 확대하고, 일반투자자가 쉽게 이해할 수 있도록 보수요약표(summary compensation table)에 의

---

33 SEC(2011, February 2) 76 Federal Register.
34 이에 대한 논의는 성승제(2004) 참조.
35 SEC(1992, October 16) Release No.33-6962.
36 SEC(1993, November 11) Release No.33-7032.
37 Regulation S-K는 유가증권신고서 및 사업설명서에 기재하여야 할 비재무적인 사항에 관한 표준공시항목을 규정한 것이다. 이에 관해서는 석명철(2001), pp.228~247 참조.

해 CEO를 포함한 임원의 보수를 일목요연하게 공시토록 하는 등의 내용이 포함되었다.

SEC는 2006년도에 임원보수 공시규제를 더욱 확대 강화하였다.[38] 그 주요 내용은 퇴직금 지급예정액, 스톡옵션의 가격, 임원에 대한 특전 등 공시 항목을 큰 폭으로 확대하는 한편 '임원보수에 관한 논의와 분석'(CD&A : Compensation Discussion and Analysis)이라는 양식을 새로이 마련하여 임원보수에 관한 방침이나 결정을 쉽게 이해할 수 있도록 중요 정보를 문장의 형태로 설명할 것을 요구하였다.

이러한 연장선상에서 도드프랭크법은 세 가지 측면에서 임원보수 공시규제를 강화하였다. 첫째, 도드프랭크법은 증권거래법 제14조에 항목 (i)를 추가하여 임원보수와 기업 재무성과(주가, 배당의 변화 등) 사이의 관계를 공시하도록 하였다.[39] 특히 동 정보를 공시함에 있어 그래프에 의한 설명을 추가하도록 요구하였다.[40]

둘째, 도드프랭크법은 기업 직원(CEO 제외)의 연간 총보수의 중앙값 (median), CEO의 연간 총보수, 그리고 보수배율(CEO 보수/직원 보수 중앙값) 등 3개 항목의 공개를 의무화하였다.[41] SEC는 오랜 논의를 거쳐 2015년 8월 보수배율 공시에 관한 최종 규칙을 발표한 바 있다.[42]

도드프랭크법의 보수배율 공시는 보수성향의 업계 단체를 한편으로 하

---

[38] SEC(2006, August 29) Release No.33-8732A.
[39] 도드프랭크법 제953조(a).
[40] 이와 관련하여 SEC는 2015년 4월 보수-성과 비교표 공시 등을 주요 내용으로 하는 규칙초안을 발표하였다. SEC(2015, April 29) Release No.34-74835.
[41] 도드프랭크법 제953조(b). 미국 노동총연맹(AFL-CLO)의 조사에 따르면 2015년 중 S&P 500 상장기업의 CEO 평균급여는 1,240만 달러로 일반 근로자(간부급 제외) 평균급여인 3만 6,900달러의 335배에 이르는 것으로 나타났다. 1980년에는 보수배율이 42배에 불과하였다. Tim Worstall(2016)에서 재인용.
[42] SEC(2015, August 5) Release No.33-9877.

고 투자자 단체 및 노동조합을 다른 한편으로 한 양편으로부터 격렬한 찬반 양론의 대립을 초래하였다. 지지자들은 기업의 전반적 임금수준에 비추어 CEO 보수가 적절한지에 대한 유용한 정보를 투자자에게 제공할 것이라며 찬성한 반면, 비판자들은 기업의 업종, 규모, 지리적 위치, 글로벌화 정도 등에 따라 임금수준이 천차만별이므로 의미 있는 비교가 어려울 뿐만 아니라 준법 시스템 구축―거대 다국적기업의 경우 직원 보수의 중앙값 산출을 위한 시스템 구축―에 많은 비용이 소요된다며 반대하였다.[43]

미 의회에서도 2011년과 2013년에 도드프랭크법의 보수배율 조항을 폐지하기 위한 법안이 제출되는 등 논란이 야기되었다.[44] 이러한 논란을 반영하여 SEC는 2017년 9월 동 보수배율 계산에 있어 금융회사의 재량을 확대하는 해석기준(interpretive guidance)을 발표하였다.[45]

셋째, 도드프랭크법은 기업 임직원이 보수의 일환으로 받은 당해기업 주식의 가치하락을 헤지하기 위한 목적으로 파생상품(선도, 스왑 등)의 매입을 허용하는지 여부를 위임장설명서에 공시하도록 요구하였다.[46] 동 조항은 주주들에게 임직원 보수에 관한 충분한 정보를 제공함으로써 권고적 주주승인투표에 도움을 주기 위한 목적으로 도입되었다.[47]

(3) 임원 보수와 상장요건 : 보수위원회의 독립성 및 성과보상의 환수

도드프랭크법은 임원 보수 결정의 무결성 및 정확성을 확보하기 위한 장

---

43 Gary Shorter(2913).
44 H.R.1135 – Burdensome Data Collection Relief Act at 113th Congress 및 H.R.1062 – Burdensome Data Collection Relief Act at 112th Congress.
45 SEC(2017, September).
46 도드프랭크법 제955조.
47 SEC는 동 조항의 시행을 위한 규칙초안을 2015년 2월에 발표하였다. SEC(2015, February 9) Release No. 33-9723.

치로서 보수위원회(compensation committee)의 독립성 기준과 임원 성과보상의 환수제도를 도입하였다. 도드프랭크법은 증권거래법에 제10B조를 추가하여 보수위원회의 독립성 기준을 마련하도록 SEC에 요구하는 한편, 이 독립성 기준을 충족시키지 못하는 기업은 거래소 상장을 금지토록 하였다.[48] SEC의 독립성 기준에는 ①보수위원회 구성원인 이사에게 지급하는 보수 및 자문수수료의 원천에 대한 점검 ②보수위원회 이사가 당해기업 및 그 관계회사와 연계되어 있는지 여부 등에 대한 내용을 포함하여야 한다.[49]

또한 도드프랭크법은 증권거래법에 제10C조를 추가하여 임원 성과보상(incentive-based compensation)의 환수에 관한 규칙(clawback provision)을 마련하도록 SEC에 요구하였다.[50] 구체적으로 기업이 재무정보 보고기준을 중대하게 위반하여 사후적으로 수정한 경우 수정 전 3년 동안 잘못된 재무제표에 기초하여 성과보상을 지급받은 전·현직 임원으로부터 그만큼의 성과보상을 환수하도록 하고, 동 규정을 위반한 기업에 대하여는 거래소 상장을 금지하도록 하였다. 도드프랭크법의 환수규정은 사베인스옥슬리법의 유사한 규정을 확대 강화한 것이다. 사베인스옥슬리법은 최고경영자(CEO) 및 최고재무책임자(CFO)를 대상으로 재무제표 수정 전 과거 1년 동안의 성과보상을 환수하도록 하였는데,[51] 도드프랭크법은 환수범위를 전·현직의 모든 임원에 대해 3년 동안으로 확대한 것이다.[52]

---

48 도드프랭크법 제952조.
49 이에 관한 SEC 규칙은 SEC(2012. Jun. 20) 참조.
50 도드프랭크법 제954조.
51 사베인스옥슬리법 제304조.
52 SEC는 2015년 7월 이와 관련한 규칙초안을 발표하였다. SEC(2015. Jul. 1).

(4) 금융회사 성과보상체계의 규제

금융위기 발생요인의 하나로 금융회사의 잘못된 성과보상체계(incentive-based compensation arrangements)가 지적되었다. 단기성과 위주의 보상체계가 금융회사 경영진과 일부 직원(트레이더, 대출담당자, 인수담당자 등)의 과도한 위험추구(risk-taking)를 부추김으로써 금융위기 촉발에 기여하였다는 것이다. 금융회사들은 위험에 대한 충분한 고려 없이 대출 또는 트레이딩 담당자에게 막대한 규모의 대출 또는 거래를 일으키도록 인센티브를 부여하였는데, 이로부터 창출되는 수익은 즉각적으로 발생하여 대규모 성과보상의 기초가 된 반면, 위험은 짧게는 수개월에서 길게는 수년에 걸쳐 실현되어 금융회사의 재무건전성을 위협하였다.

뿐만 아니라 미국에서는 금융위기의 여파가 채 가시기도 전에 공적자금을 지원받은 부실 금융회사가 대규모 성과보상을 지급하여 사회적 여론이 크게 악화되었다. 예컨대 미국 정부로부터 1,800억 달러의 구제금융을 지원받은 AIG는 2009년 3월 17일 AIG 모회사를 쓰러뜨렸던 주역인 파생상품 자회사의 직원들에게 1억 6,500만 달러의 상여금 지급계획을 발표하여 여야 정치권과 전 미국인의 공분을 불러일으켰다.

이러한 배경에서 도드프랭크법은 금융회사 성과보상 규제를 위한 규칙을 제정하도록 연방감독기관에 요구하였다.[53] 구체적으로 ①고위간부, 직원, 이사 및 주요 주주에게 과도한 보상을 지급함으로써 위험을 부적절하게 부추기거나 ②금융회사에 중대한 손실을 초래할 수 있는 모든 형태의 성과보상을 감독당국에 보고 및 금지토록 하고, 이의 시행을 위한 규칙을 도드프랭크법 시행일(2010.7.22)로부터 9개월 이내에 마련하도록 촉구하였다. 다만, 도드

---

53 도드프랭크법 제956조.

프랭크법은 개인별 실제 보상금액을 보고하도록 요구하지는 않았다.

이에 따라 6개 연방감독기관(OCC, 연준, FDIC, FHFA, NCUA, SEC)들은 공동으로 2011년 3월 관련규칙의 초안[54]을 발표하고 공개의견 수렴을 요청하였는데, 무려 1만여 개의 의견이 제출되는 등 업계 및 시장으로부터 뜨거운 반응을 불러일으킨 바 있었다. 노동조합, 연기금 등에서는 성과보상의 이연지급 규모와 기간을 확대하는 등 규제를 강화할 것을 주문한 반면, 금융업계에서는 성과보상의 이연지급 의무화로 인해 우수 인재의 이탈이 초래될 것으로 우려하면서 강제력을 갖는 규칙이 아닌 가이드라인으로 완화해줄 것을 요구하였다. 연방감독기관들은 이러한 의견과 규칙초안 발표 이후 업계 관행의 변화 및 국제적 논의내용 등을 반영하여 2016년 5월 규칙수정안을 다시 발표하였다.[55]

규칙수정안은 법에서 금지하는 과도한 성과보상과 중대한 손실을 초래할 수 있는 성과보상체계의 구체적인 의미를 다음과 같이 정의하였다. 먼저 과도한 보상이란 업무수행 내용에 비해 비합리적(unreasonable)이거나 지나치다는(disproportionate) 뜻으로서 과도한 보상에 해당하는지 여부를 결정함에 있어서는 보상금액, 과거 보상전력, 금융회사의 재무상태, 유사한 금융회사의 보상관행 등을 종합적으로 고려할 것임을 밝혔다. 또한 성과보상체계와 관련한 3대 원칙을 제시하고, 이러한 원칙을 충족하지 못하면 중대한 손실을 초래할 수 있는 성과보상체계에 해당한다고 규정하였다. 3대 원칙이란 ①보상·위험간 균형 유지 ②효과적 리스크관리 및 내부통제와 양립 가능할 것 ③효과적 지배구조에 의해 지원될 것 등을 말한다. 이와 같이 규칙수정안은 성과

---

[54] OCC et al.(2011, April 14).
[55] OCC et al.(2016, June 10).

보상의 금액상한은 설정하지 않고 보상체계가 충족해야 할 원칙을 제시하고, 동 원칙의 범위 내에서 금융회사가 자율적으로 보상체계를 마련·운용토록 하였다.

이와 함께 규칙수정안은 금융회사를 자산규모에 따라 Level 1(2,500억 달러 이상), Level 2(500억 달러 이상 ~ 2,500억 달러 미만), Level 3(10억 달러 ~ 500억 달러 미만)의 3개 유형으로 구분하고, Level 1 및 Level 2 금융회사에 대하여는 보다 강도 높은 규제를 적용하였다. 구체적으로 이들 금융회사의 '고위간부'(senior executive officer) 및 '중대 위험추구자'(significant-risk taker)는 보상금액의 이연지급(deferral), 몰수(forfeiture), 절하(downward adjustment) 및 환수(clawback) 등의 규제가 적용된다. 여기에서 고위간부란 금융회사의 수장과 리스크관리 및 내부통제 등의 최고책임자를 의미하며, 중대 위험추구자란 연간 급여의 1/3 이상을 성과보상으로 지급받거나 일정 직군에 종사하는 직원(예: 트레이더, 대출담당자, 인수담당자 등)을 의미한다. 또한 몰수란 이미 지급을 결정하였으나 아직 도래하지 않은(awarded but not vested) 이연 성과보상을 감액한다는 의미이며, 절하란 아직 지급을 결정하지 않은(not awarded) 이연 성과보상을 감액하는 것을 말한다. 그리고 환수란 기지급한 성과보상을 반환받는 것을 의미한다.

(5) 위임장 접근권(Proxy Access)

도드프랭크법은 위임장 접근권한에 관한 규칙(Proxy Access Rule), 즉 이사 후보 지명을 위한 주주제안을 위임장설명서에 포함하도록 하는 규칙을 제정할 권한을 SEC에 부여하였다.[56] 위임장 접근(proxy access)은 주주행동주의

---

56 도드프랭크법 제971조.

(shareholder activism)의 하나로서, 이사회 구성원의 일부를 교체하는 것을 목적으로 한다는 점에서 경영권의 지배를 다투는 위임장 경쟁(proxy contest)과는 구별되는 것이다. 미국을 제외한 다른 나라들에서는 위임장 접근규칙이 하나의 국제적 표준으로 정착되어 있었으나 미국에서는 동 제도가 당시까지 도입되지 않았다.

Proxy Access Rule은 미국에서 많은 논란이 된 사안으로 SEC의 최종 규칙이 업계 단체의 소송제기로 법원에 의해 무효화되었으나, 시장에서는 SEC 규칙을 비공식 표준으로 받아들이는 등 흥미진진한 우여곡절을 겪었던 바, 이하에서는 그 배경과 경과를 살펴본다.

주주는 자신이 주주총회에 출석하여 직접 의결권을 행사하지 않고 제3자를 통해 대리행사할 수 있다. 이때 경영진 또는 그 반대측이 주주들로부터 의결권 대리행사의 위임을 받기 위하여 권유하는 행위를 위임장 권유(proxy solicitation)라고 한다. 위임장 권유는 증권거래법 제14조a에 규정되어 있으며, 이와 관련하여 SEC는 1935년에 '위임장 권유'(Solicitation of Proxies)라는 제목의 Regulation 14A(Rules 14a-1 to 14b-2)를 제정하여 운용해오고 있다. 이 중 Rule 14a-8은 경영진의 위임장 권유자료에 주주제안(shareholder proposals) 내용을 포함하도록 의무화함과 아울러 주주의 주주제안권 남용을 방지하기 위하여 일정한 예외사항을 두고 있다.

예외사항의 하나로 흔히 '선임 예외'(election exclusion, Rule 14a-8(i)(8))라 알려진 조항이 있는데, 이 조항은 이사회 이사의 선임절차와 관련한 주주제안을 위임장 권유자료에 포함하지 않도록 허용하고 있다. 이에 따라 이사후보를 지명하고자 하는 주주가 다른 주주들에게 자신의 제안을 알리기 위해서는 인쇄 및 배포 비용을 스스로 부담하여야만 한다. 이러한 비용은 통상 수십만 달러에 달하기 때문에 주주가 이사후보를 지명하고 이를 다른 주주들에게

알리는 것은 현실적으로 상당히 어려운 일이다.[57]

이러한 배경에서 SEC는 이사후보를 지명하는 주주제안을 위임장설명서에 포함하는 방안을 2003년, 2007년, 그리고 2009년의 세 차례에 걸쳐 추진한 바 있었다. 동 방안을 통상 Proxy Access Rule(위임장설명서 접근권한에 관한 규칙)이라 하는데, 비용장벽을 제거함으로써 이사후보 지명을 위한 주주제안을 용이하게 하기 위한 조치였다. SEC의 시도는 업계의 반발로 번번이 좌절되었다. 여기에서 논란이 된 관건은 SEC에게 Proxy Access Rule을 제정할 법적인 권한이 있는지 여부였다. 이러한 배경에서 도드프랭크법 제971조는 증권거래법 제14조a를 개정하여 SEC에 Proxy Access Rule을 제정할 수 있는 권한을 명시적으로 부여하였다. 미 의회는 감독당국과 금융업계간의 오랜 논란에 종지부를 찍고 감독당국에 손을 들어준 것이다. 그러나 하원 금융서비스위원회의 법안 심사시 다수당은 전원이 찬성하고 소수당은 전원이 반대하는 등 이 조항에 대한 의회의 의견은 소속 당에 따라 분열되는 양상을 보였다.[58]

도드프랭크법에 따라 SEC는 마침내 2010년 8월 Proxy Access Rule을 제정하였다.[59] 동 규칙은 두 부분으로 구성되었다. 하나는 Rule 14a-11을 새로이 제정하여, 일정한 조건을 충족하는 주주의 이사후보 지명제안을 위임장설명서에 반드시 포함토록 하였다. 일정한 조건을 충족하는 주주란 의결권 있는 주식의 3% 이상을 최소 3년간 보유한 주주를 말하며, 이를 통상 3%/3년 룰이라 한다. 단, 이사후보 지명은 이사회 구성원의 25%(이사가 3명 이하인 경우에는 1명)까지 할 수 있도록 하였다.

다른 하나는 Rule 14a-8(i)(8)을 개정하여 이사 선임절차에 관한 주주제안

---

[57] Joanne Lublin(2009) 참조.
[58] CRS(2011, September), p.9.
[59] SEC(2010, September 16).

을 위임장설명서에 포함하도록 허용한 것이다. 예컨대 주주는 인쇄 및 배포비용을 주주에게 상환할 수 있도록 하거나 위에서 언급한 3%/3년 기준을 완화하는 내용으로 정관의 개정을 제안할 수 있다.

SEC의 Proxy Access Rule은 지지와 반대의 극심한 대립을 초래하였다. 노동조합과 연기금 등은 동 규칙이 "장기 투자자의 권익을 옹호하기 위한 지난 70년간의 노력이 결실을 맺은 역사적 조치"로서, "경영성과와 투자자수익을 제고하는 효과를 초래할 것"이라고 찬양한 반면, 금융업계와 보수성향의 단체들은 동 규칙이 "특정 소수의 주주들이 전체 주주의 이익과 무관한 자신만의 사익을 강요하는 수단으로 악용될 수 있다."고 비판하였다.[60] 급기야 미 상공회의소와 비즈니스 라운드테이블Business Roundtable은 2010년 9월 Rule 14a-11이 연방법규를 위반하였다며 연방항소법원(U.S. Court of Appeals)에 소송을 제기하였다. 이에 대해 연방항소법원은 2011년 7월 동 규칙이 자의적이고 객관성이 결여(arbitrary and capricious)되었으며, SEC가 충분한 비용편익분석을 실시하지 않았다는 이유로 무효임을 판결하였다.[61]

판결이 있은 직후 공화당과 보수성향의 업계 단체들은 법원의 결정을 지지한 반면, 기관투자가협의회(Council of Institutional Investors)를 비롯한 여러 기관투자가들은 잇달아 유감성명을 발표하거나 SEC 의장에게 항소할 것을 공개 요청하는 등 논란이 계속되었다. 그러나 SEC는 2011년 9월 연방법원의 Rule 14a-11 무효결정에 대해 항소하지 않을 계획이며, 개정 Rule 14a-8의 시행을 통해 위임장 접근을 규율해 나갈 계획임을 밝혔다.[62] 비록 Rule

---

60 CRS(2011. September) pp.10~18. 지지의견을 표명한 단체로는 노동조합인 AFL-CIO, 기관투자가협의회(CII: Council of Institutional Investors) 등이 있으며, 반대의견을 표명한 단체로는 미국 내 200대 대기업 협의체인 비즈니스 라운드테이블Business Roundtable, 미 상공회의소(U.S. Chamber of Commerce) 등이 있다.
61 BUSINESS ROUNDTABLE v.SEC, 647 F.3d 1144(2011).
62 CRS(2011. September), p.23.

14a-11은 무효화되었지만 SEC가 제시한 3%/3년 기준은 하나의 비공식적 업계표준(unofficial standard)으로 자리잡았다. 기관투자가협의회(CII)에 따르면 2017년 현재 S&P 500 기업 중에서 최소한 367개 기업이 위임장 접근권을 허용하도록 정관을 개정한 것으로 나타났다.[63]

【최근의 논의내용】

경영진 보수체계와 기업 지배구조의 개혁은 찬반양론이 첨예하게 대립하는 이슈 중의 하나이다. 보수체계와 관련한 도드프랭크법의 7개 개혁과제 중 감독기관의 규칙에 의해 시행된 것은 주주승인투표제도와 보수위원회의 독립성 기준 등 2개에 불과하다. 나머지 5개 사안은 규칙초안을 발표한 상태이거나 최종 규칙을 발표하였다가 재검토되는 등 실행이 늦추어지고 있다. 기업 지배구조에 관한 규제(위임장 접근권)도 SEC의 최종 규칙이 논란 끝에 연방항소법원에 의해 무효화되며 시행되지 못하였다.

시행이 늦어지고 있는 5개 규제와 관련한 핵심쟁점의 하나는 높은 보수가 경영진의 생산성을 반영한 것인지 또는 지배구조의 흠결에 기인한 것인지 여부이다. 경영진 보수와 기업 재무성과에 관한 실증 연구결과들은 엇갈린 분석결과를 내놓고 있어 결론을 내기 어려운 상태이다.[64]

또 다른 핵심쟁점은 금융회사 성과보상체계와 관련된 것이다. 동 규제의 지지자들은 경영진의 과도한 위험추구 유인을 억제함으로써 시스템리스크

---

[63] Council of Institutional Investors, "Proxy Access", http://www.cii.org/proxy_access, 2017년 8월 28일 접근.
[64] CRS(2017, June), p.14.

를 완화할 것이라고 주장하는 반면, 반대자들은 완화효과가 미미할 뿐만 아니라 우수인재의 이탈을 초래할 것이라고 주장하고 있다.[65]

이와 관련하여 공화당의 금융선택법안은 도드프랭크법의 보수배율 공시와 성과보상 체계에 관한 조항을 폐지할 것을 주장하였다.[66] 또한 경영진 보수에 관한 주주승인투표제도는 임원 보수에 중대한 변화(material change)가 있는 경우에만 실시할 것을 제안하였다. 이와 관련하여 일각에서는 주주승인투표는 주주들 사이에서 상당한 인기를 얻고 있기 때문에 설령 규제가 폐지 내지 개정되더라도 제도로서 지속될 것으로 전망하고 있다. 그리고 보수배율 공시제도의 경우 기업들은 대체로 부정적 입장인 반면, 언론이나 노동조합, 소비자단체 등은 강경한 지지입장을 견지하고 있어 동 제도가 실제 폐지될 경우 상당한 반발이 있을 것으로 관측되고 있다.[67]

---

65 CRS(2017, June), p.14.
66 재무부 보고서도 금융선택법안의 제안을 수용하여 보수배율 공시제도를 폐지할 것을 권고하였다. U.S. Department of Treasury(2017, October 6), p.29.
67 Takis Markrids(2017).

III

PCAOB의 권한강화

　상장회사회계감시위원회(PCAOB : Public Company Accounting Oversight Board)는 상장기업 회계감사(audit) 업무에 대한 감독을 강화하기 위한 목적으로 2002년 사베인스옥슬리법에 의해 설립되었다. 2000년대 초반 일련의 회계부정 사건을 계기로 도입된 사베인스옥슬리법은 SEC의 회계감독 업무 중 상당 부분과 회계업계에서 자율적으로 수행하던 감사인 감리기능을 PCAOB로 이관하였다.

　도드프랭크법 제9편의 I장은 3개 조항에 걸쳐 PCAOB의 회계법인 감독권한을 강화하였다. 도드프랭크법은 브로커·딜러 감사인에 대한 감독권한을 PCAOB에 부여하는 한편, 외국 회계법인에 대한 PCAOB의 감독권한을 강화하였다.

　이하에서는 PCAOB의 조직 및 기능에 대해 개관하고, 도드프랭크법의 규정내용을 살펴본다.

【PCAOB의 조직 및 기능】

(1) 책무(Mission)[68]

PCAOB는 상장기업 감사인에 대한 감독을 통해 감사보고서의 정확성, 독립성 및 충실성을 제고함으로써 투자자보호 및 일반 공중의 이익증진을 도모하는 한편, 브로커·딜러 감사인에 대한 감독을 통해 투자자보호를 목적으로 한다.

(2) 위원회의 구성[69]

PCAOB는 SEC의 감독과 통제를 받는 민간부분의 비영리법인(non-profit organization)으로서의 성격을 갖는다. 따라서 PCAOB는 연방정부기관이 아니며, 위원회의 임직원도 연방정부 공무원의 지위를 갖지 않는다. PCAOB는 5인의 위원으로 구성되며, 위원은 재무부 장관 및 연준 의장의 의견을 들어 SEC가 임명한다. 위원은 증권법상 발행인에게 요구되는 재무공시의 성격과 책임, 그리고 재무공시에 대한 회계보고서의 작성 및 공표와 관련한 회계사의 책무를 잘 이해하는 자 중에서 도덕성과 평판이 뛰어난 자로 임명한다. 5인의 위원 중 2인―2인을 초과해서는 안 된다―은 공인회계사여야 하며, 위원장이 공인회계사인 경우에는 최근 5년 이내에 공인회계사로 개업한 경력이 없어야 한다. 위원은 상근직으로서 겸업이 금지된다. 임기는 5년이며, 1회에 한하여 중임이 가능하다.

---

68 PCAOB 홈페이지.
69 사베인스옥슬리법 제101조.

(3) 권한 및 기능

법상 PCAOB는 네 가지 권한 또는 기능을 갖는다. 회계법인의 등록, 감사 관련기준 제정 및 품질관리, 회계법인에 대한 검사, 법규 위반행위에 대한 조사 및 집행이 그것이다.

첫째, 유가증권 발행인에 대한 감사보고서를 작성·공표하는 회계법인 (public accounting firm)은 의무적으로 PCAOB에 등록하여야 한다.[70] PCAOB에 등록하지 않은 회계법인은 유가증권 발행인의 감사보고서를 작성하거나 공표하지 못한다. 또한 도드프랭크법에 의해 브로커·딜러에 대한 감사보고서를 작성·공표하는 회계법인도 PCAOB 등록이 의무화되어 있다. 외국의 회계법인이 미국의 기업을 감사하거나 감사와 관련하여 중대한 역할을 하는 경우에는 미국의 회계법인과 동일하게 PCAOB에 등록하여야 한다. 2016년 말 현재 PCAOB에 등록한 회계법인은 총 2,013개이며, 이 중 미국 회계법인은 1,113개, 외국 회계법인은 900개이다.

둘째, PCAOB는 전문가 그룹이나 자문단과 협의하여 감사기준, 품질관리기준 및 윤리기준을 제·개정할 권한을 갖는다.[71] 감사기준(auditing standard)에는 감사보고서 작성에 이용된 감사조사를 7년 이상 보관하여야 한다는 내용과 감사보고서를 독립된 검토자가 확인 또는 2차 검토하여야 한다는 내용 등이 포함되어야 한다. 그리고 품질관리기준(quality control standard)에는 회계사의 윤리, 발행인으로부터의 독립성에 관한 내용, 감사업무에 대한 감독 등이 포함되어야 한다.

PCAOB가 제정한 규칙이 효력을 발휘하기 위해서는 SEC의 승인을 받아

---

70 사베인스옥슬리법 제102조.
71 사베인스옥슬리법 제103조.

야 한다. 이와 관련하여 도드프랭크법은 SEC의 규칙 승인기간을 단축(60일 → 45일)하고, 불승인하는 경우에는 그 사유의 통지 및 청문기회를 부여하는 등 승인절차를 간소화·투명화하였다.[72]

셋째, PCAOB는 등록 회계법인의 규칙준수 여부 등을 검사(inspection)할 권한을 갖는다.[73] 연간 감사 기업의 수가 100개를 초과하는 회계법인은 매년 검사를 실시하며, 그 밖의 회계법인은 3년에 1회 이상 검사를 실시한다. 검사결과 문제점이 발견되면 SEC 및 주州 감독당국에 보고하며, 공식적인 조사(formal investigation)를 실시하거나 시정조치를 취한다.

넷째, 회계법인의 법규 위반행위에 대하여 조사(investigation)를 실시하고 제재조치(sanction)를 취할 권한을 갖는다.[74] PCAOB가 취할 수 있는 제재조치에는 회계법인 등록의 일시 정지(temporary suspension) 또는 영구 취소(permanent revocation), 특정 임직원의 업무 정지 또는 회계법인 종사 금지, 회계법인 업무의 일시적 또는 영구적 제한, 민사벌금, 공개 경고조치(censure), 전문교육 등이 있다. PCAOB의 제재조치는 SEC의 점검(review)을 받아야 한다.

(4) 조직

2016년 말 현재 PCAOB의 직원수는 856명이며, 워싱턴 본부 이외에 지방에 15개의 사무소가 있다. 워싱턴 본부에는 13개의 부서가 있으며, 이 중 등록 및 검사 부서(Division of Registration and Inspection)에 근무하는 직원이 전체의 약 60%를 차지한다.

---

72 도드프랭크법 제916조.
73 사베인스옥슬리법 제104조.
74 사베인스옥슬리법 제105조.

(5) 예산

PCAOB의 예산재원은 발행인 및 브로커·딜러로부터 징수하는 회계지원비(accounting support fee)와 회계법인으로부터 징수하는 연간회비 등으로 조달된다. 발행인 회계지원비는 전년도 월평균 시가총액이 7,500만 달러 이상인 상장회사와 전년도 월평균 시가총액 또는 순자산가치가 5억 달러 이상인 투자회사로부터 징수하며, 브로커·딜러 회계지원비는 전년도 순자본 500만 달러 이상인 브로커·딜러를 대상으로 징수한다. 2016년 중 발행인 회계지원비는 모두 2억 2,000만 달러로 총예산의 86%를 차지하였으며, 브로커·딜러 회계지원비는 3,240만 달러로 총예산의 13% 수준이었다. 그 밖에 회계법인으로부터 징수한 연간회비가 150만 달러에 이르렀다. PCAOB의 연간예산은 SEC의 점검 및 승인을 거쳐야 한다.

【도드프랭크법의 PCAOB 권한강화 내용】

PCAOB의 회계감독은 2008년 금융위기와 직접적인 관련성이 높지 않다. 예컨대 금융위기조사위원회가 발표한 금융위기조사보고서[75]는 금융위기의 중요한 원인으로서 PCAOB에 의한 회계법인 감독실패를 지적하지 않았다. 그러나 도드프랭크법은 금융시스템 전반을 대상으로 한 포괄적인 규제개혁의 일환으로 세 가지 측면에서 PCAOB의 권한을 강화하였다.

---

75 FCIC(2011).

(1) 회계정보의 작성 및 제공

도드프랭크법은 사베인스옥슬리법 제106조[76]를 개정하여 외국 회계법인의 감사조서(audit work papers and audit documentation)에 대한 PCAOB의 접근 권한을 확대하였다.[77] 외국 회계법인이 등록 회계법인의 감사보고서 작성 등 감사활동과 관련하여 중대한 역할을 하는 경우에 당해 외국 회계법인은 SEC 또는 PCAOB의 요구에 따라 감사조서를 작성·제공하여야 한다. 외국 회계법인은 감사조서의 작성·제공과 관련하여 미국 사법당국의 관할을 받는다. 즉 외국 회계법인이 감사조서의 작성·제공과 관련해 법규를 위반한 경우에는 미국의 법원으로부터 제재조치를 받을 수 있다.

외국 회계법인은 미국 내 대리인을 지정하여 감사조서의 작성·제공과 관련한 업무를 수행하게 하여야 한다. 다만, SEC 또는 PCAOB는 외국 회계법인이 외국의 회계감독당국을 통해 감사조서의 작성·제공 등의 의무를 이행하게 허용할 수 있다.

(2) 외국 회계감독당국과의 정보교환

도드프랭크법은 사베인스옥슬리법 제105조(b)(5)[78]를 개정하여 PCAOB로 하여금 보안을 전제로 외국 회계감독당국과 정보교환을 할 수 있도록 허용하였다.[79] 도드프랭크법 이전에 PCAOB는 외국 감독당국에 정보제공이 제한되었으며, 이로 인해 외국 감독당국도 PCAOB에 업무협조를 거부하는 사례가 많았다. 도드프랭크법은 정보교환을 허용함으로써 외국 회계법인에 대한

76　12 U.S.C. 7216.
77　도드프랭크법 제929J조.
78　12 U.S.C. 7215(b)(5).
79　도드프랭크법 제981조.

PCAOB의 감독활동을 원활히 하고자 한 것이다.

(3) 브로커·딜러 회계법인에 대한 감독권한

도드프랭크법 이전에 PCAOB는 브로커·딜러 감사인에 대한 감독권한이 없었다. 브로커·딜러가 발행인인 경우에만 PCAOB는 해당 감사인에 대한 감독권한을 행사할 수 있었다. 그러나 메이도프^{Madoff} 사기사건[80]에서 나타난 바와 같은 엉터리 감사보고서와 이로 인한 투자자 피해는 브로커·딜러 감사인에 대한 규제감독의 필요성을 제기하였다. 이에 따라 도드프랭크법 제정 당시 PCAOB 의장은 크리스토프 도드$^{Christopher\,Dod}$ 상원 은행위원장에게 브로커·딜러 감사인에 대한 감독권한을 PCAOB에 부여해줄 것을 서한으로 요청하였다. 이러한 배경에서 도드프랭크법은 일련의 사베인스옥슬리법 조항을 개정하여 브로커·딜러 감사인에 대한 규칙제정, 검사, 조사 및 제재조치를 부과할 수 있는 권한을 PCAOB에 부여하였다.[81]

---

80 나스닥증권거래소 회장 출신인 메이도프Brenard L. Madoff가 자신이 설립한 Brenard Madoff LLC를 통해 자행한 약 650억 달러 규모의 금융 다단계 사기(Ponzi scheme) 사건을 말한다.
81 도드프랭크법 제982조.

제4부 – 소비자보호 강화

제12장

소비자금융보호청(CFPB)의 조직과 기능

Dodd-Frank Act

I
머리말

　미국 소비자금융보호청(CFPB : Consumer Financial Protection Bureau)은 도드 프랭크법의 제10편[1]인 소비자금융보호법(Consumer Financial Protection Act of 2010)에 의해 설립되었다. CFPB는 도드프랭크법 발효(2010.7.21) 이후 약 1년의 준비기간을 거쳐 재무부 장관이 지정한 날짜[2](Designated Transfer Dates)인 2011년 7월 21일부터 업무를 개시하였다. 18개의 소비자법률과 이에 부속하는 50여 개의 규칙에 근거하여 7개 연방기관이 나누어 담당하던 소비자금융 관련 규제감독 기능이 동 지정일로부터 CFPB의 소관으로 이관된 것이다. 본문에서 상세히 언급하겠지만 소비자금융이란 소비자의 금융생활과 밀접한 관련을 갖는 금융상품으로서 개인, 가족, 가계 목적으로 제공된 것을 말

---

1 도드프랭크법 제10편은 전체 541개 조문 중 89개 조문, 전체 848쪽 중 158쪽으로 이루어진 방대한 내용으로 도드프랭크법 16개 편 중 가장 많은 분량을 차지한다.
2 재무부 장관의 명령에 의해 CFPB로 기능을 이전한 날짜를 말한다.

한다. 증권 및 보험상품은 소비자금융의 범위에서 제외된다.

CFPB 설립은 도드프랭크법이 도입한 일련의 소비자보호장치[3] 중에서 가장 중심적이면서도 중요한 내용을 이루는 것이다. CFPB 설립은 지난 수십 년간 이루어진 연방기구 개편 역사에서 가장 중대한 사건으로 받아들여지고 있다. 동시에 CFPB 설립은 도드프랭크법 중 가장 많은 논란의 대상이 된 주제 중의 하나였다. 소비자단체를 중심으로 한 지지자들과 금융업계를 중심으로 한 반대자들은 CFPB의 설립 여부와 법적 지위, 기능과 권한 등을 둘러싸고 뜨거운 논쟁을 전개하였다. 이러한 논쟁은 CFPB가 업무를 수행한 지 6년여가 경과한 지금까지도 계속되고 있다. 그만큼 CFPB의 설립이 소비자보호와 금융산업에 미치는 의미와 영향이 크다는 반증이라 하겠다.

2017년 9월 말 현재 CFPB는 1,688명의 인력을 갖춘 대규모 연방기관으로 성장하였으며, 소비자금융과 관련한 규칙제정, 감독·검사·제재권한을 독점적(exclusively), 그리고 독립적으로(independently) 수행하는 연방 차원의 단일한 소비자금융 보호기구로서의 위상을 가진다. CFPB는 설립 이후 2017년 초반까지 120만 건의 금융민원을 처리하고, 2,900만 명을 대상으로 120억 달러의 금융소비자 피해액을 구제하는 한편, 185건의 제재조치를 부과하고, 총 62건의 규칙을 제정하는 등 소비자금융 보호업무를 적극적으로 전개하였다.[4] CFPB의 업무수행은 6년이 경과하면서부터는 초기의 열정으로부터 벗어나 정상상태로 들어서고 있다.[5]

CFPB의 이러한 소비자금융 보호노력과 성과에 대해 긍정 및 부정의 양

---

[3] 투자자보호를 위한 SEC의 권한강화(제9편), 저·중위 소득계층에 대한 금융접근성 제고(제12편), 모기지 개혁 및 약탈적 대출 금지(제14편) 등이 있다.
[4] Zixta Q Martinez(2017) 및 U.S. Department of Treasury(2017, June) 참조.
[5] 저자가 2006년 6월 CFPB를 방문하였을 때 감독·제재·공정대부본부(Supervision, Enforcement & Fair Lending Dvision)의 담당자가 언급한 내용이다.

면적인 평가가 있다. 소비자단체와 민주당에서는 소비자금융 감독의 사각지대가 줄어들고 소비자의 권익이 향상되는 효과가 있었다는 긍정적인 평가를 내리는 반면, 공화당, 보수 싱크탱크, 금융업계 등은 CFPB의 과잉규제와 제재조치 남발로 인해 소비자의 금융상품 선택권과 신용접근성이 제약을 받고, 금융회사(특히 소형 금융회사)의 규제준수 부담이 증가하며 금융혁신이 저해되어 금융회사와 소비자 모두에게 부정적인 결과가 초래되었다고 비판하였다. 비판론자들은 CFPB의 권한과 기능, 그 업무수행 내용에 대해 문제를 제기하며, CFPB를 폐지해야 한다는 극단적인 견해에서부터 감독권한을 박탈하고 단순한 법 집행기구로 축소해야 한다는 견해에 이르기까지 다양한 주장을 제기하고 있다. 2017년 6월 공화당의 하원을 통과한 금융선택법안(Financial CHOICE Act)과 트럼프 행정부의 재무부가 발표한 은행 부문 금융개혁보고서[6]는 이러한 주장의 상당 부분을 반영하여 CFPB의 기능 및 권한에 대한 대통령과 의회의 통제를 강화하는 것을 주요 내용으로 하는 CFPB 개편방안을 제시한 바 있다.

이 장은 CFPB에 대한 전반적인 이해를 목적으로 한다. CFPB의 설립배경과 탄생과정을 살펴보고, 도드프랭크법 제10편을 중심으로 CFPB의 법적 지위, 책무와 기능, 조직 및 예산, 그리고 규칙제정 및 감독·검사·제재권한의 내용과 그에 대한 견제장치를 개괄한다. 그리고 재무부 보고서를 중심으로 최근의 CFPB 개편방안에 대해 간략히 언급한다.

---

6 U.S. Department of Treasury(2017, June).

II
CFPB의 설립배경과 탄생과정

【설립배경】

CFPB 설립 이전에 소비자금융은 18개의 소비자법률(enumerated consumer laws, 후술)에 의해 규율되고 있었으며, 그에 따른 규제감독 업무는 7개 연방감독기관이 나누어 담당하고 있었다. 소비자법률과 관련한 규칙제정 권한은 주로 연준(Fed)이 보유하고 있었으며, 감독·검사·제재권한은 연준을 포함한 7개의 연방감독기관이 나누어 갖고 있었다.

은행, 신협, 저축대부조합 등 예금취급기관에 대하여는 통화감독청(OCC), 연준, 예금보험공사(FDIC), 전미신용조합감독청(NCUA), 저축기관감독청(OTS) 등 5개의 연방감독기관이 감독·검사·제재업무를 나누어 담당하였으며, 비예금취급기관[7]에 대하여는 연방거래위원회(FTC)가 사후적 제재 위주의 감독을 수행하였다. 그 밖에 주택도시개발부(HUD)가 모기지금융과 관련한 감독을 수행하였다.

CFPB 설립 이전의 소비자금융 감독체계의 문제점으로서 네 가지가 거론되었다.[8]

첫째, 18개의 소비자법률 관련 감독업무를 전담할 연방차원의 감독기관이 부재하였다. 소비자금융 보호업무가 다수의 기구에 분산되어 있으며, 어떤 기구도 감독공백에 대한 책임을 부담하지 않았다. FTC는 '소비자보호'를 주된 기능으로 하는 유일한 기구였으나, 금융서비스에 대하여는 비예금취급기관을 대상으로 사후 제재에 치우친 제한적인 권한만을 갖고 있었다.

둘째, 전담 감독기관의 부재는 전문적인 감독역량의 부족으로 이어졌다. 소비자금융 관련 각종 데이터(예: 신용카드 대출, 페이데이론, 당좌대월, 자동차담보 대출 등)에 대한 연방 차원의 통일적인 집적이 이루어지지 못하였으며, 소비자금융에 대한 감독전문가도 크게 부족하였다. 그리고 이는 소비자금융에 대한 감독정책 수립에 제약요인으로 작용하였다. 감독기관들은 소관 금융업종에 대한 단편적인 데이터를 수집하고 있었으나 기관간 협조부족으로 시장의 전반적인 상황파악 및 정책수립을 어렵게 하였다.

셋째, 5개 연방감독기관(OCC, 연준, FDIC, NCUA, OTS)들은 소관 금융회사에 대하여 소비자법률의 규율기능과 함께 건전성 감독기능을 수행하고 있었다. 이들 연방감독기관들은 전통적으로 소비자보호보다는 금융회사의 건전성을 중시해왔으며, 소비자보호를 위해 필요한 감독권한을 제대로 행사하지 못하였다는 비판에 직면하였다. 금융회사가 고이윤을 목적으로 '불공정

---

7 대부업자(payday lender), 모기지대출·관리업자(private mortgage lenders and servicers), 채권추심업자(debt collectors), 신용조사업자(credit reporting agencies), 학자금 대출업자(private student loan companies) 등을 말한다.
8 이와 관련한 논의는 Adam J. Levitin(2009), Adam J. Levitin(2012-2013), David H. Carpenter(2014) 등을 참조로 하였다.

(unfair), 기망(deceptive), 남용(abusive)적인 영업행위'를 하고 있음에도 감독당국은 금융회사의 수익성과 건전성 악화를 우려하여 소비자보호를 위한 적절한 규제감독을 소홀히 하였다는 것이다. 특히 금융위기 와중에 신용카드, 차환대출, 모기지론, 복합금융상품 등 소비자 금융상품과 관련한 소비자의 피해가 심화된 것을 계기로 규제포획(regulatory capture)에 대한 우려와 비판이 증대하였다.

넷째, 파편화된 감독체계로 인해 감독기관들이 경쟁적으로 규제를 완화[9](race-to-the-bottom)하는 현상이 발생하였다. 예컨대 예금취급기관은 규제가 낮은 감독당국으로 면허를 이동(예: 주 면허 → 연방 면허)하고자 하는 규제차익의 유인을 갖고 있었으며, 감독당국들은 면허이탈(charter flight)을 방지하거나 면허유치를 위해 경쟁적으로 규제를 완화하였다. 감독당국들은 재원조달을 주로 감독수수료(면허수수료, 감독분담금 등)에 의존하고 있어 금융회사의 면허이탈에 민감하게 반응할 수밖에 없었던 것이다.

【탄생과정】

소비자금융 보호체계와 관련한 문제점들을 해결하기 위한 하나의 방안으로 소비자보호를 위한 별도의 기구를 설립하자는 주장은 2007년 당시 하버드 로스쿨 교수였던 엘리자베스 워렌Elizabeth Warren이 처음으로 제기하였다.[10]

---

9 학계에서는 감독기관간 규제완화 경쟁(race to the bottom)으로 묘사하였지만 저자가 만난 미국 감독당국의 직원은 이를 규제효율성 경쟁(race to the efficiency)으로 표현하였다. 감독기관의 업무수행에 대한 평가와 관련하여 감독기관의 내부와 외부의 시각차가 있음을 드러내는 사례라고 하겠다.
10 Elizabeth Warren(2007) 및 Oren Bar-Gill & Elizabeth Warren(2008) 참조. 오바마 대통령은 워렌을 CFPB의 초대 청장으로 임명하고자 하였으나 공화당의 반대로 무산되었다. 이에 따라 오바마 대통령은 워렌을 CFPB의

워렌의 주장은 금융위기 발생으로 소비자 피해가 점증하면서 정치권의 관심을 받게 되었으며, 특히 오바마 대통령이 선거운동 과정에서 중산층의 지지 확보를 목적으로 금융소비자보호를 이슈화함으로써 추진동력을 갖게 되었다. 오바마 정부는 금융규제 개혁안[11]에 소비자금융보호청의 설립방안을 포함하였으며, 동 방안은 도드프랭크법에 반영되었다.

CFPB의 설립은 도드프랭크법 중 가장 뜨거운 논란의 대상이 된 주제의 하나였다. 소비자 보호론자들은 소비자보호 업무를 전담하는 단일한 연방기관 설립을 통해 금융시장의 불공정·기망·남용행위로부터 소비자를 보호함과 아울러 규제의 영역에서 벗어나 있던 비예금취급기관에 대한 규제감독을 강화함으로써 소비자보호의 사각지대를 없애고자 하였다. 나아가 단순한 법규 준수 수준을 넘어서서 금융회사들이 자발적으로 소비자보호에 앞장서는 문화(culture)가 형성될 것을 희망하였으며, 전담기구의 설립이 이러한 문화의 형성에 강력한 촉매제 역할을 할 것으로 기대하였다.

이에 반해 금융서비스 업계는 CFPB 설립에 적극적으로 반대하였다.[12] 이들은 CFPB가 설립될 경우 소비자의 선택권과 금융접근성이 줄어들고, 수수료 등 금융비용이 상승할 것이라고 주장하였다. 또한 건전성 규제와 소비자보호 규제의 분리로 인해 양 규제간 균형과 조화가 힘들어지고 소비자보호에만 치우친 과도한 규제로 창조적인 금융산업 발전이 저해되는 한편, 소비자의 도덕적 해이가 증가할 수 있다고 우려하였다. 또한 종전의 기관별 감독당국에 더하여 CFPB가 신설되면서 금융감독 기능이 더욱 다기화되어 금융회

특별고문(Special Advisor)으로 임명하였으며, 워렌은 CFPB의 설립 초기 조직설계, 임직원 채용, 감독정책 방향 등에 큰 영향을 미친 것으로 알려지고 있다.
11 U.S. Department of Treasury(2009, June).
12 Ann Graham(2010) 참조.

사의 중복규제 부담이 증가할 것으로 우려하였다.

　기구 신설에 따른 이러한 일반적인 문제점과 함께 비판론자들은 CFPB의 법적 지위, 권한과 기능에 대하여도 이의를 제기하였다. 예컨대, 예산, 조직, 인사 등 조직운영은 물론이고 규칙제정, 감독·검사, 제재 등 권한에 있어서 과도한 독립성 보장으로 과잉규제가 초래되고 금융회사의 영업환경이 악화될 것을 우려하였다.

III

CFPB의 개요

【CFPB의 법적 지위】

CFPB는 연준 산하의 독립된 기구(independent bureau within the Federal Reserve System)로서의 지위를 갖는다.[13] 이러한 구조는 미국 연방기구 중에서 OCC[14]를 제외하고는 유례를 찾아보기 어려운 독특한 것으로서, CFPB의 지위를 둘러싼 대립된 주장들이 절충된 결과이다. 도드프랭크법 제정 당시 소비자 보호론자들은 업계, 의회 및 정부(백악관)로부터 독립된 기구의 설립을 주장한 반면, 업계에서는 CFPB에 대한 강력한 견제와 통제를 주장하였다. CFPB를 연준 내의 독립된 기구로 둔 것은 이러한 대립되는 주장들의 타협

---

13 도드프랭크법 제1011조(a).
14 OCC는 재무부 내 독립된 기구로서의 지위를 갖는다.

의 산물이다. 도드프랭크법의 주창자인 바니 프랭크 하원의원은 당초 CFPB를 어디에도 속하지 않는 완전히 독립된 연방기관(free-standing independent agency)으로 설립하기를 희망하였으나, 법안의 상원 통과를 위해 연준 산하의 독립적 기구로 설치하는 것에 동의한 것으로 알려졌다.[15]

여기에서 '독립'이라는 용어는 다중의 의미를 갖는다.

첫째, CFPB는 정책결정에 있어 대통령으로부터 독립성을 갖는다. CFPB 청장(Director)은 상원의 인준을 받아 대통령이 임명하며, 5년의 임기를 갖는다. 그러나 대통령은 청장을 '마음대로'(at will) 해임하지 못하며, 반드시 '타당한 이유'(at cause)가 있어야만 해임할 수 있다. 여기에서 '타당한 이유'라 함은 무능력(inefficiency), 업무태만(neglect of duty), 부정행위(malfeasance in office)를 의미한다.[16] 그러나 정책에 대한 이견으로 대통령이 연방기구의 수장을 해임하는 것은 '타당한 이유'에 해당하지 않는다는 것이 일반적인 견해이다. 이 견해에 따르면 CFPB가 대통령의 뜻에 부합하지 않는 정책을 추진한다는 이유로 청장을 해임하지 못한다는 결론에 이르게 된다.[17] 일반적 견해에 따르면 CFPB는 소비자금융과 관련한 정책추진에 있어 대통령으로부터 독립성을 확보하고 있는 것이다.

둘째, CFPB는 연준 내에 설치되었지만, 감독정책 및 조직·인사 등에 있어 연준으로부터 독립성을 보장받고 있다. 연준은 CFPB의 검사·제재 등 감독업무에 간여할 수 없으며, 직원 및 간부를 임용하거나 해임할 수 없고, CFPB 부서와 연준 부서를 통폐합해서도 안 된다. 또한 연준은 CFPB가 제정하는 규칙, 명령에 대한 검토·승인 권한이 없으며, 규칙·명령의 시행을 지연, 방해해

---

15 이에 대한 논의는 Adam J. Levitin(2012-2013), Rachel E. Barkow(2010) 참조.
16 도드프랭크법 제1011조(b) 및 (c).
17 Rachel E. Barkow(2010) 참조.

서도 안 된다.[18] 아울러 CFPB는 감독업무 수행 및 조직운영에 필요한 예산을 스스로 결정하고, 이를 위한 재원을 연준에 요청할 수 있으며, 연준은 동 자금을 제공하여야 할 의무가 있다. 그러나 연준은 CFPB 규칙제정과 관련하여 사전협의 권한을 가지며, CFPB 규칙제정이 시스템위험을 초래할 우려가 있다고 판단하는 경우에는 규칙제정에 대한 거부권 행사를 금융안정감시위원회(FSOC)에 건의할 수 있고, 설사 거부권의 행사로 이어지지 않더라도 규칙시행을 최대 90일까지 지연할 수 있다.

셋째, CFPB는 연준 내에 설치된 지위의 특수성으로 인해 의회로부터 일정한 독립성을 확보하고 있다. 도드프랭크법은 CFPB의 예산에 대하여 상원 및 하원의 세출위원회(Committee of Appropriations)의 승인 또는 점검(review)을 받지 않도록 규정[19]함으로써 예산결정과 관련하여 의회로부터의 독립성을 보장하고 있다. 연준은 미 의회로부터 예산승인을 받지 않으며, 연준 내 설치된 CFPB도 자연히 이러한 승인대상에서 제외되는 것이다.

그러나 동시에 도드프랭크법은 CFPB의 방만한 예산운용을 견제하기 위한 일련의 장치를 마련하였다. 예컨대 CFPB는 지출예산의 적정성 등에 대한 설명을 포함한 반기별 보고서를 상·하원 위원회(은행위원회, 금융서비스위원회 등)에 제출하여야 하며, CFPB 청장은 동 위원회에서 실시하는 반기별 청문에의 출석이 의무화된다.[20] 또한 CFPB의 연차 재무보고서는 행정관리예산국(OMB)의 점검과 회계감사원(GAO)의 감사를 받아야 한다.[21]

---

18 도드프랭크법 제1012조(c).
19 도드프랭크법 제2017조(2)(C).
20 도드프랭크법 제1016조.
21 도드프랭크법 제1017조(a).

【CFPB의 책무, 목적, 기능】

도드프랭크법은 CFPB의 책무(purposes)를 다음과 같이 규정하였다.[22]

"CFPB는 소비자 금융상품·서비스시장의 공정성, 투명성, 경쟁성을 확보하고, 동 시장에 대한 소비자의 접근성을 보장하기 위해 연방소비자금융법[23]을 일관되게 실행하고, 필요한 제재권한을 행사하여야 한다."

도드프랭크법은 이러한 책무의 구체적인 내용과 실행수단으로서 5개의 목적(objectives)과 6개의 기능(functions)을 각각 규정하였다. 5개의 목적이란 ①소비자에게 적시의 이해 가능한 정보의 제공 ②불공정, 기망, 남용, 차별적 행위로부터 소비자를 보호 ③더 이상 유효하지 않거나, 불필요하거나, 규제 부담이 과도한 규제의 개선 ④공정경쟁의 촉진 ⑤소비자 금융상품·서비스시장의 접근성 및 혁신촉진을 말한다.[24]

그리고 6개의 기능이란 ①금융교육 프로그램의 운영 ②소비자 민원의 접수, 조사, 처리 ③소비자 권익을 침해하는 리스크를 식별하기 위한 연구조사, 모니터링 및 정보공시 ④금융회사에 대한 감독검사 및 제재권한의 행사 ⑤연방소비자금융법의 실행을 위한 규칙(rule), 명령(order), 지침(guidance)의 제정 ⑥기타 직무수행에 필요한 지원기능 등이다.[25]

---

22 도드프랭크법 제1021조(a).
23 연방소비자금융법의 정의에 대해서는 이 장의 제4절 참조.
24 도드프랭크법 제1021조(b).
25 도드프랭크법 제1021조(c).

【CFPB의 조직 및 인력】

2017년 9월 현재 CFPB에는 청장(director) 산하에 6개의 국(division)과 32개의 실(office)이 있다. CFPB의 본부는 워싱턴에 소재하고 있으며, 시카고, 뉴욕, 샌프란시스코에 지역사무소가 있다.

CFPB는 설립 이후 조직과 인원을 지속적으로 확대하였다. 도드프랭크법은 CFPB의 직원수 결정 및 임용이 청장의 권한임을 규정하였다.[26] 2010년 9월 말 58명에 불과하던 CFPB의 직원수는 2017년 9월 말에는 1,688명으로 증가하였다.[27]

도드프랭크법은 연방정부 공무원의 임용 및 급여에 관한 규정[28]에 구속받지 않고 CFPB 청장이 독자적으로 직원 급여를 결정하도록 하였다.[29] 또한 법은 청장이 CFPB 직원들에게 연준의 직원과 유사한 수준의 급여와 복리후생을 지급하도록 규정하였다.[30]

【예산 및 재원조달】

CFPB는 업무추진 및 조직운영을 위해 필요한 예산을 스스로 결정하고 이

---

[26] 도드프랭크법 제1013조(a).
[27] CFPB는 2015년 연차보고서에서는 인력수준이 도드프랭크법에 의해 주어진 책무를 효과적으로 수행하기에 부족하다고 판단하고 인력을 지속적으로 확충할 계획을 제시하였으나, 2016년 및 2017년 연차보고서에서는 책무수행에 필요한 적정 인력수준(steady-state employees)에 근접하고 있다고 밝히는 등 CFPB의 조직규모와 관련하여 변화된 인식을 드러냈다. CFPB(2016, November 15) p.12 및 CFPB(2017, November 15), p.12 참조.
[28] 5 U.S.C. 51 및 53.
[29] 도드프랭크법 1013조(a)(2).
[30] 도드프랭크법 1013조(a)(2)(B).

를 위한 재원을 연준(Fed)에 청구할 권한을 갖는다.[31] 다만, 도드프랭크법은 CFPB가 연준에 청구할 수 있는 금액에 일정한 한도를 정하였다. 즉 동 금액은 연준의 2009년도 운영경비(operating expenses)의 일정 비율(2011년 10%, 2012년 11%, 2013년 이후 12%)을 초과할 수 없다.[32] 한도액은 인플레이션율을 반영하여 매년 증가된다.

이러한 재원조달 구조는 그 재원을 주로 금융회사로부터 징구하는 수수료에 의존하는 여타 연방기관과는 상당히 상이한 것이다. 앞에서 본 바와 같이 CFPB의 예산은 상원 및 하원의 세출위원회의 승인 또는 점검을 받지 않는다. 이러한 재원조달 구조는 금융회사 및 의회로부터 CFPB의 독립성을 보장하기 위한 중요한 장치의 하나이다. 동시에 예산의 최고한도를 법으로 정하는 방식은 CFPB의 예산재량권을 구속하는 측면도 있다.

---

31 도드프랭크법 1017조.
32 2009년도 연준의 운영경비가 총 49억 8,000만 달러이므로 2013년의 경우 CFPB가 연준으로부터 받을 수 있는 최대 한도액은 5억 9,800만 달러가 된다.

Ⅳ

CFPB의 주요 권한

【규칙제정 권한(Rulemaking Authority)】

(1) 규칙제정의 권한과 효력범위

도드프랭크법은 연방소비자금융법(federal consumer financial law)에 근거한 규칙제정 권한을 CFPB에 부여하였다.[33] 규칙은 규칙(rule), 명령(order), 그리고 지침(guidance)을 포괄하는 개념이다. CFPB는 연방소비자금융법의 목표를 구현하고 규제회피를 방지하기 위해 필요한 규칙을 제정할 수 있다.

연방소비자금융법은 단일한 법률이 아니라 CFPB가 소관하는 법률 및 규칙을 총칭하는 개념이다.[34] 즉 연방소비자금융법은 ①도드프랭크법 제10편,

---

33 도드프랭크법 제1022조.
34 도드프랭크법 제1002조(14).

즉 소비자금융보호법(Consumer Financial Protection Act of 2010) ②18개의 소비자법률[35](enumerated consumer laws) ③도드프랭크법 제10편의 Subtitle F 및 H에 의해 그 권한이 CFPB로 이전된 일련의 법률들 ④그리고 이들에 근거하여 제정된 CFPB의 규칙 및 명령으로 구성된다.

따라서 연방소비자금융법에 근거한 CFPB의 규칙제정 권한은 크게 두 부분으로 구성된다. 하나는 도드프랭크법 제10편(소비자금융보호법)에 의해 새롭게 창출되어 CFPB에 부여된 고유의 권한이며, 다른 하나는 기존의 일련의 법률들, 특히 18개의 소비자법률에 규정된 권한들 중에서 CFPB로 이전된 권한이다. 18개 소비자법률은 신용카드, 직불카드, 채권추심, 신용조사, 모기지금융 등 다양한 분야를 포괄하기 때문에 CFPB는 소비자금융과 관련한 폭넓은 규칙제정 권한을 갖는다. 그러나 연방소비자금융법 중에서 CFPB로 권한이 이전되지 않은 법도 있다. 예컨대 연방거래위원회(FTC)는 연방거래위원회법(Federal Trade Commission Act)과 관련한 주된 규칙제정 권한을 갖는다.[36]

---

35 18개의 소비자법률은 다음과 같다(도드프랭크법 제1002조(12)).
(A)Alternative Mortgage Transaction Parity Act of 1982
(B)Consumer Leasing Act of 1976
(C)Electronic Fund Transfer Act(제920조 관련사항 제외)
(D)Equal Credit Opportunity Act
(E)Fair Credit Billing Act
(F)Fair Credit Reporting Act(제615조(e) 및 제628조 관련사항 제외)
(G)Home Owners Protection Act of 1998
(H)Fair Debt Collection Practices Act
(I)Federal Deposit Insurance Act 제43조(b)~(f)
(J)Gramm-Leach-Bliley Act 제502조~제509조 (제505조 중 제501조(b) 관련사항 제외)
(K)Home Mortgage Disclosure Act of 1975
(L)Home Ownership and Equity Protection Act of 1994
(M)Real Estate Settlement Procedures Act of 1974
(N)S.A.F.E. Mortgage Licensing Act of 2008
(O)Truth in Lending Act
(P)Truth in Savings Act
(Q)Omnibus Appropriations Act 제626조
(R)Interstate Land Sales Full Disclosure Act
36 도드프랭크법 제1061조(b).

소비자금융보호법에 의해 CFPB에 부여된 고유의 규칙제정 권한으로 불법행위, 공시, 등록, 사전중재조항 등 네 가지가 있다.[37]

① 불법적인 불공정, 기망, 남용적인 행위의 정의에 관한 규칙[38]
② 소비자 금융상품·서비스와 관련된 비용, 편익, 위험의 공시에 관한 규칙[39]
③ 금융회사(covered person)의 등록요건에 관한 규칙[40]
④ 소비자와 금융회사간의 사전중재협약(pre-dispute arbitration)을 금지·제한하기 위한 규칙[41]

이러한 4개 항목에 대한 규칙제정 권한은 규제대상 금융회사(covered person, 이하 대상회사)에게만 적용된다. 대상회사라 함은 소비자 금융상품·서비스의 공급과 관련된 금융업에 직간접으로 관련된 자를 의미한다. 그리고 소비자 금융상품·서비스란 도드프랭크법에 명시된 11개의 상품·서비스로서 개인(personal), 가족(family), 가계(household) 목적으로 소비자가 사용하도

---

37 Adam J. Levitin(2012-2013) 참조.
38 도드프랭크법 제1031조.
39 도드프랭크법 제1032조.
40 도드프랭크법 제1022조(c).
41 사전중재협약이란 금융회사와 소비자간 분쟁발생시 소비자에 의한 집단소송(class action)의 제기·참여를 금지하고, 반드시 중재자를 통해 분쟁을 해결하도록 강제하는 협약이다. 도드프랭크법(제1028조)은 금융계약 중 사전중재협약의 활용현황 등에 대한 조사를 수행하고, 동 조사결과를 토대로 필요한 규칙을 마련토록 CFPB에 요구하였다. 이에 따라 CFPB는 2015년 3월 조사결과를 의회에 제출한 데 이어 2017년 7월 10일에는 이의 폐지를 골자로 하는 규칙을 발표하였다. CFPB(2017, July 19) 참조. 그러나 미 의회는 동년 10월 24일 의회검토법(Congressional Review Act)을 적용해 동 규칙을 폐기하였다. 1996년 당시 하원 의장이던 뉴트 깅리치Newt Gingrich의 주도로 제정된 의회검토법은 양원 합동결의안에 의해 연방기관이 제정한 규칙을 폐기할 수 있는 권한을 부여한 바 있었다. 동법 제정 이후 의회검토법을 적용해 연방기관 규칙을 폐기한 것은 2001년 단 한 차례 있었다. 트럼프 행정부는 출범 이후 미 의회는 10개 이상의 연방기관 규칙을 폐기하였는데, 금융규제로는 동 사안이 첫 사례가 되었다. 백악관과 공화당은 이 규칙이 높은 수임료를 받는 변호사들의 배를 불리고 금융회사의 영업활동을 가로막은 과잉규제라며 월가 은행의 편을 들어 폐기를 주장해왔다. Andrew Ackerman and Yuka Hayashi(2017) 참조.

록 제공된 것을 말한다.⁴² 즉 소비자 금융상품·서비스가 되기 위해서는 11개의 범주에 포함되어야 할 뿐 아니라 개인·가족·가계 목적으로 사용되어야 한다는 두 가지 조건을 동시에 충족시켜야 한다.

소비자 금융상품·서비스의 정의(도드프랭크법 제1002조(15))

① 신용 또는 대출의 제공, 판매, 중개, 취득, 매입
② 일정한 조건의 금융리스(finance leases)
③ 부동산 결제 서비스(단, 감정평가 및 보험은 제외)
④ 예금 수취, 자금의 전송 및 교환, 커스터디(custody) 업무
⑤ 저장된 가치 또는 지급수단의 제공
⑥ 수표의 결제, 매집, 보증 업무
⑦ 기술적인 수단을 사용한 지급 또는 금융데이터 처리 서비스의 제공
⑧ 금융자문서비스
⑨ 소비자 정보(신용기록 등) 또는 기타 계좌정보의 수집·분석·유지·제공
⑩ 채권 추심
⑪ 기타 CFPB가 규칙으로 정하는 금융상품·서비스

(남용행위에 대한 규칙제정 권한과 관련한 논란)

도드프랭크법은 CFPB에 "불공정(unfairness), 기망(deceptive), 또는 남용(abusive)에 해당하는 행위가 무엇인지를 정의하는 규칙을 마련"하고, 이를 "방지하기 위한 조치를 취할 것"을 요구하였다.⁴³ 이 조항은 도드프랭크법 제정 당시부터 많은 논란을 불러일으켰다.

CFPB 설립 반대론자들은 이 조항의 의미가 모호하여 CFPB에 과도한

---

42 도드프랭크법 제1002조(5) 및 (15).
43 도드프랭크법 제1031조.

재량권을 부여할 것이라고 우려하였다. 반대론자들의 비판은 특히 남용(abusive)이라는 용어에 집중되었는데, 불공정이나 기망이라는 용어는 연방거래위원회법(Federal Trade Commission Act of 1914)에 규정된 전례[44]가 있으나, 남용이라는 용어는 도드프랭크법에서 처음으로 등장한 용어이기 때문이다.

도드프랭크법은 남용을 "소비자 금융상품·서비스의 약관을 이해하는 소비자의 능력을 심각하게 저해(materially interfere)"하거나 "금융상품에 대한 소비자의 이해부족 또는 금융회사에 대한 소비자의 합리적 신뢰(reasonable reliance)를 이용하여 부당한 이득(unreasonable advantage)을 취하는 행위"를 의미한다고 규정하였다.[45]

그런데 여기에서 심각하게 저해, 합리적 신뢰, 부당한 이득 등의 의미가 명확하게 정의되지 않았는데, 이는 새로운 금융상품 출현에 따른 소비자권익 침해가능성에 CFPB가 유연하게 대응할 수 있도록 하는 긍정적 측면이 있는 반면, 다른 한편으로 CFPB에 과도한 재량권을 부여하여 불필요한 규칙을 남발케 하는 부정적 결과를 초래할 수 있는 것으로 우려되었다.

이러한 비판적 시각을 반영하여 도드프랭크법은 CFPB가 불공정, 기망, 남용행위와 관련한 규칙을 제정함에 있어서는 건전성 감독기관과 반드시 사전 협의를 거칠 것을 특별히 강조하였다.[46]

(2) CFPB의 규칙제정 권한에 대한 견제·점검 장치

CFPB에 규칙제정 권한을 부여할 것인지는 입법 당시 많은 논란을 불러일

---

44 도드프랭크법(제1031조(c))은 불공정(unfairness)을 "소비자가 합리적으로 회피(not reasonably avoidable)할 수 없는 상당한 피해(substantial injury)를 초래하거나 초래할 가능성이 있는 행위"로서 "그에 따른 피해가 편익 또는 경쟁을 초과"하는 행위로 정의하였다.
45 도드프랭크법 제1031조(d).
46 도드프랭크법 제1031조(e).

으켰다. 소비자 보호론자들은 규칙제정 권한을 가진 독립적인 기구의 설립을 주장한 반면, 업계에서는 규칙제정 권한은 기존의 연방감독기관에 남겨두고 CFPB에는 제재권한만을 부여할 것을 주장하였다.[47]

이러한 대립된 주장에 대한 타협의 결과로서 도드프랭크법은 CFPB에 연방소비자금융법과 관련한 규칙제정 및 법원에서 인용되는 유권해석[48] 권한을 독점적으로 부여[49]하는 한편, 동시에 CFPB가 그 권한을 남용하지 않도록 규칙제정시 준수해야 할 일정한 절차 내지는 견제장치를 마련하였다.

먼저, 도드프랭크법은 CFPB가 규칙을 제정함에 있어 그에 따른 다양한 영향을 고려하도록 주문하였다.[50] 즉, CFPB는 소비자와 대상회사에 미치는 일반적인 비용·편익 분석 이외에도 규칙제정안(proposal)이 금융상품·서비스에 대한 소비자의 접근을 제약할 가능성이 있는지 여부를 고려하여야 한다. 또한 CFPB는 규칙제정안이 소규모 예금취급기관(신협 등)과 지방 벽지의 소비자에게 미치는 영향을 별도로 고려하여야 한다.

또한 도드프랭크법은 규제유연법(Regulatory Flexibility Act)의 개정을 통해 CFPB가 규칙제정에 있어 소상공인(small entities)에 어떠한 영향을 미치는지 분석하고 이를 줄일 수 있는 방안을 강구할 것을 요구하였다.[51] 구체적으로 CFPB는 규칙제정안이 '상당수 소상공인에 중대한 영향'을 미칠 것으로 예상하는 경우에는 규제도입에 따른 소상공인의 자금조달 비용의 상승 정도, 유사한 정책효과를 거둘 수 있는 다른 가능한 대안, 소상공인의 자금조달 비용 경감을 위한 정책적 권고사항 등을 포함한 보고서를 발표하여야 하며, 소상

---

47 Rachel. E. Barkow(2010).
48 연방소비자금융법에 대한 CFPB의 해석은 타당하다고 인정될 경우 법원에서 인용될 수 있다.
49 도드프랭크법 제1022조(a) 및 (b)(4).
50 도드프랭크법 제1022조(b)(2)(A).
51 도드프랭크법 제1100G조.

공인 대표로 구성된 패널로부터 자문을 구하여야 한다.

다음으로 CFPB는 규칙제정안을 발표하기 이전에, 그리고 공개의견 수렴기간 중에 건전성 감독기관(연준, OCC 등)과 협의할 것이 요구된다.[52] CFPB의 소비자보호정책이 여타 감독기관의 건전성 정책, 시장질서 유지 정책, 또는 시스템리스크 정책과 상충되는 것을 방지하기 위함이다. 건전성 감독기관이 서면으로 CFPB의 규칙제정안에 이의를 제기하면, CFPB는 최종 규칙 발표자료에 그러한 이의제기 사실과 이에 대한 CFPB의 결정내용 등을 포함하여야 한다.

셋째로 FSOC는 CFPB의 규칙이 금융시스템의 안정성을 해칠 우려가 있다고 판단하는 경우에는 그 효력의 정지(stay) 또는 규칙의 폐지(set aside)를 결정할 수 있다.[53] 이러한 결정이 이루어지기 위해서는 FSOC 위원의 서면에 의한 건의와 위원 2/3 이상의 찬성이 필요하다. FSOC 위원이 모두 10명이며, CFPB 국장은 찬성표를 던질 가능성이 없는 점을 고려하면 9명의 위원 중 7명이 동의해야 CFPB 규칙에 대한 효력의 정지 또는 폐지가 이루어질 수 있다. CFPB의 규칙제정 권한에 대해 FSOC가 거부권을 행사할 수 있는 이러한 구조는 미국의 여타 연방기관에서는 유례를 찾기 어려운 독특한 것이다.[54] FSCO의 위원장이 재무부 장관인 점을 감안하면, FSOC의 거부권 행사는 정부로부터 CFPB의 독립성을 일정 정도 제약하는 요인이 될 수 있다.

그러나 FSOC의 거부권이 시스템적 위험이 있는 경우로만 제한되어 지나치게 협소하다는 지적[55]이 있으며, CFPB는 금융회사에 대하여 특정한 금융

---

52 도드프랭크법 1022조(b)(2)(B) 및 (C).
53 도드프랭크법 제1023조.
54 Adam J. Levitin(2012-2013) 참조.
55 Diane Katz(2016) 참조.

상품 또는 신용의 제공을 강제할 권한이 없기 때문에 시스템리스크를 초래하는 규칙을 제정할 가능성이 낮아 실효성이 거의 없는 견제장치라는 비판도 있다.[56] 더군다나 CFPB 청장이 FSOC의 위원으로 참여하고 있어 사전에 의견을 조율할 수 있기 때문에 FSOC에 의한 거부권 행사가 실제로 발생할 가능성은 극히 낮다고 할 수 있다.

한편, 도드프랭크법은 FSOC의 거부권에 대해서도 견제장치를 도입하였다. FSOC는 효력의 정지 또는 규칙의 폐지를 결정하는 경우 그 사유 등을 연방정부의 공보(federal register)에 게재하는 방법으로 일반 공중에 공지하여야 한다.[57] 그리고 FSOC의 결정은 행정절차법(APA : Administrative Procedure Act of 1946)이 정하는 바에 따라 법원의 심리대상이 될 수 있다.[58]

넷째, 도드프랭크법은 CFPB가 제정하는 모든 규칙을 제정한 지 5년 후 재점검하도록 규정하였다.[59] 그러나 재점검이 단 1회에 그치고 중요 규제(significant rule)만을 대상으로 하여 실효성이 의문시된다는 지적이 있다.[60] 또한 CFPB 규칙은 백악관 산하 행정관리예산국(OMB)의 점검대상에서 면제될 뿐만 아니라 경제성장 및 규제문서 감축법(EGRPRA : Economic Growth and Regulatory Paperwork Reduction Act of 1996)의 적용대상에서 제외되어 다른 감독기관에 비해 규제 적절성을 재점검하는 장치가 취약하다는 지적이 있다.[61] EGRPRA는 은행감독기관들로 하여금 10년마다 1회 이상 기존 규제의 적절성을 재점검하도록 규정하고 있다.

---

56 Adam J. Levitin(2012-2013) 참조.
57 도드프랭크법 제1023조(c)(6).
58 도드프랭크법 제1023조(c)(8).
59 도드프랭크법 제1022조(d).
60 U.S. Department of Treasury(2017, June), pp.86~87.
61 U.S. Department of Treasury(2017, June), pp.86~87.

마지막으로, CFPB는 다른 모든 연방기관과 동일하게 행정절차법(APA)의 적용을 받는다. 즉, 규칙제정안은 공개의견 수렴을 거쳐야 하고, 발효일 이전에 최종 규칙을 공표하여야 한다. 또한 CFPB가 제정한 규칙은 법원에 의한 심리의 대상이 된다. 따라서 누구든지 CFPB 규칙의 적절성에 대하여 법원에 소송을 제기하여 그 폐지를 구할 수 있다.

【감독검사 권한】

(1) 대형 예금취급기관

　도드프랭크법은 총자산 100억 달러를 초과하는 대형 예금취급기관[62](은행·저축대부조합·신협)의 연방소비자금융법 준수 여부에 대한 감독검사 권한을 CFPB에 독점적(exclusive authority)으로 부여하였다.[63] 즉 CFPB만이 연방소비자금융법에 근거한 보고서 징구, 리스크 평가, 주기적 검사 등 감독검사 권한을 행사할 수 있다. 이러한 권한은 종전에는 건전성 감독기관(OCC, Fed, FDIC, NCUA 등)에 속하였으나 CFPB로 이관된 것이다. 건전성 관련 감독검사 권한은 종전처럼 건전성 감독기관이 보유한다.

　이와 동시에 도드프랭크법은 금융기관의 부담축소를 위해 검사일정 등을 건전성 감독기관과 협의하도록 요구하였다. 또한 예금취급기관이 감독기관별 단독검사를 요청하는 경우를 제외하고는 CFPB는 소관 건전성 감독기관과 공동검사를 실시하여야 한다. 또한 CFPB와 건전성 감독기관은 검사보고

62　2017년 현재 미국 전역의 5,900여 개 부보 예금취급기관 중 총자산 100억 달러를 초과하는 기관은 100개를 넘지 않는다. U.S. Department of Treasury(2017, June), pp.21~22.
63　도드프랭크법 제1025조.

서 초안을 상호 공유하여야 하며, 최종 검사보고서를 채택하기 이전에 상호 의견을 제시할 수 있는 충분한 기회(30일 이상)를 주고, 최종 보고서 작성 또는 감독조치를 내리는 데 있어 이를 고려하여야 한다. 또한 CFPB는 각 주(州)의 은행감독당국과도 동일한 협의를 하여야 한다. 그리고 보고서 징구에 있어서도 기존의 보고서를 '가능한 최대한'(to the fullest extent possible) 이용할 의무를 가진다.

CFPB와 건전성 감독기관간에 감독조치의 불일치가 있는 경우 해당 예금취급기관은 양 감독기관간에 조율된 감독조치를 내려줄 것을 요청할 수 있다. 이러한 요청에 대하여 CFPB와 건전성 감독기관은 30일 이내에 조율된 감독조치를 내려야 하며, 만약 의견조율에 실패한다면 양 기관의 대표와 제3자(다른 감독기관 대표)로 구성된 패널에서 최종 결정을 내린다.

(2) 소형 예금취급기관

총자산 100억 달러 이하의 소형 예금취급기관의 연방소비자금융법 준수 여부에 대한 감독검사 권한은 종전과 같이 건전성 감독기관이 갖는다. 그러나 도드프랭크법은 소형 예금취급기관 감독검사와 관련하여 CFPB에 일부 권한을 부여하였다.[64] CFPB는 금융회사로부터 직접 보고서를 징구할 권한을 가지며, 건전성 감독기관이 수행하는 검사에 표본추출방식(sampling basis)으로 참여할 수 있다. 건전성 감독기관은 검사수행에 필요한 모든 보고서, 기록 및 자료에 CFPB가 접근할 수 있도록 허용해야 하며, 검사와 관련한 사항(검사범위, 검사결과 지적사항, 평가등급 등)에 대한 CFPB의 의견을 반영하여야 한다. CFPB가 보고서 징구에 있어서 기존의 보고서를 가능한 최대한 이용할 의

---

64 도드프랭크법 제1026조.

무를 가지는 것은 앞에서 본 바와 같다.

(3) 비예금취급기관

도드프랭크법은 다음과 같은 일련의 비예금취급기관의 연방소비자금융법 준수 여부에 대한 감독검사 권한을 CFPB에 부여하였다.[65] 일련의 비예금취급기관은 '소비자의 금융생활과 밀접하게 관련된 3개 업종(모기지·페이데이론·교육대출)에 종사하는 금융회사', '기타 업종의 주요 시장참가자', 그리고 '그 밖에 소비자에게 위협을 초래할 합리적인 이유가 있다고 CFPB가 인정하는 자'[66] 등이다.

여기에서 마지막 2개 항목인 '기타 주요 시장참가자'와 '그 밖에 CFPB가 인정하는 자'는 도드프랭크법 제정 당시에는 규제할 필요가 없었으나 이후 시장발전에 따라 규제 필요성이 등장하는 경우에 대비하여 CFPB에 재량권을 부여한 것이다. 2016년 현재 CFPB는 신용조사대행시장(credit reporting market), 채권추심시장(debt collection market), 학자금대출시장(student loan market) 등에 있어서 일정 기준을 초과하는 대형업자를 감독대상으로 정하고 있다.[67]

CFPB는 이상의 조건에 해당하는 비예금취급기관에 대하여 등록 의무화,

---

[65] 도드프랭크법 제1024조.
[66] 구체적으로 다음과 같다(도드프랭크법 1024조).
· 모기지금융 관련 취급업자(대출상담 또는 실행, 브로커, 모기지 관리, 대출구조개선, 담보압류구제 등)
· 페이데이론(payday loan) 취급업자
· 교육대출(education loan) 취급업자
· 기타 소비자 금융상품·서비스에 대한 주요 시장참가자
· 그 밖에 소비자 금융상품·서비스 제공과 관련하여 소비자에게 위협을 초래할 합리적인 이유가 있다고 CFPB가 인정하는 자
[67] 신용조사대행시장은 총수입 700만 달러 이상의 업자(12. C.F.R. §1090.104), 채권추심시장은 총수입 1,000만 달러 이상의 업자(12. C.F.R. §1090.105), 학생대출시장은 대출액 100만 달러 이상의 업자(12. C.F.R. §1090.106)이다.

보고서 징구, 주기적 검사실시 등의 권한을 갖는다. 그러나 CFPB는 건전성 감독기관 및 주^州 감독당국과 검사계획 등 감독검사와 관련하여 협의하여야 하며, 보고서 징구에 있어서도 기존의 보고서를 가능한 최대한 이용할 의무가 있다.

CFPB의 이러한 규제감독 권한은 비예금취급기관에 대한 감독방식에 있어 일대 변혁을 의미하는 것이다. 종전에는 비예금취급기관에 대해서는 각 주^州의 감독당국이 주된 감독기능을 담당하였으며, 연방 차원에서는 연방거래위원회(FTC)에 의한 사후적인 제재 위주의 감독에 한정되었다. 도드프랭크법에 의해 비로소 비예금취급기관에 대하여도 은행과 유사한 수준의 연방 차원의 규제감독이 가능해진 것이다.

【제재권한】

(1) 금융회사 유형별 제재권한

CFPB의 제재권한도 금융기관의 유형에 따라 차이가 있다. 우선, 대형 예금취급기관에 대하여는 CFPB가 주된 권한(primary authority)을 갖는다. 즉, CFPB가 제재권한을 갖지만 건전성 감독기관도 특정 대형 예금취급기관에 대한 제제조치를 취하도록 CFPB에 서면으로 권고할 수 있다. 만약, CFPB가 120일 이내에 제재조치를 위한 절차를 개시하지 않는다면 건전성 감독기관이 동 제재조치를 위한 절차를 개시할 수 있다.[68]

도드프랭크법은 소형 예금취급기관에 대한 제재와 관련해서는 CFPB에

---

68 도드프랭크법 제1025조(c).

실질적인 권한을 부여하지 않았다. CFPB는 소형 예금취급기관에 대한 제재조치를 건전성 감독기관에 권고할 수 있다. 이에 대해 건전성 감독기관은 60일 이내에 서면으로 회신하여야 하나, 제재조치를 결정함에 있어 이에 구속받을 의무는 없다.[69] 소형 예금취급기관에 대한 제재는 건전성 감독기관의 독점적 권한이다.

마지막으로 비예금취급기관에 대한 제재와 관련해서는 CFPB는 연방거래위원회(FTC)와 협의할 의무가 있다. 한편, 여타 건전성 감독기관은 서면으로 특정한 제재조치를 취하도록 CFPB에 권고할 수 있다.[70]

(2) 제재의 절차 및 종류

도드프랭크법상 CFPB가 제재절차를 진행하는 방법은 두 가지이다. 하나는 누구든지 연방소비자금융법을 위반한 자에 대하여 CFPB가 원고가 되어 연방법원에 소송을 제기하는 방법이다.[71] 다른 하나는 행정절차법(APA)상 행정판사(administrative law judge)의 청문(hearing)과 심판(adjudications)을 진행하는 것이다.[72]

도드프랭크법은 연방소비자금융법을 위반한 금융회사에 대해 법원 또는 CFPB가 취할 수 있는 구제조치(relief)를 예시하였다.[73] 구제조치로는 ①계약의 철회 또는 개선 ②금전의 환불 또는 실물재산의 반환 ③원상회복(restitution), ④부당이득의 환수 또는 보상 ⑤손해의 배상 또는 기타 금전적 구제 ⑥위반에 대한 공개 고지(고지비용 포함) ⑦금융회사의 기능 또는 행위

---

69 도드프랭크법 제1026조(d).
70 도드프랭크법 제1024조(c).
71 도드프랭크법 제1054조.
72 도드프랭크법 제1053조. 행정심판에 대해서는 제9장 참조.
73 도드프랭크법 제1055조.

에 대한 제한 ⑧민사벌금의 부과 등이 있다.

여기에서 민사벌금이란 당사자에게 경제적 이익 등을 상환토록 하는 배상적 성격과 함께 벌금부과와 유사한 억지적인 성격을 지닌 과징금의 일종이다. SEC, FDIC, OCC 등 미국 대부분의 감독당국들이 개인·금융회사를 대상으로 법·규칙 위반행위에 부과하며, 도드프랭크법은 CFPB가 부과할 수 있는 민사벌금의 최고한도를 3단계로 나누어 정하였다.[74] 즉, 단순 위반의 경우는 일일 5,000달러, 무모하게[75](recklessly) 위반한 경우는 일일 2만 5,000달러, 알고서(knowingly) 위반한 경우는 일일 100만 달러의 최고한도를 정하였다. 한편, 이와 관련하여 도드프랭크법은 "위의 어떠한 조항도 징벌적 손해배상을 부과할 수 있는 권한이 부여된 것으로 해석되어서는 안 된다."고 명확히 하였다.[76]

【CFPB의 규제대상 제외업체】

도드프랭크법은 CFPB의 규제감독 대상에서 제외되는 업체를 구체적으로 열거하였다.[77] 즉 이들 업체에 대하여는 CFPB의 규칙제정, 감독검사 및 제재 권한이 적용되지 않는다. 이와 관련한 조항은 소비자금융보호법(도드프랭크법 제10편)의 규정 중에서 가장 난해하고 복잡한 부분으로 간주되고 있다. 여

---

74 도드프랭크법 제1055조(c).
75 recklessly는 고의, 과실과는 구분되는 개념으로서 일반적으로 '부주의한 무관심', '무모하게' 등으로 번역하고 있다. 미국 판례는 일반적으로 'recklessness'를 중과실(gross negligence)과 동일시한다. 이에 관한 논의는 박재연(2009), p.352 참조.
76 도드프랭크법 제1055조(a).
77 도드프랭크법 제1027조 및 1029조.

기에서는 그 개요를 간단히 정리해본다.

첫째, CFPB는 비금융 재화·서비스를 판매하는 상인·소매상(merchants, retailers, sellers)에 대하여는―비록 이들이 재화·서비스 판매와 관련하여 소비자에게 신용제공 기능을 수행하더라도―규제권한을 갖지 못한다. 다만, 이들 상인·소매상이 재화·서비스 판매와 관련하여 ① 소비자에게 정기적으로 신용을 제공하고 이와 관련하여 수수료를 수취하거나 ② 이 신용규모가 재화·서비스의 시장가치를 현저히 초과하거나 ③ 소비자의 채무를 제3자에게 이전·판매하거나 ④ 소비자 금융상품·서비스 제공업무에 상당한 정도로(significantly) 관여하는 등의 경우에는 CFPB가 규제권한을 행사한다. 다만, 소상공인의 경우에는 이러한 단서조항 중 ①에 해당하더라도 CFPB의 규제대상에서 제외된다.[78] 요컨대 CFPB는 이들 상인·소매상에 대하여 제한적이기는 해도 상당한 정도의 규제권한을 갖는다고 할 수 있다.

둘째, 자동차 딜러, 부동산 중개업자, 이동식 주택 제조업자, 세무대리인, 회계사, 변호사 등도 일반적으로 CFPB의 규제를 받지 않는다. 그러나 이들 업체가 통상적인 업무에서 벗어나 소비자금융 관련업무를 취급하는 경우에는 CFPB의 규제대상이 된다. 예컨대, 자동차 딜러가 직접 소비자에게 신용을 제공하거나, 딜러업무와 관련이 없는 소비자 금융상품(예: 페이데이론, 모기지 금융)을 제공하는 경우에는 CFPB의 규제를 받게 된다.

그 밖에 보험회사, 퇴직연금, SEC 또는 CFTC의 규제를 받는 증권회사, 농사신용청(Farm Credit Administration)의 규제를 받는 업체 등도 CFPB의 규제대상이 아니다.

---

[78] 예를 들어 냉장고 판매업자가 12개월간 무이자로 신용판매를 한다면 CFPB의 규제대상이 아니다. 그러나 이 업자가 신용판매에 대해 이자를 수취한다면 CFPB의 규제대상이 될 가능성이 높다. 그러나 이 경우에도 업자가 소상공인에 해당한다면 CFPB의 규제대상에서 벗어나게 된다.

V

CFPB의
민원처리 및 금융교육 기능

【민원처리(Consumer Complaints)】

도드프랭크법은 CFPB의 기능 중 하나로서 소비자 민원의 접수·조사·처리를 규정[79]하였으며, 청장으로 하여금 이 기능의 수행을 위한 조직을 설치[80]토록 하였다. 이에 따라 설치된 조직이 민원처리실(Office of Consumer Response)이다.

민원처리실은 2012년 6월부터 금융서비스 유형, 민원요지, 금융회사 답변 요지가 포함된 민원 데이터베이스를 구축하여 CFPB 홈페이지에 공개하고 있다.

---

79 도드프랭크법 제1021조(c).
80 도드프랭크법 제1013조(b).

CFPB는 데이터베이스에 포함된 금융서비스 유형을 지속적으로 확대하고 있는데, 2016년 현재로는 채권추심, 신용조사, 모기지, 은행계좌 서비스, 신용카드, 소비자대출, 학자금대출, 소액신용대출, 선불금, 자금이체 등 10개 유형의 금융서비스가 포함되어 있다.[81]

CFPB는 2015년 6월부터 소비자가 직접 서술한 민원내역을 홈페이지에 "Tell Your Story" 사이트를 통해 익명으로 공시하고 있다. CFPB는 이를 통해 민원인들의 생생한 경험이 대중에게 스토리로 공유되면서 소비자의 발언권이 증가하고 관련 금융회사의 관심이 높아져 민원해결에도 도움이 될 것으로 기대하고 있다.

그러나 업계에서는 내용이 검증되지 않아 진위 여부를 판별하기 어려울 뿐만 아니라 관련 금융회사의 평판훼손 및 소송부담 증가 등이 우려된다며 폐지해줄 것을 지속적으로 요구하고 있다.[82]

CFPB는 연준, FDIC 등 여타 연방감독기관과 동일하게 감독법규 위반사항 및 금융회사와 일차적으로 자율조정을 경유한 민원만을 대상으로 조정을 실시한다.[83]

---

81 2016년 중 CFPB가 접수, 처리한 총 민원건수는 29만여 건에 이른다. 금융감독원의 경우 금융민원 및 상담건수는 2016년중 금융민원 7만 6,237건, 금융상담 49만 6,895건, 상속인 조회 15만 1,591건 등 총 72만 4,723건에 이른다. 금융감독원 홈페이지 참조.

82 Diane Katz(2016).

83 CFPB의 민원처리 절차는 ①민원 접수→ ②금융회사 이첩(CFPB 소관이 아닌 경우는 해당 감독기관으로 이첩)→ ③금융회사 민원처리→ ④처리결과의 민원인 통보 및 CFPB 보고→ ⑤CFPB가 민원인에게 이의 여부 확인→ ⑥CFPB 조사(민원인이 이의 신청한 경우) 등의 6단계로 구분된다. 한편, 우리나라는 민원인이 금융회사를 경유하지 않고 직접 금융감독원에 민원을 제기할 수 있다. 금융감독원은 2015년 11월 '금융민원·분쟁처리 개혁방안'의 일환으로 금융회사와 민원인간 자율조정을 활성화하는 방안을 마련한 바 있다.

【금융교육 기능】

미국의 금융교육은 19개 정부기관[84]이 참여하는 금융교육위원회(FLEC: Financial Literacy and Education Commission)에서 담당한다. 동 위원회는 금융교육강화법[85](Financial Literacy and Education Improvement Act 2003)에 의해 설립되어 금융교육에 관한 국가전략을 기획·실행하고, 국가 차원의 웹사이트(MyMoney.gov)를 개발·운영하는 일을 수행한다. 재무부 장관이 위원장, CFPB 청장이 부위원장을 맡으며, 재무부 내 금융교육국이 정부기관간 금융교육 조정, 민간기구의 금융교육 지원, 민간과 정부기관의 협조 등 동 위원회의 간사 역할을 한다.

도드프랭크법은 CFPB 내에 금융교육실(Office of Financial Education)을 설치하고, 금융교육위원회(FLEC)와 협의하여 금융교육에 관한 전략의 수립 및 실행 등의 업무를 수행하도록 규정하였다.[86] 이에 따라 CFPB는 FLEC의 회원기관으로 참여하고 있으며, 소비자금융실태 보고서 발표, 소비자교육 홈페이지(Your Money, Your Goals) 운영 등 금융교육 기능을 수행하고 있다.

【소비자금융기금】

도드프랭크법은 연방소비자금융법을 위반한 금융회사 등으로부터 CFPB

---

84 연준, CFPB, FDIC, OCC, FTC, NCUA, SEC, CFTC 등 19개 기관.
85 동 법은 공정신용거래법(the Fair and Accurate Credit Transactions Act of 2003)의 제5편(Title 5)에 포함되어 있다.
86 도드프랭크법 제1013조(d).

가 징수한 민사벌금(civil penalty)으로 조성되는 '소비자금융기금'(Consumer Financial Civil Penalty Fund)을 설립하였다.[87] 동 기금은 일차적으로 해당 위반 건에 따른 피해 소비자를 구제하는 데 사용해야 하며, 만약 해당 피해 소비자의 확인불가 등으로 인해 재원이 남는 경우에는 이를 소비자 금융교육 목적으로 사용할 수 있다.[88]

---

87 도드프랭크법 제1017조(d).
88 피해자 구제를 위한 기금의 지출절차에 관해서는 12 C.F.R. §1075.105(Allocating funds from the Civil Penalty Fund)에 자세히 규정되어 있다.

VI

CFPB에 대한 비판과 재무부의 개편방안

 도드프랭크법이 CFPB에 연준 내 독립기구로서의 지위를 부여하면서 다양한 독립성 확보장치를 마련하였음은 앞에서 본 바와 같다. CFPB는 규칙제정, 감독·검사·제재 등 업무와 관련한 권한을 독립적·독점적으로 행사할 뿐만 아니라 조직, 인사, 예산에 있어서도 의회 및 연준의 승인을 받지 않고 독자적으로 결정할 수 있다. 그리고 CFPB 청장은 5년 임기로 대통령이 지명하며 타당한 이유가 없는 한 해임하지 못하도록 함으로써 정책결정 및 업무수행에 있어서 독립성과 중립성을 보장해주고 있다. CFPB는 이러한 지위와 권한을 이용하여 설립 이후 2017년 3월까지 62건의 규칙을 제정하고, 185건의 제재조치를 단행하는 등 활발한 소비자금융 보호활동을 전개하고 있다.

 이러한 CFPB의 권한 및 기능이 적정한지 여부에 대해서는 CFPB가 설립된 지 7년 가까이 경과한 지금까지도 논란이 계속되고 있다. 소비자단체와 민주당에서는 CFPB의 활발한 감독규제 활동으로 소비자금융 부문에 있어서

감독의 사각지대가 줄어들고 소비자의 권익이 향상되는 효과를 가져왔다는 긍정적 평가를 내리고 있다. 반면 금융업계, 보수 싱크탱크, 공화당을 중심으로 한 다른 한편에서는 CFPB의 과잉규제 남발로 인해 금융산업과 소비자 모두에게 부정적 영향이 초래되고 있다면서 과도한 권한의 축소 내지 통제강화를 지속적으로 주장하고 있다.

업계의 불만은 하원 감시위원회(House Oversight Committee)가 2012년 작성한 보고서[89]를 통해 잘 드러나고 있는데, 동 보고서는 CFPB의 전례 없이 강한 권한과 모호한 업무범위로 인해 소송이나 제재를 우려하는 은행들이 소비자를 위한 상품 및 서비스의 개발·제공에 소극적일 우려가 있음을 지적하였다. 동 보고서는 CFPB 창설로 소비자의 신용비용이 170억 달러 증가하고 15만 개의 일자리 창출이 제약되었다고 주장하였다.

금융회사와 CFPB간의 분쟁은 법정소송으로 이어지기도 하였다. 모기지 회사인 PHH가 CFPB의 규제조치에 저항하여 제기한 소송에서 연방항소법원(Court of Appeals)은 2016년 10월 CFPB의 지배구조가 헌법이 요구하는 견제와 균형의 원리에서 벗어났다며 대통령이 마음대로 CFPB 청장을 해임하지 못하도록 한 도드프랭크법 규정을 삭제하여야 한다고 판결하였다.[90] 이에 대해 CFPB는 항소법원 판사 전원이 참석한 법정에서 이 문제를 재심리(en banc review)해줄 것을 요청하였고, 항소법원은 이를 받아들여 2017년 2월 기존의 판결을 무효화하였다. 항소법원은 일련의 청문을 진행한 뒤 2018년경 이 문제에 대한 최종 판결을 내릴 것으로 예상되고 있다.

---

[89] U.S. House of Representatives Committee on Oversight and Government Reform(2012, December 14).
[90] U.S. Court of Appeals D.C. Circuit, PHH Corp. v. Consumer Financial Protection Bureau, No. 15-1177, October 11, 2016.

CFPB의 독립적 권한과 지위를 축소하고자 하는 움직임은 공화당에서도 제기되었다. 하원 금융서비스위원회 위원장인 젭 헨살링이 발의한 금융선택법안(Financial CHOICE Act)은 청장 1인의 지배구조 개편, CFPB 예산의 의회승인, CFPB 규칙에 대한 FSOC 거부권행사 요건완화 등 CFPB 개편방안을 제시하였다. 그러나 금융선택법은 보수 싱크탱크 등 일각에서 주장하는 CFPB 폐지에까지는 이르지 않았다.[91]

미 재무부가 2017년 6월 발표한 보고서[92]는 이러한 일련의 CFPB에 대한 비판적 주장과 개편방안을 종합적으로 반영하고 있다. 보고서는 CFPB가 무책임한 지배구조와 광범위한 규제권한을 활용하여 과잉규제와 과도한 제재조치를 남발하였으며, 이로 인해 소비자의 금융상품 선택권과 신용접근성이 제약되고, 금융회사(특히 소형 금융회사)의 규제준수 부담이 증가하며 금융혁신이 저해되는 결과가 초래되었다고 강도 높게 비판하였다.

첫째, 재무부 보고서는 공화당의 금융선택법안 및 항소법원의 판결과 동일한 맥락에서 청장 1인에 의한 CFPB 지배구조의 문제점을 지적하였다. 보고서는 도드프랭크법이 '타당한 이유'(at cause)가 있어야만 청장을 해임할 수 있도록 함으로써 대통령 감시에 의한 공적 책임[93]의 확보를 저해하는 결과를 초래하였다고 주장하였다. 또한 수장의 해임에 제한을 두는 다른 연방기관의 경우 권한의 남용방지 장치로서 위원회 제도를 도입하여 견제와 균형을 도모하고 있는 반면, CFPB는 이러한 견제장치가 부재하다고 비판하였다. 보고서

---

91 Diane Katz(2016)은 도드프랭크법 제10편의 폐지를 통해 CFPB를 폐기하는 것이 가장 바람직한 방안이라고 주장하였다.

92 U.S. Treasury Department(2017, June).

93 "대통령의 리더십은 일반 대중과 관료제 사이에 선거에 의한 연결고리, 즉 전자에 대한 후자의 책임성을 강화하는 역할을 한다…… 대통령의 행정부 통제는 민주주의의 핵심가치를 보존하는 데 있어 다른 통치체제에 비해 우월한 장점을 가진다." Kagan, Elena. "Presidential Administration", 1144 Harv. L. Review(2001). U.S. Department of Treasury(2017, June), p.80에서 재인용.

는 CFPB의 책임성 강화를 위해 대통령이 청장을 '마음대로'(at will) 해임할 수 있도록 하거나 위원회 체제로 변경하여 청장 독단에 대한 대통령 감시 또는 내부견제를 강화하는 방안을 권고하였다. 이러한 방안은 공화당의 금융선택법안에서 제안한 내용을 그대로 수용한 것이다.

둘째, CFPB 예산 및 재원조달에 대한 의회 및 대통령의 통제를 강화할 것을 제안하였다. CFPB 예산을 의회 세출승인 대상에 포함시켜 CFPB의 재원조달 및 지출에 대한 의회감시를 강화하고, CFPB 예산지출을 행정관리예산국(OMB)의 분기별 할당통제를 받게 하여 지출의 투명성을 제고하도록 권고하였다.

셋째, CFPB 감독조치의 재량적 행사를 제한하고 투명성 및 예측가능성을 제고하기 위한 다양한 방안을 권고하였다. 금전적 제재는 '사례별 조치'(case-by-case)를 금지하고 규칙·판례 등에 의해 불법행위임을 공지한 경우에만 실시하도록 권고하였다. 다만, 금전적 제재 이외의 경우는 새로운 리스크에 CFPB가 유연하게 대응할 수 있도록 사례별 제재조치를 허용토록 하였다. 또한 CFPB가 제정한 모든 규칙이 낡은 규제인지의 여부 및 규제부담의 적절성 등을 매 10년마다 1회 이상 점검을 실시하고, 이러한 점검은 반드시 공개의견 수렴을 거치도록 권고하였다.

그리고 제재조치에 있어 CFPB의 법률해석이 기존과 다른 경우 공개의견 수렴절차를 거친 규칙·지도기준을 마련하고, 이에 근거하여 제재를 실시함으로써 제재조치의 투명성 및 예측가능성을 제고할 것을 권고하였다. 또한 제재절차와 관련하여 보고서는 피고인 보호 정도가 법원소송보다 상대적으로 낮은 행정심판에 과도하게 의존하였음을 지적하고,[94] 향후 법원소송 절차

---

[94] 행정심판의 경우 피고인 변론기한(14일, 법원소송 21일)이 짧고, 증언조서 디스커버리(disposition discovery) 등이 불허되어 법원소송보다 피고인 보호 정도가 낮다. U.S. Department of Treasury(2017, June), p.84.

를 활성화할 것을 권고하였다. 또한 비조치의견서(no-action letter) 발동기준을 완화함으로써 금융회사 및 소비자에게 도움이 되는 유용한 감독수단으로 활성화하도록 권고하였다.[95]

마지막으로, 보고서는 CFPB와 여타 감독기관과의 중복감독 문제를 제기하였다. 총자산 100억 달러 초과 예금취급기관은 소비자금융법의 준수 여부와 관련하여 CFPB와 건전성 감독기관으로부터 동시에 감독을 받고 있어 중복감독 및 감독의 비일관성 문제에 노출되어 있다. 따라서 불필요한 중복감독 및 규제준수 부담축소를 위해 CFPB의 감독권한을 폐지하고, 은행 감독권한은 건전성 감독기관으로 일원화하고, 비은행회사 감독권한은 주(州) 정부로 환원할 것을 권고하였다. CFPB의 감독권한 폐지는 금융선택법안의 내용을 반영한 것이다.

금융선택법안과 재무부 보고서의 CFPB 개편방안에 대하여 민주당은 "대형은행이 소비자를 속이기 쉽게 만들고 소비자보호를 약화시킬 수 있다."(상원의원 Elisabeth Warren)고 비판하였으며, 소비자보호단체에서도 "성공적으로 소비자보호 업무를 수행해온 CFPB의 형해화를 초래하고, 금융위기 이전에 만연했던 약탈적 대출 등 소비자 권익침해행위가 재연될 수 있음을 우려"(Americans for Financial Reform의 대표인 Lisa Donner)하고 있지만,[96] 그동안 CFPB의 권한과 독립성이 과도한 반면 책임성은 부족하다는 지적이 제기되어 온 만큼 일정 부분 개편이 불가피할 것으로 예상된다. 재무부 보고서의 권고사항 중 CFPB의 지배구조, 예산에 대한 의회통제 강화 및 중복감독 문제는

---

95 CFPB는 2016년 2월 ①금융상품 제공으로 소비자에게 '상당한' 혜택이 있고, ②CFPB 규제정책에 '상당한' 불확실성이 있는 경우에만 비조치의견서를 발동할 방침(policy statement)임을 발표한 바 있다. CFPB(2016, February 22) 참조. 재무부 보고서는 동 발표 이후 비조치의견서 발동 실적이 전무함을 지적하고, 발동 기준 중 '상당한' 혜택 또는 '상당한' 불확실성에서 '상당한'이라는 자귀를 삭제할 것을 권고하였다.
96 Victoria Guida and Zachary Marmbrodt(2017)에서 재인용.

의회의 법개정이 필요한 사항이다. 특히 청장의 해임권 제한 및 재원조달에 있어서의 독립성은 도드프랭크법 제정 당시 민주당이 향후 공화당 주도의 정부를 의식하여 의도적으로 도입한 것으로서 과도하다는 지적이 제기되어온 점을 감안하면 어떤 방향으로든 개편이 이루어질 것으로 예상된다.[97]

다만, CFPB 예산에 대한 의회의 통제는 소비자보호기구의 책임성(accountability)을 강화하는 효과는 가져올 수 있지만, 업계의 로비를 받은 의회가 소비자보호기구의 예산을 통제·축소하고자 하는 경우에는 소비자보호기구의 독립성을 심각하게 훼손시킬 수 있다는 우려도 제기되고 있어 향후 논의에 상당한 진통이 예상된다. 도드프랭크법이 CFPB 예산에 대한 의회의 통제를 배제하고 자율성을 부여한 것은 업계로부터의 포획을 방지하고자 하는 데 그 취지가 있었기 때문이다.

미 상원 은행위원회 위원장 마이크 크레이포[Mike Crapo]가 2017년 11월 발의한 상원의 법안[98]에는 이와 같은 CFPB 개편방안이 포함되지 않았다. 상원 법안은 민주당의 반대가 예상되는 사항을 배제하고 실현가능한 소수의 규제개편 사항에 집중함으로써 법안의 상원 통과 가능성을 높이는 데 중점을 두었기 때문이다.

---

97 Ronald Rubin(2016).
98 Economic Growth, Regulatory Relief, and Consumer Protection Act(S. 2155).

| 부록 |

CFPB 주요 현황

1. CFPB의 부서별 직원수 비중 및 담당업무(2017년 9월 말 현재)

	직원수 비중	담당업무
감독·제재·공정대부국 (Supervision, Enforcement & Fair Lending Division)	45%	연방소비자금융법에 따른 감독정책 및 감독·검사·제재 관련실무
운영국 (Operation Division)	28%	총무, 재무, 인사, IT, 구매 등 조직운영 관련업무와 민원처리
민원처리실 (Consumer Response Office)	9%	민원처리업무
조사·시장·규제국 (Research, Markets & Regulations Division)	10%	소비자금융시장에 대한 조사와 규제 필요성 등에 대한 조사연구, 규칙제정, 규제의 비용편익분석
법무국 (Legal Division)	5%	준법감시 및 법무업무
소비자교육·관계국 (Consumer Education & Engagement Division)	5%	소비자에 대한 교육 및 자문 등
대외협력국 (External Affairs Division)	3%	외부 이해관계자와(정부, 의회 등)의 협력업무
기타	2%	비서실, 옴부즈만, 행정판사, 기회균등 관련업무 등

자료 : Financial Report of CFPB Fiscal Year 2017

2. CFPB의 연도별 직원수 추이

(단위: 명)

FY 2010	FY 2011	FY 2012	FY 2013	FY 2014	FY 2015	FY 2016	FY 2017
58	663	970	1,335	1,443	1,529	1,648	1,688

자료: Financial Report of CFPB Fiscal Year 2017

3. CFPB의 예산 청구금액 및 최대 한도액

(단위: 100만 달러)

	2011	2012	2013	2014	2015	2016	2017
청구금액(A)	162	343	518	534	485	565	602
최대 한도액(B)	498	548	598	608	619	632	646
소진율(A/B)	32.5%	62.6%	86.6%	87.8%	78.4%	89.4%	93.2%

자료: Financial Report of CFPB Fiscal Year 2017

제13장

모기지 개혁 및 약탈적 대출 금지

Dodd-Frank Act

I
머리말

　도드프랭크법 제14편은 모기지 개혁 및 약탈적 대출 금지법(Mortgage Reform and Anti-Predatory Lending Act)이라는 부제를 달고 있다. 제14편은 8개 장(Subtitle), 56개 조항에 이르는 방대한 분량으로 공정대출법(Truth in Lending Act) 등 일련의 법 개정을 통해 모기지대출의 실행(origination) 및 관리(servicing)와 관련한 다수의 새로운 규제들을 도입하였다.

　미국에서는 1990년대 중반부터 주택소유 확대를 위한 연방 차원의 다양한 정책들과 더불어 모기지증권(mortgage-backed securities) 시장의 팽창이라는 두 가지 요인이 맞물리면서 모기지대출이 급속하게 확대되었다.[1] 모기지 브로커들과 대출기관들은 모기지대출을 늘리기 위해 소득증빙을 생략하는 등 여신심사 기준을 완화하거나 혁신적 모기지대출 기법을 개발하였는데, 이는

---

1 Robert M. Jaworski(2010) 참조.

상환능력(ability to repay)이 부족한 저소득층에게 고위험의 모기지대출을 크게 확대하는 결과를 초래하였다. 거치식 대출(interest-only), 변동금리부 대출(adjustable rate mortgage) 등 혁신적 대출기법들은 초기에는 차주의 상환부담이 낮지만 갈수록 증가하거나, 금리상승시 급격히 증가하도록 설계되어 전통적인 모기지대출에 비해 차주의 부실화위험이 높았다. 새로운 대출기법은 혁신이라는 이름으로 포장되어 있을 뿐 실상은 약탈적 성격의 대출(predatory lending)이었다.

저소득층에 제공된 고위험의 모기지대출을 통상 서브프라임subprime 모기지대출이라 한다. 서브프라임 모기지대출의 급격한 증가와 부실화는 금융위기의 근원적이고도 직접적인 원인이 되었다. 2007년 초 제2위의 서브프라임 모기지 회사인 뉴센추리 파이낸셜New Century Financial의 파산은 비록 당시에는 아무도 알지 못했지만 대공황 이후 최대의 금융위기가 시작되었음을 최초로 알린 경종이었다. 서브프라임 모기지 부실이라는 국지적 신용위기는 부채담보부증권(CDO), 신용부도스왑(CDS) 등 최첨단 금융기법과 함께 대형 복합 금융회사의 상호연계된 금융네트워크를 매개로 금융시스템 전반에 걸친 대형 유동성 및 신용위기로 확산되었던 것이다.

금융위기 이전에 서브프라임 모기지대출이 급증한 데에는 모기지 브로커에 대한 잘못된 유인구조와 규제의 부재가 중요한 요인으로 작용하였다. 예컨대 브로커들은 대출실적뿐만 아니라 대출의 조건에도 연동되어 보수를 받았으며, 대출이 부실화되더라도 어떠한 개인적 책임도 부담하지 않았다. 따라서 모기지 브로커들은 자신의 이익을 도모하기 위해 상환능력에 대한 고려 없이 소비자에게 불리한 대출조건을 유도하였으며, 결국 서브프라임 모기지의 대량 부실화를 초래하였던 것이다.

이러한 배경에서 도드프랭크법은 모기지대출 관행을 개선하고 약탈적 대출을 금지하기 위한 일련의 규제를 도입하였다. 주거용 모기지대출의 상담사(Residential Mortgage Originator) 제도를 신설하고, 인가 및 등록, 대출조건에 연동된 보수수취 금지, 약탈적 성격의 대출을 받도록 소비자를 유도하는 행위 금지 등 모기지 상담사에 대한 일련의 규제장치를 마련하였다. 또한 차주의 상환능력(ability to repay) 평가를 의무화하고, 적격모기지(qualified mortgage) 개념을 새로이 도입하였으며, 공시 등 엄격한 규제의 적용을 받는 고비용 모기지의 대상을 확대하는 한편, 모기지 관리업(mortgage servicing)에 대한 규제를 강화하였다. 그 밖에 주택상담실(Office of Housing Counseling)을 신설하는 등 모기지 차입자의 권익을 강화하기 위한 장치를 새로이 마련하였다.

    도드프랭크법의 모기지 개혁은 소비자의 권익을 향상시키는 효과를 가져왔으나 다른 한편 모기지 대출기관의 규제부담을 증가시키고, 모기지 시장을 위축시키는 부작용을 초래하였다는 비판이 제기되었다. 이 장에서는 도드프랭크법의 모기지 개혁내용을 개관하고, 트럼프 행정부의 재무부 보고서를 중심으로 최근의 모기지 규제 개편논의를 살펴본다.

II
도드프랭크법의 내용

【주거용 모기지 상담사 제도(Subtitle A)】

　도드프랭크법(제1401조~제1406조)은 공정대출법(TILC: Truth in Lending Act)을 개정하여 주거용 모기지대출의 상담사(Residential Mortgage Originator) 제도를 도입하고, 모기지 상담사가 소비자에게 불리한 대출조건을 적용하지 못하도록 하는 일련의 제도적 장치를 마련하였다. 모기지대출과 관련하여 불공정, 기망 및 남용행위를 방지하고, 소비자가 자신의 상환능력을 합리적으로 반영한 대출조건으로 대출받을 수 있도록 하기 위함이었다.[2]

　우선, 모기지 상담사란 보수를 받을 목적으로 ①고객으로부터 주거용 모기지대출의 신청을 받거나 ②고객의 대출신청을 지원하거나 ③고객을 위해

2　도드프랭크법 제1402조, 공정대출법 제129B조(a).

대출조건을 제공 또는 협상하는 자를 의미한다.[3] 모기지 상담사에는 대부분의 모기지 브로커와 은행직원이 포함되는 반면, 순수하게 행정적인 업무만을 수행하는 자, 주택판매업자의 직원, 순수한 부동산 브로커 등은 포함되지 않는다. 모기지 상담사는 관련법규(주법 및 연방법)에 의한 인가 및 등록이 의무화되며, 모든 대출관련 서류에 '전미 모기지 인가 및 등록시스템'(Nationwide Mortgage Licensing System and Registry)에 의해 부여된 자신의 고유식별번호(unique identifier)를 기재하여야 한다.[4]

둘째, 모기지 상담사는 대출조건에 연동되는 보수를 받을 수 없다.[5] 금융위기 이전에 모기지 상담사의 보수는 모기지대출의 (시장)가치에 연동되었다. 예컨대 모기지 투자자들은 대출금리가 높거나 조기상환 벌과금이 있는 모기지대출에 높은 프리미엄을 지불하였다.[6] 이로 인해 모기지 상담사는 모기지대출의 (시장)가치를 늘리기 위해 소비자에게 불리한 조건의 대출을 유도하는 일이 빈번하였다. 이에 도드프랭크법은 모기지 상담사의 보수가 대출조건에 연동되지 못하도록 함으로써 소비자에게 불리한 조건의 대출을 권유할 유인을 제거하고자 한 것이다. 다만, 모기지 상담사의 보수가 대출의 규모 및 건수에 연동되는 것은 허용된다.[7]

셋째, 모기지 상담사는 소비자가 상환할 능력이 없는 대출, 약탈적 성격(과도한 수수료 등)을 가진 대출, 적격모기지대출(qualified mortgage loan, 이에 대해서는 후술)이 아닌 대출을 받도록 소비자를 유도할 수 없다. 또한 모기지 상담사는 동일한 신용도를 가진 소비자에 대하여 인종, 민족, 성별, 나이가 다르다

---

3 도드프랭크법 제1401조, 공정대출법 제103조.
4 도드프랭크법 제1402조, 공정대출법 제129B조(b).
5 도드프랭크법 제1403조, 공정대출법 제129B조(c)(1)&(2). 이를 통상 'steering incentives' 조항이라 한다.
6 Charles W. Murdock(2010).
7 소비자금융보호청(CFPB)의 대출상담사 보수규칙은 CFPB(2013, February 15) 참조.

는 이유로 대출조건을 차별 적용해서는 안 된다. 그리고 소비자의 신용기록 및 담보물의 가치를 오도할 수 없으며, 소비자에게 최적의 모기지대출을 권유할 수 없는 경우에는 소비자가 다른 상담사로부터 대출상담을 받는 것을 방해해서는 안 된다. 이것을 '조종행위 금지조항'[8](anti-steering provision)이라 한다.

넷째, 모기지 상담사가 이상의 규정을 위반한 경우 소비자는 일정 한도 이내에서 보상을 청구할 수 있다.[9] 도드프랭크법 이전에 소비자는 대출기관만을 대상으로 법규위반을 이유로 보상을 청구할 수 있었으나 도드프랭크법에 의해 상담사에게까지 보상을 청구할 수 있게 되었다. 보상의 청구한도는 상담사의 법규위반으로 인해 소비자에게 실제 발생한 손실액 또는 소비자가 지불한 보수의 3배 중 큰 금액에 변호사수수료를 더한 금액이다.

【모기지대출의 최소기준(Subtitle B)】

도드프랭크법(제1411조~제1422조)은 모기지대출과 관련하여 준수하여야 할 일련의 새로운 기준을 마련하였다. 첫째, 공정대출법을 개정하여 모기지 차입자의 상환능력 평가, 공시의무 등 모기지대출의 최소기준에 대하여 규정하였다. 모기지 대출기관은 연준(CFPB를 말한다)이 정하는 바에 따라서 소비자가 대출을 '상환할 능력'을 갖추고 있는지 여부에 대해서 검증된 서면자료에 기초해서 '합리적이고 선의의 판단'(reasonable and good faith determination)

---

8 도드프랭크법 제1403조, 공정대출법 제129B조(c)(3).
9 도드프랭크법 제1404조, 공정대출법 제129B조(d).

을 하여야 한다.[10] 도드프랭크법은 합리적이고 선의의 판단에 있어 고려해야 할 사항들을 적시하고 있는데, 예컨대 대출기관은 이러한 판단을 함에 있어서 소비자의 신용기록(credit history), 현재 및 향후 예상소득, 총부채, 부채-소득 비율(DTI: Debt-to-income ratio), 부채상환 후 잔여소득, 기타 금융재산 등을 고려하여야 한다. 차입자의 상환능력 평가는 대출기간 중 원금의 전액상환(full amortization)을 기준으로 한다. 비정형대출(nonstandard loans), 즉 거치식 대출(interest-only)의 경우에는 만기시 상환액을, 상환액이 늘어나는 대출(negative amortization)의 경우에는 잔액증가를 고려하여 상환능력을 평가하여야 한다.

다만, 도드프랭크법은 일정 요건을 충족하는 '적격모기지'(qualified mortgage)에 대해서는 소비자가 상환능력을 갖는다고 전제(rebuttable presumption)할 수 있도록 허용하였다.[11] CFPB는 2013년 1월 상환능력(ATR: Ability-to-Repay) 평가 및 적격모기지(QM: Qualified Mortgage)와 관련한 규칙[12]을 마련한 바 있다. 동 규칙을 ATR/QM rule이라 한다.

적격모기지의 요건 중 중요한 것으로서 부채-소득 비율(DTI)과 대출수수료(points and fees) 요건이 있다. DTI 비율 요건이란 월별 부채-소득 비율(DTI)이 43% 이하인 모기지대출을 적격모기지로 인정한다는 것이다.[13] 즉, DTI 비율 43% 기준을 초과하는 대출건도 대출기관이 3년 동안 보유한다는 조건하에 적격모기지로 간주하도록 하였다. 그리고 대출수수료 요건이란 대출수수료가 대출원금의 3% 이내인 경우에는 적격모기지로 인정한다는 것이

---

10 도드프랭크법 제1411조, 공정대출법 제129C조(a).
11 도드프랭크법 제1412조, 공정대출법 제129C조(b).
12 CFPB(2013, January 10).
13 ATR/QM rule의 Appendix Q. 다만, 총자산이 20억 달러 이하이고 직전년도 제1차 모기지 실행(first-lien origination) 건수가 2,000건 이하인 소형 대출기관(Small Creditor)에 대하여는 완화된 기준을 적용하였다.

다. 3% 한도는 10만 달러 이상(2014년 기준, 인플레이션 조정 적용)의 대출금에 대해 적용되며, 그 이하의 대출금에 대해서는 높은 대출수수료의 적용을 허용하였다. 그 밖의 적격모기지 요건으로서 대출원금이 늘어나지 않을 것, 소득 및 상환재원이 검증되고 기록될 것, 대출기간이 30년 이내일 것 등이 있다.

둘째, 도드프랭크법은 금융위기 이전에 문제가 되었던 약탈적 대출, 즉 조기상환 벌과금(prepayment penalty), 신용생명보험료(single premium credit life insurance), 강제중재조항(mandatory arbitration), 원리금 상환액이 늘어나는 마이너스 상각(negative amortization) 등을 금지하거나 일정한 제한을 부과하였다.[14]

도드프랭크법에 의해 금지·제한된 약탈적 대출의 주요 내용

약탈적 대출 유형	주요 내용
조기상환 벌과금	· 비적격모기지: 조기상환 벌과금은 차입자들을 고비용 대출에 장기간 묶이게 할 가능성이 있으므로 부과금지 · 적격모기지: 벌과금에 일정한 한도를 부여하고 단계적으로 축소(대출 실행시점으로부터 1년차는 대출금의 3% 이내, 2년차는 2% 이내, 3년차는 1% 이내, 3년 이후 0%)
신용생명 보험료	차입자가 사망하면 대출금을 대신 지급하는 신용생명보험료(credit life insurance) 등을 대출원금에 가산함으로써 보험료에 대해서도 이자를 부담케 하는 행위금지(단, 월단위로 보험료를 원리금 상환에 가산하는 것은 허용)
강제중재 조항	모기지 거래와 관련하여 분쟁 발생시 법적 대응 이전에 반드시 중재를 거치도록 한 강제중재조항을 금지
원리금 상환액 급증	초기에는 원리금 상환부담이 낮지만 일정 시점 이후 원리금 상환액이 급증하는 대출금의 경우 상환액이 증가한다는 사실 및 최대 상환액 등을 차입자에게 공시토록 의무화[15]하고, 공시하지 않은 경우에는 취급금지

---

14 도드프랭크법 제1414조(a), 공정대출법 제129C조(c).
15 도드프랭크법 제1419조, 공정대출법 제128조(a).

셋째, 대출기관은 비소구대출법(anti-deficiency law)의 적용을 받는 모기지 대출의 경우에는 차입자에게 서면으로 그 사실을 공시하여야 한다.[16] 또한 리파이낸싱refinancing 등으로 비소구대출법에 의한 보호를 받지 못하게 되는 경우에도 그 사실을 차입자에게 서면으로 공시하여야 한다. 비소구대출이란 차입자가 대출을 갚지 못할 경우 은행이 주택을 강제집행한 회수금액(foreclosure price)을 초과하는 채무(deficiency)에 대해서는 차입자의 상환책임이 면제되는 대출을 말한다. 미국에서는 캘리포니아 주 등 미국의 12개 주에서 비소구대출제도를 운영하고 있다.

그리고 대출기관이 조종행위 금지(anti-steering) 또는 상환능력 평가 관련 규정을 위반하는 경우 모기지 차입자는 대출기관의 주택압류(foreclosure)에 대하여 항변할 수 있도록 하였다.[17]

그 밖에 도드프랭크법은 공정대출법 위반사항에 대한 민사벌금(civil money penalty)의 상향,[18] 하이브리드 변동금리부모기지(Hybrid ARM)의 재조정시 사전(6개월) 통지의무,[19] 모기지대출 관련 공시의무,[20] 모기지대출 관련 상세정보(대출원금, 이자율, 다음 조정일자, 연체이자, 관리자의 전화번호 및 이메일 등)를 담은 월간 보고서의 차주 제공의무[21] 등에 대하여 규정하였다.

---

16 도드프랭크법 제1414조(c), 공정대출법 제129C조(g).
17 도드프랭크법 제1413조, 공정대출법 제130조(k).
18 도드프랭크법 제1416조, 공정대출법 제130조(a).
19 도드프랭크법 제1418조, 공정대출법 제128A조.
20 도드프랭크법 제1419조, 공정대출법 제128조(a).
21 도드프랭크법 제1420조, 공정대출법 제128조(f).

【고비용 모기지의 대상확대(Subtitle C)】

공정대출법을 개정하는 방식으로 1994년 9월 도입된 주택소유 및 투자보호법[22](HOEPA : Home Ownership and Equity Protection Act)은 약탈적 대출을 규제하기 위한 방안의 일환으로 '고비용 모기지'(High-cost mortgages)의 개념을 도입하였다.

대출의 가산금리가 국채금리에 비해 일정 수준 이상으로 높거나(금리요건), 또는 대출수수료(points and fees)가 일정 수준 이상으로 과도한(수수료 요건) 모기지는 고비용 모기지로 분류된다. HOEPA는 리파이낸싱 또는 주택개량(home equity)을 위한 폐쇄형[23](closed-end) 모기지만을 고비용 모기지에 포함하였으며, 주택구입을 위한 모기지(purchase money mortgages)와 개방형 모기지(open-end)는 적용대상에서 제외하였다. 고비용 모기지로 분류되면 공시규제가 적용되고, 대출조건에 일정한 제약[24]이 부과되며, 차주는 대출기관의 법규 위반행위에 대하여 강화된 구제조치를 추구할 수 있다. HOEPA의 적용을 받는 이러한 모기지는 통상 'HOEPA 대출', 'Section 32 대출',[25] 또는 '고비용 모기지'(high-cost mortgage)로 불리고 있으며, 도드프랭크법도 고비용 모기지라는 용어를 사용하고 있다.

도드프랭크법(제1431조~제1433조)은 공정대출법을 개정하여 고비용 모기지의 적용대상을 확대하고, 관련규제를 강화하였다. 고비용 모기지로 분류

---

22 당시 하원의원이던 조셉 케네디Joseph P. Kennedy가 발의하고 클린턴 대통령이 서명한 법이다. 조셉 케네디는 전 상원의원이자 법무장관인 로버트 케네디Robert F. Kennedy의 장남이다.
23 폐쇄형 모기지란 고정된 대출금액을 일정한 기간(fixed term) 동안 상환하는 모기지를 말한다. 이에 반해 개방형 모기지는 대출기간 동안 추가 차입이 가능한 모기지이다.
24 조기상환 벌금 부과 제한, 벌칙성 연체이자 부과 금지, 대출잔액의 일괄상환 금지, 차입원금의 마이너스 상각 금지 등.
25 HOEPA의 시행규칙인 'Regulation Z'의 제32조에서 고비용 대출 관련규제를 다루고 있는 데서 따온 것이다.

되기 위한 가산금리 기준(1차 모기지의 경우 종전 8%p → 6.5%p[26])과 수수료 기준(대출원금 대비 종전 8% → 5%[27])을 낮추는 한편, 조기상환 벌과금 기준[28]을 신설하여 적용대상을 확대하였다.[29] 또한, 동 조항의 시행을 위해 소비자금융보호청(CFOB)이 2013년 1월 도입한 규칙[30]은 주택구입을 위한 대출(purchase money mortgages)과 개방형 모기지를 고비용 모기지에서 제외하는 면제조항을 삭제하였다. 이에 따라 주택구입을 위한 대출과 개방형 모기지도 고비용 모기지의 범위에 새로이 포함되었다.

또한 도드프랭크법은 고비용 모기지와 관련하여 종전에 예외적으로 허용하였던 조기상환 벌과금을 완전히 폐지하고, 만기 일괄상환 금액은 이전 평균 월납금의 2배를 초과할 수 없도록 하였다.[31] 그 밖에 도드프랭크법은 고비용 모기지와 관련하여 기존 대출의 디폴트default 권고 금지, 연체이자 제한(4% 한도), 모기지 상환의 가속(debt acceleration) 금지, 조기상환 벌과금 및 대출수수료를 대출원금에 가산하는 행위 금지, 대출구조의 변경·갱신 등과 관련한 수수료부과 금지 등을 규정하였다.[32] 또한 고비용 모기지와 관련하여 대출기관이 준수해야 할 의무로서 대출잔액 등의 정보를 담은 보고서(payoff statement)의 차주 제공 의무, 고비용 대출제공 전 카운슬러[33]의 인증의무 등을 규정하였다.

또한 대출기관이 관련법규를 선의로 위반하는 경우 일정 기간(60일) 내에

---

26 대출원금이 5만 달러 이하인 경우에는 8.5%가 적용된다.
27 대출원금이 2만 달러 이하인 경우에는 8% 또는 1,000달러 중 작은 금액이 적용된다.
28 대출을 실행한 지 36개월 이후 벌과금을 부여하거나 또는 조기상환금 대비 2% 이상의 벌과금을 부여하는 경우에는 고비용 모기지로 분류된다.
29 도드프랭크법 제1431조, 공정대출법 제103조aa.
30 CFPB(2013, January 31).
31 도드프랭크법 제1432조, 공정대출법 제129조(c)(2) 폐지 및 제129조(e) 개정.
32 도드프랭크법 제1433조(a)~(c), 공정대출법 제129조(j)~(m)(r)(s).
33 카운슬러는 주택도시개발부(HUD: Department of Housing and Urban Development) 장관의 인증을 받아야 한다.

위반행위를 시정할 수 있도록 허용하였다.[34]

【주택상담실 설치(Subtitle D)】

도드프랭크법 제14편 D장은 카운슬링을 통한 주택소유 확대 및 보존법(EPHOTC: Expand and Preserve Home Ownership Through Counselling Act)이라는 부제를 달고 있다.

동 법(EPHOTC)은 주택도시개발부법(DHUDA: Department of Housing and Urban Development Act)의 개정을 통해 주택도시개발부(HUD: Department of Housing and Urban Development) 내에 주택상담실(Office of Housing Counseling)을 설치하고, 주택의 소유 및 임대 카운슬링과 관련한 조사연구, 홍보, 정책개발 등의 업무를 수행하도록 하였다.[35] 주택상담실의 국장은 HUD 장관에 의해 임명되며, HUD 장관에게 보고의무를 가진다.

동 법은 또한 HUD 장관의 책무로서 카운슬링 절차의 수립·운용,[36] 주택카운슬링 대리인(HUD-approved housing counseling agency)에 대한 재정적 지원[37] 및 자금 운용상황의 감독,[38] 모기지대출의 주택압류 및 부도에 관한 데이터베이스 구축·운영[39] 등을 규정하였다.

---

34 도드프랭크법 제1433조(d)~(f), 공정대출법 제129조(t)~(v).
35 도드프랭크법 제1442조, 주택도시개발부법(DHUDA) 제4조(g).
36 도드프랭크법 제1443조, 주택도시개발법(HUDA) 제106조(g).
37 도드프랭크법 제1444조 및 제1445조, 주택도시개발법(HUDA) 제106조(a) 및 (e).
38 도드프랭크법 제1449조, 주택도시개발법(HUDA) 제106조(i).
39 도드프랭크법 제1447조.

【모기지 서비스업(Mortgage Servicing) 규제(Subtitle E)】

도드프랭크법(제1461~1465조)은 공정대출법(TILA)과 부동산결제절차법(RESPA : Real Estate Settlement Procedure Act of 1974)을 개정하여 에스크로우 서비스 등과 관련한 새로운 규제를 도입하였다.

우선, 공정대출법을 개정하여 세금, 재해·홍수 보험, 모기지 보증보험, 토지임대료 등의 납부를 위한 에스크로우 계좌(escrow account) 또는 임파운드 계좌(impound account)의 개설을 의무화하였다.[40] 고객이 에스크로우 계좌의 개설을 희망하지 않는 경우에는 대출기관은 그에 따른 영향 등을 고객에게 통지하여야 한다.[41] 또한 부동산결제절차법을 개정하여 고객이 재해보험을 유지·갱신하지 않을 경우에 대비하여 모기지 관리업자가 의무적으로 가입하는 보험(Force-Placed insurance)의 보험료를 고객에게 부과하는 행위를 일정한 예외를 제외하고는 금지하였다.[42]

【모기지자산 감정평가(Subtitle F)】

도드프랭크법(제1471조~1476조)은 일련의 법 개정을 통해 모기지자산 감정평가(property appraisal)와 관련한 규제를 강화하였다. 예컨대 공정대출법을 개정하여 대출기관이 고위험 모기지(higher-risk mortgage)에 대한 대출을 제공할 때에는 반드시 공인된 기관으로부터 자산 감정평가를 받도록 의무화하

---

40 도드프랭크법 제1461조, 공정대출법 제129D조.
41 도드프랭크법 제1462조, 공정대출법 제129D조(j).
42 도드프랭크법 제1463조, 부동산결제절차법 제6조(k)(m).

였다.[43] 자산 감정평가를 함에 있어서는 법에서 정하는 일정한 독립성 요건을 충족하여야 한다.[44]

---

43 도드프랭크법 제1471조, 공정대출법 제129H조.
44 도드프랭크법 제1472조, 공정대출법 제129E조.

III

최근의 모기지대출제도 개편논의

　도드프랭크법의 모기지 규제강화는 모기지대출의 실행 및 관리와 관련한 불공정, 부정직한 관행을 개선하여 소비자를 보호하기 위한 규제개혁조치로 평가되고 있다. 그러나 다른 한편 규제강화로 인해 모기지 대출기관의 규제준수 부담이 증가하고, 모기지 시장의 위축으로 소비자의 모기지대출 접근성이 줄어들었다는 비판적 시각도 제기되고 있다.[45]

　트럼프 행정부의 재무부 보고서[46]는 모기지은행협회(MBA : Mortgage Bankers Association)의 자료를 인용하여 모기지 대출기관의 규제부담 증가로 모기지대출의 실행 및 관리비용이 크게 상승하였다고 주장하였다.[47] 이러한

---

[45] 헤리티지 재단 소속의 Diane Katz(2013) 및 Mark A. Calabria(2016) 참조.
[46] U.S. Department of Treasury(2017, June).
[47] 모기지대출의 건당 실행비용(loan origination cost)은 2009년 약 4,400달러에서 2016년 7,500달러 이상으로 상승하였으며, 모기지 관리비용(loan servicing cost)은 정상대출의 경우 2008년 연간 약 59달러에서 2016년 약 228달러로 4배 가까이, 연체대출의 경우 연간 482달러에서 2,500달러 이상으로 대폭 상승하였다. U.S.

비용상승은 결국 모기지대출 금리의 상승이나 모기지대출의 접근성에 제약을 받는 형태로 소비자에게 전가된다.

이러한 배경에서 재무부 보고서는 소비자금융보호청(CFPB)이 도입한 일련의 모기지 규칙을 완화할 것을 권고하였다. 이하에서는 그 주요 내용을 정리한다.

재무부 보고서는 우선, CFPB의 적격모기지(QM) 인정기준을 완화할 것을 권고하였다. 적격모기지(QM)는 도드프랭크 모기지 규제강화의 중심적인 내용으로 그 인정기준이 지나치게 엄격하여 모기지 대출기관의 규제부담이 큰 것으로 지적돼왔다. 재무부 보고서는 적격모기지의 인정기준 중 DTI 비율(43%) 산출방식을 규정하고 있는 ATR/QM Rule의 Appendix Q가 지나치게 복잡하고 모호하여 모기지 대출시장 경색의 원인이 된다는 점을 지적하고, 이를 단순화·명확화할 것을 권고하였다. 보고서는 특히 자영업자(self-employed), 소상공인(small business), 계절노동자(seasonal workers), 은퇴자(retirees) 등 비정형 소득원을 가진 차주의 DTI 산출기준에 보다 세심한 주의를 기울일 것을 권고하였다.

또한 CFPB의 ATR/QM Rule은 총자산 20억 달러 이하의 소형 대출기관에 대해서는 DTI 비율기준(43%) 초과 대출도 적격모기지로 인정하도록 예외를 인정하였는데, 이와 관련하여 재무부 보고서는 소형 대출기관의 총자산 기준(small creditor threshold)을 상향(20억 달러→50억 내지 100억 달러)할 것을 권고하였다. 소형 대출기관은 보수적인 여신심사 기준(underwriting standards)을 적용하며, 대형 금융기관에 비해 지역 차주의 신용도를 보다 정확하게 파악하는 경향이 있다는 것이 권고의 근거였다.

Department of Treasury(2017, June), p.94에서 재인용.

그리고 대출수수료 3% 한도(points and fees cap) 적용의 기준이 되는 대출금 기준(2017년 현재 10만 3,000달러)이 너무 낮아 소액대출의 접근성을 제약하고 있음을 지적하고, 이 기준을 상향할 것을 권고하였다. 앞에서 설명한 바와 같이 CFPB의 ATR/QM Rule은 대출원금 10만 3,000달러(2017년 기준) 이상의 모기지는 대출수수료가 3% 이내인 경우에만 적격모기지(QM)로 인정하였다.

이 밖에 CFPB는 도드프랭크법(제1098조 및 제1100A조)의 규정에 따라 2013년 11월 'TILA-RESPA 통합모기지 공시'(TILA-RESPA Integrated Mortgage Disclosure) 규칙[48]을 공표한 바 있었다. 통상 '자기부채 알기'(Know Before You Owe)로 알려진 이 규칙은 차주가 자신이 빌리는 모기지에 관해 정확한 정보를 제공받고, 자신이 사인하는 모기지 대출서류의 이해를 돕도록 방대한 분량의 새로운 양식과 기준을 도입하였다. 재무부 보고서는 이 규칙의 불명확함으로 인해 대출기관의 혼선과 부담이 가중되고 있음을 지적하고, 가이드라인 제시 등으로 명확화할 것을 권고하였다.

1970년에 제정된 주택모기지공시법(Home Mortgage Disclosure Act)은 대출기관에 모기지대출의 유형, 차주 신상정보 등을 보고하도록 의무화하였는데, 도드프랭크법은 동 법을 개정하여 대출기관의 정보 보고의무를 강화한 바 있었다.[49] 이와 관련하여 재무부 보고서는 동 규정의 시행을 위한 CFPB 규칙[50]이 차주 개인정보와 대출기관의 영업력을 침해할 가능성이 있음을 지적하고, 문제가 해결될 때까지 규칙의 시행을 연기할 것을 CFPB에 권고하였다.

마지막으로 재무부 보고서는 모기지대출 서비스업(mortgage servicing)과 관

---

48 CFPB(2013. December 31).
49 도드프랭크법 제1094조.
50 CFPB(2015. October 28).

련하여 지나친 규제로 인해 서비스 업체들이 새로운 서비스 플랫폼 및 기술 개발보다는 규제준수에 자원을 소진하고 있으며, 차주에 과도한 비용이 전가되고 있음을 지적하였다. 이에 따라 보고서는 서비스 업체들이 기존 규칙의 준수를 위한 시스템 업데이트 등을 완료할 때까지 새로운 규칙의 제정을 중단(moratorium)할 것을 CFPB에 권고하였다.

제5부 – 보험규제 및 기타

제14장
보험규제체계의 개혁

Dodd-Frank Act

I

머리말

도드프랭크법 제5편은 보험규제체계의 개혁에 대해 다루었다. 제5편은 2개의 장(Subtitle)으로 구성되며, 그 중 A장은 연방보험국법(Federal Insurance Office Act of 2010)이라는 부제 아래 연방보험국을 창설하였으며, B장은 비인가보험 및 재보험개혁법(NRRA : Nonadmitted and Reinsurance Reform Act of 2010)이란 부제하에 주州 기반 보험규제체계를 일부 개편하였다.

도드프랭크법 제5편은 42개 조항에 불과하다. 따라서 도드프랭크법을 일견한다면, 은행업(제1편, 제3편 및 제6편), 증권업(제4편, 제7편, 제9편), 소비자금융(제10편, 제14편) 등에 대해서는 많은 지면을 할애하며 규제감독을 크게 강화하였는 데 반해 보험업에 대해서는 상대적으로 적은 비중으로 소홀히 다루고 있는 것으로 보일 것이다. 그러나 도드프랭크법은 제1편, 제2편, 제3편, 제5편, 제6편 등에 걸쳐 다섯 가지 경로를 통해 보험회사에 대한 연방감독을 강화하였다. 이 장의 제3절은 도드프랭크법 제5편의 내용을 중심으로 이러한 다섯 가지 경로를 간략히 살펴본다.

도드프랭크법의 보험규제 개혁은 멀게는 연방감독을 강화하고자 한 지난 100년간의 논의의 연장선상에, 그리고 가깝게는 2008년 및 2009년에 각각 발표된 미 재무부의 금융규제 개혁안의 연장선상에 있는 것이다. 제2절에서는 보험규제를 둘러싸고 주와 연방이 갈등한 역사를 간략히 살펴본다. 이를 통해 도드프랭크법에 의한 연방보험감독의 강화가 가지는 역사적 의의에 대한 이해를 돕고자 하였다.

마지막으로 제4절에서는 도드프랭크 보험규제 개혁에 대한 평가와 공화당의 금융선택법안과 트럼프 행정부의 재무부 보고서를 중심으로 최근에 논의되고 있는 보험규제의 개편방안에 대해 간략히 살펴본다.

II

주와 연방이 갈등한 보험업 규제의 역사

【주州 기반(state-based) 보험규제체계의 형성】

미국에서 보험업 규제의 역사는 18세기 중반경으로 거슬러 올라간다. 미국의 각 주들은 18세기 중반부터 보험회사에 면허를 부여[1]하고, 보험업 규제를 위한 법률을 도입하기 시작하였다. 그리고 보험산업의 성장으로 감독 필요성이 커짐에 따라 뉴햄셔 주가 1851년 최초로 보험감독관(state insurance commissioner)을 임명하였다. 1871년경에는 당시의 36개주 모두가 보험감독관을 임명함으로써 주에 기반한 보험업 규제체계(state-based regulatory regime)의 형성이 일단락되었다.[2]

---

[1] 벤자민 프랭클린의 후원으로 1752년 설립된 Philadelphia Contributionship for the Insurance of Houses from Loss by Fire가 최초의 보험회사로 알려져 있다.
[2] 미국에서 보험업과 관련한 인허가, 규칙의 제정, 감독검사 권한은 주 정부의 보험감독관(Insurance

이러한 주 기반의 규제체계는 주의 경계를 넘어 영업을 확대하고자 하는 보험업자들의 요구와 필연적으로 긴장이 조성되었다. 이러한 긴장관계는 1868년 Paul v. Virginia 판결[3]에 잘 나타나 있다. 당시 버지니아 주의 보험증권 판매 금지조치에 대하여 뉴욕 보험업자들이 헌법의 주(州)간 통상조항(Commerce Clause of the Constitution) 위반이라며 제기한 소송에서 연방대법원은 보험업은 주간 통상조항이 적용되는 상사거래에 해당하지 않는다고 판결하였다. 이 판결은 보험업에 대하여는 연방 정부가 아닌 주 정부가 규제권한을 갖고 있음을 분명히 한 것이다.

그러나 보험업의 주간 영업이 점차 확대됨에 따라 주들간의 상이한 규제체계를 일원화할 필요성이 증대하였고, 이에 따라 1871년 당시 뉴욕 주 보험감독관인 조지 밀러(George W. Miller)의 제안에 따라 전미보험감독자협의회(NAIC: National Association of Insurance Commissioners)가 구성되었다. NAIC는 1999년에 델라웨어 주 회사법에 의해 비영리법인으로 재설립되었다. NAIC는 감독기구나 정부기구가 아니라 감독자들간의 자발적인 협의체로서의 성격을 가지지만 각종 모델법(model law), 모델규칙 등을 제정하여 주 보험국에 제공하는 등 주간 보험규제의 통일성을 확보하기 위해 적극적인 역할을 수행하고 있다. 모델법은 법적 구속력은 없지만 NAIC는 모델법을 수용한 주에 인증을 부여하는 등 상당한 영향력을 갖고 있다. 도드프랭크법 제989J조는 NAIC 모델법의 채택을 촉진하는 내용을 담았다.

Commissioner)이 갖는다. 오늘날 미국에는 50개 주, 워싱턴 DC, 그리고 5개의 자치령에 각 1명씩 총 56명의 보험감독관이 있다. 56명의 보험감독관 중 44명은 해당 주 또는 자치령의 지사(govenor)에 의해 임명되지만, 12명은 주민에 의해 직접 선출된다. 보험감독관의 임기는 주별로 상이하며, 임명직의 경우에는 통상 주지사의 임의에 따라 임면이 가능하다. 대부분의 주 또는 자치령에서 보험감독관은 보험규제만을 전담하고 있지만 일부 주에서는 다른 업무를 겸임하는 경우도 있다. 예컨대 뉴저지, 로드아일랜드, 괌에서는 보험감독관이 은행감독관을 겸임하며, 앨라배마와 몬태나에서는 증권감독관을 겸임한다. 그 밖에 감사 또는 소방감독관을 겸임하는 경우도 있다.

3 Paul v. Virginia, 75 U.S. 168(1868).

【연방감독의 필요성 여부에 대한 논란】

20세기 들어 보험업에 만연한 사기, 남용, 시장조작 행위에 효율적으로 대응함과 아울러 주 기반 보험규제체계의 비효율을 제거하기 위해 연방감독을 강화할 필요성이 대두되었다. 시어도어 루스벨트(Theodore Roosevelt) 대통령은 1904년 연두 의회 연설에서 보험업에 대한 연방 개입의 필요성을 제기하였으며, 이에 호응하여 당시 뉴저지 주 상원의원이던 존 드라이든(John Dryden)은 1905년 상무노동부 산하에 보험국(Bureau of Insurance) 설립 및 4년 임기의 보험감독관(Comptroller of Insurance) 임명 등을 내용으로 하는 법안을 발의하였다. 그러나 동 법안은 의회를 통과하지 못하여 실제 입법화에는 실패하였다.

연방감독의 필요성에 대한 논란은 1944년 US v. South-Eastern Underwriters Association(SEUA) 소송[4]에서 다시 부상하였다. 이 사건은 미국 정부가 보험업자들의 보험료율 담합에 대해 셔먼독점금지법(Sherman Antitrust Act of 1890) 위반에 해당한다며 기소한 것이었으나 곧 연방 정부가 보험업을 규제할 수 있는지 여부에 대한 논란으로 이어졌다. 이에 대해 대법원은 "주(州)간 영업행위를 하는 모든 상사(commercial enterprise)는 미 의회의 규제대상이 될 수 있으며, 보험업도 예외가 될 수 없다."고 판결하였다. 동 판결은 1968년의 Paul v. Virginia 판결을 뒤집은 것으로 해석되고 있으나, 실상은 그에 대한 최종 결정을 의회로 유보한 것이었다.

동 판결에 따라 보험업계와 NAIC를 중심으로 한 주 보험당국자들간의 치열한 입법 경쟁이 벌어졌다.[5] 보험업계는 독점금지규제의 예외를 인정하도록

---

4 United States v. South-Eastern Underwriters Association, 322 U.S. 533(1944).
5 Sheila Bair(2004), p.7 참조.

로비를 전개하였으며, NAIC와 주(州) 보험감독자들은 제한적인 예외만을 인정하기를 희망하였다. 1945년 미 의회는 NAIC의 제안에 기초한 맥카랜퍼거슨법(McCarren-Ferguson Act)을 통과시켰는데, 이 법은 보험업 규제권한이 미 의회에 있음을 재확인함과 아울러 주 정부가 보험업을 적절하게 규제하는 한 주 정부에 규제권한을 위임한다고 결론지었다. 동 법에 의해 연방 정부의 개입 근거는 확보되었지만 주 기반의 보험업 규제체계가 지속되게 되었다.

1960년대 이후 일련의 보험회사 도산을 계기로 연방감독의 필요성이 다시 부상하였으며, 미 의회는 금융위기 직전인 2000년대 중반에 이르기까지 보험회사에 대한 연방면허의 부여, 지급능력에 대한 연방규제, 영업행위에 대한 통일된 규제기준의 도입 등을 내용으로 하는 다수의 법률안을 발의하였다. 그러나 연방규제를 위한 입법 시도는 주 기반 규제체계의 해체보다는 개선을 선호하는 반대의 목소리에 의해 번번이 좌절되었다.[6]

【폴슨 및 오바마 개혁안의 보험규제체계 개편방안】

부시 정부의 재무부가 2008년 3월 발표한 감독체계 개편안[7](이하 폴슨 개혁안)과 오바마 정부가 2009년 6월 재무부 명의로 발표한 금융규제 개혁안[8](이하 오바마 개혁안)은 루즈벨트 대통령 이후 지속적으로 제기되어온 보험업에 대한 연방규제를 강화하는 방안을 담았다.

폴슨 개혁안은 보험업 규제체계의 문제로서 규제의 중복, 다기화 및 비

---

6 이에 대한 자세한 논의는 FIO(2013) 참조.
7 U.S. Department of Treasury(2008, March).
8 U.S. Department of Treasury(2009, June).

일관성 등을 지적하면서 장기 최적의 감독체계로 가는 중단단계로서 보험회사가 연방 정부의 감독을 선택할 수 있도록 허용하는 선택적 연방보험법(Optional Federal Charter)을 제정하고 재무부 산하에 연방보험국(Office of National Insurance)을 신설하여 연방감독을 선택한 보험회사에 대한 감독업무를 수행할 것을 제안하였다. 그리고 장기적으로는 은행, 저축대부조합, 보험회사 등 어떠한 형태로든 정부보증이 제공되는 금융회사에 대한 통합적이고 일원화된 건전성규제를 담당하는 건전성 감독기관(Prudential Financial Regulatory Agency)을 설립할 것을 제안하였다. 건전성 감독기관은 기존의 통화감독청(OCC), 저축기관감독청(OTS), 예금보험공사(FDIC), 그리고 위에서 언급한 연방보험국의 건전성 감독기능을 흡수하여 설립되도록 하였다.

오바마 개혁안은 정보수집, 전문가 양성, 국제협약 등 국제업무, 정책조율 등을 수행할 연방보험국(Office of National Insurance)의 창설과 함께 보험규제 개혁의 6대 원칙을 제시하였다. 6대 원칙이란 ①보험 부문 시스템리스크에 대한 효율적 규제 ②자본규제 기준의 강화 ③보험 소비자보호 강화 ④연방인가 도입 등 규제기준의 통일성제고 ⑤연결기준에 의한 보험회사 규제강화 ⑥국제협력의 강화 등이다.

여기에서 흥미로운 점은 폴슨 개혁안과 오바마 개혁안은 모두 연방보험국(ONI)의 창설을 제안하였지만 그 기능과 권한은 차이가 있다는 점이다. 전자가 보험업에 대한 규제, 감독, 제재권한을 행사하는 감독기관의 성격을 갖는 데 반하여 후자는 정보수집 및 정책협의 등으로 그 기능이 제한되었다.

III

도드프랭크법의 연방보험감독 강화

【금융안정감시위원회의 시스템적 중요 보험회사 지정】

　도드프랭크법 제1편에서 도입된 금융안정감시위원회(FSOC)는 금융시스템 전반에 걸친 위험요인의 모니터링 및 관리 등 시스템리스크 감독업무를 수행하며, 동 업무의 대상에 보험업과 보험회사가 포함되어 있다. FSOC에는 대통령이 임명한 보험전문가 1인과 연방보험국장 및 주州 보험감독관 1인 등 총 3명이 정위원 또는 준위원으로 참여하여 보험업의 시스템리스크와 관련한 정책결정 또는 자문기능을 수행한다. 특히 FSOC는 보험회사를 포함하여 시스템적으로 중요한 금융회사(SIFI)를 지정하고, 이 SIFI에 대하여는 연준에 의한 강화된 감독기준을 적용토록 권고할 권한을 갖는다. FSOC와 연준의 이러한 권한은 대형 보험회사에 대한 직접적인 연방감독을 의미하는 것이다. AIG, 푸르덴셜, 메트라이프 등 3개의 보험회사가 SIFI로 지정된 바 있으며,

이 중 메트라이프는 SIFI 지정에 항의하여 법원에 소송을 제기하였고, AIG는 2017년 9월 SIFI 지정에서 해제되었다. 이에 따라 보험회사에 대한 연준의 감독권한은 당초보다 상당히 위축되었다.

한편, 트럼프 행정부의 재무부 보고서[9]는 도드프랭크법이 도입한 보험회사별 시스템리스크 평가방식(entity-based systemic risk evaluations)이 은행업과 보험업의 근본적 차이를 고려하지 않은 것으로 보험산업의 리스크를 완화하기 위한 최선의 방식으로 볼 수 없다고 주장하였다. 보고서는 그 대안으로서 개별 보험회사의 리스크보다는 보험상품(products) 또는 영업활동(activities)으로부터 발생하는 잠재리스크 등 전체 보험산업의 안정성을 강화하기 위한 감독을 실시할 것을 권고하였다. 이러한 권고는 개별 보험회사에 대한 SIFI 지정이 적절한 감독방식이 아님을 시사한 것으로 해석된다.

【보험회사에 대한 특별정리절차의 적용】

도드프랭크법 제2편은 재무부 장관에 의해 시스템적 리스크를 초래할 수 있는 금융회사로 결정된 금융회사에 대해서는 특별정리절차(OLA)를 적용하도록 규정하고 있는 바, 보험회사도 동 특별정리절차의 대상이 될 수 있다. 보험회사가 특별정리절차의 대상이 되기 위해서는 연준과 연방보험국(FIO) 국장이 공동으로 재무부 장관에게 추천하는 절차를 거쳐야 한다. OLA가 발동되면 FDIC가 청산관재인(receiver)이 되어 부실 금융회사를 정리하게 된다. 다만, 보험회사의 경우에는 재무부 장관에 의한 시스템적 리스크 결정이 이루

---

[9] U.S. Department of Treasury(2017, October 26).

어지더라도 일차적으로 주법에 의한 정리의 대상이 되도록 허용하였다. 이는 주 기반의 규제가 이루어지고 있는 보험업의 특수성을 고려한 것이다. 만약 시스템리스크 결정이 있은 지 60일 이내에 주 정부가 정리절차를 개시하지 않는다면 FDIC가 개입하여 주법에 따라 해당 보험회사를 정리하게 된다.

【연준의 보험회사 감독권한】

도드프랭크법은 세 가지 경로를 통해 연준의 보험회사 감독을 강화하였다. 첫째는 위에서 설명한 바와 같이 연준은 SIFI 보험회사에 대하여 강화된 건전성 감독기준을 적용할 권한을 갖는다. 도드프랭크법(제131조 및 제165조)에 의거하여 연준은 SIFI 보험회사에 적용할 자기자본 규제기준[10]과 건전성 규제기준[11]을 강화하기 위한 규칙초안을 2016년 6월에 각각 발표한 바 있다.

둘째, 도드프랭크법 제3편은 저축기관감독청(OTS)의 저축대부지주회사(SLHC: savings and loan holding companies)에 대한 감독권한을 연준으로 이전하였다.[12] 이에 따라 도드프랭크법 발효 당시에 저축대부지주회사로 설립되어 있던 다수의 보험회사(Insurer SLHC, 이하 ISLHC)들은 연준의 감독대상으로 편입되는 결과가 초래되었다.[13] SIFI 보험회사에 대한 감독권한과 더불어 ISLHC 감독권한의 이전으로 인해 연준은 보험회사에 대한 중요한 감독자로 부상하게 되었다.[14]

---

10 Federal Reserve(2016, June 14) 81 Fed Reg. 38,631.
11 Federal Reserve(2016, June 14) 81 Fed Reg. 38,610.
12 SLHC에 대한 연준의 구체적인 감독권한은 도드프랭크법 제6편(Title Ⅵ)에 규정되어 있다.
13 2013년 말 현재 이러한 보험회사는 최소 55개에 달하는 것으로 추정되고 있다. Peter Ryan(2014) 참조.
14 Elizabeth D. Festa and Arthur D. Posta(2012) 참조.

마지막으로, 도드프랭크법은 그램리치블라일리법(GLB Act)의 소위 Fed-lite 조항을 수정 내지 삭제함으로써 비은행자회사에 대한 연준의 직접적 감독검사 권한을 강화하였다.[15] 종전에 연준은 지급결제시스템의 중대한 리스크 우려 등 일정 요건하에서만 은행지주회사의 보험자회사를 직접 감독검사할 수 있었으나 동 조치로 인해 이러한 제한 없이 보험자회사의 경영건전성 및 법규준수 실태를 직접 감독검사할 수 있게 되었다. 이에 대해서는 이 책의 제5장에서 자세히 설명하였다.

【연방보험국의 신설】

(1) 연방보험국의 지위 및 의의

도드프랭크법 제5편 제A장은 연방보험국법(Federal Insurance Office Act of 2010)이라는 부제하에 재무부 내[16]에 연방보험국을 신설하였다. 연방보험국은 하나의 독립된 기구가 아닌 재무부 내의 일개 부서로서의 지위를 가지며, 연방보험국장은 재무부 장관에 의해 임명되고 재무부 장관의 지시에 따라서 업무를 수행하여야 한다. 이런 점에서 재무부 내에 설치되었지만 독립적 지위를 갖는 통화감독청(OCC)은 물론이고, 재무부 내에 설치된 기구로서 독립성은 없지만 그 수장이 연방기구의 수장에 준하는 지위를 갖는 금융조사국(OFR)과도 차별된다. 다만, 연방보험국장은 연방법[17]에 의해 규정된 고위공

---

15 도드프랭크법 제604조.
16 보다 구체적으로 연방보험국은 재무부 내 국내금융본부(Office of Domestic Finance) 산하의 금융회사국(Office of Financial Institutions)에 소속되어 있다.
17 5 U.S.C. 3132.

직자(Senior Executive Service)로서의 지위를 가지며, 따라서 위법행위, 업무해태, 지시불이행 등의 경우를 제외하고는 재무부 장관이 마음대로 해임하지는 못한다.

도드프랭크법은 연방보험국에 감독권한을 부여하지 않았으며, 연방보험국 스스로도 감독기관이 아님을 밝히고 있다.[18] 아래에서 살펴보는 바와 같이 연방보험국은 보험산업의 제반 이슈에 대한 모니터링과 함께 재무부 장관 및 금융안정감시위원회(FSOC)에 대한 보좌 및 자문을 주된 기능으로 한다. 이런 의미에서 연방보험국은 법상 명시적인 감독기관(front-line regulator)은 아니지만 보험업에 실질적인 영향력을 행사하는 배후에 숨겨진 감독기관(backdoor regulator)이라고 할 수 있다.[19]

그러나 연방보험국은 보험업 규제감독과 관련하여 연방 차원에서 설치된 최초의 조직으로서, 연방보험감독의 확대를 위한 교두보 역할을 한다는 점에서 중대한 의의를 가지고 있다. 연방보험국은 건강보험(health insurance), 장기간병보험(long-term care insurance),[20] 농작물보험(corp insurance)[21]을 제외한 보험업 전반을 대상으로 감시·보좌·자문 등의 기능수행을 통해 광범위한 영향력을 행사할 수 있다. 또한 연방보험국 휘하에 보험업 관련 전문가를 영입함으로써 국가적 보험정책의 수립에 있어 주도권을 장악하고 연방의 영향을 확대해 나가는 데 있어 유리한 위치를 점하게 되었다. 아래에서 보는 바와 같이 FIO는 국제기준의 제정, 대외협약, 그리고 시스템적으로 중요한 보험회사의 지정 등과 관련한 중요한 역할을 수행함으로써 보험산업에 실질적 영향력을

---

18 Michael McRaith(2012) 참조.
19 Hester Peirce(2016).
20 생명보험 또는 연금보험 요소가 포함되어 있는 것은 장기 간병보험의 범위에서 제외된다.
21 연방곡물보험법(Federal Crop Insurance Act)에 의해 도입된 보험에 한정된다.

가진다.

(2) FIO의 주요 기능

ⅰ) 개요

도드프랭크법은 재무부 장관의 지시에 따라 연방보험국이 다음과 같은 8개 기능을 수행하도록 규정하였다.[22] 이러한 기능을 통해 연방보험국은 국내 및 국제 보험정책의 수립·집행에 있어 중대한 영향력을 행사할 수 있다.

① 시스템리스크 요인을 포함하여 보험산업의 제반 측면에 대한 모니터링
② 보험서비스가 충분히 제공되지 않는 소외자 및 저소득층의 보험상품(건강보험 제외) 접근성 모니터링
③ 시스템적 중요 보험회사를 금융안정감시위원회(FSOC)에 추천
④ 2002년 테러위험보험법(Terrorism Risk Insurance Act)에 의해 재무부에 설립된 테러위험보험프로그램(Terrorism Risk Insurance Program)[23]과 관련하여 재무부 장관을 보좌
⑤ 국제보험감독자협의회(IAIS)에 미국의 대표로 참여하고 대외협약체결 협상과 관련하여 재무부 장관을 보좌하는 등 국제보험감독업무와 관련한 연방 차원의 정책조율 및 개발
⑥ 국제협약이 주州 규제기준에 우선하여 적용(Preemption)되어야 하는지 여부의 결정
⑦ 중요 보험업 규제 사안과 관련하여 주 정부와 협의

---

22 도드프랭크법 제502조.
23 일정 기준을 충족하는 손해보험회사(P/C Insurer)에 대해 테러위험보험 취급을 의무화하고, 일정 수준을 초과하는 보험금 지급에 대하여 연방 정부가 보조금을 지급하는 제도로서 테러위험보험시장이 정상화될 때까지 한시적으로 운용된다.

⑧ 기타 재무부 장관이 지시하는 사항의 수행 또는 권한의 행사 등

도드프랭크법은 이러한 기능 중에서 정보징구 및 대외협약과 관련한 FIO의 기능에 대해서 상세히 규정하였다. 이하에서는 이들 기능에 대해서 보다 자세히 살펴본다.

ii) 정보징구 및 공시권한

연방보험국은 그 기능수행과 관련하여 보험업자 또는 보험계열사로부터 정보를 징구하고, 주州 보험당국과 정보공유 협약을 체결하며, 수집한 정보를 분석·공시하고, 보험상품(건강보험 제외)과 관련한 보고서를 발간할 수 있는 권한을 갖는다.[24] 연방보험국장은 보험회사로부터 정보를 징구하기 위해 소환장(subpoena)을 발급할 수 있다. 연방보험국은 이러한 정보의 징구, 공유 및 공시권한을 통해 보험산업에 상당한 영향력을 행사할 수 있다. 예컨대 연방보험국은 정보의 공시를 통해 보험회사로 하여금 소비자에게 불리한 보험관행을 시정하도록 유도할 수 있을 것이다.

iii) 국제보험감독 및 대외협약과 관련한 기능

연방보험국은 국제보험감독자협의회(IAIS)에 미국을 대표하여 참석하며, IAIS 산하의 전문위원회(Technical Committee)의 의장을 맡는 등 적극적 역할을 수행하고 있다. 이러한 활동을 통해 연방보험국은 보험업 국제감독기준의 제정에 있어 중요한 역할을 수행한다. 예컨대 시스템적 중요 글로벌 보험회사의 선정, 국제보험그룹에 대한 공통 감독기준(ComFrame)의 수립, 지급여력

---

24 도드프랭크법 제502조(e).

제도에 관한 국제기준의 채택 등을 들 수 있다.

FIO는 연방정부가 외국정부와 맺는 보험업 및 재보험업의 건전성규제에 관한 대외협약(Covered Agreement)의 체결에 있어서도 중요한 역할을 수행한다. 도드프랭크법은 재무부 장관과 통상대표(U.S. Trade Representative)가 공동으로 대외협약의 협상·체결권한을 행사하도록 규정[25]하였는데, 재무부 내에서 FIO가 이와 관련한 실무작업을 담당한다.

대외협약과 관련한 사항으로서 FIO 국장은 주 정부의 규제기준이 대외협약과 상충될 경우에는 대외협약을 우선적으로 적용하도록 결정할 권한(preemption authority)을 갖는다. 구체적으로 주 정부의 건전성 규제기준이 ①대외협약과 일치하지 않고 ②대외협약의 상대국에 기반을 둔 외국 보험사에 불공정한 결과를 가져오는 경우에 이러한 권한을 행사할 수 있다. 다만, 이 '우선 적용'(Preemption) 권한은 건전성 규제기준에 국한되며, 주 정부의 보험영업과 관련된 규제(보험요율, 인수, 판매행위 등)와 소비자금융보호청(CFPB)의 소비자보호 규제에는 적용되지 않는다.

도드프랭크법은 '우선 적용' 권한의 행사와 관련하여 주 정부에 사전통지, 연방정부의 관보(Federal Register)에 공시 등 엄격한 절차적 요건을 부과하였다.

iv) 보험회사에 대한 시스템리스크 감독과 관련한 기능

FIO 국장은 보험회사에 대한 시스템리스크 감독과 관련하여 일련의 기능을 수행한다. 우선, FIO 국장은 시스템적 중요 보험회사를 FSOC에 추천하는 권한을 가지며, 준위원의 자격으로 FSOC에 참여하여 시스템적 중요 보험회

---

25 도드프랭크법 제502조(a).

사의 지정 및 강화된 감독기준의 적용과 관련하여 FSOC에 자문을 제공할 수 있다. FIO 국장은 시스템적 중요 보험회사의 지정 및 감독권한은 없지만 이와 관련하여 실질적인 영향력을 행사할 수 있는 것이다.

이 밖에 도드프랭크법은 시스템적으로 중요한 보험회사를 대상으로 한 스트레스테스트와 관련하여 FIO에 조율 및 협의기능을 수행토록 요구하였다.[26] 그리고 도드프랭크법 제2편에서 규정하는 시스템적 리스크를 초래할 수 있는 금융회사에 적용되는 특별정리절차와 관련하여도 FIO 국장은 일정한 기능을 수행한다. 보험회사가 특별정리절차의 대상이 되기 위해서는 연준과 FIO 국장이 공동으로 재무부 장관에게 추천하여야 한다. 재무부 장관은 FIO 국장과 연준의 추천이 있어야만 절차를 진행할 수 있다는 점에서 FIO 국장은 이와 관련하여 상당한 영향력을 갖는다고 할 수 있다.

【비인가보험 및 재보험에 대한 규제 합리화】

도드프랭크법 제5편 제B장은 비인가보험 및 재보험 개혁법(NRRA : Nonadmitted and Reinsurance Reform Act of 2010)이란 부제를 달고 있다. 이 법은 주(州) 법의 개혁을 통해 비인가보험 및 재보험에 대한 규제의 합리와 및 간소화를 목적으로 한다.

비인가 보험업자(nonadmitted insurer 또는 surplus lines)란 영업행위를 하려는 주의 보험당국으로부터 보험업 인가를 받지 못한 보험업자를 말한다. 보험업자가 인가를 받은 주 이외의 타 주에서 영업행위를 하는 경우에 당해 타 주에

---

26 도드프랭크법 제165조(i)

서는 이 보험업자를 비인가 보험업자라 한다. 보험 소비자가 해당 주에서 인가받은 보험업자로부터 원하는 보험상품을 구할 수 없는 경우에는 비인가 보험업자를 이용하게 된다. 또한 보험 소비자가 다수의 주에 걸쳐 산재하는 자신의 재산에 대하여 단일한 보험서비스를 희망하는 경우에도 비인가 보험업자를 이용할 수 있다.

NRRA는 비인가 보험업자에 대한 조세, 규제 및 브로커 인가 등과 관련하여 기준의 일원화 및 간소화를 도모하였다. 또한 재보험업자에 대하여 설립인가를 부여한 근거지 주[27](State of domicile)만이 지급여력 규제권한을 갖도록 일원화하였다.

NRRA는 보험규제와 관련한 주 정부간의 오랜 혼란과 다툼을 해소하고 명확성과 일관성을 부여한 긍정적인 조치로 평가되고 있다. 또한 NRRA는 주정부의 규제를 유지하면서도 연방 정부의 가이드라인에 따라 규제기준을 개정하도록 유도하고 있다는 점에서 보험규제개혁의 바람직한 모델로 평가되고 있다.[28]

---

27 설립인가를 받은 주를 의미한다.
28 FIO(2013), p.59.

IV

평가 및 최근의 개편논의

　도드프랭크법의 연방보험감독 강화내용 중에서 연방보험국(FIO)의 창설은 기존 주 기반 보험규제체계의 비일관성과 복잡성을 극복하고 연방에 의한 통일성과 일관성 있는 감독을 위한 교두보를 마련하였다는 점에서 긍정적인 평가를 받고 있다. 그러나 동시에 두 가지 점에서 비판의 대상이 되고 있다.

　첫째는 금융안정감시위원회(FSOC)에 정위원으로 참여하는 보험전문가와 준위원으로 참여하는 연방보험국장간의 부조화 문제이다. 연방보험국장은 보험산업의 모니터링, 재무부 장관 및 FSOC에 대한 보좌·자문의 제공, 국제기준 제정과 관련하여 미국의 대표로서 협상권을 갖는 등 연방보험정책의 실행실무를 담당하지만 FSOC 정책결정에 있어서는 의결권을 갖지 못한다. 반면 보험전문가는 FSOC 정위원으로서 시스템적 중요 보험회사의 결정 등에 대한 의결권을 행사하지만 연방보험정책과 관련한 어떠한 실질적인 책임과 권한을 갖지 못한다.

도드프랭크법이 2개의 권한을 이렇게 구분한 것은 연방 차원의 보험감독기관이 존재하지 않는다는 점을 고려한 것이다. 연방보험국은 감독기관이 아니기 때문에 여타 감독기관의 수장들처럼 FSOC의 정위원으로서 의결권을 행사할 수 있는 권한을 얻지 못한 것이다. 이러한 도드프랭크법 체계는 다음의 예에서 보는 바와 같이 결국 2개 권한간의 상충을 초래함으로써 한계를 드러내었다. 예컨대 보험전문가는 2013년 푸르덴셜, 그리고 2014년 메트라이프의 '시스템적 중요 금융회사 지정'(SIFI designation)에 있어 FSOC 위원 중 유일하게 반대표를 던졌다. 여타 FSOC 위원들은 자신이 수장으로 있는 감독기관의 정책방향을 대표하는 데 반해 보험전문가는 연방보험정책의 수립에 책임이 있는 기관의 정책방향과 상충되는 결정을 내린 것이다.

이러한 부조화를 해결하기 위해 공화당 하원 금융서비스위원장이 발의한 금융선택법안은 2개 권한을 통합하는 방안을 제시하였다.[29] 즉 재무부 산하에 독립보험청(IIA: Office of Independent Insurance Advocate)을 설치하고, 이 기구의 장이 FSOC 위원 중 보험전문가를 대체할 것을 제안하였다. 법안에 따르면, IIA 청장은 상원의 제안 및 동의에 의해 대통령이 임명하고 6년의 임기를 가지며, 현행 FIO 국장이 수행하는 대부분의 책무를 담당한다.

도드프랭크 보험규제체계의 또 다른 한계로서, 현행 주 기반 보험규제체계의 문제점을 근본적으로 해결하지 못한다는 점이 지적되고 있다. 주별 보험업 인가 및 규제 등 기존의 주 기반 규제체계를 그대로 둔 채 연준에 상당한 보험회사 감독권한을 새로이 부여함과 아울러 연방보험국(FIO)을 신설하여 연방보험정책과 관련한 중요한 역할을 담당토록 함으로써 오히려 보험규제체계의 복잡성과 중층화를 더욱 심화시키는 결과를 초래하였다는 비판이

---

29 House Committee on Financial Services(2017).

다.³⁰ 앞에서 설명한 바와 같이 연준은 은행지주회사의 보험자회사에 대하여 강화된 규제감독 권한을 갖게 되었으며, 시스템적 중요 보험회사에 대한 강화된 감독기준을 적용할 권한을 갖는다. 이 밖에 NAIC는 기존과 동일하게 56개 주 보험감독자들간의 협의체로서 모델법, 모델규칙의 제공 등을 통한 보험규제정책의 조율, 보험데이터의 수집 및 제공 등의 업무를 담당하고 있다. 이와 같이 도드프랭크법에 의해 미국의 보험감독체계는 주 정부를 근간으로 하되 연준, FIO, NAIC 등 다수의 연방기구들이 관여하는 복잡하고 중층화된 구조를 갖게 되었다.

이러한 복잡·중층화된 보험규제체계의 개선을 위한 방안의 하나로 일각에서는 연방보험감독기관을 설립하고 보험회사에 단일한 연방면허체계를 도입하는 방안을 제시하였다.³¹ 연방에서 면허를 받은 보험회사는 모든 주에서 보험업을 영위할 수 있게 함으로써 보험회사의 비용절감과 소비자보호 강화를 도모하자는 것이 그 취지이다. 방안에 따르면 새로이 신설되는 보험감독기관은 FIO의 업무와 연준의 감독권한을 모두 이관받아 보험업에 대한 인허가, 규칙제정, 감독검사 등 일체의 감독규제 권한을 독립적으로 행사하는 연방기구로서의 지위를 갖게 된다. 이러한 방안은 공화당에서 발의한 금융선택법의 방안보다 연방감독의 강화 방향으로 한 단계 더 나아간 것으로서 가깝게는 선택적 연방면허(Optional Federal Charter)를 주장한 2007년 폴슨 개혁안과 친화력을 가지며, 멀게는 보험업에 대한 미 의회의 규제권한을 재확인한 맥카랜퍼거슨법의 맥을 잇는 것이다.

이러한 보험규제체계 논쟁과 관련하여 트럼프 행정부의 재무부 보고서³²

---

30 Hester Prirce(2016) 및 GAO(2016) 참조.
31 Hester Prirce(2016) 참조.
32 U.S. Department of Treasury(2017, October 26).

는 150년 동안 지속되어온 주 기반 규제체계가 보험 소비자보호 및 보험회사 감독에 효과적임을 언급하고, 기존의 규제체계를 지지함을 밝혔다. 다만, 주 기반 보험규제에 따른 비일관성 및 비효율의 문제를 해소하기 위해 연방기관 및 주당국간 상호협조와 소통을 강화할 필요가 있음을 강조하고, 이를 위해 연방보험국(FIO)이 협의·조정 등 적극적인 역할을 수행할 것을 권고하였다. 또한 국제보험감독자협의회(IAIS) 등 국제기준 제정기구의 의사결정에 미국이 일관되고 통일적인 목소리를 낼 것을 주문하고, IAIS 집행위원회(Executive Committee)에 의결권을 갖는 정회원의 자격을 연방보험국에 부여할 것을 권고하였다. 이를 통해 국제보험 이슈에 대한 미국의 입장을 대표하는 연방보험국의 지위와 기능을 강화하고자 한 것이다. 그 밖에 재무부 보고서는 시스템리스크 규제, 지급여력 및 유동성 규제, 보험상품 승인절차, 보험공급업자(대리인 및 브로커) 면허절차 등과 관련한 규제의 완화와 테러위험보험프로그램(TRI)의 개선, 보험업자의 정보 및 사이버 보안강화를 위한 통일적 법규의 도입 등을 권고하였다.

| 부록 |

미국 보험산업 개황[33]

1. 미국 보험산업 구성(2016년 기준)

(단위 : 10억 달러, %)

	취급 보험회사수	순수입보험료		총자산	자기자본
		금액	(비중)		
생명·건강보험 (Life and Health)	780	600	(34.0)	6,600	381
손해보험 (Property and Casualty)	2,655	534	(30.3)	1,900	712
건강보험* (Health)	1,095	631	(35.8)	377	164
계	4,530	1,765	(100.0)	8,877	1,257

*건강보험을 전문으로 취급하는 보험회사 및 건강관리회사.

2. 대형 보험회사의 시장점유율(2016년 기준)

(원수보험료 기준, %)

	생명·건강보험		손해보험	건강보험 전문
	생명보험	사고·건강보험		
상위 10대	52.9	74.1	46.5	52.4
상위 25대	78.7	87.1	65.1	72.1
상위 100대	98.6	98.4	86.6	95.3
전체	100.0	100.0	100.0	100.0

---

33 자료 출처는 SNL Financial(Federal Insurance Office, 2016 September)에서 재인용.

3. 보험산업의 수익성 추이

(단위: %)

		2012	2013	2014	2015	2016
생명·건강	ROE	12.64	12.85	10.96	11.17	10.54
	ROA	0.73	0.73	0.61	0.64	0.61
손해	ROE	6.65	11.35	9.57	8.47	6.34
	ROA	2.37	4.23	3.67	3.24	2.41

제15장

금융기관 접근성제고 및 공적자금 회수

이 장에서는 도드프랭크법 제12편 및 제13편의 주요 내용을 살펴본다. 제12편은 저·중위 소득층의 주류 금융기관 접근성을 제고하기 위한 프로그램을 도입하였으며, 제13편은 부실 금융기관 구제를 위해 투입되었던 공적자금의 회수에 관한 내용을 다루었다.

Dodd-Frank Act

I
금융기관
접근성 개선

도드프랭크법 제12편은 금융기관 접근성 제고법(IAMFIA : Improving Access to Mainstream Financial Institutions Act of 2010)이라는 부제를 달고 있다. 이 법 제정 당시 미국 가계의 1/4이 은행 접근이 '어렵거나'(unbanked) 또는 '충분하지 못한'(underbanked) 것으로 나타나고 있었다. 이로 인해 이 가계들은 비전통적 금융(non-traditional financing), 특히 약탈적 금융(predatory financial products and services)에 의존할 수밖에 없는 처지에 놓여 있었다.[1] 이러한 배경에서 이 법은 주류 금융기관 이용이 어려운 미국인들을 위한 금융상품과 서비스의 제공을 촉진하기 위한 목적으로 제정되었다.[2]

금융기관 접근성 제고법 제정 이전에 고금리 소액대출의 대표적인 것으로

---

1 S. Rep. No.111-176, p.184, CCH(2010), p.563에서 재인용.
2 도드프랭크법 제1202조.

페이데이론^{pay-day loan}이 있다. 페이데이론은 차입자의 차기 급여일(next payday)에 만기가 돌아오는 소액·단기·무담보 대출(small, shor-term, unsecured loan)을 말한다.

페이데이론은 주류 금융기관의 외곽에서 주로 소매상점을 통해 취급되었으며, 전형적인 약탈적 대출행위(predatory loans)의 일종으로 간주되었다. 약탈적 대출행위란 대출기관이 소비자의 신용도(credit history)보다는 인종(race), 국적(national origin) 등에 기초하여 터무니없는 고금리를 부과하거나, 고객의 상환능력을 넘어서는 대출금액을 알고서(knowingly) 대출하거나, 또는 불필요하거나 근거 없는 서비스에 높은 수수료를 부과하는 행위를 의미한다. 페이데이론 대출기관은 종종 연간 400%가 넘는 고금리를 부과하였으며, 정치권 및 소비자보호기구로부터 엄중한 비판을 받아왔다.

이러한 배경에서 도드프랭크법 제12편(IAMFIA)은 저·중위 소득층(low-medium-income individuals)의 주류 금융기관 이용과 접근을 용이하게 하기 위해 세 가지 프로그램을 도입하였다. 즉, 주류 금융기관의 접근성 확대(Expanded Access to Mainstream Financial Institutions), 저금리 소액대출의 개발 및 제공(Low Cost Alternatives to Small-Dollar Loans), 대손준비금 설치를 위한 보조금(Grants to Establish Loan-Loss Reserve)이 그것이다. 도드프랭크법 제12편은 페이데이론 등 고금리 대출을 직접적으로 금지하기보다는 이러한 인센티브 프로그램을 통해 저금리 소액대출의 활성화를 유도하는 점에서 특징을 가진다.

첫째, 재무부 장관은 저·중위 소득층이 연방부보 예금기관에 계좌(accounts)를 개설하거나, 합리적인 조건으로 거래하는 것을 돕기 위한 인센티브 프로그램(보조금, 협력 협약, 대리인 계약 등)을 개발·운영할 권한을 가진다.[3]

---

3 도드프랭크법 제1204조.

동 프로그램에 참여하는 금융기관(Eligible Entities)은 저·중위 소득층을 대상으로 소액대출, 금융교육 등의 서비스를 제공할 수 있다.

둘째, 재무부 장관은 금융기관이 고금리 소액대출(costly small dollar loans)을 저금리 소액대출로 대체하도록 유도하기 위한 인센티브 프로그램(보조금, 협력 협약, 대리인 계약 등)을 개발·운영할 권한을 가진다.[4] 동 프로그램에 의한 소액대출은 합리적인 조건(reasonable terms and conditions)으로 이루어져야 한다. 도드프랭크법은 '합리적'의 구체적인 의미를 제시하지는 않았다. 동 프로그램에 참여하는 금융기관(Eligible Entities)은 소액대출을 받는 소비자를 대상으로 금융교육의 기회를 제공하여야 한다.

셋째, 지역개발 은행 및 금융기관법(The Community Development Banking and Financial Institutions Act of 1994)에 제122조(대손준비금 설치를 위한 보조금)를 새로이 추가하여 금융기관의 소액대출을 장려하기 위한 제도적 장치를 마련하였다.[5] 즉 금융기관으로 하여금 일정 조건을 충족하는 소액대출(대출금액 2,500달러 이내, 분할납부, 조기상환 벌과금 미부과 등)의 대손보전을 위한 준비금(loan-loss reserve fund)을 설치토록 하고, 지역개발 금융기관 펀드(Community Development Financial Institutions Fund, 이하 펀드)의 자금으로 동 준비금의 50% 한도 이내에서 보조금을 지급할 수 있도록 하였다. 동 펀드로부터 받은 보조금은 직접적인 대출재원으로 사용되어서는 안 되며, 부실대출의 보전을 위해서만 사용되어야 한다.

도드프랭크법이 이 제도를 도입한 것은 금융기관들이 소액대출과 관련된 최대의 위험요인으로서 대출부실화에 따른 대손비용을 지적한 데 따른 것이

---

4 도드프랭크법 제1205조.

5 도드프랭크법 제1206조.

다. 이 제도는 금융기관의 대손준비금에 보조금을 지급함으로써 소액대출 프로그램 운영에 따른 비용을 경감시켜주는 것을 목적으로 한다.

II

공적자금의 회수

상원의원 마이클 베넷Michael Bennet의 제안으로 제정된 도드프랭크법 제13편은 공적자금회수법(Pay It Back Act)이라는 부제를 달고 있다. 베넷 의원은 "이 법은 미국 금융시스템의 신뢰를 회복하고, ……부실자산 구제프로그램(TARP : Troubled Asset Relief Program)을 종식시키며, ……금융기관에 투자된 납세자 자금을 회수하여 재정적자 축소에 사용"되도록 하는 데 그 목적이 있음을 밝혔다.[6] 당시 상원 은행위원회 위원장이던 크리스 도드Chris Dodd 의원도 "이 법의 내용이 매우 중요하다."고 언급한 바 있다.[7]

공적자금회수법의 주요 내용은 다음 세 가지이다. 우선, 긴급경제안정화법(EESA : Emergency Economic Stabilization Act of 2008) 제115조(a)를 개정하여 TARP 규모를 7,000억 달러에서 4,750억 달러로 축소하였다.[8] EESA는 재무

---

6 Cong. Rec.(May 11), S3512, CCH(2010), p.569에서 재인용.
7 Cong. Rec.(May 11), S3513, CCH(2010), p.569에서 재인용.
8 도드프랭크법 제1302조.

부 장관에게 7,000억 달러 규모의 TARP를 조성하여 금융기관이 보유한 부실자산(troubled assets)을 매입하거나 보증하는 권한을 부여한 바 있었다. 상원의원 크리스 도드는 4,750억 달러라는 수치는 사실상 TARP를 종식시키는 것이라고 언급하였는데, 당시까지 TARP의 집행금액에 상당하였기 때문이다. 또한 이 법은 2010년 6월 25일 이후로는 TARP 회수금으로 새로운 프로그램에 사용될 수 없다고 규정함으로써 TARP의 종식을 선언하였다.[9] 재무부 장관은 TARP 자금을 회수하여 재무부 일반기금(general fund)에 귀속한 내역을 매 6개월마다 의회에 보고하여야 한다.[10]

둘째, 정부지원업체(GSE)인 패니메Fannie Mae, 프레디맥Freddie Mac, 연방주택대출은행(Federal Home Loan Banks) 등에 투입되었던 공적자금의 회수금(proceeds)과 이들 업체로부터 받는 수수료 등은 재무부의 일반기금에 귀속시켜 오로지 재정적자 감축(deficit reduction)의 목적으로만 사용되도록 하고, 다른 용도로는 사용될 수 없도록 하였다.[11]

마지막으로, 미국 갱생 및 재투자법(ARRA : American Recovery and Reinvestment Act of 2009)의 일련의 조항을 개정하여 2012년 12월 31일까지 사용되지 않은 자금(unused fund)을 재무부의 일반기금으로 환수하여 재정적자 감축에 사용되도록 하였다.[12] ARRA는 미국 경제의 회복을 촉진하기 위한 목적으로 8,310억 달러 규모의 기금을 조성토록 하였는데, 2012년 12월 말까지 사용되지 않은 자금은 경제성장 촉진의 목적으로 사용된다고 볼 수 없다는 것이 그 이유였다.

---

9 도드프랭크법 제1302조.
10 도드프랭크법 제1303조.
11 도드프랭크법 제1304조.
12 도드프랭크법 제1306조.

부실자산 구제프로그램(TARP) 개요

TARP는 은행지원프로그램(Bank Support Programs), 신용시장지원프로그램(Credit Market Programs), 기타 투자프로그램(Other Programs), 주택지원프로그램(Housing Programs) 등 4개 부분으로 구성되어 있다. 2017년 6월 1일 현재 4,371억 달러가 집행되어 3,764억 달러가 회수되었다.

(2017.6.1 현재, 단위: 10억 달러)

TARP	약정액	실제 지출액	상환액	손실인식 대손상각	잔액
Bank Support Programs	250.5	245.1	239.8	5.2	0.16
Credit Market Programs	19.1	19.1	19.1	-	-
Other Programs	147.5	147.5	117.5	30.1	-
Housing Programs	37.5	25.4	-	-	-
계	454.6	437.1	376.4	35.3	0.16

자료: 미 재무부(Monthly TARP Update)

약어표

주요 기관

- ABA American Bankers Association 미국은행협회
- CFPB Consumer Financial Protection Bureau 소비자금융보호청
- CFTC Commodity Futures Trading Commission 상품선물거래위원회
- FASB Financial Accounting Standards Board 재무회계기준위원회
- FCIC Financial Crisis Inquiry Committee 금융위기조사위원회
- FDIC Federal Deposit Insurance Corporation 예금보험공사
- Fed(Board of Governors of the Federal Reserve System) 연준(연방준비제도이사회)
- FHFA Federal Housing Finance Agency 연방주택금융청
- FINRA Financal Industry Regulatory Authority
- FIO Federal Insurance Office 연방보험국
- FSB Financial Stability Board 금융안정위원회
- FSOC Financial Stability Oversight Council 금융안정감시위원회
- FTC Federal Trade Commission 연방거래위원회
- GAO Government Accountability Office 회계감사원
- HUD Department of Housing and Urban Development 주택도시개발부
- IAIS International Association of Insurance Supervisors 국제보험감독자협의회
- IMF International Monetary Fund 국제통화기금
- ISDA International Swaps and Derivatives Association 국제스왑파생상품협회
- IOSCO International Organization of Securities Commissions, 국제증권감독기구
- MSRB Municipal Securities Rulemaking Board, 지방채규제위원회
- NAIC National Association of Insurance Commissioners 전미보험감독자협의회
- NCUA National Credit Union Administration 전미신협감독청

- NFA National Futures Association 전미선물업협회
- OCC Office of the Comptroller of the Currency 통화감독청
- OFR Office of Financial Research 금융조사국
- OMB Office of Management and Budget 행정관리예산국
- OTS Office of Thrift Supervision 저축기관감독청
- PCAOB Public Company Accounting Oversight Board 상장회사회계감시위원회
- SEC Securities and Exchange Commission 증권거래위원회
- SIFMA Securities Industry and Financial Markets Association 증권업 및 금융시장협회
- SIPC Securities Investor Protection Corporation 증권투자자보호공사
- SRO Self-Regulatory Organizations 자율규제기관

주요 용어

- BHC Bank Holding Company 은행지주회사
- BHCA Bank Holding Company Act 은행지주회사법
- CCAR Comprehensive Capital Analysis and Review 종합자본적정성평가
- CDS Credit Default Swap 신용부도스왑
- CEA Commodity Exchange Act 상품거래법
- CFMA Commodity Futures Modernization Act 상품선물현대화법
- DCM Deginated Contract Market 지정계약시장
- DCO Derivatives Clearing Organization 파생상품청산소
- FMU Financial Market Utilities 금융시장기구
- FHC Financial Holding Company 금융지주회사
- GLBA Gramm-Leach-Bliley Act 그램리치블라일리법(금융시장현대화법)
- G-SIB Global Systematically Important Bank 글로벌 시스템적으로 중요한 은행
- MSP Major Swap Participant 주요스왑참가자
- MSBSP Major Security-based Swap Participant 주요증권기초스왑참가자
- NCCD non-centrally cleared derivatives 비청산 거래
- OLA Orderly Liquidation Authority 특별정리제도
- PCS Payment, Clearing and Settlement 지급·청산·결제
- PSLRA Private Securities Litigation Reform Act 사적증권소송개혁법
- PWG President''s Working Group on Financial Markets 대통령 직속 금융시장대책반

- SEF Swap Execution Facility 스왑실행기구
- SIFI Systemically Important Financial Institutions 시스템적으로 중요한 금융회사
- SIFMU Systemically Important FMU 시스템적으로 중요한 금융시장기구
- SIPCS Systemically Important Payment, Clearing and Settlement 시스템적으로 중요한 지급·청산·결제
- TARP Troubled Asset Relief Program 부실자산 구제프로그램

참고문헌

1. 국내 문헌

- 강경훈·이건범·정신동, 2017, "영국 거시건전성 감독체계의 작동 원리와 정책적 시사점", 금융안정연구, 예금보험공사, 12월
- 권태웅, 2007, "미국의 입법절차와 사법심사", 법제자료, 법제처, 11월
- 김범준, 2009, "글로벌 금융경색 이후 미국 연방의회의 헤지펀드규제를 위한 입법동향", 해외법제뉴스
- 김자봉, 2008, "위기시 지주회사의 유동성 공급자 기능과 시사점", 주간 금융브리프 17권 42호, 금융연구원 2008.10.25~10.31
- 김홍범, 2016, "한국의 거시건전성정책체계 설계: 2-단계 최소접근법", 금융연구 Vol. 30, No.4, 12월
- 금융위원회, 2014, "BCBS,「거액익스포져(Large Exposure) 규제체계」발표", 보도참고자료, 4월 16일
- 박재연, 2009, 미국 증권법, 박영사
- 박재우·김성환, 2017, "글로벌 헤지펀드 산업분석 연중 성과 요인과 지속성 검토" 리서치센터, 신한금융투자, 9월 26일
- 박정훈, 2013, "미국의 내부공익신고자보호법제", 경희법학 제48권 제4호
- 박창현, 2010, 금융위기 이후 미 연준의 위상과 관련된 주요 논의내용, 한은조사연구 2010-2, ISSN: 2092-4836
- 벤 버냉키(Ben S. Bernanke), 2015, 행동하는 용기, 안세민 옮김, 까치
- 배성현, 2016, 한국법과 미국법 무엇이 다를까?, American Business Law Series 제5권, 파랑새미디어
- 석명철, 2001, 미국증권관계법 - 미국의 시장원리와 그 운용-, 박영사
- 성승제, 2004, "임원보수의 공시-미-국의공시제도를 중심으로", 한양법학 제6집

- 손진상, 1990, "미국 행정절차법상 재결절차", 월간법제 1990권 7호, , 법제처
- 송종준, 2006, "미국의 헤지펀드 규제와 법적 시사점",「증권법 연구」, 제7권 제1호
- 실라 베어(Sheila Bair), 2016, *정면돌파*, 서정아 및 예금보험공사 번역, 알에이치코리아
- 안수현, 2002, "미국증권법상의 감독자책임", 서울대학교 법학 제43권 제1호: 436~464
- 유재수, 2015, *다모클레스의 칼*, 삼성경제연구소
- 윤석헌·고동원·빈기범·양채열·원승연·전성인, 2013, "금융감독체계 개편: 어떻게 할 것인가?", 한국금융연구원, 금융연구 27권3호
- 임재연, 2009, *미국 증권법*, 박영사
- 임형석, 2014, "금융회사 회생·정리계획 국제논의와 시사점", 금융연구원, 8월
- 정신동, 2015, "은행 자기자본 규제제도의 유효성에 관한 문헌연구", 금융안정연구, 12월
- 정신동, 2011, *바젤III와 글로벌 금융규제의 개혁*, 선출판사

2. 해외 문헌

- ABA(American Bankers Association), 2015, "ABA Survey: Regulatory Burden Limiting Bank Products and Services", Press Release, July 30
- ABA(American Bankers Association), "The Volker Rule: Islands of Permission in a Sea of Prohibition", April 2017
- Acharya, V.V, Cooley, T.F., Richardson, M.P., & Walter, I., 2011, *Regulating Wall Street: The Dodd-Frank Act and the New Architecture of Global Finance*, New Jersey: Wiley & Son Inc.
- Ackerman, Andrew and Yuka Hayashi, 2017, "Congress Makes It Harder to Sue the Financial Industry", The Wall Street Journal, October 24
- Adams, Stephen, 2013, "Derivatives Safe Harbors in Bankruptcy and Dodd-Frank: A Structural Analysis", April 30
- Ashworth II, Luther R., 2013, "Is Hedge Fund Adviser Registration Necessary to Accomplish the Goals of the Dodd-Frank Act's Title IV?", Washington and Lee Law Review Volume 70 Issue 1 Article 9
- Atkins, Paul S., & Bradley J. Bondi, 2008, "Evaluating the Mission: A Critical Review of the History and Evolution of the SEC Enforcement Program", Fordham Journal of

Corporate & Financial Law Volume 13, Issue 3, Article 1
- Atkinson, Tyler, David Luttrell and Harvey Rosenblum, 2013, "How bad was it? The costs and consequences of the 2007-09 financial crisis," Staff Papers issue No. 20, Dallas Fed, July
- Baily, Martin Neil, Aaron Klein, and Justin Schardin, 2017, "The Impact of the Dodd-Frank Act on Financial Stability and Economic Growth", The Russell Sage Foundation Journal of the Social Sciences Volume 3 Issue 1, January
- Bao, Jack, Maureen O'Hara, and Alex Zhou, 2016, "The Volcker Rule and Market-Making in Times of Stress", Finance and Economics Discussion Series 2016-102, Divisions of Research & Statistics and Monetary Affairs, Federal Reserve Board, Washington, D.C.
- Baradaran, Mehrsa, 2012, "Reconsidering the Separation of Banking and Commerce", The Georgewashington Law Review Vol. 80 No. 2, February
- Barkow, Rachel E., 2010, "Insulating Agencies: Avoiding Capture Through Institutional Design", Public Law & Legal Theory Research Paper Series Working Paper No. 10-82, December
- Barth, James R. and Tong Li, 2011, "Industrial Loan Companies Supporting America's Financial System", Milken Institute, April
- Bair, Sheila C., 2004, "Consumer Ramifications of an Optional Federal Charter for Life Insurers", A Report by the University of Massachusetts Isenberg School of Management
- Bair, Shelia C. 2010, "Statement on the Causes and Current State of the Financial Crisis before the Financial Crisis Inquiry Commission; Room 1100, Longworth House Office Building," January 14
- Belvedere, Matthew J., 2016, "Ex-Fed Chairman Greenspan sees sluggish growth ahead, with signs of inflation", CNBC, November 10
- Berkovitz, Dan M., 2009, "Position Limits and the Hedge Exemption, Brief Legislative History", July 28
- Bernanke, Ben S., 2017, "Why Dodd-Frank's orderly liquidation authority should be preserved", Brookings, February 28
- Blake, David, 2008, "Greenspan's sins return to haunt us", FINANCIAL TIMES, September 19
- Blundell-Wignall, Adrian and Caroline Roulet, "Business Models of Banks, Leverage,

and the Distance-to-Default", OECD Journal Financial Market Trends No. 103, January
- Bradley, Christine M., 2000, "A Historical Perspective on Deposit Insurance Coverage", FDIC Banking Review Volume 13, No. 2
- Brinsley, John and Anthony Massucci, 2008, "Volcker Says Fed's Bear Loan Stretches Legal Power", Bloomberg News, April 9
- Buffet, Warren, 2003, "Letter from Warren Buffett, Chairman of the Board, Berkshire Hathaway Inc., to Shareholders", Feb. 21
- Cane, Marilyn B, Adam Shamir, and Tomas Jodar, 2012, "Below Investment Grade and above the Law: A Past, Present and Future Look at the Accountability of Credit Rating Agencies", 17 Fordham J. Corp. & Fin. L. 1063
- Calabria, Mark A., 2016, "Title IX Subtitle D and Title XIV: Likely to Increase Cost of Mortgage Credit and Increase Foreclosures", in *The Case Against Dodd-Frank: How the "Consumer Protection" Law Endangers Americans*, edited by Norbert J. Michel, The Heritage Foundation
- Carpenter, David, H., 2014, "The Consumer Financial Protection Bureau(CFPB): A Legal Analysis", Congressional Research Service, January 14
- Castranova, Michael C., 2013, "On Topic: Joseph Kennedy outfoxes the foxes as first SEC head" Gasette, Jan 13
- CCH, 2010, *Dodd-Frank Wall Street Reform and Consumer protection Act*, Attorney-Editor Staff
- Center for Capital Markets, 2015, "Examining U.S. Securities and Exchange Commission Enforcement: Recommendations on Current Processes and Practices", July
- Cornaggia, Kimberly J. and Han Xia, 2014, "Revolving Doors on Wall Street", http://papers.ssrn.com/sol3/papers.cfm?abstract_id=2150998 (2016.10.31 방문)
- Cox, Jeff, 2017, "House passes Choice Act that would gut Dodd-Frank banking reforms", CNBC, June 8
- Curry, T., 2005, "Statement on Basel II: Capital Changes in the US Banking System and the Results of the Impact Study," House of Representatives Hearing, May 11
- Davies, Howard, 2017, "Financial deregulation: will the US really go back to a pre-crisis free-for-all", The Guardian, August 24
- Davis Polk, 2016, "Dodd-Frank Progress Report", July 19
- DiMauro, Julle, 2017, "Deregulation in US financial services", Thomson Reuters, June 28

- Dixon, Kim, & Karey Wutkowski, 2010, "Volcker: Proprietary Trading not central to crisis", REUTERS, Mar. 30
- Dugan, John C., Peter R. Fisher, and Cantwell F. Muckenfuss III., 2014, "Responding to Systemic Risk: Restoring the Balance." Washington, DC: Bipartisan Policy Center, September
- Dunn, Gibson, 2010, "Repeal of Credit Ratings Agency Exemption From Regulation FD", October 11
- Edwards, Haley Sweetland, 2014, "Why It Matters That Congress Just Swapped The Bank Swap Rule", Time, Dec 12
- ESMA(European Securities and Markets Authority), 2011, "ESMA's draft technical advice to the European Commission on possible implementing measures of the Alternative Investment Fund Managers Directive", July
- FCIC(The Financial Crisis Inquiry Commission), 2011, *The Financial Crisis Inquiry Report*, Official Government Edition, Books Express Publishing, January
- Festa, Elizabeth D. and Arthur D. Postal, 2012, "Insurers Face New Regulation from Federal Reserve," LifeHealthPro.com, May 2
- Fleming, Rick A., 2016, "Examining the Dodd-Frank Act and the Future of Financial Regulation", Keynote Address, University of Maryland, Robert H. Smith School of Business Center for Financial Policy, Nov. 16
- Flood, Mark D., 2015, "Gauging Form PF: Data Tolerances in Regulatory Reporting on Hedge Fund Risk Exposures", Office of Financial Research, Working Paper, 15-13, July 30
- Francis, Theo, 2008, "SEC's Cox Catches Blame for Financial Crisis", Bloomberg, September 19
- FSA(Financial Services Authority), 2011, "Assessing the Possible Sources of Systemic Risk from Hedge Funds: A Report on the Findings of the Hedge Fund Survey and the Hedge Fund as Counterparty Survey", July
- Gayer, Ted, Robert Litan, and Philip Wallach, 2017, "Evaluating the Trump Administration's Regulatory Reform Program", The Brookings Institution, October
- Goodman, Lawrence, 2015, "Liquidity Shortage: Houston, We Have a Problem", CENTER FOR FINANCIAL STABILITY, February 25
- Goodman, Peter S., 2008, "Taking Hard New Look at a Greenspan Legacy", The New York Times, Oct. 8

- Graham, Ann 2010, "The Consumer Financial Protection Agency: Love It or Hate It, U.S. Financial Regulation Needs It", Villanova Law Review, Vol. 55
- Greenlee, Mark B., 2008, "Historical Review of 'Umbrella Supervision' by the Board of Governors of the Federal Reserve System", Federal Reserve of Cleveland, WP 08-07
- Greenspan, Alan, 1998, "The Regulation of OTC Derivatives", prepared testimony before the House Committee on Banking and Financial Services, 105th Cong. 2nd sess. July 24
- Grind, Kirsten and Emily Glazer, 2016, "Nuns With Guns: The Strange Day-to-Day Struggles Between Bankers and Regulators", Wall Street Journal, Updated May 30
- Guida, Victoria and Zachary Marmbrodt, 2017, "Trump's Treasury puts consumer watchdog in crosshairs", Politico, June 12
- Hamilton, Jesse and Elizabeth Dexheimer, 2016, "Trump's Transition Team Pledges to Dismantle Dodd-Frank Act", Bloomberg, November 10
- Harvard Law Review, 2013, "The SEC Is Not an Independent Agency", Note Vol 126, No 3, Jan. 22
- Hensarling, Jeb, 2016, "Remarks of Chairman Jeb Hensarling to the Economic Club of New York," June 7
- Hoenig, Thomas M., 2017, "A Market-Based Proposal for Regulatory Relief and Accountability", Presented to the Institute of International Bankers Annual Washington Conference, March 15
- Howell, Chad, 2012, "Back to the Future: Applying the Collateral Bars of Section 925 of the Dodd-Frank Act to Previous Bad Acts", 7 J. Bus. & Tech. L. 285
- Investors' Working Group, 2009, "U.S. Financial Regulatory Reform: The Investors' Perspective", July
- Jaworski, Robert M., 2010, "Back to the Future with the Mortgage Reform and Anti-Predatory Lending Act", LexisNexis, 2010 Emerging Issues 5346, October 6
- Jones, Lynton, 2009, "Current Issues Affecting the OTC Derivatives: Market and its Importance to London", City of London
- Jorion, Philippe, Zhu Liu, and Charles Shi, 2004, "Informational Effects of Regulation FD: Evidence from Rating Agencies", March
- Kupiec, Paul H., 2016, "Title II: Is Orderly Liquidation Authority Necessary to Fix Too Big to Fail?", Chapter 4, *The Case Against Dodd-Frank: How the "Consumer Protection" Law Endangers Americans*, Edited by Norbert J. Michel, The Heritage

Foundation

- Kupiec, Paul and Peter Wallison, 2015, "Can the 'Single Point of Entry' Strategy Be Used to Recapitalize a Systemically Important Failing Bank?" *Journal of Financial Stability* Vol. 20
- Law Librarians' Society of Washington, D.C., "Dodd-Frank Wall Street Reform and Consumer Financial Protection Act: A Brief Legislative History with Links, Reports and Summaries", 홈페이지
- Lee, Paul L., 2012, "The Source-of Strength Doctrine Revered and Revisited-Part II", The Banking Law Journal Vol. 129, No. 10, November/December
- Lee, Paul L., 2016, "The Case Against Repealing Title II of the Dodd-Frank Act", The CLA Blue Sky Blog, December 12
- Lev, Ori & Christopher E. Shelton, 2016, "The Extra A in UDAAP: An Analysis of the CFPB's Abusiveness Claims", K&L Gates Legal Insight, February 25
- Levine, Gregg, 2014, "Cramming the CRomnibus: Rushed spending bill creates systemic moral hazard", Al Jazeera America, Dec. 15
- Levitin, Adam J., 2009, "Hydraulic Regulation: Regulating Credit Markets Upstream", Yale Journal on Regulation 143
- Levitin, Adam J., 2012-2013, "The Consumer Financial Protection Bureau: An Introduction", Review of Banking & Financial Law Vol. 32
- Lhabitant, F. S., 2004, *Hedge Funds*, John Wiley & Sons Ltd.
- Liang, Neillie, 2017, "What Treasury's financial regulation report gets right-and where it goes too far", Brookings, June 13
- Loomis, Carol J., 2004, "The Jones that Nobody Keeps Up With", Fortune Magazine, April
- Loomis, Carol J., 2009, "Derivatives: The risk that still won't go away", Fortune, July 6
- LRN-RAND Center for Corporate Ethics, Law, and Governance, 2008, "Investor and Industry Perspectives on Investment Advisers and Broker-Dealers"
- Lublin, Joanne, 2009, "Reimbursements Aim For a Fairer Proxy Fight," Wall Street Journal, October 27
- Karmel, Roberta S., "The Controversy Over Systemic Risk Regulation", Brooklyn Journal of International Law Volume 35 Issue 3, SYMPOSIUM: new Paradigms for Financial Regulation in the United States and the European Union, Article 7
- Katz, Diane, 2013, "Dodd-Frank Mortgage Rules Unleash Predatory Regulators", The

Heritage Foundation, December 16
- Katz, Diane, 2016, "Title X and the Consumer Financial Protection Bureau: Limiting Americans' Credit Choices", in *The Case Against Dodd-Frank: How the "Consumer Protection" Law Endangers Americans*, Edited by Norbert J. Michael, The Heritage Foundation
- Katz, J. 2009, "Credit Rating Agencies: No easy regulatory solutions", Crisis Response Policy Briefs, Public Policy Journals, World Bank, September.
- Knight, Thaya Brook and Mark A. Calabria, 2016, "Revisiting Title IX: Credit-Rating Agencies and Executive Compensation", included in *The Case Against Dodd-Frank: How the "Consumer Protection" Law Endangers Americans*, Edited by Norbert J. Michel, The Heritage Foundation
- Krainer, John, 2000, "The Separation of Banking and Commerce", FRBSF Economic Review
- Kreicher, Lawrence L., Robert N McCauley and Patrick McGuire, "The 2011 FDIC assessment on banks' managed liabilities: interest rate and balance-sheet responses", BIS Working Papers No 413, May
- Makridis, Takis, 2017, "The Destiny of Dodd-Frank's Executive Compensation Provisions (June 2017 Update)", equitymethods, blog post, June 13
- Martin, David and Matthew Franker, 2011, "Rating Agency Regulation After the Dodd-Frank Act: A Mid-Course Review", Insights: The Corporate & Securities Law Advisor, 25(12)
- Martinez, Zixta Q., 2017, "Six years serving you", CFPB 홈페이지, July 21
- MacDonald, Chip and Jordan Schwartz, 2011, "After the OTS-Should Thrifts Convert to Commercial Banks?", Bloomberg Law Reports
- McLannahan, Ben, 2017, "Did Dodd-Frank really hurt the US economy?", Bloomberg, February 13
- McRaith, Michael, 2012, "Remarks by Federal Insurance Office Director Michael McRaith at Property/Casualty Insurance Joint Industry Forum", U.S. Department of the Treasury, Press Release, January 10
- Medley, Bill, 1994, "Riegle-Neal Interstate Banking and Branching Efficiency Act of 1994", Federal Reserve Bank of Kansas City, September
- Merle, Renae, 2017, "Senate lawmakers strike deal to free dozens of large banks from rigorous post-crisis rules", The Washington Post, November 13

- Michel, Norbert, 2014, "Dodd-Frank's Expansion of Fed Power: A Historical Perspective" Cato Journal Vol. 34, No. 3, Fall
- Murdock, Charles W., 2010, "Why Not Tell the Truth?: Deceptive Practices and the Economic Meltdown," Loyola University Chicago Law Journal Volume 41 Issue 4, Summer
- Norris, Floyd, 2013, "Mortgages Without Risk, at Least for the Banks", The New York Times, NOV. 28
- Omarova, Saule T., and Margaret E. Tahyar, 2011-2012, "That which we call a bank: Revisiting the history of bank holding company regulation in the United States", Review of Banking & Financial Law Vol. 31
- Oren Bar-Gill & Elizabeth Warren, 2008, "Making Credit Safer", 157 U. Penn. L. Rev., May 31
- Paletta, Damian, 2017, "Trump administration calls for scaling back post-crisis financial regulations", The Washington Post, June 12
- Pascalis, De Francesco, 2016, "Reducing regulatory reliance on credit ratings to address investors' over-reliance: some thoughts in light of the US experience", Capital Markets Law Journal Vol. 11. No. 4, September 19
- Peirce, Hester, 2016, "Title V and the Creeping Federalization of Insurance Regulation", included in *The Case Against Dodd-Frank: How the "Consumer Protection" Law Endangers Americans*, Edited by Norbert J. Michel, The Heritage Foundation
- Phoenix, Ariz, 2002, "The What If's in ABS CDOs", Asset Securitization Report, February 18
- Powell, Jerome H., 2017, "Relationship between Regulation and Economic Growth," statement before the Committee on Banking, Housing, and Urban Affairs, U.S. Senate, June 22
- Preqin, 2015, "2015 Preqin Global Hedge Fund Report", Investors & Gatekeepers, February
- PWG(President's Working Group on Financial Markets), 1999, "Over-the-Counter Derivatives Markets and the Commodity Exchange Act"
- PWG, 1999, "Hedge Funds, Leverage, and Lessons of Long-Term Capital Management"
- Reuters Staff, 2010, "Factbox: How Goldman's ABACUS deal worked", Apr. 16

- Ritholtz, Barry, 2015, "Don't Blame Dodd-Frank for the Slow Recovery", Bloomberg, October 7
- Rivlin, Alice M. and John B. Soroushian, 2017, "Credit rsting agency reform is incomplete", Brookings Institute, March 6
- Roosevelt Institute, 2012, "The Bipartisan Policy Center Gets It Wrong: The Lincoln Amendment is Critical to Financial Reform", November 14
- Rubin, Ronald, 2016, "The Tragic Downfall of the Consumer Financial Protection Bureau", National Review, December 21
- Ryan, Paul, 2017, "Speaker Ryan's Floor Speech on the Financial CHOICE Act", Speaker Ryan Press Office, June 8
- Ryan, Peter, 2014, "How the Federal Reserve Became the De Facto Federal Insurance Regulator," Bipartisan Policy Center, July 30
- Sabry, Faten, & Chudozie Okongwu, 2009, "Securitization Forum, Study of the Impact of Securitization on Consumers, Investors, Financial Institutions and the Capital Markets" American Securitization Forum, NERA Econ. Consultation, June 17
- Schroeder, Pete, 2017, "Banks spent record amounts on lobbying in recent election", Reuters, March 8
- Schroeder, Pete, 2017, "Update 1-Regulators must focus on risks, not specific firms - U.S. Treasury", Reuters, November 17
- Schroeder, Pete, and Lisa Lambert, 2017, "U.S. Treasury unveils financial reforms, critics attack", Reuters, June 12
- Schuur, Nathan R., 2015, "Fraud is Already Illegal: Section 621 of the Dodd-Frank Act in the Context of the Securities Laws", University of Michigan Journal of Law Reform Vol 48 Issue 2
- Shorter, Gary, 2013, "The 'Pay Ratio Provision' in the Dodd-Frank Act: Legristration to Repeal It in the 113th Congress", Congressional Research Service, October 28
- Sjostrom, Jr., and William K., 2011, "A brief history of hedge fund adviser registration and its consequences for private equity and venture capital advisers", Harvard Business Law Review Online Volume 1
- Soergel, Andrew, 2017, "House Passes Financial Choice Act", U.S. News, June 8
- Soroushian, John, 2016, "Credit Ratings in Financial Regulation: What's Changed Since the Dodd-Frank Act?", Office of Financial Research, Brief Series, 16-04, April 21

- Stephen, Labton, 1999, "Congress Passes Wide Ranging Bill Easing Bank Laws", N.Y. Times, Nov. 5
- Stewart, James B., 2011, "Volcker Rule, Once Simple, Now Boggles." New York Times, October 21
- Sullivan & Cromwell LLP, 2011, "Security-Based Swap Execution Facilities: SEC Proposes Rules on Registration of Security-Based Swap Execution Facilities", March 21
- Tarullo, Daniel K., 2014, "Stress Testing after Five Years", Remarks at the Federal Reserve Third Annual Stress Test Modeling Symposium, Federal Reserve, June 15
- Taylor, John, 2013, "Who is Too Big to Fail: Does Title II of the Dodd-Frank Act Enshrine Taxpayer-Funded Bailouts?" Hearing Before the Subcomm. on Oversight and Investigations of the H. Comm. on Financial Services, 113th Cong.
- Tormey, Thomas A., 1997, "A Derivatives Dilemma: The Treasury Amendment Controversy and the Regulatory Status of Foreign Currency Options", Fordham Law Review Vol. 65, No. 5
- Tuckman, Bruce, 2015, "In defense of Derivatives: From Beer to the Financial Crisis", Policy Analysis Number 781, Cato Institute, September 29
- Verret, J. W., 2013, "Review: Is Hedge Fund Registration Necessary?," 70 Wash. & Lee L. Rev. 705
- Verret, J. W., 2016, "Revisiting Title IV: Why Mandatory SEC Registration for Hedge-Fund Advisers Is Not Necessary," in *The Case Against Dodd-Frank: How the "Consumer Protection" Law Endangers Americans*, edited by Norbert J. Michel, The Heritage Foundation
- Volcker, Paul, 2013, "The Fed & Big Banking at the Crossroads", The New York Review of Books, August 15
- Wall, Larry D., 2015, "The change in the FDIC Assessment Base", Notes from the Vault, March
- Wallison, Peter J., 2016, "Why Large Portions of the Dodd-Frank Act Should Be Repealed or Replaced", in *The Case Against Dodd-Frank: How the "Consumer Protection" Law Endangers Americans*, edited by Norbert J. Michel, The Heritage Foundation
- Walker F. Todd, 1993, "The Evolving Legal Framework for Financial Services", 13 CATO Journal Vol. 13 No. 2, Fall

- Wall Street Watch, 2009, "Sold Out: How Wall Street and Washington Betrayed America", March
- Wallach, Philip A. 2015, "To The Edge: Legality, Legitimacy, and the Responses to the 2008 Financial Crisis," Brookings Institution Press, April 21
- Wallison, Peter J., 2016, "Title 1 and the Financial Stability Oversight Council, Chapter 3", in *The Case Against Dodd-Frank: How the "Consumer Protection" Law Endangers Americans*, edited by Norbert J. Michel, The Heritage Foundation
- Warren, Elizabeth, 2007, "Unsafe at Any Rate", DEMOCRACY, Summer
- Worstall, Tim, 2016, "Excellent News: Top CEOs Make 335 Times The Average American Worker", Forbes, May 17
- Wickersham, Cadwalader & Taft LLP, 2010, "The Lincoln Amendment: Banks, Swap Dealers, National Treatment and the Future of the Amendment", Dec. 14
- Yellen, Janet L., 2017, "Financial Stability a Decade after the Onset of the Crisis", Remarks At "Fostering a Dynamic Global Recovery", A Symposium Sponsored By The Federal Reserve Bank of Kansas City, Jackson Hole, Wyoming, August 25

3. 미 감독기관, 정부 및 의회 기관, 국제기구

[Consumer Finance Protection Bureau]
- CFPB, 2013, "Ability-to-Repay and Qualified Mortgage Standards under the Truth in Lending Act", Final Rule, January 10
- CFPB, 2013, "High-Cost Mortgage and Homeownership Counseling Amendments to the Truth in Lending Act(Regulation Z) and Homeownership Counseling Amendments to the Real Estate Settlement Procedures Act(Regulation X)", Final Rule, Federal Register Vol. 78, No. 21, January 31
- CFPB, 2013, "Loan Originator Compensation Requirements Under the Truth in Lending Act(Regulation Z)" Final Rule, Federal Register Vol. 78, No. 32, February 15
- CFPB, 2013, "Integrated Mortgage Disclosure Rule Under the Real Estate Settlement Procedures Act(Regulation X) and the Truth in Lending Act(Regulation Z)", Final Rule, Federal Register, Vol. 78, No. 251, December 31
- CFPB, 2015, "Consumer Financial Protection Safety and Soundness Improvement Act", February

- CFPB, 2015, "Home Mortgage Disclosure(Regulation C)", Final Rule, Federal Register, Vol. 80, No. 208, October 28
- CFPB, 2015, "Financial Report of the Consumer Financial Protection Bureau, Fiscal year 2015", November 16
- CFPB, 2016, "Policy on No Action Letters", Final Policy Statement, 81 Fed. Reg. 8686, Feb. 22
- CFPB, 2016, "Financial Report of the Consumer Financial Protection Bureau, Fiscal year 2016", November 15
- CFPB, 2017, "Consumer Response Annual Report", March
- CFPB, 2017, "Arbitration Agreements", Final Rule, Federal Register Vol. 82, No. 137, July 19
- CFPB, 2017, "Financial Report of the Consumer Financial Protection Bureau, Fiscal year 2017", November 15

[Commodities Futures Trading Commission]
- CFTC, 1990, "Statutory Interpretation Concerning Forward Transactions"("Brent Interpretation"), 55 FR 39188, September 25
- CFTC, 1998, "Over-the-Counter Derivatives", Concept Release, Federal Register Vol. 63, No. 91, May 12
- CFTC, 2011, "Process for Review of Swaps for Mandatory Clearing", Final rule, Federal Register, Volume 76, Issue 143, July 26
- CFTC, 2011, "Derivatives Clearing Organization General Provisions and Core Principles", Federal Register, Vol. 76, No. 216, November 8
- CFTC, 2011, "Position Limits for Futures and Swaps", Final Rule, Federal Register Vol. 76, No. 223, November 18
- CFTC, 2012, "Real-Time Public Reporting of Swap Transaction Data", Final rule, Federal Register Vol. 77, No. 5, January 9
- CFTC, 2012, "Business Conduct Standards for Swap Dealers and Major Swap Participants With Counterparties", Final Rule, Federal Register Vol. 77, No. 33, February 17
- CFTC, 2012, "Core Principles and Other Requirements for Designated Contract Markets", Final Rule, Federal Register, Vol 77, No. 118, June 19
- CFTC, 2012, "End-User Exception to the Clearing Requirement for Swaps", Final

Rule, 17 C.F.R. Part 39, Federal Register Vol. 77, No. 139, July 19
- CFTC, 2012, "Clearing Requirement Determination Under Section 2(h) of the CEA", Final Rule, Federal Register, Volume 77, Issue 240, December 13
- CFTC & SEC, 2012, "Further Definition of 'Swap', 'Security-Based Swap', and 'Security-Based Swap Agreement'; Mixed Swaps; Security-Based Swap Agreement Recordkeeping", Federal Register Vol 7, No 156, August 13
- CFTC, 2013, "Core Principles and Other Requirements for Swap Execution Facilities", June 4
- CFTC, 2013, "Process for a Designated Contract Market or Swap Execution Facility To Make a Swap Available to Trade, Swap Transaction Compliance and Implementation Schedule, and Trade Execution Requirement Under the Commodity Exchange Act", Final Rule, Federal Register Vol. 78, No. 107, June 4
- CFTC, 2016, "Margin for Uncleared Swaps for Swap Dealers and Major Swap Participants", Final Rule, Federal Register Vol. 81, No. 3, January 6
- CFTC, 2016, "Capital Requirements of Swap Dealers and Major Swap Parcipants", Proposed Rules", Proposed Rule, Federal Register Vol 81, No. 242, December 16
- CFTC, 2016, "Statement of Commissioner J. Christopher Giancarlo on the Proposed Rule Setting Capital Requirements for Swap Dealers and Major Swap Participants", December 2
- CFTC, 2016, "Position Limits for Derivatives", Reproposal, Federal Register Vol. 81, No. 251, December 30
- CFTC, 2017, "Budget Request: Fiscal Year 2018", May

[Federal Deposit Insurance Corporation]
- FDIC, 2010, "Designated Reserve Ratio", Federal Register Vol. 75, No. 243, December 20
- FDIC, 2011, "Macroeconomic Effects of Risk Retention Requirements", January
- FDIC, 2011, "FDIC Approves Final Rule of Assessments, Dividends, Assessment Base and Large Bank Pricing", February 7
- FDIC, 2012, "Final, Rule, "Resolution plans required for insured depository institutions with $50 bilion or more in total assets", RIN 3064-AD59, January 17
- FDIC, 2013, *Managing the Crisis: The FDIC and RTC Experience, https://www. fdic.gov/bank/historical/managing/history1-08.pd*

- FDIC, 2013, "Resolution of Systemically Important Financial Institutions: The Single Point of Entry Strategy", Federal Register Vol. 78, No. 243, December 18
- FDIC, 2016, "Statement by FDIC Chairman Martin J. Gruenberg on the Federal Deposit Insurance Corporation Notice of Proposed Rulemaking on Incentive-Based Compensation Arrangements", April 26

[Federal Insurance Office]
- Federal Insurance Office, 2013, "How To Modernize And Improve The System Of Insurance Regulation In The United States", December
- Federal Insurance Office, 2016, "Report On The Overall Effectiveness Of The Terrorism Risk Insurance Program", June
- Federal Insurance Office, 2016, "Annual Report On The Insurance Industry", September

[Board of Governors of the Federal Reserve System]
- Federal Reserve, 2008, "Policy statement on equity investments in banks and bank holding companies(Regulation Y §225.144)", September
- Federal Reserve, 2010, "Report to the Congress on Risk Retention", October
- Federal Reserve, OCC & FDIC, 2011, "Risk-Based Capital Standards: Advanced Capital Adequacy Framework-Basel II; Establishment of a Risk-Based Capital Floor", Federal Register Vol. 76, No. 124, June 28
- Federal Reserve & FDIC, 2011, "Final Rule: Resolution Plans Required", 76 Fed. Reg. 67323, November 1
- Federal Reserve, 2012, "Enhanced Prudential Standards and Early Remediation Requirements for Covered Companies; Proposed Rule", Federal Register Vol 77, No 3, January 5
- Federal Reserve, 2012, "Enhanced Prudential Standards and Early Remediation Requirements for Covered Companies; Proposed Rule", Federal Register Vol 77, No 3, January 5
- Federal Reserve, 2013, "Strategic Framework 2012-15", February
- Federal Reserve, OCC & FDIC, 2013, "Regulatory Capital Rules: Regulatory Capital, Implementation of Basel III, Capital Adequacy, Transition Provisions, Prompt Corrective Action, Standardized Approach for Risk-weighted Assets, Market Discipline

and Disclosure Requirements, Advanced Approaches Risk-Based Capital Rule, and Market Risk Capital Rule", Federal Register Vol. 78, No. 198, October 11
- Federal Reserve, 2014, "Enhanced Prudential Standards for Bank Holding Companies and Foreign Banking Organizations; Final Rule", Federal Register Vol 79, No 59, March 27
- Federal Reserve, OCC & FDIC, 2014, "Regulatory Capital Rules: Regulatory Capital, Revisions to the Supplementary Leverage Ratio", Final Rule, Federal Register Vol. 79, No. 187, September 26
- Federal Reserve, 2014, "Concentration Limits on Large Financial Companies", Federal Register Vol. 79, No. 220, Friday, November 14
- Federal Reserve, 2015, "Statement on court's decision in Starr International Company, Inc. v. the United States", Press Release, June 15
- Federal Reserve, 2015, "Extensions of Credit by Federal Reserve Banks", Final Rule, November
- Federal Reserve, 2016, "Single-Counterparty Credit Limits for Large Banking Organizations; Proposed Rule", Federal Register Vol. 81, No. 51, March 16
- Federal Reserve, 2016, "Capital Requirements for Supervised Institutions Significantly Engaged in Insurance Activities", 81 Fed Reg. 38631, June 14
- Federal Reserve, 2016, "Enhanced Prudential Standards for Systemically Important Insurance Companies", 81 Fed Reg. 38610, June 14
- Federal Reserve, 2016, "Total Loss-Absorbing Capacity, Long-Term Debt, and Clean Holding Company Requirements for Systemically Important U.S. Bank Holding Companies and Intermediate Holding Companies of Systemically Important Foreign Banking Organizations", Final rule, December

[Financial Stability Oversight Council]
- FSOC, 2011, "Study and Recommendations Regarding Concentration Limits on Large Financial Companies", January
- FSOC, 2012, "Authority To Require Supervision andRegulation of Certain Nonbank Financial Companies", Federal Register Vol. 77, No. 70, April 11
- FSOC, 2012, "Financial Stability Oversight Council Makes First Designations in Effort to Protect Against Future Financial Crises", July 18
- FSOC, 2013, "Basis of the Financial Stability Oversight Council's Final

Determination Regarding American International Group, Inc.", July 8
- FSOC, 2013, "Basis for the Financial Stability Oversight Council's Final Determination Regarding Prudential Financial, Inc.", September
- FSOC, 2014, "Basis for the Financial Stability Oversight Council's Final Determination Regarding Metlife, Inc.", December
- FSOC, 2015, "Supplemental Procedures Relating to Nonbank Financial Company Determinations", February 4
- FSOC, 2016, "Basis for the Financial Stability Oversight Council's Rescission of Its Determination Regarding GE Capital Global Holdings, LLC.", June 28
- FSOC, 2017, "Notice and Explanation of the Basis for the Financial Stability Oversight Council's Rescission of Its Determination Regarding American International Group, Inc.", September 29
- FSOC, 2017, "Financial Stability Oversight Council Announces Rescission of Nonbank Financial Company Designation", September 29
- FSOC, 2017, "Member Views on the Basis for the Financial Stability Oversight Council's Rescission of the Determination Regarding American International Group, Inc.", October 2

[Government Accountability Office]
- GAO, 1999, "LONG-TERM CAPITAL MANAGEMENT: Regulators Need to Focus Greater Attention on Systemic Risk", Report to Congressional Requesters, GAO/GGD-00-3, October
- GAO, 2011, "PROPRIETARY TRADING: Regulators Will Need More Comprehensive Information to Fully Monitor Compliance with New Restrictions When Implemented", Report to Congressional Committees, GAO-11-529, July
- GAO, 2011, "Federal Reserve System: Opportunities Exist to Strengthen Policies and Processes for Managing Emergency Assistance," GAO-11-696, July
- GAO, 2012, "CREDIT RATING AGENCIES: Alternative Compensation Models for Nationally Recognized Statistical Rating Organizations", Report to Congressional Committees, GAO-12-240, January
- GAO, 2014, "FINANCIAL STABILITY OVERSIGHT COUNCIL: Further Actions Could Improve the Nonbank Designation Process", GAO-15-51, November
- GAO, 2016, "FINANCIAL REGULATION: Complex and Fragmented Structure

Could Be Streamlined to Improve Effectiveness", Report to Congressional Requesters, GAO-16-175, Febreuary

[Office of the Comptroller of the Currency]
- OCC, 1936, "Purchase of Investment Securities, and Further Defining the Term 'Investment Securities' as Used in Section 5136 of the Revised Statutes as Amended by the 'Banking Act of 1935', Section II", February 15
- OCC et al., 2011, "Incentive-Based Compensation Arrangements", 76 Federal Register, April 14
- OCC, 2013, "Lending Limits", Docket ID OCC-2012-0007, August 15
- OCC & FRS, 2013, "Regulatory Capital Rules: Regulatory Capital, Implementation of Basel III, Capital Adequacy, Transition Provisions, Prompt Corrective Action, Standardized Approach for Risk-weighted Assets, Market Discipline and Disclosure Requirements, Advanced Approaches Risk-Based Capital Rule, and Market Risk Capital Rule", Final Rule, Federal Register Vol. 78, No. 198, October 11
- OCC et al., 2014, "Prohibitions and Restrictions on Proprietary Trading and Certain Interests In, and Relationships With, Hedge Funds and Private Equity Funds", Final Rule, 79 Federal Register, January 31
- OCC et al., 2014, "Credit Risk Retention", Final Rule, 79 Federal Registger, December 24
- OCC et al., 2015, "Margin and Capital Requirements for Covered Swap Entities", Final Rule, Federal Register Vol. 80, No. 229, November 30
- OCC et al., 2016, "Incentive-Based Compensation Arrangements", 81 Federal Register, June 10

[Office of Financial Research]
- OFR, 2013, "Asset Management and Financial Stability", September

[Office of Thrift Supervision]
- OTS, 2007, "OTS Strategic Plan FY 2007~2012", August

[Securities and Exchange Commission]
- SEC, 1977, "Disclosure of Security Ratings", Proposed Rule, 42 Federal Register 58,414, Nov. 9

- SEC, 1982, "Adoption of Integrated Disclosure System", 47 Federal Register 11,380, March 16
- SEC, 1993, "Executive Compensation Disclosure; Securltyholder Lists and Mailing Requests", Final Rule, Release No. 33-7032, November 11
- SEC, 2003, "Final Rule: Definition of Terms in and Specific Exemptions for Banks, Savings Associations, and Savings Banks Under Sections 3(a)(4) and 3(a)(5) of the Securities Exchange Act of 1934", Release No. 34-47364, February 13
- SEC, 2003, "Report on the Role and Function of Credit Rating Agencies in the Operation of the Securities Markets", January
- SEC, 2003, "Concept Release: Rating Agencies and the Use of Credit Ratings under the Federal Securities Laws", RIN 3235-AH28, June 4
- SEC, 2003, "Implications of the Growth of Hedge Funds", Staff Report to the United States Securities and Exchange Commission, September
- SEC, 2004, "Registration Under the Advisers Act of Certain Hedge Fund Advisers", Release No. IA-2333
- SEC, 2004, "Asset Backed Securities", December 22
- SEC, 2006, "Executive Compensation and Related Person Disclosure: Final Rule", Release No. 33-8732A, August 29
- SEC, 2007, "Oversight of Credit Rating Agencies Registered as Nationally Recognized Statistical Rating Organizations", RIN 3235-AJ78, June 5
- SEC, 2007, "Prohibition of Fraud by Advisers to Certain Pooled Investment Vehicles", Release No. IA-2628, August 3
- SEC, 2008, "Summary Report of Issues Identified in the Commission Staff's Examinations of Select Credit Rating Agencies", By the Staff of the Office of Compliance Inspections and Examinations Division of Trading and Markets and Office of Economic Analysis, July
- SEC, 2009, "Amendments to Rules for Nationally Recognized Statistical Rating Organizations", Release No. 34-59342, Feb. 2
- SEC, 2009, "SEC Announces Creation of Investor Advisory Committee", Release No. 2009-126, June 3
- SEC, 2009, "References to Ratings of Nationally Recognized Statistical Rating Organizations", Release Nos. 34-60789, October 5
- SEC, 2009, "Concept Release on Possible Rescission of Rule 436(g) Under the

Securities Act of 1933, 17 C.F.R. pt. 220, 4-5", October 15
- SEC, 2009, "Amendments to Rules for Nationally Recognized Statistical Rating Organizations", Release No. 34-61050, Nov. 23
- SEC, 2010, "Facilitating Shareholder Director Nomination", September 16
- SEC, 2010, "Removal From Regulation FD Of The Exemption For Credit Rating Agencies", Release Nos. 33-9146, September 29
- SEC, 2010, "Ford Motor Credit Company LLC, no-action letter", November 23
- SEC, 2011, "Study on Investment Advisers and Broker-Dealers", January
- SEC, 2011, "Disclosure for Asset-Backed Securities Required by Section 943 of the Dodd-Frank Wall Street Reform and Consumer Protection Act", Release No. 33-9175, Jan. 20
- SEC, 2011, "Issuer Review of Assets in Offerings of Asset-Backed Securities", Final Rule, Release No. 33-9176, Jan. 20
- SEC, 2011, "Shareholder Approval of Executive Compensation and Golden Parachute Compensation", Final Rule, 76 Federal Register, February 2
- SEC, 2011, "Registration and Regulation of Security-Based Swap Execution Facilities", Release No. 34-63825, February 18
- SEC, 2011, "Implementation of the Whistleblower Provisions of Section 21F of the Securities Exchange Act of 1934", Release No. 34-64545, May 25
- SEC, 2011, "Exemptions for Advisers to Venture Capital Funds, Private Fund Advisers With Less Than $150 Million in Assets Under Management, and Foreign Private Advisers", Release No. IA-3222, June 22
- SEC, 2011, "Suspension of the Duty To File Reports for Classes of Asset-Backed Securities Under Section 15(D) of the Securities Exchange Act of 1934", Final Rule, 76 Federal Register, August 23
- SEC, 2011, "Prohibition against Conflicts of Interest in Certain Securitizations", Proposed Rule, Release No. 34-65355, Sep. 19
- SEC, 2011, "Reporting by Investment Advisers to Private Funds and Certain Commodity Pool Operators and Commodity Trading Advisors on Form PF", Release No. IA-3308, October
- SEC, 2011, "Net Worth Standard for Accredited Investors", Final Rule, Release No. 33-9287, December 21
- SEC, 2012, "Investment Adviser Performance Compensation", IA-3372, February 15

- SEC, 2012, "Listing Standards for Compensation Committees; Final Rule", 77 Federal Register, Jun. 20
- SEC, 2012, "Eliminating the Prohibition Against General Solicitation And General Advertizing in Rule 506 and Rule 144A Offerings", Release No. 33-9354, Aug. 29
- SEC, 2012, "Report to Congress Credit Rating Standardization Study", September
- SEC, 2012, "Report to Congress on Assigned Credit Ratings", December
- SEC, 2013, "Duties of Brokers, Dealers, and Investment Advisers", Release No. 34-69013, March
- SEC, 2013, "Removal of Certain References To Credit Ratings Under The Securities Exchange Act Of 1934," Release No. 34-71194, December 27
- SEC, 2014, "Nationally Recognized Statistical Rating Organizations", Final Rule, Release No. 34-72936, August 27
- SEC, 2014, "Asset-Backed Securities Disclosure and Registration(Regulation AB II)", Final Rule, 79 Federal Register, September 30
- SEC, 2015, "Disclosure of Hedging by Employees, Officers and Directors", Proposed Rule, Release No. 33-9723, Feb. 9
- SEC, 2015, "Regulation SBSR—Reporting and Dissemination of Security-Based Swap Information", Final rule, Release No. 34-74244, February 11
- SEC, 2015, "Pay versus Performance", Proposed Rule, Release No. 34-74835, April 29
- SEC, 2015, "Pay Ratio Disclosure", Final Rule, Release Nos. 33-9877, Aug. 5
- SEC, 2015. "Report on the Review of the Definition of Accredited Investor", December 18
- SEC, 2016, "Business Conduct Standards for Security-Based Swap Dealers and Major Security-Based Swap Participants", Final rule, Release No. 34-77617, April, 14
- SEC, 2016, "Investment Company Liquidity Risk Management Programs", Final rule, Release Nos. 33-10233, October 13
- SEC, 2016, "Enforcement Manual", Office of Chief Counsel, October 28
- SEC, 2016, Agency Financial Report, November
- SEC, 2016, "Annual Report on Nationally Recognized Statistical Rating Organizations", December
- SEC, 2017, "Reconsideration of Pay Ratio Rule Implementation", Acting Chairman Michael S. Piwowar, Feb. 6
- SEC, 2017, "Public Comments from Retail Investors and Other Interested Parties on Standards of Conduct for Investment Advisers and Broker-Dealers", Chairman Jay

Clayton, June 1
- SEC, 2017, "Private Funds Statistics, Fourth Calendar Quarter 2016", Division of Investment Management, July 7
- SEC, 2017, "Commission Guidance in Pay Ratio Disclosure: Interpretation", Release No. 33-10415, September 21

[U.S. Department of Treasury]
- U.S. Department of Treasury, 2008, *Blueprint for a Modernized Financial Regulatory Structure*, March
- U.S. Department of Treasury, 2009, *Financial Regulatory Reform - A New Foundation: Rebuilding Financial Supervision and Regulation*, June 14
- U.S. Department of Treasury, 2017, *A Financial System That Creates Economic Opportunities: Banks and Credit Unions*, June 12
- U.S. Department of Treasury, 2017, *A Financial System That Creates Economic Opportunities: Capital Markets*, October 6
- U.S. Department of Treasury, 2017, *A Financial System That Creates Economic Opportunities: Asset Management and Insurance*, October 26
- U.S. Department of Treasury, 2017, Financial Stability Oversight Council Announces Rescission of Nonbank Financial Company Designation, Press Release, September 29
- U.S. Department of Treasury, 2017, "Financial Stability Oversight Council Designations", November 17

[The White House]
- White House, 2010, "Remarks by the President on Wall Street Reform", June 25
- White House, 2017, "Presidential Memorandum for the Secretary of the Treasury: Financial Stability Oversight Council", April 21
- White House, 2017, "Presidential Memorandum for the Secretary of the Treasury: Orderly Liquidation", April 21

[미 의회]
- Bipartizan Policy Center, 2013, "A Better Path Forward on the Volcker Rule and the Lincoln Amendment", October
- Bipartizan Policy Center, 2014, "Restoring to Systemic Risk: Restoring the Balance",

September
- CRS(Congressional Research Service), 2011, "Proxy Access Reform: The SEC Makes It Potentially Easier for Shareholders to Nominate Directors, Specialist in Financial Economics, (name redacted), September 30
- CRS, 2017, "The Financial CHOICE Act in the 115th Congress: Selected Policy Issues", June 12
- CFTC's Energy and Environmental Markets Advisory Committee, 2016, "2015 Review and Consideration of the CFTC's Proposed Rule on Position Limits", February
- Senate Permanent Subcommittee on Investigations, 2006, "The Role of Market Speculation in Rising Oil and Gas Prices: A Need to Put the Cop Back on the Beat", Staff Report, U.S. Senate, S. Prt. No. 109-65, June 27
- Senate Permanent Subcommittee on Investigations, 2007, "Excessive Speculation in the Natural Gas Market", Staff Report, U.S. Senate, June 25
- Senate Permanent Subcommittee on Investigations, 2011, "WALL STREET AND THE FINANCIAL CRISIS: Anatomy of a Financial Collapse", Majority and Minority Staff Report, April 13
- House of Representatives Committee on Oversight and Government Reform, 2012, "The Consumer Financial Protection Bureau's Threat To Credit Access In The United States", Staff Report, December 14
- House Committee on Financial Services, 2016, "Deposition of: Patrick Pinschmidt", May 11
- House Committee on Financial Services, 2017, "The Financial CHOICE Act: A Republican Proposal to Reform The Financial Regulatory System", April 26
- House Committee on Financial Services, 2017, "The Financial CHOICE Act: Comprehensive Summary", April 16
- U.S. House of Representatives, 2017, "The Arbitrary and Inconsistent FSOC Nonbank Designation Process", Report Prepared By The Republican Staff Of The Committee On Financial Services, February
- U.S. Senate Committee on Banking, Housing, & Urban Affairs, 2017, "Senators Announce Agreement on Economic Growth Legislation", Majority Press Releases, November 13

[국제기구]

- BCBS, 2009, "Stocktaking on the use of credit ratings", The Joint Forum, June
- BCBS and IOSCO, 2013, "Margin requirements for non-centrally cleared derivatives", September
- BCBS, 2014, "Supervisory framework for measuring and controlling large exposures", April
- FSB(Financial Stability Board), 2009, Principles for Sound Compensation Practices, April 2
- FSB, 2009, "FSB Principles for Sound Compensation Practices: Implementation Standards", September 25
- FSB, 2010, "Principles for reducing reliance on CRA ratings", October
- FSB, 2010, "Reducing the moral hazard posed by systemically important financial institutions", October
- FSB, 2014, "Key Attributes of Effective Resolution Regimes for Financial Institutions", October
- FSB, 2014, "Thematic Review on FSB Principles for Reducing Reliance on CRA Ratings", Peer Review Report, May 12
- FSB, 2017, "OTC Derivatives Market Reforms Twelfth Progress Report on Implementation", June 29
- FSB, 2017, "Implementing the FSB Principles for Sound Compensation Practices and their Implementation Standards: Fifth progress report", July 4
- FSB, 2017, "2017 list of global systemically important banks(G-SIBs)", November 21
- IMF, 2011, "Macroprudential Policy: An Organizing Framework", March
- IMF/BIS/FSB, 2009, "Guidance to assess the systemic importance of financial institutions, markets and instruments: Initial considerations", September